衡山年鉴

2018

衡山年鉴编纂委员会 编

方志出版社
Publishing House of Local Records

图书在版编目（CIP）数据

衡山年鉴. 2018 / 衡山年鉴编纂委员会编.
—北京：方志出版社，2018.12
ISBN 978-7-5144-3527-6

Ⅰ. ①衡… Ⅱ. ①衡… Ⅲ. ①衡山县—2018—年鉴
Ⅳ. ①Z526.44

中国版本图书馆CIP数据核字（2019）第014283号

衡山年鉴（2018）

编　者：	衡山年鉴编纂委员会
责任编辑：	顾　洁
出 版 人：	冀祥德
出 版 者：	方志出版社
	地址　北京市朝阳区潘家园东里9号（国家方志馆4层）
	邮编　100021
	网址　http://www.fzph.org
发　行：	方志出版社发行中心
	电话（010）67110500
经　销：	各地新华书店
印　刷：	深圳市新联美术印刷有限公司
开　本：	889×1194　1/16
印　张：	28
字　数：	845千字
版　次：	2018年12月第1版　2018年12月第1次印刷
印　数：	0001～1000册

ISBN 978-7-5144-3527-6　　定价：320.00元

衡山年鉴编纂委员会

名 誉 主 任　尹培国
主　　　任　蒋　青
顾　　　问　段晓赛　阳建中　盛小平
副　主　任　肖秋良　雷继红
委　　　员　刘新周　谭　斌　唐立华　王朝晖　余庆丰　汪　波
　　　　　　夏建军　肖尧阶　李　伟　王　军　柳红军　罗光辉
　　　　　　宗维平　宾　浩　阳　涛　王维荣　曹时国　李涌文
　　　　　　杨应军　熊仲荣

衡山年鉴编辑部

主　　　编　熊仲荣
副　主　编　赵浪舟
编　　　辑　刘文新　彭爱涛　张英豪　刘岳泉　康才高

《衡山年鉴(2018)》供稿人员

各乡镇,县直各单位、各人民团体,省市垂直管理单位,有关社会组织及有关个人(名单见书中各条目)

《衡山年鉴(2018)》审稿人员

衡阳市志办　杨伟东
编委会成员及编辑部成员(名单如上)
县史志联络组　凌训龙　李朝生

编 辑 说 明

《衡山年鉴(2018)》是根据《地方志工作条例》及其湖南省实施办法的规定编纂的,以马克思列宁主义、毛泽东思想、邓小平理论、“三个代表”重要思想、科学发展观、习近平新时代中国特色社会主义思想为指导,坚持辩证唯物主义和历史唯物主义的立场、观点和方法。《衡山年鉴》创刊于 2009 年,第 1 部三年一编,第 2 部五年一编,从 2015 年编的第 3 部开始一年一编,本次编的是第 6 部。

一、记述时限是 2017 年 1 月 1 日—12 月 31 日(史料辑存内容不受此限制,特载收录 2018 年初县主要领导所做报告)。

二、《衡山年鉴(2018)》力求全面、系统、真实地记载年限内衡山县自然、政治、经济、文化、社会等方面的情况,重点记载年限内衡山县国民经济、社会发展所取得的成就,属于地方资料性文献。

三、采用分类法编辑。全书分特载、大事记、衡山概况、中国共产党、人民代表大会、人民政府、人民政协、纪律检查、民主党派·社会团体、法治、军事、经济管理与监督、工业、政府投融资平台、农业、建设·环保、交通·邮电·通讯、财税·商贸、金融、文体广新·教育、人社·民政·卫计、乡镇概况、荣誉榜单、人物、文件选编、前鉴勘误与补遗、史料辑存等共 27 个部类。全书主要采用条目体,分部类、分目、条目三个层次。各层次在字号、字体及编排上有较明显区别,条目标题统一采用黑体字,加【】表示。

四、“衡山概况”中领导名录刊登全体县级领导(含非领导职务)、县直机关和垂直管理单位副科级以上机构与乡镇副科以上领导人任职情况(不含非领导职务)。正文中各单位主要负责人照片及班子成员合影下,记载 2017 年年底的职务。

五、“人物”采用人物简介、人物列表两种形式。人物简介录 2017 年县四大家领导成员、衡山籍在外部分人物。人物列表录 2017 年县域内工商企业界名人、衡山籍在外地工商企业界名人、衡山县新闻人物。

六、所载稿件大部分由各部门、单位提供资料,小部分由县史志办自行撰写、收集,各单位提供的稿件都经过本单位领导审核,所有资料由县史志办汇总、整理、编辑、加工成书,经审稿小组初审,报县年鉴编纂委员会评审。全县国民经济和社会发展的主要数据以统计公报为准,其他数据由各部门提供。有少数数据因统计口径或计算方法不同,可能不尽一致。计量单位采用国际通行标准,个别情况下采用习惯用法。

2017年6月29日，省委副书记乌兰（前排左二）到开云镇考察指导美丽乡村建设情况　　（摄影：汪洋、陈亮）

2017年6月6日，省委常委、省委政法委书记、省公安厅厅长黄关春（前排中）到衡山县公安局城关派出所调研指导基层警务工作　　（摄影：陈亮）

2017年3月29日，省委常委、省委统战部部长黄兰香（前排右二）到民进全国会史教育湖南岳云基地考察指导　　（摄影：陈亮）

2017年4月28日，省人大常委会副主任李友志（中）到开云镇走访慰问失独家庭　　（摄影：汪洋）

2017年4月18日，市委书记、市人大常委会主任周农（左二）到衡山县调研　　（摄影：陈亮）

2017年6月2日，市委书记、市人大常委会主任周农（前排左二）到白果镇瓦铺村调研指导精准扶贫工作　　（摄影：李佳辉）

2017年12月1日，市委书记、市人大常委会主任周农（中）
到东湖镇团山村指导脱贫攻坚工作　　　　　　（摄影：符新义）

2017年2月18日，市委副书记、市长周海兵（左二）到开云镇
白茶基地调研　　　　　　　　　　　　　　　　（摄影：李佳辉）

2017年6月27日，市委副书记、市长候选人郑建新（右一）
到永和乡指导防汛抗灾工作　　　　　　　　（摄影：李佳辉）

2017年9月4日，市委副书记、市长郑建新（前排左三）到县经开区，
开云、岭坡、东湖等乡镇调研　　　　　　　　（摄影：李佳辉）

中国共产党衡山县委员会

县委书记 尹培国

县委副书记
县　　长 蒋　青

县委副书记 段晓赛

县委常委
宣传部部长 任中元

县委常委
政法委书记 旷志军

县委常委
纪委书记 陈平阳

县委常委
统战部部长 谢石中

县委常委
组织部部长 唐年初

县委常委
人武部长 张桂南

县委常委
常务副县长 廖文伟

县委常委
县委办主任 肖秋良

县委常委
副县长
（挂职） 欧旭理

衡山县人民代表大会常务委员会

主　任　阳建中

副主任　赵申广

副主任　赵晓阳

副主任　唐文育

副主任　戴立华

副主任　聂水平

衡山县人民政府

县委副书记
县　　　长　蒋　青

县 委 常 委
常务副县长　廖文伟

县委常委
副 县 长
（挂职）　欧旭理

副　县　长
县公安局局长　肖文斌

副县长　雷继红

副县长　刘　伟

副县长　黄润葵

副县长　陈　琛

副县长　符文彬

副县长
（挂职）　谢文俊

副县长
（挂职）　肖志喜

中国人民政治协商会议衡山县委员会

主 席 盛小平

副主席 罗佳贤

副主席（兼）
县教育局副局长 文铁良

副主席（兼）
县工商联主席 胡文星

副主席（兼）
县文体广新局局长 周湘宁

副主席 周冬初

2017年2月8日，2017年县委经济工作会议暨全县综治、计生工作会议在县剧院召开（摄影：陈亮）

2017年3月29日，衡山县第十三届人民代表大会第二次会议在县剧院举行第二次全体会议 （摄影：李佳辉）

2017年3月27日，政协衡山县第十届委员会第二次会议在县委六楼会议室开幕

（摄影：陈亮）

①

② ③

① 2017年2月27日，县委书记尹培国（右二）督查指导省级卫生县城创建工作　（摄影：陈亮）

② 2017年2月14日，县委书记尹培国（左三）调研指导县工业园区基础设施建设　（摄影：陈亮）

③ 2017年6月5日，县委书记尹培国（中）到衡山二中为高考学子加油鼓劲　（摄影：陈亮）

①

②

③

① 2017年8月1日，县委书记尹培国（中）到开云镇金石村、桂花村调研指导脱贫攻坚工作
（摄影：陈亮）

② 2017年8月3日，县委书记尹培国（右）到开云镇双全新村调度美丽乡村建设 （摄影：陈亮）

③ 2017年8月23日，县委书记尹培国（中），县委副书记、县长蒋青（左二）到东湖镇调度南岳衡山自然保护区矿山关停整改相关工作 （摄影：陈亮）

◀2017年6月9日，县委副书记、县长蒋青（右）到福田铺乡白云水库调研　　（摄影：李佳辉）

▼2017年7月31日，县委副书记、县长蒋青（右排中）走访慰问驻衡山部队官兵　　（摄影：李佳辉）

2017年8月31日，县委副书记、县长蒋青（右二）到店门镇九观村地质灾害隐患点指导部署防治工作　　（摄影：李佳辉）

2017年5月12日，衡山县举行招商引资项目签约仪式

（摄影：汪洋）

2017年7月13日，衡山县十大工业项目集中开工仪式在县经济开发区弘山工业园举行

（摄影：汪洋）

2017年8月5日，中国·衡山2017（第四届）乡村生态旅游节在岭坡乡朝圣村开幕

（摄影：符新义）

永和乡沃柑基地 （2017年7月4日 陈亮摄影）

恒岳重钢公司生产线
（2017年7月13日 陈亮摄影）

衡山佳诚公司生产线
（2017年7月27日 陈亮摄影）

2017年 5月 13日，衡山县太极拳协会举行以“品寿岳文化，话太极传播”为主题的太极拳交流活动

（摄影：陈亮）

2017年 5月 30日，衡山县开云镇大桥社区举办群益龙舟邀请赛

（摄影：符新义）

2017年6月6日，省委党史研究室副主任王文珍（前排左三）到衡山指导工作

（摄影：熊仲荣）

① ② ③

①2017年6月29日，衡山县毛泽建烈士生平事迹陈列馆举行开馆仪式。图为仪式结束后市民在馆内参观　（摄影：陈亮）

②2017年9月15日，“欢乐潇湘·幸福衡山”暨“喜迎十九大·建设新衡山”群众文艺会演在衡山县城人民广场举行。图为节目表演　（摄影：陈亮）

③2017年10月27日，2017年衡阳市“我们的节日·重阳”主题活动暨“和谐衡山·大美衡山”重阳文艺演出活动在衡山县剧院上演。图为演出结束，县领导与演员合影

（摄影：陈亮）

2017年3月2日，衡山县“弘扬雷锋精神，争创文明县城”志愿服务活动在县城人民广场举行启动仪式　（摄影：陈亮）

2017年3月30日，衡山县人社局工作人员在岭坡乡开展居民养老保险宣传活动
（摄影：陈亮）

2017年4月9日，“关爱心连心”大型公益活动在衡山二中举行
（摄影：陈亮）

2017年4月20日，衡山县平安创建工作推进会在县剧院召开　（摄影：陈亮）

2017年5月22日（全国助残日），衡山县举行公益助残活动　（摄影：陈亮）

2017年6月26日，衡山县志愿者在纪念国际禁毒日主题宣传活动活动中向群众发放禁毒宣传资料
（摄影：符新义）

①
②
③ ④

① 2017年8月2日，衡山县嘉年华第三批新能源纯电动公交车投入运营 （摄影：陈亮）

② 22017年9月30日，衡山县举办“庆国庆，迎中秋”文化扶贫慰问演出 （摄影：刘亮）

③ 2017年12月1日，衡山县白果镇获评“全国文明村镇”。图为白果镇楚南第一桥 （摄影：熊仲荣）

④ 2017年12月14日，开云镇岳狮村宾运春（左一）见义勇为，勇救落水小孩。图为电视台记者采访（摄影：陈亮、杨容）

目 录

特 载

大 事 记

衡 山 概 况

中国共产党

人民代表大会

人民政府

人民政协

纪律检查

民主党派·人民团体

法　　治

军　事

经济管理与监督

工　业

政府投融资平台

农　业

建设 · 环保

交通·邮电·通讯

财税·商贸

金　融

文体广新·教育

人社・民政・卫计

乡镇概况

荣誉榜单

人　物

文件目录

前鉴勘误与补遗

史料辑存

特　　载

在县委经济工作会议上的讲话

县委书记　尹培国

（2018年1月31日）

2018年1月31日县委书记尹培国在县委经济工作会议上作大会主题报告

这次会议的主要任务是，全面贯彻党的十九大和中央、省委、市委经济工作会议精神，回顾总结2017年经济工作，安排部署2018年经济工作，动员全县上下坚持以习近平新时代中国特色社会主义经济思想为指导，进一步深化认识，凝心聚力，充分发扬实干精神，强化攻坚意志，积极有效抓重点、补短板、强弱项，着力推动高质量发展，加快“四个新衡山”建设步伐。下面，我讲三点意见：

一、总结经验，提振信心，准确把握县域经济发展形势

2017年，全县上下坚决贯彻新发展理念和中央、省、市决策部署，积极应对复杂的经济形势和异常繁重的改革发展任务，撸起袖子加油干，紧扣“四大工程”，狠抓项目建设年活动和县域经济植优补短，统筹做好稳增长、促改革、调结构、惠民生、防风险等各项工作，破解了一批掣肘发展的重点难题，推进了一批利长远的实事好事，取得了一些令人欣慰的成绩和进步，奠定了人心思进、蒸蒸日上的良好局面。

1. 经济运行稳中趋优。稳定了增长势头。全年实现GDP 167.2亿元，增长8.6%；完成固定资产投资110.6亿元，增长18%；规模工业增加值增长8.4%；实现社会消费品零售总额32.8亿元，增长10.8%；城乡居民人均可支配收入分别为30537元、19078元，分别增长8.4%、7.9%。优化了结构和质量。三次产业比由上年的20.8∶28.1∶51.1调整为19.2∶27.7∶53.1，第三产业占比继续提升；完成民间投资72.6亿元，增长23%，在全部投资中的占比达到66%；财税质量明显改善，税占比达到69.29%，较上年提高9个百分点；新增“四上”企业24家，总数达到154家；规上工业企业实现利润4.83亿元，增长20.8%，

5家工业企业纳税过500万元,其中3家过1000万元。增强了创新创业活力。重点推动科技和产品创新,新增3个省级高新技术企业,总数达到11家,在全市7县(市)中位居榜首,高新技术产业增加值占GDP比重超过15.5%;推进了衡山经济开发区科技孵化基地建设,省、市级企业技术中心和科技中介企业总数达到7家,与中南大学等11个科研机构或高等院校建立了稳定的产学研合作关系;新申请专利145件,其中发明专利40件;发放创业担保贷款近2000万元;新发展市场主体1858户,同比增长40.9%。

2. *产业发展风正劲足*。大力实施园区提速工程,县工业园成功申报省级高新技术产业开发区,年度工业总产值超过80亿元,创税规模达到1.8亿元。“135”工程建设任务圆满完成;工业污水处理厂(二期)、黄花路等基础设施项目及弘山科技工业园建设有力推进;恒信锌钢、佳诚新材料被省里认定为小巨人企业。大力实施旅游提升工程,召开了全县旅游发展大会,启动了全域旅游规划编制,将旅游发展财政引导资金提高到1000万元。重点建设了虎山福地、西游洞天矿洞景区、紫盖峰、仙逸人间等一批重大旅游项目。成功举办第四届乡村生态旅游节,创建四星级旅游酒店1家、省五星级乡村旅游服务区1个。加快发展现代农业,继续保持全国生猪调出大县、全省粮食生产大县地位,重点打造优质稻、茶叶、中药材、小水果等四大特色优势产业,涓水湘牌“衡山香米”获第十八届中国绿色食品博览会金奖,皇茶产业园入围全国三十座最美茶园评选。新增农业产业化龙头企业4家,新注册农民专业合作社44家、家庭农场36家,成功申报全县首家省级示范家庭农场,创建1家国家级示范农民合作社。农产品加工企业达到312家,粮油、畜禽、席草、中药材和畜禽药品等5大农产品加工板块初步成型。

3. *重点工作破局提速*。项目建设三年行动首战告捷。102个重点项目完成投资62.8亿元,其中23个市考核县重点项目开工率、投资完成率分别达到100%、108%;帮助63家企业落实金融机构贷款13.77亿元;启动实施了4个PPP项目,项目全部落地后预计引进社会资本超过16亿元;批回项目建设用地2589.7亩;湘江二级航道及大源渡停泊区等国省重点项目全速推进,黄花新区、紫巾沿山公路、垃圾中转站、殡仪馆及陵园等一批沉淀多年的项目得以启动并取得重要进展。招商引资成果丰硕。新引进投资过千万以上项目23个,总投资额超过110亿元,其中亿元项目14个,包括总投资20亿元的虎山福地项目、总投资20亿元的包装纸纸厂项目、总投资16亿元的仙逸人间项目、总投资10亿元的紫盖峰项目等。全面深化改革亮点突出。金融服务三农试点工作进一步深化,全县“五权”抵押贷款余额新增1个亿;供销社综合改革走在全市前列,获批惠农服务工程省级示范县项目;农村一二三产业融合发展试点工作被省、市主要媒体推介;农村土地承包经营权确权登记颁证工作后来居上,被省市评价为实施时间最短、进度最快、质量最好;新型农村合作医疗支付制度改革试点创造了可复制、可推广的典型经验。生态环保工作落地见效。重点整改了国家自保区突出环境问题,集中解决了一批人民群众反映强烈的环境问题,环保工作考核位列全省先进;“河长制”全面推行,萱洲国家湿地公园被世界自然基金会授予“自然学校”称号、被省里评为国家湿地公园试点建设先进单位,全县森林覆盖率达到51.2%。

4. *社会大局安定和谐*。脱贫攻坚有力推进。构建了“三级书记”一起抓、专业班子牵头抓、精干力量驻村抓、党员干部结对抓的大扶贫格局,在精准识贫的基础上推动各项政策措施精准发力,产业扶贫、金融扶贫取得进展,落实易地扶贫搬迁319户、1095人,在全省同类县评比中高居第一,高质量脱贫4535人、退出贫困村8个。民生保障水平稳步提升。经受两次湘江高水位洪峰带来的巨大考验,夺取了抗洪救灾胜利;城乡医保“两保合一”运行,参保率达到98.22%,企业职工养老保险实现“十三连调”,城乡居民养老金最低标准、城乡低保对象月人均补差水平、农村五保户供养标准均继续提高,实现扶贫标准和低保救助“两线融合”,新建城乡养老服务示范点5个。改造城市棚户区1064套、农村危房408户;新增城镇就业2544人、农村劳动力转移就业2500人。社会事业协调发展。初中、高中教学质量连续13年保持全市先进，通过了“国家义务教育均衡发展基本均衡县”“省现代教育技术实验县”验收，成功申报国培项目县；文化惠民活动蓬勃开展，衡山民俗花灯调《一塘清水一塘莲》获“欢乐潇湘”省总决赛一等奖，县体育馆、文化艺术中心加快建设，农村广播“村村响”工程任务全面完成，广播电视综合信号实现全覆盖；初步建立分级诊疗制度，探索组建医联体8家，中医药事业加快发展，人民医院综合大楼开工建设，疾控中心启动搬迁。安全、信访、综治等工作全面加强。各行业领域没有发生较大及以上安全责任事故，安全生产工作连续两年进入全省先进；省、市交办信访积案实现动态清零，获评“党的十九大期间全市安保维稳工作优秀集体”；完成了社会治安视频监控系统第八期建设，组建了县网格化管理中心和综治中心，狠抓群防群治、严打整治，刑事案件破案率稳居全市第一，禁毒工作位居全市前列，综治民调位次明显前移。

5.*发展形象焕然一新*。城乡面貌有新变化。扎实开展县城“一核三区”及“八大工程”建设，开云新区、黄花新区建设持续推进，花大气力抓好了老城区市政配套设施建设、重点部位开发、骨干路网延伸以及美化绿化亮化等工作，通过了省级卫生城市复审，城市发展步入空间拓展、功能强化、魅力提升加速期。进一步推动基础设施和公共服务向乡村延伸，特色小镇、美丽乡村建设及农村环境综合整治工作成效突出，被评为全省美丽乡村建设示范县。党风政风有新气象。坚决落实管党治党责任，大兴调查研究、团结干事和执政为民之风，狠抓“两学一做”学习教育常态化制度化，选优配强了合并后的首任村级班子，建立了县级巡察机制，启动了监察体制改革，研究制定并认真落实《关于从严监督管理党员干部的十项措施》，严肃查处了一批违纪案件，全县党风、政风为之一新。内外形象有新提升。开通政务服务“绿色直通车”、为企业开展“一对一”联手帮扶、提高津补贴标准和村干部待遇、推进干部选任常态化等系列举措，获得一致好评。许多工作在省、市有位次、有影响，除前面所提到的系列国、省、市荣誉外，还有全国“平安农机”示范县、全国农业特色产业“一县一特”（衡山黄鸡）、国家田园综合体试点县、全省农村能源建设先进单位、全省人口和计划生育工作良好单位等荣誉或项目落户衡山；全面小康建设整体实现程度达到93.2%，在全省分类考核中居全市二类县（市、区）第一名；“四加六代”服务模式入选全国基层党建创新优秀案例，基层支部“五化”建设得到省委乌兰副书记肯定；涌现出江东、白果、开云等一批全国群众体育先进单位、全国文明村镇、省级安全生产示范乡镇，福田铺乡白云片被评为省级“同心乡村”；一大批单位和部门的业务工作在省、市考核评比中实现有为有位，全县奋发进取、争创一流的氛围日益浓厚。

成绩来之不易，归功于上级党委、政府的正确领导，凝聚着全县干部群众的智慧和汗水，值得充分肯定，更要倍加珍惜。回顾过来一年的工作，至少有三个方面的宝贵经验值得总结。一是要用科学的思路引领发展。必须把习近平新时代中国特色社会主义思想作为行动指南，认真贯彻新发展理念，把握稳中求进的总基调；必须根据实事求是原则，制定契合衡山实际的任务书、路线图，明确好前行的目标、方向、路径和抓手，找准突破口和着力点；必须坚持“一张蓝图管到底”，一以贯之地按照既定思路抓落实，全力以赴攻坚破难、爬坡过坎，不动摇、不懈怠、不折腾。二是要用过硬的举措促进发展。必须牢固树立经济工作项目化理念，下大决心抓好重点项目建设，以大项目、好项目为载体持续扩大有效投资，有针对性地补齐发展短板；必须坚决推动改革、开放和创新，理顺体制机制，主动借势借力，致力转型升级，充分激发动力、释放活力；必须狠抓督查考核、问责问效，突出责任传导，强化倒逼压力，形成一抓到底、绝不言弃的坚定执行力和推动力。三是要用良好的风气维护发展。必须营造团结协作的浓厚氛围，切实发挥县委常委班子车头作用，引导和带领全县各级领导班子以事业为重、以大局为重、以衡山发展为重；必须坚持正确的用人导向，面向发展一线、工作前沿选贤任能，真正让想干事的有机会、能干事的有舞台、干成事的有地位；必须持之以恒地转变干部作风，不断改善发展环境,着力构建“亲”“清”新型政商关系,积极主动服务企业发展,切实维护企业合法权益,增强企业在衡山投资发展的信心。

在肯定成绩的同时,也要清醒看到县域经济发展存在的矛盾和问题。一是结构不优。经济外向度不高,参与区域分工与协作、融入区域产业链的程度不深;产业发展整体处于低端水平,科技和品牌创新能力依然偏弱,缺乏核心竞争力;城镇发展不充分,特别是县城基础设施落后,要素集聚功能与辐射带动能力有限。二是动力不强。承接产业转移挑战更大,企业发展困难依然较多,投入更趋审慎和保守,加之由于缺乏大项目、好项目支撑,全县投资增长低位徘徊且后劲不足,巩固增长势头、促进转型升级均面临较大压力。三是干劲不足。个别党员干部缺乏事业心、责任感,缺乏担当精神和攻坚意志,贪图安逸,畏难避事,工作标准不高,执行能力不强,精神状态低迷,慵懒懈怠、敷衍塞责、为官不为等现象在一些单位和部门不同程度存在。四是环境不佳。政务服务中的办事效率不高问题,工程施工中的“三强”行为,征地拆迁中的不顾大局、漫天要价现象等等,均对投资者信心和项目建设进度带来不利影响,全县发展环境尚有较大改进空间。对上述种种问题,全县上下都必须引起高度重视,集中智慧和力量,采取积极务实的举措,认真加以解决。

二、明确目标,把握重点,以新思想为指导坚决有力推动高质量发展

去年底召开的中央经济工作会议提出了以新发展理念为主要内容的习近平新时代中国特色社会主义经济思想,并将其确立为引领经济发展的行动指南。会议还特别指出,中国特色社会主义进入了新时代,我国经济发展也进入了新时代,基本特征就是我国经济已由高速增长阶段转向高质量发展阶段。所谓高质量发展,就是能够很好满足人民日益增长的美好生活需要的发展,是体现新发展理念的发展,是创新成为第一动力、协调成为内生特点、绿色成为普遍形态、开放成为必由之路、共享成为根本目的的发展。推动高质量发展,是保持经济持续健康发展的必然要求,是适应我国社会主要矛盾变化和全面建成小康社会、全面建设社会主义现代化国家的必然要求,是遵循经济规律发展的必然要求。我们要紧密结合学习习近平新时代中国特色社会主义经济思想,牢牢把握推动高质量发展这一根本要求,联系衡山实际,提高思想认识,端正发展理念,找准工作重点,适应新时代、聚焦新目标、落实新部署,全面做好今年经济工作。

今年是全面贯彻党的十九大精神的开局之年,是改革开放40周年,也是决胜全面建成小康社会、实施“十三五”规划承上启下的关键一年。做好今年经济工作的总要求是:全面贯彻党的十九大精神,以习近平新时代中国特色社会主义思想为指导,加强党对经济工作的领导,坚持新发展理念和稳中求进工作总基调,紧扣社会主要矛盾变化,按照高质量发展的要求,统筹推进“五位一体”总体布局,协调推进“四个全面”战略布局,深入实施创新引领开放崛起战略,强化项目载体,聚焦“三个着力”,打好“三大攻坚战”,落实“四大工程”,全力以赴“抓重点、补短板、强弱项”,统筹做好稳增长、促改革、调结构、惠民生、防风险各项工作,促进经济社会持续健康发展,加快“四个新衡山”建设。主要预期目标是:GDP增长8.5%左右,一般公共预算收入增长5%左右,规模工业增加值增长8.5%以上,固定资产投资增长15%左右,社会消费品零售总额增长12%左右,城乡居民收入增长8.5%左右,全面落实上级下达的节能减排、安全生产等约束性指标,全面建成小康衡山。

具体工作中,要突出抓好以下几个重点:

1.*坚持聚焦项目攻坚,全力积蓄发展后劲。*始终把项目建设作为经济工作的牛鼻子,扎实开展项目建设攻坚年活动。一要将增长体现到项目上来。进一步突出投资的关键作用,通过项目牵引,力促投资实现结构优化、质量提升和总量扩张,为稳增长、促转型备足动力。要针对国家乡村振兴战略、湖南省产业项目建设年“五个100”计划以及我县经济社会发展的短板、弱项,把握产业发展、创新驱动、农业农村、生态环保、民生改善等重点投资方向,精心做好项目的收集、筛选和谋划,不断充实和更新项目库;要结合项目建设三年行动和今年经济工作整体部署，把握提高工业投资、技改投资、民间投资“三个比重”的要求，及早确定项目建设攻坚年具体计划，确保年内实施重点项目90个左右、完成重点项目投资90亿元左右；要进一步提升开放水平，准确研判产业转移趋势，主动对接经济发达地区，重点瞄准“三个500强”等战略投资者，综合运用亲情招商、会展招商、定向招商、上门招商、以商招商等多种形式，争取引进更多大项目、好项目。二要将要素汇聚到项目上来。加强银企对接，做好企业债券发行工作，规范运用PPP模式吸纳社会资本，深入推进四大投融资平台市场化改革和公司化运作；加强重点区域土地收储，开展闲置土地整治，积极组织用地报批，争取用地指标，统筹安排各类建设用地，切实保障重点项目用地需求；继续开展“联手帮扶”活动，进一步畅通政务服务“绿色直通车”，帮助企业和项目解决好围墙外的问题，同时坚决兑现招商承诺，大力整治“三乱”行为、“三强”现象，全面优化营商环境。三要将精力集中到项目上来。坚持“干部围绕项目转，工作围绕项目干”，完善以包干联络、问题专报、会议协调、函告催办、联合督查等五大机制为内容的重大项目协调服务制度，以目标倒逼进度、时间倒逼程序、督查倒逼落实，确保重点项目建设任务落实到人、责任落实到位。特别要狠抓县城“八大工程”建设，开云大道、紫巾沿山公路、开云南路延伸线、衡山大道西线、黄花路等五条城市干道必须以立军令状、倒排工期、挂图作战的方式马不停蹄推进，必须坚决按照既定时间建成通车，打造一批高质量、高效率实施的示范项目，树立一批重责守诺、能打硬仗的工作榜样，在全县掀起一股比学赶超的项目攻坚热潮，推动全县重点项目投资年度计划100%完成。

2. 坚持加快产业升级，致力做强实体经济。对县域经济而言，产业发展是命脉，实体经济是基石。今年要强力推进产业项目建设年活动，在升级产业、做强实体上取得更大成效。产业导向要更明确。将供给侧结构性改革贯穿产业发展全过程，全面强化创新驱动，加快构建农业、工业、旅游“三足鼎立”的支撑格局。要以特色化、规模化和产业化为方向，推进“三品一标”建设，深化一二三产业融合发展，不断提升农产品品质和农业综合效益，发展集约高效的现代农业；要以控制淘汰落后产能、大力发展先进制造业为目标，以“两化”融合、科技和品牌创新为抓手，改造升级传统工业，培育壮大汽车及零部件制造、新材料、循环经济（再生纸）等3大战略性新兴产业，打造供给有效的工业体系；要借助名山品牌，发挥资源优势，坚持全域发展，突出观光度假、运动休闲、农耕体验、养生养老等特色功能，建设知名度和影响力明显提高的乡村生态旅游区。产业布局要再优化。科学划分产业发展重点区域，引导产业投资、产业项目在县域空间实现合理分布。要精心打造后山片的优质稻基地和茶叶基地、前山片的小水果基地和油菜基地，以及以开云镇、萱洲镇为重点的蔬菜基地、以店门镇为重点的席草基地，其他各乡镇也要按照“一乡一品”要求各发展一个特色产业；要夯实园区平台，新增开发面积1平方公里，继续推动工业企业和项目向园区集中，同时扎实抓好弘山科技工业园、青山工业小区建设，进一步规范园区功能板块，加强产业链打造，促进工业集群集聚发展；要以开云新区旅游配套服务基地、名山外环、湘江沿线以及雷钵峰、紫盖峰、勾头峰为支撑，规划建设“一核两线三峰”，推动全域旅游发展实现重点突破。产业实力要大提升。农业方面，全年要稳定粮食播种面积50万亩以上、总产20万吨以上，抓好国家田园综合体试点项目，新建或提质一批精品果园、生态有机茶园、无公害蔬菜基地、特色园艺基地、黄鸡标准化养殖小区以及休闲农业基地等，扩大推广油茶种植，巩固生猪调出大县地位，力争扶持3个以上优势品牌、建设1个上规模的特色农业产业园，大幅提升农产品加工水平。工业方面，大力实施重点企业原地倍增计划，佳诚新材料、信联怡宝、春昌钨业、新金龙纸业、嘉力机械等新建或改扩建项目要尽早投产达效，落实产学研项目6个，新增高新技术企业3家、规模工业企业8家，全年力争完成工业固定资产投资45亿元、规模工业产值突破130亿元、园区税收超过2亿元。旅游方面，要认真编制《衡山县全域旅游规划》，加快建设森林康养基地、西游洞天矿洞景区、虎山福地旅游区、紫盖峰旅游度假区、仙逸人间旅游小镇、东湖旅游小镇、天娥湖民俗文化园、紫金山国家3A景区等重点旅游项目,继续完善旅游基础设施,办好乡村生态旅游节,进一步打响衡山旅游名气。

3.坚持优先农业农村,大力实施乡村振兴战略。牢牢把握"三农"发展这个重中之重和实施乡村振兴战略这个总抓手,应时乘势推动农村改革发展步入快车道。一要进一步深化农村改革。深化农村土地改革,坚持承包地"三权分置",全面完成农村土地承包经营权确权登记颁证工作,高效推动土地流转;深化农村集体产权制度改革,在新桥镇石仓村搞好改革试点并总结经验、逐步推广,加快推进"三变"(农村资源变资产、资金变股金、农民变股东),同时进一步抓好村集体"三资"管理,为保障农民财产权益、壮大集体经济扫清障碍;重点实施好供销社惠农服务工程省级示范县项目,延伸惠农服务平台,巩固发展农村电商,健全农村流通体系;继续做好金融服务"三农"工作,推广农村五权抵押贷款,拓展金融机构支持农业产业化发展、农村基础设施建设渠道;有效探索乡村治理新模式,发挥基层党组织领导核心作用,健全自治、法治、德治相结合的乡村治理体系。二要积极培育新型经营主体。努力争取并用足用活财税、信贷、保险等各种扶持政策,鼓励发展一二三产业融合、适度规模经营多样的新型经营主体,鼓励发展示范家庭农场、示范合作社和示范农业产业化联合体,做好新型职业农民培训工作。全年新增省、市农业产业化龙头企业5家以上,新发展家庭农场、农业合作组织20家以上,创建省、市示范农机合作社8家以上。三要统筹推进城乡一体发展。"重塑城乡关系,走城乡融合发展之路",是乡村振兴的首要路径。要高水平建设魅力县城。拉通"五路",建设"两园"(体育公园、琵琶湖公园)、"两站"(综合汽车站、公交总站),落实"两供两治"等基础配套项目和开云南路二期等城市开发项目,继续改造提质老城区,掀起黄花新区、开云新区建设高潮,深化"四城同创",活跃城市商业,全方位提升城市发展水平,增强城市魅力。要高质量建设特色小镇。抓好白果、新桥、开云、店门、萱洲等5个重点镇、特色镇建设,加快发展辐射带动有力的旅游名镇、商贸旺镇和农业重镇。要高标准建设美丽乡村。进一步推动基础设施向乡村延伸,开工建设白果至长青公路、东湖至日华公路和南岳高速萱洲互通及连接线,新建和拓宽农村公路各50公里,启动城乡供水一体化PPP项目,项目建成后全县城乡居民集中供水入户率力争达到85%,抓好衡山湘江段所有堤防建设,完成14个村电网改造任务和20个贫困村光伏发电接网工程,燃气管道延伸至白果镇并实现通气;重点抓好以萱洲市级示范片为龙头的美丽乡村建设,以"厕所革命"为引领,深入推进农村环境综合整治,提升生态宜居水平。

4.坚持突出精准脱贫,着力保障和改善民生。坚持以人民为中心,尽心尽力为民谋利、为民解忧,不断增进民生福祉。一要坚决打赢脱贫攻坚战。把脱贫攻坚作为重大政治任务和首要民生工程来抓,严格按照中央、省、市部署要求,压紧压实责任,以更加有力的举措、更加集中的支持、更加精细的工作打好这场硬仗。要构建长期有效的扶贫机制,在发展产业、务工就业等方面加大帮扶力度,确保贫困户有长期稳定的收入来源;要坚持扶贫与扶志相结合,加大宣传引导力度,不断激发贫困群众内生动力;要对已脱贫对象开展"回头看、回头查、回头帮",实行攻坚期内脱贫不脱政策,确保可持续稳固脱贫;要强化主体责任,完善各级书记一起抓的责任体系,进一步落实"三走访三签字"要求,开展好扶贫领域腐败问题和作风专项整治,不折不扣完成年度脱贫攻坚任务。二要进一步完善社会保障体系。积极搭建用工信息平台,抓好职业技能培训,落实鼓励创业就业优惠政策,做到重点群体就业有困必扶;实施全民参保计划,做好"五大保险"扩面征缴工作,推进机关事业单位养老保险制度改革,全面落实医保支付制度改革和异地就医结算制度;健全社会救助体系,做好低保兜底、五保供养、医疗救助、慈善救济、优抚安置、抗灾救灾等工作,筑牢针对特殊困难群体的保障网;实施城市棚户区改造490套,发放廉租房补贴1315户,按三年计划全面完成农村危房改造任务。三要全面发展社会事业。继续实施农村薄弱学校改造和标准化学校建设，加快建成城区黄花小学、城北小学，推进大班额化解行动；充实和提升师资力量，抓好“三通两平台”建设和应用，强化办学水平综合评估，巩固优质教育品牌，促进各级各类教育规范协调发展。深化医药卫生体制改革、公立医院改革，加快实施分级诊疗制度，大力推行健康促进行动，进一步建设好县乡村三级医疗卫生机构，全方位、全周期维护群众健康。推进计划生育服务管理改革，争创计生工作全市一类县、全省优秀县。加快建设县体育馆、县文化艺术中心、基层综合性文化服务中心等项目，广泛开展文化惠民活动和全民健身运动，承办好省十三运会相关赛事。

5. 坚持抓实环境保护，努力践行绿色发展。端正发展理念，拒绝“黑色增长”，严守“三同时”制度，全面加强污染源头管控和环境监管执法，对各种环境恶意违法行为实行“零容忍”，坚决打好污染防治攻坚战，保护好衡山的青山绿水。一要落实“绿盾行动”，狠抓治山工程。牢牢抓住自保区环保问题整改这个重中之重，配合完成自保区纠错调规，做到工矿企业关停不留尾巴、生态修复不打折扣，落实好新增人类活动点整改工作；严防森林火灾，深入开展“森林禁伐减伐三年行动”，全面完成绿化增量提质任务，实施荒山造林2.2万亩、乡村道路绿化200公里，抓好国家级森林公园建设，巩固“千山一碧”的良好生态。二要落实“河长制”，狠抓治水工程。进一步强化“河长制”责任，扎实推进湘江保护和治理第二个“三年行动计划”，完善湘江河道采砂规划，广泛深入开展净水行动，重点突出饮用水源保护，抓好县工业园污水处理厂建设、城乡生活垃圾处理一体化项目建设、县城生活垃圾填埋场封场无害化处理和岭坡金矿尾砂废渣综合治理工作，加大对畜禽养殖污染、城市黑臭水体的整治力度，推进国家级湿地公园建设，营造“绿水长流”的宜人环境。三要落实“蓝天计划”，狠抓治气工程。继续加强重点行业脱硫脱硝除尘改造、燃煤小锅炉淘汰、工业挥发性有机物和机动车尾气治理等工作，有效整治县城扬尘、餐饮油烟，严格控制大气污染，切实改善县城空气质量，守护“碧空如洗”的美丽天空。

6. 坚持防范化解风险，有力维护大局和谐稳定。树牢底线思维，增强风险意识，对各行业领域和各单位各部门存在的风险隐患早识别、早预警、早发现、早处置，打好防范化解重大风险攻坚战。一要重点防范化解政府性债务风险和金融风险。政府性债务风险方面，要加强政府性债务管理，实行规模控制，分类纳入预算管理，逐步消化债务存量。金融风险方面，要深化金融安全区创建工作，坚决打击非法集资、高息揽储、金融诈骗等违法违规金融活动，禁止领导干部和国家公职人员参与涉矿涉砂涉房地产等非法入股、地下经营活动，完善金融突发事件应急预案，增强预见性和处置能力，确保全县不发生金融安全事件和系统性金融风险。二要坚决防范化解安全风险。树立安全发展理念，让生命至上、安全第一的思想深入人心。要健全防控网络，突出隐患治理和日常管理，保障交通安全；要提升防灾减灾救灾能力，抓好山洪地质灾害防治工程，完善应急预案，落实查险除险工作，保障汛期安全；要围绕创建省级安全生产示范单位这一目标，落实安全生产责任制，继续开展“落实企业安全生产主体责任年”活动，推动“一单四制”常态化、规范化、高效化运行，加强基层监管队伍建设，实现监管方式“三个转变”，坚决防范和遏制较大及以上安全事故，保障生产安全。三要有效防范社会管理风险。牢牢守住社会稳定底线。要加强社会治安立体化、现代化防控体系建设，进一步巩固和扩大网格化管理、综治中心和“雪亮工程”建设成果，狠抓严打整治和群防群治，构建“五联”工作格局，继续深化平安衡山创建。要认真落实领导干部接访责任、初信初访处理责任、信访事项首办责任和重大疑难信访问题“五包一”责任，确保赴省进京集访“零发生”，赴京非访“零登记”；健全社会矛盾排查预警、多元化解机制，依法妥善处置有关群体性事件，不断提高社会治理社会化、法治化、智能化、专业化水平。

三、转变作风，压实责任，以强化党的领导为关键牢牢把握经济工作主动权

坚持党的领导是做好经济工作的根本原则。要把党的领导贯穿经济建设各领域、全过程，为推动高质量发展提供坚强保证。

1. 不断增强谋划和推动新时代发展的能力。一要把握遵循。牢固树立、不断增强"四个意识",任何工作都以贯彻党中央决策部署为前提,把讲政治落实到经济发展的方方面面。要坚决反对经济工作中的分散主义、自由主义、本位主义、山头主义,确保令行禁止;要坚决贯彻习近平新时代中国特色社会主义经济思想特别是新发展理念,端正政绩观,摒除短期行为,着力提升发展的质量和效益,确保可持续发展;要坚决落实中央、省、市进一步作出的经济工作细化安排和具体措施,找准自身结合点,确保上级政策要求落地见效。二要把握规律。大兴学习之风、调查研究之风,完善知识结构,丰富实践经验,补齐能力短板。要善于用科学的方法分析经济形势、认识经济问题,把握好经济发展规律;全面梳理党的十八届三中全会以来我县落实上级改革部署的情况,认真总结经验和教训,把握好改革推进规律;根据新时代社会主要矛盾的新变化,积极呼应人民群众关于美好生活的新需求,把握好社会治理规律,争当行家里手,像庖丁解牛一样游刃有余地驾驭和推动发展。三要把握方法。坚持"精准化",摸清经济运行的真实情况,掌握经济发展的问题症结,靶向施策,精准发力;提升"时效度",找准尽力而为与量力而行的平衡点,做到适时适度、科学有效;增强"统筹力",用好抓重点、补短板、强弱项这一推动发展的基本方法,协调推进改革发展稳定等各方面工作。

2. 始终保持干事创业的饱满激情和过硬作风。幸福是奋斗出来的。在新时代发展好衡山的各项事业,惟有真正的实干家、改革者和创业者才能胜任。全县广大党员干部,特别是作为关键少数的领导干部,必须努力做到"三要":一是要担当。担当是最起码的为政之德和最基本的党性修养。要有"为官避事平生耻"的思想自觉,始终牢记责任、恪尽职守,绝不让上推下卸、左格右挡的情况在自己身上发生;要有"一日无为、三日难安"的工作状态,拒绝庸碌懒散、等待观望,绝不让时间和机遇白白浪费;要有"不图名利、不计得失"的奉献精神,时时处处以事业和大局为重,绝不让私心杂念侵蚀真心、妨碍格局。二是要实干。实干才能兴业。要有脚踏实地的稳劲,少些夸夸其谈和评头论足,多些求真务实和埋头苦干,一锤一锤钉钉子、一件一件抓落实;要有雷厉风行的冲劲,目标和任务一经确定,就要立说立行、大干快干,做到案不积卷、事不过夜;要有攻城拔寨的韧劲,增强干事成事的信心和决心,有效应对改革之难和发展之艰,扎扎实实抓好各种急难险重工作。三是要争先。要追求图强进位、振兴崛起,决不因小进而沾沾自喜、小胜而徘徊不前,千方百计拓展强县富民之路;要坚持拉高标杆、力争上游,主动与高的比、与快的赛,推动更多工作进入省、市先进行列;要做到解放思想、大胆尝试,勇于在改革创新中挺立潮头、一马当先,积极探索新思路、创造新经验。

3. 健全完善传导压力、落实责任的有效机制。聚焦工作落实,全面增强干部队伍执行力和推动力。一是要完善责任捆绑机制。强化第一责任人责任,全县各乡镇、各部门主要负责同志要切实负起牵头抓总的责任,既注重整体统筹,保证本单位日常运转高效有序,又突出重点攻坚,全力以赴落实好县委、县政府安排的重点项目、重点工作;强化分管责任,全县各级领导班子要坚持分工负责制,县乡副职对自己分管的工作必须做到心中有数、责无旁贷,更加积极主动地履职尽责;强化责任分解,逐级逐层将责任分解到各单位、各部门,压紧压实到具体责任人身上,构筑一抓到底的完整责任链条。二是要完善督查调度机制。坚持全程紧密跟踪和推动落实。决定一旦作出、工作一经安排,督查力量就要迅速跟进,采取有力有效措施,把责任和压力督下去,把问题和情况督清楚,着力整顿工作中光打雷不下雨、调门高行动软的现象。对关系和影响全县改革发展大局的重要事项,更要盯住咬紧,适时调度讲评,扬先策后、鼓劲加压,或重点开展相关领导现场办公,面对面分析问题、研究对策,确保县委、县政府的安排部署事事有回音、件件有着落,取得良好预期效果。三是要完善考核奖惩机制。进一步健全完善与新发展理念和高质量发展要求相配套的考核办法,增强考核文件的科学性、针对性,力求更加全面客观准确评价各乡镇各单位的工作开展情况和改革发展绩效。进一步加强考核结果运用，对工作突出、成效显著的单位和部门，要大张旗鼓地进行褒奖，对工作落后的，要通报批评，对影响和拖累全县大局的，要果断启动问责程序。

4. 狠抓全面从严治党，切实服务和保障发展。一是要夯实基层基础。深入开展“支部建设年”活动，把全面从严治党要求落实到每个支部、每名党员；全面推进支部“五化”建设，以基层党建引领基层治理体系和机制创新；扎实抓好社区“两化两体系”建设，全面完成33个村级服务平台建设任务；统筹推进农村和城区基层党建、“两新”组织党建，努力使基层党支部真正成为宣传党的主张、贯彻党的决定、领导基层治理、团结动员群众、推动改革发展的坚强战斗堡垒。二是要激发队伍活力。以对党忠诚选忠诚于党的人、以事业为上选担当干事的人、以扎实作风选作风扎实的人，把政治标准放在首要位置，推进干部调配常态化，同时进一步加强干部培训学习和引才聚智工作，努力建设高素质专业化干部队伍。认真落实“三个区分开来”，探索建立容错纠错机制，强化为担当者担当、为干事者撑腰、让有为者有位的鲜明导向，有效保护和调动全县广大干部的积极性、主动性、创造性。三是要弘扬清风正气。围绕深入学习宣传贯彻党的十九大精神，持续深化“两学一做”学习教育常态化制度化，积极开展“不忘初心、牢记使命”主题教育。认真查找“四风”突出问题特别是形式主义、官僚主义新表现新变异，驰而不息纠正“四风”，坚决整治“为官不为”“为官乱为”等问题。进一步严明政治纪律、净化全县政治生态；扎实推进监察体制改革试点工作，以深化政治巡察为重点不断加强巡查工作，继续巩固扩大派驻监督改革成果；深化运用“四种形态”强化日常监督执纪，高悬反腐利剑，严肃查处一批群众身边的腐败问题。

同志们，百尺竿头更进一步，中流击水正当其时。让我们紧密团结在以习近平同志为核心的党中央周围，全面贯彻习近平新时代中国特色社会主义思想，深入推动党的十九大精神落实落地，坚定信心、攻坚克难，锐意进取、埋头苦干，大力推动经济高质量发展，为决胜全面建成小康社会、建设“四个新衡山”而努力奋斗！

政府工作报告

——2018年1月10日在衡山县第十三届人民代表大会第三次会议上

县长 蒋青

2018年1月10日县委副书记、县长蒋青在县十三届人大三次会议上作《政府工作报告》

一、2017年工作回顾

过去一年,在市委、市政府和县委的坚强领导下,在县人大、县政协的监督支持下,县政府团结带领全县人民,积极应对转型压力,成功抵御特大洪灾,攻坚克难,砥砺前行,实现了新一届政府的良好开局。一是保持了经济运行的向好态势。全年实现GDP167.22亿元,增长8.6%;完成一般公共预算收入9.29亿元,税占比69.43%,提高9个百分点,财税收入质量大幅提升;完成固定资产投资110.55亿元,增长18%;实现社会消费品零售总额32.83亿元,增长10.8%;城乡居民可支配收入分别为30537元、19078元,分别增长8.4%、7.9%,经济增速位居全市第一方阵。二是办成了多年想办而没有办的事。建成垃圾压缩中转站,环溪垃圾填埋场实行封场整治,殡仪馆及陵园建成主体工程,黄花新区完成98.2%的房屋拆迁量,紫巾沿山公路突破拆迁瓶颈加紧建设,开云大道快速推进,黄花路开工建设。三是增进了广大干群的民生福祉。民生支出占财政总支出比重超过70%,教育、社会保障等财政支出分别增长14.36%、17.22%。全面小康实现程度有望达到92%。通过"一卡通"发放强农惠农资金8134万元。村主干待遇大幅提高。四是展示了开放自信的奋进形象。获批国家田园综合体试点县,荣获全国"平安农机"示范县称号,白果镇获评全国文明村镇,江东乡获评全国群众体育先进单位。顺利通过省级卫生县城复审,成功创建全省现代教育技术实验县,衡山黄鸡获批全省农业特色产业"一县一特"项目,安全生产连续两年进入全省先进行列,计生工作继续保持领先水平,十九大安保维稳工作全市先进,综治民调排名持续提升。五是夺取了抗洪救灾的全面胜利。全力以赴、奋力迎战百年一遇的特大洪涝灾害,科学研判,精准施策,众志成城,在湘江干流衡山段两次超警戒水位的情况下,实现了不垮一库、不溃一堤的防汛目标,夺取了抗洪救灾的全面胜利。

一年来,我们主要做了以下工作:

——提质主导产业,实体经济不断壮大。现代农业方面:新增种粮大户170户,发展农业产业化龙头企业4家,新注册农民专业合作社44家、家庭农场36家,休闲农业企业发展到60家。农村土地确权登记颁证工作扎实开展,累计流转土地面积19.7万亩,成功承办全省农村一、二、三产业融合发展试点工作现场会。工业经济方面：规模工业增加值增长8.4%，新增规模工业企业12家。高新技术企业发展到11家，高新技术企业增加值占GDP比重超过15.5%。工业园区通过省级高新技术产业园评审，新引进项目8个，十大工业项目集中开工，新金龙纸业、恒信锌钢二期等11个工业项目实现投产或试产，完成工业污水处理厂二期建设。旅游三产方面：新发展市场主体1858户，新增外贸"破零倍增"企业[1]共3家。房地产开工面积26.4万平方米。启动全域旅游规划编制，西游洞天矿洞景区加快建设，东湖旅游小镇启动建设，总投资16亿元的仙逸人间、总投资20亿元的虎山福地等旅游项目稳步推进，成功举办第四届乡村生态旅游节，衡山旅游影响力进一步扩大。

——培育新生动能，发展活力持续增强。重点改革实现突破。"放管服"改革逐步深化，开通政务服务"绿色直通车"，48个单位一对一联手帮扶企业，解决具体问题110个。行政审批"两集中、两到位"[2]稳步开展，省级投资项目网上审批办结67件，政务服务中心综合大楼完成主体工程建设。供销社综合改革扎实开展，在全省率先成立农村合作经济管理服务中心。不动产登记制度改革深入实施，登记发证实行"一站式"服务。投资融资持续增长。新增信用乡镇6个、信用村63个，市级金融安全区创建进入验收阶段，贷款增速、存贷比增速排名全市第一。银农合作发放农业贷款3.06亿元。63家企业单位获得金融机构贷款13.77亿元。发改线争取国省预算内资金8760万元。四大投融资公司融资16.8亿元。完成国土收入4.2亿元，批回项目建设用地2589.7亩。招商引资成效较好。新引进投资过千万元项目23个，其中投资过亿元项目14个，在谈项目18个，参加衡州经济论坛签约率、履约率均达100%。全年实际到位内资27.67亿元、外资1.32亿美元。

——坚持统筹发展，城乡面貌大幅改观。县城品质逐步提升。沿江路完成提质改造，衡山大道西线、开云南路延伸线完成路基工程。城乡生活垃圾处理一体化PPP[3]项目、湘江水厂提质项目全面实施。开云新区征地427亩，新建古韵衡山安置区，安置拆迁户40户，建成客户服务中心。黄花新区完成规划二路、规划三路路基工程，体育公园启动建设。农村条件持续改善。提质改造农村公路50公里，实施安保工程63.8公里，改造危桥3座，新建农村招呼站50个。完成高标准农田项目6个、水田开发项目4个。改造农村电网34个村。完成县城—福田铺天然气管网铺设。建立邮政综合便民服务站168个、"网上供销社"网点86个。第一批电信普遍服务试点通过市级验收，乡镇集镇光纤覆盖率、固定电话覆盖率、4G信号覆盖率均达100%。人居环境不断优美。县城主要区域实行分片区保洁责任制，城区保洁覆盖面100%。城管执法机制不断完善，超限超载、占道经营、渣土管理、乱停乱放等专项整治效果较好。整治农村人居环境重点村26个，建成秀美村庄34个，建设"美丽乡村"示范片1个、示范村15个。白果镇获评市级卫生乡镇。

——强化为民服务，民生保障更加有力。社会保障水平有效提升。新增城镇就业2544人，农村劳动力转移就业2500人，下岗失业人员再就业1109人，发放创业担保贷款1994万元。成立城乡医保管理服务中心，实现"两保合一"运行，参保率98.22%。新建城乡养老服务示范点5个，福田铺敬老院建成投入使用。清理不符合条件的城乡低保对象308人，城乡低保月补差分别达300元、179元，实现扶贫标准和低保救助"两线融合"。解决农村饮水不安全人口7671人。改造城市棚户区1064套，改造农村危房408户。各项社会事业取得进步。高考、中考成绩保持全市领先，黄花小学启动建设，改造义务教育合格学校8所，"三通两平台"[4]建设取得实效，义务教育发展基本均衡通过国家检查验收。人民医院综合大楼开工建设，疾控中心启动搬迁，组建医联体8家，建成乡镇中医馆2个。"诚信计生"工作全面开展，计划生育服务管理不断优化。广播电台恢复播出，广电手机台建成上线。毛泽建烈士纪念馆实现开馆，体育馆加快建设，新增健身路径45条。深入开展文化惠民活动，公共文化服务项目免费接待42万人次，衡山民俗花灯调《一塘清水一塘莲》获全省"欢乐潇湘"群众文艺汇演一等奖。

——全面落实责任,底线工作牢固扎实。坚守脱贫攻坚底线。深入开展结对帮扶,建档立卡贫困户结对帮扶覆盖率100%。扎实推进产业扶贫,26个重点贫困村基本实现村村有产业。易地扶贫搬迁319户、安置1095人,统筹推进教育、健康、光伏、电商、金融等扶贫措施,成功摘帽8个贫困村,脱贫4543人。坚守环境保护底线。以铁腕重拳推动中央环保督察整改落实,21件交办件全部办结。认真抓好"绿盾2017"专项行动巡查整改,12家矿山企业全部关停,58个人类活动点、23家矿产品加工企业整改扎实推进,一批群众反映强烈的环境问题得到有效解决。坚守社会稳定底线。安全生产形势持续好转,未发生较大以上安全事故,开云镇、白果镇成功创建省级安全生产示范乡镇。扎实开展信访积案清零,包案化解信访案件115件,圆满完成十九大安保维稳任务。完成社会治安视频监控系统第八期建设,在全市率先成立社区戒毒康复中心、禁毒协会,组建网格化管理中心,社会治理实现网格化管理,禁毒工作、打黑除恶、打击多发性侵财犯罪、刑事案件破案率排名全市第一,群众安全感和满意度大幅提高。

——突出务实清廉,政府建设卓有成效。全面实施行政执法三项制度改革试点,出台《衡山县政府合同管理暂行办法》,成立政府法律顾问团队,"七五"普法深入开展。完成党政门户网站集约化建设,"决策、执行、管理、服务、结果"五公开稳步推进。自觉接受人大法律监督、政协民主监督和社会各界监督,办理人大议案1件、代表建议151件、委员提案81件。扎实推进"两学一做"学习教育常态化制度化,全面落实党风廉政建设责任制,认真开展巡察工作,持续加大行政监察和审计监督力度,纪检监察机关办案104件,审计部门开展各类审计46个,一批违规违纪问题得到有效处理。

国防动员、人民防空、民兵预备役和双拥、优抚安置工作进一步加强。村(社区)两委换届选举圆满完成,第三次全国农业普查、所有行业协会商会与行政机关脱钩工作全面完成。残联、气象、水文、烟草、邮政、保险、石油等工作取得新成绩,工会、共青团、妇联、档案、史志、民族宗教、外事侨务、对台、老龄、老干等工作取得新进展。

这些成绩的取得,离不开上级党委政府和县委的正确领导,离不开县人大、县政协的监督支持,离不开全县人民的奋力拼搏。在此,我代表县人民政府,向为全县经济社会发展做出积极贡献的广大干部群众、知识分子、驻军指战员、武警和消防官兵、公安干警、离退休老同志,向民主党派、工商联、人民团体、无党派人士,向关心支持衡山发展的各界朋友表示衷心的感谢!

在总结成绩的同时,我们也看到,全县经济社会发展还存在一些困难和问题,主要表现为:产业发展链条短、层次低,支撑能力不强,实体经济面临诸多困难;增加财政收入和降低非税收入比重的矛盾仍然比较突出;城乡协调发展不平衡,城镇化水平不高、进程不快,农村基础比较薄弱;民生工作任务较重,脱贫攻坚、就学、就医、社会保障等方面仍需加大工作力度;政府自身建设有待加强,干部能力素质还需进一步提高。对于这些问题和不足,我们将高度重视,采取切实措施,努力加以解决。

二、2018年总体要求和预期目标

2018年是贯彻党的十九大精神的开局之年,是改革开放40周年,是全面建成小康社会、打赢脱贫攻坚战的关键一年。做好政府各项工作,对巩固和延续良好的发展势头至关重要,必须深化认识、把握重点、加压奋进。

今年政府工作的总体要求是:全面贯彻党的十九大精神,以习近平新时代中国特色社会主义思想为指导,认真落实中央、省委、市委、县委决策部署,坚持稳中求进工作总基调,紧扣社会主要矛盾变化,以提高发展质量和效益为中心,以推进供给侧结构性改革[5]为主线,坚定不移实施园区提速、城乡提质、旅游提升、民生提标"四大工程",优化结构抓项目,转型升级强产业,深化改革增后劲,统筹城乡促融合,加大投入惠民生,推动经济发展质量变革、效率变革、动力变革,加快建设"四个新衡山"、决胜全面建成小康社会。

主要目标是:GDP增长8.5%左右,一般公共预算收入增长5%左右,固定资产投资增长15%左右,社会消费品零售总额增长12%左右,城乡居民收入增长8.5%左右,坚决打好防范化解重大风险、精准脱贫、污染防治“三大攻坚战”。

实现上述目标,必须切实把握以下原则:

——坚持党的领导不动摇。党政军民学,东西南北中,毫不动摇坚持党对一切工作的领导,坚决维护以习近平同志为核心的党中央权威,切实增强“四个意识”[6],不断提升干部群众凝聚力、战斗力、执行力,指导和引领政府工作有序开展。

——坚持解放思想不停步。观念决定思路,思路决定出路。立足县情实际,遵循客观规律,把握发展趋势,冲破不合时宜的观念和体制束缚,以开放的视野谋划发展,以务实的举措破解难题,以创新的理念推进工作。

——坚持加快发展不懈怠。准确把握新时代的新要求,抓重点、补短板、强弱项,突出项目带动,注重投资拉动,壮大实体经济,培育主导产业,加快城乡融合,推动更高质量、更有效率、更加公平、更可持续的发展。

——坚持民生至上不偏向。始终把实现好、维护好、发展好人民群众的根本利益作为政府工作的出发点,更加注重保障和改善民生,更有力地维护公平正义,在共享发展成果中凝聚力量,不断满足人民日益增长的美好生活需要。

三、全面完成各项工作任务

围绕经济发展预期目标,重点做好七个方面工作。

(一)以“三大攻坚战”为引领,落实经济发展新要求

1.打好防范化解重大风险攻坚战。重点是防范化解政府性债务和金融风险。政府性债务风险方面:加强政府性债务管理,建立健全“借、管、还”相统一的机制,对政府性债务实行规模控制,分类纳入预算管理。规范政府举债融资方式,严格依规实施PPP、政府购买服务、政府投资基金等项目,加快融资平台转型,逐步做实融资平台,缓解财政资金不足的压力,降低财政风险。金融风险方面:落实金融风险处置属地管理和审批主管行业责任,严密防控非法集资、民间融资、互联网金融等金融风险。地质灾害防治方面:完成岭坡朝圣村、店门九观桥村、育英街、衡萱线冷水井段山体滑坡地质灾害治理,推进白果国光地质灾害、长江霞流冲采煤沉陷区治理,消除重点区域地质灾害隐患。安全生产方面:落实安全生产“一岗双责、党政同责、失责追责”要求,加强重点行业领域监管,坚决遏制较大以上事故发生。

2.打好精准脱贫攻坚战。落实“两不愁、三保障”要求,因地制宜完善产业发展规划,明确产业扶贫路线图,引导贫困户主动投身产业扶贫。发展壮大26个重点贫困村的主导产业,大力发展特色农产品种植业、精深加工业,积极发展乡村文化旅游,力促每个贫困村有一项主导产业、一个专业合作组织,让产业成为脱贫攻坚的关键支撑。开辟农村公路养护、乡镇卫生保洁等公益性岗位,拓展困难群众就业渠道。加大教育扶贫力度,确保每个贫困家庭的孩子都能接受良好教育,坚决阻止贫困现象代际传递。扎实推进电商、光伏、金融扶贫,同步推进面上村扶贫,整合各类涉农资金,解决好农村交通、电力、水利等基础设施滞后问题,既努力实现脱贫目标,更为农村长远发展打好基础。

3.打好污染防治攻坚战。治理方面:加大农业面源污染防治力度,做好畜禽污染物资源化利用和无害化处理,启动农村污水处理厂及管网建设。积极配合南岳衡山国家自然保护区管理局完成调规,加强治理和整改,切实修复生态环境。建设方面:继续推进省政府“一号重点工程”第二个三年行动计划,取缔湘江衡山段水上餐饮。大力实施林业生态修复,全面完成绿化增量提质任务,实施通道绿化200公里。加大萱洲湿地公园保护力度,建成萱洲湿地广场,开展湿地保护和修复工程,确保顺利通过国家考核验收。保护方面:开展“森林禁伐减伐三年行动”,严厉打击毁林犯罪行为,森林火灾受害率控制在1‰以下。严格耕地保护政策,完成基本农田保护标志牌设置工作,推进耕地数量、质量和生态三位一体保护。严格水资源管理,落实“河长制”责任,深入推进“一河一策”试点,严查重大水事违法案件,水功能区达标率85%以上。

(二)以项目建设为重点,促进投资规模新增长

1.全力以赴推项目。坚持以重大项目为抓手,

聚焦产业项目建设,深入实施“产业项目建设年”活动,立足产业基础和发展优势,科学制定2018年项目库,实施重点项目90个左右。认真钻研、积极对接国家产业政策和投资方向,精准做好项目筛选、储备、申报等前期准备工作,策划包装项目50个以上,深度开发项目20个以上。探索建立项目资金争取考核办法,制定项目前期经费使用管理办法,充分调动各部门争取项目的积极性。落实“四上企业”[7]培育扶持政策,新增“四上企业”15家以上。继续实行“五个一”项目工作机制,扎实开展企业联手帮扶,夯实工作任务,明确时间节点,强化跟踪服务,力争全年的计划项目开工率、投资完成率均达到100%。

2.凝心聚力促招商。坚持招商与选商并重、规模与效益兼顾,进一步完善项目论证机制,严把项目质量关和招商效益关,着力引进五百强企业、实力央企及行业领军企业。积极参加湘商大会、衡州经济论坛等招商节会,创新招商形式,引老乡、回故乡、建家乡。利用比较优势,突出全域旅游、新型工业、现代农业、城市建设等重点领域,主动对接沿海产业梯次转移,策划一批招商项目,确保新引进投资过千万元项目20个以上,其中过亿元项目5个以上。

3.多措并举强保障。紧盯国省政策动态,在乡村振兴、环境保护、基础设施建设等领域包装一批项目,争取进入国省项目笼子,力争到位国省预算内资金1亿元以上。高效集约利用土地,开展重点区域土地收储整理,对圈而不建、占而不用的项目依法收回闲置土地,确保重点区域和项目用地需求。用好城乡增减挂钩、低丘缓坡开发利用政策,加大用地报批力度,有序做好土地储备和出让工作,全年批回土地2000亩以上,净地出让500亩以上。认真落实国家拆迁补偿政策,统筹解决被拆迁群众的安置、出路和发展问题,依法依规有序推进征地拆迁。

(三)以转型升级为核心,推进产业调整新突破

1.做精文化旅游。牢固树立整个县域是景区、乡村山水是景点、各行各业是要素的全域旅游理念,编制《衡山县全域旅游规划》,以规划为引领,建设一批精品景区景点。提质西游洞天花果山景区,加快矿洞景区建设。建设华夏湘江项目,推进虎山福地旅游区建设,提质改造萱洲古镇,新建仙逸人间旅游区龙逸小镇,争取紫盖峰旅游度假区的游客中心、民宿客栈投入使用。加快东湖旅游小镇建设,开工建设天娥湖民俗文化园,扎实推进永铭山庄项目,力争寿岳颐园健康小镇取得实质性进展。开发禹文化,建设大禹特色小镇。规划建设紫金山公园入园广场,启动北入口建设,争取创建国家3A级景区。深度开发野莓谷景区、雷钵峰景区、岳北花海、唐群英故居、文立正故居等一批旅游景点,打造2~3个乡村旅游精品景点。着力完善旅游配套,新建或改造旅游公路14公里,新增旅游公厕15个、旅游停车场8个,新建乡村旅游服务区5个,编印衡山旅游手册,举办第五届乡村生态旅游节等系列节会活动,不断提高衡山旅游知名度和影响力。

2.做强新型工业。统筹弘山科技工业园、青山工业小区,推进工业园区建设,征地拆迁2000亩以上,平整土地2000亩以上,新建标准厂房10万平方米,油化改造工业大道、青山大道、坪塘路,硬化恒信路,建成春昌路、兴园路,完成市场服务中心建设,新增开发面积1平方公里,实现园区税收2亿元以上,争取综合排名进入全省前35位。建成佳诚新材料二期并启动三期触控膜项目,扩建新金龙纸业新生产线,确保嘉力机械二期、信联怡宝水二期投产达效,力争冠力塑胶二期竣工投产,推动重点企业原地倍增。加快衡山汽车、恒岳重钢改造升级步伐,扶持皕成科技扩股增效,支持春昌钨业引进战略合作者投资共建,加快兆鑫陶瓷扩产步伐,力促耀湘机械、湘杭铝业、恩尼赛新材料实现投产,推动优势企业转型升级。建立中小企业发展基金,帮助中小企业解决融资难、融资贵、融资慢的问题。盘活存量促增量,整合优势企业,确保规模工业总产值超过100亿元,规模工业增加值增长8.5%以上,新增规模工业企业8家以上。

3.做优现代农业。稳定粮食生产,粮食播种50万亩以上,保持粮食总产20万吨以上,优质稻率超过95%。立足优势产业,发展壮大优质稻、有机茶、中药材、小水果、湘黄鸡等特色农产品,高标准办好

白果、江东、贯塘、新桥等优质稻示范片，做强开云白茶，做优福田铺有机米，开发萱洲、岭坡、东湖中药材种植基地，建设海大生猪环保养殖项目，提质扩面西(香)瓜、猪血桃、黑提、冬枣、沃柑、席草等特色农业。建成农产品烘储加工中心，新建特色油茶产业园1个，建设省级生态循环农业示范项目2个，新建精品果园、生态有机茶园5个以上，扶持优势品牌3个以上，打造省市名牌产品2个以上。积极培育新型农业生产经营主体，新增省市农业产业化龙头企业5家以上，新发展家庭农场、农业合作组织20家以上，创建省市示范农机合作社8家以上。加快推进国家田园综合体试点，完成六大支撑体系14个子项目建设，构建以桃李种植、粮油生产加工、农村休闲旅游为重点的一、二、三产业融合发展产业链。

4. 做活商贸服务业。以现代商贸、餐饮娱乐、房地产为重点，推进商贸服务业提速发展，确保新增市场主体1000户以上，培育限额以上商贸企业5家以上。建成科林宾馆，争取新建四星级以上酒店1家，完成农资储备物流配送中心建设，力促创品家居广场竣工投入运营，发展连锁超市、物流配送等新型业态。依托惠农综合服务工程示范县项目，建设县级农产品交易中心，建成新型职业农民培训中心，升级改造电子商务综合服务平台。优化投资环境，加强市场引导，激活房地产需求，保持商品房销售面积稳健增长，确保全县建筑业完成建安总产值7亿元以上。

(四)落实乡村振兴战略，构建协调发展新格局

1. 加快乡村振兴步伐。按照城乡一体化的思路，完善农村水、电、路、气等基础设施。开工建设G240白果—长青公路、S219东湖—日华公路，建设南岳高速公路萱洲互通及连接线，开展白果—南岳高速公路建设前期工作，加快湘江二级航道及停泊区建设。新建农村公路50公里(含自然村水泥路40公里)、拓宽提质50公里，实现组组通水泥路；改造危桥3座、渡口3处，建设农村招呼站50个。启动农村供水工程建设，新建中峰水厂，改造店门水厂、东湖水厂，建设岭坡、东湖水源工程。全面完成14个村的农村电网改造任务，完成20个贫困村光伏发电接网工程。加快实施后山片燃气工程，建成县城—白果管道燃气线路并实现通气。落实农村承包地“三权”分置要求，探索盘活用好闲置农房和宅基地办法。扎实推进“美丽乡村”建设，提质萱洲“美丽乡村”市级示范片，同步发展其他示范村。加强美丽宜居乡村建设，深入开展农村环境综合整治，以推进“厕所革命”[8]为引领，取缔农村学校、集镇及周边社区等重点区域的旱厕，全力整治村容村貌，着力改善农村人居环境。统筹农村综合公共服务中心建设，新建或改建部分条件落后的村部。加强乡风文明建设，继续开展“文明好家风”创建活动，引导村民摒弃传统生活陋习，助推农村移风易俗，支持一批基础较好的村镇创建全国文明村镇。

2. 完善规划布局。遵循发展规律，科学修订城乡规划，切实完善规划布局，使之与资源、环境、空间承载力相适应。重点做好县城总体规划修编，完成工业园区、老城区控制性详细规划编制，修订乡镇总规和控制性规划，优化城镇空间总体布局，强化“多规合一”，构建城乡一体化发展格局。下放村庄规划的行政许可权到乡镇政府，加强乡镇政府对规划的管理，推进村庄规划全覆盖。严格规划执行，实行重大项目规委会集中审批和责任追究制度，严厉打击违法用地和违法建设行为，切实维护规划的权威性、严肃性。

3. 加快拓城提质。新城建设方面：开云新区征地500亩以上，储备土地300亩以上，启动九龙大道东延线建设，开工北二环路，建设综合汽车站、污水处理厂，争取南岳衡山国际康养城、“衡山窑”项目落户。黄花新区出让土地300亩以上，完成安置房建设任务，完成规划二路、规划三路、规划四路和白竹路建设，建成加油加气站，建设体育公园，启动公交总站建设。路网完善方面：建成开云大道并实现通车，拉通衡山大道西线、开云南路延伸线，完成黄花路建设，建成紫巾沿山公路，初步形成县城道路环形外网。城区提质方面：油化改造麋城路，改造育英街、先农花园，完成背街小巷改造任务，亮化提质人民路、解放路，完成开云南路二期建设。建成城乡生活垃圾处理一体化PPP项目，完成环溪垃圾填埋场封场整治，新建湘江二水厂，提质改造老水

厂。建成人防地面指挥所,新建人防疏散基地。开工建设琵琶湖公园,加快周边片区土地储备和开发,打造县城宜居宜业新亮点。

4. 抓好县城管理。启动城市建设管理年活动,以"四城同创"为抓手,巩固省级卫生县城创建成果,实施城市基础设施提质行动,开展省级园林城市、交通模范城市、文明城市创建。落实"门前三包"管理机制,继续实施县城分片区卫生保洁制度,完善配套设施,扩大保洁范围,城区卫生保洁覆盖率保持100%。扎实推进"三清三建",清理牛皮癣、清扫废弃物、清除违章搭建物和非法广告,有序实施建路、建园、建绿。充分发挥社区在县城管理中的作用,引导社区居民参与共建共治。加大对县城特别是城乡结合部占用公共区域种菜、饲养家禽现象的整治力度,全面治理城区黑臭水体。合理规划城区停车位,加大公共厕所建设力度,逐步向公众开放机关单位的停车场和厕所,方便群众日常生活。着力推进县城重点区域"禁止燃放烟花、限制燃放鞭炮"工作,加强在建工地渣土消纳和运输管理。深化殡葬改革,建成殡仪馆及陵园并投入使用,实现城区殡葬规范化管理。

(五)以改革创新为动力,拓展持续发展新空间

1. 深入推进重点改革。稳步推进财税体制改革,完善财政重大事项决策机制,建立预算约束机制,提高财政资金使用效率,推行国税、地税联合办公。深化商事制度改革,严格执行前置和后置审批事项目录,优化个体工商户的准入、管理和退出机制。扎实推进人事制度改革,实施事业单位工作人员聘用制度,实行事业单位岗位动态调整管理,落实事业单位岗位工资。深入开展农村集体产权制度改革,着力推进萱洲镇萱洲河社区、新桥镇石仓村改革试点,全面完成农村土地确权登记颁证工作,进一步强化农村集体"三资"管理。扎实推进医药卫生体制改革,巩固基本药物制度,建立基层远程会诊系统,初步实现分级诊疗。加快供销社综合改革,大力实施基层组织体系和惠农综合服务工程建设,提升"三农"服务能力。统筹推进教育、文化、民主法治等各项改革工作。

2. 不断扩大资本投入。创新融资思路和方式,加强策划与包装,积极推行PPP模式,吸引社会资本参与项目建设,重点推进琵琶湖公园、萱洲"美丽乡村"基础设施、"两供两治"等一批重大项目,争取一批项目进入省级PPP项目库,开工建设PPP项目3个以上。完成市级金融安全区创建,开展省级金融安全区创建前期工作,成功发行企业债券,提升金融工作内生动力。深入开展信用创建活动,建立全县金融服务企业数据库,引导中小企业提高融资能力,争取银企对接融资15亿元以上,资金到位率超过85%,实现金融机构的小微企业贷款、涉农贷款增量超过上年度。支持投融资公司依法依规融资,盘活存量资产,创新融资方式,实现融资20亿元以上。

3. 大力实施科技创新。加大科技投入,实施重大科技专项,探索建立科技成果转化股权和分红激励政策,全力培育创新主体,鼓励恒信锌钢建立省级研发中心,发展高新技术企业3家以上,高新技术产业增加值占GDP比重超过17%。注重科技成果转化,密切与科研院所、高等院校产学研合作交流,支持中小企业开展技术创新,实施产学研项目6个以上,完成专利申请量150件、发明专利50件,有效发明专利拥有量30件。继续推进"人才强县"战略,实施双开放式引才引智工程,促进技术、资本、信息、人才等要素优化配置。

(六)以人民群众为中心,谱写民生改善新篇章

1. 扎实推进全面小康。始终坚持如期实现全面小康的总目标不变,主动把握、积极适应全面小康指标体系的变化,严明工作责任,强化目标管理,一级抓一级,一级促一级,确保人人有责任、人人有担子。牢固树立问题意识,着力补短板,突出攻难点,重点补齐城镇化率、税占比、高新技术产业增加值占GDP比重、规模以上企业农产品加工值与农业产值占比等指标短板,确保按期保质实现全面小康,让广大群众充分享受全面小康带来的实惠。

2. 优先实施民生工程。在全面落实惠民政策的基础上,集中力量办好重点民生实事。坚持创业带动就业,大力开展全民创业,加强技能培训和就业援助工作,发放创业担保贷款1800万元,新增城镇就业2500人,新增农村劳动力转移就业3000人,扶

持失业人员再就业 1100 人;重视解决农民工工资拖欠问题,保证农民工工资按时足额发放。健全社会保障体系,推进"五大保险"扩面征缴,实施"五险统征"联网运行,跨省异地就医实现即时结算;发放居民健康卡,探索"互联网 + 医疗"服务新模式;落实老年乡村医生养老补助,农村适龄妇女"两癌"筛查、产前筛查全部免费。落实最低生活保障,提高城乡低保对象补差水平,城乡低保和五保供养水平达到全省标准,基本养老服务补贴覆盖率达 100%,全面完成民政基础设施项目建设,启动残疾人康复服务中心建设。加强保障房建设和供给,改造城市棚户区 490 户,发放廉租房住房补贴 1315 户。

3. 全面发展社会事业。落实"立德树人"根本任务,促进教育优质均衡发展;改善办学条件,建成黄花小学,完成城西完小改扩建,启动城北小学建设和二中搬迁;支持民办教育发展,做大做强德华盛星源高级中学并争创湘南名校;合理配置教育资源,引导师资队伍向农村学校倾斜,确保省级示范性普通高中 40% 招生名额分配到各初中;开辟进城务工人员子女入学绿色通道,建立留守儿童教育管理网络,加快城乡义务教育一体化发展。强化医疗保障能力,建成人民医院综合大楼,完成疾控中心搬迁,实施妇幼保健计划生育服务中心搬迁;深入推进"诚信计生"工作,落实各项计生利益导向政策,实现计生特扶人员"医养结合"全覆盖,加强社会抚养费征收,促进人口均衡发展,推进计生工作升类进位。构建公共文化服务体系,加强社会主义核心价值体系建设,继续开展"送电影送戏下乡"活动,组织"欢乐潇湘·幸福衡山"群众文艺汇演,"两馆一站"免费开放实现常态化,全年组织群众性文化活动 50 场以上;建设文化艺术中心,启动非遗剧场、工人文化宫建设,新建标准篮球场 5 个、健身路径 10 条,建设多功能运动场 1 个,建成体育馆,全力承办好省运会柔道项目比赛。

4. 不断强化社会治理。坚持系统治理、依法治理、综合治理、源头治理,严格落实访诉分离,认真解决群众合理诉求,依法化解涉法涉诉信访,严厉打击缠访闹访行为。加强食品药品安全监管,健全完善农产品监管体系,确保群众"舌尖上的安全"。加强应急体系和综合救援队伍建设,提高突发公共事件处置能力,防范和处置好公共安全新威胁。坚持社会管理工作重心下移,发挥"村民自治、群防群治"作用,采取"以奖代补"形式调动基层人民调解工作积极性,发挥更大实效;进一步夯实基层基础工作,推进社区网格化管理,提高综治民调排名。建成法院机关审判法庭,加快社区矫正中心、执法监督中心建设,新建或改建无房、危房派出所,建成市际公安检查站,推进视频监控系统第九期建设,实现乡镇街道、村主要路口高清监控全覆盖;严厉打击"盗抢骗"、涉黑涉恶、涉毒涉黄、聚众赌博、制假贩假等违法犯罪行为,保持社会和谐稳定。

支持驻衡部队建设,积极开展国防教育、国防动员、军民融合、国防设施保护和双拥、优抚安置工作,全力抓好征兵和民兵整组工作。认真做好第四次全国经济普查。进一步做好气象、水文、烟草、邮政、保险、石油、工会、共青团、妇联、史志、民族宗教、外事侨务、老龄、老干等工作。

（七）以自身建设为保障,树立务实清廉新形象

1. 强化依法行政,提升法治水平。大力推进"七五"普法,深化党员干部普法学习,落实政府法律顾问制度,全面推进行政执法三项制度改革,严格依法办事。执行《政府工作规则》,健全重大决策论证和问责纠错制度,完善行政执法程序,规范自由裁量权。自觉接受人大法律监督和政协民主监督,主动接受群众和舆论监督,认真办理代表建议和委员提案。

2. 转变政府职能,提升服务效率。深入推进简政放权,完善行政权力目录清单管理制度,加强对权力的内部制约与事中事后监管。深化政务公开,全面推行"决策、执行、管理、服务、结果"五公开。优化政务服务,搬迁政务服务中心,完成"两集中、两到位"改革,畅通政务服务"绿色直通车",即办件和"一审一核"件超过 65%。发展电子政务,建设"智慧衡山",办好"12345"政府服务热线,加快"互联网 + 政务服务"进程,让数据多跑路,群众少跑腿。

3. 改进干部作风,提升执行能力。继续推进"两学一做"学习教育常态化制度化,扎实开展"不

忘初心、牢记使命”主题教育,聚焦“四风”突出问题,特别是形式主义、官僚主义新表现,改进工作作风。倡导立说立行、真抓实干,只为落实找办法,不为落后找理由,力促政府工作定一件、干一件、成一件。完善政府督查考核机制,加大督查问责力度,强化考评结果运用,严格兑现奖惩,确保工作落实到位。

4. 坚持廉洁从政,提升政府形象。坚守廉洁从政底线,大力推进惩治和预防腐败体系建设,全面落实政府党风廉政建设主体责任和“一岗双责”,全力支持监察委员会组建及开展工作,构建集中统一、权威高效的监察体系。坚持把纪律和规矩挺在前面,严格遵守党章党纪,落实“互联网 + 监督”要求,加强重点领域审计监督,着力整治扶贫领域腐败问题,严查各类违法违纪行为,让群众切实感受到政风变化。

各位代表,幸福都是奋斗出来的,站在历史新起点,面对人民新期待,任何困难都挡不住奋进的脚步,任何挑战都撼不动突破的决心。让我们紧密团结在以习近平同志为核心的党中央周围,在县委的坚强领导下,锐意进取,真抓实干,为加快建成全面小康衡山而不懈奋斗!

名词解释:

【1】外贸“破零倍增”企业:进出口实绩为零的内贸企业实现进出口实绩零的突破,有进出口实绩的企业实现进出口实绩成倍增长。

【2】行政审批“两集中、两到位”:是指推进一个行政机关的审批事项向一个处室集中、行政审批处室向行政审批服务中心集中,保障进驻行政审批服务中心的审批事项到位、审批权限到位。

【3】PPP:又称PPP模式,即政府和社会资本合作,是公共基础设施中的一种项目运作模式。在该模式下,鼓励私营企业、民营资本与政府进行合作,参与公共基础设施的建设。

【4】三通两平台:“三通”即宽带网络校校通、优质资源班班通、网络学习空间人人通;“两平台”指建设教育资源公共服务平台、建设教育管理公共服务平台。

【5】供给侧结构性改革:就是从提高供给质量出发,用改革的办法推进结构调整,矫正要素配置扭曲,扩大有效供给,提高供给结构对需求变化的适应性和灵活性,提高全要素生产率,更好满足广大人民群众的需要,促进经济社会持续健康发展。

【6】四个意识:2016年1月29日中共中央政治局会议最早提出,是指政治意识、大局意识、核心意识、看齐意识。

【7】四上企业:是指规模以上工业企业、资质等级建筑业企业、限额以上批零住餐企业、国家重点服务业企业。

【8】厕所革命:是指对发展中国家的厕所进行改造的一项举措。2015年4月,习近平总书记对“厕所革命”作出重要指示。2017年11月,习近平总书记再次就旅游系统推进“厕所革命”工作取得的成效作出重要指示。

大　事　记

1 月

1 日，衡山县第三次全国农业普查入户登记工作启动。

1 日，花果山景区获评国家级 AAA 级旅游景区，为全县首个国家 AAA 级观光型收费旅游景区。

3 日，县委十届第 11 次常委会议召开。

3 日，县委书记、县人武部党委第一书记尹培国主持召开县委议军会，进一步明确党管武装和民兵预备役建设的任务和责任，研究武装工作中需要解决的问题。

5 日，黄花新区行政推动拆迁工作动员会召开。

9 日，衡山西游洞天・矿洞景区举行开工仪式。

10 日，全县 2017 年春运工作会召开。春运从 1 月 13 日开始，2 月 21 日结束，为期 40 天。

12 日，2016 年度全县乡镇党委书记履行基层党建工作责任述职评议会在县委六楼会议室召开。

12—13 日，县委副书记、县长蒋青到白果镇看望慰问百岁老人和困难群众。

12 日，《衡山年鉴（2016）》稿评会在县政府四楼会议室召开。

13 日，县委副书记、县长蒋青调研开云新城污水处理厂选址工作。

15 日，县委十届第 12 次常委会议召开。

17 日，省总工会副主席周乐红到县调研，参观衡山齿轮公司生产车间，了解企业生产经营、工会工作等情况。

17 日，2017 年衡山县老干部迎春茶话会举行。

17 日，衡山县召开 H7N9（一种新型禽流感）禽流感防控工作会议。

18 日，县委书记尹培国到县城及周边地区超市、加油站、电影院检查春节期间消防安全工作。

18 日，蒋青到大源渡航电枢纽二线船闸及停泊区工程调研，对该工程建设、征地拆迁等情况作详细了解。

19 日，市委常委、宣传部部长刘丽华到县走访慰问家境困难的衡阳市道德模范李伟娥和“身边雷锋・衡阳好人提名奖”获得者曹星。

19 日，县委书记尹培国现场指导县城亮化美化和春节氛围营造工作。

19 日，县委副书记、县长蒋青到县内部分重点单位和人员密集场所检查安全生产工作。

19 日，县委副书记、县长蒋青到佳诚新材料有限公司调研二期项目建设情况。

20 日，县委书记尹培国到开云镇看望慰问部分城镇困难职工、农村困难家庭和五保老人。

20 日，县第十三届人民政府召开第 2 次常务会议。

22 日，市委组织部派员到长江、白果等乡镇调研村“两委”换届工作。

22 日，县委十届 13 次常委会议召开。

23 日，县委书记尹培国到驻县部队看望慰问部队官兵，走访慰问部分离退休老干部和困难教师。

23 日，县委副书记、县长蒋青看望慰问部分老干部和驻衡部队官兵。

24 日，衡山县举行各界人士迎春茶话会。

24 日，县第十届纪委第二次全会召开。

24 日晚，县委副书记、县长蒋青到武广高铁衡山西站暗访春运工作情况。

26 日（农历腊月廿九），县委书记尹培国，县委副书记、县长蒋青等县领导先后到县信访局来访接待大厅、“110”指挥中心、“12345”政府服务热线指挥调度中心、自来水厂、消防大队、客运站等处，看望慰问坚守岗位的一线干部职工。

27日(大年三十),县委书记尹培国到县森林防火指挥部和紫金山森林公园督查森林防火工作。

2月

3日(农历新年上班第一天),县委十届第14次常委(扩大)会议召开。

4日,县委书记尹培国到卫生计生系统调研工作。

8日,福田铺乡白云村大学生村官秦玥飞在中央电视台被评为“感动中国十大人物”。

8日,2017年县委经济工作会议暨全县综治、计生工作会议在县剧院召开。

9日,衡山县2017年“项目建设年”暨企业联手帮扶动员大会、衡山县农村土地承包经营权确权登记颁证工作动员会先后在县委六楼会议室召开。

13日,县委书记尹培国,县委副书记、县长蒋青到萱洲镇召开华夏湘江国际农业产业示范园区项目现场办公会。

14日,县生活垃圾转运站建设项目开工仪式举行。

14日,市政府副市长龚学余到县检查指导中小学开学工作。

16日,县十三届人民政府召开第一次全体(扩大)会议。

16日,县委书记尹培国等领导专题调度黄花新区项目,并召开现场办公会,县委副书记、县长蒋青在会上就加快推进黄花新区项目建设作安排部署。

17日,县委中心组(扩大)学习会召开,集中学习《关于新形势下党内政治生活的若干准则》和《中国共产党党内监督条例》。

18日,市委副书记、市长周海兵到县专题调研重点项目建设。

20日,县委书记尹培国,县委副书记、县长蒋青专题调研开云新区建设工作。

22日,县委常委班子召开“两学一做”专题民主生活会。

22日,全县粮食生产工作动员大会召开。

24日,全县公安工作会议在县委六楼会议室召开。

24日,衡山县乡镇天然气综合利用工程在福田铺乡举行开工仪式。

27日,县委书记尹培国到现场调度黄花新区征地拆迁和项目推进工作,并巡查县城背街小巷,专项督查、指导创建省级卫生县城工作。

27日,县人民政府组织相关部门依法取缔6处非法采(洗)砂场;衡山县环溪垃圾填埋场封场治理开工仪式举行;全县小区物业公司环境卫生保洁工作调度会在政府四楼会议室召开。

28日,市委常委、副市长章彰率衡阳市多家金融单位负责人到县调研金融工作。

3月

1日,县委十届第15次常委会召开。

1日,省老科协执行会长唐之享率专家组到县考察调研农业示范基地建设。

3日,衡山县村(社区)党组织和村(居)民委员会换届选举工作动员会召开。

2日,以“弘扬雷锋精神,争创文明县城”为主题的衡山县学雷锋志愿服务活动在县人民广场举行启动仪式。

3日,县第十三届人大常委会举行第三次会议。

3日,全县农业农村暨精准扶贫工作会召开。

6日,湘江衡山段水位41.94米,为全年最低水位。

6日,湖南韶成科技股份有限公司一条年产18万吨高端活性氧化钙新生产线开工建设。

7日,县第十三届人民政府召开第三次常务会议。

7日,全县妇女代表举办文艺会演,庆祝第107个三八国际劳动妇女节。

8日,市督察组到县督查县域经济“植优补短”综合金融服务和新型城镇化工作。

10日,县委十届第16次常委会召开。

10日,衡山县第三批农村综合服务中心建设工作动员会召开。

10日,团中央领导万速成一行到县调研。

13日,全县防汛抗旱工作专题会议召开。

14日,县委书记尹培国到萱洲镇贺家山社区和长江镇柘塘村,调研指导“两委”换届选举工作。

14日,县委副书记、县长蒋青调研全县审计工作。同日,主持召开县人民医院急诊内科综合大楼建设项目现场办公会。

15日,县第十三届人民政府第4次常务会议召开。

15日,衡阳市委常委、市委秘书长张贺文,副市长廖健一行到县实地察看重点旅游项目建设情况,并就如何补齐旅游经济短板、大力实施全域旅游进行专题调研。

15日,市人大常委会副主任、总工会主席李慧星来县调研国税局工会工作。

16日,全县党务工作会议在县委六楼会议室召开。

17日,县政协十届二次常委会议召开。

17日,市委党校领导到县督查全市党校工作会议精神贯彻落实情况。

21日,县委十届第17次常委会议召开。

21—22日,县第十三届人大常委会第4次会议召开。

22日,衡阳市副市长龚学余到县调研科技创新工作。

22日,市督查组对衡山县突出生态环境问题和环境信访问题整改情况进行督查。

22日,县委书记尹培国到岭坡乡双河口村调研精准扶贫工作。

23日,县委副书记、县长蒋青到部分乡镇防汛重点河道、水库和堤坝等处,检查防汛责任落实和险情处置情况,现场调度防汛度汛工作。

24日,全县旅游发展大会在县委六楼会议室召开。

24日,衡山县信访工作暨“信访积案清零”行动动员会召开。

25日,湖南省第八批援疆工作队总领队、指挥长,省政府办公厅副主任、党组成员,新疆吐鲁番市委副书记颜海林,吐鲁番市委常委、组织部部长颜梅一行到开云镇山竹村考察农村综合服务中心建设工作。

26日,长江镇柘塘村和萱洲镇贺家山社区召开党总支换届选举大会,组织意图人选全部高票当选,为全县村(社区)党组织换届选举提供经验。

27—29日,政协衡山县第十届委员会第二次会议在县城召开。

28—30日,衡山县第十三届人民代表大会第二次会议在县城召开。

28日,省委理论学习中心组邀请国家安全监管总局党组书记、局长杨焕宁作《中共中央国务院关于推进安全生产领域改革发展的意见》专题辅导报告视频会,县有关领导和县直相关部门负责人在衡山县分会场收看视频会。

28日,湖南衡山潭农商村镇银行举行开业典礼。

29日,衡阳警备区参谋长宋玉清到县检查民兵整组和兵役登记工作。

29日,省委常委、省委统战部部长黄兰香到福田铺乡白云村考察黑土麦田公益组织,和乡村创客们交流谈心,到岳云中学考察民进全国会史教育湖南岳云基地,到县经开区考察高科技创新型非公企业衡山县佳诚新材料有限公司。

30日,衡山县全面推行河长制工作会召开。

30日,衡山县全面深化改革领导小组第17次会议召开。

31日,全省国家湿地公园迎检验收建设管理培训班在萱洲镇开班,来自全省各个市州的近百名湿地公园的负责人及相关业务骨干参加培训。

31日,全省全面建成小康社会推进工作电视电话会在长沙召开,县有关领导在衡山分会场收听收看。

4月

1日,湖南省“互联网+监督”工作电视电话会议召开。县有关领导在衡山分会场收听收看。

3日,县委书记尹培国先后到永和乡、萱洲镇、店门镇、开云镇、紫巾山防火关卡、长江镇、县森林防火指挥部、东湖镇,督查森林防火工作。

4 日,县委副书记、县长蒋青督查清明期间全县森林防火工作。

5 日,县委书记尹培国专题调度黄花路建设项目建设。

5 日,县委中心组召开学习会,专题学习《中国共产党工作机关条例(试行)》《领导干部报告个人有关事项规定》和《领导干部个人有关事项报告查核结果处理办法》(以下简称两项法规)《党委(党组)讨论决定干部任免事项守则》。

6 日,2017 年全县环境保护和安全生产工作会议、全县财税工作会议召开。同日,县人武部召开党委(扩大)会议。

7 日,十二届市政协文史学习和港澳台侨外事委员会第一次会议在衡山县召开。市政协副主席、党组副书记李平出席会议。

7 日,县委副书记、县长蒋青主持召开 2017 年度华夏湘江项目(美丽乡村)建设现场办公会。

7 日,县委反腐败协调小组会议召开,学习中纪发〔2016〕4 号文件及图解表,通报 2016 年纪律审查情况,对当年反腐败协调工作进行安排部署。

10 日,市政协主席廖炎秋专题调研萱洲新农村示范片建设。

10 日,副市长、市公安局党委书记胡志文到县调研公安工作。

12 日,县委书记尹培国组织召开开云大道项目建设专题调度会。

12 日,县委副书记、县长蒋青对城区学校布局及“大班额”问题进行专项调研。

13 日,2017 年衡阳市《政风行风热线》大型户外直播活动到衡山,县委副书记、县长蒋青作为访谈嘉宾同县直相关部门负责人一道,与现场观众听众“零距离”交流,接受现场群众的咨询和投诉,解答群众关心的热点难点问题。

14 日,省人大常委会委员、省人大环资委副主任刘尧臣到县调研环境保护与治理工作。

14 日,县防汛抗旱指挥部在新桥、九观桥水库举行水库防守演习。

17 日,全县乡镇人大工作暨人大系统反腐败工作会议召开。

18 日,市委书记、市人大常委会主任周农到县调研植优补短、项目建设、脱贫攻坚、村支“两委”换届以及特色乡镇建设等方面工作,指导推动衡山经济社会发展。

19 日,县第十三届人民政府第 5 次常务会议召开。

20 日,全县平安创建工作推进会在县剧院召开。

20 日,市委常委、政法委书记邓柯到县调研政法综治工作。

20 日,县委十届第 18 次常委(扩大)会议召开。

20 日,县委副书记、县长蒋青专题调度整治突出环保问题、农村环境综合整治和 2017 年烟花爆竹“打非清剿”专项行动。

20 日,开云镇紫巾社区 56 岁的刘合宽勇救掉入水塘 79 岁的老人,获“衡山县见义勇为先进个人”荣誉称号。

23—26 日,县委书记尹培国率代表团赴深圳市参加 2017 年“港洽周”衡阳市投资环境推介会暨重大项目签约仪式。

24 日,中央第六环境保护督察组督察湖南省工作动员电视电话会在长沙召开,县有关领导在衡山分会场收听收看。

25 日,由省统计局副局长杨跃涛任组长的省政府水资源考核组对衡山县 2016 年度水资源管理工作进行考核。

27 日,县委书记尹培国到扶贫联系点开云镇长安村,实地调度精准扶贫、精准脱贫工作,走访帮扶联系户。

27 日,全县金融工作暨创建市级金融安全区动员大会召开,县内 9 家金融机构与 23 家企业单位现场签订合作协议,确定了 15.01 亿元授信额度。

28 日,省人大常委会副主任李友志到县调研计划生育特殊家庭扶助关怀工作。

28 日,市中级人民法院院长张经伟调研白果镇瓦铺村精准扶贫工作。

30 日,县委书记尹培国到开云镇紫巾、大桥、先农等社区开展夜访活动,了解社区平安创建和社会治安综合治理等情况。

5月

1日,衡山县实施统一的城乡居民医疗保险制度。

2日,县委书记尹培国,县委副书记、县长蒋青对县内存在的突出环保问题进行专项督察,并召开全县突出生态环境保护问题整改推进会。

3日,县政府召开专题会议,研究部署创建市级金融安全区工作。

4日,全省推进"两学一做"学习教育常态化制度化工作视频会议在长沙召开,全体在职在家县级领导在衡山分会场收听收看。

4日,县委党校中青班学员赴珠晖区茶山坳镇和蒸湘区雨母山镇,学习观摩两地发展乡村旅游先进经验。

5日,县委书记尹培国到萱洲镇督查调研精准扶贫工作。

5日,市政协副主席许云生到县调研学前教育保障能力建设情况。

8日,县委书记尹培国到岭坡乡现场检查指导精准扶贫整改工作。

9日,县委副书记、县长蒋青到店门镇调度重点信访积案化解工作。

10日,省人民检察院党组成员、副检察长丁维群到县调研指导检察院进驻公安派出所检察联络室工作。

10日,副市长廖健到县调研指导水库防汛工作。

10日,县委十届第21次常委会议召开。

10日,2017年全县消防工作暨夏季消防检查工作会议召开。

11日,2017年县委第一轮巡察工作动员部署会召开。

11日,县人民法院举行首批入额法官向宪法宣誓仪式。

12日,衡山县举行招商引资项目签约仪式,衡山仙逸人间生态农业旅游区、衡山紫盖峰旅游度假区、衡山国际商贸城、衡山远径迪高房车营地、衡山一德医院5个项目签约在县域落户。

12日,衡山县反恐怖、打黑除恶暨护路护线工作推进会召开,并在城西完小举办大型应急宣传、演练和反恐演习。

13日,县太极拳协会举行以"品寿岳文化,话太极传播"为主题的太极拳交流活动,300多位太极拳爱好者参加。

15日,县政府十三届六次常务会召开。

16日,县委副书记、县长蒋青主持召开黄花路、琵琶湖公园及湘江风光带建设项目调度会。

17日,湖南农大国家新农村发展研究院与衡山紫冠生态农业有限公司联合组建的"衡山冬枣特色产业基地"正式挂牌。

19日,县十三届人大常委会第六次会议召开。

20日,市委副书记邓群策到县对脱贫攻坚工作情况进行暗访检查,并召开情况通报会。

20日,以"推进残疾预防、健康成就小康"为主题的衡山县公益助残活动在毛泽建公园举行。

22日,中共第十二届、十三届中央委员,文化部原部长,当代著名作家王蒙到县,参观唐群英故居,考察"天娥湖"项目拟选建地址,省作协名誉主席蔡测海等参加考察。

22日,十届县委第22次常委会召开。

23日,县委书记尹培国到扶贫联系点开云镇长安村走访帮扶联系户,调度精准扶贫、精准脱贫工作。

23日,县内降暴雨,降水量62.2毫米,全县1.18万人受灾,农田受灾47100亩,倒塌房屋13间。

25日,县委书记尹培国到福田铺乡调研指导脱贫攻坚工作。

25日,县第十三届人民政府第7次常务会议召开。

26日,衡山县禁毒工作会议召开。

26日,县委中心组(扩大)在县委六楼会议室召开集中学习会。

27日,县委书记尹培国到龙荫港排水站、白云寺水库等处督查防汛和水库除险工作。

27—29日,县委书记尹培国到开云、萱洲、永和、岭坡、白果等乡镇贫困村督查指导脱贫攻坚责任落实情况,走访慰问贫困户。

27日,县委副书记、县长蒋青到白果、贯塘、新桥等乡镇督查调度精准扶贫工作。

30日(端午节),开云镇大桥社区举办群益龙舟邀请赛,开云镇、永和乡、衡东新塘镇6支代表队参赛。

31日,县委副书记、县长蒋青到永和乡、萱洲镇、店门镇贫困村督查指导脱贫攻坚工作。

6月

1日,衡山县庆祝六一国际儿童节健美儿童表彰颁奖大会暨第二届少儿才艺电视大赛(幼儿组)决赛在星源学校举行。

2日,市委书记、市人大常委会主任周农到白果镇、岭坡乡贫困村实地督查指导脱贫攻坚工作。

2日,省人大常委会副主任、民进省委主委谢勇来县调研民进全国会史教育岳云基地的改造情况。

2日,纪念唐群英逝世80周年研讨会在衡山县举行,来自全国各地的专家学者共同缅怀"一代女魂"唐群英,探讨交流唐群英研究学术成果,并于先一天下午参观唐群英纪念馆、唐群英故居"是吾家"和岳北农工会旧址。

2日,市人大常委会副主任伍清明率市政府环保督查组到县督查环保问题整改情况。

5日,县委书记尹培国到岳云中学、衡山二中检查高考考点准备情况。

5日,省财政副厅长郭秀宏到萱洲镇调研田园综合体建设试点工作,实地考察华夏湘江国际农业产业示范园区。

6日,省委常委、省委政法委书记、省公安厅厅长黄关春到县调研指导政法综治工作,先后考察开云镇山竹村、云镇社区戒毒康复中心和城关派出所。省委政法委副书记、省综治办主任熊晓强,省公安厅副厅长谭和平等领导参加调研。

6日,县委副书记、县长蒋青到县城紫巾路、开云大道和殡仪馆3个重点项目建设现场,实地了解情况,听取汇报,调度指导。

7日,县委书记尹培国到贯塘乡五星村和白果镇湿田村检查脱贫攻坚集中整改工作进展情况。

7日,市委常委、衡阳警备区司令员贺小坤到开云镇山竹村督查指导民兵骨干参与脱贫攻坚工作。

8日,县委书记尹培国到店门镇检查指导贫困村脱贫攻坚工作。

12—13日,县委书记尹培国到长江镇、新桥镇检查指导脱贫攻坚突出问题集中整改工作。

13日,县委副书记、县长蒋青到开云镇、福田铺乡督查指导贫困村脱贫攻坚工作,并专题调度开云新区开发建设工作。

13日,县人大常委会召开2017年度专项工作评议动员会,县经济科技和信息化局、县交通运输和旅游局、县农业局等部门负责人作表态发言。

14日,全县"两学一做"学习教育常态化制度化暨基层党建重点工作推进会在县委六楼会议室召开。

14日,县委书记尹培国到江东乡南坪村和荷成村检查指导脱贫攻坚工作。

14日,县委副书记、县长蒋青检查指导东湖镇、新桥镇的精准扶贫工作。

14日,县人大常委会召开全县人大代表为民履职脱贫攻坚"五个一"行动暨"6·25"为民服务日活动动员会。

15日,县委书记尹培国赴花垣县调研由衡山县对口援助的吉卫镇夯来村旅游扶贫项目。

16日,2017年衡山县"安全生产月"启动仪式在县人民广场举行。

16日,县委副书记、县长蒋青督查指导江东乡南坪村、荷成村的脱贫攻坚工作。

16日,长江镇胜利村顺利完成妇联组织换届选举工作,拉开全县2017年妇代会改建妇联工作的序幕。

18日,《衡山县乡镇简志》由团结出版社出版,这是衡山县历史上首次出版的乡镇简志,在衡阳市是最先出版的乡镇简志。

19日,市人大常委会副主任伍清明到县走访部分市人大代表,并调研衡山县人大工作。

20日,全省财政票据日常管理工作座谈会在衡山县召开，全省14个市、州的财政票据管理人员共同探讨财政票据电子化管理工作。

20日，县第十三届人民政府第8次常务会议召开。

21—23日，县委书记尹培国率代表团赴北京参加2017年央企入湘对接暨衡阳市投资推介会。

21日，县十三届人大常委会第7次会议召开。

22日，县政协组织部分县政协委员对社区矫正和城乡居民医疗保险体制改革工作进行视察。

25日，受降雨影响，衡阳辖区内江河、水库水位明显上涨。湘江干流和主要支流水位均处于警戒水位以下。衡山县启动防汛III级应急响应。

26日，县委书记尹培国到岭坡、开云、永和等乡镇检查防汛抗灾工作落实情况。

26日，县委副书记、县长蒋青到开云、长江、店门等乡镇检查防汛责任落实情况。

26日，衡山县举行以“无毒青春，健康生活”为主题的纪念“6·26”国际禁毒日宣传活动。

26日晚，国家防总、省防总分别召开防汛调度电视电话会，县有关领导在衡山县分会场观看收听。会后，县委书记尹培国，县委副书记、县长蒋青组织召开县防指成员单位、各乡镇防汛工作紧急调度会。

27日，市委副书记、市长候选人郑建新到永和乡境内大源渡航电枢纽大坝、大源渡二级船闸及鱼道工程建设工段，实地了解防汛形势，现场指导防汛抗灾工作。

27日，全县食品安全工作会召开。

28日，县委书记尹培国到开云镇双全新村、长安村、东风社区走访慰问农村老党员和生活困难党员。

28日，衡山县庆“七一”羽毛球赛在县羽毛球馆开赛。

28日，县委十届第23次常委会召开。

29日，省委副书记乌兰到县调研“两学一做”学习教育情况，为开云镇山竹村党员讲党课，检查防汛抗灾、精准脱贫等工作，走访慰问困难党员，还深入开云镇双全新村考察现代皇茶产业园。

29日，县委书记尹培国到开云镇，就推进“两学一做”学习教育常态化制度化，为镇机关及村（社区）140余名党员干部上专题党课。

6月，县域共出现4次暴雨，其中21—30日的连续性梅雨过程降水量219.1毫米，达到洪涝灾害标准。1日、5日、25日、28日，县内出现暴雨，致使全县不同程度受灾，受灾人口44740人，倒塌房屋93间，受灾农田3780公顷，紧急转移人口365人，需紧急救援835人，河堤崩岸1285米，渠道损坏1578米，闸门损坏21座。

7月

2日，衡山县防汛抗灾会商会召开，决定启动防汛Ⅱ级应急响应。县委书记尹培国对县城湘江沿岸防汛工作进行督查，先后察看毛泽建公园、砂石码头、琵琶洲等湘江沿岸防汛重点地段，要求相关部门和乡镇要及时掌握汛情信息，确保信息畅通。晚上，县委副书记、县长蒋青到萱洲、永和、开云等乡镇督查防汛工作，检查毛泽建公园和老砂石码头防汛值守情况。

3日，县委书记尹培国主持召开挂职干部见面会，宣布市政协人口资源环境和法制委副主任肖志喜到县提名任县人民政府副县长候选人（挂职2年）；到萱洲、永和、开云和长江4个沿江乡镇，对湘江衡山段64.8公里岸堤防汛工作、干部值守情况等进行全面、细致督查；晚23时，到萱洲镇湘江村、白沙村防汛一线，督查指导管涌处置工作。

3日，县委副书记、县长蒋青到开云镇、长江镇督查湘江沿线防汛抢险工作。

4日凌晨4时，湘江衡山段水位52.50米，超警戒水位3.50米，为全年最高洪峰水位。

4日，县委书记尹培国再赴萱洲镇、永和乡检查指导湘江沿线防洪堤排险工作，慰问坚守一线的干部群众，前往开云镇青峰村灾民集中安置点看望受灾群众，指导抢险安置工作。

4日，市委书记、市人大常委会主任周农率市农委、水利、民政等部门负责人到县检查指导防汛救灾工作。

4日，县政协召开“知青”文史资料征集座谈会。

5 日,全省老科协农业科技示范基地经验交流会在衡山县召开。

5—6 日,县委副书记、县长蒋青到长江镇新源村、石桥铺社区和岭坡乡双河口村、洄水湾村督查调度精准扶贫工作。

6 日,县委书记尹培国到开云镇长安村检查精准扶贫建档立卡工作,进一步了解全县精准识别工作进展情况。

7 日,政协衡山县第十届委员会常务委员会第三次会议召开。

8 日,工业园恒信新材料公司王青平出手义救遭遇车祸受伤 4 岁男孩。此事迅速在网上广为流传,受到各界赞誉。后她获"衡山县见义勇为先进个人"荣誉称号。

10 日,市人大常委会原副主任、总工会主席李慧星到县指导工会工作。

12 日,县委十届第 24 次常委会召开。

12—18 日连续 7 天、21—30 日连续 10 天日最高气温≥35 度,达到轻度高温热害标准。

13 日,衡山新金龙业纸业有限公司举行揭牌仪式。

13 日,衡山县第四次归国华侨侨眷代表大会举行,选举产生侨联新一届委员会委员及其领导班子。

13 日,衡山县十大工业项目集中开工仪式在县经济开发区弘山工业园举行。

15 日,中国衡山 2017(第四届)乡村生态旅游节暨第四届白果黑提旅游文化节在白果镇富利园葡萄基地举行。

18 日,县委十届第 25 次常委会召开。

18 日,市督查组到县督查易地扶贫搬迁工作。

19 日,衡山县迎"十九大"信访维稳工作和信访"积案清零"行动专题会议召开。

19 日,县第十三届人民政府第 9 次常务会议召开。

21 日,市人大常委会副主任李艳丽带队到县开展《中华人民共和国城乡规划法》执法检查。

21 日,县委副书记、县长蒋青到开云镇社区戒毒康复中心现场办公。

21 日,福田铺乡敬老院举行搬迁揭牌仪式。

21 日,县青年企业家商会举行乔迁揭牌仪式。

24 日,县委十届第 26 次常委会召开。

24 日,衡山县庆祝建军九十周年座谈暨"双带双促"表彰会召开。

24 日,岳云中学应届毕业生王昕葳收到清华大学录取通知书。

25 日,衡阳市道德模范故事汇巡演在衡山县举行。市第四届道德模范刘玲琍、魏文彦、李伟娥等 4 人(或通过代言人)讲述发生在自己身上或身边的励志感人故事。

27 日,市委书记、市人大常委会主任周农,市委副书记、市长郑建新率队到县专题考察恒信锌钢、佳诚新材和弘山科技工业园等重点项目建设情况。

28 日,县十三届人大常委会第 8 次会议召开。

31 日,县委书记尹培国到广州军区工程机械修理大队、县武警中队和县人武部等处走访慰问驻县部队官兵。

31 日,县委副书记、县长蒋青到县消防大队、驻衡山专汽军代表室和广州军区营房管理处走访慰问驻县部队官兵。

31 日,衡山县纪念中国人民解放军建军 90 周年书画作品展在县委办公楼一楼大厅举办。

8 月

1 日,县委书记尹培国到开云镇金石村、桂花村调研指导脱贫攻坚工作。

1 日,市委深改办派员到县督查不动产登记工作。

2 日,县委书记尹培国专题调研紫巾路建设项目。

2—8 日连续 7 天、18—25 日连续 8 天日最高气温≥35 度,达到轻度高温热害标准。

3 日,县委书记尹培国到开云镇双全新村召开"美丽乡村"建设调度会。

3 日,省委宣传部、省委政法委、永州市委在省委视频会议室联合举行黄小兵先进事迹报告会,县有关领导与有关部门相关人员在衡山分会场收听收看。

4 日，县委中心组集中学习会召开，学习贯彻 7 月 26 日习近平总书记在省部级主要领导干部“学习习近平总书记重要讲话精神，迎接党的十九大”专题研讨班上的重要讲话精神。

5 日，中国・衡山 2017（第四届）乡村生态旅游节开幕式在岭坡乡朝圣村举行。

7 日，县委书记尹培国率部分省、市、县党代表到开云镇甘棠桥社区开展党代表进社区“三联一帮”活动。

7—9 日，县人大常委会和县政府组成联合督查组，对县人大议案、代表建议办理情况进行“拉网式”督查督办。

8 日，县委十届 27 次常委会议召开。

9 日，衡山电视台主持人周自红宣讲的《中国梦的青春担当》在省委宣传部举办的 2017 年度全省“好声音讲坛——讲话精神进基层”百姓微宣讲总决赛中获一等奖。

10 日，县委书记尹培国专题调度黄花新区建设。

11 日，全县脱贫攻坚工作推进会、全县农村环境卫生综合整治工作会议在县委六楼会议室召开。

14 日，县第十三届人民政府第 10 次常务会议召开。

16 日，全县村（社区）党组织书记培训班在县委党校开班。

16 日，省农机局局长王罗方到县调研指导“平安农机”示范县创建工作。

17 日，县政协委员助学公益联盟举行 2017 年度助学金发放仪式。

18 日，县城黄花路建设项目举行开工仪式。

18 日，县委副书记、县长蒋青代表县人民政府和衡山县生猪生态环保养殖、科技中专扩建 2 个项目投资方分别签订合作协议。

21 日，县委书记尹培国带领县安监局等部门负责人到县内企业车间、车站、仓库等重点场所，专项检查安全生产工作。

22 日，县第十三届人民政府第 11 次常务会议召开。

23 日，县委书记尹培国带领县直相关部门负责人到东湖镇专题调度南岳衡山自然保护区矿山关停整改相关工作。

25 日，县委十届第 29 次常委会召开。

27 日，中国衡山 2017 年（第四届）乡村生态旅游节暨“梦幻西游记・浪漫花果山”启动仪式在白果镇花果山景区举行。

28 日，“涓水湘”衡山香米获第 18 届中国绿色食品博览会金奖，填补衡阳市空白。

29 日，衡山县公安局经过百天调查走访，侦破一起冒充警察恐吓威胁的特大跨省电信诈骗案，抓获犯罪嫌疑人 23 人，冻结涉案资金 400 余万元，扣押作案车辆 4 台。

29 日，副市长周玉梅到县检查安全生产工作。

29 日，衡阳市禁毒重点工作现场推进会在衡山县召开。副市长、市公安局局长胡志文到县督导公安工作，检查十九大安保维稳措施落实情况。

29 日，衡阳市兽医社会化服务体系建设推进会暨 2017 年秋冬季动物防疫工作会议在衡山县召开。

31 日，由省农委和省财政厅联合组织的全省 2017 年农村一、二、三产业融合发展试点工作座谈会在衡山县召开，省财政厅党组成员、副厅长欧阳煌，省农委党组成员、副主任余雄出席会议并讲话。

31 日，县委副书记、县长蒋青到店门镇九观村查看地质灾害隐患点，研究部署防治工作。

9 月

1 日，县委书记尹培国到萱洲镇检查指导脱贫攻坚工作。

1 日，县第十三届人大常委会第九次会议召开，审议通过任命欧旭理为县人民政府副县长（挂职 2 年）等人事任免 3 项议案。

4 日，市委副书记、市长郑建新到县专题调研衡山县经济社会发展、精准扶贫和环保督查整改等工作。

5 日，衡山县召开南岳衡山自保区县域内矿山企业核查工作专题研究会议，决定成立联合调查组，进驻自保区矿山企业逐个核查摸底，排查存在问题。

6日,市委常委、副市长章彰率高新南粤基金及部分社会资本投资方负责人到县考察对接项目投资和资本合作相关事宜。

6日,县委书记尹培国到开云镇长安村、长江镇石桥铺社区和胜利村现场察看易地扶贫搬迁工程建设情况,召开会议专题研究全县易地扶贫搬迁工作。并调研发展和改革工作。

7日,县委十届第30次常委会召开。

7日,县委副书记、县长蒋青率县直相关部门负责人到部分重点行业领域和企业开展安全生产检查。

8日,县委书记尹培国到开云镇长安村指导脱贫攻坚、开展结对帮扶活动。

8日,县十三届人民政府第12次常务会议召开。

8日,县委副书记、县长蒋青到白果镇调研脱贫攻坚、安全生产、信访维稳等底线工作。

11日,文化部为湖南省国贫县和连片特困地区配送的第一批21辆流动文化车发车仪式在湖南衡山汽车制造有限公司举行,省文化厅副厅长鄢福初出席仪式并讲话。

12日,县委十届第31次常委会召开。

13日,衡山县中共十九大期间安保维稳暨综治民调工作动员部署会召开。

15日,仙逸人间生态农业旅游项目建设协调领导小组揭牌。

15日,“欢乐潇湘·幸福衡山”暨“喜迎十九大·建设新衡山”群众文艺会演在县城人民广场举行,14个节目参演。

18日,县委副书记、县长蒋青率队赴广东对中山中顺洁柔集团公司、广东盛路通信科技有限公司、深圳前海千灯恒力资产管理有限公司等企业招商考察。

19日,县委书记尹培国专题调研全县教育工作。

21日,县委十届第32次常委会召开。

25日,“喜迎十九大·翰墨颂衡山”书画作品展在县农民运动纪念馆开展。

26日,县委十届第33次常委会召开。

26日,衡山县召开中央环保督察反馈交办问题整改和大气污染防治会议。

26日,县政协组织部分政协委员视察全县重点工程和重点项目建设情况。

27日,衡山县召开县纪委派驻机构全覆盖工作会议,对9个县纪委派驻纪检组进行集体授牌。

27—29日,县委书记尹培国,县委副书记、县长蒋青率团参加在衡阳市举办的“2017衡州经济论坛”。衡山县签约项目3个,招商引资合同资金26.8亿元。

28日,县十三届人大常委会第10次会议召开。

28日,衡山县行政执法“三项制度”改革推进会暨2017年法治政府建设工作会召开。

29日,衡阳市秋冬季森林防火工作会议在衡山县召开。

30日,衡山县各界人士在烈士纪念园广场举行公祭活动。

30日,全县信访工作联席会召开,对中共“十九大”和“双节”期间信访维稳安保工作进行安排部署。

30日,全县2017年国庆期间交通旅游安全暨治超工作专题推进会召开,安排部署国庆期间交通运输和旅游安全工作。

10月

3日,县委书记尹培国到衡山西站、两路口汽车站、地方海事处、新源渡口等处督查交通安全工作。

4日,县委副书记、县长蒋青对国庆、中秋期间安保维稳,交通、饮水安全等工作进行督查,看望慰问一线执勤民警,并对县城社会治安和文明卫生等情况进行夜巡。

10日,市委政法委领导督查衡山县铁路护路联防工作。

10日,衡山县2018年城乡居民医疗保险筹资动员会召开。

10日,楚湘旅游客运公司新购客车12辆,投运衡萱线。

11日,衡山县党外知识分子联谊会成立大会召开。

13 日，县委中心组（扩大）召开第 7 次集中学习暨“砥砺奋进的五年”形势报告会。

13 日，爱尔兰华协会给岭坡乡贫困中小学生发放 5 万余元助学金，至此已经连续 13 年资助该乡（原望峰乡）贫困中小学生，累计捐款 300 万元。

13 日，衡山嘉年华城市公交车客运公司司机罗小科突发心梗，生命尽头拉紧手刹，保障了 20 余名乘客安全。

15 日，衡山创品国际建材家居城项目举行开工仪式。

16 日，市人大常委会党组副书记、副主任段志刚，市人大常委会副主任伍清明、邹致和到县督查调研人大工作。

17 日（全国第四个“扶贫日”），“心系扶贫”签名活动在县城人民广场举行，“扶贫日”系列活动正式启动。

18 日，中国共产党第十九次全国代表大会在北京人民大会堂隆重开幕，全县行政事业单位分别组织干部职工集中收看实况转播。

19 日，衡山县举行优质稻暨绿肥生产示范基地现场观摩会。

19 日，市人大常委会副主任伍清明一行到县检查督办农村饮水安全工程水质整改工作。

20 日，在县巩固省级卫生城市工作汇报暨复审情况反馈会议上，省爱卫办主任倪友新宣布衡山县通过省级卫生城市复审。

20 日，衡山县举行“光彩扶贫”捐赠款发放仪式，76 名（户）贫困学生或家庭接受“光彩扶贫”捐助。

20 日，政协衡山县第十届委员会常务委员会第四次会议召开。

24 日，县第十三届人民政府第 13 次常务会议召开。

24 日，市计生综合调查组综合调查衡山县 2017 年度计划生育工作。

26 日，县委书记尹培国专题调度紫巾路建设项目。

26 日，全市群体干部和乡镇文体专干培训班在衡山县开班。

27 日，2017 年衡阳市“我们的节日——重阳”主题活动暨“和谐衡山、大美衡山”重阳文艺演出活动在县剧院上演。

30 日，县委中心组（扩大）学习贯彻党的十九大精神会议在县委六楼会议室召开。

31 日，电影《一代女魂唐群英》在新桥镇唐群英故居正式开机拍摄。

31 日，县第十三届人大常委会召开第 11 次会议，听取和审议关于提请罢免罗东海衡阳市第十五届人民代表大会代表职务的议案等事项。

11 月

1 日，副省长向力力到县督导中央环保督察反馈问题整改工作，并深入矿区了解整改整改工作进展情况及存在问题。

1 日（全省统一的警报试鸣日），衡山县第九次防空警报试鸣。

1 日，县人大常委会组织部分县人大代表和县政府办相关负责人组成的督查组，对县十三届人大一、二次会议代表提出的议案和 8 号重点建议进行现场视察和督办。

2 日，县委书记尹培国专题调度仙逸人间生态旅游项目。

3 日，县委十届第 35 次常委会召开。

3 日，衡山县 2018 年度党报党刊发行工作会召开。

4 日，市政府原副市长、市慈善总会会长蒋勋功带队到县开展慈善敬老助老活动。

6 日，县委书记尹培国到开云镇和福田铺乡调研指导精准扶贫工作。

8 日，市委常委、市委秘书长张贺文率队到萱洲镇糖铺村指导新农村建设工作。

8 日，县青少年校外活动中心岳北山歌演唱团在县实验中学成立。

9 日，县委副书记、县长蒋青为白果镇岳北村村（社区）党支部书记和岳北村全体党员宣讲中共十九大精神。

10 日，省民政厅党组成员、纪检组长谢卫国到县调研民政工作。

12 日，衡山、衡东、南岳“两县一区”庆祝中共十九大群众文艺会演在县剧院举行。

13 日，县委十届第三次全体(扩大)会议在县委六楼会议室召开，表决通过《中共衡山县委深入学习宣传贯彻党的十九大精神的决议(草案)》。

14 日，市委常委、常务副市长廖健到湘江衡山段巡查，督查衡山县河长制工作落实情况。

14 日，县委书记尹培国赴中共中央党校参加为期 2 个月(2017 年 11 月 15 日至 2018 年 1 月 15 日)的县委书记研修班学习。

14 日，县第十三届人民政府第 14 次常务会议召开。

15 日，“欢庆十九大·颂歌献给党”2017“欢乐潇湘”全省群众文艺会演优秀节目展演在湖南大剧院举行，衡山县的民俗花灯调《一塘清水一塘莲》以第一篇章第一出场顺序登台表演，受到观众好评。

15 日，衡山县反邪教协会成立大会暨第一次会员大会召开。

17 日，县委副书记、县长蒋青调研紫巾路建设项目老电力局路段、开云大道建设项目龙过冲隧道段、县体育馆、县殡仪馆和陵园建设项目、县垃圾中转站、创品国际建材家居城和黄花路建设项目，并现场办公。

17 日，县委十届第 36 次常委会召开。

20 日，湖南恒信新型建材公司、衡山县佳诚新材料公司获湖南省 2017 年“小巨人企业”称号。

21 日，市政府办核查组到县专项核查指导 2017 年度政务公开、政务服务公开工作。

23 日，省现代教育技术实验县评估验收组对衡山县创建省现代教育技术实验县工作进行验收。

23 日，衡山县召开 2017 年重点民生实事工作调度会。

26 日，省农委新农村建设处的省“美丽乡村”建设绩效考核验收组对衡山县“美丽乡村”建设考核验收。

28 日，县委中心组(扩大)集中学习会召开，集中学习宣讲中共十九大精神。

28 日，衡山县召开学习贯彻中共十九大精神宣讲进乡镇、进社区、进机关、进企业动员会。

28 日，当代著名词作家、空政文工团一级编剧石顺义，国家一级曲作家孟勇到县为衡山开展采风创作。

28 日，湘江衡山段出现全年最低水位 41.90 米。

29 日，财政部督导组、省财政厅领导一行到萱洲镇督导检查衡山县田园综合体试点项目建设。

29 日，衡山县召开惩治走私综合治理工作会议。

30 日，衡山县第十三届人大常委会第 12 次会议召开。

30 日，中信银行长沙分行一行到东湖镇开展“精准扶贫，爱心助学”活动。

12 月

1 日，市委书记、市人大常委会主任周农到县督查脱贫攻坚工作。

1 日，县委十届第 37 次常委会召开，审议并原则通过《衡山县深化国家监察体制改革试点工作实施细则》。

1 日，市政协主席廖炎秋率部分在衡阳市的国、省、市政协委员集中视察衡山县南岳衡山国家级自然保护区建设管理情况。

4 日，全县中共十九大安保维稳工作总结讲评暨年度工作推进会在县委六楼会议室召开。

6 日，中共十九大代表、省台联会办公室副主任管勇到县开展“下基层、摸实情、促学习”活动，宣讲中共十九大精神，调研指导基层统战工作。

6 日，县委副书记、县长蒋青到开云镇长安村、桂花村，萱洲镇贺家山社区调研督查贫困村退出实情。

7 日，县星源学校高中部和北京德华盛教育集团举行联合办学揭牌仪式。

7 日，市人大常委会副主任侯明星率调研组到县调研指导“撤乡并村”后的公共财产管理与处置工作。

11日,市纪委派人到县督察县市区交叉巡察工作。

12日,县第十三届人民政府第15次常务会议召开。

12日,县委副书记、县长蒋青到岭坡乡洄水湾村,江东乡荷成村、南坪村等贫困村,督查指导贫困村退出、产业培育、金融扶贫、驻村帮扶等工作。

13日,衡山县仙逸人间生态农业旅游项目建设动员会召开。

14日,省委副秘书长、省信访局局长许忠建到县专题调研基层信访工作。

14日,县委十届第38次常委会召开。

14日,开云镇岳狮村一8岁小学生放学回家不慎掉进水塘,同村宾迎春飞身入水将其救出,周边村民纷纷点赞。

15日,县城乡生活垃圾收集、压缩、转运一体化建设PPP(一种融资和项目管理模式)项目成功签约,这是县内首个落地的PPP项目。

15日,《中共衡山县委执政纪实(2006—2016)》稿评会在县委常委会议室召开。市委党史研究室主任谢虹出席会议并讲话。

19日,衡山县召开2017年度省级卫生县城复审考核表彰暨创建卫生县城工作推进会。

20日,县委副书记、县长蒋青赴东湖镇督查南岳衡山自然保护区矿山关停和贫困村退出工作。

21日,县政协十届五次常委会议召开。

21日,衡山县召开履行党风廉政建设监督责任情况报告会暨测评大会。

21日,衡山县召开治理拖欠农民工工资专题会议。

21日,全县首家慈善工作站在福田铺乡白云村成立。

25日,县十三届人民政府第16次常务会议召开。

25日,国家教育督导检查组第11小组对衡山县义务教育均衡发展工作进行督导评估。

26日,衡山县召开专题调度会,总结2017年全县综治信访维稳工作,安排部署"两节""两会"期间综治信访维稳工作。

27日,衡山县召开广播电台、"村村响"和提高市县电视节目覆盖率工作调度会。

27日,全县综合统计年报工作会议召开。

28日,县第十三届人大常委会召开第13次会议。

29日,县委十届第40次常委会召开。

(张继红)

衡 山 概 况

衡山县，素称"文明奥区"，是湖湘学派发源地、中国工农联盟首创地、著名革命老区县，为中国民间文化艺术之乡、全国双拥模范县、非金属矿之乡，钠长石矿储量居亚洲之冠。

自 然 地 理

【位置面积】 衡山县因南岳衡山坐落于境内而得名。地处湖南中部偏东、湘江中游西岸。东临衡东县，南接衡南县，西界衡阳县、双峰县，北抵湘潭县，中部环绕衡阳市南岳区。地理坐标：北纬26°58′13″~27°28′31″，东经112°27′17″~112°56′59″。南北长(最长处)54.5千米，东西宽(最宽处)48千米。县域区位优势明显，紧靠湖南省发展战略重点、全国资源节约型和环境友好型社会建设综合配套改革试验区长株潭，环抱五岳名山之一的南岳。武广高铁在县内设站，107国道、314省道(衡双线)、岳临高速公路和南岳高速公路均贯穿县境，京广铁路、京珠高速公路紧挨县城而过，湘江流经县内6个乡镇。以县城为中心点，走京广澳高速公路，北至长沙市区121千米，走107国道，南至衡阳市区65千米，西距衡山核心景区15千米。衡山县土地总面积935.51平方千米，占全省总面积的0.46%。

【地质地貌】 县境内地层分为8个系，有元古界的板溪群系及冷家溪群系，上古生界的泥盆系、石炭系、二迭系；中生界的侏罗系、白垩系、新生界下第三系、第四系。其中以板溪群系、白垩系分布面积最广，二迭系、侏罗系出露较少。地质构造分为东西向构造带，北东向构造带和北北东向构造带。衡山花岗岩体是衡阳地区出露最大的岩浆岩体，呈西南——北东向展布，总面积425平方千米，在衡山县及南岳区境内有338平方千米。县境地貌的基本特征是内高外低，以祝融峰为顶点，地势向西北、东南逐渐降低，500米、300米、150米夷平面明显可见，境内最高点为紫金山林场白云工区内的紫盖峰，海拔1028米，最低点在长江镇荆陂河出口处，海拔40.6米，西北部最低点为涓水流入湘潭县处，海拔约50米。地貌类型有平原、岗地、丘陵、山地4种，平原主要分布在湘江西岸和涓水、南河、荆陂河、龙荫河、乌河及涓水支流两岸，总面积约30万亩，占全县面积的21.5%。岗地主要分布在湘江西岸和涓水两侧及衡山东面山麓地区，面积34.71万亩，占全县面积的24.8%。丘陵主要分布在衡山山体周围，东南部低山丘陵带及西北贯底、新桥一带，面积58.82万亩，占全县面积的42.2%。山地在境内多为低山，亦有少量中山，以花岗岩和浅变质岩为主，按岩性可分变质岩低山、砂砾岩低山、花岗岩低山。面积约16.39万亩，占全县面积的11.4%。

【水系河流】 境内河流属湘江水系，河网密度为1千米/平方千米，有湘江大小支流185条，共900多千米，其中流域面积在10平方千米以上的有38条，共长468.7千米，发源于南岳山体的有58条。全境较有名的有：1.湘江，从衡南县与衡山县萱洲镇交界的草鱼石入境，南北流向，经县境东缘的萱洲、贺家、永和、开云、长江等乡镇，至长江镇永丰村入湘潭县境，境内长64.85千米。2.涓水，又名白果河，发源于双峰县昌山，从新桥镇石地方村入境，流经新桥、贯塘、江东、白果、长青等乡镇，至长青乡晓岚港出境入湘潭，县境内长26.8千米。3.荆陂河，发源于南岳紫盖峰东侧福田铺乡，流经沙泉、开云、长江等乡镇，至长江镇荆陂河口入湘江，全长 29 千米。4. 乌河，发源于南岳紫盖峰东南侧，流经开云、永和等乡镇，至开云镇乌石铺入湘江，全长 20 千米。5. 龙荫河，原名龙隐港，发源于南岳芙蓉峰东侧，由店门镇祝融村谭家屋场入境，流经贺家、永和等乡，于永和乡双港村入湘江，全长 30 千米。6. 桃花港，又名棠河，发源于南岳祝融峰北侧，由望峰乡樟树屋场入境，经岭坡至白果紫雾江汇入涓水，全长约 20 千米。7. 南河，又名南溪河，发源于南岳华盖峰、雷钵峰西侧，经东湖、新桥、江东等乡镇至白果沙坪河汇入涓水，全长 25 千米。

【土壤】 县境土壤，按成土母质分，有花岗岩母质、砂页岩母质、第四纪红土红壤母质、紫色砂页岩母质、近代河流冲积母质、石灰岩母质等数种。按土壤类型分，主要有水稻土、潮土、红壤、黄壤和紫色土五大类。其中面积最大的为红壤有 530 平方千米，占全县山地、旱土面积的 96%，主要分布于海拔 400 米以下的低山、丘陵、岗地，又分为红壤和红黄壤 2 个亚类，前者适合喜酸林木生长，后者适合楠竹、杉木、马尾松及杂木生长。次为水稻土，186.33 平方千米，占农林地面积的 28.5%，平原、岗地、山地、丘陵都有分布，一般海拔 400 米以上为一季稻区以下为二季稻区，又分为淹育性水稻土、潴育性水稻土、潜育性、渗育性水稻土、沼泽性水稻土和矿毒性水稻土等 6 个亚类 20 个土属。其中，潴育性水稻土面积最大，约占稻田面积的 83%，且土质较好，大部分是旱涝保收的高产稳产农田。再次为紫色土，面积约 22 平方千米，分布于湘、涓两水沿岸，宜种植喜碱林木、豆类和十字花科作物。黄壤和潮土，面积都很小，分别为 0.87 和 0.21 平方千米。

【气候】 县境气候属亚热带季风湿润气候，其主要特点是四季分明，春秋气候温和，夏季炎热，雨量充沛，水热基本同季。历年热量充足，光照充裕，无霜期长。年平均气温在 17.9 度，最冷月出现在 1 月，月平均气温 5.5 度；最热月出现在 7 月，月平均气温为 29.8 度，气温年较差 24.3 度。历年极端最高气温 41.2 度，极端最低气温为 -9.8 度。雨量充沛，时间分布不均匀，年平均降水量 1429.0 毫米，4—6 月降水量 594.1 毫米，占全年降水量的 41.5%，洪涝明显。年平均相对湿度 79%，最小相对湿度为 12%。无霜期长，年平均无霜期 291 天；全年平均日照时数 1503.0 小时，日照百分率为 34；年平均风速 2.5 米每秒，最多风向为北风。年雷暴日数 43.5 天。春季起于 3 月 10 日左右，持续约 50 天。此间冬夏季风交替，多为阴雨天气。夏季约 5 月 6 日至 10 月 3 日，为期 150 天，昼长高温，夏季风控制全县。秋季由 10 月初至 11 月底，约 60 天，冷空气频频南下，多北风和阴雨天气。冬季时间较长，11 月底至第二年 3 月初，约 95 天，冬季风控制全县，多阴雨，间有雪，有冰冻。全年有春季寒潮、5 月低温、7 月火南风、9 月寒露风以及暴雨、大风、冰雹、冰冻等不利天气。主要气象灾害有寒潮、大风、雨凇、暴雨洪涝、干旱、低温冷害、冰雹、冻害和雷电等。

2017 年平均气温为 18.9℃，比历年平均气温偏高 1.0℃。年极端最高气温 38.9℃，出现在 7 月 23 日；年极端最低气温 0.1℃，出现在 12 月 18 日。年总降水量 1497.5 毫米，比历年平均偏多 74.3 毫米。年内日最大降水量为 72.7 毫米，出现在 6 月 28 日。年日照总时数 1408.2 小时，比历年平均偏少 96.2 小时，年日照百分率 32%。

3 月 22 日出现一次暴雨，对春耕春播和油菜的生长造成不利的影响；5 月 23 日出现一次暴雨，降水量 62.2 毫米，致使衡山县 1.18 万人受灾，农田受灾 47100 亩，倒塌房屋 13 间，造成直接经济损失 467 万元，其中农业损失 289 万元，水利设施损失 151 万元；6 月 1 日、5 日、25 日、28 日出现暴雨，致使全县不同程度受灾，受灾人口 44740 人，倒塌房屋 93 间，受灾农田 3780 公顷，紧急转移人口 365 人，需紧急救援 835 人，河堤崩岸 1285 米，渠道损坏 1578 米，闸门损坏 21 座，造成直接经济损失 8000 万元。

2 月 22 日出现一次寒潮天气，48 小时降温幅度达 22.4 度，过程最低气温为 2.8 度，强寒潮天气降温幅度太明显，对人们的生产、生活造成一定的影响；3 月 12—22 日出现一次中度连阴雨天气，对春耕春播和油菜的生长造成了不利的影响；7 月 11—

18日7天、21—30日10天连续日最高气温≥35度,达到轻度高温热害。8月2—8日7天、18—25日8天连续日最高气温≥35度,达到轻度高温热害,持续高温导致部分一季稻催熟,不利于灌浆成熟。

2017年气温略偏高,降水正常略偏多,日照正常,未出现干旱,农作物生长期内气象灾害相对较少,气候舒适度较好,为气候偏好年景。

(杨科传、刘文武)

自 然 资 源

【土地资源】 衡山县土地总面积934.93平方千米。其中,耕地228.45平方千米,园地10.78平方千米,林地495.75平方千米,草地5.01平方千米,城镇村及工矿用地83.83平方千米,交通运输用地19.69平方千米,水域及水利设施用地66.28平方千米,其他土地25.13平方千米。按三大类分,全县农用地796.14平方千米,建设用地100.33平方千米,未利用地38.46平方千米。

(国土局、统计局)

【水文特征】 2017年,衡山最高水位52.50米,超警戒水位3.50米,出现于7月4日;最低水位41.90米,出现于11月28日。全年实测最大流量17600立方米/秒,发生于7月3日,实测最小流量290立方米/秒,发生于11月6日。全年降水量1482.0毫米,与历年平均降水量比较持平。(水文站王小正)

【生物资源】 衡山县境内的植物有种子植物104科、1200余种,木本植物83科、810余种。国家一级保护植物有:银杏、南方红豆杉。国家二级保护植物有:香樟、香果树、楠木、鹅掌楸、凹叶厚朴、喜树、刺楸等。主要植被类型有马尾松林、杉木林、竹林、灌木林(丛)、油茶林。其中,马尾松林分布面积10余万亩,杉木林分布于700米以下的低山,有近6666.7公顷,竹林主要分布于马迹、东湖、望峰、岭坡、店门等乡镇,面积8553.3公顷,灌木林(丛)分布极广,主要有胡枝子灌丛、茅栗灌丛、桎木灌丛、铁芒箕灌丛等,油茶林主要分布在长江、开云、萱洲、永和、店门等乡镇,面积6666.7公顷。就植物整体而言,境内主要有草本、木本、观赏植物和中草药材4种。草本植物有水浮莲、水葫芦、浮萍、马齿苋等,木本植物有杉、马尾松、柏、榆、槐、苦楝、株、梧桐、杨、柳、棕榈、樟、梓、油茶、油桐、茶叶、柑桔、楠竹、小竹等;观赏植物有铁树、罗汉松、雪松、凤尾松、龙柏、白玉兰、木兰、杜鹃花、桂花、茉莉、迎春花、栀子花、牡丹、玫瑰、腊梅、木芙蓉、花石榴、菊花、君子兰、鸡冠花、牵牛花等;中草药材有半夏、桔梗、陈皮、前湖、柴胡、香附子、菟丝子、黑芝麻、路路通(枫球)、柿蒂、薄荷、车前草、金银花、艾叶、茯苓、五倍子等。

境内野生动物种类也较多,陆生野生动物64科、180余种。兽类主要有獐、兔、狼、黄鼠狼、穿山甲等;鸟类有燕、杜鹃、猫头鹰、啄木鸟、雉、竹鸡、翠鸟、斑鸠、喜鹊、乌鸦、布谷、麻雀、画眉等;虫蛇类有蝴蝶、蜻蜓、蟋蟀、蜘蛛、蚯蚓、青蛙、蝮蛇、青草蛇、银环蛇、五步蛇、蝇、蚊、土蜂、金龟子、螳螂等;水产类有青、鳙、鳜、银鱼、鳗、胭脂鱼、乌鱼、鳅、黄鳝、蟹、大小田螺、虾、蚌、蚬、鳖、乌龟等。饲养动物中,家禽以鸡为主,鸭、鹅、鸽次之;家畜以猪为主,牛、狗、羊、猫次之;水产以草、鳙鱼为主,青、鲤、鲫、鳊鱼次之。其中,国家二级保护动物有:穿山甲、果子狸、虎纹蛙、草鸮、红腹锦鸡、鹰类、隼类、秧鸡等十余种。国家三级保护动物有:白鹭、野鸭、竹鸡、山雀、华南兔、青蛙、蛇类、麂子等几十种。

【矿产资源】 县区内地质构造比较复杂,岩浆活动与成矿作用多,给成矿地质条件创造良好的基础。因此,矿产资源丰富,被列为湖南省矿产资源发达县。矿种达32种,主要矿产资源有铅、锌、钨、金、铜、铁、锡、锑、锰、铌、钽、锗、银、铀、钠长石、钾长石、高岭土、石膏、重晶石、陶土、云母、石英、无烟煤、花岗石等20多种,主要分布在东湖镇、白果镇。大型矿床、矿点、矿化点30多处,其中大型矿床2处,中型矿床4处,小型矿床8处。钠长石储量占全国储量的45%,占全省储量的98%,单个矿床储量居亚洲之最。瓷泥和石膏储量均居全省第二。

(国土局)

行政区划

【行政区划】 自上年度以来，衡山县辖7个镇、5个乡、23个社区、128个建制村，原有居民小组、村民小组也未作调整。

2017年12月衡山县乡(镇)村(社区)设置一览表

表1

乡镇名称		建制村名称	社区名称
开云镇		山竹村、建胜村、跃进村、幸福村、衡西村、山田村、金石村、师古桥村、世上村、长安村、双全新村、八里村、青峰村、九龙村、桂花村、岳狮村、龙珠村	金溪社区、先农社区、两路口社区、东风社区、沙泉社区、大桥社区、甘棠桥社区、紫金社区
白果镇		树枫村、万家村、五一村、晓岚村、湿田村、梅木村、绍庄村、湘铺村、同兴村、竹山村、瓦铺村、延兴村、棠兴村、新庄村、岳北村、紫楼村、茶园村	长青社区、楚南桥社区
东湖镇		团山村、同心村、坪田村、双渡村、石潭村、长牌村、立新村、杏溪村、天柱村、石碑村、杉木桥村	马迹社区、东湖社区
萱洲镇		白沙村、田家村、永清村、糖铺村、依田村、天水村、响水村、堰江村、里石村、杨柳村、高美村、湘江村	贺家山社区、萱洲河社区
长江镇		永丰村、胜利村、金富村、高观村、孝心村、侨兴村、柘塘村、新源村、霞流冲村、石子村、宋桥村	石桥铺社区
新桥镇		黄泥村、福金村、高新村、新桥村、查泉村、仙鹅村、梅溪村、黄金村、石仓村、茶园台村	贯底社区、群英社区
店门镇		桂水村、茶源村、梅桥村、月山村、能仁村、湃水村、九观村、新田村、祝融村	店门社区、石门社区
永和乡		永田村、龙凤村、黄周村、沙头村、龙堰村、文桥村、宝米洲村、老林村、松坳村、咸宜村	永和社区、新场市社区
福田铺乡		金路村、云峰村、石东村、白云村、东盛村	福田社区
岭坡乡		云桥村、晓烟村、洄水湾村、龙潭村、黄垅村、灯山村、朝圣村、潮水村、双河口村、野莓谷村、望峰村	岭坡社区
贯塘乡		枫林村、五星村、新塘村、老湾村、板仓村、梓塘村、天托村、东阳村	迎龙桥社区
江东乡		龙桥村、江东村、三桥村、南坪村、马鞍村、荷成村、龙塘村	白龙社区
合计	12个乡镇	128个村	25个社区

国民经济和社会事业

【概况】 2017年，全县上下积极应对复杂的经济形势，坚决贯彻新发展理念，狠抓项目建设，植优补短，统筹稳增长、促改革、调结构、惠民生、防风险，破解掣肘发展难题，办好民生实事。经济社会大局稳定，小康衡山稳步推进。经济持续稳定发展。据核算，全年实现生产总值1672154万元，按可比价格计算，增长8.6%。其中：第一产业实现增加值320987万元，增长3.3%；第二产业实现增加值463386万元，增长6.6%;第三产业实现增加值887781万元,增长11.8%。三次产业结构为19.2∶27.7∶53.1,产业结构进一步优化。三次产业分别拉动经济增长0.7个百分点、1.9个百分点和6.0个百分点,贡献率为7.6%、22.5%和69.9%。人均GDP43416元。

【农业】 农业经济稳步发展。2017年,全县实现农林牧渔业总产值482854万元,增长3.5%,其中:农业产值223234万元,增长3.4%,林业产值68743万元,增长3.7%,牧业产值157132万元,增长2.7%。渔业产值21059万元,增长4.3%。农、林、牧、渔、服务业产值12686万元,增长14.0%。

粮食等主要农产品产量基本稳定。全年粮食播种面积31.98千公顷,增长0.8%。粮食总产量210199吨,增长0.4%;油料18149吨,增长2.3%;瓜果38850吨,增长20.9%;茶叶453吨,增长0.7%;水果48326吨,增长16.2%;席草7744吨,增长4.7%。

主要畜禽生产平稳发展。全年牲猪出栏68.3万头,增长1.9%;家禽出笼933万羽,增长2.0%;禽蛋产量17755吨,增长1.0%;肉类总产量67785吨,增长1.9%;水产品产量12898吨,增长1.5%。

农业内部结构小幅调整,基本稳定。种植业和畜牧业仍是农业的最主要构成部分。2017年,全县实现农林牧渔业增加值327224万元,较上年增长3.4%。其中种植业增加值155582万元,林业增加值66985万元,畜牧业增加值83926万元,渔业增加值14494万元,农林牧渔服务业增加值6237万元。与上年比较,种植业占农林牧渔业比重下降1.2个百分点,林业占农林牧渔业比重上升1.0个百分点,服务业占农林牧渔业比重上升0.2个百分点,畜牧业和渔业与上年基本持平。

农业装备不断增强,农机化发展继续拓展。年末农业机械84817台,总动力39.93万千瓦,人平拥有农业机械0.95千瓦。全年新建水稻工厂化机育秧15座,插秧机32台,耕整机增加96台,拖拉机增加32台,收割机增加45台,农用水泵增加613台,粮食加工机械增加90台,谷物烘干机增加13台(套)。农业机械化水平继续保持较高水平,全年机耕面积44.98千公顷,机插面积0.92千公顷,机收面积30.39千公顷,机电排灌面积36.1千公顷,农副产品加工量26.7万吨。

【工业】 工业经济努力应对下行压力,增速回暖。规模以上工业企业实现产值114.85亿元,增长17.5%。园区产值91.79亿元,增长16.4%。淘汰落后产能,提升工业经济科技含量,工业结构逐步优化,全年实现全部工业增加值39.21亿元,增长6.9%。其中:规模以上工业增加值32.44亿元,增长8.4%。规模以上工业占整个工业的比重82.7%,上升14.8个百分点。园区工业占规模工业的比重达80.0%,上升5.9个百分点。工业对经济发展贡献有所减缓,全部工业占GDP的比重23.4%,较上年下降2.0个百分点。工业对GDP的贡献率为20.0%,拉动GDP增长1.7个百分点。工业企业经济效益有所提升,规模以上工业企业产品产销率99.6%。全年净增规模以上工业企业4家,86家规模工业企业全年实现利润(盈亏相抵)6.11亿元,增长80.8%;实现利税(盈亏相抵)8.32亿元,增长71.1%。32家高新科技企业实现高新技术产业增加值26.76亿元,占GDP比重16.0%。

【固定资产投资和建筑业】 2017年,全县固定资产投资继续较快增长。完成固定资产投资110.55亿元,增长18.0%。城镇投资做出重要贡献,全年完成投资106.59亿元,增长17.8%,占全部投资的96.4%;房地产投资3.96亿元,增长25.75%。

重点民生实事项目较好落实。完成农村危房改造175户,特困移民搬迁安置267人,落实城市棚户区改造1064套;农村公路提质改造39.7公里,农村公路安保设施建设63.8公里;新增养老床位187张;新增社会治安视频监控摄像头100个;农村宽带网络升级改造118个;行政村配电网改造6个;巩固农村饮水安全7671人。

建筑业健康发展,2017年全县实现建筑业增加值71287万元,比上年增长5.0%。全县有资质等级的建筑业企业13家全年完成建筑施工产值36.20亿元,增长19.5%。房屋施工面积146.7万平方米，竣工面积106.7万平方米。

【运输邮电通信业】 运输邮电通信业继续快速发展。2017年年末，全县拥有大小货车1424辆/8554吨，大小客车204辆/4614客位。新能源电动公交全面运营。邮电事业进一步发展，物流快速发展。邮政业务总量和电信业务总量分别增长21.6%和71.4%。通信更为便捷，通信信号基本实现全覆盖。年末固定电话用户总量2.51万户；移动电话用户占据通信主要阵地。国际互联网络用户进一步发展，固定宽带网络用户4.15万户。

【国内贸易】 商品市场销售平稳。2017年，全县实现社会消费品零售总额328300万元，增长10.8%。实现城镇销售额276090万元，增长10.9%；实现乡村销售额52210万元，增长10.4%。按行业分，批发零售贸易业销售额265160万元，增长10.8%；住宿餐饮业销售额63140万元，比上年增长10.9%。

【招商引资】 2017年，招商引资工作成效显著。实际利用内资27.67亿元，增长12.43%；实际利用外资1.31亿美元，增长12.0%；对外承包工程和劳务合作完成营业额2527万美元，增长40.8%；外贸进出口总额7174万元，增长65.7%。

【财政金融保险】 2017年，衡山县财政稳健运行，收入质量继续提高。全年完成财政总收入92938万元，减少2.58%。实现税收收入64529万元，税收占财政收入比重69.4%，较上年增加9.0个百分点。实现一般预算收入64143万元，下降8.7%。地方财政支出250054万元，比上年增长1.3%。

金融形势平稳发展，存贷规模继续扩大。2017年年末，全县各项存款余额1420867万元，比上年增长14.5%；各类贷款余额531777万元，比上年增长36.2%。

保险事业继续发展，2017年完成保险业务收入18245万元，增长23.7%。其中：财产险6597万元，增长27.2%；人身险11648万元，增长21.8%。

【科技教育和文化事业】 2017年，全县拥有各类专业技术人才13109人。其中：高级职称813人，中级职称5834人，初级职称6462人。万人拥有专业技术人员340人。

教育事业继续稳步前进，协调发展。2017年，继续巩固"普九"成果，深化教育改革，实施素质教育，提高办学质量。适龄儿童入学率100%，残疾儿童入学率91%，初中生年巩固率为99.8%。本学年新招普通高中生2196人，毕业2081人；招收初中生4548人，毕业4551人。招收小学生4990人，毕业4538人。年末，普通高中在校学生6887人，初中在校学生12813人，小学在校学生28679人。

文化事业繁荣。全年举办11次群众性文艺活动，为全县320家农家书屋配送新书6.56万册；举办唐群英女士逝世80周年纪念活动，维修其故居和墓地；衡山民歌《一塘清水一塘莲》获"欢乐潇湘、幸福衡阳"群演赛一等奖；完成公益电影放映3816场次，送戏下乡100场次；开展文化专项整治行动16次，检查各类经营场所1200家次；全县网吧普及安装文网卫士监管平台软件，文化市场进一步净化。

【卫生体育事业】 医疗卫生保健事业进一步发展。年末全县医疗卫生机构25个；卫生工作人员2482人，其中卫生技术人员1775人；卫生机构病床1646张。

体育事业继续发展。普及群众体育运动，开展大型活动10次；推进体育场地设施建设，修建45条健身路径，建设省级乡镇体育健身工程1个。总投资1.5亿元、总建筑面积1.56万平方米、总座位2998座的衡山体育馆开工建设，构建主体工程。体育赛事上，获市中老年篮球赛冠军，获省篮球赛三等奖，获全运会两项冠军，总决赛第四名。

【人民生活】 城乡居民收入稳步增长，人民生活水平不断提高。2017年，农民人均可支配收入19078元，增长7.9%；城镇居民人均可支配收入30537元，比上年增长8.4%。年末全县城乡居民储蓄余额达1125904万元，增长10.9%，人均储蓄29551元。

社会保障工作进一步加强。2017 年,全县行政事业单位参加养老保险的人数为 1.21 万人,企业单位职工参加养老保险人数达 3.05 万人,参加城镇职工基本医疗保险人数 2.69 万人,工伤保险参保2.88 万人,生育保险参保 1.21 万人,失业保险参保2.10 万人。城乡居民养老保险政策全面施行,参保人数23.1 万人。城乡居民医疗保险参保人数33.57万人。

【人口】 2017 年年末,全县 126722 户,总人口 449680 人,减少 4712 人。在总人口中,城镇人口 79288 人,乡村人口 370392 人。全年共出生人口 4896 人,出生率 10.9‰;死亡人口 7743 人,死亡率 17.2%;净减人口 2847 人,人口自然增长率 -6.3‰。年末常住人口 38.10 万人,其中:城镇常住人口 15.48 万人,城镇化率40.63% 。

注:1.以上资料来源于县统计局的统计年报,数据为初步统计数;2. 地区生产总值、各产业总产值、增加值绝对数按现价计算,增长速度按可比价计算。3.人口数为公安统计年报数。常住人口为省统计局返回数据。

2017 年衡山县人口及其变动情况一览表

表 2　　单位:人

单位	年末总户数(户)	年末总人口								
		合计	城镇人口	乡村人口	性别		年龄			
					男	女	0~17 岁	18~34 岁	35~59 岁	60 岁及以上
甲	1	2	3	4	5	6	7	8	9	10
湖南省衡山县公安局城关派出所	17331	42167	42167	0	21356	20811	8288	8480	17597	7802
湖南省衡山县公安局两路口派出所	6296	19314	19314	0	9860	9454	4582	4608	7001	3123
湖南省衡山县公安局长江派出所	9356	34026	909	33117	17712	16314	8292	7625	11911	6198
湖南省衡山县公安局贺家派出所	10365	40659	780	39879	21231	19428	9462	9767	14048	7382
湖南省衡山县公安局永和派出所	8405	31229	1399	29830	16402	14827	7309	7474	10905	5541
湖南省衡山县公安局沙泉派出所	14910	55882	1125	54757	29097	26785	13215	12695	19663	10309
湖南省衡山县公安局白果派出所	18641	72341	7237	65104	37682	34659	16406	17629	25014	13292
湖南省衡山县公安局新桥派出所	12995	50019	953	49066	25896	24123	11985	11875	17447	8712
湖南省衡山县公安局东湖派出所	12747	47441	1758	45683	24749	22692	11075	10582	16895	8889
湖南省衡山县公安局师古派出所	7230	25799	2949	22850	13303	12496	6057	6714	8735	4293
湖南省衡山县公安局店门派出所	8446	30803	697	30106	16024	14779	7310	6875	11036	5582
合　计	126772	449680	79288	370392	233312	216368	103981	104324	160252	81123

(县公安局)

2017年衡山县重要民生商品价格一览表

表3

品　名	规格、等级	计量单位	步步高超　市	九福祥超　市	集市
早籼稻	混等平均收购价	元/100斤			130
晚籼稻	混等平均收购价	元/100斤			133
生　猪	良种猪收购价	元/100斤			680
香　米		元/500克	2.19	2.18	2.3
标准粉	标一	元/500克	2.58	2.48	2.8
菜籽油	散　装	元/500克			10~12
鲜猪肉	精瘦肉	元/500克	13.8	12.9	12
排　骨		元/500克	22.8	22.8	21
鸡　蛋	鸡场蛋	元/500克	4.98	4.98	5
活　鸡	肉　鸡	元/500克			12~15
草　鱼		元/500克	9.68	8.98	9~10
白　糖		元/500克	3.59	3.98	4
食用盐	普通精制含碘盐320克装	元/400克	2.5	2.5	2.5
绿　豆		元/500克	4.88	5.98	6.2
黄　豆		元/500克	5.8	5.8	6
大蒜籽		元/500克	4.8	4.98	5
冬　瓜		元/500克	1.18	1.28	1.2
黄　瓜		元/500克	2.48	2.68	2.5
生　姜		元/500克	4.58	4.98	5
土　豆		元/500克	1.9	1.98	2
胡萝卜		元/500克	1.99	1.98	2
液化气	12公斤	元/瓶			65
柴　油	0号	元/升			5.65
汽　油	92号清洁	元/升			5.97
汽　油	95号清洁	元/升			6.34
尿　素	含氮46%	元/百斤			90~100
复合肥	氯化钾含量48%	元/百斤			120~130
水　泥	本地主销32.5强度(含运输费)	元/吨			305
红　砖	(含运输费)	元/块			0.39
沙　子	(出厂价)	元/吨			86
砾　石	(出厂价)	元/吨			39
居民生活用水	含污水处理费、垃圾处理费等	元/吨			2.71
居民用电	民用	元/千瓦时			0.588
管道天然气	民用	元/立方米			2.77

监测单位:衡山县发改局　　　　制表日期:2017年7月31日

领导名录

2017年县级、县直机关及垂直管理副科级以上单位领导名录

中共衡山县委员会领导机构

书　　记　尹培国
副 书 记　蒋　青
　　　　　段晓赛
常务委员　尹培国
　　　　　蒋　青
　　　　　段晓赛
　　　　　陈平阳
　　　　　任中元(女)
　　　　　旷志军
　　　　　谢石中
　　　　　唐年初
　　　　　张桂南
　　　　　廖文伟
　　　　　肖秋良
　　　　　欧旭理(挂职)(2017.7—)
正县级干部　凌训龙(—2017.8)
副县级干部　张仁俊(2017.7退休)
　　　　　杨湘衡(—2017.8)
县委督办专员　符立平(享受副县级三项待遇)
　　　　　谢志凡(享受副县级三项待遇)
　　　　　周铁庚(享受副县级三项待遇)
　　　　　杨祥坤(享受副县级三项待遇)

衡山县人大常委会领导机构

主　　任　阳建中
副 主 任　赵申广
　　　　　赵晓阳
　　　　　唐文育
　　　　　戴立华(女)
　　　　　聂水平
党组书记　阳建中
党组副书记　赵申广
党组成员　李孝武(—2017.1退休)
　　　　　唐文育
　　　　　戴立华(女)
　　　　　刘新周
　　　　　聂水平
正县级干部　李孝武(—2017.1退休)
县人大督办专员　范　文(享受副县级三项待遇)
　　　　　颜慈宇(享受副县级三项待遇)

衡山县人民政府领导机构

县　　长　蒋　青
副 县 长　廖文伟
　　　　　欧旭理(挂职)(2017.9—)
　　　　　肖文斌
　　　　　雷继红(女)
　　　　　刘　伟
　　　　　黄润葵
　　　　　陈　琛
　　　　　符文斌
　　　　　谢文俊(挂职)(2017.1—)
　　　　　肖志喜(挂职)(2017.7—)
党组书记　蒋　青
党组副书记　廖文伟
党组成员　蒋　青
　　　　　廖文伟
　　　　　欧旭理(挂职)(2017.8—)
　　　　　曹兰平
　　　　　汪炳林
　　　　　杨建伟
　　　　　陈　琛
　　　　　谭　斌
　　　　　肖文斌
　　　　　雷继红(女)
　　　　　刘　伟
　　　　　黄润葵
　　　　　符文彬
　　　　　谢文俊(挂职)(2017.1—)

王朝晖(2017.1—)
肖志喜(挂职)(2017.7—)
副县级干部 汪炳林(—2017.8)
杨建伟(—2017.8)
成桂林(—2017.8)
县政府督办专员 杨超群(享受副县级三项待遇)
刘　勇(享受副县级三项待遇)
彭赐敏(享受副县级三项待遇)
江　毅(享受副县级三项待遇)
袁湘麦(享受副县级三项待遇)
曹佳祥(享受副县级三项待遇)

政协衡山县委员会领导机构

主　　席 盛小平
副 主 席 罗佳贤
文铁良(兼)
胡文星(女、兼)
周湘宁(女、兼)
周冬初
秘 书 长 周冬初(—2017.1)
党组书记 盛小平
唐立华(2017.03—)
副 书 记 罗佳贤
谢石中
党组成员 赵水泉 (—2017.6 退休)
唐迪夫
周冬初
唐立华(2017.1—)
正县级干部 邓跃红(—2017.8)
赵水泉(—2017.6 退休)
副县级干部 唐迪夫(—2017.8 统一取消此职务)
县政协督办专员 杨素萍(女,享受副县级三项待遇)
易湘华(享受副县级三项待遇)

衡山县人民武装部领导机构

第一书记 尹培国
副 书 记 张桂南
委　　员 杨　萌
杨俊茂
徐云翔
部　　长 张桂南
政　　委 石斌欣(2017.5—)
副 部 长 杨　萌

县纪律检查委员会领导机构

书　　记 陈平阳
副 书 记 王朝晖
欧少俐
戴玉辉(—2017.4)
贺　星(2017.5—)
常务委员 陈平阳
王朝晖
欧少俐
成麦儒
旷永华
唐光裕
孟　平(女)
戴玉辉(—2017.4)
李万钧
副县级干部 陈正中(—2017.8)

中共衡山县委工作机构

县委办公室
主　　任 肖秋良
副 主 任 余庆丰(常务)(2017.1—)
任秋良(常务)(—2017.1)
旷军军(女)(—2017.7)
彭　斌
阳慰伦(—2017.1)
曹海龙(兼)(—2017.1)
熊仲荣(兼)(—2017.7)
阳庆华(2017.1—)
李云国(2017.9—)
纪检组长 阳庆华(—2017.1)
县纪委派驻县委办公室纪检组组长
刘立吾(2017.9—)
工会主席 刘聪敏(兼)(—2017.1,保留班子成员待遇)

干　　部　旷军军(女)(正科级,保留班子成员待遇)(2017.7—)

中共衡山县委督查室(机构升格为正科)

主　　任　谭建辉(2017.9—)(试用一年)
副 主 任　尹　梅(女)(2017.9—)

中共衡山县委政策研究室(机构升格为正科)

主　　任　阳飞卫(—2017.1)
副 主 任　唐立谷(2017.9—)

中共衡山县委机要局

局　　长　周艳辉(女)(—2017.9)
副 局 长　成　立
　　　　　周晓兰(女)(—2017.7)

中共衡山县委应急管理办公室(干部高配)

主　　任　唐立谷(—2017.9)
副 主 任　尹　梅(女)(—2017.9)

衡山县国家保密局

副 局 长　张继红(2017.9—)

衡山县全面深化改革领导小组办公室

主　　任　肖秋良(兼)
副 主 任　王　峰(常务)
　　　　　阳飞卫(兼)(—2017.1)
　　　　　康铁庚(2017.9—)

中共衡山县委组织部
(2017年4月加挂中共衡山县委非公有制经济组织和社会组织工作委员会牌子)

部　　长　唐年初
副 部 长　汪　波(常务)
　　　　　刘　伟(兼)(—2017.1)
　　　　　杨才能(兼)
　　　　　彭　君(2017.1—)
　　　　　罗日中(2017.1—)
　　　　　任秋良(兼)(2017.1—)
纪检组长　旷国华(—2017.9)

中共衡山县委直属机关工作委员会

书　　记　罗日中(—2017.1)
　　　　　胡同云(2017.1—)
副 书 记　唐　卫(2017.7—)(试用一年)

中共衡山县委农村基层组织建设办公室
(2017年6月升格为正科)

副 主 任　杨海霞(女)(2017.7—)(试用一年)

中共衡山县委组织部党员教育中心
(未见任命干部名录)

中共衡山县委党代表联络工作办公室

主　　任　张智雄(2017.7—)(试用一年)

中共衡山县委非公有制经济组织和社会组织工作委员会

书　　记　旷国华(兼)(—2017.9)
　　　　　彭　君(兼)(2017.9—)
副 书 记　刘明新(兼)
　　　　　赵贵荣(兼)(—2017.5)
　　　　　赵江南(兼)
　　　　　周建卫(兼)

中共衡山县委宣传部

部　　长　任中元(女)
副 部 长　颜文艺(常务)(—2017.1)
　　　　　夏建军(常务)(2017.1—)(中共衡山县委、县人民政府新闻发言人)
　　　　　夏建军(—2017.1)
　　　　　李乐爱
　　　　　李良月(2017.1—)
纪检组长　肖秋平(—2017.1)

中共衡山县委、衡山县人民政府新闻办公室

主　　任　黄明军(—2017.9)

衡山县网络新闻宣传管理办公室

主　　任　汪　洋

衡山县文学艺术界联合会(2017年8月机构升格为正科)

主　　席　丁美健(女)(2017.9—)
　　　　　黄明军(2017.9—)(试用一年)
副 主 席　旷莉君(女)(2017.9—)

衡山县精神文明建设指导委员会办公室

主　　任　旷莉君(女)(—2017.9)

郑佳良(2017.9—)(试用一年)

中共衡山县委统一战线工作部

部　　长　谢石中

副 部 长　张建光(常务)(—2017.1)
肖尧阶(常务)(2017.1—)
唐志军(—2017.1)
唐志军(兼)(2017.1—)
彭爱党(兼)(—2017.1)
彭爱党(2017.01—2017.7)

纪检组长　李金荣(—2017.1)

衡山县党外知识分子工作办公室(2017年6月设立)

主　　任　符建球(2017.9—)(试用一年)

中共衡山县委政法委员会

书　　记　旷志军

副 书 记　李　伟(常务)(2017.1—)
陈建业(—2017.5)
李　伟(兼)(—2017.1)
李高明
吴湘玲(女)

纪检组长　吕晓凤(女)(—2017.9,保留班子成员待遇)

衡山县社会治安综合治理委员会办公室

主　　任　李高明(兼)

副 主 任　陈茂华(—2017.7)

衡山县综治中心办公室

(未见任命干部名录)

衡山县流动人口与出租屋综合管理办公室

主　　任　陈朋文

衡山县维护社会稳定工作办公室(2017年11月机构升格为正科)

主　　任　刘立军(高配)(—2017.7)
陈　龙(2017.7—)(试用一年)

衡山县国家安全领导小组办公室

(未见任命干部名录)

衡山县法学会办公室(2017年10月设立)

(未见任命干部名录)

中共衡山县委机构编制委员会办公室

党组书记　周永兵(女)

主　　任　周永兵(女)

副 主 任　朱建华

干　　部　刘希俊(正科级,享受班子成员待遇)(2017.1—)

衡山县事业单位登记管理局

局　　长　谢伟琦

衡山县机构编制信息中心

主　　任　张铁丽(2017.9—)(试用一年)

中共衡山县委巡察工作领导小组办公室

主　　任　刘　峰(2017.5—)

副 主 任　刘　洋(女)(2017.5—)

衡山县委第一巡察组

(未见任命干部名录)

衡山县委第二巡察组

(未见任命干部名录)

衡山县委第三巡察组

(未见任命干部名录)

中共衡山县委部门管理机构

衡山县信访局(中共衡山县委群众工作部)

局　　长
(部　长)　符洪钧

副 局 长
(副部长)　刘春辉(副部长—2017.7;副局长—2017.8)
符冬成(女)
李凤姿(女)(—2017.9)
罗庆元(2017.9—)

党组成员　刘春辉(—2017.7)
赵晓晖(女)(—2017.1)

纪检组长　赵晓晖(女)(—2017.1)

干　　部　刘春辉(正科级,保留班子成员待遇)(2017.7—)

中共衡山县委老干部局

局　　长　杨才能

副 局 长　肖学军(女)(—2017.1)
　　　　　王正球
　　　　　谢　斌(2017.9—)

工会主席　肖学军(女、兼)(—2017.1)

干　　部　成芸芝(女)(正科级,享受班子成员待遇)(2017.1—)

中共衡山县委防范和处理邪教问题领导小组办公室

主　　任　李　伟(—2017.7)
　　　　　刘立军(2017.7—)

副 主 任　袁莉云(女)(—2017.7)
　　　　　陈　龙(—2017.7)

衡山县台湾工作办公室

主　　任　唐志军(兼)(—2017.1)
　　　　　彭爱党(兼)(2017.1—)

衡山县档案局

局　　长　杨应军

副 局 长　文卫红(女)(—2017.1)
　　　　　肖丽华(女)
　　　　　旷菊莲(女)(2017.9—)

纪检组长　旷菊莲(女)(—2017.9)

工会主席　肖丽华(女、兼)(—2017.1)

中共衡山县委党校(衡山县行政学校)

第一校长　段晓赛(2017.9—)

校　　长　彭汉梅

副 校 长　周定德(排名第一)
　　　　　谭泽林
　　　　　汪衡卫(—2017.9)

纪检组长　汪衡卫(—2017.9)

中共衡山县委党校办公室

(未见任免干部名录)

中共衡山县委党校教务教研科

(未见任免干部名录)

中共衡山县委党校总务科

(未见任免干部名录)

衡山县史志办公室

主　　任　熊仲荣

副 主 任　聂青山(—2017.7)
　　　　　赵浪舟(女)

工会主席　赵浪舟(女、兼)(—2017.1)

中共衡山县委、县人民政府接待处

主　　任　曹海龙(—2017.1)
　　　　　阳慰伦(2017.1—)

副 主 任　侯朝朝(女)(—2017.9)

中共衡山县纪律检查委员会内设机构

中共衡山县纪委办公室

主　　任　赵　勋(—2017.5)
　　　　　雷思君(2017.9—)

中共衡山县纪委组织部

部　　长　沈铁锋(—2017.1)
　　　　　汤建红(女)(2017.9—)

中共衡山县纪委宣传部

部　　长　梁贤法(2017.9—)(试用一年)

中共衡山县纪委党风政风监督室

(未见任免干部名录)

中共衡山县纪委信访室

主　　任　戴军前

中共衡山县纪委第一纪检监察室

主　　任　汤建红(女)(—2017.9)
　　　　　唐志煌(2017.9—)

中共衡山县纪委第二纪检监察室

主　　任　熊　勇

中共衡山县纪委第三纪检监察室

主　　任　雷思君(—2017.9)
　　　　　唐尊波(2017.9—)(试用一年)

中共衡山县纪委案件审理室

主　　任　黄清国(2017.9—)

中共衡山县纪委案件监督管理室

主　　任　龙　辉

中共衡山县纪委财务监察所
所　　长　邓一波(2017.9—)(试用一年)

中共衡山县纪委廉政教育培训中心
主　　任　谭自力(2017.9—)(试用一年)

中共衡山县纪律检查委员会
工会主席　成麦儒(—2017.1)

中共衡山县纪律检查委员会下设机构

县纪委派驻县委办公室纪检组(2017年10月设立)
组　　长　刘立吾(2017.9—)

县纪委派驻县人大机关纪检组(2017年10月设立)
组　　长　朱　立(2017.9—)

县纪委派驻县政府办公室纪检组(2017年10月设立)
组　　长　颜科军(2017.9—)

县纪委派驻县政协机关纪检组(2017年10月设立)
组　　长　彭凤新(女)(2017.9—)

县纪委派驻县财政局纪检组(2017年10月设立)
组　　长　龙秀生(2017.9—)

县纪委派驻县教育局纪检组(2017年10月设立)
组　　长　王俊斌(2017.9—)

县纪委派驻县公安局纪检组(2017年10月设立)
组　　长　刘毅君(2017.9—)

县纪委派驻县农业局纪检组(2017年10月设立)
组　　长　赵建林(2017.9—)

县纪委派驻县卫生和计划生育局纪检组(2017年10月设立)
组　　长　周立群(女)(2017.9—)

中共衡山县纪律检查委员会所属事业单位

衡山县廉政教育培训中心(2017年7月设立)
(未见干部领导名录)

县人大常委会内设机构

衡山县人大常委会办公室
主　　任　刘新周
副 主 任　谭少华(—2017.1)
　　　　　韩伏林(—2017.1)
　　　　　王蔓芝(女)(兼)
县纪委派驻县人大机关纪检组组长
　　　　　朱　力(2017.9—)

衡山县人大常委会研究室
主　　任　肖秋平(2017.1—)

衡山县人大常委会信访办公室
主　　任　王蔓芝(女)

衡山县人大常委会内务司法工作委员会
主　　任　丁国雄
副 主 任　李凤姿(女)(2017.10—)

衡山县人大常委会规范性文件备案审查室
主　　任　丁国雄(兼)

衡山县人大常委会财政经济工作委员会
主　　任　杨俊传
副 主 任　旷聪云(女)

衡山县人大常委会预算工作委员会
主　　任　旷聪云(女、兼)

衡山县人大常委会教育科学文化卫生委员会
主　　任　张育奇
副 主 任　唐协国(2017.10—)

衡山县人大常委会城市建设环境与资源保护工作委员会
主　　任　曾德华

衡山县人大常委会农业和农村工作委员会
主　　任　李春菊

衡山县人大常委会选举任免联络工作委员会
主　　任　刘　峰(—2017.5)

衡山县人大常委会法制工作委员会

主　　任　宋少峰(兼)

衡山县人民政府工作部门

衡山县人民政府办公室

主　　任　谭　斌
副 主 任　赵福田
　　　　　王　军
　　　　　周伟明
　　　　　陈忠元
　　　　　符洪钧(兼)
　　　　　张　文(兼)(—2017.2)
　　　　　周伏立(兼)(—2017.2)
　　　　　杨春泉(2017.2—)
　　　　　康国彪(2017.2—)
工会主席　赵桂香(女)(—2017.1,保留班子成员待遇)
党组书记　谭　斌
党委副书记　赵福田(2017.1—)
党组成员　赵福田
　　　　　王　军
　　　　　周伟明
　　　　　符洪钧
　　　　　张　文(—2017.1)
　　　　　周伏立(—2017.1)
　　　　　赵桂香(女)(—2017.1)
　　　　　杨春泉
　　　　　陈忠元
　　　　　康国彪(2017.1—)
　　　　　颜科军(2017.1—)
纪检组长　杨春泉(—2017.1)
　　　　　颜科军(2017.1—2017.9)
县纪委派驻县人民政府办公室纪检组组长
　　　　　颜科军(2017.9—)

衡山县人民政府应急管理办公室

主　　任　曹孝练(2017.9—)(试用一年)

衡山县国有土地上房屋征收管理办公室

主　　任　康国彪(—2017.2)
　　　　　廖章龙(2017.8—)

衡山县人民政府督查室

主　　任　颜科军(—2017.1)

衡山县人民政府外事侨务办公室

主　　任　廖章龙

衡山县发展和改革局

局　　长　符文彬(—2017.1)
　　　　　柳红军(2017.1—)
副 局 长　刘秋富
　　　　　刘贻佩
　　　　　唐喜红(女)
　　　　　胡奇才(—2017.2)
　　　　　蓝雪萍(女)(2017.2—)
　　　　　赵岳宏(2017.2—)
　　　　　李　平(女)(2017.2—)
　　　　　赵　艳(女)(2017.2—2017.8)
工会主席　李　熠(—2017.1,保留班子成员待遇)
党组书记　符文彬(—2017.1)
　　　　　柳红军(2017.1—)
党组成员　柳红军(2017.1—)
　　　　　刘秋富
　　　　　刘贻佩
　　　　　唐喜红(女)
　　　　　李　平(女)
　　　　　李　熠(—2017.1)
　　　　　胡奇才(—2017.1)
　　　　　赵岳宏(2017.1—)
　　　　　赵　艳(女)(2017.1—2017.7)
　　　　　龙秀生(2017.1—2017.9)
纪检组长　李　平(女)(—2017.1)
　　　　　龙秀生(2017.1—2017.9)
干　　部　张　惠(副科级,享受班子成员待遇)(2017.1—)

衡山县重点建设管理办公室(2017年10月机构升级为正科)

(未见任命干部名录)

衡山县优化经济环境办公室

(未见任命干部名录)

衡山县经济科技和信息化局

局　　长　江　南(—2017.1)
　　　　　罗光辉(2017.01—)
副 局 长　王伟民(2017.2—)
　　　　　王　鸿(2017.2—2017.8)
　　　　　刘庆宗(2017.2—)
　　　　　旷亚春(2017.2—)
　　　　　赵伏维(2017.2—)
　　　　　傅　艳(女)(2017.2—)
　　　　　赵江南(2017.2—)
党组书记　江　南(—2017.1)
　　　　　罗光辉(2017.1—)
党组成员　汪伟民(2017.1—)
　　　　　王　鸿(2017.1—2017.7)
　　　　　刘庆宗(2017.1—)
　　　　　傅　艳(女)(2017.1—)
　　　　　赵江南(2017.1—)
　　　　　唐志煌(—2017.9)
纪检组长　唐志煌(—2017.9)
干　　部　宾富林(正科级,享受班子成员待遇)(2017.1—)
　　　　　彭红雷(副科级,享受班子成员待遇)(2017.1—)

衡山县企业工作委员会

书　　记　江　南
副 书 记　赵江南
委　　员　李建伟(兼)

衡山县教育局

局　　长　王维荣
副 局 长　文铁良
　　　　　成祥辉
　　　　　李崇凯(—2017.8)
　　　　　旷正秋(—2017.8)
　　　　　陈建怀(女)(2017.2—)
总　　师　旷正秋(2017.8—)
工会主席　欧衡松(—2017.1,保留班子成员待遇)
党委书记　王维荣
党委副书记　肖吉平(—2017.7)
党委委员　王维荣
　　　　　肖吉平(—2017.7)
　　　　　成祥辉
　　　　　李崇凯(—2017.7)
　　　　　旷正秋
　　　　　陈建怀(女)
　　　　　欧衡松(—2017.1)
　　　　　王俊斌(2017.1—)
纪工委书记　陈建怀(女)(—2017.1)
　　　　　王俊斌(2017.1—2017.9)
主任督学　肖吉平
副主任督学　李锐雄(2017.8—)
干　　部　李崇凯(正科级,保留班子成员待遇)(2017.7—)
县纪委派驻县教育局纪检组组长
　　　　　王俊斌(2017.9—)

衡山县岳云中学

校　　长　李桂元
副 校 长　杨妙仁(女)(兼)(—2017.6)
　　　　　旷文军
　　　　　吕　强
　　　　　陈佑民(2017.6—)(试用一年)
工会主席　杨妙仁(女)(兼)(—2017.1)
党总支书记　李桂元(—2017.5)
　　　　　杨妙仁(女)(2017.5—)(试用一年)
党总支副书记　杨妙仁(女)(—2017.5)
纪检组长　杨岳春(2017.5—)(试用一年)

衡山县第二中学

校　　长　康泰平
副 校 长　符竹青(女)(—2017.6)
　　　　　成朝晖
　　　　　成俊峰
　　　　　陈淑贤(女)(2017.6—)(试用一年)
党总支书记　符竹青(女)(2017.5—)(试用一年)
纪检组长　刘铁庚(2017.5—)(试用一年)

衡山县职业中等专业学校(衡山县第三中学)

校　　长　汪维扬
副 校 长　彭永贵(—2017.6)
　　　　　唐伟民

旷玉清
曾　波(2017.6—)(试用一年)
党总支书记 彭永贵(2017.5—)(试用一年)

衡山县第四中学
校　　长 彭文星
副 校 长 杨振林
周智祥(2017.6—)(试用一年)
李江南(2017.6—)(试用一年)
纪检组长 周文香(2017.5—)(试用一年)

衡山县教师进修学校
校　　长 肖　荣
副 校 长 李作为(女)
郑跃勇(2017.6—)(试用一年)
黄树根(2017.6—)(试用一年)
党支部书记 戴建平
纪检组长 胡任文(2017.5—)(试用一年)

衡山县实验中学
校　　长 郑德宇
党支部书记 李玉贵(2017.5—)(试用一年)

衡山县公安局
局　　长 肖文斌
副 局 长 阳道临(—2017.6)
刘国顺
陈付中
邹　文(挂职)
汪曙光(2017.8—)
政　　委 范　烨
副 政 委 汪曙光(—2017.7)
汪湘东(—2017.7)
杨晓秋(女)
工会主席 杨孟华(女)(—2017.1,保留班子成员待遇)
党委书记 肖文斌
党委副书记 范　烨
党委委员 肖文斌
范　烨
阳道临(—2017.6)
汪曙光
汪湘东(—2017.7)
刘国顺
陈付中
杨晓秋(女)
刘毅君
杨孟华(女)(—2017.1)
刘洪国(—2017.7)
邹　文(挂职)
纪工委书记 刘毅君(—2017.9)
干　　部 汪湘东(正科级,保留班子成员待遇)(2017.7—)
县纪委派驻县公安局纪检组组长
刘毅君(2017.9—)

衡山县公安局指挥中心
主　　任 刘锋平
教 导 员 易昌武

衡山县公安局国内安全保卫大队
大 队 长 肖应中
教 导 员 刘晓亮

衡山县公安局刑事犯罪侦查大队
大 队 长 赵雪军
教 导 员 谭清平

衡山县公安局治安(防暴)大队
大 队 长 谭文光
教 导 员 王建军

衡山县公安局政工室
主　　任 刘毅君(—2017.11)
教 导 员 罗卫平

衡山县公安局警务督察大队
大 队 长 李　君(女)
教 导 员 刘长春

衡山县公安局法制大队
大 队 长 夏国成
教 导 员 陈武水

衡山县公安局警备保障室
主　　任 李卫华(女)

教　导　员　龙志平(—2017.7)

衡山县公安局经济犯罪侦查大队

大　队　长　李　明

教　导　员　易　伟

衡山县公安局人口与出入境管理大队

大　队　长　杨奇伟

教　导　员　杨美琼(女)

衡山县公安局巡特警大队

大　队　长　刘永华

教　导　员　阳尧庚

衡山县公安局交通警察大队

大　队　长　刘红国

副大队长　姜继春

刘岳平

唐宏斌

教　导　员　李顺国

工会主席　冯朝晖(女)(—2017.1)

衡山县看守所

所　　　长　雷庆辉

教　导　员　郑震江

衡山县拘留所

所　　　长　刘洪政

教　导　员　胡银虎

衡山县公安局城关派出所

所　　　长　旷剑波

教　导　员　高运启

衡山县公安局两路口派出所

所　　　长　匡志谷

教　导　员　彭峰岚

衡山县公安局师古派出所

所　　　长　刘泽新

教　导　员　周　斌

衡山县公安局白果派出所

所　　　长　罗岳中

教　导　员　罗海红

衡山县公安局东湖派出所

所　　　长　赵正清

教　导　员　陈颜登

衡山县公安局萱洲派出所(2017年10月机构更名)

教　导　员　许国富

衡山县公安局长江派出所

所　　　长　李　甫

衡山县公安局新桥派出所

所　　　长　杨秀奇

教　导　员　谭　琪

衡山县公安局店门派出所

所　　　长　刘　鑫

教　导　员　宾进敏

衡山县公安局永和派出所

所　　　长　胡晓斌

教　导　员　陈卓荣

衡山县公安局岭坡派出所(2017年10月机构更名)

所　　　长　刘国均

教　导　员　廖文海

衡山县公安局福田派出所(2017年10月机构更名)

(未见任命干部名录)

衡山县监察局

局　　　长　陈　琛(—2017.1)

王朝晖(2017.1—)

副　局　长　成麦儒(—2017.11)

傅　强

李万钧(2017.11—)

衡山县民政局

局　　　长　戴建衡

副　局　长　陈金五(排名第一)

文　义

李电亮

谢芝香(女)
赵贵荣(—2017.6)
工会主席 唐红梅(女)(—2017.1,保留班子成员待遇)
党组副书记 戴建衡
陈金五
党组成员 文　义
李电亮
赵贵荣(—2017.5)
谭明剑(—2017.1)
唐红梅(女)(—2017.1)
曾宏峰(2017.1—2017.9)
纪检组长 谭明剑(—2017.1)
曾宏峰(2017.1—2017.9)
干　　部 徐志国(正科级,享受班子成员待遇)(2017.1—)
廖崇钦(享受班子成员待遇)(2017.9—)

衡山县慈善总会办公室

主　　任 廖迎香(女)(—2017.8)
谭险峰(女)(2017.10—)(试用一年)

衡山县社会组织服务中心(2017年7月机构更名)

主　　任 邓宏灿(2017.10—)(试用一年)

衡山县老年人服务中心

主　　任 刘　佳(女)(2017.10—)(试用一年)

衡山县殡仪馆

(未见任命干部名录)

衡山县城乡社会救助服务中心

主　　任 周岳湘(女)(—2017.8)

衡山县社会福利院

主　　任 刘志新(2017.10—)(试用一年)

衡山县司法局

局　　长 沈雁中
副 局 长 汪宁生(—2017.8)
左荣华(—2017.8)
阳和平
李水平(2017.11—)
工会主席 彭晓明(—2017.1,保留班子成员待遇)
党组书记 朱建辉
党组成员 汪宁生(—2017.7)
左荣华(—2017.7)
彭晓明(—2017.1)
李水平
纪检组长 李水平(—2017.9)
干　　部 袁先槐(正科级,享受班子成员待遇)(2017.7—)

衡山县公证处

主　　任 刘美玲(女)

衡山县社区矫正工作局

局　　长 袁先槐(—2017.8)

衡山县财政局

局　　长 曹时国
正县级干部 旷文惠(—2017.8)
副县级干部 吴仲龙(—2017.8)
副 局 长 彭长利(排名第一)
谭源连
尹荣华
彭鸿飞(—2017.8)
罗树炎(—2017.8)
肖尧阶(兼)(—2017.1)
李云国(—2017.10)
总会计师 谭柏青
工会主席 宾建强(—2017.1,保留班子成员待遇)
党组书记 曹时国
党组副书记 彭长利
党组成员 陈　赛(—2017.7)
谭源连
彭鸿飞(—2017.7)
尹荣华
谭柏青
罗树炎(—2017.7)
宾建强(—2017.1)
肖尧阶(兼)(—2017.1)
李云国(—2017.9)

龙秀生(2017.9—)
纪检组长　陈　赛(—2017.7)
干　　部　彭鸿飞(正科级,保留班子成员待遇)(2017.7—)
罗树炎(副科级,保留班子成员待遇)(2017.7—)
陈　赛(正科级,保留班子成员待遇)(2017.7—)

县纪委派驻县财政局纪检组组长
龙秀生(2017.9—)

衡山县农业综合开发办公室

主　　任　肖尧阶(—2017.2)
曹海龙(2017.2—)
副 主 任　邓正军
谭正北(—2017.8)
金志明
工会主席　刘虹茵(女)(—2017.1,保留班子成员待遇)
党组书记　肖尧阶(—2017.1)
曹海龙(2017.1—)
党组成员　邓正军
谭正北(—2017.7)
金志明
曹金祥
刘虹茵(女)(—2017.1)
纪检组长　曹金祥

衡山县国库集中支付中心

(未见任命干部名录)

衡山县政府采购管理办公室

(未见任命干部名录)

衡山县非税资金服务中心

主　　任　王长贵(2017.10—)

衡山县乡镇财政服务中心

主　　任　夏建民(2017.10—)

衡山县财政投资评审中心

主　　任　尹寿林(2017.10—)(试用一年)

衡山县人力资源和社会保障局

局　　长　刘　伟(—2017.1)
任秋良(2017.1—)
副 局 长　綦育明(排名第一)
黄　鸣(—2017.8)
欧召琼(兼)(—2017.8)
谭旭平(兼)(—2017.8)
胡卫华
宾冬尤(—2017.8)
杨树泉
刘爱民
总　　师　周晋阳(女)(2017.10—)
工会主席　周静刚(—2017.1)
党组书记　刘　伟(—2017.1)
任秋良(2017.1—)
党组副书记　綦育明
党组成员　黄　鸣(—2017.7)
欧召琼(—2017.7)
谭旭平(—2017.7)
胡卫华
宾冬尤(—2017.7)
杨树泉
刘爱民
彭凤新(女)(—2017.9)
周静刚(—2017.1)
文　军(女)(—2017.1)
刘　屾(—2017.7)
谭燕舞(—2017.7)
周晋阳(女)(2017.9—)
纪检组长　彭凤新(女)(—2017.9)
干　　部　黄　鸣(正科级,保留班子成员待遇)(2017.7—)
宾冬尤(正科级,保留班子成员待遇)(2017.7—)

衡山县公务员管理办公室

主　　任　符连辉(女)(2017.10—)(试用一年)

衡山县人力资源服务中心(2017 年 12 月机构更名)

主　　任　向曾妍(女)(2017.10—)(试用一年)

衡山县就业服务中心(2017年12月机构更名)
主　　任　刘　屾(2017.8—)

衡山县劳动保障监察大队
大 队 长　胡　勇

衡山县机关事业单位社会保险所
所　　长　谭燕舞

衡山县社会劳动保险所(2017年12月机构更名)
所　　长　欧召琼(2017.8—)

衡山县医疗保险管理中心
主　　任　谭旭平

衡山县城乡居民医疗保险管理服务中心(2017年11升格为正科)
主　　任　康湘林(2017.2—)

衡山县工伤保险基金管理中心
(未见任命干部名录)

衡山县城乡居民养老保险管理中心(2017年12月机构更名)
主　　任　赵树全(2017.10—)(试用一年)

衡山县国土资源局
局　　长　朱向华
副 局 长　赵跃云
　　　　　张建龙
　　　　　文诗明
工会主席　曾　宁(女)(—2017.1,享受班子成员待遇)
党组书记　朱向华
党组成员　朱向华
　　　　　赵跃云
　　　　　张建龙
纪检组长　赵　军(—2017.9)

衡山县不动产登记中心
(未见任命干部名录)

衡山县土地开发整理中心
主　　任　陈华军

衡山县国土资源执法监察大队
大 队 长　尹　方

衡山县土地储备中心
主　　任　李成华

衡山县国土资源局开云分局
局　　长　旷文俊

衡山县国土资源局白果分局
局　　长　苏　亮

衡山县国土资源局新桥分局
局　　长　周海峰

衡山县国土资源局经济开发区分局
局　　长　谭中平

衡山县住房和城乡建设局
局　　长　阳　涛
副 局 长　郭铁军(—2017.8)
　　　　　唐伟凡(—2017.8)
　　　　　周志平
　　　　　王云南
　　　　　周小国
　　　　　符云槐
　　　　　欧振衡(2017.2—)
　　　　　周远贵(2017.2—2017.8)
　　　　　旷建芸(女)(2017.2—)
　　　　　聂建德(2017.2—)
总工程师　廖志伟(—2017.10)
工会主席　雷正中(—2017.1,保留班子成员待遇)
党委书记　阳　涛
党委副书记　周小国
党委委员　阳　涛
　　　　　郭铁军(—2017.7)
　　　　　周志平
　　　　　唐伟凡(—2017.7)
　　　　　欧政恒
　　　　　廖志伟(—2017.9)
　　　　　康春城(—2017.1,保留班子成员待遇)
　　　　　雷正中(—2017.1)
　　　　　周小国

符云槐
曾清华(—2017.9)
周远贵(2017.1—2017.7)
旷建芸(女)(2017.1—)
纪工委书记 曾清华(—2017.9)
干　　部 廖崇钦(副科级,享受班子成员待遇)(2017.1—)
刘艳香(女)(副科级,享受班子成员待遇)(2017.1—)
郭铁军(正科级,保留班子成员待遇)(2017.7—)
唐伟凡(正科级,保留班子成员待遇)(2017.7—)
周远贵(正科级,保留班子成员待遇)(2017.7—)

衡山县房产管理中心

(未见任命干部名录)

衡山县环境卫生管理处

主　　任 杨衡宁(聘)(—2017.8)
党支部书记 杨衡宁(聘)(—2017.7)

衡山县园林处

(未见任命干部名录)

衡山县建筑工程质量和安全监督管理站(2017年10月设立)

所　　长 屈平军(—2017.8)

衡山县交通运输和旅游局

局　　长 李待琪(—2017.5)
赵卫平(2017.9—)
副 局 长 丁衡平
刘军辉(2017.2—)
王　倩(2017.2—)
吴小林(2017.2—)
向辉武(2017.2—)
赵　军(2017.2—)
党委书记 李待琪(—2017.7)
赵卫平(2017.7—)
党委成员 丁衡平
刘军辉(2017.1—)
王　倩(2017.1—)
吴小林(2017.1—)
向辉武(2017.1—)
赵　军(2017.1—)
谷社建(—2017.9)
干　　部 曹冬云(女)(正科级,享受班子成员待遇)(2017.1—)
陈爱莲(女)(正科级,享受班子成员待遇)(2017.1—)
纪工委书记 谷社建(—2017.9)

衡山县公路管理局

局　　长 易宏伟
副 局 长 陈小平(排名第一)
廖秋菊
汪　纯(聘)(—2017.8)
刘万红
陈建华(聘)(—2017.8)
工会主席 刘智星(—2017.1,保留班子成员待遇)
党组书记 易宏伟
党组副书记 陈小平
党组成员 廖秋菊
汪　纯(—2017.7)
刘万红
陈建华(—2017.7)
刘智星(—2017.1)
赵建林(—2017.9)
纪检组长 赵建林(—2017.9)
干　　部 汪　纯(副科级,保留班子成员待遇)(2017.7—)
陈建华(副科级,保留班子成员待遇)(2017.7—)

衡山县道路运输管理所

所　　长 王岳新

衡山县交通工程质量与安全监督所

所　　长 屈平军(聘)

衡山县地方海事处

主　　任 廖晓军(2017.8—)

衡山县交通运输和旅游综合执法大队(2017年10月设立)

(未见任命干部名录)

衡山县旅游服务中心(2017年10月机构更名)

(未见任命干部名录)

衡山县城市客运管理办公室

(未见任命干部名录)

衡山县农业局(县委农村工作办公室)

局　　长 黄润葵(—2017.1)
宗维平(2017.1—)
副 局 长 成岳云
郑平凡
刘运泉
刘忠远
邓俊生
尹　芳(—2017.2)(挂职)
李庭辉(2017.2—)
宋清云(2017.2—2017.8)
刘才华(2017.2—)
旷晓玲(女)(2017.2—)
总农艺师 邓俊生(2017.11—)
工会主席 赵重阳
党委书记 黄润葵(—2017.1)
宗维平(2017.1—)
党委副书记 成岳云
党委委员 黄润葵(—2017.1)
宗维平(2017.1—)
赵重阳
邓俊生
成岳云
尹　芳(—2017.2)(挂职)
郑平凡(2017.1—)
李庭辉(2017.1—)
宋清云(2017.1—2017.7)
刘才华(2017.1—)
刘运泉(2017.1—)
旷晓玲(女)(2017.1—)
赵建林(2017.9—)
纪工委书记 邓俊生(—2017.9)
副县级干部 刘庆平(—2017.8)
干　　部 王加强(正科级,享受班子成员待遇)(2017.1—)
赵重阳(正科级,享受班子成员待遇)(2017.1—)
宋清云(正科级,享受班子成员待遇)(2017.7—)
县纪委派驻县农业局纪检组组长
赵建林(2017.9—)

衡山县农业机械管理局

局　　长 王　琪
副 局 长 李红军(—2017.8)
刘　翔(—2017.2)
王文能(女)
易湘林
工会主席 彭会军(—2017.1)
党组书记 王　琪
党组成员 李红军(—2017.7)
易湘林
张仁伟
彭会军(—2017.1)
纪检组长 张仁伟
干　　部 李红军(正科级,保留班子成员待遇)(2017.7—)

衡山县畜牧水产局

局　　长 颜昌茂
副 局 长 潘国安(排名第一)
崔德云
彭双喜(女)(—2017.8)
陈锦凯
工会主席 廖梅庭(—2017.1)
党组书记 颜昌茂
党组副书记 潘国安
党组成员 崔德云
彭双喜(女)(—2017.7)
陈建合
廖梅庭(—2017.1)
纪检组长 陈建合

干　　部　彭双喜（女）（正科级，保留班子成员待遇）（2017.7—）

衡山县能源生态局

局　　长　符汉文
副 局 长　李来辉（—2017.8）
　　　　　谢芝祥
工会主席　刘丽平（女）（—2017.1）
党组书记　符汉文
党组成员　李来辉（—2017.8）
　　　　　谢芝祥
　　　　　刘丽平（女）（—2017.1）
干　　部　李桂清（正科级，享受班子成员待遇）（2017.1—）

衡山县农村经营服务中心

主　　任　郭晶亮
党组书记　郭晶亮
干　　部　旷冬梅（正科级，享受班子成员待遇）（2017.1—）
　　　　　欧菊生（正科级，保留班子成员待遇）（2017.7—）

衡山县农业科学研究所

所　　长　罗晓军
副 所 长　李红程（—2017.2）
　　　　　尹意桃（女）（—2017.2）
　　　　　彭会军（2017.2—）
　　　　　谭美琴（2017.2—）
工会主席　谭美琴（女）（—2017.1）
纪检组长　颜云峰（2017.1—）

衡山县农村扶贫开发办公室（2017年5月机构升格为正科）

主　　任　谢　斌（—2017.5）
　　　　　赵蔚然（2017.6—）
副 主 任　周　剑（2017.6—）（试用一年）
　　　　　廖新宇（2017.10—）（试用一年）
　　　　　麻胜明（2017.10—）（挂职半年）

衡山县农产品质量安全检验检测中心

（未见任命干部名录）

衡山县牲畜定点屠宰办公室

（未见任命干部名录）

衡山县农业行政综合执法大队（2017年6月设立）

（未见任命干部名录）

衡山县水利局

局　　长　周后冬（—2017.1）
　　　　　颜海峰（2017.1—）
副 局 长　彭　毅（排名第一）
　　　　　赵清生（—2017.6）
　　　　　李建春（—2017.8）
　　　　　汤建军
　　　　　邓志华
　　　　　旷学礼
总工程师　刘建新
工会主席　唐树云（—2017.1）（2017.1—2017.7，保留班子成员待遇）
党委书记　周后冬（—2017.1）
　　　　　颜海峰（2017.1—）
党委副书记　彭　毅
党委委员　周后冬（—2017.1）
　　　　　颜海峰（2017.1—）
　　　　　彭　毅
　　　　　赵清生（—2017.5）
　　　　　李建春（—2017.7）
　　　　　汤建军
　　　　　曹梅秀（女）（—2017.7）
　　　　　邓志华
　　　　　唐树云（—2017.1）
　　　　　刘建新
　　　　　旷学礼
纪工委书记　曹梅秀（女）（—2017.7）
干　　部　李建春（正科级，保留班子成员待遇）（2017.7—）
　　　　　曹梅秀（女）（正科级，保留班子成员待遇）（2017.7—）

衡山县水土保持站

（未见任命干部名录）

衡山县防汛抗洪指挥部办公室

主　　任　曹　俊(2017.10—)(试用一年)

衡山县九观桥水库管理所

所　　长　谭水林(聘)(—2017.8)

党支部书记　谭水林(—2017.8)

衡山县新桥水库管理所

所　　长　彭德伟(聘)(—2017.8)

衡山县红旗水电管理所

所　　长　李国清(2017.10—)(试用一年)

衡山县县城防洪堤管理所

所　　长　赵　力(2017.9—)(试用一年)

衡山县水政监察大队

大 队 长　李　彬(2017.10—)(试用一年)

衡山县河湖与水资源管理中心(2017 年 12 月设立)

(未见任命干部名录)

衡山县林业局

局　　长　张海量

副 局 长　许锦云

杨建光

许冬根

总工程师　许冬根

工会主席　龙燕辉(—2017.1,保留班子成员待遇)

党组副书记　张海量

党组成员　许锦云

杨建光

李礼顺

纪检组长　李礼顺(—2017.9)

干　　部　戴莉莎(女)(享受班子成员待遇)(2017.9—)

衡山县紫金山国有林场(紫金山森林公园)

场　　长　刘柏林

副 场 长　陈艳凯(2017.10—)(试用一年)

党支部书记　阳飞卫(2017.1—)(试用一年)

工会主席　谢　俊(2017.9—)(试用一年)

衡山县林业行政综合执法大队

大 队 长　李春文

衡山县林业产权管理办公室

主　　任　唐富国(—2017.8)

曾庆辉(2017.10—)(试用一年)

衡山县森林公安局

局　　长　张文军

政　　委　陈　衡

衡山县商务和粮食局

局　　长　李磊建(—2017.10)

宾　浩(2017.10—)

副 局 长　王岳文(—2017.8)

戴业纯

文亚军(2017.2—)

谭岳泉(2017.2—2017.8)

旷建成(2017.2—)

吴贵湘(2017.2—)

胡子平(2017.2—)

谢泰峰(2017.1—)

许岳秋(2017.2—)

党委书记　李磊建(—2017.9)

宾　浩(2017.9—)

党委副书记　王岳文(—2017.7)

戴业纯

党委委员　李磊建(—2017.9)

宾　浩(2017.9—)

王岳文(—2017.7)

戴业纯

廖　冰(—2017.9)

文亚军(2017.1—)

谭岳泉(2017.1—2017.7)

旷建成(2017.1—)

吴贵湘(2017.1—)

胡子平(2017.1—)

谢泰峰(2017.1—)

许岳秋(2017.1—)

纪工委书记　廖　冰(—2017.9)

干　　部　刘岳林(正科级,享受班子成员待遇)(2017.1—)

唐卫东(正科级,享受班子成员待遇)(2017.1—)
王岳文(正科级,保留班子成员待遇)(2017.7—)
谭岳泉(正科级,保留班子成员待遇)(2017.7—)

衡山县市场服务中心

主　　任　文亚军(兼)(—2017.2)

衡山县投资促进事务中心

(未见任命干部名录)

衡山县商务和粮食综合执法大队(2017年10月设立)

大 队 长　张流华(2017.10—)(试用一年)

衡山县文体广电新闻出版局

局　　长　周湘宁(女)
副 局 长　易国华(2017.2—)
周乾清(2017.2—2017.8)
李玉祥(2017.2—)
廖飞跃(2017.2—2017.8)
康社军(2017.9—)
党组书记　余庆丰(—2017.1)
颜文艺(2017.1—)
党组委员　颜文艺(2017.1—)
康社军
周乾清(2017.1—2017.7)
廖飞跃(2017.1—2017.7)
纪检组长　康社军(—2017.9)
干　　部　莫北衡(副科级,享受班子成员待遇)(2017.1—)
周乾清(正科级,保留班子成员待遇)(2017.7—)
廖飞跃(正科级,保留班子成员待遇)(2017.7—)

衡山县广播电视台

台　　长　唐立华(—2017.1)
唐自立(2017.1—)
副 台 长　刘觉非(排名第一)(—2017.8)
郭建红
杨　闯
曹亚军(—2017.9,保留班子成员待遇)
丁美健(女)(2017.9—)
工会主席　宁建英(女)(—2017.1,保留班子成员待遇)
总工程师　王海滨(2017.9—)(试用一年)
党组书记　唐立华(—2017.1)
唐自立(2017.1—)
党组副书记　刘觉非(—2017.7)
党组成员　唐自立(2017.1—)
刘觉非(—2017.7)
郭建红
杨　闯
曹亚军(—2017.9)
周立群(女)(—2017.9)
宁建英(女)(—2017.1)
丁美健(女)(2017.9—)
王海滨(2017.9—)(试用一年)
纪检组长　周立群(女)(—2017.9)

衡山县全民健身服务中心

(未见任命干部名录)

衡山县文物管理所

所　　长　颜高峰(—2017.9)
唐云翔(2017.10—)

衡山县文化市场综合执法大队

大 队 长　赵新麟(2017.2—)

衡山县卫生和计划生育局

局　　长　旷立伟
副 局 长　颜建国(2017.2—)
曹晓峰(2017.2—)
王卫华(2017.2—)
周林华(2017.2—)
肖宇宗(2017.2—)
罗宇湘(2017.2—)
曹雁芝(女)(2017.2—)
李伟年(2017.2—)
党委书记　旷立伟

党委委员 旷立伟
颜建国(2017.1—)
曹晓峰(2017.1—)
王卫华(2017.1—)
肖宇宗(2017.1—)
曹雁芝(女)(2017.1—)
李伟年(2017.1—)
袁深根
周立群(女)(2017.9—)
纪工委书记 袁深根(—2017.9)
干　　部 聂玉东(正科级,享受班子成员待遇)(2017.1—)
李正坤(正科级,享受班子成员待遇)(2017.1—)
汤武林(正科级,享受班子成员待遇)(2017.1—)
杨高翔(副科级,享受班子成员待遇)(2017.1—2017.7)
蒋衡玲(女)(副科级,享受班子成员待遇)(2017.1—)
刘斌淑(女)(副科级,享受班子成员待遇)(2017.1—)
县纪委派驻县卫生和计划生育局纪检组组长
周立群(女)(2017.9—)

衡山县人民医院
院　　长 张祥林(—2017.2)
刘　望(2017.2—)(试用一年)
副 院 长 唐银芝(女)(—2017.2)
陈松权(聘)
唐　峰(聘)(—2017.2)
工会主席 周智勇(—2017.1,保留班子成员待遇)
党总支书记 王卫华(—2017.1)

衡山县中医医院(2017年7月机构升格为正科)
院　　长 刘　望(—2017.2)
唐　峰(2017.02—2017.10)
唐　峰(聘)(2017.10—)(试用一年)
党支部书记 廖志兵(—2017.1)

衡山县妇幼保健计划生育服务中心(2017年6月机构更名,升格为正科)
院　　长 刘云荣(—2017.10)
主　　任 刘云荣(2017.10—)
党支部书记 李小林

衡山县疾病预防控制中心(2017年4月机构升格为正科)
主　　任 李　鄂(2017.10—)(试用一年)
副 主 任 蒋　焰(2017.10—)

衡山县卫生计生综合监督执法局
主　　任 李　鄂(—2017.10)
党支部书记 刘　健

衡山县卫生计生综合监督执法局
局　　长 黄清明

衡山县第二人民医院
院　　长 陈树平
党支部书记 陈树平

衡山县流动人口计划生育服务站
(未见任命干部名录)

衡山县卫生监督所
(未见任命干部名录)

衡山县计划生育社会抚养费征管办公室
(未见任命干部名录)

衡山县新型农村合作医疗管理办公室
主　　任 康湘林(兼)

衡山县新桥镇中心卫生院
(未见任命干部名录)

衡山县审计局
局　　长 颜长坤
副 局 长 张铁桥
陈治国
周建新
工会主席 李润年(—2017.1,保留班子成员待遇)
总审计师 李银燕(女)(—2017.1)
党组书记 颜长坤
党组副书记 张铁桥

党组成员 陈治国
李润年(—2017.1)
周水莲(女)
杨卫东(—2017.7)
纪检组长 周水莲(女)(—2017.9)
干　　部 杨卫东(副科级,保留班子成员待遇)(2017.7—)

衡山县固定资产投资审计中心
(未见任命干部名录)

衡山县环境保护局
局　　长 颜　靖
副 局 长 杨一帆
田　宏(女)(—2017.2)
汪义芳
方启臻
工会主席 彭　伟(—2017.1)
党组书记 颜　靖
党组成员 杨一帆
田　宏(女)(—2017.1)
汪义芳
谭伏莲(女)(—2017.1)
彭　伟
纪检组长 谭伏莲(女)(—2017.1)

衡山县环境保护监察大队
(未见任命干部名录)

衡山县环境检测站
(未见任命干部名录)

衡山县统计局
局　　长 李涌文
副 局 长 旷中常
唐新平
工会主席 戴莉莎(女)(—2017.1,保留班子成员待遇)
党组书记 李涌文
党组成员 旷中常
唐新平
刘映非(女)(—2017.7)
戴莉莎(女)(—2017.1)
纪检组长 刘映非(女)(—2017.7)

衡山县社会经济调查大队
队　　长 廖龙海(—2017.8)
曹文湘(女)(2017.10—)(试用一年)

衡山县安全生产监督管理局
局　　长 郑　飚
副 局 长 唐纪云(排名第一)(—2017.8)
许新平
杨伟武(—2017.2)
曹湘林
王　辉(2017.11—)
工会主席 彭　皓(—2017.1,保留班子成员待遇)
党组书记 郑　飚
党组副书记 唐纪云(—2017.7)
党组成员 许新平
杨伟武(—2017.1)
曹湘林
肖湘华(—2017.1)
彭　皓(—2017.1)
王　辉(2017.1—)
纪检组长 肖湘华(—2017.1)
王　辉(2017.1—2017.9)
干　　部 唐纪云(正科级,保留班子成员待遇)(2017.7—)

衡山县安全生产行政执法大队(县安全生产应急救援指挥中心)(2017 年 10 月设立)
(未见任命干部名录)

衡山县食品药品工商质量监督管理局(2017 年 3 月机构更名)
局　　长 李　刚
副 局 长 唐云翔(—2017.10)
王德柱
朱志荣(女)(2017.2—)
朱建宇(2017.2—)
周建卫(2017.2—)
李瑞华(2017.2—)
周宋清(2017.2—)

刘　灿(2017.2—)
凌　杰(2017.2—)
赵志波(2017.2—)
赵鸿雁(女)(2017.2—)
李　彦(2017.2—)
党组书记　李　刚
党组副书记　唐云翔(—2017.10)
王德柱
党组成员　王　辉(2017.1—)
朱建宇(2017.1—)
周建卫(2017.1—)
李瑞华(2017.1—)
周宋清(2017.1—)
刘　灿(2017.1—)
凌　杰(2017.1—)
赵志波(2017.1—)
赵鸿雁(女)(2017.1—)
李　彦(2017.1—)
康爱平(—2017.9)
纪检组长　康爱平(—2017.9)
干　部　雷　厉(副科级,享受班子成员待遇)(2017.1—)
王德柱(正科级,保留班子成员待遇)(2017.7—)

衡山县市场和质量举报投诉中心
主　任　旷曲薇(女)(2017.10—)(试用一年)

衡山县食品药品稽查大队
(未见任命干部名录)

衡山县人民政府法制办公室
主　任　周伏立
副主任　黄　阳

衡山县人民防空办公室
主　任　戴玉辉(—2017.1)
江　南(2017.1—)
副主任　旷金彪(—2017.8)
梁战衡(女)(—2017.2)
武建军(2017.2—)
李晓阳(2017.11—)
党组书记　江　南(2017.1—)
党组成员　旷金彪(2017.1—2017.8)
武建军(2017.1—)
李晓阳(2017.1—)
纪检组长　李晓阳(2017.1—2017.9)

衡山县人民政府直属事业单位

衡山县国有资产管理中心
主　任　宗维平(—2017.2)
李佳云(2017.2—)
副主任　周海丰(2017.2—)
阳海祥(2017.11—)
干　部　旷宁辉(正科级,享受班子成员待遇)(2017.1—)

衡山县移民开发局
局　长　廖志光
副局长　王志强(排名第一)(—2017.8)
胡志良
阳煜宇
工会主席　陈松柏(—2017.1,保留班子成员待遇)
党组书记　廖志光
党组副书记　王志强(—2017.7)
党组成员　阳煜宇
赵　静(女)(—2017.9)
陈松柏(—2017.1)
纪检组长　赵　静(女)(—2017.9)
干　部　王志强(正科级,保留班子成员待遇)(2017.7—)

衡山县供销合作社联合社
主　任　尹朝阳
副主任　唐伏贵
符岳山(聘)(—2017.8)
聂青山(2017.8—)
监事会主任　王和平(—2017.10)
宾智敏(2017.10—)
党组书记　尹朝阳
党组副书记　王和平(—2017.9)
宾智敏(2017.9—)

党组成员　王和平(—2017.9)
唐伏贵
符岳山(—2017.7)
刘庆军(—2017.1)
聂青山(2017.7—)
宾智敏(2017.9—)
纪检组长　刘庆军(—2017.1)

衡山县城市管理行政执法局

局　　长　成桂林
副 局 长　符志敏(—2017.2)
王俊林(聘)(—2017.8)
旷鸣芳(2017.2—)
王永根(2017.10—)
党组成员　旷鸣芳(2017.2—)
王永根(2017.9—)
刘立吾(—2017.9)
纪检组长　刘立吾(—2017.9)
干　　部　王俊林(副科级,保留班子成员待遇)(2017.7—)

衡山县城市管理综合执法大队

(未见任命干部名录)

衡山县环境卫生管理处

(未见任命干部名录)

湖南衡山萱洲国家湿地公园管理处

主　　任　徐爱民
副 主 任　冯　彬(2017.02—)
易炳焱(2017.10—)
总工程师　刘洪光(2017.10—)(试用一年)

衡山县电子政务管理办公室

主　　任　沈忠辉
副 主 任　聂鑫明
戴　辉(聘)(—2017.8)
张　曌(女)(2017.10—)(试用一年)
干　　部　戴　辉(副科级,保留班子成员待遇)(2017.7—)

衡山县政务服务中心

主　　任　符文忠
副 主 任　涂岳平
王　智(2017.10—)(试用一年)
党组书记　符文忠
党组成员　王　智(2017.9—)

衡山县机关事务管理局

局　　长　尹俊超(2017.2—)
副 局 长　成兆辉(2017.10—)
李　斌(2017.10—)(试用一年)
干　　部　苏贵云(副科级,享受班子成员待遇)(2017.7—)

衡山县城乡规划局

局　　长　曹波宁
副 局 长　刘建高
陈越妆(女)(2017.10—)
王洪春(2017.10—)(试用一年)
黄　卓(2017.10—)(试用一年)
党组成员　陈越妆(女)(2017.9—)
王洪春(2017.9—)

衡山县人民政府所属事业单位

衡山县开云新城综合管理办公室

主　　任　周常青
副 主 任　李春红
王锡衡

衡山县人民政府金融工作办公室

主　　任　赵卫平(—2017.8)
刘衡岳(2017.10—)
副 主 任　颜文佳(2017.10—)(试用一年)

衡山县矿产资源税费征管办公室

主　　任　陈伟新
副 主 任　刘三明
杨　顺
谭湘衡
工会主席　谭湘衡(兼)(—2017.1)
纪检组长　康爱平(2017.9—)
党组成员　康爱平(2017.9—)
干　　部　符　伟(正科级,享受班子成员待遇)

(2017.01—)

衡山县人民政府禁毒工作社会化办公室

主　　任　彭应祥

副 主 任　宾科鹏(2017.10—)(试用一年)

衡山县城市和农村建设投资融资管理中心

主　　任

(总经理)　文更村

副 主 任

(副总经理)　彭毅钢(排名第一)(—2017.8)

李绍志

欧阳明明

总工程师　谭卫东(2017.10—)(试用一年)

党组书记　文更村

党组副书记　彭毅钢(—2017.7)

党组成员　李绍志

欧阳明明

阳海祥(—2017.9)

谭卫东(2017.9—)

纪检组长　阳海祥(—2017.9)

湖南省衡山县经济开发区管理委员会

主　　任　曹兰平(—2017.11)

袁晓斌(2017.11—)(试用一年)

副 主 任　柳红军(—2017.2)

曹福喜(—2017.6)

赵建秋

胡卫国

袁晓斌(2017.2—)

廖志伟(2017.10—)(试用一年)

总工程师　洪远东

工会主席　周燕辉(女)(2017.9—)

党工委书记　曹兰平(—2017.11)

工委副书记　柳红军(—2017.1)

袁晓斌(2017.1—)

党工委委员　曹兰平(—2017.11)

柳红军(—2017.1)

袁晓斌(2017.1—)

曹福喜(—2017.5)

赵建秋

宾朝晖

洪远东

廖志伟(2017.9—)

周艳辉(女)(2017.9—)

纪工委书记　宾朝晖

衡山县经济开发区管理委员会办公室

主　　任　任新宇

衡山县经济开发区管理委员财务部

(未见任命干部名录)

衡山县经济开发区管理委员会规划建设房产管理科

主　　任　戴超明

衡山县经济开发区管理委员会招商服务局

主　　任　彭　伟

衡山县经济开发区社会事务管理科

(未见任命干部名录)

衡山县开云新区管理委员会

主　　任　文新民(2017.2—2017.10)

周常青(2017.10—)

副 主 任　周常青(2017.2—2017.10)(保留正科实职待遇)

刘建高(2017.2—)

王锡衡(2017.2—)

旷君伟(2017.10—)

党工委书记　文新民(2017.9—)

党工委副书记　周常青(2017.9—)

党工委委员　文新民(2017.9—)

周常青(2017.9—)

王锡衡(2017.9—)

旷君伟(2017.9—)

政协衡山县委员会内设机构

政协衡山县委员会办公室

主　　任　周冬初(—2017.1)

唐立华(2017.1—)

副 主 任　陈　华(女)(—2017.1)

戴　斌
郭文高

县纪委派驻县政协机关纪检组组长
彭凤新(女)(2017.9—)

政协衡山县提案和委员联络工作委员会
主　　任　冯　禄(2017.1—)

政协衡山县财政经济委员会
主　　任　吴静岳(2017.1—)

政协衡山县教科文卫体委员会
主　　任　宾　浩(2017.1—2017.10)
李磊建(2017.10—)

政协衡山县文史学习委员会
主　　任　王永光 (2017.1—)

政协衡山县人口资源环境和法制委员会
主　　任　李迎春(女)(2017.1—2017.7)
王和平(2017.10—)

政协衡山县研究室
主　　任　戴　斌(2017.1—)
副 主 任　戴　斌(—2017.1)

军事机构

衡山县人民武装部工作机构
武装科科长　杨　萌
政工科科长　杨俊茂
后勤科科长　徐云翔

中国人民武装警察部队衡山县中队
中 队 长　阳　成(—2017.7)
刘恒帅(2017.7—)
指 导 员　王成康

中国人民武装警察部队消防大队
大 队 长　李元明
教 导 员　刘能斌

政法机构

衡山县人民法院
院　　长　胡家舜
副 院 长　彭生贵
胡亚辉
周志文
工会主席　刘志强(—2017.1,保留班子成员待遇)
审判委员会专职委员　曹　科
贺　滴(女)
胡小平(2017.9—)
党组书记　胡家舜
党组副书记　彭生贵
党组成员　胡亚辉
胡小平(—2017.9)
刘建中(—2017.7)
刘志强(—2017.1)
纪检组长　胡小平(—2017.9)
干　　部　刘建中(2017.7—)(正科级,保留班子成员待遇)

衡山县人民法院政工室
主　　任　刘建中(—2017.7)

衡山县人民法院执行局
局　　长　周应安
教 导 员　唐志红

衡山县人民法院司法警察大队
大 队 长　罗小坚
政　　委　曹　虎

衡山县人民法院立案信访局
局　　长　高亚香
教 导 员　肖　涵

城关中心人民法庭
庭　　长　廖志高

店门中心人民法庭
庭　　长　李　慰

萱洲中心人民法庭
庭　　长　刘南斌

新桥中心人民法庭
庭　　长　彭琳旭

白果中心人民法庭
庭　　长　宋德中

沙泉中心人民法庭
庭　　长　旷曲宇

衡山县人民检察院
检 察 长　李　清(女)
副检察长　赵向前
　　　　　王卫阳
　　　　　蒋　晖
　　　　　贺　星(—2017.9)
　　　　　田　晶(挂职)(—2017.9)
　　　　　计　册(挂职)(2017.7—)
党组书记　李　清(女)
党组副书记　赵向前
　　　　　田　晶(挂职)(—2017.8)
党组成员　蒋　晖
　　　　　贺　星(—2017.5)
　　　　　杨吉庆(—2017.8)
　　　　　杨光玖(—2017.8)
　　　　　李延会
　　　　　李　清(女)
　　　　　计　册(挂职)(2017.7—)
纪检组长　李延会(—2017.9)
工会主席　胡　宏
检察委员会专职委员　曾　涛
检察委员会专职委员　谭林敏

衡山县人民检察院政工室
主　　任　杨吉庆(—2017.8,保留班子成员待遇)

衡山县人民检察院反渎职侵权局
局　　长　刘汉中
教 导 员　刘文华(—2017.8)

衡山县人民检察院反贪污贿赂局
局　　长　杨光玖(—2017.8,保留班子成员待遇)

衡山县人民检察院法警大队
大 队 长　王乐贤(女)
政　　委　何国平

衡山县人民团体

衡山县总工会
主　　席　汪炳林
副 主 席　尹俊超(兼)(—2017.1)
　　　　　刘岳平
党组书记　尹俊超(—2017.1)
　　　　　夏　懿(2017.1—)
党组成员　夏　懿(2017.1—)
　　　　　刘岳平
　　　　　文菊华(女)(—2017.9)
纪检组长　文菊华(女)(—2017.9)
干　　部　周树栋(正科级,享受班子成员待遇)(2017.1—)

中国共产主义青年团衡山县委员会
书　　记　严铂金(2017.5—)(试用一年)
副 书 记　刘　洋(女)(—2017.5)
　　　　　彭志峰(2017.9—)(试用一年)

衡山县妇女联合会
主　　席　廖建萍(女)
副 主 席　贺原媛(女)
党组书记　廖建萍(女)
党组成员　贺原媛(女)

衡山县工商业联合会(总商会)
主　　席　胡文星(女)
副 主 席　刘　丽(女)
　　　　　刘文亮(兼)
　　　　　刘金义(兼)
　　　　　罗文斌(兼)
　　　　　赵　艳(女、兼)
　　　　　聂　文(女、兼)
　　　　　颜昭来(兼)
秘 书 长　刘　丽(女、兼)
党组书记　彭爱党(兼)(—2017.1)
　　　　　唐志军(2017.1—)

中共衡山县委非公有制经济组织综合党工委
书　　记　彭爱党(兼)(—2017.1)

唐志军(兼)(2017.1—)
副　书　记　刘　丽(女、兼)
专职副书记　李劲松(2017.9—)(试用一年)

衡山县科学技术协会
主　　　席　陈亚雷
副　主　席　汤竹莲(女)(—2017.1)
　　　　　　肖湘华(2017.1—)
党组书记　陈亚雷
党组成员　汤竹莲(女)(—2017.1)
　　　　　　肖湘华(2017.1—)
纪检组长　汤竹莲(女)(—2017.1)

衡山县计划生育协会
会　　　长　刘庆平(兼)(—2017.9)
　　　　　　王新国(兼)(2017.9—)

衡山县归国华侨侨眷联合会
主　　　席　李卫辉(女)
副　主　席　肖宁旗
　　　　　　胡岳军
　　　　　　梁瑞兰(女、兼)
秘　书　长　廖建纲(兼)

衡山县残疾人联合会
理　事　长　杨　群(女)
副理事长　冯　茜(女)
　　　　　　肖健学(—2017.7)

衡山县红十字会
副　会　长　赵海波(2017.9—)

垂直管理机构

中国邮政集团公司湖南省衡山县分公司
经　　　理　刘　英(2017.1—2017.10)
　　　　　　刘志勇(2017.10—)
副　经　理　廖建平(—2017.7)
　　　　　　王小龙(2017.6—)
经理助理　刘新成
工会主席　欧建军
党组书记　刘　英(2017.1—2017.10)
　　　　　　刘志勇(2017.10—)
党组成员　廖建平
　　　　　　刘新成
　　　　　　欧建军
纪检组长　欧建军

中国电信股份有限公司衡山分公司
总　经　理　谭彦宇
副总经理　李正军
　　　　　　王宇新(2017.3—)
工会主席　李正军(兼)
党组书记　谭彦宇

中国移动通信集团湖南有限公司衡山分公司
经　　　理　郭　健
副　经　理　罗　江(—2017.7)
　　　　　　唐旭辉
　　　　　　易粲茗(2017.7—)

中国联通衡山县分公司
总　经　理　龙文斌(—2017.12)
　　　　　　唐　亮(2017.12—)
经理助理　王爱民

衡山县气象局
局　　　长　杨科传
副　局　长　陈　忠
　　　　　　文　艺(女)
党组书记　杨科传
党组成员　陈　忠
　　　　　　文　艺(女)
纪检组长　文　艺(女)

衡山县水文局
局　　　长　伍　辉
副　局　长　王小正

国网衡山县供电公司
经　　　理　管小玲
副　经　理　欧阳晖
　　　　　　李庆国
工会主席　刘君辉(2017.5—)
党组书记　管小玲
副　书　记　肖柏宗

纪检组长　刘君辉(2017.5—)

衡山县烟草专卖局

局　　长　阳建成
副 局 长　刘文萍(女)
　　　　　周晓卫
　　　　　戴云辉
工会主席　刘文萍(女)
党组书记　阳建成
党组成员　刘文萍(女)
　　　　　周晓卫
　　　　　戴云辉
纪检组长　刘文萍(女)

衡山县国家税务局

局　　长　曹麒麟(—2017.1)
　　　　　王小宁(2017.1—)
副 局 长　李庭芳
　　　　　武建平
　　　　　刘祝安
　　　　　李勤望
工会主席　宋云珍(女)
党组书记　曹麒麟(—2017.1)
　　　　　王小宁(2017.1—)
党组成员　李庭芳
　　　　　武建平
　　　　　刘祝安
纪检组长　刘中平

衡山县国家税务稽查局

局　　长　宾常衡

衡山县国家税务局开云税务分局

局　　长　旷建军

湖南省衡山县地方税务局

局　　长　陈　驰(—2017.8)
　　　　　梁亚辉(2017.8—)
副 局 长　阳岳峰
　　　　　聂朝辉
　　　　　雷铁桥
工会主席　罗庆清
党组书记　陈　驰(—2017.8)
　　　　　梁亚辉(2017.8—)
副 局 长　阳岳峰
党组成员　阳岳峰
　　　　　聂朝辉
　　　　　雷铁桥
纪检组长　蒋　柯

中国石油化工股份有限公司湖南衡山县经营部

经　　理　綦春林(—2017.12)
　　　　　彭　旺(2017.12—)
副 经 理　彭　旺(—2017.12)
　　　　　李　晴
　　　　　蒋　军(2017.12—)
书　　记　曾爱国

湖南省新华书店有限责任公司衡山县分公司

经　　理　文志强
工会主席　成志光
党支部书记　文志强

中国人民银行衡山县支行

行　　长　廖先进
副 行 长　陈国璋
　　　　　刘振林
纪检组长　廖怀德

中国银行股份有限公司衡山支行

行　　长　彭韶泉
副 行 长　伍惠兰(女)
　　　　　周美文(女)(2017.2—)
书　　记　彭韶泉

中国农业银行衡山县支行

行　　长　李　骞
副 行 长　王　波(—2017.7)
　　　　　单志勇(—2017.7)
　　　　　唐　嵩
　　　　　李水平(2017.7—)
　　　　　周显峰(2017.7—)
纪委书记　唐　嵩

中国工商银行股份有限公司衡山支行

行　　长　彭　合(2017.7—)
副 行 长　旷莉萍(女)
　　　　　蒋郁林(—2017.9)
　　　　　陈群立(2017.9—)

中国建设银行股份有限公司衡山支行
行　　长　刘艳平(女)
副 行 长　宋要卫

华融湘江银行股份有限公司衡山支行
行　　长　廖栩志
副 行 长　武　勇

湖南衡山农村商业银行股份有限公司
董 事 长　屈夏清
行　　长　杨良亨
监 事 长　李岳军
副 行 长　何胜君
　　　　　王志刚

中国邮政储蓄银行股份有限公司衡山县支行
行　　长　周永斌
副 行 长　刘　燕(女)

中国农业发展银行衡山县支行
行　　长　符良炎(—2017.2)
　　　　　吴文志(2017.2—)
副 行 长　刘国辉(—2017.2)
　　　　　顾飞龙
　　　　　谢振方(2017.7—)

衡山县住房公积金管理部
主　　任　何双喜
副 主 任　王晓军(2017.4—)

武广高铁衡山西站
站　　长　刘　安

中国人寿保险股份有限公司衡山支公司
经　　理　肖　杰
副 经 理　罗湘南
　　　　　陈　亮

中国人民财产保险有限公司衡山县支公司
经　　理　文安安

副 经 理　周　铨
　　　　　肖　晶
　　　　　路碧勇

中华联合财产保险股份有限公司衡山营销服务部
经　　理　廖仁秀

2017年乡镇领导名录

萱洲镇
党委书记　袁晓斌(—2017.2)
　　　　　曹亚明(2017.2—)
党委副书记　曹亚明(—2017.1)
　　　　　胡　为(—2017.12)
　　　　　刘华江(2017.1—)
纪委书记　周敬德(—2017.5)
　　　　　吴贯春(2017.5—)
党委委员　袁晓斌(—2017.2)
　　　　　周　欢(女)(—2017.7)
　　　　　成　伟
　　　　　曹亚明
　　　　　周敬德
　　　　　吴铁山(—2017.5)
　　　　　胡　为
　　　　　李　力
　　　　　文　平(—2017.12)
　　　　　刘华江(2017.1—)
　　　　　吴贯春(2017.5—)
　　　　　康霄羽(2017.7—)
人大主席　文　平(—2017.12)
　　　　　李　力(2017.12—)
人大副主席　唐　鑫(提名)
镇　　长　曹亚明(提名)(—2017.2)
　　　　　刘华江(2017.2任)(提名)
副 镇 长　吴铁山(提名)(—2017.5)
　　　　　周敬德(2017.5任)(提名)
　　　　　徐天晗(提名)
政协联络工作负责人
　　　　　李　力(—2017.12)

胡　为(2017.12—)(试用一年)

开云镇

党委书记 李宇坤

党委副书记 李国珍(女)

朱学锋(—2017.9)

陈一德(2017.9—)

纪委书记 黄文星

彭宁衡(2017.5—)

党委委员 李宇坤

李国珍(女)

朱学锋(—2017.9)

黄文星(—2017.1)

彭宁衡(2017.5—)

赵鸿伟

旷鸣芳(—2017.1)

陈一德

刘文柱

王红永

彭会军(2007.12—)

人大主席 旷鸣芳(—2017.1)

陈一德(2017.1—2017.9)(提名)

人大副主席 赵鸿伟(提名)(兼)

镇长 朱学锋(—2017.10)(提名)

陈一德(2017.10—)(提名)

副镇长 左清华

赵海波(—2017.9)

彭宁衡(—2017.5)

胡红伟

王红永

旷文俊(2017.5 任)(提名)

政协联络工作负责人

陈一德(—2017.1)

黄文星(2017.1—)(试用一年)

长江镇

党委书记 李　伟

党委副书记 文新民(—2017.1)

赵　喜(—2017.1)

李晓珊(女)(2017.1—)

王美香(女)(2017.5—)

纪委书记 王新华

党委委员 李　伟

文新民(—2017.1)

赵　喜

李晓珊(女)(2017.1—)

王新华

王美香(女)

李泗水

刘华江(—2017.1)

谭洪波(—2017.1)

刘益良

旷嘉浩(2017.1—)

人大主席 刘华江(—2017.1)

赵　喜(2017.1 任)(提名)

人大副主席 罗正华(提名)

镇长 文新民(—2017.2)

副镇长 李泗水(提名)

陈　晖(女)

李晓珊(女)(2017.1 任)(提名,主持政府全面工作)

政协联络工作负责人

谭洪波(—2017.1)

旷嘉浩(2017.1—)

白果镇

党委书记 刘衡岳(—2017.10)

朱学锋(2017.10—)

党委副书记 阳　滔

宾智敏(—2017.9)

刘海峰(2017.9—)

纪委书记 彭建洪(—2017.1)

李　丹(2017.5—)

党委委员 刘衡岳(—2017.10)

朱学锋(2017.10—)

阳　滔

宾智敏(—2017.9)

彭建洪

王　源

文树英(女)

刘海峰

旷嘉浩(2017.1—)
李 丹

人大主席 刘海峰(—2017.9)(提名)
彭建洪(2017.12—)(提名)

人大副主席 王桂珍(提名)

镇长 宾智敏(—2017.10)
刘海峰(2017.10—)(提名)

副镇长 李 丹(—2017.5)
杨麦忠(提名)
胡庚灿(挂职)(2017.7—)

政协联络工作负责人
旷嘉浩(—2017.1)
彭建洪(2017.1—2017.12)(试用一年)

新桥镇

党委书记 彭 君(—2017.2)
康才伟(2017.2—)

党委副书记 杨春华(—2017.5)
康才伟(—2017.1)
旷海滨(2017.1—)
刘锡坤(2017.5—)

纪委书记 彭茂林

党委委员 彭 君(—2017.2)
杨春华(—2017.5)
刘锡坤(2017.5—)
康才伟
彭茂林
周友贤
旷海滨
刘开颜(女)
杨 苗(女)(—2017.5)
曹沛辉(提名)
汪义军(2017.1—)
朱轶静(2017.5—)

人大主席 旷海滨(—2017.1)
刘开颜(2017.1 任)(提名)

人大副主席 周友贤(提名、兼)

镇长 康才伟(—20107.2)
旷海滨(2017.2 任)(提名)

副镇长 周彦鹏
曹沛辉(提名)

政协联络工作负责人
刘开颜(—2017.1)
汪义军(2017.1—)

东湖镇

党委书记 周智勇

党委副书记 李志祥(—2017.1)
彭桂林
凌铁军(2017.5—)

纪委书记 凌铁军(—2017.5)
王 琳(2017.5—)

党委委员 周智勇
李志祥
彭桂林
凌铁军
王 琳(2017.5—)
覃 凯
康艳平(女)
汪俊君
吴胜凯(—2017.1)
张铁庚

人大主席 汪俊君

人大副主席 戴 亮(提名)

镇长 彭桂林(提名)

副镇长 张铁庚(女)(提名)
杨海燕(提名)

政协联络工作负责人
吴胜凯(—2017.1)
李志祥(2017.1—)(试用一年)

店门镇

党委书记 颜海峰(—2017.2)
杨伟武(2017.2—)(试用一年)

党委副书记 夏 懿(—2017.1)
罗文和
李伟奇(2017.1—)

纪委书记 李 科

党委委员 颜海峰(—2017.2)
杨伟武(2017.2—)(试用一年)
夏 懿(—2017.1)

罗文和
李伟奇(2017.1—)
王　琳(—2017.5)
李　科
周小东
李晓阳(—2017.1)
王金黄(女)
刘　力
刘　轲(2017.1—)
黄碧玉(2017.5—)

人大主席 李晓阳(提名)(—2017.1)
王金黄(女)(2017.1—)

人大副主席 覃海燕(提名)

镇　　长 夏　懿(—2017.2)
李伟奇(2017.2任)(提名)

副 镇 长 唐文学
黄碧玉(—2017.5)
刘　力(提名)

政协联络工作负责人
王金黄(女)(—2017.1)
刘　轲(2017.1—)(试用一年)

永和乡

党委书记 唐自立(—2017.2)
康岳峰(2017.2—)

党委副书记 康岳峰(—2017.1)
魏衡南
胡奇才(2017.1—)

纪委书记 吴贯春(—2017.5)
吴铁山(2017.5—)

党委委员 唐自立
康岳峰
周树栋(—2017.1)
魏衡南
胡奇才(2017.1—)
吴贯春(—2017.5)
吴铁山(2017.5—)
汤正林
罗宗贵
李沛良(—2017.1)
廖建纲
谭洪波(2017.1—)
杨　苗(女)(2017.5—)

人大主席 廖建纲(提名)

人大副主席

乡　　长 康岳峰(—2017.2)
胡奇才(2017.2任)(提名)

副 乡 长 廖玉香(女)
严铂金(—2017.5)
罗宗贵(提名)

政协联络工作负责人
周树栋(—2017.1)
谭洪波(2017.1—)

福田铺乡

党委书记 李春林

党委副书记 刘云伟
刘　轲(—2017.1)
曹　虎(2017.5—)

纪委书记 董超平

党委委员 李春林
刘云伟
刘　轲(—2017.1)
曹　虎
董超平
赵银平(女)
赵蔚然(—2017.5)
王　哲
旷文清
赵　勋(2017.5—)

人大主席 赵蔚然(提名)(—2017.5)
赵　勋(2017.12—)

人大副主席 苏　姿(提名)

乡　　长 刘云伟(提名)

副 乡 长 曹　虎(提名)(—2017.5)
蒋　焰(—2017.9)

乡长助理 蒋　焰

政协联络工作负责人 王　哲

岭坡乡

党委书记 廖继峰

党委副书记 周　丰
李　龙

纪 委 书 记　廖海平(—2017.1)
　　　　　　全　梁(2017.5—)
党 委 委 员　汪　波
　　　　　　李　龙
　　　　　　全　梁
　　　　　　廖海平
　　　　　　周　丰
　　　　　　谭冀萍(女)
　　　　　　汪义军(—2017.1)
　　　　　　彭　斌
　　　　　　张　镜
人 大 主 席　张　镜(提名)
人大副主席　符振华(提名)
乡　　　长　李　龙(提名)
副　乡　长　彭　斌(提名)
　　　　　　刘铭勋(提名)
政协联络工作负责人
　　　　　　汪义军(—2017.1)
　　　　　　廖海平(2017.1—)(试用一年)

江东乡

党 委 书 记　罗光辉(—2017.2)
　　　　　　陈昌义(2017.2—)
党委副书记　胡向军
　　　　　　周　伟(2017.5—)
纪 委 书 记　周　伟(—2017.5)
　　　　　　李建军(2017.5—)
党 委 委 员　罗光辉(—2017.2)
　　　　　　陈昌义(2017.2—)
　　　　　　胡向军
　　　　　　刘育华(女)
　　　　　　周　伟
　　　　　　李建军(2017.5—)
　　　　　　李伟齐(—2017.1)
　　　　　　李衡峰
　　　　　　文思齐
　　　　　　聂建华(2017.1—)
人 大 主 席　李伟奇(—2017.1)
　　　　　　李衡峰(2017.1 任)(提名)
人大副主席　罗月亮(提名)
乡　　　长　胡向军(提名)
副　乡　长　罗辅龙
　　　　　　李衡峰(提名)(—2017.1)
　　　　　　朱佚静(女、提名)(—2017.5)
政协联络工作负责人
　　　　　　李衡峰 (—2017.1)
　　　　　　聂建华(2017.1—)(试用一年)

贯塘乡

党 委 书 记　陈燕春(女)
党委副书记　陈昌义(—2017.1)
　　　　　　王　辉(—2017.1)
　　　　　　沈铁锋(2017.1—)
　　　　　　杨春华(2017.5—)
纪 委 书 记　李建军(—2017.5)
　　　　　　成主方(2017.5—)
党 委 委 员　陈燕春(女)
　　　　　　陈昌义(—2017.1)
　　　　　　王　辉
　　　　　　沈铁锋(2017.1—)
　　　　　　杨春华(2017.5—)
　　　　　　李建军(—2017.5)
　　　　　　唐　玲(女)
　　　　　　徐志国(—2017.1)
　　　　　　蒋　冰
　　　　　　成主方
　　　　　　刘锡坤(2017.5—)
　　　　　　廖志兵(2017.5—)
人 大 主 席　唐　玲(女)
人大副主席　唐玉美(提名)
乡　　　长　陈昌义(—2017.2)
　　　　　　沈铁锋(2017.2 任)(提名)
副　乡　长　刘锡坤(提名)(—2017.5)
　　　　　　张新文(提名)
政协联络工作负责人
　　　　　　徐志国(—2017.1)
　　　　　　王　辉(2017.1—)(试用一年)

中国共产党

重要决策

县委书记　尹培国

【概况】　在2月8日召开的2017年县委经济工作会议上，县委书记尹培国作题为《突出创新引领，狠抓植优补短，奋力开创“四个新衡山”建设的新局面》的讲话。讲话指出：新的一年，要借力借势、跳起摸高，不断增创衡山发展新优势。年度经济工作总的要求是：深入贯彻党中央决策部署，认真落实中央、省委、市委经济工作会议及县党代会精神，牢固树立五大发展理念，积极推进创新引领、开放崛起战略，坚持以提高发展质量和效益为中心，以推进供给侧结构性改革为主线，以植优补短、借力争先为载体，大力实施项目建设三年行动，加速推进“四大工程”，扎实做好稳增长、促改革、调结构、惠民生、防风险各项工作，促进经济平稳健康发展和社会和谐稳定，以“四个新衡山”建设的优异成绩迎接中共十九大胜利召开。主要预期目标：地区生产总值增长9%以上，一般公共预算收入增长8%以上，规模工业增加值增长7.5%以上，固定资产投资增长18%以上，社会消费品零售总额增长13%以上，城乡居民收入增长9%以上，全面完成上级下达的节能减排、安全生产等约束性指标。围绕这一目标任务，必须着重把握好四个方面：一是要深刻把握经济发展新常态，二是要贯彻落实新发展理念，三是要始终坚持稳中求进，四是要切实突出植优补短。讲话还指出：要强化“两轮驱动”，深化植优补短，扎实推动县域经济发展提质增效。要狠抓项目建设，扩大有效投资；夯实三大平台，拓展创新空间；做强优势产业，振兴实体经济；深化改革开放，增强发展活力；促进民生提标，维护和谐稳定。讲话还要求：全面加强党对经济工作的领导，确保发展责任落实落地。要解放思想，以过硬的真本事谋划发展；提振精神，以高度的责任感投身发展；完善机制，以强大的执行力落实发展；弘扬正气，以良好的新生态保障发展。

（阳飞卫）

重要会议

【县委经济工作会议】　1月31日，县委经济工作会议在县剧院召开，会议主要任务是：全面贯彻中共十九大和中央、省委、市委经济工作会议精神，回顾总结2017年经济工作，安排部署2018年经济工作，动员全县上下坚持以习近平新时代中国特色社会主义思想为指导，进一步深化认识，凝心聚力，充分发扬实干精神，强化攻坚意志，积极有效抓重点、补短板、强弱项，着力推动高质量发展，加快“四个新衡山”建设步伐。

【县委全体会议】　2017年，中共衡山县委全年召开全体（扩大）会议一次。11月13日，中共衡山县第十届委员会第三次全体（扩大）会议在县委六楼会议室召开。这次全委会议的主要任务是：报告《关于深入学习宣传贯彻党的十九大精神的决议（草案）》的说明；审议通过《关于深入学习宣传贯彻党的十九大精神的决议（草案）》。

【县委常委会议】 全年召开县委常委会议26次：

1月3日会议，重点是传达学习省委、市委经济工作会议精神，《省委办公厅省政府办公厅关于严防严查利用或冒用领导干部名义谋取不正当利益行为的通知》文件精神，审议2017年春节慰问方案和2017年春节前后县委主要活动安排。

1月15日会议，重点是传达学习市人大、政协“两会”和周农书记参加衡山县代表团审议时的重要讲话精神，中央、省、市安全生产工作会议精神，全市社会治安综合治理创新工作会议精神；听取全县安全生产工作情况汇报；审议了县委经济工作会议筹备方案，2017年全县综治工作要点和2016年度全县社会治安综合治理考核结果。

1月22日会议，重点是传达学习市委全体（扩大）会议精神、研究党风廉政建设、县级领导联系乡镇、美丽乡村建设示范村和后盾单位安排，贫困村后盾单位安排，审议县委经济工作会议报告，听取2016年度考核工作、关于调整公务员规范津贴补贴文件主要精神的汇报。

2月3日会议，重点是审议衡山县2017“项目建设年”暨企业联手帮扶动员大会筹备方案和《衡山县2017“项目建设年”暨企业联手帮扶行动方案》，听取2016年度全县重点项目建设考核情况汇报和2017年全县重点项目建设相关情况汇报。

3月1日会议，重点是听取村支“两委”换届工作、县十三届人大二次会议筹备工作、农业农村和精准扶贫工作、信访工作的情况汇报，传达学习《中共湖南省委办公厅湖南省人民政府办公厅印发〈关于禁止领导干部利用职权或者职务上的影响在金融活动中谋取私利的规定（试行）〉的通知》文件精神。

3月10日会议，重点是审议《衡山县2016年财政预算执行情况和2017年财政预算收支计划草案报告》，听取县政协十届二次会议筹备情况和组织工作、宣传思想文化工作、“迎老乡、回故乡、建家乡”工作、宗教工作、环保工作的情况汇报。

3月21日会议，重点是听取全面落实河长制相关工作和旅游强县相关工作的情况汇报，审议《政府工作报告》和《2016年国民经济和社会发展计划执行情况与2017年计划草案的报告》。

4月20日会议，重点是传达学习习近平总书记在中央政治局第三十九次集体学习时的重要讲话精神、省市脱贫攻坚会议精神和中央军委国防动员部、南部战区、湖南省军区、衡阳警备区党委扩大会议精神，研究全县脱贫攻坚工作，听取巡察工作、招商引资工作汇报，审议招商引资相关项目合同。

5月10日会议，重点是传达学习《关于从严监督管理党员干部十项措施》文件精神，听取县人民法院、县人民检察院工作情况汇报，审议《2017年度综治考评方案》。

5月22日会议，重点是研究全县脱贫攻坚工作，听取衡山县全面建成小康社会推进工作情况汇报和“两学一做”常态化制度化工作汇报。

6月28日会议，重点是传达学习《关于深入开展向廖俊波同志学习活动的通知》，研究脱贫攻坚、侨联换届、矿山关停稳控等相关工作，审议信访工作相关文件，听取县乡综治中心建设及网格化管理工作、全县上半年综治民调考核工作、深化供销合作社综合改革等工作情况汇报。

7月12日会议，重点是听取2016年度全县目标管理绩效考核工作和机关事业单位工作人员考核情况汇报、防汛救灾及灾后重建工作情况汇报，审议《衡山县2017年十佳“人民满意公仆”“岗位明星”“村（社区）党组织书记”评选方案》。

7月18日会议，重点是传达学习《关于甘肃祁连山国家级自然保护区生态环境问题督查处理情况及其教训的通报》文件精神，听取县老干部工作情况汇报，集中观看《将改革进行到底》专题片。

7月24日会议，重点是传达学习全省脱贫攻坚巡查整改会议精神。

8月25日会议，重点是听取落实中央环保督查反馈问题整改工作情况汇报、南岳衡山国家级自然保护区矿山关停工作情况汇报和上半年民调考核结果汇报，审议全县招商引资政策及加快电子商务发展工作相关文件、《衡山县政法干警联系村（社区）工作制度》、《关于做好衡阳市工会第十九次代表大会代表选举推荐工作的方案》，研究关于加强我县征兵工作的意见。

8月28日会议，重点是审议《2017年度全县目标管理绩效考核工作的意见》，传达学习《衡山县副县级干部旷锦堂案件警示录》文件精神，听取纪检监察、脱贫攻坚、农村环境综合整治、信访等工作情况汇报。

9月7日会议，重点是会上市委县处级领导班子思想政治建设调研组反馈了调研结果，会议传达全市县处级班子思想政治建设会议精神，听取县“文明好家风”表彰情况、机要保密工作情况、衡山县党外知识分子联谊会筹备情况汇报，审议《换届后乡科级领导班子思想政治建设调研工作方案》等相关文件。

9月12日会议，重点是传达学习中共十九大期间省市安保维稳工作动员部署会会议精神，听取十九大期间全县安保维稳工作汇报，研究精准扶贫结对帮扶工作。

9月21日会议，重点是听取省级卫生县城复评工作、县纪委派驻机构改革工作情况汇报，研究村级综合服务平台建设工作，审议省人大代表、政协委员资源摸底建议人选名单。

9月26日会议，重点是传达学习市典型案例通报暨警示教育大会会议精神和省市脱贫攻坚暗访督查反馈意见，听取脱贫攻坚工作汇报。

10月28日会议，重点是专题学习贯彻中共十九大精神，并就衡山县下阶段如何认真学习宣传贯彻十九大精神进行安排部署。

11月3日会议，重点是审议《关于学习宣传贯彻党的十九大精神的方案》《县委十届三次全会筹备方案》《关于明确衡山县社会治安综合治理委员会及各专项工作组职责的建议》《衡山县2017年度落实党风廉政建设党委主体责任检查考核方案》及相关文件，听取县乡两级残联换届工作情况汇报，研究基层组织建设工作、成立南岳衡山国家自然保护区衡山管理局有关事项。

11月17日会议，重点是专题研究全县监察体制改革试点工作。

12月1日会议，重点是专题审议《衡山县深化国家监察体制改革试点工作实施细则》。

12月14日会议，重点是听取县第十三届人民代表大会第三次会议和政协衡山县第十届委员会第三次会议筹备情况的汇报，结合《中共衡阳市委办公室印发深入学习贯彻习近平总书记关于进一步纠正“四风”加强作风建设重要批示精神的通知》，传达学习《中共中央办公厅印发习近平总书记关于进一步纠正“四风”、加强作风建设重要批示的通知》《中共湖南省委关于深入学习贯彻党的十九大精神加快建设富饶美丽幸福新湖南的意见》《中共衡阳市委关于深入学习贯彻党的十九大精神加快建设“五个新衡阳”的意见》文件精神，认真研究南岳衡山国家级自然保护区衡山境内突出问题整改工作。

12月19日会议，重点是专题研究县监察委员会人事任免工作。 （曹　赟）

主要工作措施

【概况】 一、坚持主攻项目、升级产业、提质城乡，巩固稳中向好的发展势头。

认真落实上级关于经济工作的决策部署，牢牢把握供给侧结构性改革这条主线，突出“两抓手一平台”，力促县域经济转型升级。全年实现GDP167.2亿元，增长8.6%；完成一般公共预算收入9.29亿元、税收收入6.43亿元，税占比较上年提高9个百分点，达到69.29%；完成固定资产投资110.6亿元，增长18%；实现社会消费品零售总额32.8亿元，增长10.8%；城乡居民人均可支配收入分别为30537元、19078元，分别增长8.4%、7.9%。

（一）大力实施项目建设年活动。一是将增长体现到项目上。注重发挥有效投资对稳增长的关键作用，认真梳理衡山发展的欠账和短板，精心制订项目“建设、攻坚、决战”三年行动计划，拟实施重点项目135个，期限内完成投资424.4亿元。年内，重点实施项目102个、完成投资62.8亿元，在全社会固定资产投资中的占比达到57.1%，其中23个市考核县重点项目开工率、投资完成率分别达到100%、108%。二是将要素集中到项目上。千方百计保障项目建设的资金、用地和服务需求。资金方面，积极搭建银企合作平台，帮助63家企业单位获得金融机构贷款13.77亿元，融资平台公司实现融资16.8亿元，采用PPP模式推动3个市政项目和一个特色小镇基础设施项目建设，通过发改线争取国省预算内资金8760万元；用地方面，全年共获批用地2589.7亩；服务方面，开通“政务服务绿色直通车”，通过积极开展“一对一”联手帮扶活动,为重点企业和项目解决围墙外问题110个。三是将精力聚焦到项目上。严格执行项目建设“五个一”工作机制,坚持靠前指挥的“一线工作法”,每月对重点项目进展情况进行督查、通报,第一时间协调解决重点工程建设中的矛盾、纠纷,以超常的决心和力度攻克征拆难题,既保证全县项目建设的整体推进,又实现个别老大难项目的重点突破,湘江二级航道及大源渡停泊区等国省重点项目全速推进,黄花新区、紫巾沿山公路、垃圾中转站、殡仪馆及陵园等一批沉淀多年的项目得以启动并取得重大进展。

(二)大力开展产业植优补短。一是力促园区提速。县工业园新增固定资产投资近40亿元,近5平方公里建成区实现水电路气讯全覆盖,成功申报省级高新技术产业开发区,年度工业总产值超过80亿,创税规模达到1.8亿,引领全县工业发展步入快车道。“135”工程建设任务圆满完成,工业污水处理厂(二期)、黄花路等基础设施项目及弘山科技工业园建设有力推进,集中开工“10大工业项目”,皕成科技二期、嘉力机械二期、LED灯型材等15个在建工业项目完成主体建设,即将试产或正式投产,恒信锌钢、佳诚新材料被省里认定为小巨人企业,新金龙纸业年度税收达到2000多万元。全县新增规模工业企业12家,规模工业增加值增长8.4%。二是力促旅游提升。召开全县旅游发展大会,启动了全域旅游规划编制,将旅游发展财政引导资金提高到1000万元,并积极整合各领域资金注入全域旅游发展,吹响大干旅游的进军号。重点推进华夏湘江、西游洞天矿洞景区、紫盖峰、仙逸人间等一批重大旅游项目建设。成功举办第四届乡村生态旅游节,创建1家四星级旅游酒店、1个省五星级乡村旅游服务区,加大旅游宣传、营销力度,衡山旅游影响力不断提升。三是力促现代农业发展。坚决落实国家粮食安全战略,完成粮食播种面积50万亩、总产21万吨,巩固产粮大县地位。重点发展优质稻、茶叶、中药材、小水果四大特色优势产业,打造一批优质农业品牌,涓水湘牌“衡山香米”获第十八届中国绿色食品博览会金奖,皇茶产业园入围全国三十座最美茶园评选。积极培育新型农业经营主体,新增种粮大户170户,新增龙业产业化龙头企业4家,新注册农民专业合作社44家、家庭农场36家,衡山县沙泉立辉家庭农场申报为衡山县首家省级示范家庭农场,休闲农业企业发展到60家。全县以衡岳中药饮片、金昌生物为首的农产品加工企业达到312家,形成粮油、畜禽、席草、中药材和畜禽药品5大农产品加工板块。有序推进农村土地经营权流转,成立衡山县农村土地流转服务中心,全县耕地规范流转面积19.7万亩。农业机械化加速普及,荣获全国“平安农机”示范县称号。

(三)大力推进城乡提质工程。一是精心打造魅力县城。加快推进县城“一核三区”及“八大工程”建设。以“培育大产业、打造大景区、建设新极核”为目标的开云新区建设持续推进;以大决心逐一攻克黄花新区建设难题,一个集行政、商业、文教和家居等功能于一体的县城新中心正在崛起;完成垃圾转运站和环溪垃圾填埋封场治理项目,城乡生活垃圾处理一体化项目试运营,湘江水厂提质、毛泽建公园和青云西线周边建设开发、开云南路二期等项目加紧实施,老城区配套功能更加完善;沿江路改造项目基本完工,紫巾路、黄花路、衡山大道西延线、开云大道等城市新干道次第开工,县城骨架不断延伸、外环逐步成型。同时,积极开展园林城市、交通模范城市、卫生县城和文明县城“四城同创”工作,花大气力抓好县城美化、亮化、绿化,市政配套设施得到改善,县城绿化覆盖率达到40.51%,整洁有序的新面貌正在形成,顺利通过省级卫生县城复审验收。二是重点发展特色小镇。将具有一定特色和经济实力,且辐射带动能力、发展潜力较强的白果镇、新桥镇、开云镇、店门镇、萱洲镇作为重点发展的特色镇,抓紧做好集镇规划修编,因地制宜明确产业定位,着力打造旅游名镇、商贸旺镇和农业重镇,累计投入近8000万元,有力推动小城镇基础设施建设,强化新型城镇化节点,白果镇获评全国文明村镇。三是积极建设美丽乡村。提质扩面美丽乡村建设,整治农村人居环境重点村26个,建设“美丽乡村”市级示范片1个、县级示范村15个,建成秀美村庄34个。扎实开展农村环境卫生综合整治,加大环卫设施配套、日常保洁清运、示范创建奖励投入,坚持落实农村垃圾减量化处理措施,创建市级卫生乡镇1个。全面完善乡村基础设施,新建农村公路55.8公里,加宽84.3公里,完成危桥改造3座,新建农村招呼站50个;34个村完成电网改造,35千伏永和变电站实现增容；实施了中型灌区工程和五小水利工程建设；推进乡镇天然气利用工程项目。

二、坚持创新引领、开放崛起、改革驱动,备足持续发力的发展动能

(一)鼓励创新创业。一是重点推动科技和产品创新。新增信联食品、金昌生物、衡山齿轮3个省级高新技术企业，全县高新技术企业总数达到11家，在全市各县市中位居榜首，年内高新技术产业增加值占GDP比重超过15.5%。建立衡山经济开发区科技孵化基地,拥有省级企业技术中心2家、市级企业技术中心2家、科技中介企业3家,与中南大学、湖南农大、湖南省有色金属研究院、长沙依莱汽车科技有限公司等11个科研机构、高等院校建立稳定的产学研合作关系。新申请专利145件，其中发明专利40件,有效发明专利拥有量28件。佳诚新材料作为我县技术和品牌创新领域的先行者，拥有国家高新技术企业、中国著名品牌、手机行业“国内最佳材料供应商”等称号,目前正致力于打造中华汽车及电子新材料联盟中国中部生产基地和联盟总部基地。二是鼓励和引导全民创业。继续把“创业培训＋项目指导＋创业担保贷款”服务体系作为扶持创业的主渠道,全年举办创业培训班9期,培训450人,培训合格率为100%。发放创业担保贷款近2000万元。新发展市场主体1858户,同比增长40.9%。三是持续实施“优才计划”。努力加强人才的引进和培养，目前在依托园区和企业壮大较高层次人才队伍上取得一定进展,园区企业共396人从事科技活动,其中博士10人、硕士48人，本科以上人员占比达到72.1%。

(二)大力招商引资。理念更加成熟,坚持借力长株潭,对接“珠三角”“长三角”“一带一路”等重点区域,积极引进战略投资者,努力变坐等上门为主动出击,变不设门槛为精挑细选。方式更为灵活,年内积极参加港洽周、央企入湘对接暨衡阳推介会、“5·12”和“8·18”招商集中项目签约、2017衡州经济发展论坛、第五届中国湘南国际承接产业转移投资贸易洽谈会,共开展专题招商活动6次,“迎老乡、回故乡、建家乡”活动和以商招商持续升温。成效比较显著,新引进投资过千万元以上项目23个,总投资额超过110亿元,其中亿元项目14个,包括总投资20亿元的湖南衡山虎山福地文化旅游区项目、总投资20亿元的年产20万吨包装纸纸厂项目、总投资16亿元的湖南衡山仙逸人间生态农业旅游项目、总投资10亿元的湖南衡山紫盖峰旅游度假区项目,等等。

(三)着力改革攻坚。一是强化推进机制。进一步强化对改革工作的组织领导，将改革工作纳入县委常委会工作要点,明确9大类、27项重点改革事项,制定考核评价体系和责任落实清单。县委及时召开会议听取改革工作汇报,研究审议专项改革文件,确保改革工作推进有力。二是实现重点突破。以工业、旅游、农业植优补短为重点,落实经济领域的供给侧结构性改革,加快转型升级;以农村一、二、三产业融合发展、国家田园综合体试点县建设、农村土地承包经营权确权登记办证为重点,引领农村综合改革,激发农村活力;以国家级湿地公园、森林公园建设为重点,助推生态领域改革,促进绿色发展;以以农村综合服务中心建设为重点,助推党建制度改革,夯实基层基础；以建立县级巡察机制和成立县监察委员会为重点,深化纪律检查体制改革,强化治党责任。三是创造特色经验。金融服务三农试点工作进一步深化,全县“五权”抵押贷款余额新增1亿元,实现金融对农业发展的有效支持；全县供销社基层组织体系建设、惠农综合服务工程建设、农村电商发展整体推进，走在全市前列；成功承办2017年全省农村一、二、三产业融合发展试点工作座谈会，相关经验被省、市主要媒体推介;农村土地承包经营权确权登记颁证工作后来居上、基本完成,被省市评价为实施时间最短、进度最快、质量最好;在东湖、开云两个卫生院实施的新型农村合作医疗支付制度改革试点,减轻群众就医负担，降低基金风险，提高基金使用效益,规范医疗服务行为,创造可复制、可推广的典型经验。

三、坚持改善民生、办好实事、守住底线,维护和谐稳定的发展局面

(一)聚力脱贫攻坚。高质量、高水平完成脱贫4535人、退出8个贫困村的年度目标任务。一是构建大扶贫格局。强化党组织书记第一责任人责任,配齐配强县乡村专业扶贫机构和队伍，扎实开展工作

队驻村扶贫，推动结对帮扶全覆盖，通过“三级书记”一起抓、业班子牵头抓、精干力量驻村抓、党员干部结对抓，汇聚强大工作合力。二是强化精准化管理。该县始终坚持将精准、精细管理作为做好脱贫攻坚工作的基础来抓。开展脱贫攻坚突出问题集中整改行动，共清理“四类人员”及识别不准人员5944户、15708人，新识别贫困户1708户、8699人，实现精准识别。严格按照“一个确保、两个完善”“一超过、两不愁、三保障”标准以及规范化程序把握贫困村退出和贫困户脱贫，确保精准退出。三是缓解先天性贫血。县预算安排扶贫资金1349万元，较上年增长316%，达到人均497元。整合部门资金2700万元投入贫困村，每村不低于100万元。发放扶贫小额贷款2480.5万元、770户。四是激活内生性动力。落实两个省级扶贫项目。湖南衡岳中药饮片有限公司的中药材种植产业扶贫项目联系2个乡镇、2个村，链接贫困户177户、569人；万合旅游开发有限公司的“花果山”旅游扶贫项目，联系白果镇3个村，链接贫困户121户、369人。打造4个县级示范产业扶贫项目，涉及5个乡镇、15个村，链接贫困户191户、703人。全县26个省定贫困村实现村村都有产业扶贫项目，全部列入光伏扶贫计划，电商扶贫也取得了较大突破。五是延伸利好性政策。落实易地扶贫搬迁319户、1095人。对建档立卡贫困人口实行免费医保政策，为贫困人口购买“扶贫特惠”保险，医保报销比例提高10%，大病保险补偿起付线降低50%，开通贫困人口就医“绿色通道”。就业、就学等帮扶政策也得到全面落实。

（二）保障民生福祉。财政预算支出继续向民生领域倾斜，支出的比例保持在70%以上，省市下达衡山县11项、14个重点民生实事项目全部完成。一是抓好抗洪救灾工作。经受两次湘江高水位洪峰带来的巨大考验，及时启动相应级别的防汛应急响应，动员一切可以动员的力量，加强值守巡查，转移受灾群众，科学查险除险，做到“不垮一库一坝，不死一人”，确保群众生命安全，灾民救助和灾后重建工作卓有成效。二是提高社会保障工作水平。成立城乡医保管理服务中心，实现“两保合一”运行，基本医疗保险参保率达到98.22%；企业职工养老保险实现“十三连调”，人均养老金养由每月1946元增至2082元，城乡居民养老金最低标准由每人每月80元提高到85元；城市低保对象月人均补差水平达300元，农村低保对象月人均补差水平达179元，实现扶贫标准和低保救助“两线融合”；农村五保户分散、集中供养标准分别提高到了4080元、8240元，新建城乡养老服务示范点5个。解决农村饮水不安全人口7671人。改造城市棚户区1064套，改造农村危房408户。联合县内32家企业提供3000余个就业岗位，结合企业空岗情况做好民营企业的“订单式”“定向式”“定岗式”培训，扎实推动就业优先战略。新增城镇就业2544人，下岗失业人员再就业1109人，100%完成零就业家庭动态援助，新增农村劳动力转移就业2500人，新增贫困劳动力转移就业400人。三是全面发展教育、文化、卫计等社会事业。教育方面：顺利通过“国家义务教育均衡发展基本均衡县”“省现代教育实验县”验收，成功申报国培项目县；初中、高中教学质量连续13年保持全市先进，小学教学质量抽测工作名列全市第一；黄花小学完成征地规划，城北小学新建、衡山二中的整体搬迁即将启动，8所义务教育合格学校顺利通过省市项目验收。文化方面：启动了衡山体育馆、文化艺术中心等重点项目建设；举办文化下乡、“4·23”世界读书日、群众文艺会演等一系列文化惠民活动；衡山民俗花灯调《一塘清水一塘莲》获“欢乐潇湘”省总决赛一等奖。接待文化部原部长王蒙一行莅临衡山考察调研。举办纪念唐群英逝世80周年系列纪念活动。农村广播“村村响”工程全面完成任务，全县广播电视综合信号实行全覆盖。卫生和计划生育方面：深化公立医院改革，3家县级公立医院全部取消药品加成并启动药品采购“两票制”；推进分级诊疗和医联体建设，探索组建医联体8家，促进优质医护资源下沉；大力发展中医药事业，新建东湖、长江2所乡镇卫生院中医馆；人民医院综合大楼开工建设，疾控中心启动搬迁，妇幼保健院完成选址，马迹、江东卫生院实施改扩建。连续13年获评全省计生工作良好单位，在全市七县（市）中排名第一。

（三）坚守环保底线。一是狠抓环保突出问题整改。对中央环保督察组交办件实行县领导牵头挂帅包案，集中解决一批人民群众反映强烈的突出环境问题。重点整改落实南岳衡山国家级自然保护区突出环境问题,全面封场关停自保区内矿山企业,加大巡查惩治力度,并全力推进生态复绿工作。二是强力推动污染治理工作。坚决落实湘江保护和治理第二个“三年行动计划”;加紧建设县工业污水处理厂二期项目;开展了县城饮用水源规范化建设,完成了乡镇千人以上集中式饮用水水源地划分工作。开展土壤污染源调查及污染地块筛查工作。重点行业脱硫脱硝除尘改造、燃煤小锅炉淘汰、推动工业挥发性有机物治理、县城扬尘和餐饮油烟整治有力推进,县城空气质量进一步好转。三是全面完成绿化增量提质任务。完成荒山造林2万亩,其中油茶新造2000亩,迹地更新2000亩;完成造林抚育2.5万亩;完成低产林改造1.9万亩,其中油茶低改5000亩;乡村道路绿化169公里。全县森林覆盖率达到51.2%。

(四)坚决维稳促和。一是深入开展平安衡山创建。完成社会治安视频监控系统第八期建设,推行“一中心四区”警务新机制,在白果、两路口派出所新建警务指挥室。组建全县网格化管理中心和综治中心,农村警务改革经验得到省公安厅推介。先后开展“禁毒风暴”“三打击一整治”“冬春攻势”等系列专项行动,在全市率先成立社区戒毒康复中心、禁毒协会,禁毒工作、打黑除恶、惩治多发性侵财犯罪、刑事案件破案率排名全市第一,江东乡龙桥村获得国务院防范和处理邪教办公室颁发的“创建无邪教示范村”奖牌。二是着力打造信访新局面。坚持和完善领导干部接访制度,畅通信访渠道。全面落实“五包一”(一个问题、一名领导、一套班子、一个方案、一抓到底)措施,省市积案交办件27件(其中省9件,市18件)实现动态清零。聚焦全国“两会”“五一”、国庆和十九大等几个关键节点,全力确保特殊敏感期衡山县信访“零登记”,获评“党的十九大期间全市安保维稳工作优秀集体”。加大涉访违法行为惩治力度,依法处置违法上访人员19人次,有力维护全县信访工作秩序。三是安全生产迈上新台阶。严格落实“一岗双责、党政同责”和领导带队制度,全县未发生一起较大及以上生产经营单位安全责任事故,再次获全省安全生产先进单位,在全市7县市中列第一名。扎实推进安全生产示范创建工作,开云镇、白果镇成功创建省级安全生产示范乡镇。

四、坚持发扬民主、依法治县、科学执政,营造合心合力的发展氛围

(一)进一步突出民主法治建设。一是坚持科学执政。始终把执行民主集中制作为推进决策科学化的关键,严格落实县委常委会、全委会议事规则,健全基层民主决策机制,规范和完善县委、乡镇、部门工作机制,凡属经济社会发展规划、重要工作安排、人事安排都在广泛听取意见的基础上集体决定。二是坚持民主执政。坚决落实《常委会议事规则》《常委会讨论决定重大事项的规定》等制度。切实履行县委统揽全局、协调各方的职责,注重发挥人大法律监督职能,切实加强对政府工作的领导,努力为政协参政议政、建言献策创造条件,积极支持法院、检察院依法独立行使审判权、检察权。进一步为群团组织发展创造条件,坚持党管武装制度,有效调动社会各方面的积极性、主动性。三是坚持依法执政。围绕“依法治国”基本方略的实施,加快推进“依法治县”。开展“12·4”国家宪法日暨国家宣传日活动,大力推进“七五”普法工作。严格落实重大行政决策合法性审查制度。深入开展依法行政示范单位创建活动。着力健全权力运行制约和监督体系。

(二)着力构筑“大统战”格局。高度重视统战工作,注重发挥统战在经济社会发展各方面的作用。一是统战事业稳步推进。宗教工作首次列入乡镇综治考核体系;新成立58个非公经济党支部,实现党建“两个覆盖”;成立知联会并开展系列活动;顺利完成侨联换届选举工作。二是经济统战健康发展。以深圳“港洽周”等契机,大力开展“迎老乡、回故乡、建家乡”活动,为外商投资营造融洽氛围。三是统战扶贫成效显著。通过政协委员助学公益联盟、大爱暖衡州、泛海助学、光彩事业、“百企帮百村”、爱尔兰华侨协会等平台,筹资500余万元,资助325名贫困学生,扶持产业11个,解决就业200个,统筹各类资金70余万元,结对帮扶东湖镇团山村和石碑村年内实现脱贫摘帽。四是“四同”创建取得突破。培育同心书画院、经济开发区弘山科技园、萱洲华夏湘江现代国际农业示范园等一批县级“四同创建”项目;推动“同心乡村、同心社区”提质升级,福田铺白云片升格为省级同心乡村,甘棠桥升格为市级同心社区。

(三)切实加强思想宣传和舆论引导。一是加强对外宣传,传播衡山正能量。全年对上对外发稿2500

多篇次，其中中央级媒体发稿 40 篇次，省媒发稿 950 篇次；拍摄迎接中共十九大系列报道《奔跑的衡山》专题片；县内各媒体围绕十九大、精准扶贫、环保督查和县委县政府中心工作开展系列报道；衡山手机报、衡山官方微博发、“天下衡山”微信公众号等多媒体客户端第一时间报道衡山事实新闻，传播社会正能量。二是加大意识形态管理，正确引导社会舆论。完善意识形态工作考核细则，将意识形态工作纳入全县目标管理绩效考核；邀请市委讲师团作意识形态工作专题宣讲；监控和处置各类网上舆情信息（含群众诉求和意见表达）237 条；加强新媒体管理，对县内网站、微信公众号进行全面清理，清理各类“僵尸”网站 57 家，关闭违规微信账号 1 个。三是大力弘扬文明新风，树立衡山新形象。积极开展精神文明创建活动，白果镇成功创建全国文明村镇；组织“弘扬雷锋精神，争创文明县城”和“创建卫生城市”等志愿服务活动；开展“身边好人随手拍”活动，报送“好人线索”6000 多条；大力推进农村移风易俗，福田铺乡白云村以签订村民公约的形式，首次向不良风俗说“不”；新建大型社会主义核心价值观文化墙多处，衡山大道护栏全部换成社会主义核心价观、文明新风内容。

五、坚持建强龙头、夯实基础、严抓严管，锻造干事成事的发展队伍

（一）狠抓思想政治建设。把持续深化“两学一做”学习教育常态化制度化作为加强思想政治建设的重要载体，牢固树立“四个意识”，坚定“四个自信”，做到思想上拥戴核心、政治上维护核心、行动上紧跟核心，坚决与以习近平为核心的党中央保持高度一致。一是抓住“学”这个基础。召开县委中心组集体学习 8 次，全县各级党委（党组）理论武装工作不断加强。组织广大党员读原著、学原文、悟原理，各级党组织开展集中学习 3000 余次；10000 余名党员利用“红星云”微信公众号加强自学。把学习宣传贯彻十九大精神作为“两学一做”学习教育重要内容，制订学习、宣传工作方案，组建专门宣讲队，采取开座谈会、发放宣讲资料、出动流动宣讲车、讲党课、撰写心得体会等方式，营造学习宣传贯彻的浓厚氛围。二是突出“做”这个关键。以严肃党内组织生活为切入点，强化党内政治生活各项制度落实。各基层党组织突出抓好支部主题党日、“三会一课”纪实管理、党员积分管理、党支部书记“双述双评”“五个日子”等制度的贯彻落实，切实增强党组织凝聚力、战斗力。县直机关单位党组织深入开展“机关党旗红，建设‘四个新衡山’在行动”主题实践活动，通过“四比四看”，促进机关党建工作与业务工作的有机结合。三是强化“严”这个保障。在教育、卫计和法院三个系统和部门进行试点，探索推行重要系统和科局党委（党组）书记履行基层党建责任述职评议考核制度。为加强督促检查，选聘 20 名县级党性报告员、4 名党性监督员和 4 名党性劝导员，坚持“一月一安排，一季度一督查，半年一点评”，推动问题整改及时迅速，推动学习教育抓细抓常抓长。

（二）狠抓领导班子和干部队伍建设。狠抓“三超两乱”整治，消化科级干部职数 172 个。调配干部实现“常态化”，全年调整干部 10 余批、550 余人次。坚持“重品行、重实绩、重公认、重基层”选人用人导向，提拔干部 124 人，其中乡镇干部 31 名。注重纵向交流，选配 5 名科局科级干部到乡镇任职，4 名乡镇副科级干部到市直机关或银行机构挂职锻炼。组织 67 名部办委常务副职和县直机关单位、乡镇主要负责人到浙江大学开展县域经济发展专题培训。强化对干部在线学习的管理，全县领导干部在线学习参学率 100%、年度完成率 97.7%。举办中青年干部培训班，组织 84 名领导干部到中央、省、市参训。通过“三大考”，较好地缓解“用人荒”问题。通过湖南省公务员招录、县事业单位人员招聘、乡镇副科级党员领导干部公开选拔考试，共招录公务员 49 名、选调生 3 名，招聘事业编制人员 56 人，选拔乡镇副科级领导干部 10 名，为全县各领域、各单位补充新鲜血液，有效缓解后备人才“青黄不接”的问题。向全县 26 个贫困村分别派驻 1 名科技特派员，助力精准扶贫。干部调配时充分征求各方意见，严格把好每一关。3 名拟提拔重用对象因征求意见发现问题被暂缓提拔重用。制定出台《关于从严监督管理党员干部的十项措施》，进一步强化党员干部“八小时”内外的监管。认真抓好领导干部经济责任审计，委托审计局对 27 个单位党政“一把手”进行经济责任审计。全面清理出在社会组织违规兼职的退休领导干部 12 名，并整改到位。严格因私出国（境）证件的管理，科级干部

"证照"全部入库保管。拓宽监督渠道,受理群众来电来访 12 人次,办结率 100%。重启干部档案专审工作,对全县 2549 本干部档案逐一查漏补缺、核查认定。

(三)狠抓基层组织建设。坚持从严落实责任、从严选人用人、从严规范程序,从严监督指导"四个从严",选举产生 862 名新一届村(社区)"两委"干部,为近几届村级换届中结构最优、学历最高、年龄最小的"两委"班子。加强教育培训,对全县村(社区)"两委"班子成员、贫困村"第一书记"进行轮训,提高基层党务工作者的综合素质。严把党员发展培训关,培训入党积极分子 337 名、发展对象 167 名。突出抓好第二批和第三批共 27 个村级服务平台建设,目前已建成 17 个。积极开展基层支部"五化"建设示范点创建工作,高标准建设 3 个乡镇 9 个村、11 个县直机关支部、6 个两新组织"五化"建设示范点。6 月,省委副书记乌兰考察开云镇山竹村,对衡山县"五化"建设工作做法和成效给予充分肯定。全县建立非公有制经济组织党支部 86 个,社会组织党支部 28 个,"两新"组织党建覆盖率达 100%。对村级运转经费和村(社区)干部报酬测算提标,村级运转经费大幅度提高,村(社区)干部基本报酬较以前提高近一倍,为基层服务型党组织建设提供强有力的经费保障。规范乡镇党建工作站建设,明确把乡镇党建工作站经费纳入县财政预算,确保有效运转。

(四)狠抓党风廉政建设。坚持"零容忍"的态度不变、猛药去疴的决心不减、刮骨疗毒的勇气不泄、严厉惩处的尺度不松,对党员干部违纪违法案件发现一起查处一起,不定指标、上不封顶,力求形成强大震慑。充分发挥反腐败协调小组作用,定期召开反腐败协调成员单位会议,坚持纪检、公安、检察、审计等部门横向协同办案,健全案件线索通报移送、定期会商、责任追究等机制,变单兵作战为集团作战,形成惩治腐败的整体合力。各成员单位向纪检监察机关移送案件 20 件,纪检监察机关向司法机关移送案件 7 件。把握运用"四种形态",坚持把纪律和规矩挺在前面,加强对党员干部的日常监管,注重严格监督、严格执纪、严肃问责、抓早抓小,对出现的苗头性倾向性问题及时开展谈话函询,全县各级党组织、纪检监察组织和组织(人事)部门开展提醒谈话 530 余人次,其中,县纪检监察机关约谈党员干部 128 人次,谈话函询 20 人次,诫勉谈话 41 人次,对 4 个单位和 13 人给予通报批评。坚持对纪检监察干部严格要求、严格管理,共处理处分纪检监察干部 6 人,坚决防止和惩治"灯下黑"。围绕全县中心工作,紧贴群众反映的热点、难点问题,严肃查办发生在重点领域、关键环节和群众身边的案件。全县各级纪检监察机构共立案 104 件,处分 104 人,比 2016 年同期增加 58%,涉及科级干部 20 人;移送司法机关 5 人。

(阳飞卫)

2017 年度衡山县获得的重要荣誉

白果镇在全国文明委第五届全国文明村镇评选中获评全国文明村镇。

衡山县(卫计局)被省委省政府办公厅评为 2017 年度省人口和计划生育工作良好单位。

江东乡被国家体育总局评为 2013—2016 年度群众体育先进单位。

衡山县(安监局)被省安监局评选为 2017 年度全省安全生产工作优秀单位。

衡山县(畜牧局)被湖南省防治重大动物疫病指挥部评选为 2017 年度动物疫病防控绩效考核先进县。

衡山县公安局城关派出所 2017 年被公安部评为一级公安派出所。

衡山县(农业局)被省农办公示为 2017 年度湖南省美丽乡村建设先进县市区。

衡山县(农机局)被农业部、国家安监总局评为 2017 年度全国"平安农机"示范县。

衡山县(发改局)被省委、省政府评为 2017 年度异地扶贫搬迁工作全省并列第一名(市第一名)。

县委办公室工作

【县委改革办工作】 全县上下认真落实 2017 年度县委全面深化改革工作要点。至年底,9 大类、27 项

县委常委
县委办主任　肖秋良

改革任务都按工作要求稳步推进。

一是经济体制改革植优补短，活力倍增。围绕“三去一降一补”五大任务，积极补齐“农业经济、工业经济、旅游经济”三块短板，全域旅游布局进一步完善。成立高规格的旅游产业发展领导小组，增加旅游发展专项经费，财政预算增加至1000万元，召开旅游发展大会，启动一批重点旅游项目，完成年度旅游投资25975万元。二是农业农村综合改革全面实施，产业优化。目前全县粮食库存13.2万吨，销售粮食1.65万吨，加工大米3998吨，实现工业产值1679万元，产品销售收入1719万元，同时完成5000吨省级储备粮轮换销售出库工作。三是生态文明体制改革抓紧推进，环境改善。全面推行河长制。召开全面推行河长制工作会，出台相关工作方案，成立河长制工作委员会，明确了各级职责。加快推进衡山萱洲国家湿地公园和萱洲国家森林公园建设，不断健全完善湿地公园和森林公园相关环境保护措施。四是民主法治领域改革积极探索，务求突破。积极贯彻落实支持民主党派、无党派人士加强民主监督的实施意见。对开展委托乡镇行使部分行政执法权试点工作开展多次调研，并着手试点工作。开展行政执法三项制度试点工作。五是文化体制改革创新融合，潜力可挖。加强对衡山本土文化的挖掘和保护，积极推进衡山文化艺术服务中心等文体项目建设，为衡山经济社会发展增添新活力。六是社会体制改革逐步进行，反响较好。启动东湖镇、开云镇两个卫生院新型农村合作医疗支付制度改革试点，减轻老百姓就医负担，降低医保基金风险，提高基金使用效益，进一步规范医疗服务行为，形成可复制、可推广的经验。七是司法体制改革全面发力，成效初显。深化司法人员分类管理，完善司法责任制，健全司法人员职业保障，推动法院、检察院人财物统一管理等司法“四项改革”。八是党的建设制度改革稳步推进，基础提升。深入贯彻落实关于加强企业党的建设工作的意见，明晰“两新”组织党建工作领导体制和职责分

县委办班子成员合影（左起：刘聪敏、阳庆华、旷军军、肖秋良、余庆丰、彭斌、李云国）

工，推进“两个覆盖”。推进党务公开，严格落实基层党组织“一会四评”，党组织书记“双述双评”等制度。九是纪律检查体制改革精准发力，全面从严。全面落实中央全面从严治党要求，贯彻中央、省、市巡视工作方针，成立了县委巡察工作领导小组办公室，制定出台《中共衡山县委巡察工作实施办法》。

【综合调研信息工作】 紧扣全县发展大局和县委工作需要，认真撰写一批高标准、高质量的文稿，以文辅政作用得到有效发挥。全年撰写文稿共计107篇、近40万字，在省市重要刊物上发表10余篇次。其中，县委经济工作会、第十届纪委第二次全会、旅游发展大会等各类大会报告38篇，既贯彻上级政策精神，又体现县委及其主要领导的工作意图；全县工作情况汇报、典型发言材料、特色经验材料共计36篇，充分总结县内工作成绩和发展经验，扩大衡山影响。围绕“紧扣发展全局、紧贴领导思路、紧跟热点问题”的核心内容，结合全年各阶段重大工作部署，积极主动开展系列专题调研，共完成6篇调研报告，以不同形式报送领导决策参考。其中，协助县委主要领导起草的《破解县域发展之难的调查与思考》，在衡阳市“调查研究月”优秀调研报告评选中获三等奖。其他涉及“两学一做”常态化制度化、述职述廉、活动致辞等内容的常规性文稿共计33篇，为县委工作的正常有序开展提供优质服务。

一是立“严”规矩。进一步完善信息报送流程、紧急信息报送、非正常工作时间及重大节假日值班、信息内网管理及工作奖惩等制度，信息工作日趋严格

规范。如,认真吸取永和非访事件教训,制订《关于进一步加强重大紧急信息报送工作的通知》,进一步提升重大紧急信息报送的及时性、准确性和严肃性。二是拓“宽”渠道。多层面、宽领域地反映县内外经济社会发展的重大问题、好的经验和做法,总结分析发展中存在的问题,提出对策与建议,为领导从不同角度掌握上情、了解外情、知晓内情,做好决策,提供了有力支撑。2017年,全县各级各有关单位共报送各类信息1300余条,为领导全面掌握县情奠定坚实基础。三是做“精”信息。对信息选题和信息稿件进行严格把关,力争报送的每篇信息都是精品力作,切实提高报送信息的省市采用率。2017年,向省、市报送信息360条,其中被省里采用30余条,被市里采用80余条,信息工作得分排名全市前三。

【督查工作】 一是强化制度建设。2017年以来,县委督查室紧紧围绕县委中心工作和重要决策部署,共开展决策督查32次,编发《衡山督查》19期。在重点项目建设推进方面,进一步健全完善督查调度工作机制,对项目建设实行全程管控,严格落实“半月一督查、一月一通报、一季一调度、半年一讲评、年终考核评比”督查制度。在脱贫攻坚方面,严格按照县委、县政府关于脱贫攻坚工作部署,全年开展脱贫攻坚专项督查4次,编发《脱贫攻坚工作专报》4期。二是坚持问题导向。积极主动开展专项查办,始终坚持问题导向,根据查办事项的轻重缓急逐个明确办结时限和要求,集中力量开展专项查办,努力做到群众反映的问题事实调查清楚,原因分析透彻,建议措施有针对性,确保事事有着落、件件有回音。全年累计承办上级专项查办件8件,县委书记批示件12件,下发督办函32份,办结率达到100%。三是深入开展调研。全年向上级和同级领导报送各类材料10余篇,形成专题调研报告4篇。2017年10月,县委常委、县委办主任肖秋良带领督查室工作人员3人,深入全县12个乡镇、20多个行政村及县直相关职能部门,对衡山县农村环境综合整治工作开展情况、存在的问题和困难进行专题调研,形成专题调研报告,得到县委、县政府主要领导的高度评价。四是实施小康统揽。全年开展全面小康专项督查4次,督查通报3期,印发专题会议纪要1期,切实强化倒逼机制,全力确保全面小康工作按计划稳步推进,为全县整体工作上台阶提供强大助力。五是深化考核改革。切实加强对重点工作和重点项目建设的跟踪督查,全年承办重点工作和重点项目建设督查调度会15次,促进各项重点工作全面推进,确保各项重点工作贯彻落实。六是突出实践锻炼。进一步巩固完善“特邀督查员”制度,23名特邀督查员根据县委督查室的安排对全县的各项重点工作开展工作督查活动30余次,反映乡镇和单位工作落实中存在的问题40多项,有力推进县委、县政府重大决策和重要工作部署的贯彻落实。县委督查室主任谭建辉因工作成绩突出,被湖南省委办公厅评为2017年度全省党委督查工作先进个人,受到通报表彰。

【全面小康办工作】 2017年,在省、市全面建成小康社会推进工作领导小组的坚强领导下,衡山县认真贯彻落实中央和省、市决策部署,自加压力、真抓实干、攻坚克难,全面小康各项工作稳步推进。经预估测算,衡山县全面小康实现程度有望达到93.2%。分五大类别来看,经济发展类指标达到86.2%,人民生活类指标达到97.9%,社会发展类指标达到97.4%,民主法治类指标达到100%;生态文明类指标达到99.7%。主要有三方面特点。一是总体实现程度高。2017年,衡山县全面小康总体实现程度可达到93.2%,较2016年提升5个百分点,全市二类县市区中排名第一,绝大部分指标已完成目标任务,2018年可达到全面建成小康社会省认定标准。二是短板指标提升快。针对全面小康考评指标体系,层层分解任务指标,尤其针对短板指标开展4次专项督查。相关责任领导、责任单位,每月、每季度进行专题研究部署,针对各项短板指标制定具体的补短措施,税收占财政总收入的比重、高新技术产业增加值占GDP比重、常住人口城镇化率、规模以上企业农产品加工产值与农业产值比等短板指标比上年有不同程度的提升,分别提高9、2.6、2.3、25个百分点。三是工作合力更加强。全面小康的监测指标涉及经济社会发展的各个方面,点多线长面广,县全面小康办统筹、督促各项指标任务落实,指标责任单位各司其职、各负其责、各领其事,在抓好责任指标落实的同时,加强与统计部门对接,加强与上级部门衔接,为指标提升、排名上升、实现程度攀升奠定坚实基础，形成相互配合、相互协作的推进全面小康工作合力。

【机要保密工作】 在机要和保密工作上，全力确保密码通信绝对安全通畅，共收发明密电报640份，实现了“无事故、无差错、无错情”，所有电报均规范办理、登记规范，并严格按要求管理归档；严格贯彻落实《中华人民共和国保密法》，加强定密规范管理、网络保密管理、涉密人员管理等“三大管理”。县委机要局和衡山县国家保密局一手抓教育培训，一手抓保密安全管理检查，进一步巩固机要保密工作的成效，形成“保密工作无小事”的广泛共识，构建“人防、物防、技防”的严密工作体系。

【秘书工作】 在公文传递上，对上下级公文坚持做到传送有专人，处理有登记，超时有催办，在公文起草上严把内容关、程序关、校核关、格式关，以提高领导满意度、基层认同感以及对实际工作的指导性为目标，吃透上情、把握下情、了解外情、做到方向正确、主旨集中。在会议把关上，坚持少开会、开短会，严格执行会议审批制度，严格控制各类会议规模，截至目前，以县委和县委办名义召开的会议129次。在文件把关上，坚持少发文、发短文，截至目前，以县委、县委办名义发文178次；办理上级来文400余件。同时，对办公室文件的起草、会签、审核、付印、传阅等各个环节进行具体明确和规范，将文件办理每个环节的责任落实到具体经办人身上，将责任与奖惩挂钩，杜绝差错疏漏和不规范文件的出台，有效地规范全县文件材料的格式和运转程序，提高办文工作的整体质量和水平。2017年共起草、审核各类文件280余件、近140万字，均无较大差错，有效地促进各项工作开展和落实。

【信访值班工作】 一是值班工作运转良好。有力保障了每天24小时专人值班不间断，上传下达不误事，省、市和兄弟县市区来电随时接听随时报告，乡镇科局送来的文件及时进行登记，转交联络员及时呈送领导批阅。对县委领导批示的信访案件，均及时进行登记、交办，并适时跟踪督办，促进问题的解决。值班日志清晰明了，记载内容详细规范，联络畅通无阻。全年向有关领导和部门交办各类问题136件，一大批群众反映强烈的问题得到解决。积极配合政法委、信访局承办平安创建、综治民调和信访维稳等各类会议10余次，对相关工作给予鼎力支持。二是信访接待热情周到。对来信及时办理，来访热情接待，非访、闹访果断处置。2017年以来，县委办共接待各类来访人员620余人次，妥善处理涉军群体等群众集体性上访10余次。按时完成市委办交办的接访工作任务，按照市委办的通知督促有关乡镇和责任部门及时到市委接访。三是突发事件处置及时。在县委、县政府领导的亲自指挥下，针对多次出现突发事件和群体上访，全办积极主动配合、调度各方，及时成功处置到位。有效稳定大局，化解各种矛盾，维护群众的利益，保证了县委机关的正常工作秩序，得到领导的肯定和群众的赞扬。

【行政后勤工作】 在经费紧张的情况下，根据县委工作重点和不同时期的工作任务，厉行节约，合理调度资金，进一步改善机关环境和办公条件。一是抓好经费使用管理。严格审批报账制度，凡不合格的发票不予报销，确保会计凭证真实合法。积极与财政接洽联系，提出申请报告，争取经费。二是后勤接待规范节约。圆满完成2017年县委经济工作会议、各界人士新春团拜会以及省市领导考察等活动近1000人次的后勤接待工作。三是不断优化机关硬件设施。投入资金90万元对原质监局老办公楼进行维修翻新，为县委派驻纪检组、县巡察办、县侨联等部门提供宽松、舒适的办公环境，投入近30万元对县委大楼屋顶琉璃瓦脱落、门厅圆柱维修翻新，消除了安全隐患。为迎接中共十九大召开，结合创建文明单位和文明县城活动，切实加大投入，在大楼两边楼梯过道悬挂社会主义核心价值观宣传标语，院内四周制作不锈钢宣传栏；对县委大院的花圃和树枝进行剪枝；对机关大楼水、电等公共设施及时维修保养等等，营造良好的工作、生活环境；加大对机关食堂的投入，统一更换新的碗筷，添置新的消毒柜、冷藏柜，尤其是大厅新装3台空调，为县委主要领导和县委、政府院内30多个单位200多名干部职工日常工作用餐提供较好的服务和保障。

（曹　赟）

组 织 工 作

县委常委
组织部长 唐年初

【概况】 2017年，中共衡山县委组织部围绕全面从严治党主线，认真贯彻落实党的十八届七中全会、党的十九大及中央、省、市组织部长会议精神，紧紧围绕"四个新衡山"建设目标，解放思想，开拓进取，真抓实干，奋勇争先，全力推进党的思想政治、基层组织、领导班子、干部队伍和自身建设等各项工作，为全县经济社会发展提供坚强组织保证和人才支撑。

【主题学习教育】 加强思想政治建设，持续深化"两学一做"学习教育常态化制度化。组织广大党员读原著、学原文、悟原理，各级党组织开展集中学习3000余次，其中，上党课1000余堂；参加专题学习讨论5100余人次，10000余名党员利用"红星云"微信公众号自学。积极开展"两学一做"征文和"三微"创作竞赛活动，其中，"做合格党员"征文活动共征稿200余篇，1篇获市一等奖、5篇获市优胜奖；创作"两学一做"微视频、微动漫、微电影作品3篇并获市优秀组织奖，其中，1篇获省优秀奖，1篇获市一等奖，1篇获市三等奖。把学习宣传贯彻党的十九大精神作为"两学一做"学习教育重要内容，制订学习宣传工作方案，组建专门宣讲队，采取开座谈会、发放宣讲资料、出动流动宣讲车、讲党课、撰写心得体会等方式，深入学习宣传贯彻党的十九大精神。以严肃党内组织生活为切入点，强化党内政治生活各项制度落实。各基层党组织突出抓好支部主题党日、"三会一课"纪实管理、党员积分管理、党支部书记"双述双评""五个日子"等制度的贯彻落实，切实增强党组织凝聚力、战斗力。县直机关单位党组织深入开展"机关党旗红，建设'四个新衡山'在行动"主题实践活动，通过"四比四看"，促进机关党建工作与业务工作的有机结合。

县委组织部班子成员合影(左起：旷国华、杨才能、彭君、唐年初、汪波、罗日中、任秋良)

【领导班子和领导干部人才队伍建设】 调配干部实现"常态化"，全年调整干部10余批次、550余人次。坚持"重品行、重实绩、重公认、重基层"选人用人导向，提拔干部124人，其中乡镇干部31名；选配5名科局科级干部到乡镇任职，4名乡镇副科级干部到市直机关或银行机构挂职锻炼。组织67名部办委常务副职和县直机关单位、乡镇主要负责人到浙江大学开展县域经济发展专题培训，迈出衡山县干部教育培训走出衡山、走进高端学府的坚实步伐。强化对干部在线学习的管理，全县领导干部在线学习参学率、年度完成率实现"双百"。举办中青年干部培训班，参训人数达75人，培训规模创近年来之最。组织84名领导干部到中央、省、市参训。全年举办各级各类培训班10期，培训1650人次。通过湖南省公务员招录、县事业单位人员招聘、乡镇副科级党员领导干部公开选拔考试"三大考"，招录公务员49名、选调生3名，招聘事业编制人员56人，选拔乡镇副科级领导干部10名，较好地缓解"用人荒"问题。向全县26个贫困村分别派驻1名科技特派员，助力精准扶贫。制定出台《关于从严监督管理党员干部的十项措施》《关于进一步做好干部谈心谈话工作的实施意见》，进一步强化党员干部"八小时"内外的监管。深入开展换届后领导班子思想政治建设调研，发现问题，明确整改措施。狠抓"三超两乱"整治，消化科级干部职数172个。委托审计局对27个单位党政"一把手"进行经济责任审计。全面清理在社会组织违规兼职的退休领导干部12名，并整改到位。严格因私出国(境)证件的管理，全县235名科级干部的399本"证照"全部入库保管。拓宽监督渠道，全年有3名拟提拔重用对象因征求意见发现问题被暂缓提拔重用,1 名因被群众举报暂缓提拔重用,1 名因档案核查出现问题被暂缓提拔重用。受理群众来电来访 12 人次,办结率 100%。重启干部档案专审工作,对全县 2549 本干部档案逐一查漏补缺、核查认定。

【基层党组织和党员队伍建设】 坚持从严落实责任、从严选人用人、从严规范程序,从严监督指导"四个从严",选举产生 846 名新一届村(社区)"两委"干部。其中,本地致富能手 368 名,占 43.50%;大专及以上学历 138 名,占 16%;女性 273 名,占 32.27%,平均年龄 47.3 岁。严把党员发展培训关,全年举办 2 期入党积极分子和发展对象培训班,培训入党积极分子 337 名、发展对象 167 名。继续推进农村综合服务平台建设,新建和改扩建综合服务平台 17 个。积极开展基层支部"五化"建设示范点创建工作,高标准建设 3 个乡镇的 9 个村、11 个县直机关支部、6 个两新组织"五化"建设示范点,通过树立标杆、以点带面,提升全县基层党建工作水平,得到省委副书记乌兰的充分肯定。强力推进"两新"组织党建工作全覆盖,全县已建立非公有制经济组织党支部 86 个,社会组织党支部 28 个。大幅提高基层经费保障,村(社区)党组织书记每月基本报酬根据村(社区)人口在 3000 人以下和 3000 人以上(包括 3000 人)两个标准,分别提高到 1800 元和 1900 元,城市社区党组织书记提高到每月 2800 元,各村平均运转经费提高到 18.85 万元、社区提高到 40 万,村级运转经费和村(社区)干部报酬较以前提高近一倍。安排资金近 40 万元,慰问 150 余名困难党员群众。推动全面从严治党向基层延伸,在规范农村党组织书记双述双评的基础上,在教育、卫生和计划生育、法院三个系统和部门进行试点,探索推行重要系统和科局党委(党组)书记履行基层党建责任述职评议考核制度。加强督促检查,选聘 20 名县级党性报告员、4 名党性监督员和 4 名党性劝导员,推动全面从严观念深入人心。创设"十大课堂",举办党组织书记、远教站点管理员、农村党员创新创业暨扶贫脱贫等主题培训班,培训方式被湖南卫视新闻联播栏目推介。"一村一大"培养计划实现新突破,130 名"农民大学生"担任村(社区)"两委"干部,罗立人、姚乐贵、阳山奇被评为省级优秀农民大学生。新建农民大学生创业实践基地 3 个,兴旺映绿农牧有限公司代表参加衡阳市第二批农民大学生"三授"活动。联合县广播电视台拍摄"最美扶贫人'耶鲁哥'秦玥飞"专题片。扎实推进抓党建促脱贫攻坚,从县直机关选派 629 名机关干部,组建成 104 个扶贫工作队,对 26 个贫困村和 78 个贫困人口在 100 人以上的村进行结对帮扶,并认真开展"六个一"活动,在产业、医疗、教育、社保、异地搬迁等方面积极出谋划策,帮助贫困户精准脱贫。研究制定《驻村帮扶工作队管理细则》,加大督查考核力度。广泛开展"凝心聚力献爱心,精准扶贫奔小康"专项捐赠活动,共募集资金 130 余万元,全部投入帮扶工作当中。统筹推进"四帮四促"大走访活动,全县 446 名机关干部、党员组建 153 个工作队,走访群众 3.6 万余人次,收集意见建议 780 余条,帮助群众解决实际困难 421 件。

【组织部门自身建设】 开设"组工讲坛"和"组工论坛",拓宽机关干部视野和知识面。开展"干部成长感恩谁""我心中的'十九大'"征文活动,落实每周撰写一篇信息、每月荐读一本书、每月开展一次调研的"三个一"活动。部机关带头学习宣传贯彻党的十九大精神,积极开展"精写一篇心得体会、打造一堂精品党课、开展一次专题讨论、组织一次专题培训、开展一次十九大宣讲、创新一项本职工作"的"六个一"活动,组建 5 个党的十九大精神宣讲分队,进村(社区)、进企业、进机关、进学校宣讲党的十九大精神。修订部机关《工作规则》、制订出台《关于进一步提升组工干部综合素质和文字综合能力的实施方案》,组建一支组工信息员队伍。改版升级衡山党建网,发布信息 500 多条;开通"衡山微组工"微信公众号,发布信息 200 余条,2200 余人订阅;全年在中央、省、市刊物和媒体发表文章 50 多篇,其中,《衡阳日报》专版报道《衡山县"四加六代"构筑坚强战斗堡垒》,《中国组织人事报》刊登《提升城市基层党建组织力》全文。积极安排部机关副科级以上干部联系帮扶贫困户。联系帮扶的福田铺乡石东村,在工作队员的指导和帮助下,成立"绿心土产"合作社,开设全县第一家网上村店,销售额近 10 万元,"互联网 + 合作社 + 贫困户"的辐射带动效应逐步显现。 (曹俊峰)

宣 传 工 作

县委常委
宣传部长 任中元

【概况】 2017年，全县宣传思想文化工作把握导向，凝聚共识，振奋精神，提升形象，为建设“四个新衡山”提供强大思想保证、舆论引领、精神动力和文化条件。3月，衡山县委宣传部获评全市宣传思想工作先进单位。

【理论武装】 一是理论学习常态化。制订县委中心组理论学习专题计划，下发乡镇、科局党委（党组）中心组理论学习计划通知。县委中心组围绕中共十八届六中全会精神、习近平总书记“7·26”讲话精神、党的十九大精神、砥砺奋进的五年、精准扶贫、意识形态工作、统战工作和计生工作等专题开展集中学习11次。邀请省卫生计生委基层指导处处长罗辉、市委讲师团主任成新平、市委统战部副部长陈群洲等作专题辅导。进一步深化学习型党组织建设活动，继续将学习型党组织建设工作纳入全县目标管理绩效考核。

二是理论宣讲密集化。认真组织党的十九大精神宣讲活动，下发了《关于学习宣传贯彻党的十九大精神的方案》的通知、《关于在全县组织开展党的十九大精神集中宣讲工作的通知》。县委书记尹培国，市委十九大宣讲团成员、市委改革办专职副主任侯健康等为县委中心组成员作党的十九大精神专题宣讲；县级领导分赴联点乡镇和分管部门进行十九大精神宣讲；县委常委、宣传部部长任中元率县宣讲团成员分赴各乡镇、县直各部门和部分村（社区）进行十九大精神宣讲。开云镇东风社区用微信答题开展十九大精神宣讲获省市媒体推介；选送由周自红演讲的《中国梦的青春担当》获省“好声音讲坛——讲话进基层”百姓微宣讲比赛一等奖。

三是理论研究实效化。县委中心组成员深入基层开展调研，带头撰写理论文章，全年在各级刊物或媒体发表理论调研文章23篇，县委书记尹培国撰写的《县委领导班子加强思想政治建设要突出“四抓”》在《湖南领导专供》上发表、撰写的《关于破解县域发展之难的调查和思考》获2017年衡阳市“调查研究月”优秀调研成果三等奖。县委宣传部在福田铺乡组织召开全县基层理论武装工作调研座谈会，并形成调研报告；开展“社会主义有点潮”理论征文活动。县公安局罗卫平撰写的《从“伍校长”到“伍警官”的蜕变，看公安思想政治工作中的人文关怀和心理疏导》获市思想政治工作征文三等奖。

县委宣传部班子成员合影（左起：李乐爱、任中元、夏建军、李良月）

四是意识形态工作规范化。制定意识形态工作考核细则，将意识形态工作纳入全县目标管理绩效考核，纳入乡镇、单位党委（党组）书记党建述职的重要内容；县委书记与各乡镇、单位党委（党组）书记签订意识形态工作责任状；形成意识形态工作半年分析报告和全年分析报告。加强网络舆情的监控和处置；对县内网站、微信公众号等新媒体进行全面清查；召开服务和保障党的十九大广电播出和网络安全工作会议，开展关键基础设施和互联网信息内容安全大检查。开展“扫黄打非”专项行动16次，销毁非法出版物2250份。

【新闻宣传】 一是夯实内宣阵地。以衡山电视台、《新衡山》、衡山新闻网（红网衡山县分站）、衡山手机报、“天下衡山”微信平台等为主阵地，全方位、多角度做好主旋律宣传。同时，拓展宣传平台，衡山电视台加入湘鄂赣城市电视台联盟体，“智慧衡山”手机台上线，衡山广播电台恢复播出，广播“村村响”开播。县内各媒体围绕党的十九大、精准扶贫、环保督查、乡村生态旅游节和县委县政府中心工作开展系列报道。衡山新闻网、衡山手机报双获红网先进单位称号；县广播电视台获评衡阳市防汛抗灾优秀新闻单位；“车祸之后”获衡阳市新闻奖一等奖；刘彧获评衡阳市第十二届优秀新闻工作者。

二是拓展外宣渠道。2017年，全县对上对外发稿2500余篇次，在中央级媒体发稿40篇次，其中中央电视台、人民网等央一级媒体发稿21篇；在省媒发稿950余篇次，其中《湖南日报》发稿27篇、湖南卫视发稿10篇；在《衡阳日报》和晚报刊发专版21个。一方面推介先进典型。大学生村官秦玥飞被评为央视“感动中国”年度人物、登上央视《朗读者》舞台后，配合央视网、中国新闻社、《中国日报》等央媒对秦玥飞进行深入报道，在《湖南日报》头版以《从殿堂走上田垄——记“感动中国”2016年度人物秦玥飞》为题进行报道。“长裙姐姐”典型事迹发生后，联系和配合中央电视台、人民网、光明网、央广网、《湖南日报》、湖南卫视等央媒和省主流媒体报道“长裙姐姐”典型事迹。向省市媒体推介罗学云、罗小科、彭芳彩、唐正秋、刘合宽、谷湘平、曹树东、宾运春、邓亚、欧阳住凡等一大批个人先进事迹。一方面推介重点活动。举行了电影《一代女魂唐群英》开机仪式暨新闻发布会，新华社、《中国妇女报》、《湖南日报》等主流媒体相继进行报道。组织白果黑提旅游文化节、岭坡乡村生态旅游节、白果“梦幻西游记·浪漫花果山”主题活动、店门雷钵峰猕猴桃节4次乡村旅游节外宣活动，先后在《湖南日报》报道白果黑提产业，在光明网、《湖南日报》等媒体推介岭坡莲子等土特产品，在《湖南日报》宣传“花果山”景区带动周围农户增收的事迹。在《湖南日报》专题报道衡山地方民俗花灯调《一塘清水一塘莲》。一方面推介中心工作。《中国纪检监察报》以《这次换届真清爽》为题、《湖南日报》以《“大喇叭”严明政治纪律》为题报道衡山的换届选举工作；7月初，衡山县遭遇特大洪灾，中央电视台先后4次、红网等省级主流媒体发稿数十篇报道衡山抗洪救灾工作；《湖南日报》头版头条以《群众“点菜”政府“配菜”衡山民生项目建设围着百姓“转”》为题报道衡山重点民生项目建设，市州版头条报道萱洲湿地生态建设的经验，专版以《群防群治筑牢平安堤坝—衡山县政法综治工作纪实》为题报道衡山平安创建工作；CCTV-1综合频道、CCTV-2财经频道、CCTV-13新闻频道报道衡山公安破获传销诈骗案和制售假冒伪劣产品案。

三是规范舆情管控。建立舆情信息收集网络，组建30人的县级核心网评员队伍，实行了24小时值班和“日报告”舆情管控制度。监控和处置各类网上舆情信息（含群众诉求和意见表达）237条，编发舆情快报4期，舆情专报15期。清理各类僵尸网站57家，关闭违规微信账号1个，完成各运营账号登记工作。

【精神文明建设】 一是持续提升志愿服务。全县注册志愿者近4万人，注册团队209个。3月，举行“弘扬雷锋精神，争创文明县城”大型志愿服务活动，县委书记尹培国、县委副书记段晓赛、县委常委宣传部部长任中元、副县长雷继红参加启动仪式，全县100多个单位和学校1200余名志愿者参与，服务群众近5万人次。5月20日，县残联、县文明办在毛泽建公园主办以"推进残疾预防、健康成就小康"为主题的公益助残活动。7月26—27日，组织县委办、人大办等10个文明单位志愿服务队慰问部分房屋受灾严重的家庭，捐赠钱物40000余元。10月19—20日，组织1000多名学雷锋志愿者集中开展“创建省级卫生城市”大型文明志愿服务活动，助力省级卫生城市创建迎检。

二是积极推动文明创建。2017年，白果镇获评全国文明村镇。2016年，江东乡获评市级文明村镇；县人力资源和社会保障局获评市三星级文明单位；县人大办、县国税局、县九观桥水库管理所获评市二星级文明单位；县农业局、县发改局、县新桥水库管理所获评市一星级文明单位；县总工会、县审计局、县教师进修学校、县紫巾山国有林场、长江镇胜利村、白果镇棠兴村、新桥镇石仓村、江东乡龙桥村、萱洲镇贺家山社区、福田铺乡福田社区获评县级文明单位。在全市精神文明建设表彰会上，县委常委、宣传部部长任中元代表衡山作题为《坚持科学指导抓好文明创建》典型发言。

三是成功开展“三十佳”评选表彰。自7月底，启动“十佳人民满意公仆”“十佳岗位明星”“十佳村（社区）党组织书记”评选工作以来，成立评选表彰领导小组,深入宣传发动,各乡镇、各单位共推荐候选人104人,经过资格审查、考察和研究,县委常委会批准,媒体公示,表彰"十佳人民满意公仆""十佳岗位明星""十佳村(社区)党组织书记"各10人,各加记三等功一次。受到表彰的"十佳人民满意公仆"是:刘顺祥、李和平、李春林、张富强、周伟、钟志明、曾淑红、彭智岳、熊仲荣、廖志伟。"十佳岗位明星"是:李文星、吴文珠、肖庆华、陈亮、李奇韬、郑国军、屈文君、胡湘桂、管小玲、廖鸾祥。"十佳村(社区)党组织书记"是:方洪明、任桔秀、杨和平、宋海秋、欧心田、周海泉、唐秋莲、郭伟雄、黄文广、曹载球。

四是培育和践行社会主义核心价值观。成功举办2017年衡阳市"我们的节日·重阳"暨"和谐衡山·大美衡山"文艺演出,在衡阳电视台播出;在县城和各乡镇开展了"砥砺奋进的五年"——衡山县经济社会发展情况巡展,部署十九大精神的社会宣传。组织市第四届道德模范巡讲团成员刘玲琍、魏文彦、李伟娥等到衡山县开展专场演讲。江东乡李伟娥被推荐进入中国好人榜参与投票评选,长裙姐姐王青平被评为湖南好人,并进入全国好人榜候选人。开展图说我们的价值观作品征集,收集设计作品15件。开展"最美雁城儿女"笑脸活动,选送20幅图片至衡阳文明网。

五是强化未成年人思想道德建设。进一步健全青少年宫的建设管理,在县实验小学召开全县青少年宫项目标准化管理工作会,成立联合督查组对全县12所乡村学校少年宫的管理使用、器材配备、活动开展等情况进行督查。组织开展"清明祭英烈"、向国旗敬礼、童心向党、国家公祭日、中华经典诵读等各类主题活动。县文明办组织县文化市场管理等部门联合开展网吧专项整治行动。

【文化事业】 一是文化活动高潮迭起。接待文化部原部长王蒙一行莅临衡山考察调研。举办纪念唐群英逝世80周年研讨会;维修唐群英故居;举行电影《一代女魂唐群英》开机仪式暨新闻发布会,协助剧组完成在新桥、白果、开云、店门等地的拍摄任务。举办2017年"欢乐潇湘·幸福衡山"暨"喜迎十九大·共建新衡山"群众文艺会演,县中医院代表队获一等奖,县妇幼保健计生服务中心代表队、县财税系统代表队获二等奖,县委人大政协纪委机关代表队、县教育系统代表队、县组织系统代表队获三等奖。举办2017年"文化、科技、卫生"三下乡暨"党的十八届六中全会进农家"活动,在新桥镇举办3000多名群众参加的启动式。指导县内各文艺团体举办"喜迎十九大·翰墨颂衡山"全县书画作品展、"诗教"进校园、"家乡的年味"摄影比赛等。举办县"恒信福"杯羽毛球赛、县"星源"杯篮球赛、"九福祥"杯全民健身日活动等大型体育活动。

二是文体发展成果丰硕。组织评审2017年文学艺术创作奖励扶持资金,共奖励扶持近13万元。衡山县选送的民俗花灯调《一塘清水一塘莲》获全省"欢乐潇湘"总决赛一等奖并参加省展演,县中医院获评省"欢乐潇湘"活动优秀团体,颜文艺获评省"欢乐潇湘"活动组织工作先进个人;周建国的书法作品获"喜迎十九大·点赞新湖南"全省老干部(老年)书画作品展三等奖;唐志军创作的《皮影进了同心村》组照入选省统战系统类三级收藏;杨东的书法作品入展省书法家协会主办的省第六届书坛新人新作展;聂炜创作的油画《林场秋霭》《双江秋潮》入选省美术家协会、省油画风景研究会主办的"美丽乡村——油画家写生作品展;刘宁兴拍摄的《皮影颂税改》获市"诚信税收·文明雁城"摄影大赛银奖;衡山县代表衡阳市组队参加省"强民杯"篮球赛获三等奖;县太极拳运动员王菊云代表湖南参加全运会暨群众比赛获第四名。

三是文化事业产业持续发展。广泛开展县首届文物价值解读与传播大赛;开展"非遗"进校园、非遗展览宣传活动,将"衡山云峰古法榨油""衡山酒曲饼制作工艺""衡山江湖隐语"增补列入第三批县非遗名录;盘活县电影公司改制资产,推动县文化艺术服务中心建设;推进县体育馆的建设;新建毛泽建烈士生平事迹陈列室,维修岳北农工会等红色教育基地;为衡山剧院争取省文化发展专项资金50万元;做好文化与创意产业企业的统计工作。(李佳辉)

统战工作

【概况】 2017年,全县统一战线围绕中心、服务大

县委常委 统战部长 谢石中

局，理顺体制机制，激活统战资源，发挥统战优势，实现了重点工作有实效、难点工作有突破、常规工作有提升，福田铺乡白云片获评省级“同心乡村”，《黑土麦田：从湖南衡山乡村走出来的扶贫品牌》获评全省2017年度统战工作实践创新成果奖，两篇信息稿被省委统战部工作周报采纳，为“四个新衡山”建设做出重要贡献。

【经济统战工作】 一是项目建设中实施联手帮扶。由统战部统筹协调各方力量，以“四个一”（一名县级领导，一个工作班子，一个方案，一抓到底）做好“五帮”（帮办手续、帮争资金、帮扶进度、帮解难题、帮优环境），帮助48个企业解决问题125个，联手帮扶企业实际完成投资20亿元，推进新金龙纸业、创品家居建材、佳城新材、□成科技等一批项目建设，融洽政商关系、提振企业信心，企业联手帮扶工作得到《湖南日报》《衡阳日报》等主流媒体报道。二是招商引资中发挥统战优势。以“深洽周”“港洽周”“湘商大会”等活动契机，深入开展“迎老乡、回故乡、建家乡”活动，主要领导多次带队赴义乌、深圳、东莞等地调研走访异地商会，成功引进投资20亿的中国虎山福地、投资16亿的仙逸人间等12个大项目。三是抓好党建力促两个健康。中共衡山县非公有制经济组织综合委员会在非公经济组织中新建36个党支部，清理整顿后非公经济党组织数52个，实现非公经济“两个健康”和非公党建“两个覆盖”。四是引导非公经济人士助力精准扶贫。开展“百企帮百村”活动，发动52家非公有制企业与全县26个省级重点贫困村结对帮扶，通过发展产业、安排就业、提供技能培训等方式助力精准扶贫，落实扶贫资金97万元，扶持种养产业11个，解决劳动就业200个。积极引导非公经济人士参与光彩事业，捐款48万元，改善东湖镇石碑村基础设施；统战部、工商联牵头帮扶的东湖镇团山村、石碑村在2017年内成功脱贫摘帽。

大统战（统战部、台办、侨联）班子部分成员合影（左起：胡岳军、唐志军、谢石中、肖尧阶、李卫辉、符建球）

【党外人士统战工作】 扎实开展学习教育，广泛凝聚思想共识。紧紧围绕迎接党的十九大胜利召开，学习、宣传、贯彻党的十九大精神这条主线，狠抓学习教育，通过党外代表人士研讨学、印发资料帮助学等多种形式，广泛学习宣传党的十九大精神，推动党的十九大精神在统一战线落地生根。在党外人士中持续开展“两学一助”学习教育，凝聚广泛的思想政治共识。拓宽选人用人渠道，加大培养使用力度。县委统战部主动对接，切实加强与组织部的沟通协调，建立县委组织部、县委统战部党外干部工作联席会议制度，落实“五个共同”，从全县领导干部职数设置、年龄结构、学历职称层次、区域分布、培养安排等方面统筹考虑，优中选优，一批党外代表人士任职人大代表、政协委员和工商联、侨联、统战社团组织骨干，一批优秀党外干部得到提拔重用。创新活动载体，加强党外代表人士队伍建设。成立党外知识分子联谊会，搭建党外人士联络交流平台，通过开展“学、颂、做、评”“助力新衡山汇聚新力量”等主题活动，实现党外代表人士联谊、联心、联动，进一步加强党外代表人士队伍建设。完成新的社会阶层人士资源摸底工作，为做好新的社会阶层人士统战工作奠定基础。

【民族宗教工作】 积极开展民族团结进步工作；成立全县民族宗教工作领导小组，建立健全民族宗教工作县、乡、村三级网络，落实乡、村两级宗教工作责任制，宗教工作纳入乡镇综治考核范畴，依法加强宗教事务管理，坚决抵御境外宗教渗透，促进宗教领域的和谐稳定。

【台侨海外统战工作】 开展两岸涉台婚姻情况大调查;加大台资企业跟踪服务力度,积极帮助台资企业处理有关员工薪酬、投资合作、企业周边环境等内外部矛盾纠纷;完成县侨联换届选举,坚持“一线工作法”,加强与侨界人士联谊交友,争取爱尔兰华协会捐资助学项目第13次到衡山,为社会公益事业贡献侨界群众力量,成为海外联谊交往的一张金字名片。

【统战队伍建设】 推进“两学一做”学习教育常态化制度化,引导统战系统广大党员干在实处、走在前列。加强统战理论研究,推动理论研究成果转化运用。创新统战宣传工作,扩大“衡山统战”微信公众号影响力,营造浓厚工作氛围。加强对统战干部的理论武装、党性教育和能力培养,着力培养一批学习型、思考型、研究型和实干型统战干部,打造一支“懂统战、爱统战、会统战”的工作力量。压实“两个责任”,扎牢制度笼子,严守纪律规矩,持续正风肃纪,驰而不息反对“四风”,努力营造风清气正的政治生态。

(易　佳)

机构编制工作

主任　周永兵

【概况】 2017年,衡山县机构编制委员会办公室(简称县编办)学习贯彻中共十九大精神,紧紧围绕中共衡山县委、衡山县人民政府工作大局和全年机构编制要点,以转变政府职能为核心,深化行政审批制度改革、事业单位改革、严格控编减编,不断加强自身建设,着力推进机构编制管理提质增效,较好地完成全年各项工作任务,为全县统筹推进“五位一体”总体布局,协调推进“四个全面”战略布局,提供强而有力的机制体制保障。

【机构编制管理】 严格执行《中共衡山县委机构编制委员会工作规则》,进一步加强机构编制集中统一管理,理顺机构编制管理体制,强化编委会成员单位的协调配合,提高决策水平和工作效率,严明机构编制管理纪律。结合实名制数据库建设与完善,强化规范日常办事流程。充分利用实名制数据库的电子管理与手工台账管理相结合,及时补充更新,出入编手续做到有据可依,有底可查。2017年,衡山县行政编制未突破省里下达的限额,事业编制数未突破2012年核定总量,未发生不按程序审批机构编制事项的现象。

县委编办班子成员合影(左起:刘希俊、周永兵、朱建华)

【政府部门三定和行政体制改革】 县编办严格按照程序对涉改单位的“三定”送审稿仔细审核,并交法制办进行规范性审查。对一些职责整合力度较大的单位,召开协调会,明确职能职责,力求“三定”规定严谨规范。完成政府工作部门26个、直属事业单位9个、正科级公益类事业单位7个、副科级70个机构的“三定”规定。为更好地推进衡山县乡镇行政体制改革工作,县编办开展乡镇机构改革调研工作。听取全县各乡镇领导班子、乡镇事业站所负责人、县直在乡镇的部门负责人共200多人的意见,填写242份乡镇改革问卷调查表,为进一步完善乡镇机构改革提供基础依据。

【事业单位登记服务】 为确保事业单位法人年检的真实性、准确性、合法性,县编办建立受理人初审、审核人复审、负责人终审的“三审制度”。目前,全县共有事业单位243个,进行法人登记的事业单位共243个,登记率为100%。对按《事业单位登记管理暂行条例》符合登记条件的243个事业单位进行年检,年检合格率达100%,按时保质完成2017年度的事业单位法人年检工作。通过网上审批办理设立事业单位法人登记7个，变更登记37个(其中法人代表人变更25项，举办单位变更3项，多项变更9项)，注销登记的法人事业单位44个。

【权力清单、服务事项“放、管、服”改革】 一、全面比对梳理权力清单。根据上级精神，县编办负责权力清单的动态管理，并对全县各单位权力清单做全面梳理，全年共承接省、市行政许可1项、取消30项；共梳理保留的行政权力2632项（其中行政许可188项、行政处罚1620项、行政强制144项、行政征收45项、行政给付33项、行政检查246项、行政确认73项、行政奖励16项、行政裁决10项、其他行政权力257项），并在衡山县党政门户网上进行同步更新。二、全面梳理公共服务事项。为进一步提高公共服务质量和效率，县编办对全县各单位公共服务事项进行梳理，全县29个单位，共梳理出238项公共服务事项，并率先在网上公布。三、全面梳理规范行政审批中介服务事项。为促进中介服务市场健康发展，县编办精心组织，梳理工作已经完毕，全县14个单位进行了报备，共计梳理规范51项行政审批中介服务事项。四、率先完成“互联网+政务服务”工作。根据衡阳市“互联网+政务服务”工作会议要求，县编办牵头承接该项工作，在全县推行“互联网+政务服务”模式，全县目录清单编制已全部完成，并在全市率先录入“互联网+政务服务”一体化平台。五、积极开展“减证便民”专项行动。为优化办事流程、提升公共服务水平。县编办在全县各单位积极组织开展“减证便民”专项行动，出台《衡山县减证便民专项行动工作方案》文件，重点清理对涉及群众、企业生产生活关系密切的没有法律法规依据的各类“奇葩证明”，最大限度地减少办件材料，逐步建立政府部门业务对接信息共享机制。

【机构编制实名制管理】 进一步完善实名制数据库建设，对全县各级机关和事业单位的内设机构设置、人员编制、领导职数配备情况等网上数据信息进行核对维护，对出现机构编制和人员变动情况的单位，加强指导，及时督促，随时登记，适时更新，为全面实行网上业务管理打好坚实基础。新系统9月上线后，实行机构编制动态管理，公开招录323人；办理网上进编、出编、异动、划转及在职补录共1631人次；在编制员额内调整编制259个；根据省市改革要求与工作需要，共设立、升格机构21个(不含派驻纪检组)、新增领导职数52名，撤销机构5个，合并机构2个。

【机关群团统一社会信用代码赋码发证】 机关、群团统一社会信用代码赋码是机构编制部门从2016年起要履行的一项新的工作职责，意义深远，责任重大，任务艰巨。衡山县加快改革步伐，率先启动机关、群团统一社会信用代码赋码发证工作。一是高度重视，深刻领会。认真传达省、市编办相关会议精神，组织全体机关干部认真学习相关文件，充分认识统一社会信用代码赋码工作的内容，强化责任意识；二是做好准备工作，熟悉业务流程。提前对全县机关、群团组织进行数量统计，向省、市机构编制部门申报购买“统一社会信用代码证书”，刻制统一社会信用代码赋码专用章；并积极向上级机构编制部门咨询最新工作动态和政策，提前熟悉相关业务操作，为提供优质高效的赋码发证服务奠定基础。年底，已换发全县机关、群团组织统一社会信用代码证238个。

【机关事业单位中文域名注册、网站挂标】 根据省市要求关于做好党政机关网站开办审核、资格复核和网站标识管理工作等文件精神，县编办采取有效措施，进一步加强全县机关事业单位中文域名注册、网站挂标工作，实现中文域名注册和网站挂标两个100%“全覆盖”。全县注册域名332个(政务80个，公益252个)，其中续费154个，新增109个，注册率达100%；全县有效网站18个，发放标识并已挂标的网页18个(含网络红页2个)，挂标率达100%,并建立中文域名注册和网站挂标台账。全面完成省、市编办下达的任务。

（李　兵）

老干部工作

【概况】 2017年，衡山县老干部工作深入贯彻落实党的十九大和习近平总书记系列重要讲话精神，突

组织部副部长(兼)
老干部局局长 杨才能

出全面从严治党主题，牢牢把握为党和人民事业增添正能量的价值取向，进一步加强离退休干部思想政治建设和党组织建设，进一步发挥老同志独特优势和作用，进一步提高离退休干部服务管理水平，进一步加强老干部工作部门自身建设，围绕大局、聚焦中心，服务改革发展，努力推动全县老干部工作科学发展、转型发展、创新发展，各项工作取得了较好成效。

【领导重视得到加强】 县委、县政府年初将各乡镇、各部门的离退休人员工作作为一项重要内容纳入组织工作考核，并将往年临时安排的重阳节活动、迎春茶话会专项经费和追加的老干部慰问经费全部纳入财政预算。7月18日，县委常委会专题听取老干部工作情况汇报，并决定由县财政安排专项经费用于老干活动中心安装电梯和老年大学一楼教室改造，电梯于2017年春节前夕安装到位。10月23日，在“九九”重阳节即将来临之际，县委书记尹培国实地调研县老干部活动中心、老年大学，他对两个阵地的建设给予充分肯定，对老干部开展活动情况表示满意，并向老年人表达了衷心的祝福。

【老干部政治待遇落实】 主要是抓好定期通报情况、传阅文件、就近就地参观考察、走访慰问、邀请老干部参加重要会议和重大活动等一系列制度规定的落实。1月，组织全县老干部参观白果花果山旅游开发项目，县主要领导陪同参观；“五一”前夕，组织正县级老干部参观岭坡乡紫盖峰旅游开发项目；重阳节前夕，组织离退休干部前往衡阳市珠晖区茶山坳镇参观考察旅游特色城镇建设。做好老干部来信来访工作，完成信访积案清零任务。

【老干部生活待遇保障】 坚持对老干部生日祝寿，生病住院看望，逝世吊唁制度。坚持春节、“七一”、重阳由县主要领导带头走访慰问老干部。落实好医疗

县委老干局班子成员合影(左起：成芸芝、王正球、杨才能、谢斌)

费保障机制。7月底，继续组织部分老干部健康疗养活动。10月，组织老干部进行一次身体健康检查，在县财政的支持下，提高体检费用标准，增加脑部、肺部CT等项目。

【县委离退休干部工作委员会组建】 7月18日，县委常委会议专题听取县老干局的工作汇报，并就离退休干部党组织工作经费、党组织负责人工作补贴标准、成立县委离退休干部工委并将其工作经费纳入财政预算、《关于进一步加强和改进离退休干部工作的意见》文件的起草进行了充分讨论。县委常委会后，县委老干部局负责起草《关于进一步加强和改进离退休干部工作的意见(征求意见稿)》。9月22日，县委批复同意成立中共衡山县委离退休干部工作委员会(简称县委离退休干部工委)。9月25日，县委组织部正式任命县委离退休干部工委成员。县委离退休干部工作委员会成立大会暨第一次全体会议于10月18日胜利召开。

【老年教育】 县老年大学办学质量进一步提高，办学规模继续扩大，社会影响力不断增强。老年大学2017年在校学员700人次，开设政治时事、法治、文史、谈古论今、古文、诗联等15门课程。县委常委、县委组织部部长唐年初、副县长陈琛出席开学典礼并讲话。老年大学还组织部分学员走出校门，前往著名抗日英烈文立正故居、岳北农工会旧址、延安、等红色革命根据地进行参观、采风。与江东乡老年大学开展联欢活动，举办庆祝建党96周年文艺汇演、建军90周年颂军会。10月25日，与衡东、南岳老年大学

举行“中国梦、夕阳情”庆重阳节联谊会；26 日，与华融湘江银行联合举办庆重阳节文艺会演。

【老干部作用发挥】 围绕“展示阳光心态、体验美好生活、畅谈发展变化”开展“价值观、正能量、微故事”宣讲活动，“奉献在社区，幸福你我他”共建活动，“夕阳正红，绽放金秋风采”活动，“游衡山、观变化、赞家乡”活动，“增添正能量、共建幸福美好新衡山”银色网宣活动等十项推进正能量活动。县关工委、老书协等老字号组织积极发挥作用，为衡山县全面建成小康社会做了大量工作。

关工委：县关工委结合精准扶贫工作要求，发动县政协、团县委、民政局、总工委、县妇联等成员单位开展助学活动，上半年，共资助贫困学生 560 人，累计发放助学金 32.8 万元；自筹资金购买 2500 余册法律读本赠送给县实验中学；联合县人民检察院开展“法治进校园”巡讲活动；3 月，与民政局志愿服务队深入城乡走访慰问 100 名留守儿童，送去 4 万元慰问金以及书包、文具、图书等学习用品。4 月，联合县教育局等单位组织县城 3000 多名中小学师生齐聚衡山烈士陵园，参加以“缅怀革命先烈、弘扬民族精神”为主题的清明节教育活动。

老书协：春节前夕，县老书协开展送春联公益活动，共送出春联 600 多副，受到群众的热烈欢迎和好评；组织开展了建军 90 周年书画作品展，7 月 31 日在县委大楼一楼大厅展出；开展“喜迎十九大翰墨颂衡山”书画作品展。9 月 25 日，在县农民运动纪念馆展出。两次共展出作品 170 余幅。组织会员到九观桥水库、萱洲国家湿地公园进行两次采风。

【老干局机关自身建设】 狠抓局机关自身建设。一是健全落实机关干部联系老干部制度。全局每名机关干部负责联系 10～20 名老干部，并在 3 月之前对全体老干部进行普遍走访，了解他们的思想、生活、身体等方面的情况，并征求他们对老干局工作及县委、县政府工作的意见。二是认真组织局机关支部活动。坚持每周一上午集中学习，并按时参加每月 20 日的老干部集中学习。三是顾全大局，支持中心工作。深入福田铺乡福田社区、石东村开展“四帮四促”、精准扶贫和美丽乡村建设等活动，走访社区困难群众，结对帮扶 3 户贫困户，支持建设资金 3.5 万元。支持长青乡新庄村美丽建设资金 1 万元，岭坡乡老年教育建设 5000 元。四是注重抓信息调研工作。县老干局在市级、县级报刊、网站等多媒体共发表稿件 46 篇，较好地宣传老干部工作。（杨雁婕）

党校工作

校长　彭汉梅

【概况】 2017 年，县委党校在县委、县政府的领导下，以中共十九大精神为引领，深入贯彻落实全国省市关于党校工作会议精神，始终坚持党校姓党的根本原则，聚焦主业主课，充分发挥阵地和熔炉作用，在干部培训、科研资政、校园建设、教师队伍建设、党风廉政建设等方面取得了显著成绩，被评为全县绩效考核优秀单位。

县委党校班子成员合影（左起：汪衡卫、周定德、彭汉梅、谭泽林）

【干部教育培训】 2017 年，县委党校举办各类干部培训 5 期，总计培训 1012 人次。其中，为期 3 个月的中青班 1 期，人数 70 人。全县村（社区）党组织书记履职能力专题培训班 1 期，人数 292 人。入党积极分子培训班 1 期，350 人，全县档案管理人员业务培训班 1 期、210 人，全县政府信息和政务公开及党政门户网站培训 1 期、90 人。

【校园环境优化】 2017 年，县财政拨款 120 余万元对党校进行校园改造,校园环境大优化。一是对学员宿舍进行装修。二是对学员餐厅进行整修。三是新添6个体现党校特色的标语牌,营造出浓厚"尚学"氛围。四是重修校门,划分校区。五是对学员报告厅进行装修。六是新修建一座厕所。

【党校科研工作】 一是围绕中心工作做科研,努力发挥智库作用。县委党校认真贯彻落实县委的决策部署,紧紧围绕"借力长株潭、争先大湘南、汇聚正能量、建设新衡山"战略布局,紧紧围绕县委、县政府建设"四个新衡山"的目标,重点加强十九大后的党建新形势、新农村建设、法治政府建设、基层治理和"四个新衡山"建设等方面的研究,组织教研人员深入基层广泛开展大调研活动,在此基础上,每位教研人员都撰写了一篇3000字以上的调研报告。二是科研咨询成果量质并进。2017年,党校选送5篇调研报告或论文参加全省党校系统教学研讨会评选活动。《衡山县产业扶贫中农民参与问题的思考》调研课题获得省里立项。

【县内中心工作完成情况】 一是深化综治维稳工作。明确了校领导分管,专人主抓综治维稳法治信访工作,建立健全应急制度,坚持不懈地抓好法制宣传教育、社会管理综合治理、来信来访受理和创建平安单位宣传教育,把全校干部职工的思想行动统一到维护社会稳定工作中来,增强人人参与社会管理综合治理工作的良好格局。全年没有发生任何安全事故,没有发生一起信访事件,实现"零上访"。二是积极推动精准扶贫和新农村建设。校委班子人人参与精准扶贫工作,个个都有结对帮扶对象。每月深入茶源村贫困户2次以上。选派杨海东为茶源村精准扶贫工作队员,副校长周定德为海桥村扶贫工作队长、黄剑为扶贫工作队员。为茶源村支拨扶贫资金2万元、为新农村建设支拨建设资金1万元。(李　根)

档案工作

【概况】 衡山县档案局实行局馆合一,"两块牌子、一套人马"体制,内设办公室、业务监督指导股、档案管理股,系县委直属正科级参照管理单位。其主要职责是对全县档案事业行使统筹规划和宏观管理,组织、监督指导、协调全县范围内的党政机关、群众团体、学校、企业事业单位的档案工作;负责全县档案资料的征集、管理和利用工作;负责推广档案科研成果,制订档案管理标准化、现代化方案,并组织实施;负责全县档案人员的业务培训工作;负责全县的档案法律、法规宣传及档案史料的编辑研究工作;监督指导全县档案库房建设,开发档案信息资源,向社会提供档案服务。现有干部职工14人,其中退休2人。

档案局局长　杨应军

县档案局班子成员合影(左起:旷菊莲、杨应军、肖丽华)

【档案工作环境改善】 档案事业列入县委、县政府议事日程。档案工作继续纳入县委、县政府对各乡镇、县直各单位目标管理绩效考核范围,充分体现县委、县政府对档案工作的高度重视,进一步优化档案发展的良好环境,推进档案事业的快速发展。8月,县长蒋青主持召开县长办公会议专题研究县综合档案馆项目建设相关工作,明确该项目由县城建投代建,项目资金缺口由县城建投负责筹集,档案库房面积根据衡山实际在核定面积的基础上增加700平方米,并报省、市发改委备案。档案事业经费逐年增长。档案事业经费列入同级财政预算逐年增长,保证档案资料征集、抢救保护、安全保密、提供利用、设备购置和维护有必要的工作经费。县财政安排了50万元预算经费用于馆藏档案信息化建设。

【档案工作法制化】 开展档案行政执法检查。4月下发通知，对全县120多家单位档案工作进行年检，重点对档案机构工作人员、工作制度、档案管理、开发利用情况进行检查，并将检查情况向各单位主要负责人进行反馈，督促各单位按要求进行整改，加强和完善县、乡、村档案工作三级管理体系。领导干部和执法人员学法热情高。组织领导班子和执法人员定期开展专题法律知识讲座和考试，10月全局工作人员司法学法考法考试均获通过，选送6名同志参加执法证资格考试。纠正档案违法行为。对年检年审中档案违法行为及时发出《档案执法监督检查通知书》并督促整改到位。

【档案宣传培训工作】 档案工作宣传有力。利用"6·9"国际档案日积极开展档案法律法规宣传活动，在档案工作群发送档案宣传短信，组织全县各乡镇、机关单位500余人开展档案法律法规知识竞赛，有力地宣传档案工作，提高全社会档案意识，扩大档案工作影响。在市档案学会组织的"家庭建档与文明创建"征文活动中，选送的文章有一篇获征文二等奖，一篇获征文三等奖，衡山县档案局获档案征文组织奖。全年报送档案利用典型事例4篇。县档案局长杨应军在2017年第3期《档案时空》发表文章《唐群英的侠骨柔情》，于10月接受衡山县党政门户网的访谈，与在线网友进行互动，让档案走出大院，走近百姓。按照要求完成《档案时空》《中国档案》和《中国档案报》的征订任务。重视档案教育培训，提升业务水平。选送人员参加省、市局组织业务工作培训。6月，组织全县各单位、各乡镇的110多名档案员进行业务培训，系统的讲授文书档案、重点档案、会计档案的整理归档利用等内容，培训前县委、县政府分管领导出席开班仪式并作重要讲话，培训达到满意的效果。

【档案馆建设】 推进县综合档案馆建设。该项目2月立项，被县委、县政府列为全年全县重点建设项目，已办理规划、国土、环评手续，建设用地已经平整，设计方案已出台。

【档案服务能力提升】 启动馆藏档案数字化工作。县财政预算50万启动馆藏档案数字化工作，完成扫描85万页，著录8万条。丰富馆藏资料。制订《调整档案接收范围的规定》的方案。共征集10余个姓氏的家谱家训档案和王氏族谱。接收县委办、县食品药品监督管理局、永和乡等单位（乡镇）档案以及县五交化公司、县特种纸厂等改制前的档案共2100多卷。开展档案利用与服务。开展馆藏档案到期开放鉴定和利用工作，县档案馆制度健全、服务规范，查阅档案人员超1200人次。加强档案利用体系建设，积极推进档案编研合作项目，为《那代人，那些事》《衡山年鉴（2017）》《衡山县工商联志》《衡山县乡镇简志》的编写提供资料或参与审稿，收集撰于明朝的《衡岳志》重印本，收集近5年的编研成果50多篇。确保档案安全。制订国家综合档案馆自然灾害应急处置预案。制定馆藏档案实体与信息安全各项制度并落实到位，与县保密局签订安全保密协议。全年未发生任何档案安全事故。

【档案工作领域拓宽】 突出抓好机关档案工作。加强对各机构改革单位档案检查和指导，发现问题，及时整改，共接收原农办、计生局、体育局、文广新局、科技局、"两会"清整办等涉改单位档案1253卷，接收原长青乡档案265卷。开展机关社保、城乡社保和会计等专项档案的指导和验收工作。积极开展档案管理规范化申报工作，县烟草局复评为省特级档案室。重点抓好涉农档案工作。抓好《精准扶贫档案管理办法》的贯彻落实，加强档案的业务监督、指导、服务工作，指导福田铺乡石东村为扶贫对象建档立卡和收集整理扶贫档案。启动抓好重点建设项目档案工作。充分认识重点建设项目档案对重点建设项目的重要作用，加强对重点建设项目档案工作的组织领导，建立健全管理体制，对县级以上重点项目实行档案管理登记。试点抓好家庭、社区、民营企业档案工作。积极开展对家庭族谱档案、社区档案、金盛华城等民营企业档案工作的有效监督、指导和服务。

【档案工作队伍素质提升】 抓学习教育提升队伍素

质。积极开展“两学一做”学习教育常态化、制度化，精准扶贫、文明创建等各种主题教育学习活动，局党支部组织机关干部前往爱国主义教育基地罗荣桓故居进行党性教育，重温入党誓词。每周五下午为机关干部固定学习时间，学习档案法等法律知识、时事政治、业务，不断提高干部职工队伍的政治思想水平和业务水平。日常行政工作推进有力。班子健全、制度完善，管理规范，各项工作有序推进。能够按要求及时报送各类材料，积极报送档案利用信息和工作信息。档案统计年报做到按时报送、数据准确。

（周　田）

县史志办班子成员合影（左起：熊仲荣、赵浪舟）

党史和地方志工作

史志办主任　熊仲荣

【概况】 2017年，在上级党史和地方志工作部门精心指导下，在县委、县政府正确领导下，县史志办全体干部职工以习近平新时代中国特色社会主义思想为指导，认真贯彻中共十八大、十九大精神，根据中共中央《关于加强和改进新形势下党史工作的意见》和国务院《地方志工作条例》《全国地方志事业发展规划纲要（2015—2020）》的规定，坚定政治立场，严守政治纪律，勤勤恳恳、扎扎实实，切实履行工作职责，在搞好业务工作的同时，做好各项中心工作，圆满完成年度各项工作任务。2017年的业务工作，主要是出版两部书，编纂两部书，编写一部书的初稿。2017年，衡山县史志办被评为衡阳市地方志系统先进集体、衡阳市党史工作先进单位，县史志办主任熊仲荣被评为衡阳市地方志系统先进个人、被县委县政府评为“十佳人民满意公仆”。

【《衡山年鉴(2016)》《衡山县乡镇简志》出版】 《衡山年鉴(2016)》于2017年1月7日召开稿评会。之后，反复、修改、补充、完善。3月，定稿并由团结出版社出版。《衡山县乡镇简志》是在各乡镇提供资料基础上，由聘请的老同志和在职人员再广泛搜寻资料，纂修而成。历时将近3年，先写撰写出初审稿、评审稿，经过衡阳市组织的专家评审，再反复、仔细修改之后，于2017年6月定稿，并由团结出版社出版。该书是衡山县历史上编纂出版的首部乡镇简志，也是衡阳市历史上最早出版的乡镇简志。

【《衡山年鉴(2017)》编纂工作】 根据国务院关于“县级以上地方综合年鉴一年一鉴，公开出版，全覆盖”的有关规定，县委原主要领导的指示、县政府原县长《政府工作报告》的要求，县史志办在2016年编纂《衡山年鉴(2016)》之后，2017年继续编纂《衡山年鉴(2017)》，连续第三年对衡山地方综合年鉴一年一编，步入规范化、正常化、法治化的年鉴编纂轨道，落实国务院、省、市有关文件对此的规定。3月，县委办、政府办下发年鉴资料征集工作的通知，对年鉴编纂及资料征集工作作出安排。县史志办征集全县各乡镇、各单位的资料，自行收集、撰写一些文稿，至年底，已经基本编纂出初稿。文字部分约80万字。

【《中共衡山县委执政纪实（2006—2016）》编写工作】 按照中共中央、省委、市委有关文件各级地方党委应编纂出版编年史规定，经县委、县政府同意，县史志办组织精干力量，聘请原县教委副主任廖润祥担任主要执笔人。3月，拿出2套编目提交讨论；4月，确定编目，开始征集资料；6月，开始编写；10月，拿出初稿；11月，修改后形成评审稿。12月15日，该书编委会召开稿评会，邀请市委党史研究室主任谢虹、副主任蒋金鑫等领导和专家到会发表评审意见和提供具体指导。县领导段晓赛、唐年初、肖秋良、雷继红,县党史联络组的老领导、该书编委会成员、执笔人、史志办工作人和聘请人员参加会议。稿评会后,县史志办按照稿评意见,迅速进行修改、补充、完善。

【《毛泽建烈士传》初稿编写】 聘请县内党史方面的专家刘辉煌收集毛泽建烈士生平资料,撰写《毛泽建烈士传》的纲目稿。县史志办组织专家评审纲目。撰稿人根据修改的纲目抓紧写稿,已经完成一次初稿、一次修改稿。之后,县史志办又聘请衡山县知名的地域文化专家帮助审稿、改稿。至年底,稿子还在修改之中。

【《衡岳志》重印工作】 该书由明朝时衡山县令彭簪所撰,有近500年历史,留存甚少,年内分2次重印20多本,呈报县主要领导、分管领导,并送县档案馆、图书馆,也存县史志办资料室等处以备查阅。

【上级地方志部门安排任务完成情况】 参加衡阳市志办举行的《湖南乡镇简志·衡阳市卷》稿评会,提出评审意见。按照衡阳市志办的安排,县史志办完成该书衡山县有关内容的修改任务。提供《衡阳年鉴(2016)》需要衡山县提供的展示多年来衡山县地方志工作成果的图文资料。

【上级党史部门安排任务完成情况】 主要有:《中共衡阳市委工作纪事》《湖南党委工作纪事》所需衡山县提供的图文资料,衡阳市委党史研究室编纂《衡阳市工业企业印记》《衡阳市城市建设回忆录》,县史志办都按照要求及时完成资料收集、整理、撰写与上报任务;完成《湘潮》杂志发行的优秀任务数。

【其它特色工作】 10月31日至11月1日,县史志办按照年初计划,报经县委、县政府领导批准,党史联络组成员、史志办党员、干部职工、聘请的老同志,赴浏阳市、醴陵市的秋收起义纪念馆、胡耀邦故居、毛泽东考察醴陵农运旧址等处参观学习,以缅怀先烈,不忘初心,接受教育,继承传统,继续前进。县史志办主任熊仲荣多年来坚持给县委委党校中青班、科干班学员讲授地域历史文化课。2017年,县纪委拟建廉政文化墙、住建局建滨江路文化墙,县史志办主任熊仲荣、老同志刘文新等都先后参与撰稿或审稿。县里大的招商引资项目,县里重要规划、设计项目,部门上报地方和部门历史资料,有关人员都曾到县史志办咨询、查阅、请教有关情况,县史志办总是热情接待,帮助查找资料,尽力解答问题,给予力所能及的支持。

（刘岳泉）

接待工作

接待处主任　阳慰伦

【概况】 中共衡山县委、衡山县人民政府接待处为正科级机构,隶属县委办公室管理。内设办公室、综合接待室2个科室。总编制6人,在编干部职工4人。工作职责主要是:按照国家有关接待规定,结合衡山县实际,中共衡山县委、衡山县人民政府下发《衡山县关于厉行节约,反对浪费,进一步规范党政机关公务接待管理的实施办法》拟定有关接待范围、接待程序及接待标准并负责实施。具体承办:

(一)公务接待:1.副厅级(含)以上领导同志和市级各单位正处级(含)领导同志到县进行公务活动;2.受县委、县人大、县政府、县政协邀请到衡山的重要客人;3.市委、市政府主要领导参加的,在县内召开的各类大型会议和重要活动;4.其他县(市、区)党政主要领导率领代表团到衡山进行公务活动的;5.县委、县政府主要领导批准或交办的其他政务接待。

(二)商务接待:到衡山计划投资洽谈、投资等商务活动的客人,原则上由对口单位负责接待,需由县接待处接待的,须经县委、县政府主要领导或分管领导批准后由接待处安排接待;在外工作的衡山籍知名人士、企业家返乡进行商务活动的、受县委县政府主要领导邀请到衡山考察的重要客商、县委县政府主要领导批准或交办的其他商务接待。

【工作开展情况】 (一)圆满完成各类接待任务

2017年,接待处紧紧围绕县委、县政府的中心工作,圆满完成各级领导、各界来宾来衡的各类考察、调研、检查等接待工作,共计接待266批次。其中接待公务考察组102批次,接待商务考察团164批次。

(二)完善相关制度,提升接待质量

1.完善相关制度。为进一步加强内部管理,接待处完善公车管理制度和财务制度,加强公务用车和财务管理,对公务用车和财务管理更加严格,提高工作质量。同时,严格按照《衡山县厉行节约,反对浪费,进一步规范党政机关公务接待管理的实施办法》,相关规定开展公务接待活动,严格按照接待方案执行。

2.加强学习交流。组织学习国家、省、市有关接待方面的方针政策和工作规章制度,掌握接待工作新要求。积极参加市接待处组织的学习交流活动和接待技能培训,学习先进县市区好的接待经验和做法,提高接待水平。

3.提升接待质量。一是注重细节管理。加强沟通衔接,精心编制接待方案,把握接待工作特点,全程跟踪服务,对接待现场的每一个环节力争做到零差错、零失误。二是突出地方特色。从衡山的历史文化、地域特点和风味小吃中挖掘特色,推出既简朴大方又品味独特的创新菜式。三是加强督促指导。紧扣质量标准,对接待酒店进行督促指导,狠抓菜品和住宿质量,协调有关部门,合理安排调动车辆,保证客人极其物品、信息资料的安全。

2017年重大接待领导情况一览表

表4

时 间	姓 名	职 务
1月5日	廖文科	教育部体卫艺司巡视员
	吴公平	省食药监局党组成员、副局长
	郭建国	省教育厅副巡视员
	皮修平	衡阳师范学院党委副书记、校长
	廖 健	衡阳市副市长
1月17日	周乐红	省总工会党组成员、副主席
	李慧星	市人大副主任、市总工会主席
	万进辉	市总工会党组成员、副主席
2月18日	周海兵	市委副书记、市长
	汪 维	市政协副主席、农委主任
	李 辉	市政府副厅级干部
2月22日	罗东海	市委常委、统战部部长
2月28日	章 彰	市委常委、市人民政府副市长
3月1日	史小溪	省老科协副会长兼秘书长
	赵成瑜	省老科协副会长
	张仁福	省老科协副会长
3月4日	陈冬贵	省农委副主任
	兰定国	省农委副主任
3月10日	万速成	团中央常委、组织部部长、直属机关党委副书记
	刘 恺	团中央办公厅书记处办公室主任科员
3月15日	张贺文	市委常委、市委秘书长
	廖 健	副市长
3月22日	龚学余	副市长

续表 4

时间	姓名	职务
3月28日	黄兰香	省委常委、省委统战部部长
	龙建湘	省委统战部副部长
	徐克勤	省民宗委主任
4月10日	廖炎秋	市政协主席
	罗东海	市委常委、统战部部长
	张贺文	市委常委、市委秘书长
	汪　维	副主席
4月14日	刘尧臣	省人大常委会委员、省人大环资委副主任委员
	吴正辉	省人大常委会办公厅巡视员
	伍清明	市人大常委会副主任
4月18日	周　农	市委书记、市人大常委会主任
	罗东海	市委常委、统战部部长
	张贺文	市委常委、市委秘书长
	廖　健	副市长
4月20日	邓　柯	市委常委政法委书记
4月25日	杨跃涛	省统计局副局长
	王寿阳	省水利厅调研员
	闫　冬	省水利厅副主任科员
4月28日	李友志	省人大常委会副主任
	董岳林	生人大教科文卫委员会副主任
	詹　鸣	生人大教科文卫委员会副主任
	彭振国	省卫计委副主任
	刘正兴	市人大教科文卫委主任委员
5月4日	许云生	省政协委员、市政协副主席、农工党衡山市委主委
5月10日	丁维群	省人民检察院党组成员、副检察长
	刘晓春	省委政法委综治三室主任
5月17日	周清明	湖南农业大学党委书记
	曾福生	湖南农业大学副校长
5月20日	邓群策	市委副书记
5月22日	王　蒙	原十二届、十三届中央委员，文化部部长
	唐浩明	湖南省作协名誉主席
	蔡测海	湖南省作协名誉主席
	余三定	湖南省文艺评论家协会主席
	邓泽辉	电影编剧，制片人
	黄中泉	中国文艺界网主编
	周　农	市委书记、市人大常委会主任
	刘丽华	市委常委、宣传部部长

续表4

时间	姓名	职务
6月1日	李晓哲	北京师范大学哲学与社会学学院博士后、中国妇女儿童博物馆研究部副部
6月2日	伍清明	市人大常委会副主任
	周农	市委书记、市人大常委会主任
	罗东海	市委常委、统战部部长
	谢勇	省人大产妇工委会副主席、民进省委主委
	汪涵	民进中央委员、湖南电视台主持人
	周农	市委书记、市人大常委会主任
	罗东海	市委常委、统战部部长
	张贺文	市委常委、市委秘书长
6月5日	郭秀宏	省财政厅党组成员、副厅长
6月6日	王文珍	省委党史研究室副主任
	李艳丽	市人大常委会副主任
	黄关春	省委常委、省委政法委书记、省公安厅厅长
	熊晓强	省委政法委副书记、省综治办主任
	谭和平	省公安厅副厅长
	周农	市委书记、市人大常委会主任
	邓柯	市委常委、政法委书记
	胡志文	副市长、市公安局局长
6月15日	罗东海	市委常委、统战部部长
6月21日	伍清明	市人大常委会副主任
6月27日	欧阳煌	省财政厅党组成员、副厅长
	郑建新	市委副书记、市长候选人
	章彰	市委常委、副市长
6月29日	乌兰	省委副书记
	周农	市委书记、市人大常委会主任
	张贺文	市委常委、市委秘书长
6月30日	李金	省水利局党组成员、驻厅纪检组组长
7月4日	周农	市委书记、市人大常委会主任
7月27日	周农	市委书记、市人大常委会主任
	郑建新	市委副书记、市长
	邓群策	市委副书记
	廖炎秋	市政协主席
	段志刚	市人大常委会党组副书记、副主任
	廖健	市委常委、常务副市长
8月8日	廖健	市委常委、常务副市长
	伍清明	市人大常委会副主任
	何伟文	省财政厅副巡视员

续表 4

时　间	姓　名	职　　　务
8 月 29 日	周玉梅	副市长
9 月 4 日	郑建新	市委副书记、市长
	彭玉明	副市长
9 月 27 日	黄育忠	省委农机局副局长
10 月 11 日	李鹏飞	市人大常委会副主任
10 月 16 日	段志刚	市人大常委会党组副书记、副主任
	伍清明	市人大常委会副主任
	邹致和	市人大常委会副主任
10 月 17 日	彭玉明	副市长
10 月 19 日	伍清明	市人大常委会副主任
	倪友新	省爱卫办主任
	张承启	省爱卫办主任科员
11 月 1 日	向力力	副省长
	彭　翔	省政府副秘书长
	郑建新	市委副书记、市长
	杨龙金	副市长
11 月 14 日	钟再群	省水利厅副厅长
11 月 22 日	曾　胜	省交通厅总工程师
	杨龙金	副市长
11 月 27 日	郝去吾	省安监局巡视员
11 月 28 日	石顺义	著名词作家、空军政治部政文工团一级编剧、技术二级(正军),中国作家协会会员、中国音乐文学协会副主席、原空政文工团创作室主任。享国务院颁发特殊津贴
	孟　勇	著名曲作家
	易秒英	中国空政文工团青年歌唱家
11 月 29 日	郭秀宏	省财政厅党组副书记、副厅长
12 月 7 日	侯明星	市人大常委会副主任

广播电视台工作

台　长
党组书记 唐自立

【概况】 2017 年,县广播电视台内设办公室、总编室、产业发展股、财务审计股和技术股,下设新闻中心、发射中心和网络中心,其中新闻中心下设专题栏目部和广告部;全台定编 101 个,实有从业人员 98 人,其中有专业技术人员 31 人(中级职称 15 人);年内,农村广播“村村响”正式播出节目,衡山党政移动 APP“智慧衡山”手机客户端上线,广播电台恢复播出;荣获全市防汛抗灾优秀新闻单位、全县党风廉政建设先进单位等集体荣誉,记者黎林、赵诗、郭宇祥创作的电视连续报道《车祸之后》获衡阳新闻奖一等奖、衡阳市广播电视奖一等奖,记者黎林、赵诗、郭宇祥创作的电视长消息《流浪他乡十二年:衡山警方帮助云南男子回家》获衡阳新闻奖三等奖,记

县广播电视台领导班子会议照(左起:杨闯、郭建红、丁美健、唐自立、曹亚军、王海滨)

者文检、文峰、郭宇祥、尹虹创作的电视社教片《踏在田垄上的脚印》获衡阳市广播电视奖三等奖,主播周自红在省委宣传部主办的“好声音讲台——《讲话》精神进基层”百姓微宣讲比赛中获一等奖,新闻中心主任刘彧被评为衡阳市优秀新闻工作者,记者袁仲被评为全市防汛抗灾优秀记者,技术股长李震环被评为全市农村广播“村村响”工程建设先进个人。

【宣传工作】 日常宣传:广播电台自1999年2月停播18年后,于11月1日恢复播出,频率101.5MHZ,每天6:30至22:30播出约16小时,设置了《本地新闻直播间》《爱车时代》《音乐耳边风》《美文欣赏》《信息直通车》《交警直播室》《全民学习“十九大”》等节目。电视每天8:00至23:30播出约19小时30分钟,设有《衡山新闻》《直观政务》《农友之窗》《衡岳时空》《电视剧场》等5个栏目,全年首播《衡山新闻》158期1416条、《直观政务》46期、《衡岳时空》104期、《农友之窗》52期。广播“村村响”从3月12日起播出节目,每天12:00至12:30、17:30至18:00播出两次,主要播出衡山新闻、农业技术和应急信息等内容。党政移动APP“智慧衡山”手机客户端从4月15日正式上线,设置了《本地新闻》《宣传“十九大”》《小琦看衡山》《每日夜读》等专栏,并推出国内要闻,宣传公益广告,内容每天一更新,截至年底总点击访问量达到了190余万人次。

重大宣传活动:衡山县“第二届幼(少)儿才艺电视大奖赛”:4月15日启动,分幼儿、少儿两组,共组织赛事19场,参与选手2800余人次,至10月18日结束,现场观众总量万余人次,通过“智慧衡山”手机客户端观看直播节目的观众总量20余万人次。中共“十九大”精神宣传:为迎接中共十九大召开和宣传、学习、落实中共十九大精神,制作播出了时长10分18秒的专题片《奔跑的新衡山》,在《衡山新闻》中设立了《深入学习贯彻党的十九大》子栏目,从10月27日开播,时长约3分钟,每周一、三、五首播1期,周二、四、六重播,全年首播25期,在“智慧衡山”手机台设立了《学习贯彻党的十九大精神》专栏,从10月2日上传节目,每周1期,共上传22期,点击总量4.5万余人次。专题专栏:采拍制作播出了《写在田野上的诗话—衡山美丽乡村建设纪实》《卫生城市需要你我共创》《风劲扬帆正当时砥砺奋进图新志》《加快产业集聚构建全产业链融合》《汇聚正能量绽放“她”风采》《12345您身边的百事通》《携手并肩共创未来》《立足“四个坚持”高效推动禁毒工作纵深发展》和《创平安农机建美丽衡山》等10个电视专题宣传片。

外宣工作:记者黎林、赵诗采拍的《湖南衡山:破获制售假冒伪劣产品案涉案金额千万》《投资·诈骗!针对中老年人作案》《湖南衡阳:跨省电信诈骗案告破(一)》《湖南衡阳:跨省电信诈骗案告破(二)》和记者刘凡、廖晶、实习记者彭旭晖采拍的《衡山:村庄被淹民兵应急分队及时救援》等4条新闻在中央电视台13套新闻频道《新闻直播间》上稿播出,创办台以来历史之最,全年在省级媒体上稿22条,其中在湖南卫视、湖南经视台上稿8条,在市级媒体上稿82条。

【广电事业发展】 全县广播电视综合覆盖率99.86%,有无线调频广播电台1座,转播中央人民广播电台、湖南人民广播电台新闻节目,插播本县自办节目;有中央电视农村无线覆盖补点发射台1座、转播台2座,转播中央电视台1、7两套节目,插播本县自办节目,自办频道于12月20日撤销了《生活频道》,只保留《综合频道》,并于12月10日实行高、标清同播;有线网络传送数字广播7套、数字电视172套,广电光纤有线网全县乡镇覆盖率100%、行政村(社区)覆盖率63.2%,覆盖用户4.6万余户,实际收费用户1.5万余户,广电光纤宽带网全县乡镇覆盖率100%、行政村(社区)覆盖率35.6%,覆盖用户2.8万余户,实际收费用户0.65万余户。(阳金明)

人民代表大会

综　述

县人大常委会主任　阳建中

2017年，衡山县人大常委会在县委的正确领导和上级人大的指导下，紧紧围绕全县改革发展稳定大局，突出发展主题，把促进衡山经济社会和谐发展作为工作重点，把促进民主法治建设、推动依法治县作为根本任务，较好地履行宪法和法律赋予的职权。全年召开常委会议12次，主任会议23次，审议各类议题46项，依法作出决议、决定17个，办理规范性文件备案审查25件，依法任免人大常委会和“一府两院”工作人员104人次，为促进全县经济社会发展做出积极贡献。

重要会议

【县十三届人大二次会议】 2017年3月28—30日，衡山县第十三届人民代表大会第二次会议在县剧院举行。会议审议通过县人大常委会、县人民政府、县人民法院、县人民检察院工作报告，并作出相应的决议。经过审查，决定批准《关于衡山县2016年国民经济和社会发展计划执行情况与2017年国民经济和社会发展计划草案的报告》，同意县人民政府提出的2017年国民经济和社会发展计划；批准《关于衡山县2016年财政预算执行情况与2017年财政预算收支计划草案的报告》，同意县人民政府提出的2017年财政预算。大会选举肖秋平为县人大常委会委员。县第十三届一、二次会议召开期间，共收到议案60件，二次会议上《关于加速推进县城卫生提质的议案》被大会确立为议案，其他转建议办理；收到建议179件，加议案转建议办理的建议59件，一、二次会议共收到建议238件。会后，联工委对建议进行了归纳整理，合并68件，确定向“一府两院”交办的建议152件(其中政府151件，法院1件)。

【2017年县人大常委会会议】 全年共召开县人大常委会会议12次：

2017年1月23日，县十三届人大常委会举行第二次会议。会议接受县人大常委会主任阳建中提请的《关于提请决定任免肖秋平等同志职务的议案》，经认真审议和无记名投票，决定任命肖秋平为衡山县人大常委会研究室主任，决定免去谭少华、韩伏林两人的衡山县人大常委会办公室副主任职务。会议接受了县人民政府县长蒋青提请的《关于提请任命谢文俊同志职务的议案》和《关于提请任命谭斌等同志职务的议案》，经认真审议和无记名投票，决定任命谢文俊为衡山县人民政府副县长，谭斌为衡山县人民政府办公室主任、柳红军为衡山县发展和改革局局长、罗光辉为衡山县经济科技和信息化局局长、王维荣为衡山县教育局局长、肖文斌为衡山县公安局局长、王朝晖为衡山县监察局局长、戴建衡为衡山县民政局局长、沈雁中为衡山县司法局局长、曹时国为衡山县财政局局长、任秋良为衡山县人力资源和社会保障局局长、朱向华为衡山县国土资源局局长、阳涛为衡山县住房和城乡建设局局长、李待琪为衡山县交通运输和旅游局局长、宗维平为衡山县农业局局长、颜海峰为衡山县水利局局长、张海量为衡山县林业局局长、李磊建为衡山县商务和粮食局局长、周湘宁为衡山县文体广电新闻出版局局长、旷立伟为衡山县卫生和计划生育局局长、颜长坤为衡山县审计局局长、颜靖为衡山县环境保护局局长、李涌文为衡山县统计局局长、郑飚为衡山县安全生产监督管理局局长、李刚为衡山县市场和质量监督管理局局长、江南为衡山县人民防空办公室主任、周伏立为衡山县人民政府法制办公室主任。

2017 年 3 月 3 日,县十三届人大常委会举行第三次会议。会议审议《关于决定召开衡山县第十三届人民代表大会第二次会议的议案》,提出县十三届人民代表大会第二次会议召开的日期和建议议程。会议决定衡山县第十三届人民代表大会第二次会议于 2017 年 3 月 27 日至 31 日在县城召开。会议审议通过《衡山县人大常委会 2017 年工作要点》。会议听取和审议县人大常委会关于 2016 年乡镇人大工作考核情况的报告，决定对萱洲镇等 5 个乡镇人大工作先进单位和廖建纲等 7 位乡镇人大工作先进个人进行表彰。会议听取和审议《衡山县人民政府关于提请审议〈湖南衡山萱洲国家湿地公园保护管理办法〉的议案》和《湖南衡山萱洲国家湿地公园保护管理办法》的具体内容。会议原则通过《湖南衡山萱洲国家湿地公园保护管理办法(草案)》。

2017 年 3 月 21—22 日，县十三届人大常委会举行第四次会议。会议接受县人民法院院长胡家舜提请的《关于提请拟用刘洋等四十七位同志职务的议案》,经认真审议和无记名投票,通过刘洋等 47 名人民陪审员的任命。会议听取和审议县人民政府工作报告(草案)、县人大常委会工作报告(草案)、县人民政府关于衡山县 2016 年国民经济和社会发展计划执行情况与 2017 年国民经济和社会发展计划草案的报告及衡山县 2016 年财政预算执行情况与 2017 年财政预算草案的报告。会议同意将这 4 个报告提交县十三届人大二次会议审议。会议听取和审议县十三届人大二次会议筹备工作情况报告，决定县十三届人大二次会议列席人员。因县委人事调整工作变动,会议接受了县十三届县人大代表文新民、李晓阳、旷鸣芳、张建光、罗光辉、袁晓斌、夏懿、唐自立、彭君、颜海峰等 10 人的辞职请求,决定同意文新民 10 人辞去县十三届人大代表职务。会议审议通过衡山县第十三届人民代表大会代表资格审查委员会成员名单。会议审议通过代表资格审查委员会关于代表资格审查和异动情况的报告，报衡山县第十三届人民代表大会第二次会议备案。根据工作需要,经县人大常委会主任会议提名,2017 年 3 月，衡山县永和乡等 7 个乡镇、9 个选区依法补选王金黄、刘开颜、李衡峰、杨伟武、肖秋平、沈铁锋、陈一德、赵喜、胡奇才 9 人为县十三届人民代表大会代表，会议确定县十三届人大二次会议实有代表 201 名。

2017 年 4 月 28 日，县十三届人大常委会举行第五次会议。会议接受市十五届人大代表文华的辞职请求,决定同意文华辞去市十五届人大代表职务。

2017 年 5 月 19 日，县十三届人大常委会举行第六次会议。会议听取和审议县人民政府副县长廖文伟受县长蒋青委托提请的听取和审议县人民政府《关于提请审议将衡山县武广新衡山站配套设施工程(一期)建设项目实行政府购买服务的议案》《关于提请审议将衡山县黄花路(107 国道—达湘路)建设工程项目实行政府购买服务的议案》《关于提请审议将衡山县开云南路二期棚户区改造配套基础设施建设项目实行政府购买服务的议案》。会议表决通过县人民政府提请的三个议案,并作出相应的决定,同意三个项目以政府购买服务方式实施，县人民政府逐年安排纳入财政预算。

2017 年 6 月 21 日，县十三届人大常委会举行第七次会议。会议听取和审议县人民政府关于衡山县 2016 年城市规划实施情况和 2017 年城市规划情况的报告。会议听取和审议“一府两院”贯彻执行《中华人民共和国刑事诉讼法》情况的报告。会议审议通过衡山县第十三届人大常委会 21 项规章制度和监督办法。

2017 年 7 月 28 日，县十三届人大常委会举行第八次会议。会议听取和审议县人民政府副县长廖文伟受县长蒋青委托提请的《关于提请任命肖志喜同志职务的议案》和县人民检察院检察长李清提请的《关于提请任命计册同志职务的议案》,经认真审议和无记名投票，决定任命肖志喜为衡山县人民政府副县长(挂职两年),计册为衡山县人民检察院检察员、检察委员会委员、副检察长(挂职两年)。会议听取和审议“六五”普法工作总结和关于在全县公民中开展法治宣传教育及第七个五年规划情况的报告。经认真审议和表决,通过《衡山县人大常委会关于在全县公民中开展法治宣传教育第七个五年规划的决议》。会议听取和审议县人民政府关于2017年上半年国民经济和社会发展计划执行情况和财政预算执行情况的报告。会议结合审议县人民政府关于2016年财政决算情况及同级财政审计情况的报告,对衡山县2016年财政决算情况报告进行了认真审查,同意批准衡山县2016年财政决算。

2017年9月1日,县十三届人大常委会举行第九次会议。会议听取和审议了县人民政府常务副县长廖文伟受县长蒋青委托提请的《关于提请欧旭理同志职务任命的议案》《关于提请赵卫平等同志职务任免的议案》和县人民检察院副检察长赵向前受检察长李清委托提请的《关于提请免去田晶同志职务的议案》,经认真审议和无记名投票,决定任命欧旭理为衡山县人民政府副县长(挂职两年),决定免去李待琪的衡山县交通运输和旅游局局长职务,决定任命赵卫平为衡山县交通运输和旅游局局长,决定免去田晶的衡山县人民检察院检察员、副检察长(挂职两年)职务和贺星的衡山县人民检察院检察员、检察委员会委员、副检察长职务。

2017年9月28日,县十三届人大常委会举行第十次会议。会议听取和审议县人民政府常务副县长廖文伟受县长蒋青委托提请的《关于实施衡山县棚户区改造(城中村)项目(开云新城四期、开云镇环溪片区、白果镇国光、萱洲古镇、长江镇兴隆)政府购买服务的议案》。会议通过表决,通过县人民政府提请的议案,并作出相应的决定,同意该项目以政府购买服务方式实施,县人民政府逐年安排纳入财政预算。会议听取和审议县人民政府关于2016年环境状况和环境保护目标完成情况的报告。

2017年10月31日,县十三届人大常委会举行第十一次会议。会议接受县人民政府常务副县长廖文伟受县人民政府县长蒋青委托提请的《关于提请任命宾浩等同志职务的议案》,经认真审议和无记名投票,决定任命宾浩为衡山县商务和粮食局局长,决定免去李磊建的衡山县商务和粮食局局局长职务。会议接受了县人大常委会主任阳建中提请的《关于提请决定任免李凤姿等同志职务的议案》,经认真审议和无记名投票,决定任命李凤姿为衡山县人大常委会内务司法工作委员会副主任,唐协国为衡山县人大常委会教育科学文化卫生工作委员会副主任。会议审议主任会议提请的《关于罢免罗东海同志衡阳市第十五届人民代表大会代表职务的议案》。会议决定罢免罗东海的衡阳市第十五届人民代表大会代表职务,并报衡阳市第十五届人民代表大会常务委员会备案。会议听取和审议县财政局局长曹时国受县人民政府委托所作的《关于2017年1—9月财政预算执行情况暨财政预算调整(草案)的报告》,审查县人民政府提出的2017年财政预算调整、政府债务限额方案。会议决定,批准该预算调整方案,追加一般公共预算收入22321万元,追加一般公共预算支出22321万元,追加政府性基金收入7576万元,追加政府性基金支出7576万元,追加地方政府债务限额1.25亿元,调整后的一般公共预算收入为22.19亿元,一般公共预算支出22.19亿元,政府性基金收入5.69亿元,政府性基金支出5.69亿元,同意省财政厅下达县政府2017年债务限额为14.9亿元。

2017年11月30日,县十三届人大常委会举行第十二次会议。会议听取和审议衡阳市森林公安局关于提请许可对县十三届人大代表李定中采取取保候审强制措施的议案。会议根据《中华人民共和国全国人民代表大会和地方各级人民代表大会代表法》的规定,决定不许可衡阳市森林公安局对县十三届人大代表李定中采取强制措施。会议听取和审议县十三届人大一、二次会议代表议案和建议办理情况的报告。会上县人大常委会组成人员对8个重点建议办理情况分承办单位按“满意”“基本满意”“不满意”3个等次进行测评表决,满意率(含满意票、基本满意票)均超过50%。会议审议《关于召开衡山县第十三届人民代表大会第三次会议日期和建议议程的议案》。会议决定衡山县第十三届人民代表大会第三次会议于2018年1月10—13日在县城召开。

2017年12月28日,县十三届人大常委会举行了第十三次会议。会议听取和审议了县人民政府工作报告(草案)、县人大常委会工作报告(草案)、县人民政府关于衡山县2017年国民经济和社会发展计划执行情况与2018年国民经济和社会发展计划草案的报告及衡山县2017年财政预算执行情况与2018年财政预算草案的报告。会议同意将这4个报告提交县十三届人大三次会议审议。会议审议通过《衡山县人大常委会2018年工作要点》。会议听取和审议了县十三届人大三次会议筹备工作情况报告,决定了县十三届人大三次会议列席人员。会议听取和审议了县人大常委会关于2017年乡镇人大工作考核情况的报告,决定对东湖镇等4个乡镇人大工作先进单位,刘开颜等6位乡镇人大工作先进个人,刘东山等20位优秀县人大代表,县十三届人大一次、二次会议李晓珊等20名代表提出的《关于加速推进县城卫生提质的议案》等7件优秀代表议案建议进行表彰。因县委人事调整工作变动,会议接受刘海峰辞去县第十三届人大常委会委员职务,接受刘衡岳、赵蔚然、宾智敏、戴玉辉4人辞去县第十三届人大代表职务。同时,戴玉辉担任的县第十三届人大常委会委员和代表资格审查委员会委员两项职务、赵蔚然担任的县十三届人民代表大会财经委员会委员职务相应终止。会议审议通过代表资格审查委员会关于代表资格审查和异动情况的报告,报衡山县第十三届人民代表大会第三次会议备案,会议确定县十三届人大二次会议实有代表197名。

重大活动

【"两学一做"专题教育常态化制度化】 按照中央和省市县委统一部署,结合人大工作实际,常委会党组和机关党支部认真制订专题教育实施方案,列出工作计划,与人大工作同步谋划、同步部署、同步推进。紧紧主题,认真组织学习讨论,开展个人自学与集中学习,创新方式讲党课,组织召开专题民主生活会、组织生活会,进行民主评议党员,通过专题教育,机关干部的政治意识、大局意识、核心意识、看齐意识明显增强。深入学习宣传贯彻党的十九大精神,常委会组织专题学习、支部学习,到联系点、到基层一线,带头宣讲十九大精神。通过加强政治理论学习,不断提高政治站位,增强政治能力,坚定中国特色社会主义道路自信、理论自信、制度自信和文化自信。

【"三学三争"主题实践活动】 根据市人大的统一安排,从3月开始,县人大常委会认真组织开展以"学系列讲话,争当坚定信念的表率;学党章党规,争当遵规守纪的表率;学宪法法律,争当为民履职的表率"为主要内容的"三学三争"主题实践活动,组织召开活动动员会、学习培训会,全年围绕主题组织开展"学系列讲话""学党章党规""学宪法法律"知识竞赛等系列活动,特别是突出抓好十九大精神的学习贯彻,让习近平新时代中国特色社会主义思想深入人心。

【"心系群众,为民履职"活动】 精心组织开展"6·25"为民服务日"活动。2017年活动的中心主题是帮扶慰问扶贫户,县人大常委会主任、副主任带队,人大机关工作人员参加,分赴全县对口扶贫村对对口扶贫户进行慰问帮扶。为助力全县精准扶贫,在市人大的指导下,2017年衡山开展省市县乡人大代表为民履职脱贫攻坚"五个一"行动,组织动员全县人大代表和县、乡(镇)人大工作者,与贫困户开展"一对一"结对扶贫。确立四个人大代表扶贫基地,分别为市代表刘新华的华波生态农业扶贫基地、市代表胡双林的绍祥农业扶贫基地、县代表姚乐贵的紫冠生态农业扶贫基地、县代表姚建华的福云生态农业扶贫基地,基地的建设为人大代表参与脱贫攻坚工作做出了样板。

【市级文明单位创建活动】 县人大机关积极开展创建市级精神文明单位活动,制订创建方案,建立健全相关制度,全体机关干部积极参与创建活动,机关形象进一步改善。激发机关干部学习热情,提高机关干部的理论修养和综合素质,有效推动学习型机关建设。组织机关志愿者积极开展各项志愿活动和社会公益活动,开展社会主义核心价值观学习教育,举办道德讲堂,开展学习型、节约型和服务型机关建设,开展文明旅游、文明餐桌、文明交通等活动,形成良好道德风尚。积极打造整洁优美的办公环境,完善和落实机关卫生管理制度,参与县爱国卫生运动,强化干部职工环境保护意识,制作文明用语标语和标识牌,营造浓厚的创建氛围。

【代表建议办理】 县第十三届人大一次、二次会议召开期间,共收到议案60件,二次会议上李晓珊等20位代表提出的《关于加速推进县城卫生提质的议案》被大会确立为议案,其他转建议办理;收到建议179件,加议案转建议办理的59件,一、二次会议共收到建议238件。会后,对建议进行归纳整理,合并68件,确定向"一府两院"交办152件,通过审议,确定其中8件为重点建议进行交办。为使代表建议办理工作取得实实在在效果,常委会采取对口督办、重点督办、联合督办、跟踪督办、满意度测评等措施,加大代表建议督办力度。先后召开建议交办大会、督办会、调度会、调研会,开展多次专题调研、专题视察、电话问询,议案、建议办理成效较为显著。11月30日,县人大常委会第十二次会议听取县人民政府办理代表建议情况汇报,会上县人大常委会组成人员审议了8个重点建议承办单位的办理工作情况,并按"满意""基本满意""不满意"三个等次进行测评表决,满意率(含满意票、基本满意票)均超过80%。

【对重大事项作出的决议、决定】 2017年,县人大及其常委会依照法律法规,结合衡山实际先后做出了《关于批准〈湖南衡山萱洲国家湿地公园保护管理办法〉的决议》《关于批准武广新衡山站配套设施工程(一期)建设项目实施政府购买服务的决议》《关于批准黄花路(107国道—达湘路)建设工程项目实施政府购买服务的决议》《关于批准开云南路二期棚户区改造配套基础设施建设项目实施政府购买服务的决议》《关于批准衡山县棚户区改造(城中村)项目(开云新城四期、开云镇环溪片区、白果镇国光、萱洲古镇、长江镇兴隆)政府购买服务的决议》《关于批准2016年度财政决算的决议》《关于批准2017年财政预算调整方案的决议》等重要决议、决定,有力地促进了依法行政和全县各项工作的开展。

(肖秋平)

县人大常委会办公室工作

【概况】 一、建章立制,抓好机关日常工作。进一步完善和健全县人大常委会规章制定和监督办法,健全人大机关财务管理、信访接待、视察评议、文明创建等机关运行机制,推进机关管理制度化和规范化。

县人大常委会办公室主任 刘新周

二、立足"三办",服务工作不断强化。一是认真办文。健全人大机关文件起草、订正、发送程序,拟定常委会年度工作要点,推进机关各工委和办公室工作有条不紊地实施,年内共起草和审核会议通知、审议意见、调查报告、会议纪要、领导讲话材料、综合信息等各类文字材料100多篇;处理各类机要文件50余件,保证公文的高效流转,充分发挥"以文辅政"的重要作用。二是精心办会。抓好"三会"服务工作,认真筹备县十三届人大二次会议,12次常委会会议、23次主任会议。做好衡阳市十五届人大二次、三次会议衡山代表团服务工作。三是尽心办事。按照"三依""三公"原则原则和领导要求,依法依规依程序,办好机关事务,务求办事公开公平公正。做到传达贯彻上级文件精神不误时,办事不塌场。

三、督查督办,推动重点工作落实。一是加强对代表提出的议案及建议、批评和意见的跟踪督办。对加速县城卫生提质的议案,先后多次与承办单位沟通,针对办理过程中出现的情况和问题注重协调,确保办理工作顺利推进。二是加强常委会审议意见和主任会议交办意见的督办工作,督促被评议单位开展整改,提高会议效果。三是加强对常委会领导牵头的农业板块项目督办,推进恒信新材、虎山项目、华夏湘江等重点项目建设。

四、热心服务,加强信访接待工作。加强和改进信访工作,努力解决人民群众的合理合法诉求。全年共接待来访群众72批、202人次,解决和化解一些关系群众反映的问题。

五、深入调研,转变工作作风。按照县人大常委会年度工作要点的安排,就补齐工业经济、农业经济和旅游经济短板开展调查研究;就改进财政预算、刑事诉讼法、城市规划管理开展审议调研,为常委会审议工作提供重要参考依据。

六、突出重点,开展创建扶贫帮扶工作。积极配合和支持各位大主任抓好基层联系点工作。组织全体机关干部在萱洲镇萱洲河社区和永清村、白沙村开展精准扶贫,进行走访,宣传政策,送物资送温暖。认真组织人大机关干部到联系村开展帮扶和民调工作,多次协调县级有关单位深入乡镇和村组帮助解决了水、电、路、通讯等方面的实际困难。组织企业帮扶,对恒信新材项目进行调研,解决用电和排污问题,县人大办工作 2017 年被县委评为协调服务先进单位。（刘新周）

法制委员会工作

【概况】 一、建章立制,明确工作职责。制定《衡山县人大法制委员会工作规则》,在 2017 年 2 月法制委员会第一次全会上表决通过。第一次全会上,法制委员会对原《衡山县人大常委会规范性文件审查办法》进行了会商,并提出了修改建议。按照工作规则,法制委员会全年召开了四次全会。分别对《衡山县人大法制委员会工作规则》《湖南衡山萱洲湿地公园管理办法》《衡阳市城市市容和环境卫生管理条例》、2017 年度规范性文件审查工作和 2018 年工作要点等工作进行专题研究。

二、立足本职,推进立法工作。积极协助市人大法制委做好地方性法规的立法的征求意见工作。市人大拟出台《衡阳市城市市容和环境卫生管理条例》(以下简称《条例》),6 月初,市人大常委会副主任李艳丽带领市人大法制委来县征求意见,县人大法制委组织住建、城管、环卫等十多个相关职能部门召开征求意见座谈会,收集意见 30 多条。8 月和 10 月,法制委对该《条例》一审修改稿和二审修改稿都组织相关部门召开征求意见会,收集意见和建议 12 条,归纳整理后在市人大专题会议上作了汇报。法制委员会还参与《衡阳市畜禽规模养殖污染防治办法》这一行政规章的征求意见工作。建立健全立法联系点工作。法制委推荐了开云镇人大主席团为衡山县立法联系点。5 月,市法制委员会主任委员廖桂元带队到开云镇现场考察。经过严格筛选,开云镇人大立法联系点被确定为衡阳市 16 个立法联系点之一,并在 12 月授牌。认真开展学术研讨工作。按照湖南省立法研究会统一安排,法制委员会对《县级人大法制委如何开展工作》和《如何加强改进政府的立法工作》等课题开展相关调研活动,并形成书面调研材料向省立法研究会汇报。12 月,应邀了参加地方立法研讨会暨湖南省立法研究会年会。

三、依法履职,发挥监督作用。规范性文件清理。法制委成立后,规范性文件的审查职能由内司委转入法制委。县人大法制委和县政府法制办沟通,要尽快澄清目前全县规范性文件底子,县政府办法制办认真开展了规范性文件清理工作。经清理后确认《衡山县人民政府办公室关于印发〈衡山县乡镇统计工作管理办法〉的通知》等 140 件规范性文件继续有效,决定对《衡山县人民政府办公室关于加强古树名木保护工作的通知》等 53 件规范性文件重新公布。对《衡山县人民政府办公室关于印发〈进一步加强老年体育工作意见〉的通知》等 92 个文件决定废止或失效,失效或废止的规范性文件不再作为行政管理的依据,县政府办将清理结果进行公布。规范性文件审查。2017 年共收到县政府报送备案的规范性文件 26 件,乡镇人大主席团报备的决议决定文件 3 件。开展执法检查。根据县人大主任会安排,法制委参加《中华人民共和国刑事诉讼法》的执法检查,先后到公安、检察、法院、司法局开展检查工作。12 月,县委深改办、人大法制委和县政府法制办、督查室联合开展一次行政执法三项制度和法治政府建设工作专项检查。开展评议工作。法制委参加衡山县农业补短板专项评议工作,并向县人大常委会做汇报发言。督办代表建议。认真督办《关于解决白果镇长青自来水厂供水的建议》等代表建议。（宋少峰）

财经委员会、预算工委工作

【概况】 一、关注群众热点,抓好审议工作。听取和审议关于平台公司债务和融资情况的报告。10 月,县十三届人大常委会第 19 次主任会议听取和审议四大平台公司债务和融资情况的汇报。会议前县人大财经委进行一次广泛调研,通过上门听取相关部门等汇报,深入了解全县平台公司运营的总体情况、面临的困难和问题,形成内容翔实、特点鲜明的综合性调查报告。了解到,截至2017年8月30日,衡山县四大融资平台融资申请总额为330654.28万元,已到位资金310154.28万元,已使用资金260724.22万元,余额为49430.06万元,已归还81300万元,已支付利息6051.02万元。会议充分肯定近几年来县内平台公司工作取得的成绩,针对监事会有名无实,内部监督较弱;历年债务负担沉重,偿债风险较高;融资面临转型,形势不容乐观三个方面的问题,提出三点审议意见:规范平台发展机制;加强资金监管机制;提高资金使用绩效。

二、抓住工作重点,深化预决算审查监督。全年听取和审议《衡山县人民政府关于2016年计划和财政预算执行情况及2017年计划和财政预算草案的报告》《衡山县人民政府关于2017年上半年计划和财政预算执行情况的报告》《衡山县人民政府2017年财政收支调整情况的报告》。依法听取和审议政府购买服务事项,依法依规支持政府各项经济工作的健康有序发展。加强全口径预算审查监督。完善全口径预算草案上会审查。找准全口径上会的关键点,逐步规范四本预算,从2017年起完善国有资本经营预算并提交大会审查批准。二是深化全口径预算草案初审工作。根据预算法要求成立财政经济委员会,认真做好会前初步审查,全体委员会成员及相关代表、专家参与预算初审,141个正科单位列入初审范围(其中一级预算单位89个、二级预算单位52个)。不断加大决算审查力度。在对县本级财政决算和县级部门汇总决算全面审查的基础上,选择部分一级预算单位进行重点审查;将决算审查重点与预算法要求相衔接,突出民生和绩效,扩大决算审查的范围,逐步提高人大代表和委员对财政决算审议的重视和关注程度。

三、围绕中心工作,落实决议决定。配合召开好2017年3月县人民代表大会,组织好大会中相关财政经济工作的审议,确保作出有利于县域经济发展的决议、决定。日常工作中注意跟踪审议意见的落实,督促代表建议、批评、意见的办理,推动全县重点项目建设的落实。2017年财经委做到反复跟踪督办,效果较好。一是继续跟踪上年人大审议意见的整改落实情况,有关财政经济方面的紧抓不放,力求实效。二是督促对口部门办理好县十二届人大六次会议代表建议、批评和意见。对于4件重点建议(关于加大萱洲古河街维修改造力度的建议、关于对县乡农村公路安全护栏安装的建议、关于急需兴建工业园区农贸市场的建议、关于妥善处置并村村级债务的建议)的办理,多次召开调度会,进行现场办公,促使建议得以落实。三是配合做好项目建设的推动工作,推动了全县重点项目建设的顺利实施。

(杨俊传　文　平)

选举任免联络工委工作

【概况】 一、抓好代表工作。一是认真做好代表建议的交办、督办工作。县第十三届一、二次会议召开期间,共收到议案60件,二次会议上《关于加速推进县城卫生提质的议案》被大会确立为议案,其他转建议办理;收到建议179件,加议案转建议办理的建议59件,一、二次会议共收到建议238件。会后,联工委对建议进行归纳整理,合并了68件,确定向“一府两院”交办的建议152件(其中政府151件,法院1件)。经主任会议研究决定,从152件建议中筛选“关于加快萱洲古河街维修改造力度的建议”等8件作为重点交办。8月27日,主任会议听取县政府人大代表建议办理情况的汇报。11月30日,县人大常委会第十二次会议听取县人民政府办理代表建议情况汇报,并对8个重点建议进行测评。二是议案办理工作。通过议案办理,困扰衡山多年的垃圾处理问题得到突破,县城垃圾压缩中转站项目于11月25日完成主体工程。紫巾沿山公路建设顺利开工。衡山殡仪馆及陵园项目得到突破,完成征地350亩、拆除房屋4户6栋,主体工程已完成40%。县城环境卫生状况全面提质,建管体制更明晰。三是抓培训学习,不断提高代表履职水平。5月16—18日,按照市人大常委会的统一安排,精心组织市人大代表、县人大常委会专职委员和部分兼职委员、乡镇人大正副主席在市委党校参加代表履职培训和人大业务知识讲座。6月13—14日,县人大常委会举办由全体县十三届人大代表、县人大常委会机关干部、各乡镇人大副主席参加的大型培训活动。会议既开展代表履职培训,又就县人大代表“三学三争”主题实践活动、人大代表为民履职脱贫攻坚“五个一”行动、“6·25”为民服务日活动等做了安排动员。6月中旬,联工委参加省人大常委会组织为期三天的“全省人大选举任免联络工作培训班”。四是精心组织开展“为民服务日”活动。2017年的“6·25”为民服务日活动的中心主题就是帮扶慰问精准扶贫户,县人大常委会主任、副主任带队,人大各办委工作人员参加,分赴全县对口精准扶贫村对对口扶贫户进行慰问、看望,并发放帮扶资金和物资共计36000元左右。五是抓人大代表基地建设。确立四个人大代表扶贫基地,分别为市代表刘新华的东湖镇华波生态农业扶贫基地、市代表胡双林的衡山县绍祥农业扶贫基地、县代表姚乐贵的永和乡紫冠生态农业扶贫基地、县代表姚建华的福田铺乡福云生态农业扶贫基地。6月5日,县人大常委会副主任聂水平率领联工委赶赴四个基地,进行了扶贫基地挂牌。9月6—7日,县人大常委会组织四个基地的负责人参加“全市人大代表扶贫工作基地现场推进会”。五是围绕中心议题,不断创新和丰富代表小组活动内容。根据年初联系分工,各分管领导及工委分别到乡镇看望慰问人大代表,并听取他们对县人大常委会、县政府及法、检“两院”工作的意见和建议,并向农村代表82人送去了慰问金。

二、依法做好人事任免工作。坚持党管干部原则和依法任免原则,严格按照任前调查、法律知识考试、离任审计、任前供职表态、任前询问、审议表决、任后施政承诺、宪法宣誓等程序,做好人事任免工作。一年来,共依法选举、任免共116人次。其中人大二次会议补选人大常委会委员1人次,闭会期间任免国家机关工作人员41人次(其中任命政府副县长3人次,科局负责人28人次,人大委室办正副主任3人次,检察院副检察长1人次;免职6人次),任命人民陪审员47人次,补选县代表10人次,接受市县代表辞职15人次,罢免市代表1人次。

三、加强乡镇人大工作的联系与指导。5月16—18日、6月13—14日,先后组织各乡镇人大正、副主席参加市、县人大组织的学习培训。根据常委会议题,适时邀请部分乡镇人大主席列席人大常委会会议及有关活动。通过各种方式提升各乡镇人大正、副主席的业务水平。联工委分管副主任聂水平的亲自率领下,多次赴乡镇督查人大工作。年终,人大常委会对乡镇人大工作进行考评,并评选2017年乡镇人大工作先进单位和优秀个人。

四、精心做好人大会议组织工作。负责县人大二次会议组织组各项名单、办法(草案)的起草,力争做到了精准无误。参与市人大二、三次会议衡山代表团的组织工作,确保衡山代表团的每位成员按大会要求的日程按时大会各项议程。

五、认真完成县委和上级人大交办的各项工作任务。根据省、市人大常委会要求,完成《中国人大》《人民之友》的征订任务。按要求参加市人大常委会联工委组织召开的工作会议,完成上级人大常委会交办的各项工作任务。配合省市、县人大常委会做好专题调研、征求意见座谈会等活动。

(旷聪云　李军慧)

内务司法工委工作

【概况】 一、积极开展监督工作。坚持以促进依法行政和公正司法为工作着力点,利用执法检查和调研等方式,深入开展了监督活动。对全县贯彻执行《中华人民共和国道路交通安全法》及《实施条例》情况进行专项执法检查,并建议常委会听取和审议县人民政府的贯彻落实情况报告。内务司法委还邀请部分人大代表对全县禁毒工作进行一次全面调研,通过深入4个派出所、10个乡镇、3个社区进行走访座谈,指出存在的问题,并进行事后跟踪监督,促进禁毒工作有效开展,严厉惩治各类毒品犯罪。

二、全面加强法制建设。加强与政府法制办、司法局等法治宣传教育工作领导小组成员单位的联系,及时了解“七五”普法工作情况。并组织督查组,通过工作调研、参加部门工作会议、召开座谈会、代表建议意见督办等形式,促进“七五”普法深入开展和依法治县措施的落实。同时,内务司法委还坚持把规范性文件备案审查工作作为监督政府工作、推进依法治县进程的重要环节抓紧抓实,全年办理规范性文件备案审查21件。2016年,内务司法委还根据市人大的通知要求,对近两年县内规范性文件备案审查工作进行认真检查,总结经验,查找不足,制定措施，为推进备案审查工作良好发展提供有力的保障。

三、协调做好全面工作。内务司法委在人员少、任务重的情况下，加强工作的计划性，做到重要工作提前安排部署，有计划、有重点地落实各项工作。在扎实做好监督工作同时，能自觉做到为常委会服务，为代表服务和为群众服务。全年接待涉法涉诉信访12人(次)，均得到较好处理。跟踪督办3件代表建议，3个建议都能在规定的时间内全部答复代表，答复率100%，代表满意率100%。在完成本委工作的基础上，能积极主动参加常委会机关开展的各项活动以及机关的党建工作、效能工作、精神文明建设等工作。同时，内务司法委还注重加强与业务对口单位和代表的联系，根据常委会的安排，做好了对相关乡镇和单位的指导工作。

四、努力提升服务质量。在做好实际工作的同时，内务司法委还十分注重自身能力素质的提升，不断加强思想政治建设、纪律作风建设和业务工作建设。积极参加“两学一做”教育实践活动，认真学习党的先进理论和习近平总书记的系列讲话精神，不断提升自身政治思想觉悟和政策理论水平。全面学习党章和各项规章制度，努力加强作风建设。并自觉学习法律法规和相关业务知识，不断提高实际工作能力。（丁国雄、李凤姿）

城乡建设和环境资源工委工作

【概况】 一、认真履职，做好专题调研。5月12—13日，对全县2016年城乡规划实施情况及2017年城乡规划计划情况进行专题调研，实地考察紫金路建设工地、衡山大道连接线、黄花大道、政务中心等现场，听取规划局负责人情况汇报。6月21日，在县十三届人大常委会第7次会议上，县人民政府报告了衡山县2016年城乡规划实施情况及2017年城乡规划情况，城环工委报告调研情况，提出审议意见。9月中旬，城环工委对全县2016年环境状况和环境保护目标完成情况进行专题调研。察看县城饮用水源保护区，县城生活污水处理厂，县环溪垃圾填埋场，县工业园新金龙纸业，恒信新材，中石化衡山大道加油站等现场，听取环保、住建、经开区、水利、商粮等部门的相关情况汇报。9月28日，县十三届人大常委会第十次会议听取和审议县人民政府《关于2016年全县环境状况和环境保护目标完成情况及2017年环境保护目标计划安排的报告》。城环工委报告调查情况，提出审议意见。

二、加强对落实代表批评、建议、意见督办。县十三届人大一、二次会议收集到代表的批评、意见、建议，经整理归类，共有18件建议涉及城环工委联系单位承办。为此，城环工委对有关承办单位加强督办力度，并从中挑选二件作为重点建议。即李晓珊等20位代表提出的议案《关于加速推进县城卫生提质的议案》和赵建钢代表提出的《关于认真解决县城区停车难问题的建议》。

(一)议案办理。县人大常委会、县人民政府十分重视议案办理，一是高度重视，高位推进，县政府2017年第6次常务会对议案办理进行安排部署，成立了专班，明确目标、细化任务、落实责任，将议案办理工作纳入各承办单位年度目标管理绩效考核范围；二是高层次调度，县人大常委会主任亲自过问，了解情况，并参加有关会议及活动。5月5日，常务副县长廖文伟主持召开专题工作调度会。6月14日，副县长符文彬主持召开议案办理推进会。8月7日，县人大、县政府开展综合督查督办。9月25—26日，县人大、县政府组织了相关职能部门赴南岳、浏阳学习考察，借鉴外地成功经验。11月1日，县人大、县政府再次实地视察督办；三是健全工作机制，县政府成立议案办理工作领导小组，县长任组长，常务副县长、分管副县长任副组长，相关职能部门主要负责人为成员。县人大常委会分管副主任及城环工委自始至终参与督察督办、先后8次参加有关会议和活动。通过各方努力，议案办理工作取得实在成效。一是基础设施建设得到了改善:垃圾压缩中转站已重新选址建设并即将投入使用，环溪垃圾填埋场封场治理已进入扫尾阶段，添置压缩式环卫运输车、清扫车、多功能垃圾吊运车、果皮箱等，维修改造垃圾中转站10座，对3座公厕进行改造；二是逐步完善城市路网。新建或改造城市主次干道，背街小巷20余条，紫巾山沿山公路开工建设；三是发展公益事业。烈士陵园、毛泽建公园已先后投入使用、衡山殡仪馆及陵园项目正在建设中；四是解决停车难问题正在筹划实施。已完成人民路、解放路、义安路4条主干线划线，对先农花园、沿江路进行提质改造，对街道、零星空地进行硬化，对人民广场进行扩建改造及启用商业停车场等，以此增加停车位，缓解停车难问题；五是城市管理加强。宣传力度不断加强，保洁力度不断加大，监督管理不断完善，资金保障优先。

（二）“认真解决县城区停车难建议”办理。城环工委多次去住建部门调研，督查督办，住建部门也十分重视建议办理，先后做大量的工作也取得一定成效：一是完善城区路网建设，拉通青云西路，修建紫巾路及毛泽建公园路段、“五一”路、龙泉路等断头路已列入年段建设计划；二是规范人和车各行其道，已进行划线，并对行车道路面油化；三是县城道路建设，增划公共停车位，先后对先农花园、沿江路提质改造，增设停车位400余个；四是对街道、小区零星空地硬化，启用部分商业停车场用作公共停车，对人民广场扩建改造等增加停车位300余个；五是正在考察择地兴建大型停车场，以此缓解停车难问题。

三、积极开展“环保世纪行”活动。制定下发“2017衡山县环保世纪行活动安排意见”（衡山环组字〔2017〕1号）“关于调整衡山县‘环保世纪行’活动组委会成员的通知”（衡山环组字〔2017〕2号），明确责任单位、责任人员。根据实际情况，安排了活动主题、工作重点、工作要求，对全县2017年“环保世纪行”工作进行细化，具体到每个月要求开展的活动和责任部门，年底组委会办公室将对此项工作进行了认真总结，对活动中表现突出的单位和个人给予表彰。

四、密切配合做好相关工作。一是4月14日配合省人大城环资委到县调研环境状况和环境保护目标完成情况，二是7月18日配合市人大城环资委对衡山县贯彻实施城乡规划法实施办法情况执法检查。三是10月17日配合市人大城环资委来县督办乡镇饮用水源保护工作。对省市人大城环资委来县调研及检查，城环工委认真按照通知要求拿出工作方案，协调安排现场、汇报材料、座谈会等工作，做到精心准备，确保了工作顺利完成。四是根据县人大常委会的工作议题计划，积极参加县人大常委会有关会议，认真审议政府有关工作报告和人大年度工作安排计划。五是扎实投入“精准扶贫”活动根据县人大党组安排，城环工委2017年“精准扶贫”对口帮扶是萱洲镇萱洲河社区升平村，先后近10次到社区、到贫困户家中走访座谈了解情况，结对帮扶。六是完成县人大常委会交办的其他工作。（曾德华）

教育科学文化卫生工委工作

【概况】 一、围绕常委会工作重点做好相关工作。一是选好审议议题。1月15日，县人大常委会会议审议《衡山县人民政府关于提请审议衡山县全民健身实施计划（2016—2020年）议案》及衡山县全民健身实施计划（2016—2020年）审议稿。6月29日，县十三届人大常委会第16次主任会议听取和审议了县人民政府关于职业教育发展情况的报告。二是跟踪督办意见。继续跟踪上年《中华人民共和国档案法》贯彻实施情况和“村村响”三项工程建设情况审议意见的交办。督促对口部门办理好县十三届人大一、二次会议代表建议、批评和意见，到教育局、卫计局、水利局、电力公司等单位督办人大代表提出的批评、意见和建议，使代表提出的意见得以落实。

二、围绕工委职能积极开展工作。配合衡阳市人大常委会开展《中华人民共和国著作权法》执法检查。积极参加市人大常委会对各县市区教科文卫工作的调研。陪同省人大常委会副主任李友志一行调研衡山县计划生育特殊家庭（特别是失独家庭）扶助关怀工作情况。加强与教科文卫工委对口单位的人大代表的联系。研究探讨新形势下人大教科文卫工委的工作思路、重点、规律和程序。积极落实精准扶贫工作，主动联系贫困对象，按期保量地完成精准扶贫的相关工作任务。

三、围绕民生，认真组织开展“两行”活动。一是积极开展“三湘农民健康行”活动。2017年活动主题是：加强重大疾病和地方病防控，建设“健康村镇”。对试点村白果镇堂兴村和开云镇双全新村开展基线调查；对试点村村民建立健康档案，为全体村民建立标准的公共卫生健康档案；对试点村村民开展健康教育，建立了健康步道和健康小屋，发放“三湘农民健康行”科普读物人手一本；定期开展健康行为干预，对健康扶贫对象发放了贫困居民健康卡，对艾滋病人、结核病人、高血压、糖尿病和重性精神病人按国家公共卫生服务规范要求定期开展健康干预工作；抓好村卫生室建设，建立规范预防接种室，添置相关硬件设施；建立基本医疗室，添置必要的医疗设备等。二是认真开展“民族团结进步行动”活动。开展民族团结进步行宣传教育月活动；继续对全县少数民族居民进行全面调查摸底，完善工作台帐；做好普通高校招生工作中享受民族优惠政策考生资格审核工作，维护少数民族考生的合法权益；积极为少数民族群众提供劳动就业等服务，县劳动局、司法局、残联从劳动就业、人口计生、医疗卫生、法律援助等方面为少数民族群众提供热情服务；继续走访慰问贫困少数民族家庭，县组委会积极筹措资金，走访慰问了部份贫困少数民族家庭，表达党和政府对他们的关怀和帮助。（张育奇　唐协国）

农业与农村工委工作

【概况】 一、加强监督，深入调研、调查。一是做好议案调研审议工作。做好《湖南衡山萱洲国家湿地公园保护管理办法》（以下简称《办法》）议案审议工作，组织调研和视察，提出审议意见。2017 年 3 月 3 日第十三届人大常委会第三次会议审议通过《办法》。二是做好补齐农业经济短板调研工作。按照主任会议的安排，6 月召开全县评议工作动员会，会后在分管领导赵晓阳副主任的带领下，评议组深入到相关乡镇实地走访专业大户、家庭农场、农民专业合作社和农头企业、部分相关科局进行了调研调查。三是配合市人大常委会做好执法检查及工作调研。2017 年 3 月，市人大农业与农村委员会对全市农业重点项目开展调研，调研县内华夏湘江国际农业产业示范园区建设。5 月，市人大农业与农村工委对全市农村环境和卫生综合整治工作进行调研，组织相关部门及部分乡镇搞好工作汇报。7 月，市人大常委会对全市进行《湖南省农村扶贫开发案例》贯彻实施情况进行执法检查，组织相关部门及部分乡镇作工作汇报。市人大常委会执法检查组、调研组对衡山县的工作做较高的评价。四是做好人大代表扶贫工作基地建设。按照市人大常委会工作要求，为实现精准识贫、精准扶贫、精准脱贫及全市人大系统开展“五个一”行动要求。县人大常委会主任阳建中亲自参与，成立四个扶贫基地，辐射全县 12 个乡镇。五是加强代表批评意见建议的督办。县十三届人大一、二次会议涉及农工委的建议共有 41 件。重点交办 1 件，协办 2 件。在主管领导的带领下，多次到相关部门进行督办，对戴文星等 10 位代表提出的《关于尽快解决白果镇长青自来水厂供水的建议》进行重点督办，组织提议代表、附议代表进行考察与座谈，县水利局对本建议进行介绍说明，2017 年 5 月全线正常供水运行，代表们对建议的办理非常满意。

二、围绕主题，形成合力，认真组织开展专项活动。一是下发衡山县“三湘农产品质量安全行”活动实施方案，召开工作动员会，明确工作职责。组织与会人员和部分县人大代表视察了农产品检验检测中心、生猪定点屠宰场和部分农产品生产基地。各成员单位迅速研究并制订活动方案，责任层层分解，落实到人。二是通过电视新闻、网络和资料发放等形式开展农产品质量安全宣传活动。县电视台对农产品日常抽样及检验检测、饲料兽药打假专项整治等活动进行全程跟踪报道。对全县主要的蔬菜水果生产基地开展了大规模的农产品质量安全宣传活动，全年共发放各类宣传资料 10000 多份。三是突出监管和执法，强化源头治理。县农产品质量安全检验检测中心认真履行工作职责，全年对全县水稻、蔬菜生产基地、农贸批发市场及超市等生产经营的蔬菜、水果、稻米等农产品开展日常检验检测、例行监测和监督抽查，引导农产品生产经营企业和基地建立农产品生产档案制度，加强对全县无公害标准化生产基地的监控管理。县畜牧水产部门为确保上市畜禽水产品的质量安全，开展动物检疫、生猪“廋肉精”检测、水产品专项整治、饲料兽药打假等一系列工作。四是加强队伍建设，提升监管能力。县农业局和畜牧水产局均建立县乡村农产品质量安全监管网络，检验检测设备不断得到充实和完善，多次组织检测监管人员到农业院校和上级检测机构进行业务培训学习。检测工作经费逐年增加，从原来的 3 万元增加到 20 万元。（李春菊）

县人大常委会研究室工作

【概况】 一、做好办文办会服务工作。一是起草常委会年度工作要点，力求使常委会的工作紧扣县委中心工作和全县发展大局;年内,共起草会议通知、审议意见、调查报告、会议纪要、领导讲话材料、综合信息、公报等各类文字材料120多篇。二是组织起草常委会工作报告、工作总结,全面客观准确反映常委会一年来所作的工作及提出下一年工作思路，为常委会总结工作经验和谋划来年工作提供有益参考。撰写2016年度年鉴资料。撰写《衡山县第十二届人民代表大会常务委员会届志》。组织撰写《衡山县第十三届人民代表大会常务委员会规章制度和监督办法汇编》。三是配合会务服务工作,高质完成县十三届二次人民代表大会会务服务工作，年内常委会会议12次、主任会议23次。做好出席衡阳市十五届人大二次、三次会议衡山代表团服务工作。

二、深入开展调查研究。按照县人大常委会年度工作要点的安排,与其他委室积极配合,就常委会审议的补齐农业经济短板、开云广场调规等议题,深入开展调查研究，综合分析形成有见地有质量的调研报告,为常委会审议工作提供重要参考依据。同时,积极开展人大理论研讨,撰写《强化人大监督职能,补齐农业经济短板》《对地方人大讨论决定重大事项的几点思考》等理论调研文章,《地方人大行使重大决定权的思考和建议》一文荣获省一等奖。

三、扎实做好人大宣传工作。紧紧围绕人大及其常委会的中心工作和履职情况,开展新闻宣传,深入宣传人大工作的好经验、好做法,讲好人大故事,传播人大声音。县代表罗炳辉“114次谈心解开拆迁户心结”被衡阳日报专题报道。县代表王正华产业扶贫经验在市人大扶贫工作会上推介。

四、其他工作。配合做好党建、文明创建、精准扶贫、机关事务等相关工作。（肖秋平）

人民政府

综述

县委副书记
县　　　长　蒋　青

【概况】 2017年，衡山县人民政府组成部门有25个：县人民政府办公室、发展和改革局、经济科技和信息化局、教育局、公安局、民政局、司法局、财政局、人力资源和社会保障局、国土资源局、住房和城乡建设局、交通运输和旅游局、农业局、水利局、林业局、商务和粮食局、文体广电新闻出版局、卫生和计划生育局、审计局、环境保护局、统计局、安全生产监督管理局、食品药品工商质量监督管理局、政府法制办公室、人民防空办公室。政府直属事业单位9个：国有资产管理中心、移民开发局、供销合作社联合社、城市管理行政执法局、电子政务管理办公室、政务服务中心、湖南衡山萱洲国家湿地公园管理处、城乡规划局、机关事务管理局。政府工作部门所属正科级事业机构13个：开云新区管理委员会、矿产资源税费征收管理办公室、城市和农村建设投资融资管理中心、政府金融工作办公室、禁毒工作社会化办公室、农业综合开发办公室、畜牧水产局、农业机械管理局、农村经营服务中心、紫金山国有林场、农业科学研究所、能源生态局、公路管理局。省市垂直管理单位28个：新华书店、气象局、国网衡山县供电分公司、中石化衡山县经营部、水文局、邮政局、市住房公积金衡山县管理部、中国电信衡山分公司、中国移动衡山分公司、中国联通衡山分公司、国税局、地税局、烟草局、人民银行衡山支行、农发银行衡山支行、工商银行衡山支行、农业银行衡山支行、中国银行衡山支行、建设银行衡山支行、衡山农商银行、华融湘江银行衡山支行、邮储银行衡山支行、潭农商村镇银行、人保寿险衡山支公司、人保财险衡山支公司、人民人寿衡山支公司、人寿财险衡山支公司、中华保险衡山营销部。县政府派出机构1个：湖南衡山经济开发区管理委员会(副处级)。

【经济发展】 2017年，实现GDP167.22亿元，增长8.6%；完成一般公共预算收入9.29亿元，税占比69.43%，提高9个百分点，财税收入质量大幅提升；完成固定资产投资110亿元，增长18%；实现社会消费品零售总额33.3亿元，增长10.8%；城乡居民可支配收入分别为30537元、19078元，分别增长8.4%、7.9%，经济增速位居全市第一方阵。新增种粮大户170户，发展农业产业化龙头企业4家，新注册农民专业合作社44家、家庭农场36家，休闲农业企业发展到60家。农村土地确权登记颁证工作扎实开展，累计流转土地面积19.7万亩，成功承办湖南省农村一、二、三产业融合发展试点工作现场会。规模以上工业增加值增长8.4%，新增规模工业企业12家。高新技术企业发展到11家，高新技术企业增加值占GDP比重超过15.5%。工业园区通过省级高新技术产业园评审，新引进项目8个，十大工业项目集中开工，新金龙纸业、恒信锌钢二期等11个工业项目实现投产或试产，完成工业污水处理厂二期建设。新发展市场主体1858户，新增外贸“破零倍增”企业3家。房地产开工面积26.4万平方米。启动全域旅游规划编制，西游洞天矿洞景区加快建设，东湖旅游小镇启动建设,总投资16亿元的仙逸人间、总投资20亿元的虎山福地等旅游项目稳步推进,成功举办第四届乡村生态旅游节,衡山旅游影响力进一步扩大。获批国家田园综合体试点县,荣获全国"平安农机"示范县称号,白果镇获评全国文明村镇,江东乡获评全国群众体育先进单位。顺利通过省级卫生县城复审,成功创建全省现代教育技术实验县,衡山黄鸡获批全省农业特色产业"一县一特"项目。

【城乡发展】 沿江路完成提质改造,衡山大道西线、开云南路延伸线完成路基工程。城乡生活垃圾处理一体化PPP项目、湘江水厂提质项目全面实施。开云新区征地427亩,新建古韵衡山安置区,安置拆迁户40户,建成客户服务中心。黄花新区完成规划二路、规划三路路基工程,体育公园启动建设。提质改造农村公路50公里,实施安保工程63.8公里,改造危桥3座,新建农村招呼站50个。完成高标准农田项目6个、水田开发项目4个。改造农村电网34个村。完成县城——福田铺天然气管网铺设。建立邮政综合便民服务站168个、"网上供销社"网点86个。第一批电信普遍服务试点通过市级验收,乡镇集镇光纤覆盖率、固定电话覆盖率、4G信号覆盖率均达100%。县城主要区域实行分片区保洁责任制,城区保洁覆盖面100%。城管执法机制不断完善,超限超载、占道经营、渣土管理、乱停乱放等专项整治效果较好。整治农村人居环境重点村26个,建成秀美村庄34个,建设"美丽乡村"示范片1个、示范村15个。白果镇获评市级卫生乡镇。

【部分项目建设】 建成垃圾压缩中转站,环溪垃圾填埋场实行封场整治,殡仪馆及陵园建成主体工程,黄花新区完成98.2%的房屋拆迁量,紫巾沿山公路突破拆迁瓶颈加紧建设,开云大道快速推进,黄花路开工建设。

【民生事业】 民生支出占财政总支出比重超过70%,教育、社会保障等财政支出分别增长14.36%、17.22%。全面小康实现程度达92%。开展结对帮扶,建档立卡贫困户结对帮扶覆盖率100%。扎实推进产业扶贫,26个重点贫困村基本实现村村有产业。易地扶贫搬迁319户、安置1095人,统筹推进教育、健康、光伏、电商、金融等扶贫措施,成功摘帽8个贫困村,脱贫4543人。通过"一卡通"发放强农惠农资金8134万元。村主干待遇大幅提高。新增城镇就业2544人,农村劳动力转移就业2500人,下岗失业人员再就业1109人,发放创业担保贷款1994万元。成立城乡医保管理服务中心,实现"两保合一"运行,参保率98.22%。新建城乡养老服务示范点5个,福田铺敬老院建成投入使用。清理不符合条件的城乡低保对象308人,城乡低保月补差分别达300元、179元,实现扶贫标准和低保救助"两线融合"。解决农村饮水不安全人口7671人。改造城市棚户区1064套,改造农村危房408户。高考、中考成绩保持全市领先,黄花小学启动建设,改造义务教育合格学校8所,"三通两平台"建设取得实效,义务教育发展基本均衡通过国家检查验收。人民医院综合大楼开工建设,疾控中心启动搬迁,组建医联体8家,建成乡镇中医馆2个。"诚信计生"工作全面开展,计划生育服务管理不断优化。广播电台恢复播出,广电手机台建成上线。毛泽建烈士纪念馆实现开馆,体育馆加快建设,新增健身路径45条。开展文化惠民活动,公共文化服务项目免费接待42万人次,衡山民俗花灯调《一塘清水一塘莲》获全省"欢乐潇湘"群众文艺会演一等奖。

【安全维稳】 安全生产进入湖南省先进行列,计生工作继续保持领先水平,十九大安保维稳工作衡阳市先进,综治民调排名提升。在湘江干流衡山段两次超警戒水位的情况下,实现不垮一库、不溃一堤的防汛目标。推动中央环保督察整改落实,21件交办件全部办结。认真抓好"绿盾2017"专项行动巡查整改,12家矿山企业全部关停,58个人类活动点、23家矿产品加工企业整改扎实推进,一批群众反映强烈的环境问题得到有效解决。安全生产形势持续好转,未发生较大以上安全事故,开云镇、白果镇成功创建省级安全生产示范乡镇。开展信访积案清零,包案化解信访案件115件,完成十九大安保维稳任务。完成社会治安视频监控系统第八期建设,在衡阳市率先成立社区戒毒康复中心、禁毒协会,组建网格化管理中心,社会治理实现网格化管理,禁毒工作、打黑除恶、惩治多发性侵财犯罪、刑事案件破案率排名衡阳市第一。

【改革深化】 “放管服”改革逐步深化，开通政务服务“绿色直通车”，48个单位一对一联手帮扶企业，解决具体问题110个。行政审批“两集中、两到位”稳步开展，省级投资项目网上审批办结67件，政务服务中心综合大楼完成主体工程建设。供销社综合改革扎实开展，在湖南省率先成立农村合作经济管理服务中心。不动产登记制度改革深入实施，登记发证实行“一站式”服务。新增信用乡镇6个、信用村63个，市级金融安全区创建进入验收阶段，贷款增速、存贷比增速排名全市第一。银农合作发放农业贷款3.06亿元。63家企业单位获得金融机构贷款13.77亿元。发改线争取国省预算内资金8760万元。四大投融资公司融资16.8亿元。完成国土收入4.2亿元，批回项目建设用地2589.7亩。新引进投资过千万元项目23个，其中投资过亿元项目14个，在谈项目18个，参加衡州经济论坛签约率、履约率均达100%。2017年，实际到位内资27.67亿元、外资1.32亿美元。

重要政务会议与重大决策

【政府全体会议】 2月17日，衡山县十三届人民政府召开第一次全体（扩大）会议，总结2016年工作，安排部署2017年政府重点工作。

【政府常务会议】

1月20日，部署十三届人民政府第一次全体会议筹备工作，研究“项目建设三年行动”计划和2017年重点工程建设项目计划编制相关工作、商事登记制度改革和质量强县相关工作、城建城管相关工作、萱洲国家湿地公园试点建设相关工作。

3月7日，落实2017年市人民政府重点工作及办理市十五届人大一次会议代表建议工作，研究全县环保工作、全县校车安全管理工作和普及高中阶段教育工作，筹备建立建设领域农民工劳动报酬保证金制度，研究县政府法律顾问队伍建设工作、发展休闲农业相关工作和全县旅游相关工作，审议《衡山县2016年财政预算执行情况和2017年财政预算收支计划草案报告》。

3月15日，审议《政府工作报告》《关于衡山县2016年国民经济和社会发展计划执行情况与2017年国民经济和社会发展计划草案的报告》（以下简称“两个报告”），研究全县当前安全生产工作、落实河长制相关工作、创建市级金融安全区工作、全县企业债券发行工作、湖南衡山经济开发区申报认定为省级高新技术产业开发区相关工作及第三次全国农业普查工作。

4月19日，研究全县禁毒相关工作、县重点建设项目行政审批“快速直通车”相关工作、衡山仙逸人间生态农业旅游区等三个项目招商工作、移民避险解困试点工作和县二水厂项目等三个项目PPP融资建设工作。

5月15日，研究全县易地扶贫搬迁工作、全县2017年一季度经济形势和重点项目建设相关工作、全县森林防火工作，启动新一轮衡山县城总体规划（2021—2040年）编制工作，研究全县信访相关工作、全县民政相关工作及政府购买服务相关工作。

5月25日，研究萱洲新农村示范片基础设施项目建设相关工作、2017年全县重点民生实事工作及人大议案办理工作、全县脱贫攻坚工作和全县社会治理网格化管理体系建设工作，申报开展田园综合体建设试点工作。

6月20日，研究化解学校“大班额”工作、县域义务教育均衡发展接受国家督导评估认定工作、衡山县楠轩书院文化产业项目建设工作和脱贫攻坚突出问题整改工作，调度全县防汛抗灾工作，研究南岳衡山国家级自然保护区总体规划调整工作、深化供销合作社综合改革工作。

7月19日，研究全县招商引资政策及加快电子商务发展工作、安全生产相关工作、防汛救灾相关工作、金融工作、开云大道项目建设相关工作及武广高铁衡山西站站场管理工作。

8月14日，传达学习《习近平总书记关于生态文明建设的重要论述》《杜家毫省委书记在中央第六环境保护督察组督察湖南省情况反馈会上的讲话》、中央第六环境保护督察组督察意见通报及《环

境保护部　国土资源部　水利部　农业部　国家林业局　中国科学院　国家海洋局关于联合开展“绿盾2017”国家级自然保护区监督检查专项行动的通知》精神，落实中央环保督察反馈问题整改工作、南岳衡山国家级自然保护区衡山县境内遥感监测人类活动点实地核查和问题整改工作，研究2017年全县重点民生实事工作、信访工作和全县耕地占补平衡工作。

8月22日，组织学习“PPP”模式业务知识，研究全县“PPP”项目相关工作。

9月8日，贯彻落实建新市长衡山调研讲话精神，进一步推动安全生产大检查相关工作，推行行政执法公示制度执法全过程记录制度重大执法决定法制审核制度及2017年法治政府建设工作，研究涉农减负相关工作、县棚户区改造(城中村)项目政府购买服务工作和全县不动产登记相关工作。

10月24日，研究政府和社会资本合作工作、全县卫生计生相关工作、萱洲镇PPP项目相关工作、组建县地方海事处机构相关工作、全县产业扶贫工作、畜牧水产相关工作、湖南省第十三届运动会柔道项目比赛筹备工作、全县当前安全生产工作和衡山县城总体规划开云广场用地性质变更和用地置换工作。

11月14日，学习宣传贯彻党的十九大精神及传达中央有关文件精神，研究衡山县河长制工作和企业债券发行相关工作。

12月12日，研究全县“一标三实”相关工作、全县村庄规划编制“全覆盖”工作、全县消防工作、全县建筑行业工伤保险及县工伤保险基金管理中心相关工作、殡仪馆及陵园项目建设相关工作和规范村务公开栏工作。

【县长办公会议】

1月3日，研究毛泽建公园项目相关遗留问题处理。

1月4日，研究县城建投公司与湖南金盛嘉置业开发有限公司原预售土地拆迁安置经费计算等相关问题。

1月4日，调度衡山县殡仪馆及陵园项目建设相关工作。

1月13日，研究冠力塑胶项目建设相关工作。

1月13日，研究衡山县开云大道道路建设工程相关工作。

1月25日，研究县城市和农村建设投资有限公司向湖南省信托有限责任公司融资贷款事宜。

2月7日，研究协调解决湖南省嘉力机械有限公司和衡山齿轮有限责任公司发展相关问题。

2月8日，研究衡山县体育馆项目建设工作。

2月10日，研究全县道路交通安全管理工作。

2月13日，研究部署支持发展总部经济相关工作。

3月14日，研究推进衡山县人民医院内科急诊综合大楼项目建设相关工作。

3月14日，研究部署审计相关工作。

3月22日，研究原房产局自有公房、国有公房等资产转让相关事宜。

3月23日，研究企业债券发行的资产归集和部分国有资产划转过户工作。

3月29日，受县长蒋青委托，常务副县长廖文伟在县国土资源局七楼会议室主持召开会议，专题研究整治非法采(洗)山砂和非法机砖厂工作。

4月14日，研究加快职业教育发展和迎接省职业教育三年行动攻坚计划落实情况评估验收相关工作。

4月20日晚上，县长蒋青在县政府四楼会议室主持召开会议，专题调度全县突出环境问题整改工作。

4月28日，研究白果镇棠兴拆迁安置区电力、通信、影视传输杆线迁移和西游洞天项目安全生产及“五一”期间景区秩序维护相关工作。

5月5日，研究十三届人大二次会议期间20位代表联名提出的《关于加速推进县城卫生提质的议案》办理工作有关事项。

5月8日，研究南岳衡山国家级自然保护区采矿企业淘汰退出相关工作。

5月9日，研究县苗圃棚户区改造工程建设相关工作。

5月10日，研究湖南鸿隆名优特产市场项目招商引资合同落实问题。

5月10日，调度县环溪垃圾填埋场封场项目相关工作。

5月12日，研究戴全良参保等三个信访事项处理相关工作。

5月16日，调度推进黄花路、湘江风光带及琵琶湖公园项目建设相关工作。

5月26日，研究原房产局机构改革相关遗留问题。

6月9日，研究湘江二级航道二期工程涉河事项。

6月9日，研究建设项目报建费用收费相关工作。

6月12日，研究全县退役士兵安置遗留问题。

6月12日，研究衡山县殡仪馆及陵园项目建设相关工作。

6月13日，研究龙荫港、黄泥港河流湿地生态综合治理，实行“一河一策”相关事项。

6月13日，研究部分停工整改机砖厂复工复产工作。

6月14日，研究衡山县开云大道与府前路道路建设相关工作。

6月29日上午，调度南岳衡山国家级自然保护区调规及关停矿山维稳工作。

6月29日，研究推进萱洲美丽乡村示范片基础设施项目“PPP”模式建设相关工作。

7月6日，部署店门镇能仁村基础设施建设工作。

7月11日，研究中控纸业破产相关工作。

7月12日，研究原县经营管理局师古办公大楼拍卖后办理相关手续事宜。

7月14日，研究全县光伏扶贫工作。

7月31日，研究湘江二级航道二期工程衡山段航道疏浚砂石资源税费征管相关工作。

8月3日，研究长江采煤沉陷区综合治理项目相关工作。

8月8日，研究县、乡(镇)、村(社区)三级综治中心建设相关工作。

8月9日，研究县综合档案馆项目建设相关工作。

8月17日，县长蒋青在白果镇棠兴村主持召开会议，专题研究白果镇棠兴村美丽乡村建设工作。

8月17日，研究湖南睿智卿置业有限公司名下原先农小学闲置土地收购及出让相关工作。

8月18日，研究南岳衡山国家级自然保护区衡山县境内矿山企业关停整改相关工作。

8月21日，部署应急救灾贷款使用有关工作。

8月25日，调度全县畜禽屠宰监管工作。

9月5日，研究推进衡山县田园综合体建设试点工作。

9月19日，调度县城防洪堤六期工程及毛泽建公园段防洪堤岸坡整治工程建设相关工作。

9月22日，研究华夏湘江项目建设相关工作。

9月22日，研究引进广东金盛卢氏集团有限公司到衡投资工作。

10月12日，部署唐群英故居创建国家AAA级旅游景区相关工作。

10月17日，研究华夏湘江项目土地办证及结算工作。

10月19日，调度南岳衡山国家级自然保护区衡山县境内关停矿山企业生态复绿工作。

10月24日，调度迎接“绿盾2017”国家级自然保护区监督检查工作。

10月30日，部署迎接“绿盾2017”国家级自然保护区监督检查准备工作。

11月10日，研究衡山县田园综合体建设试点相关工作。

11月14日，调度衡山县财税相关工作。

11月23日，研究县法院现有机关大院资产处置相关工作。

12月6日，研究2017年国土收入相关工作。

12月13日，研究创品国际建材家居城项目建设相关工作。

重要活动

1月1日，衡山县花果山景区景观质量达到国家AAA级旅游景区景观质量的要求，被批准为国家AAA级旅游景区。

4月25日，由省统计局副局长杨跃涛任组长的省政府水资源考核组对衡山县考核2016年度水资源管理工作进行考核。

5月20日,市委副书记邓群策,到县对脱贫攻坚进行暗访检查,并召开通报会。

6月2日,省人大常委会副主任、民进省委主委谢勇到衡,就民进全国会史教育岳云基地的改造情况开展调研活动。

8月31日,由省农委和省财政厅联合组织的湖南省2017年农村一、二、三产业融合发展试点工作座谈会在衡山县召开。省财政厅党组成员、副厅长欧阳煌,省农委党组成员、副主任余雄出席会议。

9月4日,市委副书记、市长郑建新调研衡山县发展情况。

11月1日,副省长向力力到衡山县督导中央环保督察反馈问题整改情况。

11月29日,财政部督导组、省财政厅领导一行到萱洲镇,督导检查衡山县田园综合体试点项目建设。

11月28日上午,市委宣讲团成员、市委改革办专职副主任侯健康作题为《深入学习贯彻党的十九大精神,忠诚履行党中央赋予的重大政治责任》的宣讲报告。县委副书记、县长蒋青主持集中学习。当代著名词作家、空政文工团一级编剧石顺义,国家一级曲作家孟勇到县开展采风创作。

12月1日,市委书记、市人大常委会主任周农到县督查脱贫攻坚工作。

12月14日下午,省委副秘书长、省信访局局长许忠建调研衡山县基层信访工作。

12月25日,国家教育督导检查组第11小组对衡山县义务教育均衡发展工作进行督导评估。

政府办工作

主任 谭斌

【概况】 县人民政府办公室作为县人民政府的运转枢纽和综合协调机构,主要职能是服务领导、协调部门、联系群众,基本任务是主动参与政务、积极管理事务、努力搞好服务。2017年,内设秘书一科、秘书科二科、经济研究室、督察室、机要文电室、值班室、建议提案科、人事政工科、民族宗教事务科、行政科、外事侨务科、行政审批服务股等12个科室。2017年,在职在岗干部职工58人,其中干部45人、其他人员13人。

县政府办班子成员合影(左起:康国彪、杨春泉、周伟明、赵福田、谭斌、王军、符洪钧、赵桂香、陈忠元、颜科军)

【作风建设】 中共十九大在北京胜利闭幕后,政府办及时传达会议精神,落实上级党委和县委的要求,将党的十九大精神进一步学习深化,在县政府系统中带头抓好学习贯彻,以十九大精神为统揽、以习近平新时代中国特色社会主义思想为指导,扎实推进政府各项工作。继续推进"两学一做"学习教育常态化,大力弘扬工匠精神,切实加强理论武装,锻造"四铁"干部。

【政务督查】 2017年,县政府督查工作坚持围绕中心、服务大局,积极推进重大决策部署贯彻落实。注重抓好县委、县政府重大会议精神贯彻落实和全县重点工作的督促检查,充分发挥"督办落实、协调服务"的职能,扎实开展督查活动,有效遏制极少数部门落实不力、行动不快等问题的发生,推动各项工作任务的落实。2017年,牵头组织各类政务督查26次、会风会纪考勤33次,下发督查通报27期、督办函10期、书面及电话交办事项58件次,联合参与专项督查15次、重点项目督查考核4次。以专题督查突出工作重点,将2017年《政府工作报告》146项重点工作细化分解至60个责任单位和各乡镇,实行定期调度与动态督查相结合,较好地完成全年目标任务;建立城市基础设施"八大工程"专题督查机制,实行一月一督查、一月一通报;对县政府常务会议及县长办公会、专题会议各项议定事项进行跟踪督办。以实地调研发挥参谋作用，牵头开展专题实地调研3次、撰写调研报告3篇，为领导科学决策提供第一手资料和建议意见。

【政务协调】 发挥政务运转承上启下、联结左右的优势，完善重大事项协调、重要情况通报、突发事件处置等机制，规范文件流转程序，做到纵向协调畅通无阻，横向协调高效有序。坚持24小时值班制度，进一步规范文件收发、文件传阅、文件批办、文件保管、借阅复制等工作程序。2017年，完成领导讲话、工作汇报等材料110余篇，共30余万字。各类公文行文500余件，及时送审、转办下级请示报告件100余件，充分发挥以文辅政的职能作用。转发、下发会议通知400余次，召开各类会议155次。充分发挥县政府办公室牵头揽总的作用，主动加强对上、对外、对下协调联系，形成围绕中心、密切配合、整体联动的良好局面；周密组织各类会议，认真做好会前、会中、会后各个环节的衔接，确保各类大型会议圆满成功；重视与县委、人大、政协办公室以及部门、乡镇之间综合协调，形成团结一致求发展、齐心协力抓落实的良好氛围。

【办文办会】 2017年，以衡山县人民政府或衡山县人民政府办公室名义印发各类文件共304个，所有公文起草、政策依据、行文规则进行严格把关，做到政策合法、层次清楚、语言通顺，未出现歧义和差错，确保了县委、县政府各项重大决策和重要工作部署的落实。会务服务精简高效，接待活动勤俭务实。全年承办县政府常务会15次、县政府全体(扩大)会1次、县长办公会62次，重点工作专题会78余次，印发会议纪要155期。突出政务主体，规范办文办事程序，优化保障服务，保证政府各项工作有效开展。

【应急管理】 2017年，衡山县突发事件应对工作基本情况，自然灾害类，洪涝灾害造成10400人次受灾，紧急转移安置1420人，需紧急生活救助人口1319人，农作物受灾5574.5公顷，倒塌农房71户、200间，严重损坏农房51户、123间，全县经济损失达7475万元。2017年，事故灾难全县共发生各类事故22起，死亡2人，全县非煤矿山、危险化学品、烟花爆竹、学校、建筑施工、消防、农机、水利、特种设备、旅游、工商等各行业领域，没有发生一起较大及以上生产经营单位安全责任事故，安全生产形势总体趋稳。公共卫生类无突发公共卫生事件报告。疾病预防控制系统共报告法定传染病16种，报告各类传染病共2078例，传染病自动预警84次，累计预警病种6种，经过调查分析核实，均予以排除疑似事件。社会安全类，全县刑事立案623起，比2016年同比下降8.11%；破案568起，同比上升63.69%，刑拘399人，同比上升39.51%，移诉378人，同比上升3%，受理治安行政案件932起，查处790起，治安处罚851人，其中治安拘留707人。查处各类交通违法行为61193起，全年发生道路交通事故1766起，全年没有发生一次死亡3人以上的重大交通事故。同比2016年，死亡事故起数、死亡人数、受伤人、直接经济损失分别下降5.31%、46.15%、28.64%、52.09%。侦破逃逸案件4起，刑事拘留7人、逮捕2人、移送起诉16人、判刑5人、吊销驾驶证10本。2017年，应急办围绕“一案三制”建设的总体要求，推进应急管理工作，认真贯彻落实《中华人民共和国突发事件应对法》和《湖南省实施〈中华人民共和国突发事件应对法〉办法》，围绕创建平安和谐衡山，充分发挥服务协调作用，妥善处置突发公共事件，加强应急平台建设。充分利用“5·12”宣传、组织相关单位，开展一系列防震减灾、应急演练等活动，并及时从中总结经验、教训，不断完善应急管理突发事件的预警、监测等机制，从而牢固树立危机意识、责任意识和服务意识。充分利用电视、网络等媒体以及各个应急宣传活动，广泛宣传应急管理知识，2017年，宣传活动共悬挂标语80余条，展出宣传图板60余块，发放《公众应急手册》等1000余册，发放传单2000余份，特别是针对学校、乡村进行大量宣传和普及，提高全民面对突发事件的应急处置能力。积极完善应急联动机制。为搞好应急物资储备统计工作，组织相关部门召开专题会议，进行讲解培训。乡镇、应急成员重点单位报表全面细致，对全县应急物资储备做到家底清楚、调度得当，并按时按质报送市应急办，还对监控设施及覆盖情况进行摸底。在县城完善应急指示标牌，设立多个应急疏散避难场所。

（夏　楚）

信访工作

政府办副主任(兼)局长 符洪钧

【概况】 2017年,衡山县信访工作以“迎接十九大、服务十九大”为主线,以“两个专项行动”为重点,强化责任落实,深化源头治理,突出关键重点,着力解决问题。衡山县信访总量为4781件(人)次,同比上升12%,其中来信119件,同比下降3%;网上信访358件,同比下降12%;来访706批、4304人次,批次同比上升13%,人次同比上升17%。2017年11月,衡山县被衡阳市委、市政府评为“党的十九大期间全市安保维稳工作优秀集体”,衡山县信访局被评为湖南省信访基础工作“百佳业务规范单位”。

县信访局班子成员会议照(左起:符冬成、刘春辉、符洪钧、罗庆元)

【党建与信访结合】 衡山县以加强村级基层党建为统领,把美丽乡村建设和村群众工作室建设有机结合,利用组织关心、党员帮扶、领导包案等途径有效调处化解各类矛盾与纠纷,把党建和信访有机结合起来。包村乡镇干部作为基层接访第一责任人,村支部书记(村主任)作为接访的直接责任人,实行首问责任制和“三访”(陪访、约访、代访)制,让群众足不出村,在家门口反映信访诉求问题,有效预防和减少信访问题。2017年12月,省政府副秘书长、省信访局局长许忠建在长江镇柘塘村调研时给予高度评价,认为该项举措在湖南省树立了标杆,作出典范,值得各地学习借鉴。

【信访专项行动】 衡山县扎实开展“信访问题源头治理”和“信访积案清零”专项行动,强化领导包案,突出调度会办,落实好“五个一”工作措施,综合运用法律、经济、教育、听证、帮扶以及依法处理等多种手段,逐案攻坚,逐人化解,确保清仓见底、不留死角。全县共排查矛盾纠纷216次,预防矛盾纠纷204件,调解矛盾纠纷765件,调解率100%。省市“信访积案清零”专项行动交办的27件信访积案基本办结,县联席办排查出来的139件突出信访问题,化解办结115件。对难以解决的,全部落实稳控措施。

【网上信访】 衡山县大力推行“互联网+信访”新模式,网上投诉事项的网下办理力度不断加大,信访基础业务与网络数据应用不断融合,信访部门信息化转型升级成效明显。23个县直单位、12个乡镇联通和应用信访信息系统,县党政门户网站升级改版网上信访投诉平台,人民来访接待中心建成运行视频接访系统,高效运行“衡山信访”微信号、今日头条号,进驻“湖南信访”APP手机客户端,畅通“12345”服务热线,打造“一网、一视、一微、一端、一热线”的“五个一”信息平台,群众就地反映诉求更加便捷,群众满意度评价持续提升。

【信访秩序维护】 积极引导群众依法逐级走访或通过网上信访信息平台反映信访事项,持续开展信访违法行为专项整治,依法惩治赴省、进京信访违法行为,切实维护正常信访秩序,十九大、全国“两会”“一带一路”高峰论坛等特护期实现赴省进京“零登记”,完成信访维稳保障任务。全年对违法上访人员训诫教育42人、行政拘留19人、轻刑快办1人,收到良好社会效果。

【信访业务竞赛】 衡山县以提高五率(信访部门及时受理率、责任部门及时受理率、办结率、评价率、满意率)为目标,开展“百佳业务规范单位”“百佳业务能手”为主要内容的业务工作竞赛活动。围绕信访事项受理、办理、答复、送达、信息录入、督查督办、复查复核等内容，采取比对数据、查看记录、调阅档案、与上级部门业务对接等方式，分类制定工作台账，找准问题症结，不断提升信访工作基础业务规范化水平。

（谭　华）

政务便民服务

主任　符文忠

【概况】　县政务便民中心实行“县委领导，政府主抓，政府办组织协调，纪检监察机关监督”的工作机制，为县政府直属机构。2017年，政务服务中心坚持服务大局，扎实强化管理监督，推进“三集中三到位”改革，推行行政许可分类管理，推动乡镇全民服务中心规范化建设，全年政务公开、政务服务工作取得较好成效。2017年，进驻中心的部门单位34个，其中，办事大厅设窗口16个，单位设分厅8个，代理室10个。

县政务中心班子成员合影（左起：涂岳平、符文忠）

【政务公开】　各乡镇、科局、公用事业单位公开工作制度健全。政府信息公开、行政决策公开、行政执法公开和公共企事业单位办事公开深化，加强社会高度关注事项的公开。县政府及县直单位重点公开各类政务信息；乡镇及村（社区）重点公开群众普遍关注的热点、难点事项；公用事业单位重点公开办事制度和便民举措；指导《衡山直观政务》电视专栏节目制作、播出节目52期。

【政务服务】　完善和强化实施“双章制”“一次告知制”“首问责任制”“限时办结制”“首席代表制”“全程代理制”制度，督办实施“一个窗口受理，一站式审批，一条龙服务，一个窗口收费”运行模式，科学配置工作窗口，坚持强化职能进驻。进一步细化2017年度政务公开、政务服务工作意见和考核方案，完善中心学习、考勤、值班、督查、奖惩等制度，认真组织讲评会、工作例会，组织窗口人员进行业务学习。强化对大厅窗口及分厅、代理室工作和乡镇服务中心工作的指导、协调、监督、管理。1—12月，县政务中心办理各类服务事项20771件次，收费约3000万元。县政务中心新业务大楼装修工程全面完工，大楼位于县开发区，占地9亩，总建筑面积7400平方米，中心认真做好窗口设置、部门和人员的进驻安排等各项准备工作。12个乡镇全部建立政务便民中心并挂牌，乡镇站所全部进驻，城区社区都建成便民服务办事厅，逐步开展村便民服务点规范化建设。

【审批改革】　协助推行三集中三到位改革，成立领导机构，印发实施方案，有行政许可职能的部门都成立审批服务股，结合新政务中心搬迁全力推进部门股室整合和职能归并。对39个有行政许可职能的部门印发《关于实行行政许可项目分类管理及编制审批流程清单的通知》文件，进一步优化审批流程，减少审批环节，提高审批效率。规范审批办事行为。明确手续简便、可即接即办的事项要进入大厅，对建设项目审批报建流程及其收费进行审查明确，县政府召开专题会议作出规范，进一步优化工作流程，明确报建所有涉及窗口都要认真履行职能，同时加强督查和跟踪，对违规操作、体外循环的实施问责。

会同编办、法制办、电政办完善行政权力清单、责任清单、公共服务事项清理工作，组织各部门将291项行政许可和公共服务事项编制目录和实施清单，并录入全省“互联网＋政务服务”平台。全面实行工商注册“一证一码”“五证合一”，完成商事制度改革。积极督办抓好网上应用指导、通报、协调、落实，在电政办技术指导下，各职能部门及窗口认真开展在线办理和数据录入工作，安排非涉密事项全部网上运行，未出现红牌、黄牌现象。

【全程代理服务】 以代服工作为抓手,实施"快速直通车"审批服务,明确各部门审批总时限在本部门不超过10个工作日,协调、调度各工作窗口为重点项目建设在咨询、立项、报建、施工、产权办证、收费等方面实施代理服务20件。出台规定措施,进一步增强服务理念,改进服务方式,在窗口推行文明用语、文明着装、文明礼仪,主动上门服务,走访一些重点企业听取意见,为企业生产经营营造良好外部环境。

【政务服务评议】 在中心大厅实行政务服务质量评议制度,设置政务服务评议箱,专项督查情况和每月运行管理情况综合后发出通报。进一步加强信访接待和投诉办理,接待来访来电70余人次,都认真作好解答、引导及回复。 （陈　佳）

电 子 政 务

主任　沈忠辉

【概况】 衡山县电子政务管理办公室为政府直属的正科级全额拨款事业单位。有编制数15个,在编在岗8人,其中主任1名,副主任2名,股室工作人员5人,政府购买服务"12345"热线话务员9人。获2017年湖南省政务公开政务服务和政府网站工作先进单位。

【门户网站】 开设信息公开规定、指南、年报、目录等基础信息公开栏目,保留政务动态、领导信息、公示公告、人事信息等基本栏目,新设农业农村、融城拓城、年度政务公开要点、行政执法三项制度改革等专题专栏,开办"史志年鉴""视频衡山"等创新栏目,各栏目按政策要求相应开设子栏目,将栏目内容动态扩展责任划分到相关部门,发现"四不"现象及时督办。突出中办、国办"五公开",分门别类持续推进"决策、执行、管理、服务、结果"五类信息公开,成为衡阳市乃至湖南省第一家政府网站,公开的内容不断细化深化,公开的形式多种多样,公开的渠道畅通有效。门户网站安全保障能力大幅提升,搜索功能明显精准,"微信小程序"成功开发,简繁通、智能化、无障碍等个性化服务逐步完善。

县电政办班子成员合影(左起:聂鑫明、沈忠辉、戴辉)

【"12345"政府服务热线】 1月10日,与县公安局开展"12345",服务找政府;公安110,为民保安宁"系列联动宣传,制作热线宣传片并在县委广场LED大屏不定时播放,开辟热线专页,实现与110三方通话,开发安卓版APP客户端和微信服务号,并入"12385"残疾人服务热线,对接党政门户网站政务信箱,加强话务员业务培训和电子工单督办,形成有效工单12194件,在线办结11381件,在线办结率93.69%,综合办结率99.62%,回访满意率99.6%;发出热线简报11期、通报1期,电话、短信、微信、APP、政务信箱、网页六条受理途径,在线答复、工单交办、电话催办、短信提醒、信箱答复、简报通报、网页公开七大监督举措,打造一个全方位和全天候保障即时话务综合服务平台。

【"三湘云"平台】 互联网+监督平台方面8月启动平台建设,作为平台的县级运维管理部门,配置县级业务人员运维管理账号,组织开展县级业务培训,增添相关部门和乡镇交换前置设备,保障电子政务外网畅通,8月底,完成民生资金公开项目目录编制、平台业务培训并同步推进民生项目资金公开数据及村级财务公开数据采集。9月底,完成规定数据采集工作;10月,对所采集的数据进行复查审核;11月14日,实现与省平台并网上线运行。

【互联网+政务服务】 配合编办开展行政权力动态清理和目录清单编制,主抓实施清单信息录入指导和网络畅通，12 月 11 日，完成县内部门行政许可和公共服务事项信息录入，34 个部门填报实施清单 293 项，其中行政许可 138 项，公共服务事项 155 项。现网上办事服务和电子监察平台数据录入稳定安全，至 12 月 12 日，收件 62160 件并全部完成办件录入，未因行政过错在电子监察系统产生红、黄牌。

【电子政务内网】 完成新电子政务内网（保密网）县级接入点机房建设，内网机房即将开展初步验收。全部建成后可部署机密级及以下业务系统，能保障非公开信息资源规范安全运行。

【电子政务外网】 持续整合、规范管理电子政务外网，外网平台新拓展“国家企业信用信息公示系统（部门协同监管平台）、国家护路系统、国家发改部门重大项目库系统、全省互联网 + 监督系统、全省安监系统 OA 办公系统”等部门业务应用系统。

【电子政务云】 以国省市数据交换共享和承载县内新上部门业务系统为任务的全县电子政务云平台建设与政务综合大楼同步实施，一期建设业主为县经建投，投资计划 300 万元，云平台机房布局大楼四楼，11 月 22 日挂网招标，12 月 12 日完成公开招投标，中标价格为 262.5 万元，电子政务云平台机房即将启动建设。 （唐　韬）

金融办工作

主任　刘衡岳

【概况】 2017 年，衡山县金融稳定继续保持平稳运行，各金融机构贯彻中央和省市金融工作方针政策，落实县委、县政府各项决策部署，有效推动经济社会平稳健康发展，金融对稳增长的支撑作用得到充分发挥。年内，衡山县金融业增加值 4.79 亿元，占 GDP 比重 2.87%；金融机构投放 9 家企业固定资产贷款 10.035 亿元，直接拉动 GDP 增长 6 个百分点，金融业在全县 GDP 贡献中达 8.88%，居衡阳市第一。全年全县金融机构实现利润 17564 万元，上缴税收 4073 万元。年末，全县金融机构各项存款 142.09 亿元，比年初增加 17.99 亿元，增长 14.5%，各项存款增幅在七县一区中排名第三。年内各项贷款 53.18 亿元，比年初增加 14.77 亿元，同比增加 12.47 亿元，增长 38.46%，创衡山县金融业历史新高。存贷比 37.43%，存贷款考核指标提前 3 年完成小康县目标任务。贷款增速、存贷比增速排名衡阳市第一。其中，华融湘江银行贷款增幅 523.04%，同比多增 3.56 亿元；农发行贷款增幅 251.41%，同比多增 4.9 亿元；农行贷款增幅 23.69%，同比多增 1.36 亿元；农商行贷款增幅 18.83%，同比多增 1.26 亿元。

【金融安全区创建】 制定出台《衡山县创建市级金融安全区工作方案》《衡山县清收行政事业单位、国家公职人员拖欠银行贷款工作方案》等文件，成立衡山县创建市级金融安全区领导小组、衡山县清收行政事业单位国家公职人员拖欠银行贷款领导小组。2017 年，清收公职人员拖欠贷款 78.52 万元，清收行政事业单位拖欠贷款 249.96 万元。2017 年，各金融机构不良贷款率为 1.63%，不良贷款率最低，未发生重大金融风险事件，金融风险始终保持平稳运行。新增信用乡镇 6 个、信用村 63 个。市级金融安全区创建已完成市金融创安办现场考核验收工作。

【金融扶贫】 衡山县 26 个贫困村全部建立金融扶贫服务站，实现服务站在全县建档立卡贫困村的全覆盖。全县 26 个贫困村实现电商和助农取款三站融合 17 个，占贫困村 65%，在衡阳市排名第一。农商行 2017 年年末发放小额扶贫贷款 3405.8 万元，省考核完成率 103.52%，超额完成 115.8 万元。农发行支付易地扶贫搬迁专项贷款 1674 万元和易地扶贫搬迁基金 286 万元，落实安置易地搬迁贫困户 319 户、1095 人。2017 年，扶贫贷款余额 3959.6 万元，共 1244 户。全县金融机构以产业扶贫带动贫困户 843 人，实现贫困户就业脱贫，发放贷款 48270 万元，涉及贷款企业 24 个。

【银企对接】 9家金融机构与23家企业单位现场签约15.01亿元,到位8.87亿元;场外签约单位40家签约资金11.65亿元,到位4.9亿元,签约金额再创历史新高。2017年,银企对接资金到位率91.8%。对接企业涉及基础设施建设、材料加工、物流业、建筑业、医药行业等,既有传统优势产业项目,又有贴近市场、前景广阔的中小项目,有效地缓解辖内中小企业融资难矛盾,构筑政银企和谐环境。如衡山农商行自2014年来累计向衡岳中药饮片有限公司发放贷款2100万元,持续支持公司做大做强。截至2017年年末公司资产总额达8200万元,实现销售收入8100万元,实现利润805万元,分别比2014年增加5000万元、6000万元、800万元。

【保险赔付】 2017年,保险公司总保费为3.41亿元,赔付总金额为1.28亿元,其中农险保费1747.88万元,农险赔付金额为857.79万元,较好地发挥保险"经济助推器"和"社会稳定器"作用。人保财险、人民人寿、中华联合超额完成衡阳市对县考核扶贫特惠保任务数,为衡山县贫困户家庭提供强有力的风险保障。特别是人保财险针对衡山县2017年6月底遭受特大暴雨水稻受灾情况,做到快查勘、快定损、快赔付,做好理赔服务工作,累计赔付396万元,减轻县政府救灾压力和农户经济损失。

(谭可琢)

矿产资源税费征管

主任 陈伟星

【概况】 2017年,县内有矿山企业46家,主要开采石膏、高岭土、长石矿,税费年收入合计1055万元。衡山县拥有43家矿产品加工企业,以加工钠长石粉、水洗砂、陶瓷原料为主,税费年收入合计3338.16万元,其中全年税费达50万元以上的加工企业共有8家。由于受南岳自然保护区影响,大部分矿山企业被关停,矿产品加工企业也减少或停止生产,全县矿产经济呈断崖式下降。2017年,县政府下达3500万元税费收入的任务指标。面对巨大的任务压力,衡山县矿产资源税费征管办公室以组织收入为中心,坚持"勤征、细管、挖潜、堵漏"八字方针,每月一调度,超额完成税收任务。2017年1月,矿管办荣获县党风廉政建设先进单位。

县矿资办班子成员会议照(左起:康爱平、刘三明、陈伟新、杨顺)

【矿山关停整顿工作】 严格落实中央环保组下达的指示精神,协助做好南岳自然保护区范围内矿山关停工作,根据要求关停矿山企业32家,占所辖矿山总数的85%左右。自2017年8月16日起,县矿管办暂停对南岳自然保护区范围内的所有矿山企业领发运销证。8月21日,根据县人民政府在东湖镇召开的现场办公会议精神,迅速下发《关于停止衡山自保区内原矿产品验票出关的紧急通知》,停止对关停矿山的矿产品验票,全面禁止关停矿山企业运矿车辆放行,并及时向公安机关上报可疑车辆。为切实摸清矿区底子,落实巡查机制,县矿管办安排一名副职领导进驻巡视工作小组,对矿山企业进行近两个月的走访巡察,重点核实资产投入、税费收缴、证件资料等情况,并督促关停矿山做好封场覆土复绿工作。对矿山企业主和当地村民的意见、反映的问题,进行及时回复和解答,有效化解矛盾、稳定情绪,避免社会治安事件发生。

【矿产资源税费收入】 继续做好非自保区范围内的征管工作。虽面临矿山关停的巨大压力,所辖8个站点,坚持做到人员不少、工作不松、标准不降、责任不变、力度不减,严格做好每车运矿产品数量和品质的检查、认真做好每一次验票记录、耐心做好与每一位运矿司机的解释沟通，实现税费征管秩序规范有序、良性运转，确保矿产资源税费“应收尽收”。开征湘江河道砂石资源税费。在矿产资源税费收入出现断崖式下降的情况下，县矿管办积极创新发展、拓宽工作思路，将征管对象最复杂、征管矛盾最突出的湘江河道砂石资源纳入税费综合征管。2017年4月，县矿管办成立砂石资源税费调研工作小组，对湘江河道衡山段所有码头和萱洲至长江段进行多次走访调查，并向国税、地税、交通、水利、环保等部门进行业务咨询，在充分论证基础上向县人民政府拟出税费征管具体实施方案。8月3日，县人民政府根据矿管办拟定的方案正式下文，采用水利局与矿管办联合征管的办法，对湘江二级航道二期工程衡山段航道疏浚砂石资源实施税费综合征管。由于河道线路长、两岸社会关系错综复杂，不少社会船只想“打擦边球”非法开挖偷逃税费，矿管办砂石管理站一方面及时记录、及时对账，另一方面将发现的非法开采情况及时通报相关部门。在做好税费收缴的同时，坚持每月稽查至少3次以上，并依照有关法律法规对不服从监督管理、偷逃税费的砂石采挖船只进行严厉惩治。2017年，县矿管办完成税费总收入4393.16万元，较2016年增长7.68%，其中矿山税费收入2385.38万元，砂石资源税费收入2007.78万元。开征湘江河道砂石资源税费，成为在绝大部分矿山企业关停的情况下，税费收入逆势上扬的新亮点。

【矿资税费征管】 矿管办下设的公安执勤室与稽查股的工作重心是加强稽查、堵塞漏洞，建立良好的征管秩序。注重营造良好的税费征管氛围。公安执勤室和稽查股坚持每月定期下到各矿山企业进行走访，了解企业的生产现状与困难，向各矿山企业宣传国家法律和税收政策、讲解税费征管流程，督促其自觉缴纳税费。针对在走访的过程中收集到的信息，及时调整工作思路、制定有效措施。在工作中了解到皮重管理和榨浆泥管理方面存在的漏洞，出台《皮重管理措施》《榨浆泥管理办法》，规范征管工作。注重通过耐心细致、行之有效的工作，及时化解矿山企业主因矿山关停带来的矛盾、怨言，消除税费征管的阻力与抵触情绪，保证征管工作有序进行。坚持不定期对矿山企业进行突击式检查，对矿产品等级、种类进行稽查，严把源头关。对矿产品出入境的各个站点与路口实施24小时监控外，还采取定期与不定期蹲守的方式，对县内的交通要道和出入境关卡来往运矿车辆进行检查，构筑一道防止税费流失的“防火墙”。从严从快查处偷逃税费案件。矿管办将全县矿山企业和运矿司机的缴纳税费情况公开在阳光之下，实施公开监督，并建立耳目20余人，及时了解舆情。2017年，收集情报信息200余条，公安执勤室与稽查股从这些情报信息中甄别出10余条涉嫌偷逃税费的案件线索。2017年12月，多次到县公安局调取监控录像，三赴湘潭县公安局查阅监控资料，通过比对海量的监控资料，终于排除运矿司机和矿山企业偷逃税费的嫌疑，也排除矿山企业、运矿司机与工作人员里应外合偷逃国家税费的嫌疑。在调查中，也发现有验票站的个别工作人员在工作当中不负责任，对疑似运矿车辆未加强核查，造成运矿车辆未经验票就直接出关的情况。事件调查清楚后，矿管办对失职工作人员进行诫勉谈话，并发出稽查通报，对其进行通报批评和扣分处理。2017年4月，在稽查中发现有个别生产企业，唆使运矿司机运输矿产品时，不进站交验税票，直接冲卡出关。事件发生后，矿管办迅速联系相关派出所，接到报案后派出所立即启动调查程序，迅速地对10余名运矿司机和矿山企业相关工作人员进行传唤询问，在铁的事实面前，他们对自己的偷逃税费行为供认不讳，并对偷逃的2万余元税费予以补缴。通过与公安的联合办案，对偷逃税费事件进行快速、严厉的查处，对纳税企业和运矿司机形成极大的震慑力，从而有效地预防偷逃税费案件的再度发生。2017年，除出现个别运矿司机冲卡以外，没有发生一起偷逃税费大、要案件和其他矛盾纠纷事件，避免10万余元直接税费流失，确保税费“颗粒归仓”。

【矿管队伍基层管理】 对基层的管理，坚持两个原则：一是“严管”，在制度上，以铁的工作纪律，约束干部自觉遵纪守法，执行制度必严肃，落实规章必到位。二是“爱护”，用兵的前提是爱兵，敬业的前提是爱岗。在为职工办食堂、提工资、谋福利等方面，让大家充分感受到集体的温暖，增强征管事业的聚焦力和向心力，使队伍更加富有战斗力。严控“三公经费”支出，保证基层一线经费需要。在县办经费极其紧张的情况下,对马迹站、长青站的房屋进行维修,为职工提供一个舒适、安全的工作环境。创立单位14年来,注重抓早抓小,灵活运用稽查通报、约谈、扣分、辞退等方式把问题解决在初始阶段,单位全体干部职工没有发现一起严重违法违纪行为。

【矿管办党建】 结合"两学一做"学习教育,深入学习贯彻落实党的十九大精神、习总书记重要讲话精神和十八届六中、七中全会精神,严格落实县委党建工作会议各项部署,围绕年度工作重点,以继续推进全面从严治党为目标,以"三会一课"为重要抓手,不断强化党的思想组织、活动阵地、纪律作风、廉洁廉政、制度体系建设,逐渐形成"班子优、队伍强、阵地全、教育实、作风纯、素质高"良好态势,为单位事业发展打下坚实的基础。

【矿管办精准扶贫工作】 围绕精准扶贫相关要求,成立精准扶贫工作领导小组,制订精准扶贫工作计划,定期召开会议研究部署扶贫工作,进一步明确"精准帮扶"工作职责和任务。在具体帮扶活动中,一把手亲自带队,在新桥镇仙鹅村开展一对一扶贫,与5户贫困户结成帮扶对子,定期前往贫困户家中,宣传党和政府的扶贫政策,调查研究致贫原因,并给予贫困户各种政策与致富门路上的帮助、支持,激发群众寻找脱贫产业的信心,加快贫困群众脱贫致富奔小康步伐。根据要求,在两路口社区、大桥社区,开展志愿服务和慰问特困党员群众活动。 (何懿婧)

国有土地上房屋征收管理

【概况】 衡山县国有土地上房屋征收管理办公室成立于2004年6月,名称原为衡山县房屋拆迁管理办公室,副科级事业单位,归口衡山县房产管理局。2009年2月,县政府专题会议确定划归县人民政府办公室管理。更名为衡山县国有土地上房屋征收管理办公室,隶属县政府办管理。主要负责实施城区国有土地上房屋征收与补偿工作,起草征收补偿方案并报上级批准;负责对征收补偿方案进行调查听证、论证、公布、征求意见及政策宣传、解释工作;负责对征收范围内房屋的权属、区位、用途、建筑面积等情况组织调查登记;负责与被征收人签订补偿协议,并建立拆迁户档案和公布分户补偿情况等工作。2017年,积极参与并配合全县国有土地上和集体土地上房屋征收工作,从政策宣传、征收程序、业务指导、协商谈判、到行政复议行政诉讼等全程参与到各重点项目中,并派专人负责,实行谁参与谁负责。黄花新区项目签订房屋征收协议32户;紫金路项目签订房屋征收协议12户;县中医院整体搬迁项目拆迁扫尾工作3户已全部完成,其中协议签定2户,法院裁决1户,房屋已全部拆除。文化艺术服务中心项目签订房屋征收协议2户;工业园配套服务区项目签订房屋征收协议7户;毛泽建公园项目拆迁扫尾最后1户;县自来水厂扩建项目,完成水厂扩建区内3户被征收户的协议签订;开云新区项目签订房屋征收协议38户;开云南路项目签订房屋征收协议40户;白云路口旧城改造项目签订房屋征收协议2户;2017年,衡山县共完成140户房屋征收工作,建筑面积约36000平方米。完成8户被征收人的行政诉讼和行政复议工作。调解11户被征收人因房屋征收工作而上访的矛盾工作。组织全县从事国有土地上房屋征收工作的业务培训工作。逐步规范衡山县国有土地上房屋征收的补偿安置工作。确保全县国有土地上房屋征收工作在平稳、有序中开展。 (廖章龙)

开云新区管理

党工委书记　文新民

主任　周常青

【概况】 开云新区管理委员会由原开云新城综合管理办公室更名,根据《中共衡阳市委机构编制委员会办公室关于衡山县开云新城管理办公室更名为衡山

县开云新区管委会班子成员合影(左起:旷君伟、刘建高、文新民、周常青、王锡衡)

县开云新区管理委员会的批复》的规定开云新区管理委员会设六个内设机构:综合部、工程建设部、征地拆迁部、招商融资部、社会管理部、财务部。衡山县开云新区管理委员会为全额拨款事业单位,编制28人。围绕县委、县政府关于开云新区的战略部署和发展思路,坚持稳中求进的总基调,做好保稳定、搭班子、谋发展、抓项目。确定“一年打基础、三年成规模、五年见成效”工作思路,以基础设施建设、项目推进、招商引资和车站管理为中心,各项工作都取得显著成绩。

【新区建筑风格对接南岳】 坚持规划先行,推动科学发展,明确总体规划和建筑风格。根据2月20日书记办公会议精神,开云新区范围内的建筑整体风格按照对接南岳景区的原则,以现代明清建筑风格为主;规划编制加速推进。九龙大道、开云大道等核心区域的详细规划即将出台;管委会与开云镇国土所、项目协调指挥部开展新区规划范围内的控建拆违日常巡查工作,严厉惩治乱搭、乱建等违法行为,拆除违章建筑5处。

【新区项目建设】 克服雨季施工困难,抢抓进度。2017年,完成征地320余亩,已签协议47户,拆除房屋19栋。新区客服服务中心正式启用;疾控中心项目完成场地平整;妇幼保健院、民政基础设施、人防指挥所等项目已启动前期工作。

【衡山西站前广场管理】 以打造“干净、整洁、平安、有序”的衡山西站前广场为目标,开展集中整治行动,确保春运各项任务圆满完成;组织班子成员先后赴高铁衡阳东站、赤壁北站、孝感北站学习考察先进管理经验,制定新的管理模式和办法,提交政府常务会讨论并通过;完成站前广场改造和社会停车场改造项目;加强执法力量,客运办4名执法人员正式进驻衡山西站前广场;加强对营运车辆和社会车辆管理,加大对黑的、摩的非法营运和喊客、拉客等行为的惩治力度,强力整治衡山西站前广场管理秩序;加强辖区范围内的绿化、美化、亮化工作,站前广场面貌焕然一新。

【新区管委会精准扶贫工作】 在人员不足的情况下,按照县委的统一安排,抽调2名班子成员和1名中层骨干参与精准扶贫,并给予强有力的后勤保障。所联系的开云镇桂花村被评为县脱贫攻坚工作先进村。

【新区管委会党建工作】 将党建工作融入业务工作中,做到党建工作与业务发展同谋划、同部署、同实施。抓牢抓实“三会一课”,助推“两学一做”学习教育。制订党支部2017年工作计划,从严落实“三会一课”制度,坚持每季度召开一次支部党员大会、每月召开一次支部委员会、每月安排一次党员固定活动日、每季度安排一次党课,明确支部党员大会、支委会、党课召集人为党支部书记。 (王金黄)

禁毒工作

主任 彭应祥

【概况】 衡山县禁毒工作社会化办公室为县禁毒委员会常设办事机构、县政府禁毒工作主管部门,是归口县政府办管理的正科级事业单位。其主要职责是:贯彻执行国家有关禁毒法律法规和政策,组织协调、指导全县禁毒工作,承担县禁毒委员会的日常工作。核定全额拨款事业编制5名,其中主任1名,副主任1名,股室负责人3名。内设综合股、宣传教育股、社区戒毒(康复)股三个机构。

县禁毒办班子成员合影（左起：彭应祥、宾科鹏）

2017 年，进一步加强禁毒队伍和基础保障建设，深入开展禁毒预防宣传教育活动，强化执法惩治力度，推进社区戒毒（康复）“8·31”工程建设，履职能力进一步提升，禁毒社会氛围更加浓厚，全民禁毒意识进一步增强，缉毒执法战果显著，衡山县被评为“衡阳市禁毒工作先进县”，县禁毒办被评为衡阳市“6·27”工程先进单位。6 月，省委常委、政法委书记黄关春到衡山县视察调研，对衡山县禁毒工作给予充分肯定。8 月，衡阳市禁毒重点工作现场会在衡山县召开，衡山县禁毒重点工作经验在衡阳市推广。

【禁毒教育宣传】 制定出台《2017 年衡山县禁毒预防宣传教育工作要点》《衡山县禁毒宣传信息工作考核奖励办法》等文件，结合“6·26”国际禁毒日、全民禁毒宣传月以及重大节假日，广泛动员社会各种力量开展多形式、多途径的全民禁毒宣传教育活动，在全县营造浓厚的禁毒氛围，形成全民参与禁毒宣传教育的格局。县禁毒办牵头组织乡镇、公安、检察院、法院、司法局、交通运输局等部门在人流量集中的车站、码头、集市、场所进行大规模的禁毒宣传活动，利用乡镇赶集日开展禁毒宣传车队进乡村宣传活动；在城区主要街道、路口悬挂禁毒横幅，设置禁毒标语广泛宣传禁毒工作；组织全县中小学校开展禁毒知识讲座、集体签名、集体宣誓、参观禁毒教育基地等活动；组织全县机关单位、学校、企业观看禁毒警示教育片 2000 多场次，观看人数达 20 万人次；联合县委宣传部、县广播电视台对禁毒时事新闻进行及时报道，新衡山报设立专刊，对县内禁毒新闻及时报道，衡山手机报设立禁毒专栏，每天向全县 6 万多手机用户发送禁毒标语和信息。县禁毒办统筹协调，以全面推进青少年毒品预防教育“6·27”工程为重点，将禁毒防线前移，联合教育局出台《衡山县组织禁毒特色教育“五个一”行动实施方案》，把禁毒课程纳入学校教育教学工作，争创具有衡山特色的“五个一”项目。衡山县作为“唱一首禁毒歌曲”的示范点，进行专题安排部署，签订责任状，安排音乐教师带领中小学校师生传唱禁毒歌曲；联合教育部门组织全县初中、高中、职中参加全国青少年禁毒知识竞赛，开展全毒品预防教育示范校及禁毒宣传优秀教师评选活动；联合县委宣传部、县委政法委牵头组织开展禁毒宣传车队进乡村等大型主题宣传活动，在全县 150 多个村（社区）巡回播放禁毒音频，悬挂横幅 300 多条，张贴禁毒资料 5000 余份，发放禁毒资料 20 余万份；禁毒宣传月期间，举行以“无毒青春、健康生活”为主题的禁毒歌曲大合唱、禁毒大游行、禁毒宣誓、禁毒朗诵等系列宣传活动，吸引广大群众积极参与，引起强烈社会反响。依托科技信息元素，结合传统文化优势，积极创新宣传形式，开展特色宣传教育活动。利用“互联网 +”的信息化手段，开通“衡山禁毒”今日头条号、“衡山禁毒”微信公众号和“衡山禁毒”微博，建立“衡山禁毒”QQ 工作平台。在衡山电视台、衡山新闻网、衡山手机报等县内媒体上开通禁毒专栏，推进禁毒工作社会化。利用国家非物质文化遗产岳北山歌、衡山皮影戏等文艺形式，编排禁毒情景剧，举办文艺会演活动，以群众喜闻乐见的形式，开展预防教育活动。

【涉毒严打】 面对新形势下的新毒情，坚持涉毒严打方针，保持惩治涉毒违法犯罪的高压态势，强化毒情研判，突出惩治重点。实行“逢吸毒必查毒源、逢贩毒必查上下线”的查毒机制，从严打毒品源头入手，公安机关持续开展“禁毒会战”“网络扫毒”“卫士之光”百日竞赛、“禁毒风暴”等专项行动。在衡阳市公安机关“卫士之光”百日竞赛中，衡山县禁毒工作排名衡阳市第一；在“禁毒风暴”专项行动中，排名衡阳市前列；破获省督 2017–117 贩毒案件，缴获毒品 400 余克。2017 年，共破获涉毒刑事案件 43 起，刑拘 45 人，移诉起诉 57 人，查处吸毒人员 407 人，强制戒毒 111 人，社区戒毒 154 人，严打整治继续保持强大震慑力。开展重点区域、重点场所吸毒贩毒行为专项治理，以点带面，强化惩治，在毒品流通环节遏制毒情蔓延。联合公安机关、文体广新等部门对全县所有 KTV、茶楼、网吧等娱乐场所开展经常性巡查和突击检查；对毒驾行为进行不定期设卡检查，累计开展专项检查 200 余次，查处涉毒违法犯罪行为 160 余起。广辟涉毒违法犯罪线索举报渠道，开通涉毒违法行为 24 小时举报电话，制定涉毒违法行为举报奖励办法，引导广大群众积极举报和提供涉毒违法犯罪线索，形成多渠道、多形式的监督举报网络。

【社区戒毒(康复)】 成立以副县长、公安局长、禁毒委常委副主任肖文斌为组长的社区戒毒康复领导小组，以减存量、控增量为核心，充分发挥社区戒毒的作用，建立完善社区戒毒(康复)中心，初步形成衡山特色的社区戒管模式，吸毒人员得到有效管控，全年没有发生一起涉毒人员肇事肇祸案事件，确保全县社会治安稳定。细致摸排，澄清底子，由县禁毒委统筹，县禁毒办指导，行业主管部门、各乡镇牵头，对本行业、本辖区内的吸毒人员进行全面调查摸底，对全县 2000 多名吸毒人员实行一人一档，根据涉毒人员成瘾程度进行分级分类管理，严格落实定期走访、定期谈话、定期尿检的“三定措施”，密切掌握吸毒人员心理状态和活动情况，夯实社区戒毒(康复)的第一手基础资料。出台《衡山县社区戒毒社区(康复)工作实施办法》，明确社区戒毒(康复)责任主体。围绕社区戒毒(康复)“8·31”工程建设，积极探索符合全县实际的社区戒毒(康复)模式，确定“以点带面、逐步推开”总体思路。在开云镇紫巾社区建立社区戒毒(康复)示范点取得成功经验基础上，把试点范围扩大到开云镇的 25 个村(居)委会，县禁毒办精心指导，开云镇、公安机关充分发挥主体作用，检察院、法院、司法、卫计、民政、人社等部门协同配合，对在册吸毒人员实行分类分级动态管控。开云镇社区戒毒(康复)等重点人员的有效管控率在 80%以上。开云镇社区戒毒(康复)的成功经验在全县乡镇推介。各乡镇抓住撤乡并村的机遇，将乡镇、建制村撤并后腾出来的办公场所优先安排作为社区戒毒康复办公的办公场地。全县 12 个乡镇都建立社区戒毒(康复)中心，重点村(社区)建立社区戒毒(康复)工作站。制定出台《吸毒人员网格化服务管理工作方案》，积极探索“互联网 + 社会治理 + 公共服务”的管理服务机制，建立具有衡山特色的“3+N”服务管理模式[“3”代表村(社区)干部、村(社区)民警、村(社区)网格员；“N”代表民政、妇联、人社、团委、综治及其他]。三级网格化管理体系是以村(社区)为基础，以不超过 30 个吸毒人员为一个网格的标准，将衡山县 1900 多名在册吸毒人员划分为 105 个基础网格，实现网中有格、格中有人、人尽其责。各乡镇、派出所、村(居)委会等按照出所必接、信息必录、过程必评、管控必严、违约必究的程序，有的放矢采取管控措施，确保吸毒人员管控不出现“真空”。在吸毒人员信息被录入系统、建档立卡后，由网格工作人员接收开展戒毒康复、管控巩固、就业安置、生活保障等服务，形成“小网格、大治理”“小网格、大服务”“小网格、大平安”新格局。通过社区戒毒(康复)，有力推动禁吸戒毒工作，至 12 月，三年未复吸人数达 400 多人，700 多名吸毒人员家庭享受低保或特困扶助政策，600 多名吸毒人员在帮扶下实现再就业。积极探索“互联网 + 禁毒”的衡山禁毒模式，建立“衡山禁毒”微信平台、QQ 平台，开通“衡山禁毒”微博，建立衡山禁毒大数据库，开发衡山禁毒综合信息平台。依托全县社会治安视频监控系统建立吸毒人员监控网，防止吸毒人员肇事肇祸。衡山禁毒综合信息平台数据库有吸毒人员管控力量、帮扶力量、社会组织、禁毒日常工作等数据 20 余万条，为禁毒工作信息化、规范化打下坚实的基础。通过“互联网 + 禁毒”模式，全县禁毒工作实现日常管理网格化，帮扶关爱精准化、走访排查动态化、宣传预防常态化、考核评价信息化。

【禁毒压力传导】 2017 年，认真执行落实县委、县政府出台的《关于进一步加强禁毒工作的意见》《禁毒工作责任制规定》《禁毒工作领导责任追究办法》等一系列文件要求，继续强化履职，单位“一把手”作为禁毒工作第一责任人，分管领导作为禁毒工作直接责任人，禁毒工作纳入党政干部绩效考核重要内容，直接与晋职、晋级挂钩，切实落实禁毒工作责任，形成有效的压力传导机制。11 月，根据县纪委、监察局、禁毒委、公安局联合制定的《关于党员、国家公职人员吸毒行为的处理办法》，将毒品检测纳入全县公职人员健康体检中，对发现的涉毒公职人员报县纪检部门、组织部门处理。 (曹江南)

人民政协

综　述

县政协主席　盛小平

2017年，县政协紧紧围绕全县中心工作，牢牢把握团结民主主题，扎实履行政治协商、民主监督、参政议政职能，切实发挥协调关系、汇聚力量、建言献策、服务大局作用，为推动衡山经济社会发展做出积极贡献。2017年，衡山县政协组织召开全体委员会议1次，主席办公会议12次，县政协常委会议5次，开展专题协商8次；督办委员提案81件，办复率100%；组织委员就经济发展、民生改善等重点课题开展视察和调研13次，形成建议案2件、调研报告11篇，提出100余条有价值的意见和建议，20篇社情民意和61条信息稿件被省、市政协采用。

重要会议

【县政协十届二次会议】 2017年3月26—29日，县政协十届二次会议在县城召开。中共衡山县委书记尹培国和县政协主席盛小平在开幕会上作讲话；委员们列席衡山县十三届人民代表大会第二次会议，听取并协商县人民政府县长蒋青所作的政府工作报告；协商县人民法院工作报告、县人民检察院工作报告和其他报告；会议补选唐立华为政协衡山县第十届委员会秘书长，增选尹俊超、沈雁中、彭君3人为政协衡山县第十届委员会常务委员。7位委员作大会发言。

【县政协常委会会议】 1月23日，政协衡山县第十届委员会常务委员会第一次会议召开。会议传达学习政协湖南省第十一届委员会第五次会议和政协衡阳市第十二届委员会第一次会议精神；协商县委干部人事任免；增补唐立华为第十届县政协委员；接受周冬初请辞，免去其政协衡山县第十届委员会秘书长、县政协办公室主任职务；任命唐立华为县政协办公室主任，提名唐立华任县十届政协秘书长候选人；任命县政协机关委室负责人；协商通过周树栋、陈一德、刘开颜、王金黄、李衡峰、吴胜凯、徐志国7人请辞县十届政协委员的决定。会议还审议《县政协2017年工作要点(草案)》，审议县政协十届二次会议委员发言材料。

3月17日，政协衡山县第十届委员会常务委员会第二次会议召开。会议协商《政府工作报告(征求意见稿)》，听取并协商《衡山县2015年国民经济和社会发展计划执行情况与2016年国民经济和社会发展报告(草案)》，听取并协商《衡山县2016年财政决算和2017年财政预算报告(草案)》，审议通过县政协十届二次会议有关事项，会议决定县政协十届二次会议将于3月26—29日召开；会议听取委员大会发言准备工作情况的汇报，增补彭君等12人为县第十届政协委员，协商通过《关于接受曹海龙同志请辞县政协常委的决定(草案)》，协商通过《关于增补彭君、沈雁中、尹俊超三位同志为县政协常委候选人的决定(草案)》。会议还听取县政协委员助学公益联盟捐资情况汇报，讨论《县政协委员履职考核办法(征求意见稿)》。

7月7日，政协衡山县第十届委员会常务委员会第三次会议召开,会议围绕“加快全县社区矫正工作发展”“稳步推进全县城乡居民医疗保险体制改革”两个议题开展协商议政。会上,县司法局、县人社局负责人分别作工作汇报，政协常委就两项议题进行议政发言。县委常委、常务副县长廖文伟代表县政府感谢县政协及其常委对政府工作的大力支持,并就充分吸纳本次政协常委会的议政成果作表态。会议还听取了县政协委员助学公益联盟资助贫困大学生情况汇报。

10月20日，政协衡山县第十届委员会常务委员会第四次会议召开,听取县政协十届一、二次会议以来提案办理情况汇报，就全县重点项目建设进行协商。会议协商县政协机关人事任免事项,通过《关于同意李迎春、宾浩同志辞免县政协委员、政协常委职务的决定》,任命李磊建为县政协教科文卫体委主任、王和平为县政协人口资源环境和法制委主任,增补李磊建、王和平2人为县政协委员,提名李磊建、王和平2人为县政协常委候选人。

12月21日，政协衡山县第十届委员会常务委员会第五次会议召开。会议讨论政协衡山县第十届委员会常务委员会工作报告(征求意见稿)和县政协十届一、二次会议以来提案工作报告(征求意见稿),审议通过县政协十届三次会议相关事宜，会议决定县政协十届三次会议将于2018年1月8日至11日召开,协商县政协2018年工作要点,协商通过《关于表彰2017年度优秀政协委员和县政协十届一、二次会议优秀提案的决定》。

重要活动

【民主协商】 认真落实中共中央《关于加强社会主义协商民主建设的意见》、中共中央办公厅《关于加强人民政协协商民主建设的实施意见》、省委《关于加强我省协商民主建设的实施办法》,把协商民主贯穿政协履职全过程,积极参政议政、资政辅政、建言献策。由专委会牵头,邀请县人民政府分管副县长、相关科局聚焦难点热点,围绕社区矫正工作、全县城乡居民医疗保险体制改革、民办教育发展、生态旅游开发等专题开展对口协商。分管副县长亲自参加会议,认真听取意见,充分肯定常委会所提出的议政建议。县司法局、人社局、教育局、交通旅游局负责人全面汇报工作、详细解答提问,愿意就常委会提出的意见建议不断改进工作。6月19日,省政协云平台、远程协商平台开通,通过远程协商平台,省、市、县三级政协进行连线互动。衡山县政协分会场,40名政协委员、机关干部首次同步收看实况,聆听省委书记杜家毫所作的重要讲话,与会委员围绕省委“实施开放崛起战略,建设开放强省”的重大决策,对照衡山县经济发展环境、人才引进、工业园区提质等,积极建言献策。9月29日,省政协就“脱贫攻坚”工作,第二次与市、县政协开展远程协商,省政协主会场与市县分会场、与政协驻村扶贫干部和贫困户代表一一互动,衡山县政协委员积极参与。2017年,县政协委员广泛参与省政协云平台议政，提出各类意见和建议106条。3月和8月,先后两次组织农林界别政协委员,赴萱洲国家湿地公园开展界别协商,实地感受国家湿地公园生态环境,听取湿地公园建设、保护和管理详细情况汇报。委员们建议要坚持生态优先、保护为主,优化功能区布局,实现湿地保护与经济发展的高度融合;要以项目为支撑,建立和完善融资保障机制,加快项目建设;要引进湿地保护专业人才,把国家湿地公园打造成引领衡山发展的新亮点、新高地、新名片。协调市政协特邀界别组的委员深入南岳衡山国家自然保护区视察,与南岳区、衡山县政府开展协商,提出“南岳衡山国家自然保护区纠错调规是扭转工作困局、改变乱象的治本之策”的建议。

【民主监督】 2017年,县政协常委会将党和国家重大方针政策、重要决策部署的贯彻落实情况作为民主监督工作的重点,不断推动民主监督制度化建设,增强民主监督实效。为创新政协民主监督形式,协同推进县委、县政府重大决策的贯彻落实,政协常委会根据《中国人民政治协商会议章程》的有关规定,参照《政协湖南省委员会关于政治协商、民主监督、参政议政的规定(试行)》,完善《衡山县政协民主监督员民主监督实施细则》,对民主监督小组的派驻范围,民主监督员的产生、职责、工作方法、管理,以及派驻单位的支持、配合,作出明确的规定。这项制度被县委纳入《关于从严监督管理党员干部的十项措施》。开展民主监督工作,共组织委员参加法院执法监督20人次,参加检察院执法监督10人次,参加公安局执法监督15人次,参加县城规划监督18人次,跟踪有关部门办理委员建议50余条。为充分发挥民主监督员的监督作用,各派驻单位积极创造条件,县国土局出台民主监督员考核奖励办法,县人民检察院、县人民法院定期召开民主监督员座谈会,主动汇报工作,确保民主监督成为工作常态。

【视察调研】 1月12—14日,县政协副主席、秘书长周冬初率医卫界部分委员,对全县基层医疗卫生人才队伍建设情况进行专题调研。调研组先后深入新桥中心卫生院、长青卫生院、衡山骨伤科医院、永和卫生院和部分村级卫生室,对全县医疗卫生机构人才总量、人才结构、考核奖惩、招录聘用、经费保障等情况进行专题调研。对存在人员总量不足、机构编制短缺、人才引进难度大、流失严重、人员结构不合理、技术人才匮乏、乡村医生青黄不接、绩效考核机制不活、经费投入不足等问题。调研组建议,县政府及其卫生职能部门应加快健全人才培训机制,加快对业务骨干和学科带头人的培养;进一步创新人才引进机制,改进招聘方法,加大人才优惠政策力度,营造人才成长的良好环境;建立符合行业特点的人事薪酬制度,进一步完善激励机制;要加大经费投入,有序化解债务,改善基础设施,为建设健康衡山打下坚实的基础。

3月2—3日,县政协副主席文铁良、周湘宁率禁毒工作调研组深入机关、学校、乡镇、社区对全县禁毒工作开展调研。调研组建议,全县各级各部门要切实履责,迅速掀起全民禁毒热潮;公安机关要重拳出击,严厉惩治涉毒违法犯罪,并在吸毒人员管控帮教等方面,采取灵活多样、行之有效的措施,用政策和亲情去感化他们。

4月10日上午,市政协主席廖炎秋专题调研萱洲新农村示范片建设。调研组实地察看萱洲古镇改造和华夏湘江项目建设,详细了解新农村示范片产业基础、发展规划等相关情况。廖炎秋要求,要牢固树立五大发展理念,统一思想认识、统一领导、统一进驻、统一规划、统一要求,加快萱洲新农村示范片建设,真正在衡阳市"树样板、出经验"。

5月5日,市政协副主席许云生率队调研衡山学前教育保障能力建设情况。调研组对衡山县学前教育保障能力建设给予充分肯定,认为衡山县领导高度重视、部门积极履职、教师不断优化,提升学前教育保障能力建设的高度、精度和厚度。调研组希望,要继续加大学前教育经费投入力度,稳定幼儿教师队伍;要遵循幼儿成长规律和学前教育规律,防止和纠正学前教育"小学化"倾向。

5月31日,县政协主席盛小平率县扶贫办、帮扶后盾单位负责人深入贯塘乡五星村、板仓村、迎龙桥社区调研指导精准扶贫工作。盛小平一行听取乡、村两级精准扶贫工作情况汇报,仔细查阅台账资料、脱贫攻坚手册,并随机抽选贫困户直接入户调查,倾听村民对精准扶贫工作的意见和建议,查看帮扶措施落实进展情况等。盛小平要求,驻村工作队员和乡、村两级干部要深刻认识到精准扶贫是一项民生工程,也是一项政治任务,要以更加坚定的信心推进精准扶贫,以更加精准的举措推进精准扶贫,以钉钉子精神、绣花的作风,不折不扣地落实扶贫措施,以更加有力的保障措施推进精准扶贫。

6月22日,县政协主席盛小平带领相关县政协委员就社区矫正和城乡居民医疗保险体制改革工作进行专题视察。县政协领导文铁良、周湘宁、周冬初、邓跃红等参加。上午,委员们先后深入店门镇司法所、开云镇司法所实地察看,查阅社区矫正对象的监管、教育情况档案台账和矫正个案,详细了解对矫正人员的具体管理和帮扶措施。视察组充分肯定衡山县社区矫正工作对改造违法犯罪人员、降低刑法执行成本、完善刑法执行制度、维护社会和谐稳定,在制度化、规范化、法治化建设方面取得较好成绩。调研组建议,进一步探索创新工作模式,引入更多社会力量参与社区矫正工作,让全社会更多地了解、参与、支持社区矫正工作,更加注重源头预防和源头治理。下午,委员们到县人社局,详细了解城乡居民医保机构整合以来工作开展情况。调研组建议,要进一步加大政策宣传力度，确保参保对象全覆盖；要加大医保基金统筹力度，加强医保中心队伍建设，进一步提高管理服务水平；要规范管理，做好城乡居民理性就医的引导，防止过度医疗等现象的发生，真正使惠民政策落到实处，让改革成果惠及到更多群众。

7月11日，广州市增城区政协副主席樊质彬一行莅临衡山县考察甘泉书院保护工作。县政协副主席周冬初陪同考察。衡山甘泉书院原名甘泉精舍、甘泉祠，因位于紫云峰下，故又名紫云书院，由广东增城人、明代哲学家湛若水在衡山讲学期间修建，现为岳云中学图书馆所在地。增城区考察团对岳云中学深厚的文化底蕴、甘泉书院文物保护工作给予高度评价，双方就书院文物保护及其文化价值挖掘等进行深入交流，两县政协还就如何发挥政协文史工作的独特作用，组织委员履行职能等进行交流和探讨。

7月18日，县政协主席盛小平召集县环保局、安监局、市场食药监督局、国土资源局、企业联手帮扶单位卫计局等单位负责人，深入湖南秦汉砖瓦科技有限公司，现场调度企业试产前各项准备工作。盛小平要求：各职能部门一定要按照政策性规定和行业性标准高质量、严要求，全过程指导把关；企业要主动配合职能部门，依法依规办齐合法手续；联手帮扶单位要发挥联系、桥梁、协调、解困作用，确保湖南秦汉砖瓦科技有限公司按预期顺利试产。

8月10日，县政协副主席周冬初率县政协提案委和台侨联组部分政协委员赴萱洲国家湿地公园，就湿地公园管理处承办的《关于加强萱洲国家湿地公园建设、保护和管理的建议》开展提案办理协商。调研组实地察看湿地公园生态环境及湿地公园建设情况。协商会上，提办双方进行积极协商互动。委员们建议，要以保护为主线，坚持生态优先、保护为主，优化功能区布局，妥善解决湿地保护与经济发展相冲突的问题；要以项目为支撑，建立与完善融资机制，撬动和加快项目建设；要以人才为保障，引进湿地保护专业技术人才，不断推进湿地保护管理工作实现制度化、常态化；要教育为主抓，贴近群众开展教育活动，加强对外宣传推介力度，把萱洲湿地公园作为一张亮丽的生态名片推向外界。

9月26日上午，县政协主席盛小平率县政协主席会议成员、专委会主任、部分提案人对县政协十届一次、二次会议部分重点提案办理情况进行视察。视察组先后来到白果花果山景区、县殡仪馆项目建设工地、县公安局联合指挥中心等，对县交通运输和旅游局、民政局、公安局等单位承办的重点提案办理情况进行实地考察。座谈会上，县交通运输和旅游局、民政局、公安局负责人分别作工作汇报，与会的委员进行讨论发言。视察组对提案办理取得的阶段性成效表示肯定，并就继续抓好提案办理提出建议，要进一步提高认识，增强工作责任心，提高主动性。要进一步改进工作方法。县政协提案委和县委、县政府“两办”督查室要抓好督办统筹；政协各委室要加强和相关单位的对口督办，要继续推进重点提案县级领导领衔督办机制。要进一步提高办理质量，各承办单位要加大办理力度、提高办理强度、加快办理速度。

9月26日下午，县政协组织部分政协委员视察全县重点工程和重点项目建设情况。县政协副主席罗佳贤、周冬初，秘书长唐立华参加视察。视察组首先到开云镇白茶基地，政协委员们建议白茶基地要采用有机栽培，提升白茶品质，改造加工工艺，对接高端市场，争取把衡山白茶打造成特色支柱产业。随后，视察组又视察弘山科技工业园，政协委员们建议园区要进一步完善基础设施建设，优化经济发展环境，帮助入驻企业做大做强。最后，视察组察看大源渡航电枢纽二线船闸及鱼道工程的建设现场，委员们建议项目单位要严格工作程序，抓住有利时机，加快施工进度，确保保质保量如期完成任务。

11月17日，县政协主席盛小平、副主席文铁良率教育文体组的委员，对全县民办教育发展现状开展调研。调研组先后深入星源学校、迪星学校、博雅艺校、科技中专等民办学校，实地察看各学校教学设施，了解学校规模、基础设施、师资力量、教育教学等情况，并与学校负责人座谈，听取情况汇报，分析存在的问题，提出对策建议。调研组建议，教育行政主管部门要进一步解放思想，加大改革创新力度，消除思想误区，形成公办、民办学校协调发展的良好教育格局；民办学校要进一步提高办学水平，要在“强基础、创特色、树形象、建品牌”下功夫，保持适当办学规模，提高教育教学质量，树立办学品牌；要加大支持力度，相关部门要按照新修订的《民办教育促进法》精神,重视和支持民办教育发展。

【提案办理】 县政协十届一次会议以来，共收到提案102件,经审查立案81件。81件提案都是政协委员经过广泛调研、认真思考、吃透政策提出的,具有较强的针对性、实效性和可操作性。为使提案办理更有影响、更有效果,县政协进一步明确各专委会的牵头责任、提案委联合县委、县政府“两办”的督办责任、承办单位的主体责任。2017年年底,81件提案全部办结。提案所提意见和建议已解决和基本解决的17件,占20.9%,正在解决或列入计划逐步解决的57件,占70.4%,暂不能解决的7件,占8.7%。委员满意率达95%,提案办理质量稳步提高。

【重点项目建设及联点工作】 2017年,由驻会主席担任指挥长的重点项目7个,5个项目年内完工,2个项目按进度开展征地、拆迁。其中,创品家居综合体建设速度、工程质量、销售进度改写衡山记录。县政协选派13名机关干部负责贯塘乡五星村、板仓村、迎龙桥社区、岭坡乡灯山村、东湖镇石碑村的精准扶贫工作,完成易地搬迁19户,96户、400人实现脱贫,200余户饮水安全问题得到解决,新修、改造公路10.7公里,硬化水渠3000米,安装路灯54杆。发动后盾单位、政协委员为贯塘乡天托村筹集资金90余万元,硬化公路4公里,更换水闸2处,硬化骨干塘1口。

【政协委员助学公益联盟助学活动】 3月26日,举行公益联盟举行第二届理事会议，选举产生新一届理事会。第二届理事会理事长为湖南湘江华岸置业有限公司董事长唐超,常务副理事长2名:吴继谦、颜昭来。副事长22名:郭立辉、唐晖桓、曹合林、罗翔、罗文斌、龙东升、朱洪江、刘青、刘四清、李智、肖庆元、旷超、旷金山、宋红兵、易岳南、赵鹏、袁华、康欧明、彭国忠、彭泽平、董剑、储凯。新一届理事会产生后,举行表彰暨募捐仪式,对县政协委员助学公益联系第一届理事会工作予以高度评价，授予5家单位、企业为“爱心单位”称号,授予陈春平等22名爱心人士为“慈善之星”称号。5家“爱心单位”具体是:县政协办、县教育局、县财政局、县国土局、衡山信联食品饮料有限公司。22名“慈善之星”分别是:赵淳生、陈春平、郭立辉、刘文亮、朱洪江、旷昌华、姚萍、宾泽建、王本林、刘建华、旷映华、旷建华、周炳鑫、周淼华、欧永、唐晖桓、谢军、李卫辉、尹朝阳、陈一德、陈爱莲、肖长清。募捐仪式上,与会县领导带头捐款,理事会成员、普通委员、友好单位积极响应,募集善款103.3万元。2017年,资助94名衡山籍贫困大学新生,其中资助4000元的37人,资助2000元的45人,对12名家庭有一定困难又不符合以上贫困等级条件的也一并给予适当资助,资助总额24.4万元。

【学习宣传贯彻中共十九大精神】 县政协党组高度重视学习贯彻党的十九大精神，成立由县政协党组书记任组长,党组副书记任副组长,党组成员为组员的学习贯彻党的十九大精神领导小组，制订专题学习计划,结合政协实际,组织多场次的辅导宣讲和学习交流活动。全体机关干部集中收看十九大开幕会,第一时间感受大会盛况、聆听习近平总书记代表党的十八届中央委员会所作的工作报告。县级领导分期分批参加衡阳市领导干部学习贯彻党的十九大精神轮训班；机关副科级以上干部分两批参加全县学习贯彻十九大精神集中轮训。召开政协党组会、主席会、常委会、机关支部党员会、机关退休支部会,传达贯彻党的十九大精神，重点围绕党的十九大提出的重要思想、重要观点、重大判断、重大举措不断深化认识,力求入脑入心;每个班子成员在认真做好学习笔记的同时,结合自身工作撰写心得体会。按照县委统一部署,党组书记盛小平深入联点乡镇贯塘乡、扶贫点五星村，检查指导学习宣传贯彻党的十九大精神工作,向基层干部群众宣讲十九大精神。县政协十届三次会议,邀请湖南省政府参事、省委党史研究室原主任张志初向全体政协委员专题辅导习近平新时代中国特色社会主义思想和中共十九大精神。开展机关党员主题党日活动。通过多层次的学习培训活动,不断增强政协干部和政协委员“四个意识”、切实增强“四个自信”,不忘初心、牢记使命,在担当有为、推动工作中贯彻落实好党的十九大精神。

县政协办公室工作

秘书长
办公室主任(兼) 唐立华

【概况】 做好县政协十届二次全会筹备和会务工作，筹备召开5次常委会议、11次主席办公会议。统筹做好十届二次会议委员大会发言，把好7个委员发言材料质量关。所有会议的会务组织、食宿安排、材料发放、选举工作等，做到提前谋划，精心安排、高标准落实。全年共起草、印发会议通知、调研报告、经验材料、领导讲话、社情民意信息等文字材料100余篇。抓好督查督办。加强与各委室协调，圆满完成常委会议和主席会议交办的各项工作任务。认真搞好会议传达贯彻、催办督查和信息反馈，确保会议精神落到实处。在主席会议、常委会议上，传达并组织学习中共十九大精神、全国、省、市"两会"精神；结合"两学一做"常态化制度学习教育，认真开展机关自身建设活动，提升机关形象，提高机关服务效能。围绕县委、县政府工作重点，制订《县政协2017年协商工作计划》，统筹协调各专委会开展调研、视察及界别组活动。抓好宣传报道工作，全年收集并上报省、市政协社情民意和各类信息共100余条，其中20篇社情民意和61条信息被省、市政协采用，11篇在省、市媒体刊发，为党政领导科学决策、指导工作提供及时、有益的参考。落实老干部待遇，为老干部订阅《老年人》《文史博览》等刊物。及时向老干部通报县委、县政府、县政协的工作部署和工作进展情况。坚持上门慰问制度，每逢重大节日和老干部生日、住院等情况及时走访慰问；坚持支部学习制度，定期组织支部党员集中学习，积极为政协老干部做好服务工作。2017年，接待群众来信来访70人次，自觉落实党的基层组织建设、党风廉政建设、计划生育、综治维稳等日常工作，较圆满地完成任务。认真抓好精准扶贫工作，积极落实县委要求，选派13名机关干部参加贯塘乡五星村、板仓村、迎龙桥社区、岭坡乡灯山村、东湖镇石碑村精准扶贫工作，对标上级要求落实各阶段扶贫任务，深入贫困户走访，帮助贫困户制定脱贫措施，积极落实扶贫政策，有序推进联系点脱贫攻坚工作。

提案和委员联络工作

【概况】 县政协十届一、二次会议收到提案102件，合并14件，作意见转交7件，确定重点提案8件，其中交政府系统承办80件，县委系统1件。为提高提案办理实效，提案委坚持抓好日常督办，将所有提案督办任务分解，由县政协分管副主席分线牵头，提案委统揽，其他专委会对口督办。对重点提案和提案办理"大户"重点督办，9月下旬，组织视察天网工程、全域旅游、殡葬改革工作，以点带面，推进所有提案督办进程；对提案办理"大户"上门督办，实时掌握、跟踪办理动态。加大联合督办力度，县政协提案委会同县委、县政府督查室不定期开展联合督办。督办过程中，邀请提案人共同参与，加强提、办双方的经常性联系。通过多方联动，推动提案工作有序进行，办复率达100%，委员、群众基本满意。起草《衡山县政协委员履职考核办法》，将委员撰写提案纳入基本履职内容，计入考核范围，增强委员责任感危机感；组织政府法治建设、城乡医保体制改革2个专题调研，配合对口联系的台侨联组开展萱洲湿地公园建设、海陵岛旅游开发、衡山民族乐器生产3次调研，配合市政协在衡山开展的有关活动，接待张家界永定区政协调研衡山城乡医保体制改革情况调研。积极参加精准扶贫工作，提案委主任冯禄担任贯塘乡迎龙桥社区扶贫工作队长，帮助22户、87名贫困群众开展脱贫。2017年，2户、11人实现脱贫。配合创品国际家居城建设项目建设，该项目一期工程建设速度、工程质量、销售进度创造衡山纪录。

财政经济委员会工作

【概况】 财经委根据自身职责，围绕全县经济发展大局，在广泛征求本届别组政协委员意见的基础上，制订年度工作计划，并认真按照年度工作计划组织开展活动。提出集体提案《关于发展全域旅游,建设魅力衡山的建议》,该提案被列为2017年重点提案,得到承办单位的认真办理,促进全县旅游业的发展,该提案被评为县政协十届一、二会议优秀提案。7月,组织经济组20多名政协委员赴广州、珠海调研乡村旅游发展情况。学习外地经验，为衡山旅游发展提出可借鉴的建议。9月,牵头组织政协机关全体政协委员和经济组部分政协委员，视察沙泉皇茶基地、弘山科技工业园、大源渡航电枢纽二线船闸及鱼道工程,并对项目建设提出合理化建议。10月,开展专题调研,针对当前产业扶贫缺技术人员、缺技术培训、缺技术指导,导致农村产业发展投入高、效益低的情况，向市政协经济委报送《产业扶贫亟待补齐“技术短板”》社情民意信息。11月,针对人口老龄化进程的加快,养老所涉及到的各种问题日益彰显,造成养老金筹资标准不一的现象，向市政协经济委报送《养老金应全国统筹》社情民意信息。按县委统一安排,参加岭坡乡灯山村开展脱贫攻坚工作。争取后盾单位支持及上级项目资金扶助共计16万元,安装路灯54杆,新修4.5米宽通组水泥公路1000米,拓宽村级公路5300米,硬化水渠2000米,新砌河道护坡200米。

教科文卫体委员会工作

【概况】 按照县政协教科文卫体委员会2017年工作要点,发挥界别优势,积极开展履职活动。组织教育文体组委员就促进公办民办教育协调发展课题,深入全县各民办学校开展实地调研，并赴江西龙虎山文武学校考察，调研外地先进经验，结合衡山实际,提出支持民办教育高质量发展、促进公民办教育协调发展的7条具体意见建议;关注全县校车管理,深入幼儿园实地调研,形成调研报告,调研成果转化为县政协十届二次会议大会发言，为县委县政府研究校车安全管理，出台相关措施提供有价值的参考措施。积极配合市政协调研组就加强幼儿教育保障能力建设课题到衡山调研,提供衡山经验。扎实做好县政协委员助学公益联盟第二届理事会换届工作,认真组织公益联盟表彰暨募捐大会,募集资金103.3万元。指导并全程参与公益联盟理事会开展助学活动,做好贫困学生信息收集、委员入户考察统筹、助学金发入仪式组织等工作,2017年,资助94名衡山籍贫困大学新生,发放助学金24.4万元。

人口资源环境和法制委工作

【概况】 人口资源环境和法制委围绕县委、县政府中心工作,以工商界别组委员为主体,认真组织各项履职活动。全年重点就禁毒工作、社区矫正、旅游开发等五项工作开展对口协商。3月2—3日,在全面考察全县禁毒工作基础上,撰写《凝聚社会力量综合治理毒品问题》调研报告。5月中旬,组织工商联界别组部分委员赴云南考察学习丽江、官渡古镇等地旅游开发管理情况,结合衡山实际,撰写《加快建设特色旅游小镇，打造衡山全域旅游的思考》调研报告，其中部分建议得到县交通运输和旅游部门采纳落实。6月下旬,牵头组织社会矫正工作专题协商。认真组织引导工商界别组和联系单位委员开展调研,撰写提案,在十届一、二次全会上共提交提案17件。主动对本专委对口督办的11件提案进行督办,答复率100%,满意率达100%。成立法院、检察院、公安局民主监督小组,2017年，组织委员参加县人民法院、县人民检察院、县公安局、县国土局和规划局民主监督活动7次、60多人次。县政协委员助学公益联盟第二届理事会募捐大会，工商联界别组共捐助40.1万元。认真完成精准扶贫工作,结对帮扶的四户贫困户已相继脱贫。

文史学习委员会工作

【概况】 编印出版《那代人那些事——知识青年上山下乡琐记》一书,收录6万多字文稿,老相片130余张,发挥“存史、资政、团结、育人”积极作用。配合完成《文史博览》《湘声报》等各种政协报刊杂志的征订工作,按时、按质完成省、市政协文史资料衡山部分的资料收集、文稿撰写任务。围绕衡山经济社会发展的重点工作和民生方面的热点、难点、焦点问题，组织委员们针对性极强撰写提案，开展调研视察活动，积极建言献策。

县政协研究室工作

【概况】 2017年，县政协研究室完成十届二次会议常委会报告的起草任务；完成县政协2017年工作要点起草；学习研究党和国家的统战方针、政策和政协工作的新的理论，组织撰写理论文章，多篇理论文章在省市获奖；充分发挥社情民意信息工作为民代言、为民发声的作用，向上积极报送社情民意信息。配合农业组委员对萱洲国家湿地公园建设开展调研，并赴浙江考察特色农业发展情况；起草《衡山县政协民主监督员民主监督实施细则》；举办2期社情民意信息工作培训，对30余名信息员进行专门培训；向省市政协机关和县委报送社情民意信息100余条，其中20余条信息被省市政协采用。（肖长青）

纪律检查

纪检监察

县委常委 纪委书记 陈平阳

【概况】 衡山县纪律检查委员会(简称县纪委)机关与衡山县监察局合署办公,在县委、县政府和市纪委、市监察局的双重领导下开展工作,履行党的纪律检查和政府行政监察两项职能。县纪委监察局机关内设机构10个:办公室、组织部、宣传部、党风政风监督室(县政府纠正行业不正之风办公室)、信访室、案件监督管理室、第一纪检监察室、第二纪检监察室、第三纪检监察室、案件审理室;下设副科级全额事业机构2个:财务监察所、廉政教育培训中心。2017年,按照十八届中央纪委七次全会、省十一届纪委二次全会、市十一届纪委二次全会的部署,县委以上率下,带头履行全面从严治党主体责任,以持续深化中央八项规定精神的贯彻落实为主线,多点突破、动真碰硬、革故鼎新,有力破除政治雾霾,扭转政治生态。各级党组织和纪检监察组织履职尽责、真抓实干、攻坚克难,全县党风廉政建设和反腐败工作取得明显成效,营造出正气上扬、清风扑面的良好局面。

【监督检查】 一是严明换届纪律。出台《衡山县村(社区)"两委" 换届风气专项督查工作方案》,发放《严肃村(社区)"两委"换届风气要求提醒卡》25000份,组成12个专项督查组,对村支"两委"换届风气

县纪委常委会会议照片(左起:唐光裕、旷永华、成麦儒、欧少俐、陈平阳、王朝晖、贺星、孟平、李万钧)

进行全程监督,从严从快查处违反换届纪律问题15件,处分基层党员干部9人,组织处理6人,取消换届选举候选人资格13人。下发违反换届纪律典型案例通报3期。督促公安部门查处扰乱换届秩序案件8件,行政拘留6人,训诫17人。二是严抓"两个责任"落实。向市纪委报告履行监督责任情况4次;先后提请县委专题研究党风廉政建设工作10次;先后向县委常委会和县委中心组传达上级党委、纪委重大会议精神、重大决策部署20次;翻印《党员领导干部落实党风廉政建设主体责任手册》和《纪委落实监督责任手册》500余册,县处级领导干部开展提醒谈话138人次。县委书记尹培国积极履行第一责任人责任,在相关问题调查中,亲自对9名县处级干部进行提醒谈话,要求他们端正态度,配合调查,以案为鉴,警钟长鸣。全县各级党组织、纪检监察组织和组织(人事)部门开展提醒谈话530余人次。认真落实"两个责任"追究办法,共有10名乡镇党委书记、纪委书记因落实"两个责任"不力被追究。萱洲镇2015年、2016年连续两年履行监督责任考核不合格,纪委书记被责令引咎辞职,并调离纪检监察岗位。三是严把廉洁关。审核把关党风廉政建设意见征求1480

人次，共有8个单位、22名党员干部在廉洁审查中被取消评优评先或拟提拔资格。先后4次派出12名纪检干部参与拟提拔副科级以上干部考察，现场听取干部职工对拟提拔对象的廉政评价和意见。

【专项整治】 一是驰而不息抓八项规定精神落实。在重要节点、主要时段组织开展作风督查6次，共查处违反中央八项规定精神问题18件，给予党政纪处分18人，发出通报4期。二是深入推进"雁过拔毛"式腐败问题和"纠'四风'、治陋习"专项整治。开展专项督查14次，发出通报4期，查处参赌涉赌、吸毒涉毒、酒后驾车等问题17件，处分17人；查处群众身边"微腐败"问题26个，处理处分26人，追缴违纪资金52.85万元，退还群众资金11万元；各级领导干部主动上交红包礼金12.44万元。三是积极推进"互联网＋监督"工作。召开3次专项调度会，全面完成全县民生资金基础数据录入和复核工作，通过科技手段实现民生领域的监督全覆盖、零死角。四是开展党员干部违规参与经营性活动专项整治。对国家公职人员经商办企业、党员干部参与非法集资、党员干部和国家工作人员违规投资入股预拌混凝土企业、违规参与河道砂石资源出让入股分红等六大项经营性活动进行全面清理，全县297个单位、7555人签订承诺书，纠查违规入股干部2人。五是加大脱贫攻坚、环保督察、信访维稳等工作问责力度。对全县26个贫困村和78个贫困人口超过100人以上的村脱贫攻坚工作进行20余次明察暗访和专项督查，追责问责21人，其中党纪政纪处分7人，组织处理14人，下发通报10期。对中央环保督察组交办的南岳衡山自保区内存在的非法采矿和矿产品加工等重大问题严厉问责，追究13名党员干部责任。开展农村基层信访积案集中化解工作，由分管副书记带头，先后3次对12个乡镇农村基层信访积案化解工作进行专项督查，对活动前期成效不明显的白果、开云、永和等5个乡镇党委书记、纪委书记进行集中约谈，对17名相关工作人员进行个别约谈，通过集中整治，化解农村信访积案56件，一些久拖不决的重复访、越级访积案得到有效化解。2017年4月22日，永和乡宝米洲村10名群众非法进京上访，该乡党政主要负责人等8人被严厉追责问责。

【党内监督】 一是迅速启动政治巡察。县委成立巡察工作领导小组及办公室，组建3个巡察组，巡察办定编6个，每个巡察组定编4个。2017年，对9个单位开展巡察，其中县本级分两轮巡察6个单位，县市区交叉巡察3个单位，边巡边改问题91个，向纪检机关和组织部门移交问题线索62条，立案3件。二是积极推进派驻监督。县纪委采取综合派驻和单独派驻两种形式，设置9个派驻纪检组，其中综合派驻8个，单独派驻1个，每个派驻纪检组核定行政编制4个，共定编36个，负责监督62个县一级党和国家机关单位，归口监督15个单位，授权监督11个单位，不断延伸监督触角。派驻纪检组的业务、干部、编制、职数和经费由县纪委直接管理。三是认真开展深化监察体制改革试点工作。成立以县委书记任组长的深化监察体制改革试点工作小组。根据上级要求，结合衡山实际，出台了改革试点工作实施细则和内设机构调整方案，县委常委会先后3次召开会议，对实施细则和调整方案进行研究。县人民监委班子暂配8名，纪委书记兼任监委主任，3名副书记兼任监委副主任，3名纪委常委兼任监委委员，县人民检察院反局局长任监委委员。因检察院反贪局局长岗位空缺，县监委班子暂空缺1名。县纪委监委在原内设10个室的基础上增加2个执纪审查室和1个信息技术保障室，共设13个内设机构。县人民检察院划转行政编制13个，占检察院人员编制的23.2%，实际转隶13人。县委明确将大院内第二栋办公楼一层整体划归县监委作办公场所。

【纪律审查】 坚持无禁区、全覆盖、零容忍，切实做到有腐必反、有贪必肃。一是充分发挥信访职能作用。认真落实中央纪委《监督执纪规则(试行)》、市纪委《实名举报办理"五步工作法"》和《衡山县纪检监察信访举报交叉办理工作办法》，进一步规范工作流程，做细做实群众信访工作，提高工作绩效和群众满意度。2017年，受理信访举报297件，切实做到零暂存、有访必查，实现事事有回音、件件有着落的工作要求，信访转立案案件51件，占总立案数的50%左右，较好地发挥信访举报发现案件线索的主渠道作用。二是认真践行"四种形态"。注重抓早抓好，防微杜渐，强化日常监督，让红脸出汗成为常态，正确运用好第一种形态。2017年以来,县纪检监察机关约谈党员干部128人次,谈话函询20人次,诫勉谈话41人次,对4个单位和13人给予通报批评。坚持违纪必究,露头就打,寸土不让,把握运用好第二、三种形态。全县各级纪检监察机构共立案104件,处分104人,比2016年同期增长58%,涉及科级干部20人(正、副科级各10人)。对于涉嫌违法的“烂树”,虽然是极极少数,但县纪检监察机关坚持够罪必移,决不含糊,正确把握运用好第四种形态,共向司法机关移送5人。2017年以来,县纪委监察局严肃查处天华山庄案、部分乡镇卫生院负责人收受药品回扣系列案、县教育局学生资助中心干部陈某为他人非法制作假教师资格证案等。三是有效形成反腐合力。组织召开县委反腐败协调小组会议,落实工作责任。各成员单位向纪检监察机关移送案件20件,纪检监察机关向司法机关移送问题线索7件,有效地整合力量,形成工作合力。四是强化办案安全和案件质量。坚持安全文明办案,严格落实办案安全责任制和相关制度规范,省纪委六室主任鄢利民专程到县检查指导办案安全工作,给予充分好评,一年来,办案安全做到零举报、零事故。认真落实审理工作“24字方针”,案件审理工作做到宽严相济、处分适当。

【廉政教育】 一是抓教育筑防线。先后组织开展“落实‘两个责任’”和“落实中央八项规定精神、严肃财政纪律”专题培训班,邀请市县纪委9名领导为两个培训班授课讲座。各乡镇和县直各单位举办党风廉政建设专题讲座248场次。下发通知要求各单位组织党员干部集体收看《迷失》《不可饶恕》等警示教育片和《永远在路上》《打铁还须自身硬》等廉政宣传片。向副科级以上干部发放市县纪委编印的近年来查处的部分领导干部《忏悔录》580余份。组织300多名党员干部到雁北监狱接受警示教育。二是抓制度稳堤坝。出台《衡山县关于从严监督管理党员领导干部十项措施的实施细则》,领导干部上门家访、健康体检、个人重大事项报告、提醒谈话和函询、述廉评议等制度普遍得到较好落实,其他制度正在逐步落实。据统计,2017年以来,县委领导班子开展家访50余次,在县委常委会的示范带动下,各单位开展家访800余次。各级各单位领导开展谈话谈心活动1500余次,开展任前集中廉政谈话4批、513人次,任前个别廉政谈话44人次。印发《关于加强和改进科级领导干部因私出国(境)管理监督工作的通知》,34名副科级以上干部因私出国(境)按规定进行备案,备案率为100%。三是抓文化浓氛围。将廉政文化元素融入机关党建、革命传统教育、家风家规教育、美丽乡村建设和民间文化教育中,以群众喜闻乐见的形式,潜移默化引导人、教育人,营造浓厚的崇廉尚廉氛围,收到较好的效果。拍摄的以反映近年来衡山县全面从严治党为主题的微电影《传承》,荣获衡阳市纪委“廉洁雁城”微视频二等奖;廉政皮影戏《摔碗》、廉政书法《撰联4幅》等均被评为衡阳市廉政文化优秀作品,唐群英故居和县地税局被衡阳市纪委确定为廉政文化单位。8月,县纪委监察局以县生态旅游“莲花节”为契机,积极推进廉政文化进景区,精心打造岭坡乡廉政文化示范单位,让游客在赏心悦目欣赏秀美山川的同时,接受廉政文化的熏陶。四是抓外宣强基础。人民群众的支持和参与是做好反腐倡廉工作的基础,衡山县纪检监察机关不断加大外宣力度,向人民群众展示反腐倡廉工作的新成效和新做法,激发人民群众参与反腐倡廉的热情。2017年,向市级以上新闻媒体报送有关工作信息和宣传稿件232篇,其中被采用175篇,衡山清风网编发相关稿件326篇。

【纪检队伍自身建设】 坚持打铁必须自身硬,按照忠诚干净担当的要求,持续加强自身建设,努力打造一支政治过硬、业务过硬、作风过硬的纪检铁军。一是队伍建设不懈怠。认真落实常委班子议事规则,对有关“三重一大”和案件审核充分听取班子成员意见,坚持集体决策、民主决策和科学决策。充分调动委局机关干部工作的积极性和责任心,建立健全层层负责制,形成齐抓共管、个个肩上有担子的工作局面。建立健全日考勤、月例会和信访、案件查办情况一季度一通报制度,有效地推动各项工作的健康有序开展。二是业务提升不放松。在全县纪检系统举办业务培训4期,邀请4名市纪委室主任作专题辅导;选派60余人次参加市纪委“铸剑工程”培训,选派7名办案骨干到省、市纪委协助办案。县纪委第三纪检监察室主任唐尊波获评全市纪检监察系统

“办案能手”，其主办的县人防办单位受贿案被市纪委评为“精品案件”。建立常委班子和纪检监察室联系乡镇制度，对乡镇纪委办案进行指导和督促。加大乡镇纪委交叉办案力度，开展乡镇纪委交叉办案 15 件次。落实“乡案县审”制度，对乡镇和农村党员干部的纪律审查由县纪委审理室审核把关。加强乡镇纪律审查安全培训和监督，每个乡镇明确一名办案安全管理员，协调县财政为每个乡镇拨款 5 万元，建立高标准谈话室，12 个乡镇的谈话室建设经市、县纪委验收全部合格。三是“刀刃向内”不手软。县纪委常委会认真履行主体责任，对纪检监察干部严格教育、严格管理、严格监督，严防“灯下黑”。对纪检系统干部身上存在的问题不遮掩，自曝家丑，刀刃向内，带头自我革命，共处理处分纪检监察干部 6 人。四是机关党建不含糊。认真落实“三会一课”和民主评议党员等制度，结合“两学一做”学习教育常态化制度化要求，组织党员干部深入学习党的十八届六中全会和党的十九大精神，坚持以习近平新时代中国特色社会主义思想武装头脑、指导工作；召开高质量的“两学一做”专题民主生活会和组织生活会。委局领导班子给机关党员讲党课 6 次。全力做好联点贫困村岭坡乡野莓谷村的脱贫攻坚工作，多方筹措资金 180 余万元，为贫困村群众解决出行难、饮水不安全和增收难等实际生产生活问题。委局 22 名中层以上干部结对帮扶 32 户贫困户，委局干部慷慨解囊 2.6 万元为特困群众送去党的温暖。联点的野莓谷村已成为全县扶贫工作的标杆和旗帜，多次接受省市领导的调研和考察，驻村书记文红村获评“2017 年湖南省最美扶贫人物”。（谭自力）

巡 察 工 作

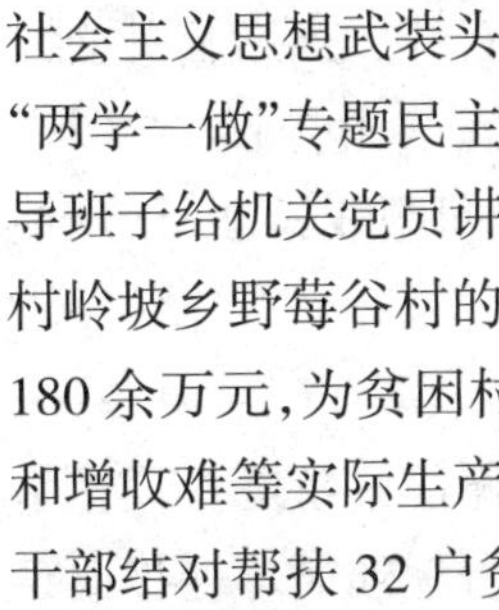

主任 刘 峰

【概况】 按照“巡察机构常设化、巡察工作常态化”的基本要求，县委把建立健全巡察机构、配齐配强巡察队伍、理清理顺巡察机制放在重要位置，确保巡察“有机构、有人员、有场所、有经费、有制度”。2017 年 3 月 31 日，山编办〔2017〕3 号文件批复，成立衡山县委巡察工作领导小组办公室，作为领导小组日常办事机构，列入县委工作机构序列，设在县纪委，机构规格为正科级，主要负责对接省委、市委巡视联络的日常工作，承担县本级巡察工作的综合协调、组织指导、制度建设、监督管理、服务保障等工作。根据中共衡阳市委办公室《关于加强市县党委巡察工作的意见》精神，10 月 24 日，山编办〔2017〕39 号文件批复，巡察办设立 3 个巡察组，均为正科级行政机构。

县巡察办班子成员合影（左起：刘峰、刘洋）

【巡察机构设置情况】 2017 年，县委成立县纪委书记、组织部部长任正副组长的巡察工作领导小组，建立了党委常委会定期研究巡察工作、“五人小组”以及巡察工作领导小组及时听取巡察情况汇报等巡察工作领导体制，先后召开巡察专题会议 7 次。按照“一办三组”的巡察组织构架，巡察办核定行政编制 6 人(主任 1 名，副主任 1 名，工作人员 4 名)，实有在编 5 人。3 个巡察组核定行政编制 12 人，每个巡察组组长、副组长各 1 名，均配备到位，3 个巡察组在编 8 人。2017 年 4 月 21 日，县委巡察办挂牌成立。5 月 11 日，衡山县召开 2017 年县委第一轮巡察工作动员部署会。会上，县委采取“一次一授权”，授权彭玲龙为首轮巡察第一组组长，赵清生为第一组副组长；曹福喜为第二组组长，肖志红为第二组副组长；陈建业为第三组组长，赵贵荣为第三组副组长，分别对县国土资源局、县商务和粮食局、县农村经营服务中心三个单位开展政治巡察工作。建立有 200 多人的巡察人才库，成员从组织人事、纪检监察、财政审计、公检法等专业骨干中选配，同时把县委拟提拔任命的科级干部以及后备干部充实到库，实行动态管理,一次一授权,一次一抽调,一次一培训。先后组织县内巡察业务培训4期,选派28名巡察干部参加省、市巡视巡察业务培训。县财政每年预算巡察专项工作经费,巡察办、巡察组集中办公场所及设施设备全部配备到位。出台《中共衡山县委巡察工作五年规划》,明确在本届党委任期内对全县机关、企事业单位、乡镇等92个党组织实现巡察全覆盖。制定涵盖巡察实操业务、队伍建设、协调联动、成果运用等四个层面的巡察制度30余项,制作谈话提纲、移交整改等20余个文书模板。编制《巡察工作资料汇编》,确保巡察制度化、规范化、科学化。

【巡察工作开展情况】 2017年,全县组织3轮巡察,含2轮县内常规巡察和1轮县市区交叉巡察,对县国土局、商粮局、农村经营服务中心、岭坡乡、民政局、林业局、农业局、水利局以及发展和改革局9个被巡察单位展开一次全方位的政治体检。三轮巡察发现在党的领导弱化、党的建设缺失、全面从严治党不力3大方面的12类问题线索142件,其中移交县纪委50件,移交县委组织部、财政、人设等部门24件。截至目前,县纪委立案查处2件,给予党纪政纪处分2人,了结6件,给予组织处理2人,诫勉谈话8人,初核12件,拟立案5人。追缴清退违规发放津补贴等违纪资金14.01万元。其他问题线索正在核实办结中。

【常规巡察与交叉巡察】 2017年,全县共组织3轮巡察,其中常规巡察2轮、交叉巡察1轮:

2017年4月28日至6月28日,参与县内首轮巡察的三个巡察组分别进驻三个被巡察单位开展为期2个月的常规巡察,即第一组巡察县国土资源局,第二组巡察县商务和粮食局,第三组巡察县农村经营服务中心。首轮巡察发放民主测评表、调查问卷189份,先后调阅各类资料和财务账簿390余卷,抽查核实个人事项报告11次,开展个别谈话133人次,开展暗访调查5次,发现问题线索50个,移交边巡边改问题27个,移交问题线索23条。

2017年8月24日至10月24日,县委派出三个巡察组分别进驻县岭坡乡、县民政局、县林业局三个单位开展为期2个月的常规巡察。3个巡察组共查阅相关单位会议记录、财务账目、文件等各类相关资料共计823余卷,开展175人次个别谈话,发放和收回198张民主测评与问卷调查,受理5次群众来电来访,开展5次暗访调查,抽查党员干部个人有关事项报告表8次,听取专题工作汇报、列席党组会议共1次,发现问题线索41个,移交边巡边改问题26个,移交问题线索15条。

2017年10月30日至12月31日,衡阳市启动首轮县市区交叉巡察。衡山县派出三个巡察组18人,组成县市区交叉巡察第六、七、八组,巡察衡南县农业局、水利局、发展和改革局。同时,衡阳市县(市)区交叉巡察第十五、十六、十七到衡山县开展交叉巡察。衡山县委临时授权第十五组组长邓珂,副组长陈宝奎,巡察县农业局;第十六组组长吴代胜,副组长曾辛保,巡察县水利局;第十七组组长雷秀群,副组长龙俊宏,巡察县发展和改革局。交叉巡察共查阅党建和财务资料1074份,组织个别谈话260人次,发放测试表和调查问卷189份,召开、列席相关会议21次,明察暗访17次,受理来信、来电、来访27起,发现问题线索53条,边巡边移问题线索2条,反馈被巡察单位立行立改问题13个。

【巡察宣传工作】 一是营造浓厚巡察氛围。设置举报电话、电子邮箱,在衡山电视台滚动循环播报巡察通告,将巡察办公地点、受理时间、工作人员等向社会公开,并安排专人接访,受理社会各界对被巡察单位及其干部职工的投诉举报,营造全民参与、共同监督的浓厚氛围。二是响亮发出巡察之声。2017年11月,申请微信公众号“衡山巡察”;12月12日,正式上线。通过“衡山巡察”微信公众号、衡山电视台、手机报等渠道,及时宣传报道巡察工作动态、亮点、成果、反馈意见等,提高公众认知度,实实在在形成震慑。其间,县电视台共报道巡察工作6次,手机报和网络关于衡山县巡察工作报道15篇,同时,积极向省市推介宣传衡山县巡察工作亮点和典型,先后被“三湘风纪网”和“衡阳市反腐网”等媒体采纳信息报道等6篇,“衡山巡察”微信公众号更新巡察动态2篇。

(刘 洋 陈 湘)

民主党派·社会团体

民进衡山总支委员会

【概况】 中国民主促进会衡山总支委员会，成立于1957年9月，是湖南省民进最早成立的两个基层组织之一。衡山总支下设4个支部：教育支部、麋城支部、岳云支部、开云支部。截至2017年12月，民进衡山总支会员60人，市县政协委员、人大代表13人，其中市政协委员2人，县政协常委4人；县人大常委1人。

【民进自身建设】 组织总支委员、各支部主委深入学习中共十八届五中、六中全会以及十九大精神，民进湖南省第八次代表大会会议精神，学习习近平总书记系列讲话精神，不断提升广大会员的政治理论水平和参政意识。总支积极调动广大民进会员在本职岗位中的积极性、主动性、创造性，把树立和践行社会主义核心价值体系与"双岗建功"活动紧密结合。教师梁瑞兰，教学工作认真负责，勤于教学钻研，于2017年荣获"衡阳市教学质量突出贡献奖"；张国勋，热心会务工作，于2017年被民进市委评为"优秀会员"。

【民进组织建设】 一是严格按"三高一低"标准发展新会员，从政治素质、业务水平、年龄、学历、职称等方面，严把新成员入会考察关，吸收广州南站客运员李思静、县法制办综合股长刘丹、县职业中专实训处主任谢亦斌、县岳云中学教务员邓再华4名同志入会。二是推荐党外干部，积极与各级党组织、县委统战部及有关部门联系，努力为优秀骨干会员铺台阶。会员陈佑民被提拔为岳云中学副校长，会员李鄂升为正科级干部。三是经民主推荐，通过举手投票的方式，选举袁小谷为教育支部新一任支部主委。

【民进参政议政】 2017年，在市、县"两会"上，共提交人大建议3件，政协提案10件。会员沈雁中撰写的《关于发展全域旅游建设魅力衡山的建议》被县政协评为优秀提案，会员张国勋领衔提出的《关于衡山大道与工业大道路口标线优化，提升衡山大道畅通的建议》被县人大评为2017年优秀建议，《关于加强监管零售药店，未列入非处方药品目录的抗菌药物凭处方购买的建议》《关于请求解决潭衡西拆迁安置区水塘建设资金的建议》均得到落实。会员刘美玲撰写的《关于落实人民调解以奖代补制度的建议》《关于完善政府法律顾问制度的建议》，会员袁迪仁撰写的《关于加快完善我县农田基础设施标准化建设的建议》、赵和新撰写的《关于两路口社区交通村一组上紫巾山游山路段铺设水泥路面的建议》、赵玉质撰写的《关于严禁在县城内燃放烟花炮竹的建议》等提案得到相关部门认真办理。会员刘美玲、王强被县政协评为"优秀政协委员"。

根据民进市委下达的重点调研课题关于党外代表人士基层源头存在的问题，专门组织人员赴武冈民进市委交流学习，为撰写材料提供第一手素材，形成调研文章《不忘初心，强基固本》；会员刘富荣、朱湘维关于如何打造好岳云会史教育基地积极撰写建议材料《不忘初心，同舟共济》。

【民进社会服务】 总支积极响应民进市委发出的"大爱暖衡州"公益活动，募集善款5500元，民进市委先后两次到衡山为阳明宇、刘燕红、宾思琴3名寒门学子送去慰问金。

【岳云学习教育基地提质改造】 协助中央、省、市、县做好岳云中学民进全国会史学习教育基地提质改造工作。 (陈 佳)

总 工 会

主席 汪炳林

党组书记 夏懿

【概况】 2017年,衡山县总工会在县委、县政府和上级工会的领导下,深入学习党的十八大和十八届五中、六中全会、十九大和中央、省委、市委关于加强和改进群团工作意见,认真落实习总书记关于工会工作系列讲话精神,继续认真组织开展"两学一做"学习教育,按照"服务大局、服务职工、服务基层"的工作思路,扎扎实实做好各项工作,取得一定的成绩,在衡阳市总工会综合考核中位列全市七县五区第一。

【基层工会工作】 2017年县工会组织建设完成率和会员入会率继续保持全市先进行列。一是2017年新增工会组织100个,新增会员14239人;二是督促并指导64家基层工会完成工会改(补)选工作;三是深入开展建设"职工之家"活动,对以前评定的各级模范职工之家进行核查自评,激励基层工会对职工之家的重视,注重创建"规范型、和谐型、温暖型、平安型、创新型"职工之家,新增衡山齿轮公司一家省级模范"职工之家";四是在完成打造白果镇、永和乡两个乡镇的示范点建设。

县总工会领导班子部分成员合影(左起:刘岳平、汪炳林、夏懿)

【先模推荐与优扶】 2017年,工会推荐的开云镇陈向阳和兴旺映绿农牧公司罗勇两位同志获得衡阳市"先进工作者"荣誉称号;11月,县总工会配合衡阳市总工会组织3位工作在一线的劳动模范和先进工作者进行短期疗休养;积极关心劳模生活,及时申报困难劳模补助,协助市总工会发放市级以上劳模津贴、困难补助和春节慰问金12万余元。

【困难职工帮扶】 2017年,县帮扶中心开展"春送岗位、夏送清凉、秋季助学、冬送温暖"等活动全年帮扶困难职工(农民工)620人次,发放中央配套资金和各类救助资金预计达到40万元。其中"双联"对口帮扶中县级领导和县直机关共计帮扶176名困难职工和农民工,发放帮扶资金17.8万余元;夏送清凉发放防暑降温物品800份,金额4.2万余元;金秋助学11人,金额2.5万元;截至年底,在大病救助困难职工10人次,资金6万元;职工医疗互助补助50人次,资金30余万元;县维权帮扶中心对困难职工档案库内的人员开展入户跟踪、调查、"精准识别",进行建档立卡,对符合条件的困难职工全部录档完毕;"帮扶中心" 完成职工医疗互助入会单位137个,入会人员8188人,上缴职工医疗互助金57.21万元。

【职工技能与工会业务培训】 2017年,总工会结合"精准扶贫"工作,帮扶中心安排专人与培训合作单位——衡山县科技中专对接,就职工、农民工的技能培训工作随时保持联系和沟通,全年投入资金35万元,以保证培训工作的正常、有序、有力开展,开展3期茶艺师技能培训共300人次,为残疾人分4期进行实用技术特色养殖培训100人次,在衡山兴旺映绿农牧有限责任公司现场组织开展为期一周的养牛技术培训80人次。为加强工会干部队伍建设,全年以工作推进会的形式4次组织基层工会主席进行工会业务培训,3次组织社会化工会工作者进行工会工作业务知识教育培训。

【职工文体活动】 2017 年 10 月 10 日，县总工会投入资金 6 万余元，首次组织举办全县“中国梦·劳动美·喜迎十九大”职工书法美术大赛，经省级书法美术专家评审出获奖作品 30 幅，中共十九大召开前夕，在县委大楼一楼大厅公开展出，职工群众反响热烈、好评如潮。11 月 1—8 日，为庆祝党的十九大胜利召开，县总工会在县委县政府的大力支持下，投入资金 30 余万元，组织举办县历史以来最大规模、最具观赏性、市民群众感到最满意的“星源”杯职工篮球赛，参赛队伍达 34 支，赛期为时 8 天。工会计划编印“中国梦·劳动美——衡山县职工书画摄影优胜作品选”下发，为进一步丰富全县职工群众精神文化生活添砖加瓦。

【职工来访接待】 2017 年，县帮扶中心接待到访职工 300 余人次，涉及职工维权案例 22 起，其中群体维权案件 4 起，涉及职工 160 人；涉及一般维权案件 18 起。

（李　军）

共　青　团

书记　严铂金

【概况】 共青团衡山县委员会隶属于中共衡山县委，是党和政府联系青少年、代表和维护团员青年合法权益的群团组织，核定编制人数 4 名，设书记 1 名，副书记 1 名。2017 年，在县委、县政府和团市委的领导下，团县委突出深入学习宣传贯彻中共十九大精神这条主线，牢牢把握强“三性”、去“四化”的根本要求，继续深化“凝聚青年、服务大局、当好桥梁、从严治团”的四维工作格局，着力强化思想政治引领、着力服务党政工作大局、着力服务青少年成长成才，着力推进从严治团，着力打造“青年之家”服务平台，顺利完成各项工作任务，响亮发出了共青团的声音。

团县委班子成员合影（左起：彭志峰、严铂金）

【青少年核心价值体系教育】 团县委紧紧围绕“学习总书记系列重要讲话，做合格共青团员”，充分发挥团组织活动育人的优势，将人文教育、圆梦教育、红色教育融入青少年社会主义核心价值体系教育工作。以春节、元旦、植树节、清明、“五四”、“六一”等节庆日为契机，广泛开展线上线下各类主题教育和文艺会演活动 10 余次，直接、间接参与人数达万余人次，其中“学雷锋”主题活动、“保护母亲河”志愿服务等活动均收到较大反响。2017 年，县各级团组织战线不断涌现突出模范人物，团县委积极向省、市推报各类先进集体和先进个人进行评选表彰，推荐湖南衡山农村商业银行股份有限公司白果支行柜员岗申报湖南省“团员先锋岗(队)”，衡山县人民法院团支部评为湖南省五四红旗团支部，衡山县农商银行白果支行副行长谭仕林获评湖南省优秀共青团员；衡山县福田铺乡白云村党总支副书记、“黑土麦田”青年创客谭腾蛟，衡山县长江镇柘塘村团支部书记、长江人和竹木制品厂罗立人，衡山县地税局政法规科副科长朱少丹，中国移动衡山县分公司经理郭剑获评第 17 届衡阳青年五四奖章”获得者。推荐新桥镇党委副书记刘锡坤为衡阳市共青团系统脱贫攻坚先进个人，衡山县邮政公司团支部为衡阳市共青团系统脱贫攻坚先进集体。衡山农商银行彭超为湖南省青年联合会委员，谭腾蛟等 12 名青年为衡阳市青年联合会委员。衡山县人民法院、妇幼保健院、农商银行积极参与省市“青年文明号”创建等各类典型评选活动。

【网上共青团工作】 2017年,团县委以“1+100”“青年之声”“智慧团建”为重点,实施“共青团+互联网+青年”战略,扎实推进“1+100”“青年之声”“智慧团建”网上共青团工作,实现团网深度融合、团青充分互动、线上线下一体运行。充分运用新媒体H5微场景网页技术,先后制作推出“文明祭祀·绿色清明”“不忘初心跟党走,青春建功兴衡山”“五四”专题宣传页、等共青团网络文化产品;在“青年之声·衡山”互动社交平台建设,安排专职团干负责“青年之声”的日常管理、运行和维护情况,在官方微信、微博、QQ各个团属网络平台进行品牌宣传推广。

【扶贫助学】 根据团中央下发的《“授渔计划·青年之声”精准扶贫助学行动2017年首批帮扶计划实施方案》精神,将县3名精准扶贫户贫困生列入“授渔计划·青年之声”精准扶贫助学五年成长项目受助对象,帮助他们圆梦大专院校,免交学杂费,为11名贫困大学新生争取芙蓉学子、华融湘江等助学项目共计3.7万余元。对于全县的贫困学生底子,通过“基层推报、下乡核实、广泛动员”的步骤,做到心中有数,并通过网络、微信、微益中国平台广泛宣传,积极动员并促成青年企业家、青年文明号单位与贫困学子的结对帮扶。同时,在团县委的联络争取下,牵手衡山贫困学子14年的湖南电子信息产业集团新吸纳2名贫困学生,全年累计为10名寒门学子争取助学金12500元。此外,团县委继续广泛运用微博、微信、网站等推行“微公益”,积极组织志愿者教师通过微益中国网站发布乡镇贫困学校公益项目。

【青年创新创业】 衡山作为传统农业县,特色农产品开发领域涌现一批青年创业者,团县委通过典型带动、平台搭建、定向服务等措施将他们紧密团结在组织周围,“青年创业找团委”已逐渐成为一种较为普遍的心理共识。衡山县龙凤农业开发有限公司负责人刘乐新作为县农村创业青年代表出席省第十五次团员代表大会和省青年联合会第十一届委员会会议。推荐衡山县星源学校董事长唐晖桓为第六届湖南省青年企业家协会理事,推荐启晨艺术培训中心、衡山沐宸农业机械服务专业合作社积极参加省市创新创业大赛,推荐衡山县龙凤农业开发有限公司申报团省委“青创板”挂牌发展。

【青年志愿者行动】 团县委围绕县委政府创建省级文明城市等中心工作,深入开展志愿服务活动,依托衡山青年志愿者协会、微笑志愿者、“雷锋号”志愿者工作站、七彩小屋等平台,推动志愿服务项目化运作、社会化动员、制度化发展。2017年,团县委积极开展“衡山是我家、创卫靠大家”迎创卫复审、“学雷锋”志愿服务、中南大学湘雅医院送健康下乡等活动。衡山农商银行白果支行青年志愿者开展慰问孤寡老人活动。全县志愿者小分队以服务党政、服务经济社会发展、服务民生为统领,先后开展涉及慰老助残、扶贫帮困、关爱环卫工人、文明劝导、美化县城、保护母亲河、防空应急、农村环境整治等领域的志愿服务活动20余项,服务对象达数百人。

【服务青年婚恋交友】 认真贯彻落实中共中央、国务院印发的《中长期青年发展规划(2016—2025年)》,更好地发挥团青组织服务青年的作用,立足为大衡山地区单身青年搭建一个平等、友好、真诚的联谊交友平台。8月26日,共青团衡山县委联合南岳区团委和衡东县团委在衡山白果镇花果山景区,举办“梦幻西游记、浪漫花果山”青年交友联谊活动。活动自“共青团衡山”微信公众号及“青年之声·衡山”平台线上发布以来,得到广大青年的热烈回应,活动咨询达200余条,线上线下共吸引来自衡山、南岳、衡东周边近300名优秀单身青年参与,最终确定活动嘉宾50名。现场成功牵手3对,同时,为所有报名者组建的微信交友联系群也继续发挥着深度交友平台的作用。

(团县委)

妇　联

【概况】 2017年,衡山县妇女联合会在县委、政府的领导下,在市妇联的指导下,深入贯彻中共十九大精神,始终坚持“一手抓发展、一手抓维权”的工作方针,切实履行组织妇女、引导妇女、服务妇女和维护妇女合法权益的职责,把妇女群众紧密地凝聚在党的周围,为建设“四个新衡山”做出自己应有的贡献。

主席　廖建萍

【妇女儿童维权】 2017年,依托信访窗口,县妇联共受理来信来访38件,办结率100%。妇女儿童法律维权中心办理涉及妇女儿童的案件6件,其中,婚姻家庭案件27件,侵权案件4件,生命权、健康权、身体权案件1件，为弱势妇女儿童伸张了正义,维护合法权益,取得较好的社会效应。在"三八维权周"精心制作反家暴公益广告在县电视台、县人民广场电子屏集中播出。组织巾帼志愿者上街道、进商铺、入社区进行反家庭暴力法等知识宣传和游行,共发放宣传资料2630余份;在县城广场、主要街道路口悬挂横幅、制作展板、发放宣传材料,并设立咨询处,邀请妇幼、教育、法律等方面专业人士为广大妇女进行了育儿咨询，咨询服务580余人次。1月,组织三十余名妇女干部和群众参加县公安局举行的"警营开放日"活动。6月,组织全县乡镇妇联主席、胜利村近百名妇女群众参加妇女儿童维权知识讲座。2017年,婚调委工作成效也比较明显,全年调解152起,劝和率65%,有效减少离婚率。

【女性创业就业服务】 2017年,县妇联开展"巾帼致富领头雁扶贫攻坚女能手"评选活动,评选出杨海霞、文红村等5名巾帼扶贫之星、姚建华、段文秀等5名巾帼致富之星,发挥巾帼致富之星、巾帼扶贫之星的先进示范带动作用,形成妇女工作同城效应。积极协调财政、人社部门将农村致富创业妇女作为农村小额贴息贷款的重点对象。全年为9名妇女申请到小额担保贷款94万元,帮助她们成功创业。联合县人力资源和社会保障局,借力"春风送岗位"活动,在现场设立女性就业咨询台,为妇女群众送信息、送政策、送温暖,巾帼志愿者们在活动现场耐心为前来咨询政策的妇女解答各种问题。共计免费发放"春风卡"、《中华人民共和国劳动合同法》《中华人民共和国就业促进法》《妇女权益保障法》和《外出务工指南》等宣传资料2000余份,提供就业岗位100余个。

县妇联班子成员合影(左起:廖建萍、贺原媛)

【妇女儿童关爱服务】 2017年,县妇联开展"爱心献春蕾"活动,为全县113名贫困女童募集助学金,每名女童助学金不少于1000元。实施农村妇女"两癌"免费检查项目,争取省级配套资金38.6万元,地方配套50.4万元，县妇联落实工作经费4万元,为6427名妇女免费开展"两癌"筛查,完成率107.1%。为贫困"两癌"患者争取中央、省"贫困母亲两癌救助金"11万元。开展春节慰问,慰问贫困妇女及女童共24名,同时多方协调,积极争取市级帮扶资金,为7个基层妇联困难干部、贫困女党员、妇女儿童困难家庭,送去慰问金3000余元。多次到"泉蓉书院"开展关爱留守儿童系列活动。用心推进白云学校"知心屋"项目,特邀县妇幼保健院妇产科主治医师罗晓雯围绕"吾家有女初长成"的主题,在白云学校举办一场别开生面的关爱留守女童健康知识讲座。12月,组织巾帼志愿者开展"12·5"国际志愿者日主题活动,在贯塘九年一贯制学校开展留守女童健康知识讲座，六十余名女童参加，并给3所幼儿园送去食品,与小朋友们亲切互动。

【妇女先进典型评选表彰】 2017年,县妇联在全县范围内广泛开展"文明好家风""书香家庭"评选活动和寻找"最美家训"家庭活动,培育、挖掘、宣传优秀妇女典型,开云镇张晓春被评为"最美湘女"。"三八"节期间举行以"汇聚正能量绽放'她'风采"为主题的"三八"节文艺会演活动,表彰全县优秀妇女工作者、"最美家训"家庭、"三八红旗手"和"三八红旗集体"。"三八"期间,还制作传承好家风公益宣传片,在电视台、广场电子屏循环播放。　　(李春花)

科　　协

主　　席
党组书记　陈亚雷

【科技下乡活动】 2017年，县科学技术协会为贯彻中央省市县各级精准扶贫文件精神,在4月18日召开全体机关干部会议,认真传达学习各级精准扶贫的具体要求和具体做法,在会上大家踊跃发言,特别是制订的《精准扶贫工作草案》提许多中肯的意见形成正式方案。扶贫点是福田铺乡石东村,扶贫对象5户,分别上门10余次,到每户对象家里了解基本情况,促膝谈心,反复宣传扶贫的相关政策和精神,解答他们提出来的所有疑问,针对不同的家庭情况制定不同的扶贫措施，帮扶对象钱共计3000余元,资助石东村扶贫资金5000元,提供培训就业信息5条,起到“授人以鱼不如授人以渔”的作用,受到干群的一致好评。根据湘科协通〔2017〕103号和《衡阳市精准扶贫科技助力工程实施方案》及相关会议精神,助力精准扶贫。联合相关部门成立科技助力精准扶贫领导小组及相关机构,明确权责分工,制订科技助力精准扶贫实施配套方案、计划,定期召开会议研究科技扶贫工作。特别是大力支持鼓励协会、科普基地、示范户积极投身扶贫工作,衡山县映绿养殖协会拿出3.5万元作为活动经费,组建有6名技术专家和2名土专家的服务小分队，进行养殖种植等技术培训。共助力扶贫51户,组织扶贫服务专家10人。

【科普工作】 科协现有工作人员4名,人少事多。许多事情与老百姓和广大青少年息息相关，要求科协必须具备较高的业务素质和领导能力。年初,制订具体的学习计划,每个月的15日定为学习日,节假日顺延,除学共产党的相关会议、活动、文件、政策、法律法规等外，重点学习《中华人民共和国科普法》《全民科学素质实施纲要》等与科技相关的法律法规政策和业务知识,班子成员轮流上课,大家要做好详

县科协班子成员合影(左起:陈亚雷、肖湘华)

细的笔记,会后交学习心得。科普工作是一个广义的概念,与人们日常生活工作是不可分,科普内容涉猎范围广,内容丰富复杂,而科普干部和科普志愿者不可能样样精通，抓好这支队伍的建设，落实培训工作,直接关系到全县科普教育的质量。因此,要求每个农技协、科普示范基地、示范户及相关企业等的成员尽可能多地参加省市县组织的各种培训活动,每人每年至少培训2次以上;每个农技协、科普示范基地、示范户在辐射的辖区内一年至少开展一次科技培训工作,全年受训人数累计达15000人次,重点培训农村党员干部和贫困户及广大农民群众，传授农业科学技术,使他们学到实用科学知识,以便于更好地服务于科普工作。这样就形成一级抓一级,一级对一级负责的培训网络。

【县科技咨询中心信访难题化解】 县科技咨询中心是科协直接管理的二级事业单位,独立核算,自负盈亏,成立于1989年,由于经营管理不善以及市场经济冲击等多种因素所至,于1995年倒闭。其工作人员20余年来多次上访,要求安排工作、补发工资及生活费、赔偿经济损失、补缴养老保险及医疗保险等多项诉求,部分职工甚至出现一些过激的维权行为。在县委、县政府的领导下,县科协将处理这个信访积案作为2017年的重点工作抓,多次争取相关部门的支持与配合，多次苦口婆心地与上访人员交心与沟通,让其放弃部分不合理的诉求。通过一年的艰苦努力,在上级领导与相关部门的支持下,终于妥善处理这一信访积案，成功化解上个世纪遗留下来的信访难题。

【科普宣传工作】 2017年4月,在“全省科技活动周”期间,在岭坡乡开展一次高规格、大规模的送科技下乡活动。由县科协牵头组织,县映绿养殖协会具体承办,参与的科技人员和科普志愿者达500多人,发放科技图书、技术资料5万多份,开展趣味科学知识抢答、卫生专家义诊咨询,新产品、新技术推广、科普挂图展览、计划生育宣传等项内容丰富的贴近百姓、贴近生活的科普活动;开展农村实用技术培训班3期,培训近300人次,系统传授肉牛养殖技术,精品果蔬种植、牲猪防治等实用技术。9月,在“全国科普日”期间,开展一系列活动。在开云镇集贸市场流动发放科普知识手册2000余份;走访科技示范户34户,特别是省市挂牌的科技示范户,对他们的情况进行摸底、调查,给予他们一些技术和信息上的指导及精神上的鼓励,尽量为他们排忧解难。同时,为培植新的省市科技示范户打好基础,同年已发展养鸡、养牛、苗木等专业户19户。组织科普志愿者在县宾馆门前摆摊设点,面对面向群众传播公民道德守则、健康常识、环境保护、现代文明生活方式和生活质量等方面的科普知识,让城镇居民提高科学意识,争做文明市民。同时开展遵纪守法、远离毒品系列挂图展览及资料发放的宣传活动,通过科普挂图宣传,从科学的视角宣传毒品的危害,有效地防范毒品的漫延,受到群众的好评。

【“科普惠农兴村计划”先进单位推荐】 2017年,走访衡山县白云农机服务专业技术协会、衡山县绿源有机稻种植协会、衡山县春发食用菌科普示范基地、开云镇甘棠桥社区李桂梅农村科普带头人等科技示范户、农技协和科普示范基地得基础上,向上级科协推荐“科普惠农兴村计划”的先进单位,最后衡阳市农业产业化龙头企业衡山县映绿养殖协会被市科协推荐为省级先进单位。

【青少年科技创新大赛】 2017年,科协积极与县属中、小学联系,开展一次青少年科技创新活动。经过学校推荐,县科协初审,上报中、小学生创新作品30余件。岳云中学代表衡山县参加青少年创新大赛:作品获国家级一等奖1个,省级二等奖4个、三等奖1个,市级一等奖5个、二等奖2个。 (肖湘华)

工 商 联

政协副主席(兼)主席、会长 胡文星

党组书记 唐志军

【概况】 2017年,衡山县工商业联合会(总商会)牢牢把握团结服务主题,坚持围绕中心、服务大局;坚持攻坚克难、补齐短;坚持开拓创新、真抓实干,深入推进新形势下工商联工作的巩固、发展与创新,切实提高工商联履行职责的能力和水平,进一步发展和壮大非公有制经济代表人士队伍,发挥工商联在政治、经济和社会生活中的作用,为推动全县经济社会又好又快发展做出积极贡献。至年底,共有乡镇(街道)商会2家、异地商会6家,会员797个。编内机关工作人员4名。

【“迎老乡、回故乡、建家乡”活动】 按照县委县政府的安排部署,县工商联牵头组织开展“迎老乡、回故乡、建家乡”活动。县委书记尹培国,县委常委、统战部长谢石中,县工商联主要负责人分别带队赴深圳、佛山、东莞、杭州、义乌、广州、荔湾、江门和云南等地,走访了6个异地商会,30多家企业,召开9次恳

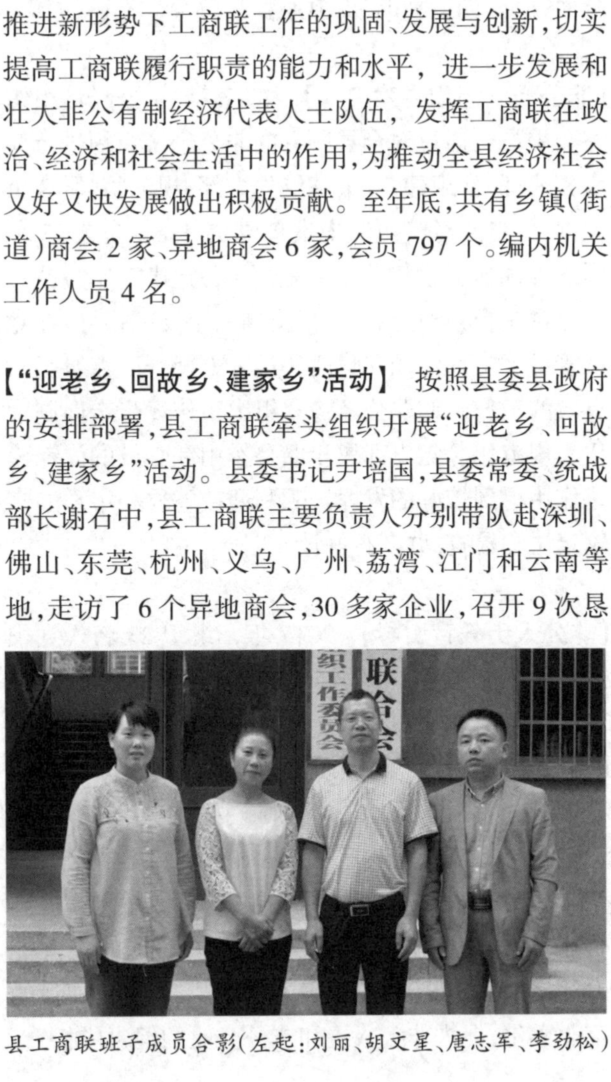

县工商联班子成员合影(左起:刘丽、胡文星、唐志军、李劲松)

谈会，将县委县政府的关怀及时送到在外打拼的企业家心中，并广泛宣传衡山的招商优惠政策，极大地鼓励和鞭策在外经商的衡山籍成功人士回乡创业的信心。有针对性地引导外地企业家到衡山实地考察，促进项目的合作落户，佛山商会、东莞商会、深圳商会多次组织企业家回乡考察投资项目。2017年，先后引进意向投资项目5个。

【搭建政企沟通平台】 2017年，在县委、县政府的支持下，县工商联建立县级领导与非公经济人士联谊交友制度，28名县级领导与41家企业负责人结对交友，搭建政企平台，加强政企沟通。同时，大力开展企业联手帮扶活动，针对全县48个重点民生服务项目，收集整理问题125个，解决问题120个，解决率达96%，完成投资15亿元。创品国际家居商城项目于10月16日正式开工，12月26日一、二期工程全面完工，创造新的"衡山速度"。

【非公经济组织党建工作】 2017年，非公经济组织综合委员会通过对全县所有的非公经济组织进行摸底和清理，新组建36个基层党支部，规范整顿18个支部，在非公经济组织中发展党员4名，选送23名同志参加非党积极分子专题培训；党建工作坚持一个公司一个公司走访，一个支部一个支部指导，在党员管理、支部活动和阵地建设等方面开展大量细致有效的工作，使非公经济党组织工作逐步走向制度化、规范化。党支部战斗堡垒作用和党员的先锋模范作用得到较好的发挥，顺利迎接省委和市委的多轮暗访和检查，并获得好评。

【非公人士教育引导】 2017年，组织23名入党积极分子参与县组织部召开的培训班学习；10月，县工商联组织36名非公人士参加县召开的"砥砺奋进的五年"形势报告会，认真学习"在实现中国梦的征程上，努力画出最大的同心圆"主题报告；11月，推荐颜昭来、彭和冬、赵艳三人参加浙江大学非公有制企业高层经营管理人培训。通过这类活动开展，提高企业负责人对国家政策及经济发展动态的把握能力，引导非公人士树立正确的价值观，建设正能量的企业文化，促进非公人士和非公企业的健康成长。

【工商联建言献策】 2017年，先后就民营经济发展、民营企业融资状况、企业招工难、东湖镇矿山关停等课题开展专题调研活动10余次，撰写专题调研报告6个。其中《关于衡山县东湖镇矿山企业停产情况的调查材料》《关于2017年民营企业反映的几个突出问题与建议》等调研报告，引起县委、县政府的高度重视。同时也充分发挥会内人大代表、政协委员人多智广的优势，积极撰写议案、提案，为县委县政府的正确决策提供参考。据统计，会员共撰写议案18件，提案25件。其中唐志军的《加强萱洲国家湿地公园保护建设管理的建议》被县政协评为优秀提案。同时，唐志军、宋国清、颜昭来3名同志出席省工商联第十二次会员代表大会，颜昭来当选为第十三届省人大代表，并出席全国工商联第十二次会员代表大会，在不同层面建言献策，贡献智慧。

【石碑村脱贫扶助】 2017年，县工商联对接自然条件差、社情民意复杂的省级贫困村——东湖镇石碑村。全年，多次进村入户调查摸底，走访慰问。年内，配合石碑村到省市县各级相关职能部门争取各类资金100万元以上，同时发动广大会员募集善款30万元。全年改造危桥3座，扩宽公路2.7千米，新修硬化道路1.5千米，整修水塘3口、异地搬迁5户，完成部分组自来水管铺设并供水等多个具体问题，配合做好因受到南岳衡山自然保护区影响而关停矿山企业对石碑村的冲击的稳控工作，年底顺利实现脱贫摘帽，成为全县首批8个脱贫摘帽村之一。

【"光彩扶贫"活动】 "光彩扶贫"活动一直是工商联的亮点工程，2017年县工商联光彩扶贫活动筹集善款40多万元，帮助省级贫困村东湖镇石碑村改善基础设施，慰问86户贫困户，对76个贫困学生和贫困家庭进行现场捐赠。既解决贫寒学生和困难家庭的所急所需，又彰显非公经济人士主动承担社会责任、乐善好施、扶危济困的公益理念，体现党和政府以及社会各界对困难群众的关爱。

【工商联(商会)组织建设】 2017年，非公有制经济组织综合委员会配备书记1名，专职副书记1名，有效充实机关干部队伍。同时，进一步健全机关管理制度，制定机关干部学习制度、会议制度和考核制度，强化工作职责，提高工作效率。工商联不断革新会员加入机制，截止至2017年12月已有会员797名，分布县内和全国18个省市，涉及建筑、商业、工业、农业和服务等行业，既有较大规模的骨干企业，也有起步不久的蓬勃发展的小微企业。同时继续加强、不断改善已建异地商会的指导和管理方式，佛山、东莞商会成功召开2017年年会，荔湾、义乌商会顺利实现班子交接，积极帮助广州衡山商会和云南衡山商会的筹建工作。（成玉萍）

县 残 联

理事长 杨 群

【概况】 2017年，衡山县残疾人联合会紧紧围绕县委、县政府确定的工作思路和市残联下达的目标任务，密切结合全县工作实际，务实创新，结合“两学一做”教育工作，狠抓康复、就业、教育、基层组织建设、维权等工作，逐步形成政府主导、部门配合、高效运转的残疾人工作长效机制。

【残疾人康复救助】 县残联以“人人享有康复服务”为目标，以实施“精准康复”为主轴，以“复明计划”为重点，使大批残疾人得到康复。2017年，完成白内障免费复明手术220例，假肢免费装配31名，完成中央、省、市项目0～14岁智力、孤独症儿童在训25人，听力儿童康复2人，儿童助听器适配1人，人工耳蜗手术1人，儿童矫形器适配手术6人，脑瘫儿童在训12人，低视力适配助视器15人。发放各类辅助器具300件。2016年，争取进入国家和省级计划笼子的县残疾人康复中心建设项目已在县黄花新区选址面积11亩，并已办理好土地审批手续。2017年，还精心制订“十三五”残疾人精准康复实施方案，该工作在县政府、县卫计局、县民政局等大力支持下，成立专家组、确定康复机构，年内有2978名残疾人接受康复服务。2017年，县内有需求的残疾儿童和持证残疾人接受基本康复服务的比例达到45.62%，超过上级要求五个多百分点。

县残联班子成员合影（左起：杨群、冯茜）

【残疾人教育文体生活】 2017年，全县资助残疾高中生及残疾家庭高中生2人，残疾家庭大学生2人，同时通过“残疾青壮年文盲扫盲行动”对25名残疾人开展扫盲行动培训，使残疾人青壮年文盲得到减少，也提高残疾人受教育水平和接受实用技术的学习能力。同时县残联积极发动和组织全县27名有运动潜质、愿意从事体育运动的残疾人参加全省第十届残疾人运动会运动员选拔，经过初筛的19名运动员集体赴衡阳参加统一集训，最后确定3名运动员正式入选，全力备战2018年的省残疾人运动会。同时组织全县摄影爱好者开展采风活动，选送展现残疾人借助辅具自立创业的优秀摄影作品参加省辅具中心举办的“述人道主义情怀，展辅具事业风貌摄影比赛”。县聋哑协会主席罗颖的摄影作品《建设新衡山》荣获衡山县摄影家协会2017年“家乡的年味”摄影比赛优秀奖。

【残疾人就业】 2017年组织就业情况年审，发现各用人单位分散按比例就业工作稳步回升，安残力度明显加大。开展各类培训提升残疾人就业技能。2017年，县残联开办计算机应用、美容按摩、种植养殖等职业技能和实用技术培训班共7期，培训残疾人160余人，并选送6名残疾人参加市残联举办的职业技能培训。实施“阳光增收”计划：培养致富带头人5人、致富示范户15人，阳光增收户80人。扶持残疾人创业12人，为他们缓解创业资金困难，发放扶持资金9.6万元。组织好就业援助月活动。从2016年开始，连续两年，同县人社、团委、妇联一起举办以

“聚集精准扶贫、促进就业创业”为主题的春季大型招聘会,拓展残疾人就业渠道。积极开展残疾人就业基地、扶贫基地、培训基地申报认定工作,按“两年一认定”原则于2016年与县财政局一道对申报的机构进行实地考察,2017年已明确县科技中专等9家机构分别作为全县三大基地进行培育和考核,这几家基地分别在残疾人实用技术培训的理论和实践教学上进行合作尝试。同时联系这几家基地,了解其用工需求,为广大残疾人搭建平台,帮助一些残疾人实现就业,并获得各项社会保险补贴。

【残疾人生活保障】 2017年,继续配合民政部门,将全县一、二级重度残疾人全部纳入护理补贴范围,并对特困一、二级残疾人实行生活救助,在很大程度上保障残疾人的基本生活。对3820名残疾人发放护理补贴近229万元,对1529名残疾人发放生活补贴110万元。对一、二级残疾人参加城乡居民基本养老保险和医疗保险,实行参保费由县财政全额补助的优惠政策。据统计,参加城乡居民基本养老保险和医疗保险享受财政补助的有4795人。同时为一、二级重度残疾人及建档立卡的三、四级残疾人共5751人购买人身意外伤害保险,保障广大残疾人平等、充分地共享改革成果。认真做好残疾人机动轮椅车燃油补贴发放工作。2017年,有126名肢体残疾人获得此项补贴资金。认真做好贫困家庭无障碍改造工作。2017年,全县完成70户贫困残疾人家庭无障碍工作,通过联系县星源学校、县九福祥超市有限公司、衡阳盈佳置业有限公司等爱心企业捐款共计13.1万元,用于2017年精准扶贫无障碍助残工程建设。2017年,为200名智力、精神及重度肢体残疾人开展“阳光家园”计划。同时积极引导社会力量创办残疾人托养机构,于2017年在县甘棠桥社区成立首个残疾人日间照料站——兴兴家园残疾人托养服务中心。该中心自2017年5月份成立以来,建设已初具规模,已有30余名智力残疾、肢体残疾人成为项目的受益者。

【扶残助残宣传】 2017年县残联紧扣春节慰问、助残日、“爱耳日”、“爱眼日”等,持续开展丰富多彩的扶残助残活动。在5月全国助残日,开展为残疾人免费义剪、为白内障及翼状胬肉患者爱心复明、看望慰问贫困残疾人等活动。在助残日活动启动仪式上,衡山县志愿助残服务大队正式授旗成立,多次组织助残志愿者开展助残活动。充分利用广播、电视、报纸、网站等媒体,宣传报道有关残疾人事业的法律法规和有关政策,社会各界扶残助残先进事迹以及残疾人中自强不息、艰苦创业的好典型等。如衡阳冠力塑胶有限公司于2017年被省残联评为“十二五”全省助残先进集体。县电视台把党政领导走访慰问贫困残疾人、社会各界关爱残疾人列入常规性宣传报道。8月20日,在全县开展全国第一个残疾预防日海报张贴和宣传工作。加大信息报送力度,全年在中残联、省残联网站上发布信息51篇,在市级、县本级各网站上发布信息53篇。

【残联基层组织建设】 2017年1月,12个乡镇残疾人专职委员正式到岗,人员工作补贴由县残联和县人社局共同承担;153个村(社区)残协专职委员于2017年4月前全部选聘到位,人员工作补贴已争取列入县财政年度预算。专门举办乡镇残联正副理事长、专职委员和村(社区)联络员参加的涵盖残疾人组织建设、教育就业、法律法规、信访工作、康复工作等业务的培训班和数据更新专项业务培训班,通过培训,提升队伍素质,初步形成以县残工委为领导、县残联为主导、乡镇残联为骨干、村(社区)残协为基础的残疾人组织网络,为信息数据更新工作按时按质按量完成和今后贯彻执行《中华人民共和国残疾人保障法》提供强有力的组织保障。 (谷燕红)

法　　治

政法委及综治

县委常委
政法委书记　旷志军

【概况】 2017年，衡山县政法工作在上级部门的指导和县委、县政府的领导下，认真贯彻落实党中央决策部署和习近平总书记系列重要讲话精神，围绕"五位一体"总体布局、"四个全面"战略布局和"维护社会大局稳定，促进社会公平正义、保障人民安居乐业"的总目标，树立深度的忧患意识，继续加强和创新社会治理，着力推进"四化一制"，以做好党的十九大安保维稳工作，迎接大会胜利召开，作为2017年全县工作的主线和重中之重，进一步强化组织保障，大力夯实基层基础，深入化解矛盾纠纷，努力提升社会治安防控水平，不断加强平安衡山、法治衡山和过硬队伍建设，为全面建成小康社会，建设平安和谐幸福新衡山，确保衡山县经济又好又快发展做出了积极贡献。

县委政法委班子成员合影（左起：吕晓凤、李高明、旷志军、李伟、吴湘玲）

【社会大局稳定维护工作】 为做好党的十九大安保维稳工作，全县上下切实提高政治站位，强化责任担当，成功实现"五个严防不发生"和"三个确保"的工作目标，得到上级的充分肯定，在全市党的十九大安保维稳工作总结讲评暨年度工作推进会上，衡山县被市委、市政府评为"党的十九大期间全市安保维稳工作优秀集体"。

1.领导高度重视，组织保障有力。县委、县政府高度重视党的十九大安保维稳工作，将其作为压倒一切的政治任务和中心工作来抓。全县成立由县委书记、县长总挂帅，县委副书记任总指挥长，6名县级领导为副总指挥长的十九大安保维稳工作总指挥部。特护期间，衡山县多次召开县级规模会议，对党的十九大特护期信访维稳安保工作进行安排部署和落实落细。7月19日，全县召开迎十九大信访维稳暨信访积案清零推进会；8月11日，全县召开信访维稳工作推进会。进入特护期后，先后召开4次县委常委会、4次政府常务会、2次县长办公会、6次信访维稳安保工作专题调度会、2次信访联席会，每次会议都对党的十九大特护期信访维稳安保工作进行了研究和部署，规格之高、频率之多前所未有。

2.坚持源头预防，强化排查化解。全县深入开展"矛盾隐患大排查、领导干部大接访、信访积案大化解、维稳安保大督查"活动，从源头预防和减少矛盾问题的发生。一是大排查全面覆盖。党的十九大特护期间，在前段工作的基础上，全县开展新一轮影响社会稳定矛盾问题摸排调研工作，排查不漏一村、一组、一户,化解定人、定时、定目标,对排查出来的新的矛盾问题,认真梳理、查找漏洞、补齐短板,及时处置。在所有乡镇、村组、社区都设立信访维稳情报信息员,实现排查化解工作体系全覆盖,做到每天一排查、一汇总、一会商、一处理、一调度,强化督查督办、汇总通报。二是大接访见人见事。特护期以来,衡山县每天都安排一名县级领导到县信访局来访中心值班接访。县委、县政府领导还多次主动约谈涉军群体、上访老户、涉众型经济利益受损群体、民代幼教师群体代表与牵头人,有效地将相关群体人员吸附在当地。特别是对涉军群体,相关县领导多次接谈,面对面倾听意见诉求,逐条逐个解决实际困难,得到该群体的理解和支持。在县领导的带头示范下,各乡镇全面落实值班接访责任,推动大量矛盾纠纷化解在基层,防止群体性矛盾的上行。三是大化解落实落细。县信访联席会议对2017年省、市交办给衡山县的"积案清零"任务中尚未化解的信访积案,逐案进行分析研判和督办催办。书记培国、县长蒋青亲自带头抓落实,化解郭中立多年来诉被乡村干部伤害案,李翠林诉狱中被伤害案等疑难积案,郭中立于8月19日签订《停访息诉承诺书》,李翠林于10月9日签订《停访息诉承诺书》。长江曹志明诉工伤赔偿案是多年积案,因证据不足难以认定,由政法委书记旷志军包案,通过调度县经科信局、安监局、长江镇等单位,经多方努力,寻找到新的突破口,最后终于化解了该案。特护期间,全县各级各部门党员干部花费大量的时间和精力按"五包一"的工作要求投入到积案化解和重点稳控工作中,他们有的舍小家为大家、牺牲休息日,有的连续作战、不畏疲劳,付出艰辛的努力,涌现出许多感人的先进事迹,不胜枚举。截至特护期结束,省交办的9件积案已经全部办结,市交办的16件积案已经办结7件,5件得到有效稳控。

3.加强重点管控,确保万无一失。一是强化重点人员和群体稳控。对全县98名重点人员严格落实"五包一"稳控责任,要求每天"敲开门、见上面、说上话、交上心",十九大特护期间,全县参与"五包一"的各级各部门领导干部达320余名,各乡镇和责任单位每天上午下午两次向县十九大安保维稳工作总指挥部报告稳控情况,真正做到严防死守、盯紧看牢。信访局、维稳办、教育局、民政局和12个乡镇密切配合,把蠢蠢欲动的"民代幼"教师群体、涉军群体、"三线民工"群体稳定在本县;驻京值班组与各单位接访人员密切配合,在京外围查控劝返10人次。二是强化重点行业、重点场所管控。十九大特护期间,清查宾馆旅社、出租房屋、娱乐场所共计1179处,排除安全隐患342处,下发整改通知书328份;排查车辆2221台次,道路安全隐患293处,查扣违法车辆59台,其中查处酒驾10起、毒驾1起;检查消防重点场所、单位54家,发现隐患154处,发放整改通知书37份;排查涉爆涉危企业12家,发现隐患6处,下发整改通知书6份。

【平安衡山创建工作】 自2016年下半年以来,新一届县委领导班子到任后,高度重视平安创建工作,县委多次召开常委会,专题研究部署,对衡山县平安创建工作提出了更高、更新、更严的要求。

1.活动载体推进平安创建。县综治委下发《关于深化基层平安创建活动的实施方案》等一系列指导性文件,全县综治暨平安创建各项工作得到进一步规范。"平安乡镇""平安单位""平安医院""平安学校""平安家庭"等创建活动开展得有声有色,有效提升了平安创建工作在人民群众中的影响力和支持率。为促进全县平安创建工作深入开展,大力践行社会主义核心价值观和新时期衡山精神,2017年,县综治委牵头在全县开展"文明好家风"评选活动。各乡镇分别制订相应的工作方案,组织发动每家每户踊跃自荐、相互推荐优良家风,撰写家训家规、治家格言、家风故事等。全县12个乡镇通过层层筛选,共评选出1228户"文明好家风"家庭,其中13户"文明好家风"家庭作为全县杰出代表出席县里的表彰大会。

2.形式多样宣传平安创建。鉴于综治宣传一直是衡山县政法工作的一个短板,2016年11月中旬,县综治委专题研究召开政法综治宣传工作会议,下发《衡山县政法综治宣传工作制度》,成立政法综治宣传工作领导小组,同时出台《衡山县政法综治稿件刊发奖励制度》,通过建立健全奖励机制来激发全县政法综治各部门开展调查研究、撰文投稿的积极性和主动性。在利用传统方式宣传平安创建的基础上,创新工作思路,县政法委联合县电视台推出政法综治在线栏目,积极报道政法队伍先进人物和典型事迹,加强政策法规法律宣传,为平安创建工作营造了良好的社会氛围。

3.群防群治护航平安创建。为把平安创建推动到基层一线,强化全县社会面治安动态防控,2016年12月底,县综治委下发《衡山县乡(镇)、村(社区)义务巡防队工作实施方案》,要求全县各乡镇建立群防群治长效机制,实现义务治安巡防工作制度化、常态化,巡防网络覆盖全县所有村(社区),为基层平安创建保驾护航。从2017年各乡镇工作的情况看,全县153个村(社区)基本上建立义务治安巡防队伍,义务治安巡防工作得到广大人民群众高度称赞与肯定,在2017年春节、全国"两会"、国庆、中秋、十九大特护期等重要节点发挥巨大作用,有力保障城乡居民一个和谐稳定的治安环境。

【社会治安防控工作】 1.狠抓专项整治,形成高压态势。一是狠抓严打整治。2017年以来,全县破获各类刑事案件428起,刑拘326人,逮捕119人,移诉283人,破案率居全市第一。二是狠抓安全整治。全县范围内开展多次"平安号"统一清盘查和"关城门"、"合围"武装设卡盘查行动,清查场所370余家,盘查人员6000余人次,车辆2000余台次,查处违法人员20人。持续开展道路交通源头隐患和城市道路交通秩序整治,特护期间,全县没有发生重特大道路交通事故。三是狠抓信访秩序整治。县公检法司联合出台《关于依法打击信访活动中违法犯罪行为的通告》,县里成立打击非访工作领导小组,县委副书记亲自挂帅任组长,扎实开展信访秩序大整治行动,对长期缠访闹访的重点人员和牵头人物,进一步固定证据,实施轻刑快判,坚决依法予以惩治处理。全县处理非访案件3起,刑拘2人,有力维护正常信访秩序。

2.不断完善社会治安防控体系建设。着力推进立体化、信息化社会治安防控体系建设,完善功能,提升效能,织密织牢公共安全网。加快推进网格化管理工作,建立覆盖全县的网格化信息管理平台,切实做到数据全、信息准、底数清、情况明,不断提升人防、物防、技防水平,真正做到点线面结合、人防物防技防结合、打防管控结合、网上网下结合。同时,加强安全宣传教育,增强全社会安全防范意识,完善应急疏散、处置预案,严防发生重大公共安全事件。2017年以来,根据省、市要求,衡山县将综治中心建设作为一项重要工作来抓,认真按照上级安排部署,积极推进综治中心建设。7月12日,经县委常委会研究,决定在2017年内完成县综治中心建设,县综治委专门成立综治中心建设领导小组,由县长任组长,县政法委书记任常务副组长,县委组织部长、常务副县长、分管副县长、公安局长任副组长,相关单位和乡镇主要负责人为领导小组成员,领导小组下设办公室,由县委政法委副书记、综治办主任李高明兼任办公室主任。截至目前,已建成县综治中心1个,乡镇综治中心3个,村(社区)综治中心1个。

【综治民调工作】 从2016年下半年开始,县政法委启动对全县153个村(社区)进行村级群众满意度调查,下发《衡山县村(社区)群众满意度调查考核奖惩办法》,明确奖惩措施。2017年,又启动对全县所有机关单位的群众满意度调查,并出台考核奖惩办法,进一步调动全县各级各部门做好社会治安综合治理工作的积极性,促进综治民调工作的深入开展。综合2017年民调成绩,衡山县省民调分数由2016年上半年74.95分,到2016年下半年78.91分,到2017年上半年81.68分,再到2017年下半年83.51分,呈稳步提升趋势,与省、市平均分差也逐步拉近,和2016年同期相比较,衡山县2017年与省平均分差由10.84分下降到3.8分,与市平均分差由5.89分下降到0.9分,群众的满意度不断提高。

(陈　龙)

【防范和处理邪教工作】 2017年,衡山县防范和处理邪教工作在衡山县委、县政府的坚强领导和市办的精心指导下,深入贯彻落实党的十八大、十九大会议精神、习近平总书记"5·12"重要讲话精神,以及省、市防范和处理邪教工作会议精神,切实按照市办年初的总体工作思路,明确责任、落实举措、重在防控、精心指导,协调配合公安机关的"敲门行动",有效地挤压邪教组织的活动空间,遏制"法轮功"等邪教组织的非法活动,确保元旦、春节、国庆等重大节庆日期间和全国、省、市人大、政协"两会"等特护期的平安顺利,尤其是"4·25""5·13""6·4""7·22"

"G20"峰会、香港回归二十周年等敏感时段没有为社会大局稳定添乱,特别是十九大期间,反邪教防控工作取得圆满胜利,实现"五个严防不发生"和"三个确保"的工作目标,为衡山县的社会大局稳定、为全市的反邪教防控工作做出应有的贡献。

1.狠抓防控惩治,确保"三零两防"管理工作目标。一是层层签订责任状,落实责任。2017年年初,县委、县政府将防范和处理邪教工作纳入社会治安综合治理工作,与各乡镇签订目标管理责任状。各乡镇与各村、社区也签订责任状,严格落实责任。二是突出重点,严密防控。对邪教痴迷人员认真落实"四包一"(一般人员)、"五包一"(重点人员)包案稳控措施,严密防范稳控,确保衡山县社会大局稳定不受邪教组织活动的影响,不给市里添乱,不为衡山摸黑。三是高度警觉,及时惩治邪教人员非法活动。全县公安机关对邪教违法犯罪活动"露头即打",依法处置。继2016年对张贴反宣"法轮功"邪教组织和参与诬告滥诉"法轮功"邪教组织逐个进行训诫谈话,取得良好效果以来,2017年,通过敲门行动走访,实现邪教人员100%走访。县公安局国保大队与两路口派出所联合行动,于2017年4月30日,对在两路口辖区内进行反宣活动的蔡某实施行政拘留,行动快,效果好,得到市办领导高度评价。

2.狠抓教育转化,圆满完成转化工作任务一是明确任务、责任。按照市办要求,2017年教育转化4人,逐人落实教育转化攻坚小组,把责任落实到人。二是帮教转化,回访巩固。对邪教"法轮功"痴迷人员和巩固对象认真进行回访帮教,效果良好。如:县委防范处理邪教办与国保大队一起走访慰问已转化解脱"法轮功"人员李某,关心其工作生活,目前思想稳定,步入正常的生活轨道。近几年来,通过回访帮教巩固教育转化成果,前几年教育转化对象未出现反复现象。三是组织社会力量帮教。2017年以来组织帮教力量,由乡镇、社区干部、社区民警及对象亲属组成,积极进行帮教,教育转化效果较好。

3.扎实开展警示教育及创建无邪教单位活动一是全县各乡镇和辖区单位将反邪教工作纳入平安创建工作,将反邪教工作纳于平安创建标准之一,并在全县范围内开展了巡回宣传。二是在全县各村社区利用反邪教警示教育墙和电子屏,开展警示教育活动。三是在春节期间开展反邪教警示教育,在城区主要街道,乡镇村社区交通要道悬挂反邪教宣传横幅。四是在全县教育系统各中小学校继续开展"五个一"活动,为全民参与反邪教工作奠定良好的基础。衡山县开云镇大桥社区、白果镇楚南桥社区、江东乡龙桥村在全国"百县千乡万村无邪教创建示范工程"活动中被评为"创建无邪教示范村(社区)",永和乡黄周村、开云镇先农社区、长江镇石子村被评定为"全省无邪教创建示范村(社区)"

4.及时清理清缴"法轮功"反宣标语、反宣品。坚持清理清缴工作常态化。全县各村、社区,各乡镇坚持做到对新出现的反宣标语和社会面散发的反宣品,在当天能够清理处理干净,对公共密集场所、学校、医院、农贸市场、公园、居民小区出现的反宣资料、反宣标语及时组织城管、街道、村(社区)进行干净彻底的清除,不留死角。对市面上流散的少量反宣币,鼓励群众就近到银行兑换,并向公安机关积极举报散发反宣币的邪教人员。到"敲门行动"结束,共清除各类反宣标语30余条,收缴各类反宣资料150余份。

5.积极开展已转化"法轮功"邪教组织人员解脱工作。根据省办"4·27""9·11",市办"5·12""6·14"会议精神,2016年县防范和处理邪教办公室组织公安机关、驻地派出所、司法所及各乡镇、村、社区干部积极开展已转化"法轮功"邪教组织人员解脱工作,经过"三下三上",严密调查,层层审核确定,至2017年共解脱149人,按时完成工作任务。

6.积极筹建衡山县反邪教协会。县委、县政府领导高度重视反邪教防控工作,主要领导多次召开县委常委会专题研究防范处理邪教工作,明确要求要成立衡山县反邪教协会。2017年11月,衡山县反邪教协会成立大会成立,选举出以周铁庚为顾问、刘立军为会长、肖应中为副会长、李军杰为秘书长的协会领导班子。

7.建立健全"三支队伍"。2017年以来,继续完善宣传信息、防控惩治、教育转化"三支队伍"。各乡镇实现"有人员、有牌子、有房子、有经费、有职责、有公章"六有目标。各村、社区均建立了防范处理邪教工作站。

8.继续用好用活反邪教举报奖励制度2017年,

衡山县落实省、市两办文件精神，根据《防范处理邪教举报奖励制度》，对群众有效举报邪教分子违法犯罪行为进行奖励，特别是对办案单位办案经费实行以奖代补，收效很明显。（刘立军）

【政法队伍建设】 2017年以来，全县政法队伍结合“两学一做”专题教育活动，着力加强政法干警思想政治教育，通过典型引领、正面宣传，大力培养政法干警甘于奉献、勇于担当的精神。深入贯彻学习习近平总书记系列重要讲话精神，深刻反思李亿龙案、周建案，认真汲取2016年“6·21”违规聚餐事件带来的深刻教训。为进一步提升衡山县政法队伍的整体素质与形象，打造一支政治过硬、业务过硬、责任过硬、纪律过硬、作风过硬的政法干部队伍，2016年12月份，县委下发《关于加强政法队伍纪律作风建设的意见》文件，对政法队伍建设提出更规范化的要求。一是着力推进司法改革。按照上级部署，积极稳妥地推进司法体制和工作机制改革，使全县司法工作机制更加合理，管理更加科学，监督更加有效，保障更加有力。努力在司法尊重、保障人权和维护合法权益上取得新进展，在满足群众对司法、法治和法律服务需求上取得新成效。二是着力提升执法理念。深入开展社会主义法治理念教育，引导广大干警始终保持高度的政治意识、大局意识、责任意识、法律意识、廉洁意识；始终坚持党的事业至上、人民利益至上、宪法法律至上；始终坚持法律效果、社会效果、政治效果的统一，努力做到以维护稳定和谐为最大政绩，以执法为民、服务群众为根本责任，以彰显公平正义为最高目标，切实把严格、公正、文明、廉洁执法的要求，贯彻到执法过程的每一道程序、每一个环节。三是弛而不息抓作风建设。深入推进党风廉政建设和反腐败斗争，坚持以零容忍态度惩治执法司法腐败，坚决查处滥用职权、贪赃枉法、以案谋私、收钱捞人、充当司法掮客等行为。坚持党的绝对领导，始终把思想政治建设摆在第一位，确保政法干警忠诚可靠，确保人民民主专政的刀把子牢牢掌握在党和人民手中。2017年，县委政法委建立纪律作风督查巡查机制，狠抓作风督查，持续开展针对政法队伍纪律作风方面的明察暗访和执法执纪检查活动，坚持从严治党、从严治警，失责必问、问责必严。（陈　龙）

政府法制工作

主任　周伏立

【概况】 衡山县人民政府法制办公室，工作人员5名，内设综合股、依法行政指导监督股，下设衡山县法律顾问室。2017年，县人民政府法制办公室紧紧围绕县委、县政府的决策部署和中心任务，以“全面深入推进依法行政，加快建设法治政府”为目标，坚持法律至上，强化法治理念，大力推进全县行政执法三项制度试点工作，全力提升涉法事务保障水平，不断强化行政执法监督和纠错机制，为衡山县经济社会发展创造良好的法治环境。

【行政执法体制改革】 积极开展行政执法三项制度国家试点工作。2017年，衡阳市被国务院正式确定为全国推行行政执法公示制度、执法全过程记录制度、重大执法决定法制审核制度等三项制度改革的32家试点单位之一，衡山县作为行政执法三基制度改革的试点县，根据全市统一安排，积极开展改革工作，成立衡山县推进行政执法三项制度试点工作领导小组，出台《衡山县推行行政执法公示制度执法全过程记录制度重大执法决定法制审核制度试点工作实施方案》《衡山县行政执法公示办法》《衡山县行政执法全过程记录办法》《衡山县重大行政执法决

县法制办班子成员合影（左起：周伏立、黄阳）

定法制审核办法》等文件,2017年9月召开全县法制工作会议,对行政执法改革试点相关工作进行安排部署,选定县公安局、县环保局、县交通运输和旅游局、县食药工商质监局作为县重点单位承担试点任务,2017年12月,县法制办联合县委改革办、县人大及政府督查室对涉及群众切身利益的36个重点行政执法部门的“行政执法三项制度”落实情况进行督查,并开展执法案卷评查。

【行政复议和应诉】 2017年,受理行政复议案件8件,其中维持2件、申请人撤回复议申请1件、撤销1件、不予受理1件、移送1件,正在办理2件。依法履行行政复议被申请人、行政诉讼被告职责,及时提交行政复议答复材料和应诉材料,严格按照行政诉讼法的规定执行行政负责人出庭制度。2017年,以县政府为被申请人的行政复议案件5件,其中驳回1件、维持2件、撤销1件、正在审理中1件。以县政府为被告的行政诉讼案件10件,其中撤回起诉2件、驳回起诉1件、驳回诉讼请求2件、正在审理中的5件。

【依法行政工作考核】 2017年12月,法制办对全县依法行政工作进行考核,通过查阅档案资料,综合评分在90分以上的单位有县公安局、县财政局、县安监局、县国税局、县审计局、县食药工商质监局、县监察局、县交警大队、县经科信局、县国土资源局、县城市管理行政执法局、开云镇、东湖镇等单位。

【会议纪要审查】 2017年,审查县政府常务会议纪要14份、县长办公会议纪要19份、专题会议纪要12份,提出修改意见建议共60余条。

【规范性文件审查、清理】 2017年,审查县政府规范性文件25件,提出修改意见和建议100余条,对25件政府和8件部门规范性文件进行“三统一”登记,并全部在政府门户网站进行公布。向衡阳市政府和县人大常委会报送规范性文件备案资料25份,切实做到规范性文件备案及时、不遗漏。2017年8月,根据《衡阳市人民政府办公室关于做好规范性文件全面清理工作的通知》的要求,对全县所有的规范性文件进行清理,拟修改规范性文件91件,拟废止规范性文件62件。

【重大合同审查】 2017年9月,为规范政府合同管理,防范政府合同风险,结合衡山县实际,制定《衡山县政府合同管理暂行办法》,全年审查全县重大合同20件,出具意见书20份。

【县政府法律顾问团队成立】 2017年3月,经县政府常务会议研究决定,成立衡山县人民政府法律顾问团队,聘请县政府法律顾问12名,其中专职法律顾问5名、兼职法律顾问5名、外聘律师2名,出台《衡山县人民政府外聘法律顾问工作规则》。2017年,通过政府法律顾问团队参与,召开重大听证会三次,成功化解开云镇排塘村二组与五组林权争议案、永和乡老林村二组与狮球五组林地争议案及店门镇老农贸市场土地权属争议案等信访积案,参与重大矛盾纠纷处理四起,出具法律意见书4份。

(刘东方)

公安

副县长
局长 肖文斌
党委书记

政委 范烨

【概况】 2017年,全县公安机关在县委、县政府和上级公安机关的领导下,坚持以群众满意为导向,以争创“三个一流”为目标,以中共十九大安保维稳为主线,深入推进“两加强两提升”“五标准五工程”和“四个打造”警务战略,奋力推动衡山公安工作转型提质升级,取得显著成效,荣获全市公安机关“卫士

县公安局班子成员会议照(左起:杨孟华、杨晓秋、刘国顺、汪曙光、肖文斌、范烨、汪湘东、陈付中、刘毅君、邹文)

之光”百日竞赛一等奖,被评为全市公安机关党的十九大安保工作优胜单位、党风廉政建设先进单位、命案侦破先进单位、缉毒执法先进单位、打击电信网络犯罪先进单位,被县委、县政府评为目标管理绩效考核优秀单位、维稳工作先进单位、安全生产先进单位、党的十九大安保维稳工作先进集体、项目协调服务先进单位、法治政府建设先进单位、政务公开政务服务先进单位、人大和政协提案办理先进单位、应急管理先进单位、“12345”政府服务热线工作先进单位。

【安保维稳】 全县公安机关紧紧围绕十九大安保维稳这一主题主线,加强组织领导,强化工作措施,有力确保全县社会治安大局稳定。①强化情报信息收集研判。共上报各类情报信息 350 余条,通过分析研判,向市局报送 62 条。②强化风险隐患排查。开展安保维稳大排查行动,加强对重点行业场所排查力度,清查重点场所 1179 处,排除安全隐患 342 处,下发整改通知书 328 份。③强化反恐和应急处突。将物流寄递、危爆行业纳入反恐工作重点,加强对物流寄递行业、旅馆业、网吧的实名制管理;强化反恐应急处突能力,开展 2 次大规模的应急处突演练。④抓实信访维稳工作。办理信访案件 24 件,“12389”投诉 17 起,办结率为 100%。对堵门堵路、非法上访闹访等违法行为进行专项整治,查处案件 33 起,拘留 44 人;依法妥善处置“3·23”衡山县人民医院扰乱医院秩序案,行政拘留 5 人。⑤巩固互联网稳定。建立 24 小时网上巡查制度,上报网上违法信息 47 条,网络案件 108 起;加大网络排查力度,净化网络环境。

【侦查破案】 先后部署开展“卫士之光”百日竞赛、“三打击一整治”、禁毒风暴、惩治“村霸”和宗族恶势力犯罪、扫黄禁赌、治爆缉枪、集中惩治违法犯罪活动“冬春攻势”等专项行动,有力提升人民群众安全感。2017 年,全县共立刑事案件 796 起,同比下降 8.11%; 破案 522 起, 同比上升 19.18%, 刑事拘留 411,同比上升 33.88%;移送起诉 372 人,同比上升 3%;查处行政案件 1078 起,治安处罚 978 人,实现发案下降、破案上升、人民群众满意度上升的目标。①实现命案必破。全县共发命案 3 起,均在短时间内告破。②严厉惩治侵财犯罪。对盗、抢、骗等严重影响群众安全感的侵财类犯罪展开凌厉攻势, 破案 299 起,同比上升 15.44%,发案同比下降 8.11%%,刑事拘留 154 人, 移送起诉 100 人。成功侦破部督“2017-509”系列电信诈骗案,抓获 27 名涉案嫌疑人,冻结涉案资金 400 余万元,扣押作案车辆 4 台,捣毁一个长期冒充公检法人员进行诈骗的犯罪团伙,被省公安厅通报表扬。③严厉惩治经济犯罪。受理各类经济犯罪案件 24 起, 立案查处 23 起, 破案 20 起,刑拘 36 人,逮捕 6 人,取保 29 人,移送起诉 32 人;涉案金额 1.47 亿元,挽回各类经济损失 1000 余万元。④严厉惩治环食药犯罪。端掉制假窝点 2 个、销售窝点 2 个,挽回经济损失 200 余万元。成功破获“3·20”制售假冒伪劣食品案,抓获犯罪嫌疑人 16 人,该案被市公安局评为精品案件,案件侦破被央视报道。⑤掀起禁毒风暴。破获涉毒刑事案件 41 起,刑拘 49 人,缴获毒品 3.13 公斤,查处吸毒人员 426 人,强制隔离戒毒 121 人、社区戒毒 157 人,成功侦破部督 “2017-1109” 特大贩毒案和省督“2017-117”贩毒案。⑥扫黑除恶成效显著。全面开展惩治整治农村黑恶犯罪专项行动, 有效遏制黑恶犯罪,办理故意伤害、聚众斗殴、寻衅滋事等涉恶案件 44 起,刑事拘留 80 人,行政处罚 25 人。⑦深化扫黄禁赌。破获涉赌刑事案件 9 起、刑事拘留 12 人,查处涉赌行政案件 65 起,行政拘留 149 人;破获涉黄刑事案件 2 起、刑事拘留 2 人, 查处涉黄行政案件 25 起,行政拘留 25 人。⑧深入惩治涉枪涉爆违法犯罪活动。破获涉枪涉爆刑事案件 7 起、刑事拘留 4 人、移送起诉 5 人、取保候审 5 人,查处涉枪涉爆行政案件 38 起、行政拘留 33 人。

【警务机制改革】 积极争取县委、县政府的重视与支持,全力推进警务机制改革。①加快推进“4+X”中心建设。以“大部门、大警种”为导向,实战化为核心,信息化为支撑,正规化为保障,投入200余万元,组建“五个中心”。②勤务模式改革。在两路口、白果、长江3个派出所新建综合警务指挥室,“情报主导警务,一室引领三队”的警务运行新机制实战效能发挥明显。

【基础基层建设】 ①加快社会治安视频监控系统建设。投入2600余万元的社会治安视频监控系统第八期项目建成投入使用,全县城乡治安监控摄像机、电子治安卡口分别达到1003个和24个;预算经费1000余万元的第九期项目启动建设,安装高清摄像头100个,整合医院、车站、学校等重点部位视频监控资源200处,新增人脸识别、智能分析等视频深度应用功能,全县城乡治安视频监控覆盖率进一步提高。②加快推进网格化管理。由县委政法委牵头,建成网格化管理中心,与综治中心和治安防控中心一体运行;乡镇、村组层面按照县委、县政府“试点先行、分步推进”的要求,全力推进网格划分,县城区6个社区共划分网格44个,其他乡镇重点村(社区)先期划分59个,正在逐步建设中。③加快推进基层基础建设。总投资近6000万元的公安监管中心项目主体工程全面完工,店门派出所业务用房建成启用,岭坡派出所已搬迁装修。在G107长江镇石子村路段建成公安检查站,落实分级勤务,在重要时间节点实施“锁城门”战略。在全市率先开展社区戒毒康复中心建设试点,为吸毒人员提供心理咨询和康复服务,让他们尽快回归正常生活。在全县12个乡镇建立社区戒毒康复中心,在涉毒人数多的村(社区)建立社区戒毒康复工作站。④加强街面巡逻管控。认真分析全县治安形势特点,精心制订巡逻方案,创新巡逻机制,对县城实行24小时巡逻,在重要节假日、敏感节点开展夜巡,通过织密治安防控网,提高街面见警率,降低发案率。全年出动巡逻警力16300余人次,出动巡逻车辆1410台次,抓获违法犯罪嫌疑人28人,盘查人员7231人次、机动车5600余辆次,通过清查盘查破获刑事案件10起,查处行政案件55起、行政拘留69人。

【公安行政管理】 强化公安行政管理,提升全体民警为民服务能力。①加强人口与出入境管理。强力推进“三实”信息集中,全县采集录入“三实”信息52404条,登记常住人口信息12975条、流动人口信息2546条、寄住人口信息3548条、房屋信息3325条;核查应销未销人员6383人,为511名无户人员补登户口。办理出入境证件、签注15531本次,登记到衡山境外人员67人次。②加强交通和消防管理。成立了道路交通事故快处快赔中心,加强车辆和驾驶员管理,办理车辆注册登记3328辆次。强化路面执法管控,查处各类交通违法行为共61193起;扎实开展道路交通安全“隐患清零”工作。消防大队和派出所加大消防监督管理力度,检查消防重点场所、单位1588家次,发现火灾隐患3915处,整改隐患3877处,临时查封61家,责令三停22家,应急救援抢救被困人员19人、疏散人员167人、挽回财产损失165万元。③加强监所管理。组织监所安全大检查22次,发现和排除各类安全隐患50余起,深挖犯罪转递案件线索8条,实现监管安全事故零发生。④强化内部管理。精谋细算、严格管理,实现预算经费、惠警支出的增长以及“三公”经费的下降,对全局需维修项目进行认真摸底。

【公安执法运行机制改革】 深入推进执法运行机制改革,深化法制工作运行机制。①筹建执法管理中心。积极推进警务机制改革执法监管中心建设,规范受立案常态化监督管控,加强动态信息研判,强化部门联动,实现同步监督,规范执法管理,规范民警前端执法行为,提升执法质量。②完善执法制度。完善相关制度机制,制定出台《衡山县公安局刑事案件“三统一”机制有关提审工作的规定(试行)》;完善刑事案件“三统一”工作机制,完善执法责任制度,开展执法监督考评。③推行执法公开。依托湖南阳光警务平台,在确保国家秘密、警务工作秘密不泄露的前提下,依照规定主动向社会公众或者特定对象公开行政、刑事执法各类执法信息。④严把案件审核关。2017年,全局刑事拘留411人,提请批准逮捕199人,移送审查起诉372人,取保候审255人,监视居住56人;行政处罚978人,其中行政拘留813人,罚款277人,警告4人。

【公安队伍建设】 结合“两学一做”和“迎接十九大，忠诚保平安”主题教育实践活动，组织党员民警瞻仰革命烈士墓、参观红色革命教育基地、升国旗、重温入党（入警）誓词、开展“七个荣誉仪式”等活动，坚定理想信念，树牢“四个意识”，切实打牢民警思想基础。①加强实战练警。选送1名民警参加省公安厅兼职教官培训，并担负市局指定的课题研发、参加省厅的课题研发比赛；指定2名民警担负县局的微创新课题研发。②加强从严治警，以“肃流毒，强保密”和十九大安保专项督察为抓手，切实抓好反腐倡廉建设和纪律作风整顿，共开展各类督察180余次，受理群众投诉51起，建立投诉督察卷宗19卷。③加强文化育警。在局机关建立阅览室、在营院建立警营文化墙，藏书约2000册。④加强宣传励警。加大对外宣传力度，全年累计发稿200余篇，其中央级媒体发稿8篇、省级媒体发稿40余篇、市级媒体发稿50余篇、县级媒体发稿100余篇。⑤加强从优待警。先后举行新警入警宣誓、老民警退休、立功授奖等荣誉仪式活动，增强职业认同感；投入15万余元，组织243名在职、退休民警、职工到南华附二医院进行年度体检，全面提振队伍士气、激发队伍活力。 （廖锦屏）

【交警工作】 2017年，县交警大队共处理道路交通

大队长 刘红国

教导员 李顺国

事故1932起，其中死亡事故16起、死亡16人、直接经济损失43.08万元。交通事故起数、死亡人数、受伤人数、直接经济损失分别与2016年同期相比-4.21%、-46.67%、-31.67%、-51.95%）。

年底，县城有道路停车泊位1596个，红绿灯路口5个、电子警察18个，公路卡口8个，违停抓拍系统33个，逆行抓拍系统1个。开展一系列整治行动，共查处乱停乱放19365起、闯红灯2516起，教育、劝导不文明交通行为13289起。

县交警队班子部分成员合影（左起：肖文斌、唐宏斌、姜继春、刘红国、李顺国、刘岳平、冯朝晖）

2017年，县交警大队开展各项专项整治行动，共查处各类交通违法行为67762起，其中：毒驾22起，酒驾205起（含醉驾15起）、疲劳驾驶34起、超员422起、超载41起、超速9624起（含超速50%以上的91起）、无牌653起、无证1542起、未年检1608起、涉牌涉证56起、无保险149起、闯红灯2516起、其他现场违法行为11467起、其他非现场违法行为39423起。行政拘留46人。

坚持开展“两学一做”“创建优秀团队”活动。以创建活动为载体促学习，促工作，促警营文化建设，促价值观人生观的提升，收到良好的创建效果。城西完小被省总队评为“湖南省文明交通标兵护学岗”；唐宏斌、张怡顺（协警）被省总队评为春运安保工作先进个人；许有文（协警）被省厅评为“百日会战”先进个人；阳燎原、李建军（协警）被省总队评为十九大安保工作先进个人；李旭辉、王华、林辉（协警）、郑文祥（协警）被市局评为春运先进个人；阳燎原被市局评为“卫士之光”百日竞赛先进个人；李勇俫被市局嘉奖。 （唐 艳）

【消防】 衡山县公安消防大队建于1995年，正营级单位，是一支集军事性、公安性于一身的公安现役部队，同时也是县委、县政府领导下的一个重要行政职能部门，担负着全县火灾预防和灭火救援等工作任务。自创建之日起，大队就始终把国家和人民的利益放在高于一切的地位，全体官兵人人忠诚履职、个个英勇顽强，受到党委政府和人民群众的广泛称赞。2017年，衡山县公安消防大队党委在市公安局、支队党委和县委、县政府、县公安局党委的领导下、坚

大队长　周志云

教导员　张添丁

持打基础、扛红旗、转作风、务实效，全县消防工作和部队建设取得进一步发展。

消防工作“责任重于泰山”，在2017年的衡阳市消防工作会议上，县政府代表与市政府签订《消防安全责任状》，各政府相关职能部门也在衡山县消防工作会议上与县政府签订消防安全责任状，使消防安全落到实处，全县消防工作形成抓有领导、管有措施、防有目标、查有责任的良好局面。

2017年以来，衡山县公安消防大队共接警出动85起，出动车辆154辆，出动警力922人，抢救被困人员19人，疏散被困人员167人，抢救财产价值165万元，完成了多起急、难、险、重任务，有效的保障人民群众生命财产安全。

2017年以来，大队积极开展足浴场所、电气火灾、高层建筑、文物古建筑、全县福利养老机构、易燃易爆等场所消防安全专项整治，夏季消防安全检查及各大节日消防安保；圆满完成“一带一路”高峰论坛、十九大安保工作、为主线的各类消防安全整治行动，强力整改火灾隐患。大队检查单位1588家，发现火灾隐患3915处，整改火灾隐患3877处，临时查封61家，责令三停22家，大队两次对列管的50个重点单位进行消防监督检查，共下发《消防监督检查纪录表》100多份、发现火灾隐患80多处，责令当场改正50多处，下发《责令限期改正通知书》18多份，责令限期整改火灾隐患20多处。

大队在衡山县政府的统一领导下，充分发挥消防职能部门的作用，与各有关部门协同配合，保障公共消防设施建设与城市建设同步规划、同步发展、同步建设，完成全年的消防基础设施建设任务。加快推进政府专职消防队建设，成立白果镇专职消防队，招收队员6人。加强农村消防设施建设，在各乡镇安装消火栓，建造消防水池，添置灭火器，培训群众义务消防员，做到有备无患。加强居民消防安全防火工作能力。大队通过广泛发动群众，建立建全群众性消防组织，完善社区各项消防工作制度。

2017年，大队组织消防安全重点单位保卫人员、公众聚集场所和易燃易爆化危物品从业人员120多人进行消防安全培训。同时，大队还定期开放消防站，组织全县各消防安全重点单位员工、学校师生到中队观看消防知识展板、消防演练。大队定期深入城区、乡镇开展消防宣传工作，发展壮大义务消防队。大力开展消防宣传“进社区、进农村、进学校、进企业、进家庭”活动，使消防宣传贴近实际，贴近生活，贴近群众。此外，大队还利用“119”消防宣传日，重要节假日进行随机性的消防宣传，全年在县城悬挂横幅、标语100余条，电子显示屏标语100余条，各类板报30多块。

为解决消防官兵住房困难，大队在2016年开始筹划建设公寓楼，在县委、县政府和公安部消防局的支持下，于2016年8月31日动工，在2017年10月建成，公寓楼占地面积126平方米、总建筑面积733.5平方米，5层建筑，总共8套房间，公寓楼的建成有效的解决大队官兵住房问题。　（消防大队）

检　察

检察长
党组书记　李　清

【概况】 2017年，衡山县人民检察院有政法编制56个，“两反”部门和预防部门转隶后，政法编制为43个，在编在岗干警33人，其中40周岁以下的青年干警16人，占在编在岗人数的48.5%。聘任书记员14名、司机2名，其工资状况均由县财政承担。首批员额检察官18名，属员额检察官的院领导、中层骨干、干警分别为3人、8人、1人。市编办核定院领导职数为1正3副、3专委。院班子成员人数为7人(包括挂职副检察长1人、非党人士1人)。检察院荣获2017年度全省检察机关“检察文化活动先进单位”等荣誉称号。

县检察院班子成员合影(左起:曾涛、杨吉庆、蒋晖、李清、赵向前、王卫阳、李延会、谭林敏)

【刑事检察】 依法履行审查批捕、审查起诉职能,共批准逮捕刑事犯罪嫌疑人140人,提起公诉223人。重点惩治"两抢一盗"、涉恶涉黑、"黄赌毒"等严重危害社会治安犯罪,批捕该类犯罪嫌疑人87人,提起公诉127人。介入衡阳市"5·9"特大电信诈骗案,对公安机关抓获归案的19名犯罪嫌疑人全部依法批准逮捕,并建议公安机关依法追捕同案其余2名犯罪嫌疑人。共监督侦查机关立案16人、撤案4件;纠正漏捕25人,纠正漏诉2人;向侦查机关发出《纠正违法通知书》26次,已纠正21次;发出《检察建议》3份,采纳2件;向法院提起抗诉3件。依法立案监督"159素食全餐""四季优美随便果"等侵犯知名品牌的假冒注册商标案,并对该案6名犯罪嫌疑人依法提起公诉,保障人民群众"舌尖上的安全"。

【职务犯罪查办】 2017年,县人民检察院立案侦查职务犯罪案件7件、7人,提起公诉5件、6人,判决3件、3人。积极参与办理省、市院交办的大要案,如在办理省肿瘤医院原副院长梁某某系列贿赂案时,该院干警的敬业精神和专业素养,多次获省、市院领导高度肯定;立案侦查县畜牧水产局相关工作人员渎职案中,侦查人员前后奔赴广州、珠海等地调查取证,利用"大数据"分析锁定关键证据,依法以涉嫌动植物检疫徇私舞弊罪对县畜牧水产局原工作人员旷某某提起公诉,让老百姓从身边的真实案例中真切感受到党和国家惩处腐败的坚强决心。

【未成年人检察工作】 全面深入开展"法治进校园"活动,衡阳市院和县院分别在县星源中学与县实验中学设立"未成年人法治教育基地"和"检校合作青少年法治教育示范基地",成立法治进校园巡讲团。围绕校园暴力、网络文明、如何正确处理同学之间的矛盾等与未成年人身心健康紧密相关的重点专题,分别赴全县6所中小学宣讲法律知识,受教人数达6000余人,发放法治宣传手册3000余份。落实未成年人检察工作制度,依法不起诉3人。如在审理某高中生盗窃案时,考虑到其未满18周岁又是初犯,认罪悔过态度较好,积极退赃,且面临高考,该院依法对其作出不起诉决定。

【行政督促履职案件办理】 2017年,办理行政督促履职案件12件,发出审判活动违法监督检察建议2件、执行活动违法监督检察建议1件,均予采纳。

【刑罚执行】 扎实开展社区矫正执行监督工作,坚决防范脱管、漏管现象。开展清理判处实刑未执行刑罚专项检察活动,对清查出的17名罪犯认真核实情况并督促相关部门执行到位。履行羁押审查职责,对10名在押人员向相关单位提出变更强制措施的建议,采纳6件;向被监督单位提出《检察建议》和《纠正违法通知书》23份,均予采纳。

【检察职能延伸】 依据市院统一部署,延伸检察职能精准服务非公企业,联合县司法局分别在湖南省新源素生物工程有限公司和衡山县创品置业有限公司,设立"检察联络站"和"流动维权岗",助力非公企业依法管理、依法经营、依法维权,努力构建起"亲"、"清"新型检企关系。按照县委、县政府2017年"项目建设年"安排,全力帮扶衡山首个规模化市场——创品国际建材家居城建设,协调相关部门解决搁置多年的土地使用权证、拆迁等问题。积极关注企业"围墙之外"的事情,如萱洲镇省、市重点投资的华夏湘江项目,因土地使用权问题与当地村民引发故意伤害案件,在审查逮捕阶段,县人民检察院联合县公安局、司法局等相关责任人奔赴案发地办公,加大对涉案人员的教育引导,主动消除双方顾虑,为重大项目在衡山落地生根保驾护航。积极参与整治破坏社会主义市场经济犯罪各类专项行动,对13起假冒注册商标、非法吸收公众存款、妨害信用卡管理、非法经营、合同诈骗、信用卡诈骗等案件,加大从严惩治力度。

【宽严相济刑事政策执行】 深入贯彻宽严相济刑事政策,对初犯偶犯、未成年犯、过失犯以及达成刑事和解的轻微刑事案件不批准逮捕27人,决定不起诉46人,最大限度化解社会矛盾。坚持罪刑法定、疑罪从无,严把审查逮捕、审查起诉关,对不构成犯罪的,依法不起诉3人;对证据不足的,依法不批捕22人、不起诉15人,坚决防范冤假错案的发生。综合运用释法说理、政策引导、情感疏导等方法,有效化解社会矛盾23起,全年无一起越级上访案件发生。

【检察队伍建设】 坚持抓好机关党建工作,扎实推动"两学一做"常态化制度化,认真组织干警学习领会党的十九大精神和习近平新时代中国特色社会主义思想,邀请全省十九大巡讲团教授为全院干警详细解析十九大精神。以"七一"党建活动为契机,组织党员干警奔赴芷江、浏阳红色教育基地,接受党的理想信念教育,增强干警拒腐防变的能力。努力推进检察改革,检察长带头为全院干警讲授《坚定信心主动作为弛而不息推进检察改革》党课,提升干警士气汇聚正能量。成立员额检察官、助理检察员、聘任书记员1∶1∶1的办案模式,划清"谁办案、谁负责,谁决定、谁负责"的司法责任制红线。制定出台《衡山县人民检察院员额检察官绩效考核办法》,入额院领导全部带头办案,明确员额检察官的办案指标、推行轮案机制、定期通报案件办理情况、实施年终绩效考评,确保司法体制改革目标实现。不断完善干警教育培训机制,采取"请进来、走出去"的学习交流模式。持续完善山检微信公众号、官方微博等新媒体平台,向上级部门发布各类信息、经验材料、理论文章,以及向各级媒体发表宣传稿件160余篇(条)。定期组织"检察开放日"活动,适时邀请人大代表、政协委员、人民监督员和群众代表交流座谈,专题听取修改后刑事诉讼法执行等工作情况汇报。 (旷 巍)

法 院

【概况】 2017年,衡山县人民法院牢牢把握司法为民公正司法主线,忠实履行宪法法律赋予的职责,全力做好审判、执行工作。全年收案2630件,结案2497件,较2016年同比分别增长15%和6.89%。结案率等多项司法绩效考核指标获得省高院的通报表彰,并在全市法院系统司法状况考评中名列前茅。机关审判法庭择址新建项目完成选址、定界、地勘及设计等前期工作。

院 长
党组书记 胡家舜

【刑事审判】 2017年,县人民法院审结刑事案件208件、274人。危害社会治安犯罪,审结故意杀人、抢劫等暴力犯罪案件44件、63人,其中判处5年以上有期徒刑的罪犯占6.35%。审结毒品犯罪案件41件、47人,均判处实刑。如被告人方耿坤贩卖麻古10克、冰毒42克被判处有期徒刑13年。依法审判一批社会关注度高案件,突出惩治涉众型经济犯罪以及违法闹访犯罪等案件。如被告人罗方义以电视发射台铁塔重建等名义骗取多名被害人资金共计81.4万元,被依法判处有期徒刑6年6个月,并处罚金40万元。依法判决无理要求发放补贴、向镇政府强拿卡要、多次非法缠访闹访的龙朝文有期徒刑10个月,缓刑1年6个月。受理贪污、受贿、渎职、挪用资金等职务犯罪案件4件、4人,已审结2件、2人;加大对行贿犯罪惩治力度,受理3件、3人,已审结1件、1人。加强人权司法保障,为15名被告人指定律师提供辩护。参与社会治安综合治理,注重发挥非监禁刑教育改造功能,对59名具有从轻情节的被告人判处缓刑并移送社区矫正。

县法院班子成员合影(左起:贺滴、刘志强、胡小平、胡亚辉、胡家舜、彭生贵、周志文、刘建中、曹科)

【民商审判】 2017年，县人民法院受理各类民商案件1385件，同比上升9.66%。稳妥处理教育、医疗、住房、劳动争议、交通事故、人身损害等关系群众切身利益的案件，注重案结事了，调解撤诉率达58.13%。坚持司法服务“三农”，审结农村土地承包经营权流转、宅基地纠纷、拖欠农民工工资等案件15件。设立家事少年审判庭，审结婚姻家庭案件419件，突出保护老人、妇女、儿童、残疾人合法权益。审结民间借贷、买卖、担保、建设工程纠纷等案件684件，保障市场交易安全。审结金融借款、证券、期货、保险、票据等金融纠纷案件343件。

【行政诉讼】 2017年，县人民法院共受理审(执)结各类行政案件279件，同比增长65.64%。审结的行政诉讼案件中，驳回起诉、驳回诉讼请求、确认行政行为合法有效的3件；确认行政行为违法或无效、撤销行政行为、判决行政机关履行法定职责的3件。受理各类非诉执行案件251件，办结250件，其中审查执行社会扶养费征收案件224件，服务计生国策。审理不服公安机关对非访行政处罚案件11件，维持11件，有力支持行政机关依法惩治扰乱社会秩序的非访行为。受理水利行政执法案件3件，扣押船舶7艘，有力地支持水利部门惩治水利违法行为，促进湘江河道的行政管理和整治工作。县人民法院坚决落实县委决策，积极发挥司法强拆的震摄作用，全年审查准予强拆案件6起，支持配合政府强拆2栋，相对人自觉拆除10栋，有力地促进开云南路、黄花新区等项目的征地拆迁工作。

【法院执行工作】 2017年，县人民法院执结案件589件，执结率66.55%。全年查控车辆57台、查询银行账号2000余个、金额18600余万元。积极推进零佣金网络司法拍卖工作，网拍11件，拍卖成交总额1100余万元，从而增强拍卖工作的透明度，杜绝暗箱操作，最大程度地保护当事人的利益。落实联合信用惩戒机制，向社会发布失信被执行人名单79条，促使其自动履行义务。全年司法拘留8人，移送公安侦查拒执案5件。

【基层法庭工作】 坚持和发展“枫桥经验”，充分发挥基层人民法庭司法为民的前沿阵地作用。力量向基层倾斜，优先保障人民法庭力量需要，选派年青优秀干警担任基层负责人；政策向基层倾斜，切实提高法庭工作人员政治和经济待遇，增强其归属感和荣誉感。2017年，5个法庭接收各类案件1292件，审（执）结案件1118件，分别占全院的49.12%、44.77%，调撤率为64.52%。大力开展巡回办案，就地解决矛盾纠纷，切实减轻群众诉累。

【司法责任制改革】 落实司法责任制改革。全面贯彻落实“谁审理谁裁判，谁裁判谁负责”责任制改革的要求，完成首批29名员额法官的遴选工作；在全市基层法院率先完成“1名员额法官+1名法官助理+1名书记员”的29个审判团队组建，出台《关于入额法官办案数量的规定》《司法绩效考评实施细则》等规章制度；实行专业法官会议制，完成审判委员会权力运行机制改革和法官、审判辅助人员工资制度改革等工作。深化人民陪审员制度改革，报请县人大常委会新选任人民陪审员47名，一审普通程序案件陪审员参审率为97.97%。深化以审判为中心的刑事诉讼制度改革，贯彻“以庭审为中心、证据规则运用、非法证据排除以及疑罪从无”等司法规则与理念，坚决防范冤假错案。深化裁判文书改革，简化和规范民商事裁判文书。深化多元化纠纷解决机制改革，与司法行政机关联手设立诉前调解室暨司法援助驻法院工作站，为400余名群众提供免费法律咨询服务，成功调解案件30余件，减少诉讼量，促进社会和谐。加强案件质量管理，以庭审质量、裁判文书和改判、发回重审案件为重点，加大评查力度，共评查案件400余件，对评查出的问题及时分析整改，启动再审2件，已改判1件；强化业务指导，统一裁判尺度，全院一审裁判生效率达94.51%。

【法院队伍建设】 全面落实从严治党的要求，扎实开展“两学一做”学习教育，认真学习贯彻落实中共十九大精神和习近平新时代中国特色社会主义思想，坚定理想信念，严守政治纪律，严明政治规矩，增强“四个意识”，坚定“四个自信”。举行法官入额宣誓仪式，强化法官宪法意识，激发工作责任心和职业尊荣感。培育和践行社会主义核心价值观，加强党的建设和法官职业道德建设，发挥先进典型引领示范作用，院党总支被评为“基层党组织‘五化’建设示范单位”，院团支部荣获“湖南省五四红旗团支部”荣誉称号，涌现出“全省法院先进个人”旷曲宇等一批先进个人。开展廉洁司法教育，认真学习《中国共产党廉洁自律准则》和《中国共产党纪律处分条例》，运用典型案例加强警示教育。注重司法能力建设。邀请高校教授、资深法官来院授课，提高法官业务能力。通过轮岗交流、案件点评、信息技术应用培训考核等活动，增强法官综合素质。深入推进审判业务学习研讨活动，积极组织各类学习会、研讨会，及时研讨司法实务中的热点、难点问题，提高队伍理论水平。积极推进“两庭”建设。机关审判法庭择址新建项目已完成选址、定界、地勘及设计等前期工作，并成功申报2018年中央预算内建设资金。新桥法庭择址新建项目已进入第二层施工建设阶段。 （周应安）

司法行政

局长　沈雁中

党组书记　朱建辉

【概况】 2017年，衡山县司法局内设7个机构：办公室、政策法规股、法制宣传教育股(加挂依法治县办公室牌子)、基层工作管理股、财务股、政工室、行政审批服务股，下设社区矫正工作局(副科级)、公证处(副科级)、法律援助中心及12个乡镇司法所(副科级)。其中社区矫正工作局内设综合办公室、刑罚执行股、安置帮教办公室3个股室。2017年，全县司法行政系统围绕县委、县政府中心，全面落实省厅、市局和县委政府的工作部署，聚力夯实基层基础，创新推进重点工作，切实加强队伍建设，凝心聚力，求实创新，着力促进全县司法行政工作再上新台阶，取得较好成绩。

县司法局班子成员合影(左起：彭晓明、李水平、朱建辉、沈雁中、阳和平、袁先槐)

【普法依法治理工作】 2017年是实施推进“七五”普法规划的关键一年，县司法局结合“法治衡山”系列活动，极积推动法治宣传教育工作，把衡山县的普法依法治理工作推向一个新的高度。全面实行“谁执法、谁普法”，“谁服务、谁普法”普法宣传责任机制，有效促进法治宣传教育深入开展。积极开展防范和惩治非法集资法治宣传，持续开展禁毒禁赌、入室盗窃、涉黑涉恶、暴力恐怖犯罪等专项整治宣传，为服务县域经济建设、维护社会稳定做出贡献。积极开展“法律明白人”培养活动，全县培养“法律明白人”3000余人，开云镇长安村书记刘前程被评为全省“百佳法律明白人”。挤出资金采购26场法治电影，在全县乡村和学校巡回放映。认真组织全县国家工作人员开展网上学法考法，有效提高国家工作人员法律素质，县人社局劳动人事争议仲裁院主任谷湘平被评选为2016年度“湖南省最具影响力法治人物”。切实加强“民主法治示范村”和“依法办事示范窗口单位”创建，店门镇能仁村、白果镇楚南桥社区被评为全省民主法治示范村；衡山县国税局成功申报全省依法办事示范窗口单位。

【社区矫正工作】 至2017年年底，全县累计接收社区矫正人员638人，已解除矫正人员485人，现有在册矫正对象153人。2017年，县司法局通过层层签订责任状，认真组织对全县社区服刑人员中的脱管、漏管、虚管和重新犯罪案件进行自查自纠，每月按时对全县12个司法所开展督促检查，定期组织召开社区矫正监管安全分析会，有效强化社区矫正监管安全责任。8月开始，组织全县社区矫正工作人员和社区矫正对象开展行为规范训练，有效增强各司法所工作人员严格执法、规范执法的意识，也进一步强化社区矫正人员服从管理，遵纪守法的观念。2017年，接受县内外法院、监狱和公安机关的社会调查评估委托函109件，取得较好效果。

【人民调解工作】 通过积极争取，已将人民调解政府购买社会服务和“以奖代补”经费纳入财政预算。6月，县司法局局与县财政局联合印发《衡山县人民调解案件“以奖代补”实施细则》，以此为契机，切实加强基层人民调解组织建设。对基层司法所政法专项编制进行专项整治，又招录司法助理员3名，并进一步加强基层调解组织示范点建设。5月18日，省司法厅基层处处长周桥、调研员陈浪一行对衡山县县司法所规范化建设和人民调解工作进行实地调研和现场指导并给予高度评价。2017年度，全县排查矛盾纠纷216次，预防矛盾纠纷204件，调解矛盾纠纷765件，调解率100%，调解成功的765件，调解成功率100%。

【法律服务工作】 严禁公职律师从事有偿法律服务，积极引导公证、律师、基层法律服务介入县域经济建设，当好政府和企业法律顾问，进一步深化“律师进社区”“法律服务进农村”活动。同时，稳步推进公证体制改革。2017年，县公证处受理各类公证事项1352件，华方、迪成两个律师事务所共代理各类法律服务案件142件，光大、岳北两个法律服务所共代理各类案件221件，开云、民典两个司法鉴定所共办理司法鉴定213件。进一步完善、法律援助各项工作制度并强化执行力。县法律援助中心驻法院工作站正式挂牌运行，实现司法救助与法律援助“一站式对接”的崭新工作机制。2017年，法律援助中心办理法律援助案件191件，解答法律援助咨询600余人次，开展各种法律援助宣传和服务活动20余次，接受宣传的群众约4万人次，有力地维护受援群众的合法权益。

【司法局搬迁与“两个中心”建设】 树立超前理念，因地制宜，科学制订精装修方案，加强督促力度，倒排工期，确保司法业务用房项目建设进展顺利。10月10日，县司法局进行整体搬迁。同时，高标准、高规格配备社区矫正信息管理系统、公共法律服务平台所需要的电子信息现代化等设备，着力打造全省一流的“两个中心”建设。

【司法队伍建设】 按照全面从严治党的要求，认真落实司法部《关于新形势下加强司法行政队伍建设的意见》，进一步加强干部队伍建设。切实加强党建工作，继续深化“两学一做”学习教育活动，进一步坚定全体党员干部的理想信念，牢记党的宗旨。建立严格的考核奖惩和责任追究制度，将工作任务逐级分解。进一步加强文明服务窗口建设，完善系统涉法涉诉信访和普通信访工作机制。按照县纪委精神，扎实开展公职律师办理法律服务案件自查自纠工作。

（赵元兵）

军　　事

人民武装

县委常委
人武部长　张桂南

政委　石斌欣

【概况】 衡山县人民武装部有现役干部5人，在编职工1人，临时合同工2人，下设军事、政治工作、后勤三个科，全县共有12个基层武装部，配有专职武装干部25人。2017年，人武部抓住迎接十九大这条主线，扎实开展“坚决维护习主席核心地位”专题理论学习，坚持看齐追随听指挥，改革创新抓落实，正风肃纪守规矩，集中统一保稳定，全面建设呈现出稳中有升良好态势。

【党委班子建设】 县人武部党委能用坚强的党性原则统一“一班人”，以改作风、纠“四风”为重点，狠抓思想政治建设，内树正气、外树形象，增增强“一班人”的凝聚力和战斗力。部党委班子团结、心齐、气顺、劲足，班子成员政治敏锐性、事业心、表率作用和团结协作精神不断增强，较好地发挥核心领导作用，是一届想干事、能干事的好班子。党委“一班人”心系人武部全面建设，部领导经常深入基层武装部检查指导工作，教育中分片辅导，训练中靠前示范引导。部领导在抓好人武部工作同时，还主动协助县委、县政府抓好地方经济建设。

【战备训练】 根据任务需求，县人武部修订战备方案和保障计划，集中行动力量，对接行动方法，明确协同和保障。投入80万元补充完善战备物资和民兵应急连器材；升级改造人武部多功能会议室和作战室；添置3艘冲锋舟和2艘橡皮艇。2017年，民兵整组工作以衡阳市政府、衡阳警备区《民兵整组工作指示》为依据，明确坚持任务牵引，聚集能力形成，注重真抓实干”的思路。全县共编1个民兵应急连、12个民兵应急排，共有民兵41328人，其中普通民兵39123人、基干民兵2005人。高标准完成民兵训练任务。人武部分四期组织农村民兵训练，每期100人，重点抓好民兵应急连反恐维稳、抗洪抢险和森林防火等专业训练，同时兼顾共同科目训练。5月，选派1名专武干部参加省军区组织的专武干部集训。7月，参加“迎战湘江洪峰”抗洪抢险。

【后备力量建设与征兵工作】 县人武部认真贯彻落实《湖南省军区正规化建设标准规范》和衡阳市委9号文件精神，坚持抓基层、打基础，狠抓基层武装部正规化建设，2017年，12个基层武装部和80个村（社区）民兵营完成达标建设。认真开展国防动员潜力调查，协调县发改、经信、人防、交通、宣传、统计等部门对2000多项数据进行逐一核实，落实车辆装备预征、预储制度。保质保量完成征兵工作任务。注重抓好宣传发动、体格检查、政治考核和审定新兵“四个环节”；严把政治工作关、体检关、文化关和年龄关;落实集体研究、集体定兵、集体审批,集体送兵。2017年,全县征集新兵140人。

【地方建设参与】 2017年,县人武部先后出动民兵应急分队1080人次参加抗洪抢险、抗旱救灾、扑救山火,避免经济损失400多万元。积极做好涉军维稳工作。县人武部加强与县政法委、县民政局的协调,做好驻地涉军维稳工作。全年协调处理涉军纠纷和案件14起,既维护地方社会稳定,又保证复退军人和现役军人的权利。县人武部积极参加新农村建设。全年共投入5万元抓好联系村的精准扶贫工作。

(衡山县人民武装部)

武　警

中队长　刘恒帅

指导员　王成康

【概况】 2017年,武警衡山中队(简称武警中队)以《军队基层建设纲要》和《基层正规化管理规定》为依据,坚持依法治警,从严治警方针,圆满完成以执勤和处置突发事件为中心的各项任务。

【建制沿革】 中国人民武装警察部队衡阳支队衡山中队现驻于衡山县两路口麋城路118号,中队占地面积6.5亩,中队由一栋主楼、饭堂一线平房、猪圈一线平房和队列、擒敌器械训练场以及营区菜地、鱼塘和水塔构成。中队组建已有70余年历史,中队领导管理体制及番号先后经历8次调整,中队隶属于武警衡阳支队领导。中队编制38人,现有人员30人(干部3人、士官18上等兵9人),在位29人,在外1人(1人带兵骨干)。党员15人(13名正式党员、2名预备党员)团员15人。满服役期士官3人(上士1人、下士2人)。

【执勤任务】 武警中队严格落实《执勤规定》、《执勤设施建设标准》和《中华人民共和国人民武装警察法》,坚持以从严治执勤为切入点,狠抓执勤制度落实,确保中心任务完成。在上级组织的各项军事比武中,武警中队获得优秀佳绩,在2017年按纲建队考核中被支队评为湖南总队"基层建设先进中队"。2017年,武警中队共出动官兵80余人次,配合公安机关和有关部门完成武装押解、烈士陵园献花宣誓和特殊时期临时勤务20余次。

【政治学习】 武警中队支部引导全体官兵深入贯彻落实习主席讲话精神,以密切内部关系为切入点,突出"传承红色基因、担当强军重任"主题教育,依托"毛泽建烈士陵园"教育基地,广泛开展红色革命主题教育,针对官兵思想实际,狠抓经常性思想工作、营区政治环境建设、文体活动和拥政爱民工作,不断打牢官兵做党和人民的忠诚卫士的思想根基,始终坚持官兵思想教育与官兵日常执勤、训练、管理相结合,发挥政治工作的服务保障作用。

【共建活动】 武警中队官兵坚持服务人民的优良传统,为驻地群众做好事、办实事。每年中队组织官兵到烈士陵园宣誓献花,瞻仰烈士事迹,用革命先烈的先进事迹教育官兵。建军90周年纪念日作为衡山县里军人代表团为英雄纪念碑敬献。由于中队拥政爱民工作突出,受到团委好评。 (武警衡山中队)

人民防空

【概况】 衡山县人民防空办公室现有在职工作人员13人,机关内设综合股(法规股)、工程管理股(指通股)、行政审批服务股3个股室,下设二级机构人民防空稽查大队。2017年,县人防办认真贯彻落实人防法律法规和十九大会议精神,强化政治意识、大局意识、国防意识、责任意识,坚持人民防空为人民,始终把保障民生、服务民生作为人民防空改革发展的

主任　江　南

出发点和落脚点，立足战备、平战结合，全面推进人民防空建设改革发展，各项工作取得新的成绩。两人获评市人防工作先进个人。

【人防工程建设】 衡山县人防地面指挥所（15023工程）2017年已完成选址、可研、立项、报批，土地勘测及“三通一平”、招投标等工作。

【人防指通建设】 圆满完成县“11·1”警报鸣放任务，组织开展全市短波电台通信对接训练及全市机动指挥所拉练活动。“5·12”联合相关部门组织开展县城西完小师生3000余人应急疏散、消防、反恐演练一次。认真履行应急支援职能，在夏季特大洪讯时，全体干部职工赴萱洲镇湘江村参与抗洪抢险行动，进一步提高遂行紧急任务的实践能力，加强全办干部职工服务人民的责任意识。

【人防宣传教育】 深入推进人防“五进”宣传，开展人防法律法规、应急知识、人防易地建设费降标等日常宣传多次；组织机关党员到社区报到、义务普法、扶贫助困、环境卫生整治、文明县城问卷调查及治安巡查等活动；认真承办并及时回复县人大代表133号关于加强县中小学人防教育的建议，向县城区各中小学赠发《现代防空防灾》2850册、《人防小博士》1000册。

【人防自身建设】 县人防机关工作队伍进一步壮大，领导班子配置完备，通过公开招考新进工作人员2人。健全机关支部工作机制，深入开展“两学一做”学教活动，落实“三会一课”、民主评议党员、谈心谈话、党员“五个日子”等制度。建立健全支部办公室、党员阅览室、党员教育活动中心等场所，添置电教器材；严格落实《人防训练考核大纲》的要求，组织全体干部职工开展军事训练，徒步拉练等活动。

（赵　鑫）

经济管理与监督

发展与改革

局　　长
党组书记　柳红军

【概况】 根据《中共衡山县委、衡山县人民政府关于衡山县人民政府职能转变和机构改革方案的实施意见》和《中共衡山县委、衡山县人民政府关于衡山县人民政府机构设置的通知》，设立衡山县发展和改革局，为县人民政府工作部门。全局共设12个股室：办公室(经济体制综合改革股、法规股)、综合计划股(衡山县国民经济动员办公室)、社会发展股(衡山县第三产业办公室)、固定资产投资股、招标投标协调监管办公室、农村经济股、工交能源股(高新技术产业办公室)、环资地区股、价格管理股(价格调节基金征管办公室)、收费管理股、价格监测股、行政审批服务股，有干部职工41人。

【"十三五"规划执行】 2017年是"十三五"规划的第二年，也是"后金融危机时代"的关键一年，在宏观经济不温不火，外部环境依然严峻复杂，中央政策稳中求进，上行动力和下行压力相互交织的复杂局面下，年初县发改局新领导班子成立后，以加快转变经济发展方式为主线，全面推进"八大工程"项目，以打造"创新发改、诚信发改、高效发改、和谐发改"为目标，深入实施"旅游提升、园区提速、城乡提质、民生提标"战略，大力推进项目建设，大力开展跑项争资，全年工作目标顺利完成。经济增长方面：2017年年初，县发改局通过深入地调查研究，并进一步与省、市发改部门及县直各单位衔接，在全面总结2016年工作成绩和深入了解2017年发展环境的基础上，研究提出2017年度全县经济社会综合发展计划，经县十三届人大一次会议审议通过后，在全县组织实施。全年实现地区生产总值162亿元，增长8.2%；完成财政收入9.29亿元；完成固定资产投资110亿元，增长18%；实现社会消费品零售总额33.3亿元，增长11.5%；城乡居民可支配收入分别为30481元、19130元，均增长8.2%。

【宏观经济调控】 作为县政府的综合经济管理部门，县发改局的主要职责是加强宏观经济调控，围绕年初确定的各项预期目标，对年度计划执行情况进行跟踪监测，做到月小结、季分析，定期向县委、县人大、县政府领导报告。对经济运行中出现的新情况、新问题及热点、难点问题，适时提出应对措施，为县委、政府当好参谋助手。

【全局性问题调研】 2017年上半年，围绕衡山县易地扶贫搬迁、农业产业化、项目建设管理、3P项目包装和特色小镇、城镇化建设等经济社会发展全局性问题，县发改局深入部门和基层积极开展专题调研，撰写几篇有深度、有份量的调研报告，及时向县委、县政府汇报，为领导科学决策提供第一手资料。

【跑项争资工作】 县发改局始终把争取项目作为发展改革工作的重中之重，把握机遇、讲究方法、主动跟进，主动与省、市发改委汇报衔接项目，积极争取上级部门的支持。2017年，在全球经济持续走低、国内经济总体趋紧的大环境下，县发改局把准跑项争资工作脉络，找准国省项目投资方向，在国省项目投入力度较前几年扩内需时期明显降低的情况下，2017年的跑项争资工作仍然取得新的突破。综合来看，有以下两个新特点：一是牢牢抓住大型项目。年内，争取到位的小区外配套项目取得中央投资2705万元。二是紧紧扣住政策方向。根据2017年国家扶持政策方向的转变，县发改局着重在民生项目上加大运作力度。经统计，截至11月底，争取国省无偿资金8760万元，有力促进县域经济又好又快发展。另外，发挥衡山县区位和交通优势，准确把握国家产业政策和投资导向，积极拓宽衡山县招商引资渠道。同时，县发改局2017年内把萱洲3P项目包装申报当成工作重点来抓，组织工作专班与上级发改、财政部门协调衔接，完成该项目前期包装工作，并成功入库。

【易地扶贫搬迁工作】 2017年，衡山县易地扶贫搬迁工作任务为319户、1095人，县发改局把该项工作当作2017年的"中心工作"来抓，落实责任、强化措施，积极稳妥有序地推进。成立以县委书记为政委、县长为组长的高规格领导小组，建立以县长为总召集人，县委副书记为第一召集人，常务副县长、分管副县长为副召集人联席会议制度，由联席办组成单位、乡镇、其他相关成员单位主要负责人、分管副职、信息员组成易地扶贫搬迁工作专班，各司其职，确保完成工作任务。截至11月底，主体完工298户，完工率94%，完成投资3960万元，投资完成率72%。

【重点项目服务管理】 2017年年初，紧扣"项目建设三年行动计划"，启动"2017年项目推进年"暨联手帮扶重点企业重点工程及重点产业行动，县重点办会同县委督查室，研究确定2017年全县重点建设项目90个，总投资344.7亿元，年计划投资89.71亿元。每月对重点项目进展情况进行督查、通报，同时协调重点工程建设中的矛盾、纠纷，加强工程建设的服务、管理，确保项目顺利实施。全年23个市考核县重点项目开工率、投资完成率分别为100%、108%；102个县重点项目开工率、投资完成率分别为73.5%、42%。还加强调研，做好项目建设管理工作。

【价费检查管理】 着力抓好价费监督专项检查工作。在维护价费秩序方面，开展春运客运票价、教育收费等专项检查。全年共发出检查通知书35份，查处价格违法案件31起，结案30起。为进一步拓宽价格为民服务平台，更好地为公众提供便捷的价格诉求渠道，按照国家发改委要求，根据省市物价局的具体部署安排，县发改局"12358"价格举报热线已形成国家、省、市、区(县)四级价格举报管理信息系统联动，实现全国联网，全年接到价格投诉3起，咨询8件，全部办结。加强涉企行政事业性收费管理，按照省市要求对近期取消、降低行政事业性收费进行再次核查，确保按要求及时变更，调整或注销收费项目和标准。认真贯彻督促落实国家对微型和小型企业价费优惠政策，切实维护企业利益。2017年4月，配合各部门启动县妇幼保健计划生育服务中心公立医院医药价格配套改革，力求医药价格改革政策既有利于医疗机构健康有序发展，又体现公立医院公益性，切实维护人民群众利益。提升用水效率和增强全民节水意识，推进衡山县出台居民生活用水阶梯价格制度。

【行政审批事项改革】 做好国家、省取消和下放的行政审批事项衔接落实工作，同时做好承接工作，加大简政放权力度。结合审批流程再造工作，精简办事流程，在符合法律法规和相关政策的前提下，减少项目申报前置要件。深化"放管服"改革，所有审批事项按照依法审批、高效便民、一窗受理、限时办结的原则，缩短审批时间，提供便捷高效的服务。截至11月底，办结政府审批类项目26项，企业核准类项目5项，企业备案类项目58项。在招投标工作中，县发改局严格执行项目招标工程咨询论证等制度。严把建设关口，提高项目质量，降低建设成本，全年核准公开招标31个、邀请招标39个。同时，县发改局大力加强企业服务，多次到中央和省级部门了解相关政策信息，并通过政务中心为企业提供咨询服务。

【党务政务公开】 加大党务政务公开执行力度，遵照《衡山县行政审批及电子监察系统建设实施方案》

要求，完善网上政务服务和电子监察系统政务服务系统，加快办文速度，优化服务作风。县发改局全年没有接到一起关于工作作风和廉政方面的投诉，服务质量得到办事群众的好评。

【创先争优活动】 按照中央统一部署和县委要求，县发改局于2017年年初开始在局党组、党支部和党员中继续开展创先争优活动，以“六抓六提高”为载体，以“五个好”和“五个带头”为要求，全面加强党组织的核心堡垒作用和党员的先锋模范作用。以创先争优为统领，县发改局积极参与“精准扶贫”活动、“一抓三促”活动、“效能建设年”活动、双联工作和作风建设年活动，很好地完成配合衔接的任务。

（刘　洁）

统 计 管 理

局　长
党组书记 李涌文

【概况】 2017年，衡山县统计局以提高统计能力、统计数据质量为主线，以增强统计的科学性、准确性为中心，以提升统计干部队伍能力作风为重点，以服务全县经济工作为宗旨，克服困难，勤奋工作，取得较好成绩。获衡阳市统计工作先进单位、衡山县目标管理绩效考核先进单位、衡山县党风廉政建设先进单位等荣誉称号。

【统计调查与改革】 县统计局严格贯彻实施2016年统计年报和2017年定期统计报表制度，深入基层、深入企业，积极开展统计调查，认真收集、整理、审核统计资料。粮食监测、畜禽监测、城乡一体化经济调查、1%人口抽样调查、规下和服务业调查工作、民生实事评估认定工作等都取得不俗的成绩，通过省、市的检查。

【统计业务培训】 2017年，县统计局强化教育培训，多形式开展统计业务培训。组织机关干部参加市对县的农业、工业、综合、核算、贸易、投资等专业性培训，提升机关干部业务素质，为指导基层人员实际工作打好基础。利用统计年报会、三农普、联网直报、城乡一体化、贸经统计培训等方式对基层统计人员进行针对性的专业培训，累计培训达到500多人（次）。

【统计基础工作】 通过建立健全机制，夯实基层统计工作。将考核与奖励相结合，把乡镇统计工作纳入全县目标管理绩效考核，以此调动乡镇统计人员工作积极性，不断规范提升统计基础工作。

【统计普法执法】 以实施《统计法实施条例》为契机，强化统计法治宣传学习。利用各专业年报会、三农普、“一套表”调查单位大清查活动等方式，深入12个乡镇、170家“四上”企业宣传统计法律法规。结合“一套表”调查单位大清查活动、统计基层基础建设等工作对全县12家企业、单位进行执法检查，重点检查“四上”企业和项目报表单位，切实提高统计数据质量。

【第三次全国农业普查任务完成】 在国家、省和市农普办的组织、部署下，衡山县启动并完成12个乡镇153个村（居）委会、9.2万农户、1843户规模户和343个农业生产经营单位的6类普查表上门登记，审核纠错36万余笔，异常数据排查、核查工作顺利完成，通过省、市验收，全面完成第三次全国农业普查各项工作任务。

【全面小康实现程度监测】 2017年，衡山县全面小康实现程度监测为93.2%。县统计局严格按照年度目标进行任务分解，完成监测报告，对全面建成小康社会统计监测弱项指标进行重点监控、重点推进。特别是针对全县税占比、高新占比、城镇化率、规模农产品加工产值与农业产值比等弱项指标，提出可行性建议，指导督促相关部门完成年初目标任务。

【统计服务】 2017年，围绕县委、县政府的中心和重点工作，坚持“用数据说话，为决策服务”的理念，密切监测经济运行态势，做好统计预警监测，反映经济运行趋势。针对发现的一些苗头性、趋势性问题，及时向县委、政府及相关部门进行预警。按时公布《衡山县2016年国民经济和社会发展统计公报》，编印《统计月报》12期，每月以短信的形式向县委政府主要领导汇报全县经济运行情况，向县委政府提供经济运行统计分析10余篇，为县主要领导决策提供合理化建议。全年撰写动态信息30多篇，统计分析20余篇。（赵 攀）

审 计

局 长 党组书记 颜长坤

【概况】 2017年，衡山县审计局有正式工作人员31人，有审计师、注册会计师、会计师、造价师和律师等专业技术职称25人。县审计局被县委、县政府授予"2017年度行政执法先进单位"，是县审计局自2011年以来连续七年获此殊荣，并同时被县纪委评为"2017年度党风廉政建设先进单位"。

【审计成果】 2017年，完成各类预算执行审计、财政财务收支审计、经济责任审计以及专项资金审计46个，县财政评审中心移送项目70个。查出违纪违规金额33720万元，其中返还原资金渠道7309万元，调整有关账目711万元，责令改正25700万元；审计移送案件2起，移送处理人员6人；上报审计要情2篇；提出审计建议并被采纳96条，上报审计信息30篇。对审计查出的问题依法作出审计处理。

【财政预算执行审计】 2017年，县本级财政预算执行审计中共查出违纪违规问题15个，违规金额28462万元，移送案件1起，提出审计建议5条，违规金额中：归还原资金渠道6002万元，应调账处理金额206万元，应上缴财政260万元，责令改正21994万元。通过查处重大违法违纪问题线索，并从体制、机制、制度层面分析原因和提出建议，有效地促进财政改革、财政预算体系完善，推进党风廉政建设，充分发挥审计在党和国家监督体系中的重要作用。

【乡镇财政决算审计】 根据县委和县政府的要求，在全县乡镇进行2015—2016年度财政决算审计，审计主要围绕乡镇财政预决算管理总体情况，摸清收支规模，澄清乡镇资产、债务底子，掌握财经法律法规及政策执行情况。通过审计，发现资产债权未及时清理、收支规模和预算缺口、资金支出不合理、不规范等共性问题8个，向县委、县政府出具综合审计报告1篇，并提出进行债权清理、增加乡镇财政预算、严格控制报账范围、界定津补贴支出人数和加强对民政资金监管等建议9条，为促进乡镇经济又好又快健康发展，提高乡镇工作人员合理待遇与积极性作出审计应有的贡献。

【领导干部经济责任审计】 积极争取县委、人大、政府的重视和支持，稳步推进领导干部经济责任审计监督全覆盖。受县委组织部委托，2017年，对18个单位的27名党政一把手进行任期经济责任审计，其中单独经济责任审计6个单位，责任领导7名，采取1+N方式综合审计12个乡镇，责任领导20名；27名被审计对象中，任中审计3人，同步审计24人。移送相关主管部门处理案件2起。审计过程中重点关注领导干部任职期间执行上级经济法规和政策、资金使用管理、单位内控管理、遵守各项廉洁规定等情况。对发现的问题，对被审计领导干部应承担的责任作出实事求是的界定和客观公正的评价，并提出切实有效的审计建议，进一步促进领导权力规范运行，清廉作为。

【政府投资审计】 2017年，以规范政府投资项目建设行为、促进提高资金效益和项目管理水平为目标，先后完成对开云新城站前环线站前广场及桥梁工程、衡山县烈士陵园工程等70个工程项目的竣工决（结）算审计，累计送审金额达到1.8亿元，在财政评审的基础上核减金额176万元，二审核减率达到5.4%；同时，根据县委尹书记的指示和县政府的要求，衡山县审计局认真贯彻年初全县经济工作大会会议精神，结合县里2017年的“项目建设年”，专门组织审计人员对“全县八大重点工程”开展跟踪审计，通过对项目工程事前—事中—事后全过程审计跟踪，发挥审计机关在控制重大项目成本、加强项目管理中防腐倡廉的作用，切实为政府及建设单位做到确保项目资金安全，促进财政资金节约，减少损失浪费。

【审计问题线索移送】 强化审计执法手段，加强问题线索的移送。在全县退耕还林专项资金审计项目中，查出衡山县林业局个别工作人员在退耕还林工作中失职、损害农户利益和林业局陈某等涉嫌弄虚作假、虚报冒领补助资金行为并移送至县纪委，相关人员已被处理处分。在对店门镇人民政府财政决算审计中，对“衡山县党员科教示范基地”和“衡山县联联丰食用菌种植专业合作社”投资主体不明、资产归属不清等情况移送至县委组织部，提出要明确双方权利义务、资产归属、债权债务责任、收益分配方式等建议。通过审计监督，强化审计执法力度，发挥审计在国家治理中的重要作用。

【审计结果运用】 一是审计成果有效运用于巡察工作。积极主动配合巡察工作，通过共享审计成果，充分运用审计报告成果，为巡察锁定问题提供审计信息，为巡察工作送上一剂完美助攻。2017年，提供农业局、发改局、水利局、交通运输旅游局、环保局6个单位审计档案，县委巡察办到被巡视单位将审计报告反映的问题作为巡查问题整改和巡查重点要点内容，巡察组从审计报告反映的问题中进行鉴别、判断、筛选，找到案件线索的突破点，做到精准查案，精准办案。二是审计整改合力得到再加强。县政府2017年已同意召开专题审计整改会议并将审计整改纳入政府督查范围，加上县人大每年对审计发现问题整改情况的重视，审计整改已形成政府＋人大双重领导整改工作机制，审计整改合力得到大大增强。三是购买审计服务效果好。通过严格审查挑选有资质的审计中介机构，注重审计质量检查和审计风险控制，与3家有资质的审计事务所签订合同。购买服务集中于工程建设、财务收支等领域。通过购买服务，大大加强县审计局的审计力量，实现从“借人”到“借智”、从“借人”到“借技”的效果，解决县审计局审计任务繁重与审计力量不足的矛盾。四是审计大数据分析应用有提高。加大大数据审计能力培训，发动全局审计业务人员积极运用大数据审计，积极上报优秀计算机审计成果。荣获省厅计算机审计成果优胜奖项目有3个，鼓励奖1个。五是推进审计公开范围有扩大。推行“阳光审计”，在明确审计结果公开的基本要求、编审流程、时限后，继续扩大审计公开的范围，提高审计公开操作的规范性。全年累计发布审计结果公告3篇，累计发表审计信息30篇。

【审计队伍建设】 一是狠抓思想建设。积极推进“两学一做”学习教育常态化、制度化；认真落实党组中心组学习；组织观看《将改革进行到底》等各类专题教育片；认真观看中共十九大开幕式，以习近平新时代中国特色社会主义思想为指导，深入学习贯彻党的十九大和习近平总书记系列重要讲话精神；认真组织全局干部职工进行审计业务培训，扎实推进审计全覆盖。二是狠抓制度建设。建立并完善审计项目工作台账；出台《衡山县审计局“人才兴审”实施方案》和《衡山县审计局创建市一星级文明单位工作实施方案》等文件；修订《衡山县审计局对股室考核办法》，进一步加强机关作风效能建设，将各项工作任务分解落实，有序推进。三是狠抓作风和廉政建设。始终把廉政建设作为高压线，层层落实主体责任。制订《2017年党风廉政建设工作要点》，把纪律和规矩挺在前面，严格带头遵守中央八项规定和审计“八不准”，严格执行廉政承诺、廉政谈话等制度，自觉接受各方面监督，全年无一起违纪违规事件发生。根据县委巡察监督工作要求，克服审计工作任务重、人员少的困难，充分利用审计机关的优势资源，累计选派5人次参加县委巡察工作，服务和推进反腐倡廉建设。四是狠抓扶贫帮困。建立班子成员包抓制度，每个班子成员帮扶2～4户贫困户，派出3名工作队长；建立扶贫保障、联络制度，保障扶贫工作经费与扶贫工作联络；坚持精准帮扶、精准脱贫的原则，20余次深入联系村走访、慰问困难群众，尽心尽力解决贫困户各种困难，通过各种途径努力为联系村争取项目资金。召开专题会议研究帮扶方案，对各帮扶村和帮扶对象累计捐资12万余元，同时动员全局干部职工积极参与“凝心聚力献爱心精准扶贫奔小康”专项活动捐资7800元。五是狠抓文明、双拥及法治创建。开展“弘扬雷锋精神,争创文明县城”活动,引导广大干部职工学习雷锋精神,创建省级文明卫生县城;宣扬文明新风,开展“文明股室”“文明家庭”创建评选活动;争创市级文明单位,开展好“道德讲堂”,完善志愿服务队伍建设,积极推荐评议身边好人;接受革命思想教育,组织全体党员干部到株洲茶陵、炎陵参观工农兵政府旧址与红军标语博物馆;认真做好军民结对共建,组织慰问退役安置军人;关心干部职工身心健康,组织到三甲医院进行身体体检;营造良好的学法用法氛围,进一步强化法治创建活动。（王南方）

国土资源管理

局　长
党组书记　朱向华

【耕地保护】 2017年,成立耕地保护和基本农田保护工作领导小组,逐级签订耕地保护和基本农田保护责任书192份,聘请国土资源管理信息员180名,严格执行动态巡查制度;完成永久基本农田划定工作,确保全县耕地保有量不少于21520公顷,基本农田不少于18960公顷;实施4个省级土地整治项目和3个市级高标准农田建设项目,总规模1129.98公顷,总投资2557.99万元;实施县级水田开发项目2个,旱改水项目1个,总规模60.99公顷,总投资1241.37万元,新增耕地面积55.97公顷。

县国土局班子成员合影(左起:苏亮、赵军、文诗明、朱向华、张建龙、赵跃云、曾宁、李成华)

【建设用地保障】 2017年,报批19个项目建设用地,总面积180.78公顷;出让国有土地36宗(挂牌35宗、拍卖1宗),出让面积26.62公顷,收取土地出让价款4.61亿元,完成国土收入5.01亿元;完成全县土地利用总体规划调整完善与矿规编制工作,配合县环保局做好全县生态红线的划定工作,对南岳衡山国家级自然保护区范围进行调整。

【矿政管理】 2017年,全县清理过期采矿权17宗,并依法进行注销公告;对全县所有的合法矿山、企业进行储量检测;办理延续变更登记矿山1个,收取矿产资源价款91.21万元,收缴备用金1.71万元。

【国土资源执法监察】 2017年,在全县范围内开展惩治“两违”专项整治行动,与县公安局、规划局、经济开发区管委会、城市综合执法局等职能部门开展联合执法行动21次,共拆除违章建筑8起,立案查处31起,移交县人民法院3起案件,行为保全3起,收取罚没款100多万元;开展非法洗砂和非法经营机砖厂专项整治行动,通过相关部门联合执法依法摧毁6家非法洗砂场,关闭12家非法经营机砖厂,并对死灰复燃的新桥镇4家非法洗砂场进行彻底性的摧毁。卫片检查整改到位。国土资源部下发衡山县检测图斑44个,经实地核查土地违法图斑8个、矿产违法图斑1个,所有违法图斑均立案查处到位,实现土地矿产卫片执法“零问责”。根据中央环保督查的相关要求,对南岳衡山国家级自保区范围内12个矿山企业进行强制关停。

【地质灾害防治】 2017年,编制《衡山县2017年地质灾害防治方案》和《衡山县突发性地质灾害应急预案》,对全县66个地质灾害隐患点进行巡查,排查登记重点地质灾害隐患点403处,确定新增地质灾害隐患点5处,被市委、市政府表彰为2017年度全市抗洪救灾先进集体;实施地质灾害治理项目4个,总投资1486万元。

【国土资源基础工作】 2017年,不动产登记中心共处理登记业务12912件，信息查询2万余条，查封、解封登记共109件，挂失40件，发放证书3356本，证明材料3452件，并顺利启动开云镇农村不动产统一登记试点工作；按时办结省、市主管部门交办件8件、县纪委交办12件、网上信访20件、县信访局督办件10件，无群众闹访和越级上访事件。

【国土资源自身建设】 2017年，加强基层领导班子和干部队伍建设。制订《2017年“两学一做”学习教育活动安排表》，全体党员干部集中学习十九大会议精神、习近平新时代特色社会主义思想、习近平重要讲话精神、廖俊波生前的先进事迹9次，观看警示教育片2部，县统计局领导上党课4次。积极参加县里中心工作，成立脱贫攻坚领导小组，领导班子和干部职工17人在白果镇万家村、竹山村、岳北村开展扶贫工作，贫困献爱心捐款12400元。 （李　晋）

食品药品工商质量监督管理

局　长
党组书记 李　刚

【概况】 县食品药品工商质量监督管理局（以下简称县食药工商质监局）是根据《衡山县人民政府职能转变和机构改革方案的实施意见》和《衡山县人民政府机构设置的通知》的规定，将原县工商行政管理局、县质量技术监督局、县食品药品监督管理局、县食品安全委员会办公室的全部职责整合设立的县人民政府工作部门。现有在岗干部职工140人，退休人员53人，局班子成员10人，副科级以上干部55人，股级干部47人，在职党员100人，具有专业性检测、检验资质的人员有23人。2017年，县食药工商质监局围绕全县的中心工作，依法行政，改革创新，全面整顿市场经济秩序，全力服务衡山经济社会发展大局，各项工作取得可喜的成绩。被县委政府评为绩效考核合格单位，先后获得市工商局综合绩效考核二等奖，市工商局人口与计划生育综合治理工作先进单位，全市个私协会工作先进单位、县法治政府建设先进单位，县信访维稳工作先进单位等荣誉，“3·20”注册商标侵权案入选国家商标局2017年查处商标侵权十大典型案例。

【企业和个体私营经济监督管理】 县食药工商质监局积极深化商事制度改革，推进为民服务建设。不折不扣落实上级各项政策规定，全面实行注册资本认缴制、年度报告等，在政务中心设立便民服务台，开通招商引资和农民专业合作社两个绿色通道，推行导办、电话预约、边远地区送照上门等服务举措，做到急事快办、特事特办、材料齐全当日办结。全年新发展市场主体数1956户，其中，新发展企业427户，新发展个体工商户1449户，新注册登记农民专业合作社45家、家庭农场35家、颁发“五证合一”营业执照1832份。企业年报率达到94%，农民专业合作社年报率达到96%，个体工商户年报率达到98%。共新办、换发食品流通许可证350户。办理动产抵押4件，融资金额2633万元，新培育和发展一般经纪人4户，农村经纪人21户。登记股权出质5起，出质股权金额3400万元，被担保债权金额3000万元。

【产品质量监督管理】 2017年，县食药工商质监局认真落实2011—2020质量发展纲要，走访企业50余家，进一步完善企业质量档案20份，加强对企业负责人和员工进行先进质量管理知识和方法普及教育，全年共培训企业质量管理人员100人次。加强产品质量监督—抽查，按照省局下达的产品抽查计划逐一认真落实，对关系到国计民生的食品、建材、农资等重点产品实施重点监管，严格市场准入，对不合格产品认真做好后续处理工作，严格杜绝不合格产品出厂。全年完成2016年工业产品实检计划100%，合格率100%。2017年，申请、办理“3C”认证产品企业1家，办理食品、工业生产许可证3家。同时继续加大“质量兴县”力度，实施名牌战略，加快名牌产品、知名企业、特色产业的建设步伐，积极引导和培植企业信息质量的推广，年底，全县市名牌产品3个，省名牌产品2个。

【标准化监督管理】 全县重点工业产品生产企业

100%建档,100%标准备案,100%建立日常生产台账。帮助企业建立行业标准2个,指导建立农业标准化基地1个。同时,对企业生产依照标准基本实行网络备案和监管,已经网络备案标准60个。

【商标广告管理】 2017年,指导企业申请商标注册193件,注册成功179件,全县有效注册商标共987件。县食药工商质监局以保护知识产权为重点,加大对驰名商标、著名商标、地理商标的保护力度。全年查处违法商标案件5件,没收侵权、侵冒商标标识5000余份。加大对虚假广告的整治力度,查处广告违法案件5件,没收非法广告印刷品共7000余份。

【公平交易监督管理】 2017年,公平交易监督管理主要是加大经济检查力度,检查批发市场、商场、超市11家,对扰乱市场经济秩序的违法行为进行严厉惩治,共查处公平交易违法案件3起。

【计量监督管理】 加强强制检定工作,做好强制检定计量器具档案动态管理和信息化工作,完善加油机、医疗器具、电子秤、汽车衡等强检台账。共检定加油机130枪,检定超市和集贸市场427台电子计价秤,检定汽车衡25台,压力表810余块,血压计300台、电能表1000余块,商品量检验(定量包装)31批次,检测出租车计价器100台,指导企业安装汽车衡5台,免费为群众检测血压计(表)80台。对新建小区电能表进行首检500块。扎实开展计量"四进"活动,重点开展加油站专项整治和汽车衡专项整治,促进计量监督管理,提高计量器具特别是汽车衡的受检率。同时加强民生计量服务,免费检定17家医疗卫生机构的医用计量器具,检定超市和集贸市场200余台计价电子秤,为企业维修汽车衡17次,维修加油机11台,帮助企业安装天平10台。

【特种设备安全监督管理】 全县有特种设备282台。县食药工商质监局与80家特种设备使用单位签订安全管理承诺书和安全责任告知书,要求使用单位做到"三落实,两有证,一检验,一预案"。累计共巡查80次,制作安全巡查记录80份,下达安全监察指令书20份,帮助企业培训特种设备管理人员和操作人员80余人次,检查电梯145台,锅炉23台,起重机械50台,压力容器30台,压力管道11000米(其中天然气管道10000米),场内机动车34台。一年来,安全检查效果明显,全县未发生一起特种设备安全事故。

【食品安全监督管理】 一是充分发挥县食安办"组织协调"作用。组织食安委各成员单位开展元旦、春节、清明、端午期间食品安全专项整治;开展衡山县中小学校校园及周边"食品安全护苗行动";开展"安全高考"的食品专项检查;开展"家禽家畜屠宰"肉制品专项整治。检查餐饮服务单位64家、屠宰肉制品经营户45家,劝离流动摊贩11家。二是开展食品生产企业专项整治。对食品生产企业采取A、B、C、D等级分类监管,及时开展巡查和监督抽查,全年对29家食品企业进行89次巡查,下达责令改正通知书5份,并及时帮助整改到位。完成监督抽查检验29批次。保证做到三个100%:100%建立企业质量档案;100%与全县食品生产企业签订《食品质量安全承诺书》;100%巡查到位,确保"源头"安全。三是开展食品流通市场的日常监管。检查流通环节食品经营主体1020家,在开展专项清查行动中,下发限期整改通知书20份,进一步规范食品市场秩序,维护流通环节食品消费安全。

【食堂食品安全专项监管】 认真开展学校食堂食品安全专项检查。组织学校食堂食品安全培训班2期,培训从业人员110人次,签订《学校食堂食品安全责任承诺书》44份,按照"假前抓隐患排查,假期抓设施建设、假后抓规范管理"的思路,共检查辖区内44家中小学、幼儿园等食堂进行专项检查,对发现问题的学校下达监督意见书17份,要求其限期整改,防范学校集体性餐饮服务食品安全事故发生,深入开展餐饮服务食品安全督查。按照"持证经营、规范操作,索证索票、定点采购,明厨亮灶、确保消毒,量化分级,脸谱上墙"要求,坚持做到防打结合、有效监管。扎实开展"两节"、"两会"、高考会考等重要节点期间的餐饮服务食品安全监管工作,确保节日"舌尖上的安全"。同时加大对机关单位食堂监管力度,全年县机关、企事业单位的食堂办证有78家,办证率达到95%。

【药品医疗器械监督管理】 一是继续加大对药械经营企业的日常监管力度。重点检查经营企业购进渠道、购销凭证是否合法、是否存在超范围、挂靠及异地经营、出租柜台等现象，是否存在擅自变更许可证内容，是否存在非法诊疗活动等。继续加强医疗机构日常检查，重点检查药品储存条件是否符合规定、是否存在非法生产、使用制剂、医疗器械是否从非法渠道购进等。二是加强“药械”不良反应监测上报工作。指定专人负责药械不良反应监测和报表上报工作，并要求全县药械经营使用单位设立专人负责本单位药械不良反应监测工作，做到药械不良反应监测网络在全县范围内全覆盖，2017年，上报药品不良反应报告190例，医疗器械可疑事件报告84例。三是开展好GSP跟综检查。严格按照GSP要求认证，加强药品经营企业GSP跟踪检查。并将药品零售企业集中整治、中药材、中药饮片、医疗器械等专项整治穿插其中，共检查人员150余次，检查县级医疗机构4家，乡镇卫生院17家，私立医院4家，诊所5家，零售药店82家。四是抓好“两非”药品及避孕药具市场整顿。2017年，重点检查药品零售企业是否有“两非”警示牌、销售终止妊娠药品，促排卵药品是否凭处方销售；医疗器械经营企业经营避孕医疗器械行为是否规范；医疗机构是否超范围使用终止妊娠药品、使用的终止妊娠药品购进、使用、库存管理是否规范等，未发现违法违规销售“两非”药品案件。五是加强药品药械从业人员培训。组织药品医疗器械从业人员开展《中华人民共和国医疗器械监督管理条例》《中华人民共和国药品质量经营管理规范》《中华人民共和国药品管理法》、不良反应上报等法律法规及业务培训工作4期，累计培训从业人员200人次。

【保健食品化妆品监督管理】 重点开展保健食品化妆品原辅料、药店经营保健食品和非特殊用途化妆品备案等方面的日常检查。共检查保健食品经营企业102家，化妆品经营企业86家，下达责令整改书96份，全年上报化妆品不良反应报表35份。

【市场秩序维护】 2017年，县食药工商质监局以整顿规范市场经营秩序为切入点，强化市场监管，严厉惩治各类违法经营行为，有力维护全县市场经济秩序。开展广告专项整治行动，检查户外广告270余条，查处广告违法案件7起；惩治假冒卷烟专项行动，检查卷烟经营户118户，查处无烟草零售许可经营户48户，取缔8户；开展黑网吧专项整治4次；开展“红盾护农”“质监利剑”专项行动，排查农资经营户84户次，抽检肥料、农药、农膜、水泵等各类农资产品45个批次；开展成品油市场专项整治，共检查加油站38个，抽取成品油样品29个；开展“打传打非”专项行动4次；开展“查建材、保安全”执法，共检查建材门市42家、建筑工地13个，检查水泥、钢材、装饰材料等品种共27种；开展商标、广告市场专项整治活动4次；开展“查无”专项检查，共排查市场主体4927户，查出无照经营户223户，立案51起，已结案43起，引导办理营业执照106户，抄告相关部门42户，取缔无照经营户7户。全年县食药工商质监局累计出动执法人员2000余人次，累计立案查处132起，有力维护市场良性竞争氛围。

【食品药品安全知识宣传教育】 一是充分利用电视台、注册窗口和党政门户网站等媒介，通过政策解读、公示公告、宣传手册等形式，广泛宣传网上年检改年报政策，并采取多种措施提供年度报告相关事项咨询、现场指导和信息录入“一条龙”服务，确保登记注册、年度报告工作同进行、两不误。二是在“3·15”消费者权益保护日、产品质量月期间，运用流动宣传车、编印宣传资料等各种形式和途径，向广大农民宣传《中华人民共和国产品质量法》《中华人民共和国消费者权益保护法》《中华人民共和国广告法》《中华人民共和国反不正当竞争法》《中华人民共和国食品安全法》、《中华人民共和国药品管理法》等，提高产品质量、食品药品安全意识，维护自身权益。三是开展社区安全法律及安全知识宣传教育。对社区居民进行依法维权和科普知识宣传，提高居民安全科学消费水平和鉴别、抵制问题产品的能力。四是开展学校安全法律及安全知识宣传教育，利用春秋两季学校食堂执法检查之机通过发放宣传资料、开展食品药品知识大讲堂向学生宣讲食品药品安全知识。全年宣传活动共悬挂横幅40条，张贴海报150

份，接受群众咨询3000余次，赠送家庭药箱1800个，发放赠品1500份，科普丛书1000册，宣传资料6000份。新闻专题报道5次，发送短信10000条。

【消费者权益保护】 拓宽投诉维权渠道，高效处理消费纠纷。依托“12315”“12331”“12365”“12345”热线电话和《衡山手机报》等平台，加强消费维权行政指导，定期发布消费维权知识和消费警示，进一步做好消费投诉受理与互动交流。2017年以来，县食药工商质监局共受理投诉举报118件，依法调解101起，为消费者挽回经济损失90.3万元。对酒店、电信、汽车销售等服务行业开展消费评议活动，并对问题突出的单位进行行政约谈，促进共性消费纠纷进行集中解决。（周志勇）

安全生产监督管理

局　长
党组书记　郑飚

【概况】 2017年，衡山县安全生产工作以加强安全生产基础建设及依法行政能力为基础，全力推进安全生产各项工作落实，有效遏制较大及以上事故发生，安全生产本质化水平得以提升。全年，全县发生各类事故22起，死亡2人，同比分别下降38.9%，77.8%。全县非煤矿山、危险化学品、烟花爆竹、水运交通、学校、建筑施工、工商贸等行业领域安全生产形势平稳。在2017年省市安全生产年度考核中，连续第五年被评为全市安全生产先进县，连续两年被评为全省安全生产先进县。

县安监局班子成员会议照（左起：彭皓、曹湘林、唐纪云、郑飚、许新平、王辉、曹涛）

【行业安全监管】 非煤矿山领域：年初，严格按照相关要求，对15家(28个工区)非煤矿山企业检查验收，合格后实现复工复产。根据年初执法计划以及安全生产大检查相关文件要求，全年度对19家(42个工区)非煤矿山企业进行行政执法，出动执法人员150人次，排查隐患20条，下达整改执法文书11份，复查意见书11份，立案查处非煤矿山企业4家(5个工区)，行政处罚6.5万元。坚决落实各级对南岳衡山自保区矿山企业关停的要求。配合环保、林业、国土、经信、公安等部门对东湖镇12家(36个工区)非煤矿山企业实施关停工作，共下达现场检查记录64份。

危险化学品领域：一是下发《关于印发〈衡山县危险化学品安全综合治理实施方案〉的通知》，企业安全生产主体责任得到有效落实，涉及危险化学品的各行业安全风险和重大危险源进一步摸清并得到重点管控，进一步完善安委会联席会议制度，全面推动危险化学品生产储存进入化工园区（化工集中区），危险化学品运输、经营企业进入危险化学品集中交易市场，危险化学品信息共享机制初步建立。二是根据《危险化学品管理条例》规定，督促危化品从业单位开展周期性现状安全评价，对8家经营许可证到期的加油站换发新证。三是以安全生产大检查为抓手，深化隐患排查治理。春季重点解决安全生产源头性问题，要求新建、改建、扩建企业严格落实安全“三同时”，并对其进行监督检查；夏季开展“防雷、防汛”专项检查；秋冬季开展“防火、防静电”专项检查。全年检查经营单位90家次，查出安全隐患249条，现场督促整改59条，限期整改185条，下发整改指令书25份，隐患整改率达97%以上。四是加强安全培训。全年组织培训危化行业从业人员、特种作业人员、生产经营单位负责人47人次，进一步提高相关从业人员的综合素质。

烟花爆竹领域：一是严把烟花爆竹企业关闭淘汰退出关。对全县6家原退出企业进行全面巡查，未发现生产迹象，杜绝地下非法生产。二是严格实施对烟花爆竹批发企业的监管。对德顺、腾达两家烟花爆竹批发公司进行常态化安全生产检查，发现隐患，及时配合相关部门落实整改。三是摸底排查烟花爆竹经营市场，落实“两关闭”“三严禁”规定，严格规范零售许可。依法注销149家烟花爆竹经营许可证，严把市场准入门槛，2017年全年许可120家符合各项安全条件的烟花爆竹经营门店。四是开展“打非清剿”行动。2017年以来，会同相关部门联合执法39次，出动人员249人次，执法车辆70余辆次，搬运人员78人次，危爆车辆39辆次，检查零售店305家，共下达扣押决定书80余份，扣押清单80余份，现场措施决定书2份，扣押三无、超规格烟花282箱，鞭炮108整件又763小件（盘），取缔关闭无证照零售点50余户，并于11月9日，联合有关部门，组织集中销毁近三年来依法没收所得非法烟花爆竹产品（烟花3700余件，鞭炮近万盘（封）），严厉惩治违法、违规经营行为，极大的震慑非法、违法零售户，促使零售户自我整改，加快零售户办证工作的步伐。

【安全生产监管工作】 一是落实“一岗双责、党政同责”工作制度，下发《关于进一步明确安全生产监督管理工作职责的意见》和《关于印发〈衡山县委县政府领导安全生产工作责任清单〉〈衡山县县直部门安全生产责任清单〉〈衡山县生产经营单位安全生产主体责任清单〉的通知》，强调“三个必须”原则，厘清安全生产综合监管与行业监管的关系，进一步明确各有关部门安全生产和职业健康工作职责，并落实到部门工作职责规定中。二是推进安全生产大检查工作。7月19日，下发《关于印发〈衡山县安全生产大检查工作方案〉的通知》。全县累计排查治理安全隐患645项，已整治619项，整改率达95.9%。三是落实“一单四制”制度，抓重大隐患整改。7月11日，下发《关于印发〈衡山县贯彻落实重大事故隐患治理“一单四制”制度工作方案〉的通知》，各乡镇和县直相关单位以深入开展安全生产大检查为载体，大力实施重大事故隐患治理“一单四制”行动，全面排查整治各类事故隐患和问题，分行业领域迅速建立重大事故隐患清单，并对重大事故治理任务实行交办制、台账制、销号制、通报制管理，逐步实现“一单四制”运行常态化、规范化、高效化，形成安全生产事故隐患登记、交办、治理的长效机制。累计上报60处重大事故隐患，现已核销44处，其余各处因时间、节气等因素影响，正在积极的落实核销中。四是做好“企业主体责任落实年”工作，强化监管执法。按照省、市安全生产“企业主体责任落实年”的活动部署，全县第一时间召开专题会议，3月20日，下发《关于印发〈衡山县“落实企业安全生产主体责任年”2017年实施方案〉的通知》，通过落实监管职责，督促、推进企业进一步落实安全生产主体责任，促进企业安全生产保障能力的提升，探索建立和改进企业安全生产长效机制，推进监管执法水平再上一个台阶。全年全县各行业领域按照安全生产“打非治违”“安全生产月”“三大一严”“安全生产大检查”“一单四制”“安全生产大检查‘回头看’”等常规性、阶段性工作要求，开展有声有色的严格执法。全县检查单位7800余家；开展各类执法7529人次，下达执法文书3836份；处罚金额525.2余万元；形成严管重罚的高压态势。五是安全生产示范创建工作积极推进。开云镇、白果镇完成省级安全生产示范乡镇创建，店门镇完成市级安全生产示范乡镇创建。编纂《乡镇安全生产规范化建设资料示范样本》一书。

【安全生产宣传教育】 为进一步加强安全生产宣传教育工作，提高全社会的安全生产意识和安全保障能力，印发《2017—2019年衡山县安全生产宣传教育工作实施方案》，现已进入实施阶段。组织全县范围内的企业、个体经营户和居民签订安全生产承诺书，企业343份，个体经营户2223份，入户105592份。组织安全生产活动月启动仪式暨安全生产咨询日、生产安全事故警示教育等活动，其间，发放宣传资料5000余份，接受群众咨询1000多人次，着力增强社会公众的安全意识。（谭玉娴）

工　　业

经济科学与信息化

局　　长
党组书记　罗光辉

【概况】 衡山县经济科技和信息化局是负责全县工业经济科技及信息化工作综合管理的政府工作部门，全局设10个内设机构：办公室、经济运行股、中小企业股、政策法规股、投资科技股、信息产业股、科技发展股、安全生产股、行政审批股。下设6个机构：衡山县中小企业服务中心（正股级事业单位）、电力执法大队、新型墙体材料改革办公室、散装水泥管理办公室、科技情报站、地震局、知识产权局。

主要承担全县工业经济科技信息化综合管理、民营企业的综合指导、协调、服务工作及国有集体企业改制工作，并负责企业党建工作。2017年，衡山县经济科技和信息化局以“工业强县”“科技兴县”为总体目标，紧紧围绕县委、县政府工作布局，推进工业经济发展与科技进步，为实现全县经济社会又好又快发展提供强有力的支撑。先后荣获衡山县“党风廉政建设先进单位”“安全生产先进单位”“精准扶贫先进单位”“禁毒预防教育先进单位”“应急工作先进单位”“综治维稳工作先进单位”“信访工作先进单位”“法治政府工作先进单位”“办理人大建议、政协提案工作先进单位”等荣誉称号。

县经科信局班子成员会议照

【工业发展】 2017年，完成规模以上工业企业实现总产值114.85亿元，同比增长17.5%，实现规模以上工业增加值32.44亿元，同比增长8.4%，完成工业税收1.69亿元，工业固定资产投资完成10亿元（仅本局统计口），新增规模以上工业企业14家，新建新投产企业7家。

【高新技术企业增加】 衡山县高新技术增加值占GDP比重超过15.5%。新认定高新技术企业5家（含重新认定），总数达11家，纳入高新技术统计范围企业达39家。新增省级企业技术中心1家、市级2家，新增上市公司1家（皕成科技在新三板上市），恒信锌钢和佳诚新材料被省经信委认定为小巨人企业，皕成科技、恒信锌钢和佳诚新材料被认定为新材料企业。

【科技计划项目】 成功立项中央科技专项资金项目2个（节能席草烘干机推广应用、水稻病虫绿色防控和统防统治技术推广应用）；成功立项省项目2017年度湖南省星创天地1个（衡山福云生态农业有限责任公司—福云农业星创天地）；成功立项市科技计划项目6个（免焊接锌钢环保型材及其创新产业链高端延伸产品、一种导热导电缓冲泡棉材料及其生产方法、自动化育秧苗床、白茶精制深加工技术、“稻—蛙—蔬”种养结合健康养殖新技术、淡水匙吻鲟健康养殖创新技术示范推广);安排县级科技计划项目23个,下达资金22.5万元。

【市科技进步三等奖获奖】 电子产品防爆膜/一种滤蓝光及UV光的内防爆OCA护眼膜、免焊接喷涂环保锌钢型材及竹木纤维集成墙面板获衡阳市科学技术进步三等奖。

【科技扶贫】 根据贫困村名单,派去20名科技专家作为科技特派员对口帮扶26个贫困村,到贫困村开展实地科技服务,实行一帮一扶贫,重点服务一些农民合作组织、种养大户或贫困户,开展科技试验、示范、推广和培训,平时采取通信、网络等多种形式及时提供科技服务、解决科技问题。每位科技特派员对口服务一个贫困村1年以上,平均每月到贫困村开展实地科技服务不少于2天(次),真正做到科技人员驻村帮扶覆盖率100%,并建立科技人员扶贫服务台账。联合县科技专家,由衡岳中药饮片有限公司对东湖镇团山村的贫困户,举办1期中药材种植技术培训,参加人数达100余人。在开云镇金石村,为贫困户举办1期油茶栽培技术培训,参加人数达80余人。衡山县重点扶持衡山县兄弟金属制品有限公司和衡山县逢源草艺开发有限公司2家科技型扶贫示范企业。

【产学研合作项目】 成功签订8个产学研合作项目:衡山县紫冠生态农业有限公司与湖南农业大学签订冬枣特色产业协议;湖南衡岳中药饮片有限公司与湖南中医大学药学院签订技术合作协议;衡山县绍祥农业开发有限公司与湖南省水产科学研究所签订技术合作协议;衡山县同远机械有限公司与长沙航空职业技术学院签订磨床的上下料自动装置研发与应用;衡山县福云生态农业有限责任公司与衡阳市农业科学研究所签订富硒矿物质有机肥在农作物种植中应用示范;衡山县佳诚新材料有限公司分别与南华大学化学化工学院、太原理工大学、兰州理工大学签订技术合作协议。

【专利申请】 2017年,申请专利150件,其中发明专利40件,有效发明专利拥有量28件。在企业建立一支专利工作联络队伍,并成功组织一次知识产权培训。

【信息化工作】 全县12个乡镇光纤网络覆盖率达100%,固定电话网络覆盖率达100%。所有行政村宽带带宽均达20M以上,其中半数以上达50M。移动网络4G信号覆盖率达100%。衡山县第一批电信普遍服务试点工作于10月顺利通过市级验收。

(曹雅轩)

工 业 园

主 任
党工委书记 袁晓斌

【概况】 湖南衡山经济开发区内设7个副科级机构,即:党政办公室、财务部、招商合作服务部、工程建设管理部、社会事务部、安全生产管理部、产业发展部。核定全额拨款事业编制为28名。设主任1名(副处级),正科级领导职数7名;部室负责人7名(副科级)。下设县经济开发区综合服务中心,为正股级差额拨款事业单位,核定差额拨款事业编制13名,设主任1名。2017年,新签约入园项目10个;新增规模企业11家,新增高新技术企业2家;新开工项目13个;新竣工投产项目7个;新增高新技术企业5个;新增名牌产品2个。湖南衡山经济开发区公告面积315.41公顷。园区存量企业和签约人园企业101家,其中经省、市认定规模以上企业63家。初步形成以衡山专汽、嘉力机械、衡山齿轮、得鑫泰机械为龙头的机械及汽车零部件制造业,以佳诚新材料、宏达威、金裕化工为主导的功能性功能性高分子新材料为主导的两大支柱产业。

2017年,工业园完成征地2343亩,拆迁房屋14栋、迁坟560余座。新增规模企业11家,新增高新技术企业2家。实现技工贸收入93亿元,实现税收达

县经济开发区管委会班子成员会议照(顺时针左起:袁晓斌、肖宁旗、廖志伟、宾朝辉、曹福喜、赵建秋、周艳辉、洪远东)

到2.5亿元。新增固定资产投资达40亿元。新增名牌产品两个:市名牌产品为衡山齿轮有限责任公司、省名牌产品为湖南皕成科技股份有限公司。根据中央、省、市、县相关党建文件精神,园区企业非公党建和工会组织已实现全覆盖。

【入园项目与投资】 2017年,新签约入园项目10个,总投资17.6亿元,分别为总投资3000万元的衡山县万成新能源有限公司新能源项目;总投资2000万元的湖南铜匠金属制品有限公司铜门生产加工项目;总投资10000万元的衡阳冠力塑胶有限责任公司二期项目;总投资10亿元的衡山新金龙纸业有限公司二期项目;总投资5000万元衡山信联食品有限公司瓶盖项目;总投资4000万元的湖南湘杭铝业有限责任公司的铝制品项目;总投资5000万元湖南恩尼赛建材科技有限公司新型建材项目;总投资4.1亿元的佳诚新材料二、三期项目;总投资3000万元的湖南省简厨食品有限公司食品生产项目和总投资3000万元的湖南省富庭食品有限公司槟榔生产项目。

【新开工项目】 2017年,新开工项目13个,分别为衡山县万成新能源有限公司、湖南铜匠金属制品有限公司、衡山新金龙纸业有限公司、衡山信联食品饮料有限公司、湖南湘杭铝业有限责任公司、湖南恩尼赛建材科技有限公司、衡山县佳诚新材料有限公司三期、湖南耀湘机械有限公司、湖南省简厨食品有限公司、湖南省富庭食品有限公司、创品国际贸易香港有限公司、湖南鸿江包装有限公司、广州市佳诚新材料有限公司二期。

【新竣工投产项目】 2017年,新竣工投产项目7个,分别为:湖南铜匠金属制品有限公司、衡山新金龙纸业有限公司、湖南湘杭铝业有限责任公司、湖南恩尼赛建材科技有限公司、湖南省简厨食品有限公司、湖南省富庭食品有限公司、广州市佳诚新材料有限公司二期。

【新增高新技术企业】 2017年,新增高新技术企业5个,分别为湖南衡山汽车制造有限公司、湖南金昌生物技术有限公司、衡山齿轮有限责任公司、湖南金裕化工有限公司、湖南恒岳重钢钢结构工程有限公司。

【经建投公司融资】 2017年,经建投公司全年融资4.6亿元,实际到位2亿元。分别为:国家开发银行融资0.2亿元,实际到位0.1亿元;华融湘江银行0.4亿元,实际到位0.4亿元;中国农业发展银行0.75亿元,实际到位0.75亿元;衡山家村商业银行0.25亿元,实际到位0.25亿元;中江国际信托股份有限公司融资3亿元,实际到位0.5亿元。 (任新宇)

重点工业企业选介

【衡山县佳诚新材料有限公司二期】 佳诚新材是一家集生产销售汽车及电子类胶粘材料、热控材料、发泡材料、隔音材料、光学材料、石墨烯材料等光、电、热多功能创新型新材料公司。拥有自主发明及实用新型专利一百余项,获得国家高新技术企业及中国著名品牌等荣誉;项目总投资4.23亿元,其中,一期投资1.03亿元,规划用地50亩,已于2014年6月份投产。二期建设于2017年启动,总投资2.3亿元,建设用地60亩。佳诚新材衡山生产基地一、二期合计用地110亩,生产车间面积达30000平方米,研发中心5000平方米,办公楼及公寓共4000平方米;拥有自动化生产线30条,其中PE泡棉生产线2条、PU泡棉发泡生产线3条,UV固化OCA产线6条,硅胶产线4条,光学离型膜产线2条,高分子材料,纳米涂料,胶粘剂涂料产线各2条,千级无尘高净化精密涂布线7条；将逐步打造成中国中部最大电子及汽车新材料生产基地，全部建设投产后年最大产值可达15亿,该基地与华南理工大学、中科院硅酸盐研究所、中国兵器材料与工程研究院、湘潭大学、南华大学等知名院校产学研合作,也与韩国、美国、日本等华人及中国台湾的技术专家精准合作，已申报专利56项,其中发明专利16项;荣获“高新技术企业”、“省级企业技术中心”“湖南省小巨人企业”等荣誉；准备申报国家级行业技术中心及省重点实验室。打造中国中部汽车及电子新材料产学研发中心和博士生工作流动站。该公司正在申报省级新材料技术研发中心,后期将申报国家级技术研发中心;筹建行业创新创业创客孵化中心,打造总部经济模式,吸引联盟内企业到衡山注册纳税。正在筹划汽车电子新材料联盟产业园建设。

【湖南省嘉力机械有限公司二期】 湖南省嘉力机械有限公司系湖南机油泵股份有限公司投资兴建的铝合金特种精密铸造项目。项目已完成一期1.9万平方米主体厂房、配套楼建设和相关设备引进,累计完成投资1.5亿元,并于2012年10月正式投产。二期项目总投资3.2亿元,生产铝合金特种精密铸造件、机油泵、压缩机等。二期建设2万平米主体厂房,引进生产线6条,年产特种精密铸造件10000吨,年实现销售收入3亿元,上缴税金3000万元,解决就业岗位500个。

【湖南恒信新型建材有限公司】 湖南恒信新型建材有限公司是一家集生产、加工、销售为一体的新型建筑材料公司,在湖南锌钢行业具有相当高的知名度。在全国各省市设立经销商200多家,并先后与万科、恒大等国内一线房地产集团建立战略伙伴关系,具有丰富的管理经验和广阔的营销渠道。公司2014年已成为上海股权托管交易中心挂牌企业（企业代码203855)。项目总投资3.2亿元，规划建设用地80亩。现已完成生产车间、综合办公楼、专家研发楼及职工宿舍楼,总建筑面积70000平方米。购置全自动静电喷涂生产线、全自动制管生产线、自动冲床、精密冲压机等设备共155台套，新购置全自动竹木纤维挤出生产线、全自动竹木纤维包覆生产线、全自动竹木纤维洗边生产线、自动冲床、精密冲压机等设备。正在新建其他公用工程及配套服务性设施以满足项目生产需要。该公司共申请专利50项,已拥有21项实用新型专利、15项外观专利，其中发明专利已受理8项。2017年,实现产值2.86亿余元,实现税收近300万元。该公司加盟店200多家，总目标为1000家,均以体验店形式展示产品效果,打造城市生活体验馆能全方位推进品牌形象建设，着力推进安全耐久、节能环保、施工便利的墙体绿色建材。

（任新宇）

电 力

局　长
党委书记 管小玲

【概况】 国网衡山县供电公司以建设和运营电网为核心业务,担负着保障衡山县电力可靠供应的重大责任。公司现有干部职工88人，其中大、中专以上学历占总人数的83%。“三集五大”体系建成后公司有“六部二中心一公司”(运维检修部、发展建设部、党建工作部、财务资产部、安全质量监察部、综合管理部、客户服务中心、调度控制中心、雁能衡山分公司),下辖5个中心供电所(祝融供电所、福田供电所、萱洲供电所、白果供电所、东湖供电所),农电员工173人,担负衡山县12个乡镇、934平方公里、44万余人口的工农业生产和生活供电任务,以及南岳区内110、35千伏输、变电

县电力局班子成员会议照(顺时针左起:欧阳晖、刘君辉、管小玲、李庆国、黄峻)

设备运检工作。区域内以220千伏君城变为中心,5座110千伏变电站为主干网,110千伏总容量286兆伏安，辐射35千伏变电站9座,35千伏总容量83.10兆伏安;35千伏及以上输电线路21条，其中110千伏输电线路6条,共88.33千米,35千伏输电线路15条，共150.47千米;10千伏配电线路53条1297公里、1座开闭所、4台环网柜、40台分支箱、1514台配变。2017年,围绕“创标杆,争双A”工作目标,真抓实干、聚势突破,加快“三个衡电”建设,以绩效考核和量化管理为手段,以“宁可掉肉,不可掉队”的工作决心，以依法从严治企和精益规范管理为主线，充分调动和发挥全体职工的工作积极性和主动性,全年实现连续安全生产12615天,企业保持良好发展势头。2017年,荣获湖南省公司同业对标A段先进单位、衡阳市公司先进集体称号。

【电力安全生产】 公司始终坚持“安全第一,预防为主”的方针,加大对施工现场违章行为的查处和打击力度。开展隐患排查与治理，设备健康水平显著提高。完成高低压砍青扫障工作,公司协同政府下文,明确无偿砍青,协调县直相关部门、当地派出所、村支两委,规范砍青行为、质量、标准,使砍青工作顺利进行。投资75万元完成10千伏望峰线、永和线、新桥线3条线路的综合治理工作，对该3条线路加装防雷接地装置,更换绝缘子,将跨山区的线路进行绝缘化改造,集中人力、物力,减少停电次数,切实提升客户优质服务水平。开展农排线路资产排查,对自有资产农排线路进行紧急消缺，对村组资产农排线路与村支两委签订安全协议,切实降低外人触电风险。

【电网建设】 坚持投入和能力相匹配,坚持速度、质量、效益三统一,按照结构合理、设备可靠、管理科学的要求,科学规划电网,注重精准投资,变“大水漫灌”为“精准浇灌”,将有限资金用在刀刃上,提高电网资源配置能力,重点解决电网供电瓶颈问题,按照电网建设20年不落后的标准,做好项目规划可研设计,积极争取更多的资金和项目,实现电网发展规划与县域总体发展规划同步。按里程碑计划推进农网改造批次工程建设,进一步消除“低电压”和“供电卡脖子”问题,尽快实现35千伏望峰变电站新建工程投产送电,按时间节点要求完成14个贫困村的农网改造和20个贫困村的光伏发电并网接入工程,按计划启动35千伏新桥变电站新建工程,以缩短供电半径,提高供电质量和可靠性。各供电所要按照属地协调原则,优化建设环境,提高电网建设效率,切实履行好属地协调的主体责任、现场把关责任和设备管理主人责任。

【电力经济指标与优质服务】 2017年,售电量累计完成3.98亿千瓦时，售电均价累计完成705.4元/兆瓦时，电费累计应收2.81亿元，电费回收率100%。落实“管专业必须管服务”的要求,强化跨部门、跨专业“您用电,我用心”高效服务协同管控机制,对客户诉求集中、屡禁屡犯的供电服务问题专项督办、专题约谈,严格追责。设立服务电话,24小时为客户用电排忧解难,全年累计受理故障报修2125起,服务申请工单149起,回复率100%。进一步深化“台区经理服务制”,台区员要做到能忍气,能受气,会消气,第一时间处理好客户属地需求。推动业扩报装提质提速,提供预约上门办电服务,推行简单业务“一次都不跑”,复杂业务“最多跑一次”。2017年7月3日凌晨，湘江洪峰过境衡山段衡山电网受灾严重,公司以“水淹到哪,电停到哪;水退到哪,电送到哪”的工作要求,共出动抢修人员70余人次、抢修车辆59台次,受影响的8条10千伏线路供电、85个配变台在7月4日17时,全部恢复送电,尽最大可能降低电力受灾影响,以优质的服务赢得市场。

（雷　宇）

政府投融资平台

衡山经济开发区建设投资开发公司

总经理　肖宁旗

【概况】　协助园区完成青山工业小区征地，协助牵头完成春昌钨业 11 户拆迁，完成春昌路、长江路、灵官路建设，并启动坪塘路、青山路以及工业大道的提质改造工程，以及工业污水处理厂等项目的建设，2017 年，筹集资金已向园区提供资金 5000 多万元。黄花路北起金龙大道（107 国道），南至达湘路（沿江大道），道路长 3.5 公里，宽 40 米，其中车行道 22 米，道路为混凝土垫层沥青路面，设计时速 60 公里 / 小时；同步建设道路沿线排水、景观绿化、亮化、交通、综合管线等基础设施。工业污水处理厂二期：该项目属国家、省、市重点督办项目，日处理 5000 吨污水，占地面积 15 亩，总投资 5000 万元。该项目建成污水处理池，完成土建工程，主进水管及办公用房正在施工，完成设备订制。政务中心业务用房搬迁建设项目：政务中心位于衡山经济开发区工业大道西侧，政务中心占地面积 10 亩，总投资 2000 万元。房屋建筑面积 7018 平方米，附属用房 382 平方米，总建筑面积 7400 平方米，房屋为钢筋混凝土框架结构。弘山科技工业园建设：弘山科技工业园位于衡山工业园东北侧，坐落于板桥、坪塘、青山三个村，规划面积 2.8 平方公里，总投资 10 亿元，结合衡山“135 工程”的建设，争取 5 年内打造成具有产业优势、环保优势和生态优势的新兴科技工业园。标准厂房位于衡山经济开发区弘山工业园内，总占地面积约 150 亩，房屋总建筑面积为 100902 平方米，厂房为钢架结构。标准厂房（一期）已签订施工合同，由省六建中标承建，项目已开工建设。公租房位于衡山经济开发区工业大道西侧，公租房占地面积 47 亩，房屋建筑面积 21840 平方米，房屋为钢筋混凝土框架结构，公租房规划 6 栋，年底交付使用 4 栋，2 栋主体基本完工。2017 年 7 月，对已交付的 4 栋房屋进行房屋出租抽签配租，出租配签房屋租户已入住，出租率达 90%，每年将为公司获得押金 200 多万元和租金 42 万元。2017 年，获得融资授信批复 8.03 亿元，实际到位资金 2.6 亿元，公司全年缴纳税收 3707 万元，荣获衡山县税收贡献第一名，其中，土地使用税（房产税）360 万元，印花税 19 万元，所得税 500 万元，代弘山公司付 2629 万元，契税 199 万元。　（谭　浩）

城市和农村建设投资公司

主任　文更村

【概况】　公司为县人民政府直管的国有独资公司与衡山县城市和农村建设投资融资管理中心实行“两块牌子、一套人马”的运作模式，管理中心按行政事业单位运行，公司按企业化运作。衡山县城市和农村建设投资融资管理中心为正科级全额拨款事业单位，归口县人民政府办公室管理，全额拨款事业编制 18 名；2017 年 7 月，根据《衡山

县城建投班子成员合影(左起:谭卫东、文更村、李绍志、欧阳明明)

县人民政府常务会议纪要》(2017 年 1 月 11 日第一期)、《衡山县人民政府县长办公会议纪要》精神,从住建局(原房产局)公房管理所人员及资产划转到县城市和农村建设投资融资管理中心。公司下设办公室、财务股、融资管理股、资产经营股、投资工程股 5 个内设机构,其中主任 1 名、副主任 2 名、总工程师 1 名、股(室)负责人 5 名。2017 年是实施"十三五"规划的重要一年,是供给侧结构性改革的深化之年,在县委、县政府的坚强领导下,公司全体员工团结奋进、精诚协作、扎实履责、锐意创新,狠抓资本运作和项目建设,全年融资签约 8.615 亿元,融资资金已到位 6.815 亿元,直接参与 9 个建设项目、20 多个协作项目的建设任务,上缴各类税款 2692.57 万元,在推进衡山县城乡开发建设中发挥重要作用,2017 年度全县目标管理绩效考核被评为优秀单位。

【融资工作】 2017 年融资工作采用多种渠道、多种方式开展融资工作,以项目建设为平台,以县人民医院、衡山二中为平台向多家融资租赁公司融资 4.415 亿元,全部到位;以紫巾路、琵琶湖公园建设项目向湖南省信托投资有限公司融资 4.2 亿元,到位 2.4 亿元;全年融资签约 8.615 亿元,融资资金到位 6.815 亿元,用于全县相关项目建设,较好地完成年度融资任务。

【项目建设】 1.续建工业园配套服务区项目。一是拆迁房屋 6 栋、迁坟 217 座;二是因项目建设需要,封闭原进入环溪垃圾场道路,另修 276 米临时道路土方工程、沙石混凝土路面施工于 9 月底完成,通车;三是完成群英路西段幼儿园至工业大道段 140 米道路已硬化,道路建设并通车;四是 2017 年开工的八栋商住楼全部封顶并完成内外装修,竣工且交付使用建筑面积 87000 平方米,整个一期 41 栋 31.5 平方米商住楼的项目建设在 2017 年度全面完工、交付使用、圆满闭园,前期 200 亩土地建设任务圆满收官;五是二期 75.3 亩土地开发建设的规划设计方案于 9 月通过评审,土方外运工程约完成 12 万方,第一批七栋建筑面积约 5.4 平方米楼房的桩基工程已施工。项目全年销售房屋约 247 套,完成年度投资 1.53 亿元,上缴税收 2800 万元。

2.续建湘江风光带及琵琶湖公园项目。一是完成清凉港排渍站前坪道路及附属设施硬化、绿化工程,改善工作环境;二是排渍站泵房配套工程按设计要求完成验收,并移交水利部门;三是与省设计院签订环溪片区深度规划设计合同,经过多次优化,于 6 月中旬通过省设计院出台的琵琶湖景观带修建性详细规划方案;四是正在成立资金筹备领导班子,通过长沙银行、国家开发银行筹备项目建设资金,拟采用 PPP 模式进行项目建设(已与多个公司进行相关工作对接)。

3.续建衡山县文化艺术服务中心项目。一是项目部委托将原电影公司等四家国有资产整体打包,于 1 月 20 号在衡山麓园酒店会议室进行公开拍卖,由衡山县城市和农村建设投资有限公司举牌拍得,拍卖成交价为 3205.9712 万元;二是支付电影公司全年职工基本生活费、养老保险 49 万元;三是多次召开项目调度、规划设计方案汇商会,优化、完善设计方案,并对方案进行项目成本分析;四是签订 2 户拆迁协议,共签订拆迁安置协议 21 户,余下 3 户正在进行艰难的拆迁协谈。五是 12 月 13 日,县政府主要领导及项目牵头领导召开会议,决定对规划设计方案作出重大调整。项目累计占用资金 6618.3 万元。

4.体育馆建设项目。一是 2 月 8 日县政府主要领导召开专题会议,确定采用工程总承包模式(EPC)对项目进行招投标;二是项目建设范围内的水田、青苗、鱼塘清点及拆迁 8 栋房屋的补偿款全部支付到位;三是项目招标代理公司开标工作于 7 月 11 日完成,由湖南中技项目管理有限公司衡阳分公司中标;四是工程招标工作于 9 月 21 日进行公开招投标，由中铁建筑集团有限公司以1.3896亿元中标，9月底施工队伍、机械入场，施工建设全面铺开。超前钻施工勘察589个点，年底完成土方回填约6.1万方、旋挖桩基571根、主体结构混凝土浇筑及配套部分基础台地梁施工。截至2017年底，完成投资2500万元。

5.龙泉北路开发建设项目。公司做好龙泉北路从群英路至黄花大道段的地质勘探工作，完成项目需要用地26.6亩的征地工作，完成规划设计方案、初步预算，因黄花大道设计高度、路径进行调整，龙泉北路规划设计等相关工作进行相应调整、修改，于11月底召开技术施工设计专家评审会，并完善设计方案，待方案确定后即可进行招投标工作。

6.天娥湖民俗文化园联手帮扶项目。一是注册成立湖南天娥湖旅游文化产业有限公司，在发改局对项目备案立项，与白果镇人民政府正式签订《梅木水库承包协议》，承包期限50年。二是环绕梅木水库流转山林田地共1000余亩，环湖栽种水杉、池杉10000余棵，修路2.5公里，修筑塘坝坝基三座，修筑一个10余亩的生态停车场。三是于2017年5月，经过精心策划，邀请到著名作家、学者、文化部原部长王蒙到天娥湖项目，并确立建设“王蒙文化艺术馆”的基本意向和思路。四是2017年9月29日，与衡山县人民政府签订《天娥湖文化休闲度假村框架合作协议》。10月建设完天娥湖游客服务中心，总建筑面积1200平米。截至2017年底，累计完成项目投资400余万元。

7.易地扶贫搬迁分散安置项目。该项目分散在全县12个乡镇，涉及到住户319户、1095人，申请政策性贷款4007.5万元、基金贷款572.5万元、中央预算安排462万元、地方债券1095万元、贫困户个人自筹265.5万元，该项目合计投入资金6402.5万元，已到位资金4644.5万元。2017年7月6日，在城建投公司会议室与上述12个乡镇签订《易地扶贫搬迁委托代建协议书》。项目进展较为顺利，主体工程完成90%以上，装修工程完成70%以上，水、电、路等基础设施完成30%以上，工程量投资额完成3900万元以上，截至11月，拨付项目资金2436.6万元。年底完成整个项目建设，让贫困户早日搬迁入住。

8.光伏扶贫项目。2017年，为完成开云镇长安村、萱洲镇萱洲河社区、白果镇瓦铺村、店门镇茶源村、江东乡南坪村、长江镇新源村6个省级贫困村(社区)光伏扶贫项目建设任务。8月2日，出台《衡山县光伏扶贫工作实施方案》，10月26日，进行工程招标工作，由湖南省湘乡市电力建设有限公司中标，城建投公司于11月8日与中标单位签订施工建设合同；于11月16日与湖南雁能设计研究有限公司签订项目建设监理合同。施工队伍于11月10日分别进驻施工现场，并在2017年底全面完工，投入运行。该项目总投入480万元。

9.紫巾沿山公路项目。全年完成征地238亩，占总任务98%；房屋征收和拆迁已签协议59户并拆除，工作完成85%；青苗及附着物清点兑付工作完成90%；坟墓迁移78座，工作完成62%；电力、移动、有线、电信、燃气、自来水等杆管网线搬迁工作完成60%；工程建设完成10%，其中完成K1+100—K2+200段的路基土石方工程125000立方米。施工1道圆管涵和1道盖板涵。完成投资约10000万元。

10.抓好协作项目建设。组织、调拨好资金推进黄花新区、公安监管中心、农村综合服务平台、人民医院、经开区、经建投、县档案馆、垃圾转运站、殡仪馆建设等20个协作项目或借款单位的建设，共计调拨资金1.87亿元。

(邹新顺)

农　　业

种植业

局　　长
党委书记　宗维平

【概况】 2017年，在县委、县政府的领导下，县农业局贯彻落实中央、省、市农村工作会议精神，围绕“农业增效、农民增收、农村发展”的总体目标，改革创新，强化措施，加快农业产业转型升级，深入推进农业供给侧结构性改革，农业农村经济呈现稳定发展、结构趋优的良好态势。成功承办全省一、二、三产业融合发展试点现场座谈会，成功跻身国家田园综合体示范县。

【农业生产】 加快粮食产业结构性改革，推进稳粮增效，稳中求进，继续保持全国粮食生产大县地位。2017年，通过开展早稻集中育秧、优质稻生产示范，全县落实粮食增补面积47.46万亩，总产21万吨，双季稻面积稳定增长。加大对种粮大户扶持力度，新型农业经营主体队伍不断壮大。2017年，全县种粮大户达1305户，比上年增加295户。加快推进粮食产业供给侧结构性改革，重点稳定以白果、贯塘、江东、新桥为中心的10万亩优质双季稻主产区，带动粮食产业稳固发展，全县高档优质稻种植面积10.2万亩，签订订单合同面积5.5万亩，举办两次优质稻现场观摩会，优质晚稻收购价格比普通稻谷价格高出20元每百斤，真正实现高产高效。“菜篮子”产品稳定发展，结构优化。全县蔬菜总播种面积16.92万亩，总产量32.2吨，比上年增10.3%。油菜、小水果、茶叶等种植面积、产量稳中有增。

【美丽乡村建设】 2017年，美丽乡村工作建设12个县级示范村，1个示范片，3个省级示范创建村的任务，基本做到美丽乡村示范村建设全县覆盖。重点开展萱洲市级美丽乡村示范片建设，坚持将萱洲片美丽乡村建设与华夏湘江国际现代农业产业示范园项目建设相结合推动美丽乡村建设。全县美丽乡村示范村基础设施逐步完善，人居环境有效改善，产业发展形势好。2017年，获评全省美丽乡村建设先进县。白果镇棠兴村获评全省美丽乡村示范村。

【农村环境和卫生综合整治】 全面推进农村环境和卫生综合整治工作。年初，县政府与各乡镇签订目标管理责任状，根据工作实际出台《衡山县农村环境和卫生综合整治工作考核办法》，将农村环境和卫生综合整治列为各乡镇年度工作绩效考核内容。全年投入750万元财政预算资金，用于乡村公共卫生区保洁、先进乡镇、示范村奖励小城镇环卫设施、装备及运输费用等。坚持“督查、规劝、评比”农村环境和卫生综合整治工作主要措施，乡镇加快加大垃圾清理力度，安排村保洁员加大村保洁力度，建立健全乡、村整治工作长效机制，农村环境明显好转。

【现代农业体系构建】 产业结构逐步趋优。重点发展优质稻、茶叶、中药材、小水果四大特色优势产业，以农产品加工业和休闲农业为引领、田园综合体建设为支撑，构建农村产业融合发展的现代农业体系，促进农村一、二、三产业融合发展。一是农业产业化持续发展。全县发展一定规模的省、市农业产业化龙头企业分别为3家、22家。仲旺水稻种植专业合作社生产的涓水湘牌“衡山香米”荣获第十八届中国绿色食品博览会金奖，实现衡阳市绿博会获金牌奖零的突破；湖南辉广皇茶基地入选全国最美三十家茶场；推进全县农村一、二、三产业融合发展，全省一、二、三产业融合现场座谈会于2017年8月31日在衡山县召开。二是休闲农业行业逐步规范。出台《衡山县人民政府关于加快休闲农业发展的意见》和《衡山县人民政府办公室关于成立衡山县休闲农业领导小组的通知》，争取县级财政200万元资金支持。成立领导小组，切实加强组织领导和规范引导。2017年休闲农业企业发展到60家，四星级休闲农庄3家，三星级休闲农庄1家。

【产业扶贫】 县农业局牵头，结合全县实际，制订出台《衡山县产业扶贫工作实施意见》，成立衡山县产业扶贫工作领导小组，组建县产业扶贫工作办公室，负责统筹协调，指挥调度全县产业扶贫工作。召开衡山县产业扶贫工作推进暨培训会，建立全县产业扶贫工作项目库。督促、引导全县各乡镇成立产业扶贫办公室，并同意挂牌办公。精心组织实施办点示范。确定辉广生态农业、农凤农业、奇山农业、顺发米业4个企业开展办点示范，办点涉及开云、永和、白果、萱洲4个乡镇、12个村以及12个示范基地，对接建档立卡贫困户191户、703人，签订帮扶协议191份。

【农业管理和服务】 农业服务逐步完善。一是完善联系乡镇服务制度。农业部门派出12支服务队，分别由一名班子成员和一个技术班子驻点各乡镇和村组，开展农业生产技术服务指导。同时，对农村环境综合整治、产业扶贫等局中心工作均实行班子成员联系乡镇制度，加强对农业生产、农村的技术服务和指导。积极培育统防统治、农机作业、农资购销、粮食烘干等农业社会化服务组织，推行“订单式”“套餐式”等新型农业社会化服务模式，全县社会化服务组织发展到200个。二是加强对农民技术培训，结合新型职业农民培训、冬春大培训等各方面的培训，加强对种粮大户的全程技术指导以及新型职业农民和青年农场主的服务跟踪，为大户提供有效的技术服务，及时解决新型经营主体在农业生产中生产难题。三是严格农业行政执法。2017年，出动执法车辆25余台次，执法人员120余人次，立案查处违法违规案件3起，结案3起，送检样品10个，清缴违规种子300公斤、农药390公斤，挽回经济损失29.5余万元。四是扎实开展农产品质量安全建设。全面加强对全县水稻、蔬菜生产基地、农贸批发市场及超市等生产经营的蔬菜、水果日常检验检测、例行监测和监督抽查的力度。2017年，发布农产品质量安全检测简报16期次。2017年，抽检样品5187批次，抽检总合格率98.87%。针对不合格样品采取复检、追根溯源和下架处理。2017年，辖区内未发生农产品安全事件。五是开展农产品“三品一标”认证，2017年，完成无公害农产品认证19个、803亩，绿色食品认证4个、3293亩，有机食品转换期认证1个、500.06亩。

【农业项目建设】 积极实施农业项目。承担全省3个优质稻高产高效示范基地建设项目及全省2个绿肥万亩示范片建设，示范带动效果明显，举办两次全县优质稻高产高效示范现场观摩会；圆满完成水稻新品种展示示范、超级杂交稻“种三产四”丰产工程建设项目，加快实施优质稻产业项目、新增粮食产能规划田间工程等项目。2017年内，完成100名新型职业农民培训任务。 （蒋　虹）

林　业

【概况】 2017年，全县森林覆盖率51.2%，森林蓄积量157.8万立方米，林业总产值达19.3946亿元，成功实现“三增长”。全县完成完成乡村道路绿化189.65公里，建成秀美村庄43个，全县完成荒山造林2万亩，其中油茶新造2000亩，迹地更新2000亩；完成造林抚育2.5万亩；完成低产林改造1.9万亩，其中油茶低改5000亩；完成义务植

局长　张海量

县林业局班子成员会议照(顺时针左起:戴莉莎、李礼顺、杨建光、张海量、许锦云、许冬根、龙燕辉)

树100万株,适龄公民植树尽责率达95%以上。营林生产、资源林政管理、种苗站、野生动植物保护、森林防火、林业信息宣传、科技等多项工作被评为省、市先进单位及个人。

【造林绿化】 全县完成荒山造林2万亩,其中油茶新造2000亩,迹地更新2000亩;完成造林抚育2.5万亩;完成低产林改造1.9万亩,其中油茶低改5000亩;完成重要通道沿线两旁裸露山地造林绿化1935亩;在紫金工区国家储备林基地完成现有珍贵树种林改培1000亩,主要栽植楠木、红豆杉、银杏、榉木、香樟等树种,并对改培的1000亩珍稀树种进行抚育。全民义务植树活动人数达25万人次,完成义务植树100万株,适龄公民义务植树尽责率达到95%。全县森林覆盖率持续增长,达到51.2%。

【森林资源管护】 (1)森林防火。全县发生森林火灾5次,其中一般火灾4次,较大火灾1次,森林火灾发生率12次/10万公顷,火场总面积58.3公顷,受害森林面积18.2公顷,森林受害率0.39‰,远低于省、市政府规定的森林火灾发生率30次/10万公顷和受害率0.9‰的标准。(2)林业资源管理。2017年共办理采伐证39份(其中包括抚育采伐21份)采伐面积1835.2亩,采伐蓄积2327立方米,减伐量23.12%。伐后验收10次,验收合格率达到100%,盗伐滥伐行政处罚2起,罚款2600元,全年无批准一起公益林低效林改造和公益林更新采伐,保护有限的森林资源。全年办理木材运输许可证51份。办理长期用地许可手续12起,总计收取森林植被恢复费567.0204余万元;推进生态公益林为民办实事保护建设工程,共签订禁伐、限伐合同2248份,签订护林员管护协议45份,省级以上公益林管护率100%,2017年生态公益林补偿资金发放率达到100%,发放资金706.98万元,发放户数55814户。(3)野保生防。全县林业有害生物发生面积36.6亩,发生率3.9%,无成灾面积。人工防治林业有害生物、无公害面积30亩。开展松线虫病普查和除治工作,调查林地26.85万亩,检测枯死松木82株。开展“爱鸟周”等保护候鸟类专项行动。湖南衡山萱洲国家级湿地公园,开展退耕还林还湿试点。(4)涉林犯罪惩治工作。全年办理涉林行政案件8起,刑事案件4起,追究4人刑事责任。

【林业产业建设】 (1)主导产业发展。全面发展油茶、楠竹等林业产业。全县新造油茶2000亩,完成油茶低改5000亩,湿地松、杨树、桉树等速丰林新造3000亩,其他经济林造林2000亩。(2)种苗培育。根据省厅要求,将原林木种子生产许可证和林木种子经营许可证两证进行合二为一,进行换发新证林木种子生产经营许可证。已经审核更换新证15份。对不符合条件的不予办理,使全县合法育苗户做到依法经营,净化育苗环境。全县育苗202亩,良种育苗26亩,主要为杉木、湿地松、油茶,可产良种114万株,其他绿化苗木176亩。(3)林产工业。全县林产工业总产值达19.3946亿元,同比2016年增长10个百分点。金昌生物技术有限公司评为全省林业产业龙头企业。

【林业项目建设】 重点围绕油茶产业发展、科技示范推广、林木种苗等方面,报送项目4个,争取到位资金30万元。2017年“湖南衡山虎山福地文化旅游区”项目落地衡山县萱洲镇,为衡山林业产业发展增添新元素。以养殖为特色的衡山兴旺映绿农牧发展有限公司被列入省级林下经济示范基地,衡山小柏杨农牧发展有限公司发展势头良好,充分利用交通及基地景观优势大力发展林下旅游业。藏富家具在2017年浏阳市举办的第四届省家博会中荣获金奖。

【林权改革】 继续推进集体林权制度改革扫尾工作。2017年,完成所有林权发证资料移交县国土局不动产登记中心。

【林业科技创新】 全面推广林地测土配方信息系统，提升林农对林地测土配方信息系统的技术应用水平，林农对该系统知晓率达到 85%。全年规划造林 1.5 万余亩，1200 多个小班。全部参照该系统进行选树种造林，做到使用率 100%。农民零星自主造林的也全部主动咨询或通过查询系统指导造林。全面做到选树适地，确保工程造林质量。湖南金昌技术有限公司是近年来衡山县引进规模最大的林业森工企业。尤其在油茶精加工利用方面，研究油茶在不同预处理、压榨、浸出等条件下，脂质伴随物，特异性物质等结构、组成、含量的变化，开展油茶稳态技术和油脂精炼节能减排技术研究，开发低温脱水、脱胶绿色精炼的技术，取得较好的成果。 （苏海宁）

萱洲国家湿地公园管理

主任　徐爱民

【机构设置】 为认真落实国家有关加强湿地保护管理和发展建设的要求，促进湿地保护事业发展，有效保护衡山县境内大源渡航电枢纽及周边湿地生态，加快萱洲国家湿地公园建设管理步伐，中共衡山县委机构编制委员会（山编字〔2015〕10 号）文件正式批准设立湖南衡山萱洲国家湿地公园管理处。管理处为县政府正科级直属事业单位，核定全额拨款事业编制 25 名；设主任 1 名、副主任 2 名、总工程师 1 名；内设五个机构：办公室、计划财务股、资源保护股、科研监测股、政策法规股(科普宣教股)。下设二个湿地保护管理站(编制各 5 名):永和湿地保护管理站、萱洲湿地保护管理站。湿地公园管理处主要工作职责：1.贯彻执行国家、省、市有关湿地保护的法律、法规、规章和方针政策。2.负责实施萱洲国家湿地公园总体规划；负责制订湿地公园的各项规章制度和管理计划；负责对湿地公园规划控制区内的建设、规划、开发、经营活动

萱洲国家湿地公园班子成员合影（左起：刘洪光、易炳焱、徐爱民、冯彬）

进行监管；协调湿地公园与周边乡镇、村(社区)的关系。3.负责湿地公园内的自然资源和生态环境的保护与管理；负责湿地公园内湿地保护与利用，生态旅游等事务；负责园区内野生动植物的救护和疫源疾病的防控工作。4.负责湿地公园资源调查和监测工作；管理湿地科研成果、数据和资料，并按照规定向有关部门报送调查和监测报告。5.负责湿地科学知识的科普教育、参与国际国内湿地保护与利用的交流与合作。6.协助争取、筹措湿地保护、修复、建设和管理资金；对授权的相关资产进行经营、管理、合理开发和综合利用；组织实施湿地公园生态保护修复工程、基础设施配套、生态旅游开发及其他项目，并予以管理。7.配合有关部门做好园区内的林业林政、渔业渔政、环境保护、园林绿化等工作。8.承办县人民政府交办的其他事项。

【湿地公园概况】 湖南衡山萱洲国家湿地公园（试点）主要包括湘江大源渡航电枢纽工程衡山县、衡东县境内主要库区和洪泛淹没区，以及与之相连的龙荫港(河)、黄泥港(河)、大源江(均系湘江一级支流，发源于南岳衡山山脉）及其周边的洪泛平源区和部分水稻田、山地，南北长 25.4 千米，东西宽 16.9 千米，总规划面积 2849 公顷。萱洲国家湿地公园地处全球候鸟迁徙的一条宽迁徙通道；属于国家级水产种质资源保护区的实验区；是“四大家鱼”生殖洄游、卵苗孵化的必经通道；是湘江流域我国鱼类种质资源保护的重要屏障；是湘江流域一级水功能保留区；是南岳衡山国家级自然保护区外围的保护区域。萱洲国家湿地公园以保护水源水质、鸟类栖息地、鱼类“三场一通道”和湿地自然生态系统为核心，以“打造

绿色河流廊道,推进生态文明建设”为主题,体现“上善之水,大美萱洲”的湿地文化特征,具备良好的基础与独有的优势。萱洲国家湿地公园是典型的河流湿地生态系统,是湘江流域重要的生态廊道,也是湖南省重要试点建设的国家湿地公园。它良好的生态条件,是迁徙候鸟重要的停歇点,特别是为繁殖鸟类和越冬鸟类提供极佳的栖息环境,对越冬鸟类生物多样性的保护意义重大。通过监测,公园内发现国家一级保护动物——中华秋沙鸭(2016年10月27日监测发现,系湘江流域首次发现),国家二级保护动物——白琵鹭、黄嘴鹭、小青脚鹬、天鹅等,“三有”动物——小鸊鷉、白鹭、苍鹭、夜鹭、池鹭、斑嘴鸭、绿头鸭、红嘴鸥、斑鱼狗等50多种珍贵水鸟和迁徙性候鸟。

【湿地公园工作情况】 一是夯实基础,强化能力建设。萱洲国家湿地公园项目获批试点后,衡山县委、县政府高度重视,克服机构改革时期机制不畅、主要领导调整等不利因素,及时设立“湖南衡山萱洲国家湿地公园管理处”及永和、萱洲两个保护管理站,明确职能职责,在衡山县财政和编制较为紧张的情况下,优先保障落实管理处的人员编制和财政投入,湿地公园保护管理机构、队伍切实加强。管理处与本县林业、农业、畜牧水产、水利、气象、水文、移民、环保、国土、教育、乡镇(社区)等相关部门加强试点建设工作协调配合,在湿地资源保护、监测、管护执法等方面做到资源共享、协调联动、合作共建,形成良好的工作局面。2017年3月3日,县人大常委会审议通过《湖南衡山萱洲国家湿地公园保护管理办法》;3月9日,县人民政府公布施行,为湿地保护管理工作的开展提供制度保障,实现依法治园。

二是广泛宣传,扩大群众基础。根据试点建设要求,投资建设了湿地科普宣教中心、湿地宣教长廊,并免费向民众开放,结合萱洲国家湿地公园管理的实际情况,组织开展2月2日世界湿地日主题宣传、“爱鸟周”宣传(每年4月的第一周)、二届湿地摄影比赛、萱洲国家湿地公园LOGO标识公开征集等一系列湿地科普宣传活动。采用发放湿地宣传图文手册、制作专题展板、悬挂横幅、出动宣传车、电视台播放等群众喜闻乐见的方式,广泛宣传湿地保护科普知识,宣传衡山生态文明建设成果,产生良好的社会效应。同时,管理处非常重视新媒体的作用,建立“湖南衡山萱洲国家湿地公园”微信公众号和网站,及时宣传报道试点建设的相关工作,介绍萱洲国家湿地公园湿地生物多样性,发布活动相关信息等。在湿地中国网设立“湖南衡山萱洲国家湿地公园”主页,发表报道5篇。此外,《湖南林业信息网》、《衡阳日报》、《衡阳晚报》、湖南卫视、湖南经视、衡阳电视台等省市多家媒体对萱洲国家湿地公园试点建设成效及湿地保护工作进行报道。通过传统媒体与现代信息平台融合宣传,增强广大人民群众的湿地保护意识,为后续试点建设工作奠定广泛的群众基础。

三是加强保护,改善湿地生态。为进一步加强对湿地动植物资源的有效保护和管理,管理处通过科学监测论证和申请报备,新增保育区面积190.8公顷。为明确公园界限,加强湿地公园试点建设及保护管理工作,管理处按照《萱洲国家湿地公园总体规划》要求,对公园范围进行现场勘界,高标准布设花岗岩材质界碑6块、界桩200块。为保护大源江、龙荫港、黄泥港3条湘江一级支流的湿地生态环境,管理处购置3条巡护船,采用劳务承包的方式,确定8名管护巡查人员,采取劝导与治理相结合的方式,对流域环境卫生进行经常性的治理,打捞水面漂浮垃圾,控制清除外来有害生物,发现并制止电鱼、毒鱼、猎鸟等不法行为,收到很好的管护成效。至2017年年底,投入200余万元,重点对大源江、黄泥港、龙荫港进行河道疏浚清淤、湿地周边环境综合整治,清理各类漂浮垃圾和“水葫芦”等外来危害水生植物3000余吨,恢复有效湿地水面1500余亩,收到良好的社会生态效果,同时,也为管理处后续湿地人工恢复试点建设积累宝贵经验。通过科学整治,公园湿地生态系统功能更趋完善,湿地生物种群数量明显增加,连续三年监测发现一大批珍贵珍稀物种(如中华秋沙鸭、白琵鹭、黄嘴鹭、小青脚鹬、天鹅等)。良好的湿地生态环境对补给水量、涵养水源、改善水质及维护湿地生物多样性和调节区域气候等起到十分显著的作用,特别是保障湘江流域生态安全和水环境安全、饮用水水源地安全发挥十分重要的作用。

四是协作联动,加强监测巡护。根据《湖南省湿地监测管理技术规范》,结合实际,管理处制订《湖南衡山萱洲国家湿地公园湿地监测管理实施方案》，投入130万元购置必需的水陆交通工具、监测仪器和设备，开展动（植）物资源、大气、水文、水质、土壤等湿地生态因子动态监测，科学地组织开展常态化的监测巡护工作。除管理处独立开展日常性巡查管护外，还与林业、畜牧水产、水利等部门联合开展管护执法巡查，查处非法猎鸟5起，非法电鱼、网鱼20余起，制止采砂、填埋湿地5起，湿地保护管理工作逐步实现制度化、常态化。（易炳焱）

紫金山国有林场

场长　刘柏林

【概况】 2017年，衡山紫金山国有林场以保护林场现有生态资源、营造珍稀树种、完成国家公园申报工作、搞好森林公园基础设施建设、做好公园旅游文章为工作重点，以提高职工待遇、提升工作效率、改进工作作风、改善职工人居环境为工作目标，坚持改革创新，通过全场干部职工共同努力，取得较好的成绩。

【林场资源培育和保护】 1.争取中央财政珍稀树种改培资金50万元，抚育面积1000亩左右，2017年的珍稀树种培育示范基地建设项目在原有基础上继续做好原有基地的整改、完善的基础上，把红豆杉、楠木、银杏等珍稀树种基地作为紫金山林场林业建设的重点，搞好林相改造做好特色林业基地建设的文章。2.为加强公园护林防火工作，安排专职护林员8人，每日巡查，保护现有森林资源，阻止和惩治盗伐盗猎行为，确保公园无火灾隐患并劝阻游客公园内不准吸烟。3.安排8名卫生保洁员，每日轮班打扫公园卫生，不让公园范围内有脏乱差的情况发生。

【林场基础设施建设】 1.仙逸人间、华夏湘江，紫盖峰旅游公司与林场的建设项目全面启动，把森林旅游发展做大做强。2.争取到森林康养项目，努力完善

紫金山林场班子成员会议照（左起：谢俊、阳飞卫、陈艳凯、王艳华）

基础建设，确保验收通过。3.加强小区基础设施建设，搞好小区绿化。4.征地修建30里环山公路。5.争取紫金山国有林场纳入国家战略储备林项目，争取国家林业局和财政部支持，由国开行贴息、无息贷款1亿元，借款周期30年左右。

【林场招商引资和旅游开发】 1.紫金山森林公园新建的游客服务中心综合楼已交付使用，综合楼集餐饮、住宿、会议、办公于一体，能接待近100人旅游团队。在经营管理上，采取以个人承包经营模式，既能促进林场经济增长，又带动林场职工共同致富。2.在堕金石工区引进真人CS项目，为游客提供集军事、娱乐、健身于一体的娱乐项目，同时增加公园内的客源，扩大公园的知名度。3.湖南萱洲国家森林公园申报成功。2017年1月19日，国家林业局下达林场许准〔2017〕23号文件。同年9月26日，在上海全国森林旅游节授牌。

【林场其它主要工作】 1.做好森林公园规划、开发、建设管理工作。2.加强林场资源保护，实行封山育林和林相改造，加强森林防火队伍建设，做好森林防火和病虫害防治工作。3.多渠道措建资金。积极多渠道、多层次、多形式地筹措建设资金，制定优惠政策，加大招商引资力度。4.通过发展森林旅游，带动地方经济的发展，壮大林场自身经济实力。

（紫金山国有林场）

畜牧水产业

【概况】 养殖量总体稳中向好。2017年，全县继续保持生猪调出大县地位，出栏生猪68.3万头，存栏

局　　长
党组书记　颜昌茂

生猪41.1万头,出笼家禽933万羽,出栏羊2.44万只,出栏牛1.75万头。全年水产养殖面积4.67万亩,其中稻田综合种养面积0.7万亩,水产品产量1.42万吨。

【两个大型养殖项目引进】 跑项引资有较大突破。洽谈、引进两个大型农牧养殖建设重点项目。一是广东海大集团。其全资子公司衡山县益豚生态农业有限公司已与县政府签约。二是与广东品科投资控股有限公司达成合作意向。该公司拟投资2.8亿元,建设衡山黄鸡产业园,集衡山黄鸡原种繁育、生态饲养、饲料仓储、屠宰加工于一体,实现衡山黄鸡年加工、外销800—1000万羽。另外,2017年"衡山黄鸡"通过省农业特色产业"一县一特"项目。

【动物防疫工作】 动物防疫稳中有进。全县动物防疫共完成禽流感免疫168.4万羽份、牲畜口蹄疫免疫25.1万头次、牲猪蓝耳病免疫24.8万头次、猪瘟免疫25.8万头次、牛羊口蹄疫1.8万头次,鸡新城疫免疫145.4万羽份。全县养殖大户防疫责任合同签订率100%,行政责任人和技术责任人到位率100%,生猪口蹄疫、猪瘟抽查免疫率达100%,蓝耳病免疫率达到90%以上,禽流感免疫率达到100%。全县全年未发生一起重大动物疫情,被省防指评为"全省动物疫病防控绩效考核先进县"。

【畜禽水产品质量监管】 畜禽水产品质量监管有创新。加强生猪定点屠宰场(点)的监管,采用现代网络监控手段对定点屠宰场进行24小时网络监控。严格落实检疫处理制度,严把违禁药物和"瘦肉精"的检测关;全面开展电子化出证和电子化监管工作,年内电子化出证生猪10.85万头,禽类700余万羽。开展"瘦肉精"等违禁药物的检测,抽检各类样品13260份,检测结果均呈阴性;开展畜禽水产品质量监测,主要产品监测总体合格率为98%。全年检查饲料经营户11户,饲料使用养殖场526个,饲料抽检未发现有"瘦肉精"等违禁药物。年底,开工建设县级病死畜禽无害化处理收集中心1个。全县全年未发生一起畜禽水产品安全事故。

【渔政水产监管】 渔政水产监管力度加强。执法人员设备换新,禁渔工作有新进展。扎实开展春季禁渔和人工放流,投放鱼苗300万尾,查获违禁捕捞渔船9艘,立案处罚3起。全年开展"安全生产月"等活动4期,整改渔船16艘,签订《安全生产与渔业资源保护承诺书》463份,建立安全生产工作台帐,全年渔业生产安全"零"事故。发放专业渔民禁渔期生活补贴29.4万元,全年开展水产苗种安全生产检查5期,违禁药品使用率始终保持"零"记录。

【定点屠宰监管】 定点屠宰监管不断强化。县畜牧水产局牵头县食品药品工商质量监督管理局、城市综合执法局、公安局等部门,开展常年联合执法,重点对屠宰场进行整顿,督促屠宰企业完善管理制度,健全台账,规范屠宰。全年开展"扫雷行动"等专项执法126次,出动执法人员1100余人次,查缴不法肉品620公斤,处理违法人员10人,立案2起,城区肉类市场监管实现由乱到治。

【水产健康养殖】 健康养殖稳中趋优。精养鱼池改造升级。建设现代渔业示范基地2个,分别为岭坡乡旺意生物科技及萱洲镇依田乐怡水产养殖专业合作社,总面积440亩。全年改造升级鱼池5000亩以上,全县水产健康养殖水平达72.3%。特色渔业发展较快。积极发展稻田综合种养示范基地4个,核心示范区面积3400亩,辐射带动周边农户发展稻田综合种养达1.8万亩。其中绍祥农场成为省、市局指定的湘南片稻田综合种养示范样板区,全县稻田综合种养发展来势较好。

（王　维）

种植业、养殖业龙头企业选介

【湖南金叶养殖有限责任公司】 湖南金叶养殖有限责任公司成立于2008年4月,位于衡山县长江镇石桥村四组,注册资金1880万元,占地面积180亩,建筑面积26500平方，场址四周环山，环境优美，场内建有高标准现代化猪舍18栋、24500平方米，是经湖南省畜牧水产局认证的种猪一级扩繁场。引进有新美系杜洛克、长白、大白等新品种原种母猪500余头。每年可向社会提供优质纯种杜洛克、大白、长白种猪和长大杂母猪5000头；常年存栏生猪8000头以上，年出栏生猪上万头。公司通过"无公害农产品认证"，获"衡阳市农业产业化龙头企业""部级生猪标准化示范场"等荣誉称号。

公司实行种养结合模式生产，成立衡山玉棠仙草种植专业合作社，种植4000亩优质水稻、2000亩玉米和2000亩优质油茶林。

为处理好生猪养殖带来的粪便、污水等排污问题，公司于2013年建成800立方大型沼气项目，并对干粪池和排污管道进行改造；2014年，投资150万元新建了有机肥加工厂，可年处理养殖场内粪便2.92万吨，年产初级有机肥料4250吨，年产沼液1.85万吨。

公司公司采用"猪—沼(有机肥生产)—农"三位一体模式。即:养猪场里的粪污通过沼气池进行干湿分离。尿污经发酵，产生的沼气用于公司厨房、员工日用能源及有机肥生产的烘干能源，同时作为仔猪保温用能源，降低生产成本；沼液运输到仙草基地、油茶林基地和稻田作为有机肥料。废渣则经过有机肥加工厂加工，制成商品有机肥。有机肥又可作为仙草、水稻种植肥料。三者相互依存，优势互补，构成能源生态综合利用体系，实现产气与积肥同步、种植与养殖并存、能源与资源良性循环的高产、优质、高效生态农业发展模式。通过这种农牧结合的生产模式，既有效的解决排污难的问题，还为公司提高经济效益，做到无污染、零排放的绿色、环保生产。

【衡山湘旗农牧有限责任公司】 衡山湘旗农牧有限责任公司是一家专业从事衡山黄鸡养殖、加工、销售、科研于一体的省级农业产业化龙头企业。公司成立于2005年8月，注册资金3000万元，总部座落在衡山县白果镇，占地14000平方米，现有资产1.2亿元，拥有中级职称以上专业技术人员60人，高级职称专业技术人员8人。

公司成立以来，先后通过农业部无公害农产品产地认定及产品认证，2006年，注册"衡山黄鸡"商标；2007年，衡山黄鸡被评为湖南省名牌农产品。2008年，申报国家名牌农产品。公司施行"公司＋基地(协会)+农户"经营模式，公司以湖南农业大学为技术依托，采用"公司＋基地(合作社、协会)+农户"的经营模式，始终坚持"以农为本、科技兴农"的宗旨。成立以来，在各级政府及相关职能部门的关怀和大力支持下，各项工作均开展顺利，2008年，被湖南省人民政府评为"省级农业产业化龙头企业"。

公司现拥有衡山黄鸡资源场1个，集品种保护与扩繁一体，位于衡山县福田铺乡中塘村，面积100亩，资源场现存笼种鸡2万多羽，年产优质、安全种蛋440万余枚、孵化雏鸡220万羽；湘黄鸡加工厂1座，位于衡山县白果镇涓水东路68号，年深加工鸡400万羽，产品为衡山黄鸡分割熟食产品。

【衡山兴旺映绿农牧有限责任公司】 衡山兴旺映绿农牧有限责任公司是集畜牧业养殖、种植及产品加工、销售一体，以肉牛养殖为主的现代农牧企业，注册资金1000.00万元，现有员工38人，其中技术人员12人，固定资产820万元。2012年起，公司被市人民政府评为市级农业产业化龙头企业。2015年被评定为省级"肉牛标准化示范场"。公司实行"企业＋基地＋农户"的生产模式，成立养殖专业合作社与协会，与养殖户签订联营养殖协议，对养殖户实行种牛与饲料供应、技术指导、商品牛保价回收销售全方位服务，带动周边农民致富，增加就业岗位，有效促进当地农村经济和畜牧业的快速发展。

公司现有牛舍3000平方米，存栏肉牛540头，其中能繁母牛280头，2016年出栏170头。先后流转天然草地6448.53亩，其中连片成块的草地5100亩。种植人工种草380亩，为肉牛养殖提供优质的牧草资源。

【衡山县绍祥农业开发有限公司】 衡山县绍祥农业开发有限公司是衡山县长江镇的大型综合种养企业，注册时间为2013年11月，负责人罗绍祥，经营范围为水稻种植、水产养殖和牲畜养殖。公司在长江镇新泉村、桥坪村、石桥村、孝子碑村流转土地2000余亩。采取公司＋基地模式进行经营，利用当地优质山泉水和气候条件,采用稻鱼共生模式,生产“侨兴祥”牌优质稻米和无公害水产品。

公司实施品牌战略,主打生态牌,持续提高稻田的利用率和产出率,拓展渔业发展空间,提高稻米质量,增加种粮效益。通过实施稻田综合生态种养,不但水稻整体生长壮实健康,而且鱼苗生长速度快,风味独特。经品牌运作后,体现“1+1＞2”的叠加效应,所生产的“侨兴祥”牌大米售价达 18 元 / 千克,而且还供不应求;消费者对无公害水产品也抱有很高的期望,价格也一直居高不下,鲤鲫鱼 48 元 / 千克,泥鳅 64 元 / 千克,并且往往还在田间地头就早已被顾客抢购一空。

水　利

局　长
党委书记　颜海峰

【防汛抗灾工作】 县防指早行动、早部署,3 月中旬,县委县政府召开全县防汛工作会议,对 2017 年防汛抗灾进行整体安排和部署,县财政投入 500 余万元完成对防汛物资储备、险工险段抢修、水毁工程修复,做好“防大汛、抗大灾、抢大险”准备。6 月 28 日至 7 月 4 日,湘江衡山段两次超警戒水位,最高水位达 52.5 米,超警戒水位 3.5 米。湘江堤防萱洲镇湘江村、白沙村,长江镇新源村等堤段多处出现渗漏险情,在县委县政府的正确领导下,在全县人民共同努力下,及时处置险情,确保湘江防汛安全,圆满完成“不垮一库一坝,不死一人”的防汛总目标,有力保障群众生活生产安全。

【水利建设】 2017 年,在县委县政府的大力支持下,县水利局通过主动与省市主管单位衔接,水利建设取得新进展。一是加大对湘江重要河段的治理。投资5090 万元对湘江衡山段的白沙亭保护圈、宝米洲保护圈、永和乡保护圈、长开保护圈及城郊接合部等进行综合治理,彻底解决湘江衡山段 2017 年汛期暴露出的短板;二是安全饮水工程任务顺利完成。截至 2017 年 10 月中旬,已解决 7671 名贫困人口的饮水不安全问题,占县年度考核任务 6200 人的123.73%,超额完成省、市下达的年度考核任务,同步解决 12500 非贫困人口的饮水困难,完成投资 590 余万元;三是推进农业综合水价改革,加强中型灌区节水工程建设。对衡山县新桥灌区进行农业综合水价试点改革和灌区工程设施建设,完成总投资 2000 万元;四是计划投资 3000 余万元建设岭坡乡福星水库,已做好规划可研、勘测设计等前期工作;四是持续冬修水利投入,掀起建设高潮。2017 年,县委政府拿出 1000 万元,对全县重点水利工程、贫困村水利建设以及乡镇面上小型水利工程进行奖补,营造出全县关注水利、重视水利、兴修水利的浓厚氛围。

县水利局班子成员合影(左起前排:旷学礼、李建春、颜海峰、曹梅秀;后排:刘建新、彭毅、汤建军、邓志华)

【河长制工作】 2017 年 3 月,河长制工作开展以来,衡山县迅速召开全面推行河长制工作会议,成立衡山县“河长制”工作委员会,构建工作专班,出台《全面推行河长制的工作方案》《衡山县实施河长制行动方案(2017—2020)》《衡山县河长制工作委员会成员单位职责》等文件;构建县乡村责任体系,在河流显眼位置进行公示牌设置。

【水行政执法工作】 2017 年,衡山县水利局水政监察大队加大对河道非法采砂的惩治力度,共下达涉及河道采砂《责令通知违法行为通知书》20 余份,其中立案查处并作出行政处罚的 8 起,没收非法所得及罚款共计 11 万余元,申请法院扣押非法采砂船3

艘、运砂船6艘，与各乡镇、县国土局、县公安局、渔政等单位联合执法8次，有效惩治非法盗采、洗砂现象。（陈　闰）

水库、电站、防洪堤选介

【九观桥水库】 九观桥水库是一座以灌溉为主，兼有防洪、发电、养殖、旅游等综合效益的中型水库，控制集雨面积35.83平方公里，正常蓄水位139.4米，相应库容2880万立米，灌溉衡山、衡阳、南岳两县一区农田8.13万亩，受益人口16.24万。水库枢纽依傍107国道，交通便利，库区山清水秀、鸟语花香，特色餐饮"九观血鸭"声名远播，丰厚的自然资源和人文景观吸引大批南来北往游客，先后被评为省级、国家级水利风景区。2008年水管体制改革，九观桥水库管理所为归口县水利局管理的副科级纯公益性事业单位，下设办公室、财务器材股、水政股、工程技术股、工程运行股，核定全额拨款事业编制53名，其中所长1名，副所长3名，正副股长（主任）共10名。现有在职干部职工58名，其中全额财政编制39名，差额编制19名；退休人员68名。2017年，荣获市二星级文明单位称号。2017年，荣获县水利系统目标考核先进单位称号。2017年，九观桥水库管理所支部荣获县水利局党委授予的"先进基层党组织"称号。

工程建设方面。2017年，库内白泥电站引水渠三面水泥硬化563米；三副坝排水沟疏浚硬化203米；灌区左干渠林场隧洞出口至光明泄洪闸渠道三面硬化200米，新建暗涵108米；左右干渠洪毁工程修复；灌区左干渠坨塘渡槽出口安子圯填方段，在泄洪时渠道垮塌40米，紧急抢修等五项，全年投入资金85万余元。争取公益维修养护经费18万元，完成上坝防汛公路硬化425米。

管理效应方面。2017年4月19日，县防汛指挥部在水库成功举行山洪灾害防御演练。6月下旬，持续降雨；26日，暴雨53毫米，水库水位连续上涨。7月14日，139.97米为全年最高水位，全年紧急泄洪417万方。自7月19日开闸抗旱，至11月13日关闸蓄水，历时148天，灌溉用水1683万方。利用泄洪、灌溉水流发电469个台班，发电量100万千瓦时。

针对水库大坝运行存在的安全隐患，再次启动病险水库除险加固项目前期工作，委托惠州市华禹水利水电工程勘察设计有限公司进行安全评价，衡阳市水利局于2017年4月26日鉴定水库大坝为"三类坝"，湖南省水利厅于2017年9月1日以湘水函〔2017〕219号文上报水利部建管司，目前水库控制运行。（九观桥水库管理所）

【新桥水库】 2017年，在县委、县政府、县水利局的领导下，按照"以服务三农为宗旨、以防汛抗旱为主责、以水利工程维修养护为重点"的总体思路，进一步强化工作措施，不断加快水利工程建设，积极履职，真抓实干，攻坚克难，较好地完成各项工作任务。

防汛工作扎实有效。一是汛前检查到位。在3月中旬和4月上旬，组织人员，深入灌区各病险渠段进行严密细致的安全巡查，对查出的问题及时处理，不留隐患。二是责任落实到位。成立防汛工作领导小组，落实领导分工负责的防汛责任制。三是完善各类预案。针对水库工况变化和防汛抗旱实际情况，及时编制和完善《水库调度规程》《大坝安全管理应急预案》，严格按水利局、县防办的调度，汛期控制水位：115.00米；汛末控制水位：115.60米；为安全度汛提供强有力的保证。四是强化应急值守，积极做好强降雨防范和应急处置工作。五是充实物资储备。与黄金砂场签订砂砾石、编织袋、彩条布、木桩、防汛应急灯等，一旦需要随时调用。六是组建防汛抢险应急队伍。以新桥水库领导班子为核心、以工程股为主体的应急抢险队伍，遇有险情，随时投入应急抢险。七是积极开展防汛应急演练。按照县防汛指挥部防汛抢险演练的指示精神，于4月14日上午组织开展防汛应急演练，提升防汛应急救援能力。

抗旱工作成效明显。2017年，水库蓄水至7月10日开闸时截止，水位115.23米，相应库容1621万立方，面对严峻的抗旱形势，在灌区"双抢"未铺开前，及时召开灌区抗旱工作会议，对灌区抗旱形势进行全面分析，统一灌区抗旱思想，实现灌区上、下游均衡受益。整个灌溉期间未出现一起水事纠纷，圆满完成2017年的抗旱任务。

水毁工程抢修及时。完成左、右干渠翻建（浆砌块石)285 米，垮方护砌 246 米砌渠道外坡护砌 2 处，修复泄洪闸 2 处、干渠二次清淤 2830 米，完成投资 48 万元，确保灌区水毁工程在 7 月 10 日开闸放水前全部修复并发挥效益。

节水配套改造项目快速推进。新桥灌区节水配套改造项目于 2017 年 10 月 11 日开标，由湖南鸿泉建设工程有限公司中标承建，总投资 1556.79 万元(资金来源:中央财政资金 1000 万元，省级财政资金 400 万元，乡镇等筹集资金 156.79 万元)，工程于 2017 年 11 月 16 日开工建设，年底已完成渠道防渗衬砌 2500 米，完成投资 320 万元。

水厂运行管理工作有序推进。为提升水质，加大投入，新增聚合氯化铝、氢氧化钠自动投药设备各一套，循环池新增两套自动排污阀，新装不锈钢栅栏及不锈钢门，水厂、电站安装监控设备；新桥至贯塘、贯底两条主管道新增自动排气阀 18 套，解决水压不稳定问题；2017 年新增用户 300 户，完成新桥镇区群英街、小康街主管道改造，铺设 PE 直径 110 毫米 1500 米，各种支管道安装近 3000 米，做好江东敬老院及贯塘五星村、江东南坪村两贫困村自来水的入户安装，维修管道 150 处，全年自来水收费 26 万余元，入户费收入 51.2 万元，支出 71 万余元(不含电费 13.2 万元和自来水工程款)，电站发电 28 万千瓦时。

党建工作呈现新气象。2017 年，召开支部大会5 次，上党课 4 次。10 月 12 日，组织全所党员赴革命圣地井冈山参观学习，重温党的发展历史和光辉历程。7 月 16 日，组织干部职工为贫困村捐款 3700 元。11 月 27 日上午，组织全体党员赴江东乡龙堂村捐赠扶贫资金 3000 元。党风廉政建设深入推进，干部职工遵章守纪，严格执行上级有关规定，2017 年，未发生一起违法违纪案件和群体性上访事件。

此外，综治维稳、安全生产、计划生育、文明创建及工会老龄等工作扎实开展并较好地完成任务。存在的主要问题:1. 人员结构老化，专业技术人才匮乏，难以适应新时期水利工程管理的需要，严重制约单位的发展。2.部分职工思想多元化，在工作中缺乏主观能动性，“等、靠、要”和相互攀比的思想严重。3.水厂投入巨大，维修任务繁重，入不敷出，处于严重亏损状态，正常运行难以为继。4.水政水资源管理有待进一步加强。近年来，围堰填库、排放污水、侵占和破坏水利工程的违法行为时有发生。虽然及时介入处理，但因力量单薄，对侵占和破坏水利工程和污染水源的的违法行为打击力度不够，成效有限。

(李洪辉)

【红旗水电管理所】 2017 年，在县委、县政府及水利局的正确领导和关心支持下，全所干部职工齐心协力，坚持压责任、强班子、建制度、夯基础，团结、奋斗、拼搏，较好地完成各项工作目标。

全年实现发电量 1081 万度，收入 347.4 万元。狠抓安全生产，确保全年无重大安全事故发生。1.建立和健全安全生产责任制度，在安全生产中做到有章可循有规可依。2.建立安全生产责任网。秉着“安全第一，预防为主”的方针，将安全生产进行细化管理，落实到岗到人，并逐级签订《安全生产责任状》和“一岗双责”责任书。3.加大安全生产宣传力度，厂房内安全生产标语鲜明夺目。安全生产领导小组名单及安全责任人明确，并且在各次会议上强调安全生产重要性，做到安全生产天天讲，警钟长鸣防事故。4.安全落实到实处，3 月 15 日，所务会一行 10 余人对所辖两座水库大坝、进水口、渠道及引水坝、压力管道等水工设施进行全线实地勘察、排查险情、建立台账，分轻重缓急实施维修、加固，消除安全隐患。5.为确保安全生产，所务会积极争取上级及政府部门的大力支持，争取冬修资金 40 万元，完成对中峰水库进水口消力池的重建，三级尾水渠河堤恢复加固及三级站泄洪渠的加固，并向上级专题报告争取资金 20 万元将 6.3 千伏直馈线路进行改道和加固，消除安全隐患，确保了村民的生命财产安全。6.借衡山县第四民乡村旅游节之机，争取资金 5 万元，组织干部职工在 3 天内完成一级管道“千步云梯”两侧防护栏杆的安装，对水工人员的安全通行提供保障，为旅游发展提供有利条件。

红旗水电管理所与红旗村二、三、六组的因农改移交大电网的用电合同矛盾，经过县人民法院、市中院、省高院审理，最后终于胜诉，为电站与周边村的和谐稳定奠定坚实的基础。

党建工作:2017 年，红旗水电管理所深入开展“两学一做”学习教育活动，通过“三会一课”制度化、常态化的学习制度，全所党员干部努力学习，积极工作，为争做一名合格党员汇聚正能量。2.积极响应“精准扶贫”，全所干部职工捐资6350元。3.通过手机视频与离职党员、职工交心谈心，相互沟通，相互学习，使其对党建工作有全新的认识。4.积极配合市委派驻的巡察组的巡察工作，在巡察组的指导下党建工作有显著改观并自身建设达到预期效果。5.认真组织全所党员干部认真学习十九大报告并深刻领会其精神实质，指导日常工作。6.发展非党积极份子一名。

自身建设：1.2017年，对三级站的住房和食堂的屋面进行全面检修，确保职工工作安心，住的放心。2.将羽毛球馆前坪进行绿化，栽种绿化树木，种植各种花草，并安装景观路灯。所内环境优雅，生机勃勃。3.为解决职工停车难的问题，建造120平方米的钢结构绿色停车棚。（衡山县红旗水电管理所）

【县城防洪堤管理所】 2017年，县城防洪堤管理所在县委、县政府以及上级主管部门的正确领导和大力支持下，按照“三个确保”的原则，全面服务防汛，积极推进各项既定工作，取得明显成绩，得到上级领导和社会的广泛认可。2017年年度考核县城防洪堤管理所被评为先进单位。

坚持防汛保安意志不动摇，确保县城城区安全度汛。1.机电设备检修及机电操作培训；2.堤防安全巡查、日常保洁责任到位、到人；3.主汛期从6月22日至7月5日间连续2次洪峰，最高洪峰达52.48米，超警戒水位3.48米，全所干部职工服从统一调度，在所长赵力带领下连续14天日夜坚守岗位，时刻关注水情水位，观察机电设备运行状况，确保2017年抗洪排渍的艰巨任务圆满完成，保证人民群众的财产安全不受损失。2017年，省、市、县各级领导多次进行防汛督查，得到老百姓的认可，也得到上级领导的肯定。所长赵力被评为湖南省抗洪救灾先进个人。

积极争取上级支持，加强维修养护，确保堤防安全。1.2017年争取县级补助资金6万元，抢修完成荆陂河防洪闸应急除险工程及为清凉港排渍站配置防汛打捞船一艘，为防汛保安提供切实保障。2.2017年12月，争取县级补助资金35万元，采用抛石施工方案，加固大桥至城关中学段堤防护脚，为来年防汛保安提供切实保障。

2017年，成立县城防洪堤管理所工会，切实维护职工群众的经济效益和民主权益，吸引和组织职工群众参加经济建设和改革，努力完成经济和社会发展任务，发挥职工群众参政议政作用，代表和组织职工参与国家和社会事务管理，帮助职工不断提高思想政治觉悟和文化素质。参与县城文明创建。1.全年多次大规模修剪护岸杂草以及清除漂浮物。2.配合政府争创省级文明城市积极主动当好义务督查员。3.坚持按政府划定责任区完成每周卫生工作。深入开展“二学一做”专题活动，进一步加强值班纪律，加强内部管理，强化思想教育，切实改变工作作风，落实廉政责任。主动抓好安全生产，全年无事故发生，综治维稳工作优秀。积极配合局机关和防洪堤建设指挥部先后完成防洪堤沿线垃圾清理和6期建设用地的征拆工作。（郭旭翔）

农村扶贫开发

主任　赵蔚然

【概况】 2017年，根据山发〔2015〕2号和山编字〔2017〕8号设立衡山县农村扶贫开发办公室，为县农业局所属公益类正科级事业单位，下设办公室、规划财务股、指导开发股、综合督导股4个内设机构，定全额拨款事业编制10名，其中主任1名，副主任2名，股（室）负责人4名。衡山县农村扶贫开发办公室主要职责是贯彻落实党和国家有关扶贫开发工作的方针、政策，组织实施全县扶贫开发计划；根据县委、县政府提出的扶贫开发目标、任务，拟订全县扶贫开发规划；负责提出财政扶贫资金，上级扶贫资金使用方案的编制，交由县扶贫开发领导小组讨论决定后组织实施；协调、组织社会各界支持，参与扶贫开发，检查、督促落实县乡挂钩扶贫责任制，负责市县间扶贫协作工作；负责扶贫开发项目的产前、产中、产后的服务工作；负责规判、协调

县扶贫办班子成员合影(左起:周剑、赵蔚然、廖新宇)

贫困地区农民实用技术培训，协调组织有关部门实施教育扶贫和科技扶贫；负责县扶贫工作的对外交流,接受资助等事项的管理;承担县扶贫开发领导小组的日常工作;承办县委、县人民政府交办的其他事项。2017 年,扶贫办紧紧围绕省委、省政府决策部署,坚持“聚合力、严管理、增投入、强产业、保基本”,以务实有效的措施和坚决有力的行动推动脱贫攻坚工作,高质量、高水平完成全县脱贫 4535 人、退出 8 个贫困村的年度目标任务，为打赢精准扶贫精准脱贫攻坚战、如期全面建成小康社会奠定坚实基础。

【扶贫格局调整】 以“四股力量”为引领,聚合全县之力狠抓脱贫攻坚。一是“三级书记”一起抓。2017 年, 先后召开 8 次县委常委会、5 次县政府常务会、3 次县长办公会议及 12 次全县性大会部署、推进脱贫攻坚工作。与此同时,县委书记、县长抓督查调度,联系贫困村、贫困户,并带头开展“三走访三签字”“六个一”等活动,切实突出“一把手工程”,履行一把手责任。2017 年内,扶贫办结合干部调整和村(社区)换届,调整和配齐配强乡村党组织书记,首先将脱贫攻坚责任压紧压实到书记肩头,带动县、乡、村各级干部以饱满的工作热情和强烈的政治责任感抓扶贫。二是专业班子牵头抓。将县扶贫办由原农业局下属的副科级单位升格为正科级事业单位,定编 10 人,设主任 1 人、副主任 2 人,目前人员全部配备到位;在各乡镇成立扶贫开发办公室,由乡镇党政班子成员任扶贫办主任，并配备 3—5 人扶贫专职人员；26 个重点贫困村也都设立专门的扶贫工作办公室。通过上述措施，打造一支专职专责专业的扶贫工作队伍。三是精干力量驻村抓。从县直机关单位抽调精兵强将，组成 26 个贫困村和 78 个贫困人口 100 人以上非贫困村的驻村工作队 104 个、321 人,由县委组织部负责管理,出台专门文件,明确规定工作队每月驻村扶贫必须不少于 20 天，并进行考核分类，对 19 名表现优秀的队长或队员进行表彰，对 11 名履职尽责有差距的进行约谈或问责调整。四是党员干部结对抓。全面开展干部结对帮扶，所有县级领导、县直机关单位班子成员、副科级以上干部和中层干部全部参与,加上乡村干部,全县结对帮扶责任人共 2348 人,每人联系的帮扶对象不超过 4 户。

【脱贫攻坚管理】 始终坚持将精准、精细管理作为做好脱贫攻坚工作的基础来抓。一是精准识别。从 2017 年 4 月开始,全县开展脱贫攻坚突出问题集中整改行动。通过对原有贫困系统内“四类人员”和识别不准人员清理，对符合贫困标准的对象通过程序纳入,共清理“四类人员”及识别不准人员 5944 户、15708 人,新识别贫困户 1708 户、8699 人,实现零差错。精准识别后，全县共有建档立卡贫困对象5967 户,19728 人。二是精准退出。对 2017 年计划退出的贫困村,严格按照“一个确保、两个完善”标准要求实施,一条不合格,整村不退出。对于 2017 年计划脱贫的贫困户,严格按照“一超过、两不愁、三保障”标准要求把握,户户看,条条对,一条不达标,坚决不脱贫。而且脱贫和退出严格按照规范程序开展，在最后经县扶贫办按照 30%的比例到村抽查复核后,在政府网站进行公示,坚决做到“真脱贫、脱真贫”。三是精准监管。出台《衡山县财政专项扶贫资金管理办法》《衡山县财政局关于认真做好财政专项扶贫资金管理工作的指导意见》《衡山县整合涉农扶贫资金实施方案》等,对中央、省级财政预算扶贫资金,严格按使用项目、规定精准拨付,并组织县财政部门对财政扶贫资金进行专项清理，督促乡村两级按照公示和专账管理的要求,规范使用所有扶贫资金。

【扶贫资金筹集】 为解决贫困村、贫困户的先天性贫血问题,多渠道筹集和安排资金投入扶贫、撬动脱贫。一是预算财政资金。切实将脱贫攻坚作为第一民生工程，大幅度提高资金投入,2017 年县预算安排扶贫资金 1349 万元,较上年增长 316%,达到人均 497 元。在此同时,针对过去存在的结转结余资金过高的问题，切实加大资金拨付力度，确保提高资金使用绩效。二是整合部门资金。出台《衡山县涉农资金整合方案》，年内整合部门资金2700万元，每村不低于100万元，同时要求后盾单位通过合适的项目和渠道，进一步落实对贫困村的资金支持，为贫困村改善基础设施、发展集体经济提供有力保障。三是争取信贷资金。用足用活金融扶贫政策，在全县26个贫困村全部建立金融扶贫服务站，争取县内银信部门发放扶贫小额贷款2480.5万元、770户，户数占建档立卡贫困户比例12.9%，金融精准扶贫贷款增速达到110.22%，高于全县其它各类贷款平均增速。四是募集社会资金。积极开展“万企帮万村”活动，55家会员企业通过产业扶贫、就业扶贫、金融扶贫、技能扶贫、公益扶贫等多种方式，结对帮扶贫困村，实施各类项目83个，投放总金额超过1亿元，帮扶贫困人口1977人。

【产业扶贫】　始终将产业扶贫作为重中之重，成立产业扶贫领导小组，积极对接18家新型经营主体，促进建立紧密链接机制，增强贫困村、贫困户自我脱贫能力。一是重点实施辐射强劲的龙头项目。落实两个省级扶贫项目。其中，湖南衡岳中药饮片有限公司的中药材种植产业扶贫项目，联系2个乡镇、2个村，链接贫困户177户、569人，种植中药材白芨76.1亩，3年后预计人均增收1万元左右；万合旅游开发有限公司的“花果山”旅游扶贫项目，联系白果镇3个村，链接贫困户121户、369人，3年内人均增收可达1897元。二是积极培育兴村富民的示范项目。打造辉广生态农业、农凤农业、奇山农业、顺发米业4个县级示范产业扶贫项目，共涉及5个乡镇、15个村，链接贫困户191户、703人。全县26个省定贫困村都有产业扶贫项目。全年投入电商扶贫资金20万元，新建贫困村电商服务站5个、示范店（微店）5个，开展电商扶贫活动3次，电商扶贫培训130人次，帮助贫困村网销农产品138万元，帮助贫困户网销农产品110万元，其中石东村电商服务站2017年已为贫困户完成销售收入6万多元。26个省定贫困村全部列入光伏扶贫项目计划，2017年已实施6个，找到发展村集体经济的好门路。三是精心谋划一户一策的增收项目。按照扶贫先扶志的思路，要求帮扶责任人加强鼓励和引导，与帮扶对象共商脱贫增收的有效办法。比如，县委书记帮助自己联系的贫困户争取小额信贷、发展养殖，县长为自己联系的贫困户解决入股合作社等一系列问题，其他帮扶责任人也纷纷想办法帮助贫困户联系种苗、销售农产品等等。

【贫困对象现实问题解决】　充分利用扶贫政策，同时根据自身实际加大保障和服务力度，努力解决困扰贫困对象的现实问题。一是着力改善人居环境。2017年内，完成易地扶贫搬迁319户、1095人；为全县245户建档立卡贫困户申报落实2017年农村危房改造补助资金。通过水利扶贫项目解决12109贫困人口的安全饮水问题。全年完成农村道路提质改造39.672公里，完成投资600万元。全县所有建制村通班车，4G网络覆盖到所有贫困村的村部和学校，光纤和“村村响”均实现全覆盖。二是着力解决看病问题。实施免费医保政策，由县财政为所有建档立卡贫困户购买150元/年的城乡居民医保，2017年已由个人支付的费用全部退还。为贫困人口购买“扶贫特惠”保险，最高可保10万元。将建档立卡贫困人口医保报销比例提高10%，大病保险补偿起付线降低50%，并100%纳入大病保险和重特大疾病医疗救助范围的补偿优惠，截至10月底，全县贫困人口居民医保共报付3934人次，补偿金额近1300万元，提高报付额约100多万元。对在医保报付后还有较大经济负担的低保贫困人口给予自负金额的50%的经济补偿。县内各医疗机构开通“绿色通道”，对农村贫困人口住院治疗实行“先诊疗后付费”，并提供“一站式”医保结算服务。严格落实健康扶贫“三个一批”行动计划。三是着力抓好就业帮扶。2017年，完成新增农村贫困劳动力转移就业任务为400人。以文件的形式明确，2017年1月以后在市内、省内、省外外出务工的建档立卡贫困劳动力，凭企业招聘劳动合同（就业协议）和交通费票据进行每人每年报销1次交通补助，申请财政预算150万元，在年底前予以报销。通过“万企帮万村”活动，鼓励企业与贫困对象签订用工协议，年内实现贫困人口在县内企业就地就近就业273人。四是着力保障就学需要。学前教育、义务教育、高中阶段教育及普通高中建档立卡贫困家庭学生免除学杂费等政策全面落实，未出现因贫失学、辍学的事例。严格执行“五限”原则，个别家庭特别贫困户子女的教辅材料由学校公用经费进行解决。截至11月底，全县发放建档立卡等四类家庭经济困难学生教育资助5598人，金额439.2万元。大力实施雨露计划、“两后生”技能培训和贫困村创业致富带头人培育等工作。全县已有134名中、高职学生通过雨露计划官网成功申报雨露计划补助，另有22名漏申请学生按照要求提出书面申请；建档立卡贫困家庭“两后生”参加职业学历教育18人，贫困劳动力技能培训212人，任务完成率均达到100%；完成47名创业致富带头人培训工作，完成率、报账率超过100%。除上述问题外，贫困对象的社保、救助等，也都按照省里统一要求落实到位。

（曹　婧）

农村能源生态工作

局　长
党组书记　符汉文

【概况】 根据山发〔2015〕2号、3号和山编通字〔2016〕17号文件，设立衡山县能源生态局，为县农业局所属正科级事业单位，下设办公室、业务股、管理股3个内设机构，定县能源生态局机关全额拨款事业编制7名，其中局长1名，副局长2名，纪检组长1名，股室负责人3名。衡山县农村能源服务站为衡山县能源生态局所属正股级事业单位，核定自收自支编制6名，其中站长1名。现有在职干部职工10名，离退休人员2人。获2017年度省、市农村能源先进单位称号。

【农村能源大型沼气工程建设】 一是抓好衡山兴旺映绿农牧有限责任公司大型沼气综合利用工程项目建设，共完成项目总投资315万元，其中中央投资120万元、企业自筹195万元，工程已全部建成并运行。二是完成衡山县五星养殖场规模化大型沼气工程的申报立项、资金申请、规划设计、采购预算、财政评审等前期准备工作，年底已进入招投标程序。

县能源局班子成员合影(左起：李桂清、符汉文、谢芝祥)

【光伏扶贫项目建设工作】 2017年，完成开云镇长安村、萱洲镇萱洲河社区、白果镇瓦铺村、店门镇茶源村、江东乡南坪村、长江镇新源村6个村(社区)总计600千瓦的光伏扶贫村级电站项目建设。

【农村能源省级示范项目】 2017年，以沼气工程为纽带、以有机肥(沼肥)为牵引，在全县创建萱洲天水生态循环农业和金叶养殖生态循环农业2个省级示范项目，该项目将农村能源项目与亚奇红心蜜柚种植专业合作社、湖南金叶养殖有限责任公司等种植、养殖合作社及公司相结合，形成以沼气为纽带，种植养殖业结合形成优势互补，相互依存，多业结合，综合利用的生态能源模式，达到“猪—沼—稻”“猪—沼—菜”“猪—沼—鱼”“四位一体”的生态能源模式建设。

【农村沼气CCER项目库建设】 按照分步实施、稳步推进、创新效益、统筹兼顾的原则，积极做好衡山县沼气CCER项目(国内自愿减排项目)准备工作，建立健全衡山县沼气CCER项目库。

【农村能源服务体系建设】 2017年，组织对已建的乡村服务网点进行调查摸底，并将服务网点的基本情况进行立档，对从业人员开展知识培训，进一步规范乡村服务网点。

【农村能源业务培训】 2017年，分别在前山片和后山片举办2期沼气用户培训班。从沼气的基础知识、农村户用沼气池的科学管理、农村户用沼气池的安全利用、灶具管线常见故障的排除和维修、沼气的综合利用技术等向参加培训进行全面培训，参加培训人员 180 人。

【农村能源安全管理】 在抓好项目建设的同时，注重农村能源知识的宣传，派出技术人员利用护林防火、科技活动周、安全生产月活动等开展各类宣传活动，大力开展农村能源知识宣传，农历年前、5 月、9 月，各组织开展一次设备检修、安全监管和“三沼”（沼液、沼渣、沼气）综合利用的全程服务，发放《农村家用沼气池安全管理手册》120 本，《户用沼气池安全挂图》1580 张，《沼气综合利用手册》150 本，其他农村沼气“三沼”利用技术摘录 300 余份，悬挂“严禁进入沼气池内，避免发生生命危险”的安全警示横幅 2 条，确保沼气安全生产。 （韩晓燕）

农业机械

局　长
党组书记 王　琪

【概况】 2017 年，衡山县农业机械管理局坚持以服务县域经济为宗旨，认真贯彻中央、省、市农机化工作会议和县委经济工作会议精神，突出抓好农机安全生产、农机购置补贴政策落实、农机服务组织培育、水稻油菜生产全程机械化和县委县政府中心工作，圆满地完成各项工作任务，衡山获评全国平安农机示范县，衡山县农业机械管理局被评为全县目标管理绩效考核优秀单位。

【农机安全生产】 2017 年，以创建全国“平安农机”示范县为目标持续抓好农机安全监理工作，与县安监、交警衔接，率先在全省成立乡镇农村道路交通安全管理服务站，乡镇农机站站长担任交通协管员和交管站负责人，建立农机与交警联合执法模式和常态化执法机制，极大地提升农机安全生产的执法力度，得到省、市农机、安监、交警的高度重视和好评。

县农机局班子成员合影（左起前排：王文能、王琪；后排：张仁伟、易湘林、李红军）

创建开云、长江、永和、店门、萱洲 5 个省级平安农机示范乡镇和 26 个示范村、260 户示范户，创建全省农机监理为民服务示范窗口，全县农机安全生产持续向好，衡山获评全国平安农机示范县，农机监理工作评为省、市先进，安全生产评为县先进单位。

【农机购置补贴】 2017 年，衡山县落实农机购置补贴资金 479.85 万元，补贴机具 303 台，185 家农户和农业生产服务组织受益，带动社会投入 1600 万元。农机购置补贴办证严格按照申请购机、申办补贴、公示补贴信息、核实机具、审批发放补贴五个环节程序要求操作，严格执行“见人、见机、见票、查参数”的“三见一查”工作流程核查机具，乡镇农机人员入户逐台核实，县农业机械管理局安排人员按购机补贴程序要求和“三见一查”和拍照存档的方式复核，并配合省、市局和县财政等相关部门对购机补贴实施监督检查，确保补贴资金安全，全年无投诉现象。

【农机服务组织培育】 2017 年，衡山县农业机械管理局把握省政府实施农机“千社工程”的契机，按照“小精坚”的要求大力培育农机合作社，突出机耕、机插、机植保、机收、机烘干、机转运 6 个环节，全县经工商注册的农机合作社达 48 家，衡山县兄弟、龙盘、宏达、衡山沐宸、兴旺、沙头、润田 7 家农机专业合作社获评湖南省现代农机合作社，衡山县石溪农机专业合作社评为衡阳市现代农机示范合作社，全县湖南省现代农机合作已达 28 家，农机合作社综合能力极大增强。全县农机合作社流转土地面积 19260 亩，开展社会化服务面积 18.4 万亩，现代农机合作社成为了最有实力、最具活力的新型农业经营主体,成为小农户与现代农业有机衔接的有效载体,大量农户正在向农机合作社集中并得到实惠,农机合作组织成为农业生产的主力军。

【农业机械化推进】 2017年,衡山县加力推进水稻油菜生产全程机械化进程。3月16日,在白果镇举办衡山县2017年百社农机万户闹春耕活动启动仪式,掀起全县春耕生产高潮。为破解水稻机械化育插秧瓶颈,采取"主攻为机育秧、力推大户购机、层层办点示范"和购置插秧机县级累加补贴等措施,推广插秧机30台,全县机插秧面积14.02万亩,机插率38.5%。同时盯住机植保和机烘干两个环节,通过现场演示会等方式,推动农机合作社购置使用烘干机械,超低空遥控飞行植保机,有效解决植保、烘干机械化问题。2017年,全县拥有烘干机42台,植保飞机6架。同时在店门、萱洲、长江、永和、开云、白果等乡镇推广油菜直播、机械收割等技术,使油菜生产全程机械化水平得到快速提升。2017年,全县农机总动力达到39.93万千瓦,8.48万台,水稻耕种收综合机械化水平达到77.49%,在全省率先进入农业机械化中高级发展水平县。

【全县中心工作参与】 2017年,衡山县农业机械管理局安排一位副局长担任县委驻贯塘乡五星村扶贫工作队队长,精准扶贫工作评为全县先进,抽调纪检组长参加全县村(社区)"两委"换届选举,圆满完成任务。衡山县农业机械管理局结对帮扶衡山县紫冠生态农业有限公司成效明显,获得好评。(张仁伟)

农村经营管理

【概况】 2017年,农村经营服务中心面对机构改革后的新形势、新要求,迎难而上、锐意创新,着力深化农村土地制度改革,稳定完善农村土地承包关系;引导培育新型农业经营主体,积极发展适度规模经营;稳步推进农村集体产权制度改革;切实加强农民维权和负担监督管理;强化农村经营管理干部队伍建设,较好地推动农村经营管理的创新发展。农民专业合作组织建设被评为省级先进单位。

主　任
党组书记　郭晶亮

【农村土地承包经营权确权登记颁证】 该项工作后来居上。衡山县农村土地确权登记颁证工作因受军事禁飞区的影响,工作必需的1:2000的航拍图迟迟未能到位,致使该项工作于2017年3月才正式启动,较全市其他县市区推迟一年多。尽管如此,在县委、县政府的高度重视和强力推动下,全县各乡镇、各相关部门全力以赴、迎难而上,各项工作稳步推进。截至2017年年底,全县完成调查摸底工作132个村(居)、2870个村民小组、86859户,完成摸底面积268826亩,占全县家庭承包耕地总面积的89.3%,其中江东乡、白果镇、福田乡等乡镇完成率为100%。完成外业调查(现场勘界)109个村、2495个村民小组、77013户,完成指界面积248715亩,完成率为82.6%,完成一轮公示的有389个村民小组,完成二轮公示的有135个村民小组。年底,省市督查组认为是全市乃至全省实施时间最短、进度最快、质量最好的县。

【农村土地承包纠纷调解仲裁体系升级】 农村土地承包纠纷调解仲裁体系升级达标。全面完成国家级农村土地承包纠纷仲裁基础设施体系建设项目,使衡山县农村土地承包经营纠纷仲裁年均纠纷仲裁能力达到200件以上,同时调解仲裁纠纷案件3件以上,通过省级考核验收。全年因农村土地承包合同等引发的矛盾纠纷共151起,其中县仲裁委受理并调处2起案件,其余均在乡(镇)、村两级得到调解,年内农村土地承包纠纷调解结案率100%。土地承包纠纷仲裁队伍建设不断加强,工作人员业务素质和工作水平不断提高,至2017年年底,全县建设一支拥有29名持证仲裁员、282　名调解员的农村土地承包纠纷仲裁队伍。

【农村产权制度改革村级试点】 县政府确定新桥镇石仓村、福田铺乡石东村为农村产权制度改革试点村，成立组织机构，制订试点工作方案，并召开动员大会，年内完成清产核资、资产评估、集体资产财务规范管理、成员身份界定和股权量化等工作。

【农民维权和负担监管工作】 各项惠农补贴资金发放到位，2017年度通过“一卡通”发放各项强农惠农资金26项、8134.6万元；2017年，财政预算村级运转资金2259.4万元，村级运行得到保障。精心组织涉农减负业务培训，深入开展损害涉农利益行为专项整治，清退“被自愿”征订的教辅资料款项23.4万元，清退超标准订阅报刊费6.14万元，其他各项涉农收费得到有效规范。

【农村土地经营权流转工作】 鼓励引导农村土地经营权流转，成立衡山县农村土地流转服务中心，制定中心日常工作制度，健全土地流转操作规程，规范农村土地流转合同签订程序，加强土地流转档案管理。在积极促进农村土地流转的同时，较好地防范土地流转风险。截至2017年年底，全县耕地规范流转面积19.7万亩，占总耕地的64%，比上年增加1.1万亩，增长6%。

【新型农业经营主体增加】 2017年新注册登记合作社20个、家庭农场20家，完成市定任务200%。至2017年年底，全县农民专业合作社总计284个、家庭农场179家。年内，衡山县沙泉立辉家庭农场申报为衡山县第一家省级示范家庭农场，衡山县富利园果蔬种植专业合作社被审定为国家农民合作社示范社。

【农村“三资”管理和集体经济发展】 进一步规范村帐代管中心会计代理制，完善村级集体资产管理台帐，确保集体资产不流失。加强村级财务审计和村报账员培训，村级财务审计率100%、公开率100%，村报账员业务培训率100%。充分发挥地方资源优势，大力发展集体经济，各项基础设施显著改善，农村集体经济收入明显增加，2017年，村集体经济组织总收入7351万元，较上年同期增长8.2%。永和乡文桥村、白果镇棠兴村、开云镇双全新村、岭坡乡潮水村四村获省级村级集体经济发展进步村奖。

（李正初　杨双园）

移民开发

局　长
党组书记　廖志光

【概况】 2017年，衡山县移民开发局共计收到各级移民扶持资金1889.28万元，其中，移民后期扶持直补资金604.86万元，移民避险解困资金686万元，后期扶持项目资金266万元，整村推进项目资金230万元，小水库移民扶助金45万元，市直结余资金57.42万元。根据大中型水库移民后期扶持政策，结合衡山县库区和移民安置区实际，衡山县移民开发局积极做好年度项目立项申报工作，及时足额拨付移民直补资金，加强库区基础设施建设，对改善库区和移民安置区生产生活条件、促进库区经济社会发展发挥积极作用。

县移民局部分班子成员合影（左起：陈冬红、胡志良、廖志光、王志强、阳煜宇）

【移民直补资金发放】 2017年，上级部门共拨入衡山县移民后扶基金662.28万元已全部发放到位，其中：1.直补到人发放资金302.0446万元；2.两者结合项目资金20.6354万元；3.生产安置人口项目扶持资金232.68万元（其中：现已申请建设项目资金拨付的有村级道路建设3个，道路硬化2.5公里，投入资金20.16万元；骨干塘硬化4口3000平方米、水渠硬化及维修11处4500米，投入资金32.04万元；电排维修1处，投入资金0.9万元）；4.节余指标资金用于库区和安置区基础设施项目建设，共计资金为

49.5 万元;5.市直结余资金共计 57.42 万元(其中:用于大源渡库区电力排渍站机埠维修保养、设备更换 12 处、人员工资等共投入资金 20.42 万元;产业开发项目基地基础设施建设 4 处，投入资金 22 万元;道路硬化 3 千米,投入资金 15 万元)。在直补资金到位后,县移民局及时与县财政局协调,在规定的工作日内把资金拔付到位,以保障移民基本生活之需。

【后扶项目规划建设】 根据衡山县移民分布现状和经济发展情况,注重改善基础设施条件,县移民局多次组织人员深入库区和移民安置区调研、立项,规划 600 元直补资金以外后扶项目 98 个。积极加强基础设施建设,平整、硬化库区断头路、扶贫路、移民通组路 17.89 公里,改善 27 个移民村组交通条件,投入资金 98 万元;修缮硬化渠道 10.1 千米、山塘 2 座、堤坝 0.8 千米,改善 6500 余亩农田灌溉条件,受益移民 1148 人，投入资金 71 万元。大力发展移民产业,构建移民创收平台,其中,西瓜种植 138 亩、大棚疏菜种植 30 亩、水产养殖 370 亩，投入资金 35 万元。

【移民培训】 为实现智力移民目标，开展移民实用技能培训一期,培训移民 139 人,投入资金 4 万元;移民就业技能培训 32 人。通过逐年不间断对移民进行技能培训，有效的提高移民的就业率和增强移民的经济创收能力。

【小水库移民扶助】 2017 年，上级拨付衡山县小水库移民扶助金 45 万元，已实施基础设施建设项目 13 个,投入资金 28 万元,完成道路硬化 2.5 千米,山塘维修 3 座,改善灌溉面积 1080 亩,受益人口 3502 人;直补到人发放资金 11.9519 万元,特困移民慰问 5.0481 万元。

【贫困移民帮扶】 县移民局多次深入基层进行调研，切实摸清贫困移民底数，核准贫困移民帮扶对象,紧密结合实际抓好脱贫规划计划,有针对性帮助贫困移民尽快脱贫。2017 年,帮扶脱贫 75 人,其中西瓜种植产业帮扶贫困移民 16 户 27 人，投入资金 20 万元,种植面积 138 亩;实施整村推进项目 1 个,计划投入资金 280 万元,其中已实施项目 3 个,分别为萱洲河社区移民改水改厕 25 户,萱洲河社区亮化工程路灯安装 300 盏；萱洲河社区仙女湖特种水产养殖 100 亩,投入资金 120 万元。

【移民避险解困安置】 2017 年 4 月启动移民避险解困安置工作以来,县移民局严把政策关,严格工作流程,全面落实责任,把握好工作进度,各项工作有条不紊开展。落实“三个到位”,确保避险解困工作平稳推进。一是准备工作到位。省、市部署会后,县移民局及时向县委、县政府汇报,县政府常务会议上专题对移民避险解困工作研究安排部署,层层划分责任,明确工作要求,出台一系列指导性文件,为工作开展提供坚强的组织保证和有力的物质保障。二是政策宣传到位。县移民局作为全县移民避险解困安置工作领导小组办公室,及时将有关政策文件、操作程序进行收集归纳,便于干部群众通俗易懂、一目了然。将致全县农村移民家庭的一封信、避险解困搬迁安置对象申报、报批工作流程、村级移民户主民主评议签到表及避险解困搬迁安置申请审批表分发到各乡镇人民政府,做到“不丢一户、不漏一人”发放到位,做到让有关人员熟悉“做什么、怎么做”。三是督查讲评到位。移民避险解困安置工作是以各乡镇为主体进行实施,为确保质量,掌握进度,移民避险解困安置工作领导小组办公室会同县政府督查室，每月对各乡镇的工作开展情况进行督查,在每月的《衡山政务督查》上,对工作落实好的乡镇进行表扬鼓励,对存在的问题进行通报批评,及时纠正并进行指导,确保不发生偏差。2017 年,已签订安置协议 85 户、343 人,集中安置点在建,安置 7 户、32 人。

【龙荫港站轴流泵机组升级更换】 2017 年,县移民局对龙荫港站两台老式 22 千瓦的轴流泵机组进行升级更换,投入资金 15.471 万元,强化区域内电排设施的正常运转，对保护周边群众生命财产安全和排渍保耕发挥重要作用。

【移民维稳工作】 解决移民诉求切实维护移民稳定。2017 年,县移民局接听来电咨询移民优惠政策、法律法规 20 人次,接待上访移民 9 起 37 人次,其中三峡移民 25 人次，通过矛盾排查和调查处理，9 起上访均无越级上访。十九大特护期间，无移民参加到市、赴省、进京越级上访。　　（陈　展）

农业综合开发

主　任
党组书记　曹海龙

【概况】 2017 年，实施完成省农开办批复衡山县农业综合开发项目共 8 个，其中：土地治理项目 1 个，产业化经营财政补助项目 7 个。土地治理项目列入全县重点项目工程，在市办的现场督促中，各项指标名列全市前茅。建设进度快，工程质量标准高得到充分肯定，特别是衡山的生态衬砌模式将在全市推广。

【新桥镇石牌高标准农田建设项目】 新桥镇石牌高标准农田建设项目范围涉及衡山县新桥镇贯底社区（永济与上界两片）、石仓村、仙鹅村、梅溪村、高新村等 1 个社区和 4 个行政村、94 个村民小组、2496 户，建设高标准农田 0.8 万亩，总投资 1196 万元，共衬砌骨干灌渠 4.56 千米，骨干排水渠 3.83 千米，衬砌田间渠道 0.96 千米，渠系建筑物 4 座，骨干山塘防渗加固 10 座。配套贯底社区农业生产，砼硬化广场 150 平方米。新修田间道路 4.28 千米。沿贯底河、梅溪水一旁种植桂花等绿化树木 1540 株。

【400 只山羊养殖基地新建项目】 400 只山羊养殖基地新建项目，建设单位为衡山县骐骥农牧科技发展有限公司，项目总投资 140.11 万元，其中财政资金 70 万元，自筹 70.11 万元。主要建设内容：土地平整 1500 平方，改建羊舍 540 平方，新建羊舍 450 平方，新建草料棚 200 平方、新建药浴池 30 平方，新修路、修整路基及坪硬化 2815 平方米、新建羊舍、改建羊舍和草料棚的水电及安装 1100 平方，新砌排水沟渠 305 米、净化塘扩大维修 1 口、新建化尸池 20 立方、新建羊粪干粪棚 50 平方、新建沼气池 1 口、新购牧草运输车 1 台、钢材焊接草料架 10 个。

县农开办班子成员合影（左起：刘虹茵、金志明、曹海龙、邓正军、曹金祥）

【2 万羽衡山黄鸡养殖基地新建项目】 2 万羽衡山黄鸡养殖基地新建项目，建设单位为衡山县佳佳农场，项目总投资 52.57 万元，其中财政资金 21 万元，自筹 31.57 万元。主要建设内容：拆危房平整地基 600 平方米，新建鸡舍与饲料仓库 780 平方米，新建储粪棚 20 平方米，鸡舍与饲料仓库水电安装，隔离网 30 平方米，新建排水沟 100 米，购置饮水器 10 套，电热育雏伞 5 套。

【100 头母猪养殖基地新建项目】 100 头母猪养殖基地新建项目，建设单位为衡山县晓岚农场，项目总投资 45.51 万元，其中财政资金 21 万元，自筹 24.51 万元。主要建设内容：新地基平整 750 平方、新建母猪舍 430 平方、新建氧化塘 50 平方、新建沉淀池 40 平方、新建排水沟 190 米、新建污水管渠 560 米、新建锆室室内水电工程 430 平方、新建干粪棚 50 平方、新建化尸池 50 立方。

【100 吨（干）席草烘干线新建项目】 100 吨（干）席草烘干线新建项目，建设单位为衡山润华家庭农场，项目总投资 45.72 万元，其中财政资金 21 万元，自筹 24.72 万元。主要建设内容：烘干厂棚 200 平方，100 千瓦安专用变压器及高压线路安装和自来水安装，日烘干席草 2.5 吨烘干线 1 条及安装，平板推车 2 辆。

【100 头种母牛养殖基地新建项目】 100 头种母牛

养殖基地新建项目，建设单位为衡山兴旺映绿农牧有限责任公司，项目总投资142.27万元，其中财政资金70万元，自筹72.27万元。主要建设内容：新牛舍场地挖运土方7200立方，新建牛舍600平方，钢钢筋泥凝土护坡98立方。牛场石砌护坡90立方，过水涵洞40米长，通往新牛场内水泥路与坪1000平方，新牛场供水工程(水井及供水管路)，新牛场供电工程，新牛场排水工程，新牛场环保亮化工程(路灯6盏、三级过滤池、绿化种树)；山上牧草基地水程工程(含水井、抽水机房、贮水池、给水管网，牧草基地排灌渠400米)，放养场地围网4000米，抽水设备1套，高压潜水泵1台，牧草运输货车1台，灭火器5台，消防水带200米，不锈钢蓄水塔2个。

【100万羽衡山黄鸡孵化基地新建项目】 100万羽衡山黄鸡孵化基地新建项目，建设单位为衡山锦盈生态农业开发有限责任公司，项目总投资144.02万元，其中财政资金70万元，自筹资金74.02万元。主要建设内容：新建地基平整1200平方米，孵化厅600平方米，新修道路与坪160平方米，路基整修成型480平方米，路面硬化320平方米，低压入户线路800米，蓄水池48立方米，给水管700米，室内水管及安装600平方米，室内电路及安装600平方米，新建主排水沟100米，排水沟300米，档土墙168立方米，焚烧池20平方米，蛋壳堆放场20平方米，隔离设施640米，购置全自动孵化设备5台，照蛋器2台，电热育雏伞10台，饮水器100套，发电机组1套。

【2500头香猪养殖基地扩建项目】 2500头香猪养殖基地扩建项目，建设单位为衡山县华亮牲猪养殖专业合作社，项目总投资71万元，其中财政资金35万元，自筹资金36万元。主要建设内容：土地平整1002平方米，新挖洞舍50个；新建猪舍400平方米；新建发酵床300.3平方米；新安猪场场围网600平方米；新建排水沟152米；新修泥结路808米；新建青料储存池棚93.6立方米；新砌护坡62立方米；新挖蓄水塘1口；新修猪场牧草基地水塘2口；新修水泥路与坪170.7平方米；新建装猪台1个；新安装新猪舍水电400平方米；新装猪场三相电1000米。购饲料搅拌机1台，饲料提升机1台，牧草粉碎机1台，电子监控系统1套。

【农开项目建设成效】 “新桥镇石牌高标准农田建设项目”可新增灌溉面积0.10万亩，改善灌溉面积0.70万亩，改善排涝面积0.31万亩，优质农产品种植面积0.2万亩，年可加粮食生产能力81万公斤，其中优质粮食72.9万公斤，蔬菜、油菜及其他作物增加产量59万公斤，每年项目区新增产值210.60万元，农民纯收入增加总额117.6万元。通过一年建设，7个产业化项目全部建成投产，投入财政补助资金308万元，安排就业人员37人，可带动392户农户，增收470万元。

(郑志勇)

农业科学研究

所长　罗晓军

【概况】 衡山县农科所为县农业局所属正科级事业单位，农科所属全民事业单位定编13名，经费来源为全额拨款。农科所的主要职责是：担负先进农业生产技术的示范推广；担负农业品种区域试验，筛选优良品种；承担水稻、果树、花卉等良种繁育工作；配合黄花新区项目建设指挥部的相关项目工程建设，协调好区域内建设的各种矛盾、纠纷；承办县委、县人民政府和主管部门交办的其它工作。农科所地域范围：东以107国道为界，南以螺头山水库及泄洪道为界，西面以开云镇九龙村山脉分水岭为界，北面以开云镇排塘村为界。农科所有土地面积2860.6亩，其中：耕地568.6亩(其中水田482.1亩，旱土29

县农科所班子成员会议照(左起：颜云峰、彭会军、罗晓军、谭美琴)

亩，菜地 57.5 亩）；山林地 1057.5 亩；水域 372.2 亩（其中螺头山水库 137.7 亩，水库由开云镇和农科所共同所有，比例为 3 ∶ 2）；观湘洲 50 亩；其他用地 812.3 亩。有公房 15 处，总建筑面积 5697 平方米，私房 241 处，总建筑面积 41874.61 平方米，总占地面积 28169.5 平方米。农科所总人口 929 人，总户数 350 户。农科所机关工作人员共计 17 人。其中：退休人员 6 人，现在职干部职工 11 人。

2017 年，农科所改制工作已全面完成，改制遗留问题除个别个案外都已按相关文件精神落实到位。2017 年农科所的工作重点是全力配合黄花新区项目建设指挥部做好拆迁安置建设工作：黄花新区共有拆迁户房屋 241 栋，截至 2017 年 12 月 21 日已完成 240 户评估，仅有一户未评估；签订拆迁安置协议 235 户，还剩 16 户未签协议；已拆房屋 232 栋，已签协议未拆房屋 3 栋；B1、B2、B3、A2 安置区已全部抽签到户。衡山大道西线全线贯通，路基全部成型。全线综合管沟、雨污管已全部完成，第三次水稳沙已全部铺完，道路绿化正在进行中。规划路二、规划路三、规划路四已完成路基施工，规划路三车行桥和规划路四人行桥已竣工验收合格，雨污管道完成 60%。开云大道、白竹路建设正常进行。安置区已完成 B1、B2、B3 区土方平整，B2、B3 区有 7 栋安置房基础已开挖，其中有 3 栋安置房基础工程已完工。体育馆、黄花小学、黄花公园、法院建设用地已全部完成拆迁腾地、地基土方平整工作。自来水公司工程已完成主进水管（育英街加压泵站）主管道和衡山大道西主管道施工，自来水加压泵房前端管供水主管道铺设基本完成。加压泵房建设场地土方平整已基本完成。　（彭立志）

气　象

【概况】 2017 年，衡山县气象局认真学习贯彻落实全省、全市气象局长会议精神，全面提高气象服务能力，努力力搞好基础业务、气象服务工作。

【气象业务与服务】 2017 年，衡山地面气象观测无任何责任性事故，无错情，天气预报各项指标都达标，预报业务水平明显提高，24—48 小时一般性天气降水、暴雨预报质量明显提高。汛期间县气象局向县委、县政府报送决策气象服务专刊，发布重要天气消息，向有关单位发布各种服务材料，向县、乡镇、村发送手机气象服务短信，并联合国土局、林业局发布地质灾害等级预警和森林防火等级预警。气象局定期向各级政府、各有关部门发布春播、汛期、干旱及灾害性、关键性、转折性天气预报和各专项天气趋势预报，每旬向有关部门发送旬月天气预报。在气象服务中，衡山气象局的工作人员始终讲本地话，做到贴近生活，服务百姓。2017 年 6 月，衡山县出现 4 次暴雨，其中 21—30 日的连续性梅雨过程降水量 219.1 毫米，达到洪涝灾害标准。对于这次长时间的强降水天气过程，气象局所有人员全力备战，积极应对，紧急对全县所有区域自动站进行雨量筒更换，确保雨情监测准确通畅。同时昼夜应急值守班，每两个小时向县防汛抗旱微信群发送降水实况和天气预报，每天参加县政府防汛调度会和每天发送天气消息短信，与国土局、水利局积极联动，尽全力做好气象服务工作。由于全县上下一心，气象服务准确及时，6 月，衡山县没有人员伤亡，经济损失也控制到最低，气象局受到政府领导的高度重视和表扬，刘文武荣获衡阳市委、市人民政府抗洪救灾先进个人。

局　长
党组书记　杨科传

县气象局班子成员合影（左起：文艺、杨科传、陈忠）

【人工增雨】 2017 年 7—8 月衡山县出现两次轻度

高温热害。7月12—18日连续7天、21—30日连续10天日最高气温大于35度;8月2—8日7天、18—25日8天连续日最高气大于35度，全部达到轻度高温热害标准。在地方政府的要求和市局的领导下，气象局积极抓住有利天气形势，及时开展多次人工增雨作业。特别是8月11日,在气象局领导带领下，于14时10分至14时45分相继在店门镇和永和乡通过车载火箭进行移动人工增雨作业，发射4枚火箭弹,作业效果明显。全县普降小雨,店门等部分乡镇中雨,极大地缓解了旱情。（刘文武）

水　文

局长　伍　辉

【概况】 衡山县水文局测验流域面积63980平方公里,是湘江中下游控制站,属国家重要水文站。测验项目有:水位、流量、降水量、水质分析,流量属一类精度站。2017年，衡山县水文局加强测站管理、制度建设、水文测报工作和对地方服务工作,作好各项准备和测报工作,及时全面参与非工程措施山洪预警系统的检查及维护,向地方政府提供水清服务，在防汛救灾中发挥参谋和耳目作用。

【水文测验工作】 2017年，衡山县水文局对县、区山洪仪器维护维修50多次,按质按量完成流量测验244次、降雨量1551多毫米，高中水精测法比测4次,高水取样3次,测到测好各次洪峰。汛前1月11日完成国际校基标断面及水尺测量和计算；汛中7月14日对高洪水过后水断面测量,测量合格;汛后10月24日汛后水尺零点高程P1至11测量均无变动合格。

【水文特征】 2017年6月23日至7月4日两次超警、超保证的洪水中,全体干部职工,不怕苦、不怕累

县水文局班子成员合影(左起:王小正、伍辉)

测到测好每次洪水过程。2017年最高洪峰水位是52.50米(7月4日)凌辰4时,7月4日中午水利厅纪委书记李金,在省局副局长汤灿飞、主管农业副县长黄润葵陪同、一行人到水文局现场指到防汛工作。7月6日,省经视台记者采访、进行专题报道。2017年,最低水位41.94米(3月6日),年变辐为10.56米。水文局对各项工作进行人员布置安排:重点船舶晚上值守,防止船舶等设备冲走打走,注意生命财产安全,打好打赢这回洪水仗。在高洪水来临之季,全体干部职工不分昼夜24小时值班,不言疲惫轮流值班值守,密切关注上游的雨水情动态,实时关注上游各水文站的水情变化,及时布点,顶风冒雨在急流中测量,圆满完成洪水测验。24小时不间断向县委、县政府、县防办及时汇报最新的水文信息,为衡山县在这次大洪水中取重要的决策作用。

衡山水文局局按照衡阳市人民政府办公室《关于印发〈衡阳市实行最严格水资源管理制度考核办法〉的通知》《衡阳市水功能区水质监测实施方案》的通知(衡水利〔2015〕102号)文件,每月定期对湘江(涞水湘江口、衡山、三樟、萱洲镇渡江浦、周家弯、金峰村、涓水白果)七个水质监测站、南岳三个水质监测站,衡山、南岳共四十多个水功能区域及排河污水口取水样、化验分析。及时向政府及有关部门汇报水质分析结果,在省、市对衡山县水质考核方面发挥重要的作用。一直以来衡山县水文局的水质取样、分析、汇报等工作受到县委、县政府、县人大、县政协和南岳区委、区政府的充分肯定。（王小正）

建设·环保

住房和城乡建设

局　长
党委书记　阳　涛

【概况】 衡山县住房和城乡建设局现有在职职工231人，下辖8个二级机构，其中4个副科级事业单位(房产管理中心、环境卫生管理处、建筑工程管理局、市政园林管理处)，8个股级事业单位（住房保障中心、建筑工程质量监督站、路灯管理站、自来水公司、建筑勘测设计院、村镇办、城镇建设档案馆、燃气管理办公室），内设13个职能股室，分别是办公室、信息综合股、组织人事股、行政审批服务股、建设管理股、财务审计股、政策法规股、公用事业股、物业管理股、房产市场管理股、科技与建筑节能股、勘察设计股、招标办。主要职能:贯彻执行国家、省、市有关推进新型城镇化、城乡建设和城市管理的方针政策和法律法规;拟订全县的城镇化发展战略、中长期规划及年度计划并组织实施；指导乡镇住房和城乡建设系统的业务工作,承担勘测设计市场监管、建设市场监督、房屋建筑、市政工程和相关公用事业设施质量、安全监管、推进全县建筑节能与建设科技进步、县城规划区园林绿化亮化工作的责任等。2017年，衡山县住房和城乡建设局围绕建设“四个新衡山”发展战略目标，以城市建设三年行动计划和“八大工程”为抓手，以新型城镇化建设为契机，精心筹划，不断改进工作作风，在着力推进重点项目和基础设施建设，提升监管服务能力，改善县城人居环境，全力保障民生等方面狠下功夫，真抓实干，各项工作取得长足发展，获省“白蚁防治行业先进单位”、县“安全生产工作先进单位”、县“消防工作先进单位”等荣誉称号。

县住建局班子成员会议照

【城乡建设重点项目】 2017年，垃圾转运站已完成主体土建工程、设备安装等工作；环溪垃圾填埋场封场治理项目完成大坝加固、垃圾堆体整形、防渗建设等工作；沿江路提质改造项目主体工程已完工、亲水平台和文化墙建设已进入扫尾阶段；开云南路二期棚户区改造项目1.2亿元银行贷款已到位，投入4000余万元拆除房屋52栋，开云南路主路现已动工填土修路，B区安置区道路已成型，迁坟工作已完成；乡镇天然气利用工程项目完成福田铺至沙泉社区13千米供气主管网铺设和福田铺液化天然气气化站建设；城乡生活垃圾处理一体化项目完成招投标工作，与中标方签订合同；湘江水厂提质工程已完成征地20余亩，做好设计、施工招标及场地清表、砌围墙等工作；开云新城及乡镇生活污水处理项目已完成可研、咨询、资格预审等工作；龙泉南、北路建设改造项目已完成龙泉南路征地和拆迁调查摸底,安置地确认等基础工作;毛泽建公园项目正全面推进周边开发建设、安置区工程及市政基础设施建设,完成紫巾路毛泽建公园段硬化工作;青云西路项目正配套开发建设。

【建筑业产值】 2017年,衡山县建筑业完成建安总产值约7.2亿元,其中市政工程产值约2.5亿元,房屋工程产值约3.5亿元,外拓约1.2亿元。房屋建筑及市政工程招投标工程项目总数为77个,招标率100%。公开招标工程项目16个,公开招标率100%,核准邀请招标工程项目61个。受理报监工程22项,建筑面积约27万平方米,工程受监率100%,所有报监工程均备案《质量终身责任书》;全年竣工工程13项,竣工面积约16万平方米,合格率100%;所监督工程总体质量水平保持稳定,未出现重大工程质量事故。

【商品房销售】 2017年,新建商品房批准预售套数为2379套,总面积约30.18万平方米。其中,住宅预售为1906套,面积约24.92万平方米;非住宅预售为473套,面积约5.26万平方米。2017年全年商品房销售总套数为1878套,总面积约23.94万平方米;其中,住宅销售1685套,面积约22.02万平方米;非住宅销售193套,面积约1.92万平方米;销售总成交金额约8.41亿元,其中,住宅成交金额约7.4亿元,非住宅成交金额约1亿元。

【房产管理】 严厉惩治地下房产交易和非法集资建房,加大商品房网上备案登记管理和商品房开发建设资金监管力度,不断规范房地产市场,保障广大业主的切身利益;科学管理商品房专项维修资金的收集和使用,归集全县商品房的专项维修资金1332.9万元,使用维修资金87.7万元,并对物业公司的资质和住宅小区日常物业管理工作进行监管,确保居民的公共利益。

【城乡建设惠民项目】 2017年,完成上级下达的危房改造任务指标共175户。完成城市棚户区改造1064套,分别安排在县开云新城等8个单位,基本完成项目建设和货币安置等工作。续建2016年公租房、312套,分别落实在白果中心学校等9个单位。2017年,完成补贴发放1263户,发放补贴资金约277万元。全年向上级争取保障性安居工程建设资金6232.68万元(含基础设施),分别落实到各保障性安居工程项目。

城市建设重点项目选介

【衡山县沿江路提质改造工程】 沿江路提质改造工程西起毛泽建公园,东至县实验中学,全长2.6千米,车行道宽12米,人行道宽4米,项目总投资5000多万元。面层采用沥青混凝土,人行道根据海绵城市的要求改造为彩色透水混凝土,道路沉陷处进行加固处理。将原雨污合流管道作为雨水管,新建一条DN400-800DE污水管道,将道路两厢所有污水接入衡山县污水处理厂。在原有绿化基础上进一步提质改造,增加桂花、香樟、茶梅球、红叶石楠球等苗木,达到“三季有花、四季常绿、层次分明、错落有致”的效果。沿江路栏板全线安装灯带、点光源、绿化投光灯等设施做到不花哨、不累赘、安全舒适、优美宜人的光照环境,达到赏心悦目的效果。在不破坏原防洪堤基础上,对下河踏步进行麻石铺装提质,增加挑出观景平台14个,河堤上人行道拓宽拉直,方便市民工作之余休闲,利用原有地形改造为休闲、亲水平台,广场铺装花岗岩,根据国家强制性条文要求,临水岸安装锌钢防护栏杆。在原码头入口处根据文明创建要求建设一座融垃圾收集和公共卫生间功能于一体的高标准公共厕所。在滨江楼南侧防洪墙上雕刻开云晓钟、岳路樵歌等有关“衡山十景”诗词和图案,14个观景平台上雕刻反应传统民俗、地方风情的万帆兴埠、淑女浣纱等浮雕。将滨江楼北侧挡水墙改造成红色文化长廊和诗词碑廊,宣传衡山籍和在衡山牺牲的革命烈士事迹,传承革命精神;诗词碑廊宣传“忠、孝、礼、仪”等中国传统文化和有关衡山的历代名人诗词;码头临江面宣扬社会主义核心价值观。此路段原“脏乱差”问题得到彻底解决,提高了城市文化内涵。

房地产企业选介

【湖南省京兆置业有限公司】 公司成立于2010年11月11日,注册资本1000万元人民币,公司现有员工40多人。首期项目京兆名居商住楼已于2010年底竣工;万福新家园项目已竣工;南岳区金碧世家项目总占地面积6万平方米,总建筑面积16万平方米,总投资约5.7亿元,项目已竣工验收;2017年,公司在衡山开发京兆—紫金水岸,总投资约2.6亿元,项目占地面积近5万平方米,总建筑面积约12万平方米,规划总户数666户,是由海蓝、咖啡、米黄三种颜色为主色调构筑的地中海高层建筑。公司本着一切以"客户满意为宗旨"的核心理念,实现"质量树品牌,诚信立伟业"的企业宗旨。

【衡山创品置业有限公司】 公司成立于2013年4月25日,注册资本1000万元人民币,于2013年取得房地产开发资质证书。公司坐落于衡山县开云镇工业大道黄花工业小区,现有员工40多人。公司现开发项目——创品国际建材家居城,项目位于衡山县经济开发区黄花路,占地面积88亩,其中一期投资2.8亿元,预计总投资5亿元,项目将建设为一座集家居建材、居家、文化、总部经济办公、购物、休闲、餐饮和娱乐等业态为一体的专业商城。以创品国际建材家居城为核心的商业生活中心落成后,将给当地经济注入新的活力,促进经济发展,提供数千个工作岗位,同时将有效带动加工、旅游、物流、餐饮、电子商务等多个行业的发展。项目将整合相关数个产业的商家,进行专业的集中式经营管理。项目建成后,将给当地财政带来持续稳定的收入,力争年度纳税千万元以上。

【衡阳市广平房地产开发有限公司】 公司成立于2007年10月10日,现拥有中、高级职称和大学本科学历以上的职工50余人,公司本着"诚信为本、用户至上、创造精品、服务大众"的经营原则,在衡阳市开发多处房地产项目。公司于2014年正式进驻衡山县开发"广平·领域"和"湘水紫景"等项目,其中"广平·领域"占地46亩,总建筑面积12万平方米,总投资3.5亿元,分两期开发二期正在建设中;"湘水紫景"占地10亩,总建筑面积3万平方米,总投资1亿元,现处于拆迁、规划设计阶段。 (莫艳莉)

住房公积金管理

主任 何双喜

【概况】 2017年,衡山县管理部升级公积金新软件伟奥4.0,提高服务水平,提高办事效率,提高资金收益率实现效益最大化。防范风险,保障资金的安全,使衡山县住房公积金管理工作步入更加精细化、人性化的管理,服务好当地缴存老百姓,资金使用率达110%。管理部积极主动为县里争取廉租房建设资金,用于当地廉租房建设,对促进当地房地产市场稳步发展,改善城镇居民住房起到关键作用。从建立公积金以来第一次突破双亿大关,公积金归集过亿,贷款发放过亿。2017年,衡山县公积金建制单位248个,各单位缴交比例6%~12%不等,建制人数12994人,停缴单位30个(改制企业),停缴人数为1412人,现正常汇缴人数10669人。公积金归集已覆盖到各乡镇,覆盖率已达95%。历年累计公积金归集总额72610.78万元,现有归集余额35340.3万元。2017年,被衡阳市住房公积金管理中心评为先进管理部。

县住房公积金管理中心班子成员合影(左起:何双喜、王晓军)

【公积金归集】 2017年,归集住房公积金14700万元,归集指标10851万元。同期相比增加4900万元,增长50%。衡山县全额拨款财政供养单位151个,供养人数6008人。财政补贴按应发工资的6%补贴,补贴金额为1961万元。2016年财政按基本工资6%的标准给予财政补贴,补贴金额为695万元。同期相比增加1266万元,增长182%。

【公积金贷款】 2017年发放个人住房公积金贷款13826.1万元,416户;同期比增加4534.1万元,增长49%。历年累计住房贷款发放总额为47175.5万元,2527户;现有贷款户数为1399户,现有个人贷款余额31714.09万元,个人存贷比为89.73%。增值收益完成370万元(不包含银行定期存款利息)。同期相比增加222.07万元,增长88.29%。个人住房公积金支取8258.3万元。同期相比增加733.84万元,增长9.75%。历年累计支取总额为37269.99万元。公积金联名卡应发11262人,实际发卡10987人,发卡率为97.55%。

(王晓军)

城市管理行政执法

【概况】 衡山县城市管理行政执法局于2014年7月2日正式挂牌成立,三定方案于2017年12月27日出台。单位内设办公室、人事股、法制宣传股、行政审批服务股、财务股、督查室六个内设机构,下设环境卫生管理处、城管执法大队、渣土执法大队、园林处、城区环境保护站5个二级机构,现有在职干部职工共96人。

【市容管理】 2017年,先后对开发区、衡山大道、育英街、大桥下、康王庙、老电影院的乱堆乱放、占道作业等违章行为进行集中整治,共整顿占道经营270多处,拆除违规搭建雨棚120多处。对开云南路洗车店、饭店、石材店和德政路口猪肉摊点等12家占道经营"钉子"商户进行取缔,拆除违规洗车棚屋一间、暂扣烧烤炉灶一台、清理违规摆放石材二十方、暂扣钢构棚屋一栋。对白石巷店外经营现象进行专项整治,该路段商铺已经全部规范进店经营。开展校园周边环境整治,5—6月,配合市场和质量监督管理局,以治理校园及周边食品安全环境为重点,全面排查校园及周边(校园大门左右各100米马路两侧)食品安全隐患,校园周边的摊贩一律清除,校园及周边的环境焕然一新。

【渣土管理】 加大对城区渣土污染治理力度,2017年,督促工地进出口新建标准洗车平台9处,有效地防止带泥上路;针对污染多发的重点路段进行24小时不间断巡查、监管,已查处私自运输、处置渣土的16起。联合交警、运管开展集中整治行动共4次,做到每季度一次。共查处违规车辆30余台,立案处理13起,配合交警扣押并强制报废无牌无证泥头车4台,形成对违规运输处置渣土惩治的高压态势。2017年2月8日,经多次请示报告县人民政府同意后,在衡山电视台向社会发布《关于设立渣土运输公司的公告》,公开评选,设立两家渣土公司,现两家公司试运行正常,且社会反响较好。

【户外广告管理】 严格规范户外广告的审批流程,按照"提前介入,源头管理"模式,严格审批把关,严格设置标准,2017年,共审批店外促销活动31起,移动宣传车辆45台次;严厉惩治违规设置广告的行为,全年共出动执法人员170余人次,对滨江大道、衡山大道、人民路步步高、建材市场口等城区内110多处破损墙体广告、横幅及广告招牌进行清理。

【"牛皮癣"治理】 日常巡查中发现乱贴乱画行为,视情节给予纠正和劝导,对屡教不改或情节较为严重的,依法予以处罚。城市"牛皮癣"清理,采取市场化运作的模式,通过"公司化运作、合同化管理、跟踪化监督"方式,确保服务公司在最短的时间内把城区"牛皮癣"清理干净,有效遏制城市"牛皮癣"蔓延势头。

【乱停乱放管理】 抓摩托车、非机动车乱停乱放日常管理。劝导、规范车辆乱停乱放1500余辆,暂扣违章摩托车、电动车共计673辆。开展城区主要路段人行道禁止停放机动车的专项整治。抽调精干力量,在县城主要街道配合巡逻队员,重点加强对人行道上机动车乱停乱放行为的整治,并安排宣传车辆,利用喇叭在城区主要街道不间断播放宣传,通过为期1个月的整治,机动车占道现象明显好转。(任子昕)

城区环境卫生管理

【概况】 衡山县环境卫生管理处隶属县住建局,属财政全额拨款的副科级事业单位。内设机构:办公室、市容督查考核组、车运股、计财股、监察收费股、环卫车辆修理厂。现有在职员工47人。主要职能为:管理维护城市环境卫生,开展城区环境卫生作业,维护监督环境卫生设施;对城市生活垃圾进行分类无害化处理。2017年,县城环卫工作以创建省级文明卫生城市为契机,持续改善城区环卫基础设施,卫生质量稳步提升,为衡山县顺利通过省级卫生县城复评打下坚实的基础。县环卫处被县住建局评为目标管理先进单位。

【环卫清扫与垃圾清运】 2017年之前,县城区环卫清扫服务面积103.8万平方米,通过市场化运作公开招投标程序将环卫清洗清扫保洁作业对外承包。2017年,新增县城社区背街小巷、工业园等清扫保洁面积65.3万平方米。环卫处设立市容督查考核组负责对承包公司环卫作业进行督查考核。城区日产垃圾160余吨,由环卫处负责垃圾清运工作,做到日产日清,基本无垃圾滞留现象。

【环卫设施设备投入】 为创建省级文明县城和通过省级卫生县城复审,县政府加大环卫基础设施设备的投入。至2017年年底,县环卫处拥有垃圾车、洒水车、洗扫车、装载机等生产车辆15台(其中1台洗扫车、2台洒水车、2台垃圾压缩车已租赁给城区环卫作业承包公司),监察执法车1台,垃圾中转站11座,垃圾斗202个,环卫处负责管理的城区二类标准公厕10座。(成日升)

市政园林管理

【概况】 衡山县市政园林管理处隶属于县住房和城乡建设局管理,为财政全额拨款副科级事业单位。定编7人,其主要工作职责为:负责指导城市市政设施、园林绿化的建设和管理;受建设行政主管部门委托,承担市政公用事业行政执法。

【市政维护】 时刻注意进行市政日常维护,强化巡逻监管,做到及时发现、及时修复、及时办理。2017年,修复破损人行道和沥青路面2300余平方米,对主干道和街巷1273口污水井和816口雨水井进行一次全面清掏,修复雨(污)井41座,修复和疏通雨(污)管道1700余米。为做好创省级卫生县城复审相关工作,配合毛泽建公园管理和旧城改造的相关工作。2—9月,对全城区内所有的人行道和沥青路面进行全方位巡查式修复;3月,对紫金社区小巷工程进行改造;4月,对先农花园停车场进行改造及人工湖进行维修;5月,对大桥下停车场及健身场地进行修复工程;10月,对开云商城工贸巷进行改造。

【绿化养护】 注意绿化的日常养护,添置一批园林养护机械,对城区所有苗木实施一季度一次历时25个工作日的修枝整形。2017年1月,对城区的行道树和花灌苗木进行补栽及移植;对衡山大道等路段行道树下进行铺设铺装草皮砖;神龙盈佳酒店周边临街人行道安装PVC塑料花厢及填充泥炭土并栽种花卉苗木;对开云新城苗木进行补植。4月,对全城苗木进行施肥、除虫、打药、修枝整形。6—8月中旬,每天清晨五时起对全城所有苗木实施浇水抗旱。9月,对沿江路新增树穴以及空树穴进行铺设草皮砖。12月,对全城的行道树进行刷白,以达到防虫防冻效果。(邱思敏)

供　　水

【概况】 衡山县自来水公司隶属县住建局管理,为一家现代化供水企业。公司内设湘江水厂、加压站、化验室、水表检定站、办公室、材料设备班、财务室、收费室、稽查队、抄表班、工程管理班、安装队、维修队和管线班等14个职能机构。县自来水公司供水范围覆盖开云镇老城区、金龙工业园、开云新城(衡山火车西站)。现拥有湘江水厂一座,管理两座加压站即黄金园加压站、工业园加压站。

【供水管网建设】 2017年,配合县里重点工程,完成船厂处DN500、毛泽建公园DN800、解放南路公共通道DN200的主管改造;完成开云新城北二环、凤莲路、黄花新区、弘山工业园等处的主管安装,最大程度地跟进城市建设的步伐,满足城市的基础设施要求,真正做到城市发展到哪,管道就敷设到哪,旧城改造到哪,管网就改造到哪。新敷、改造主管道7415米,新增用户近1200户,提高供水水压改善供水水质。

【供水安全优质】 坚持"安全第一、预防为主"的方针,强化工作责任,确保安全优质供水。2017年7月,投资130万元新增更换原子吸收、原子荧光、气相色谱、离子色谱等仪器,检测能力由原来的11项增至40项。完成对水源水、出厂水常规检测各365批次,末梢水、管网水常规检测各24批次,完成42项水质分析5批次,接受华测检测认证集团股份有限公司抽样检测12批次,其中106项全分析2批次,全年水质合格率100%。从业人员身体健康,体检合格率100%。

【供水收费和信息服务】 坚持"用户的需求就是我们工作的方向、用户的满意就是我们工作的目标"的服务理念,积极推进企业从"生产经营型"转向"社会服务型",企业形象显著提升。组织开展微笑服务和首问责任制活动。收费室的工作人员凭着耐心、细致的工作,2017年,共完成水费收入1100万元,水费收缴率98%。进一步加大远传水表推广力度,2017年,共新装远程水表2000块。为方便群众能随时查询水价、水费等情况,升级供水管理软件,实现新用户入网通知、水量水费即时短信通知功能。11月,上线的"衡山县自来水公司微信公众号"实现手机随时随地查询供水相关信息、缴纳水费、发布停水、水质信息等功能,更进一步地提供便捷服务。向广大消费者宣传供水安全知识,提高市民的用水意识,并通过衡山县政务公开网、微信公众号及时向用户发送水质情况,对供水管网的计划性维修,采取电视台公告、手机短信、语音电话、小区张贴、微信推送公告等多种媒介事前及时通知用户。2017年,共发给客户各类有关供水方面的信息5万多条,电话1000多个。

(龙璐窈)

路灯管理

【概况】 衡山县路灯管理站属正股级事业单位。2017年有15人。在岗人员6人,环卫处借调在单位上班2人,退休6人,内退1人。

2017年,在搞好平时路灯维护、管理工作的同时,积极承揽路灯安装工程项目:2—3月,完成对开云新城及各背街小巷路灯节能安装任务;7月,对紫巾山牌房到林场的路灯安装工程任务,对沿江路所有路灯及庭院灯、射灯的安装任务;9月,主要对黄花新区进行路灯基座浇灌、路灯线管的预埋、接线井的挖砌和路灯立杆等任务。积极帮助指导农村及周边完成路灯安装工作任务;2017年,共计穿电缆9000多米;安装射灯600多盏;砌接线井320多个;重新安装路灯260多盏;并继续完善衡山县城各路段亮化工作,计划将投入约800盏射灯的安装任务。路灯安装、旧城改造、亮化工程稳步推进的同时,路灯维护、维修工作也在进行。2017年,全城共有路灯3306盏,总功率达330.6千瓦,全县城亮灯率达到96%以上。路灯站配备21米工程车维修车1台,14米工程维修车1台,路灯巡查车1台。

(唐旭芳)

建筑勘测设计

【概况】 衡山县建筑勘测设计院可承担建筑装饰工程设计相应范围的丙级专项工程设计业务,可从事资质证书许可范围内相应的建设工程总承包业务以及项目管理和相关的技术与管理服务,经济性质为:全民所有制。现有职员20人,二级注册建筑师2人,二级注册结构师2人,中级以上职称13人,初级5人。2017年,完成设计项目116个,图纸2860张,工程总建筑面积17.54万平方米。2017年,设计项目包括黄花新区拆迁安置区、旧城改造、长江镇政府棚户区改造、村部建设、易地扶贫、江东乡、东湖镇农贸市场建设设计、档案局业务用房及附属用房、星源中学高中部等。2017年,获得“新农村小康住宅建筑设计作品图集”竞赛优质设计单位奖。 （唐丽莉）

城乡规划

局长 曹波宁

【规划编制】 衡山县城乡规划局内设办公室、编审股、法规股、村镇股、用地股、工程股、信息服务中心。2017年,有在职干部职工15人。年内,启动工业园区总体规划10平方公里,工业园区控制性详细规划5平方公里,以及旧城区控制性详细规划4平方公里的编制工作。完成贯塘、岭坡、福田、江东的总体规划编制。完成预拌混凝土布局规划专项规划编制工作。

县规划局班子成员合影(左起:王洪春、曹波宁、陈越妆、黄卓)

【规划管理】 坚持严格执行“一书三证”制度。在建设项目规划许可过程中,坚持统一规划、合理配置资源的原则,严格遵守城乡规划法和行政许可法程序。2017年,共核发“一书三证”165件,其中:《建设项目选址意见书》8件;核发建设用地规划许可证59件,总用地规模32万余平方米;核发建设工程规划许可证98件,总建筑面积34.6万余平方米。对一些重大和重要规划,举行专家论证会听取专家意见,对有关群众利害关系的项目规划许可和修改,举行听证会,广泛听取利害关系人的意见,共召开大规委会4次,听证会5次,专家论证会3次,征集意见会4次。

【规划监督】 加强城乡规划监察,保障城乡建设和经济发展。建立规划管理、综合执法联动工作机制。加大批后跟踪管理力度,突出做好规划验收工作。重点查处在城乡规划区和主要公路沿线构筑物、建筑物未批先建、越红线、超规划建设和乱搭乱建等违法行为。按时向县委、政府、人大、政协汇报城乡规划工作及规划实施情况。接受衡山县城乡统筹发展规划监督协会对县城乡规划工作开展实施情况的监督。

（唐 乐）

环境保护

局 长 党组书记 颜 靖

【概况】 衡山县环境保护局内设办公室、开发监督股、污染防治股、政策法规股、总量控制股、核与辐射(固体废物)管理股、行政审批股7个股室,下设环境监察大队、环境监测站、县机动车排气污染监控中心三个机构。2017年全系统共有干部职工52人(其中退休11人),党员35人,技术人员18人。2017年,开展水、大气和土壤污染防治,推进主要污染物减排,清理整治环境违法违规建设项目,整县推进农村环境综合整治和生态保护,不断加强环境监管执法,各项工作均取得较好成效。全县环境质量总体稳定,各项指标均达标,县内全年未发生环境污染事件。在湖南省环保重点工作考核中荣获“先进单位”。

【环境质量】 2017年,县城空气质量优良天数301天,空气质量达标率为82.5%,空气污染综合指数为4.27,二氧化硫年均值9微克/立方米,二氧化氮年均值19微克/立方米,一氧化碳日均值95%位数浓度1.2毫克/立方米,臭氧日最大8小时平均90%位数浓度126微克/立方米,PM10年均值76微克/立方米,PM2.5年均值52微克/立方米;地表水水质达标率为100%；县城集中式生活饮用水水源水质达标率为100%；县城地下水质综合评价良好(Ⅳ)；城市区域环境噪声昼间平均等效声级为54.8分贝，昼间声环境质量水平为较好；城市道路交通噪声昼间平均等效声级为69.8分贝，昼间交通噪声环境质量水平为较好。农村生活污水处理率72.1%。

【水污染防治】 继续实施“省政府一号重点工程”第二个三年行动计划。突出抓好饮用水源保护、工业园污水处理厂建设、县环溪垃圾填埋场封场无害化处理、岭坡乡金矿重金属废渣综合治理和加油站油罐改造等工作。县工业园污水处理厂一期建成并已安装自动在线监控装置，二期也已基本建设完成；开展县城饮用水源规范化建设，出台《衡山县县城饮用水源保护区规范化建设整治方案》，县城饮用水源保护区内的排污口已全部封堵，沿岸进行植树绿化，设置标志、标牌、界牌42块，完善防撞栏，安装高清监控设备，安装一级保护区防护网约1100米，拆除一级保护区内居民房2栋、征用居民房1栋、铺设截污管道700米，清除一级保护区内的建筑垃圾；完成乡镇5个千人以上集中式饮用水水源地划分，编制报送水源地保护区划分技术方案；完成岭坡乡金矿重金属废渣综合治理项目，正在申请验收。原长江镇金矿区废渣综合治理项目已通过验收，解决历史遗留问题；县环溪生活垃圾填埋场封场工作由住建局负责，已完成封场建设，住建局同时建设的县生活垃圾压缩中转站已投入运营；完成衡岳、白果、中心、福田、中衡等5个加油站地下油罐改造工作。另外，为加强流域的水质监控，进一步掌握水质状况，监测断面共3个(鱼石村、衡山自来水厂、敖洲)，监测频率每月一次，并对饮用水源加密监测，监测结果通过政府网站向社会公开。

【大气污染防治】 严格贯彻落实《湖南省大气污染防治2017年度实施方案》，主抓重点行业脱硫脱硝除尘改造、燃煤小锅炉淘汰、推动工业挥发性有机物(VOCs)治理和机动车排气检测站建设工作。完成淘汰燃煤小锅炉19台，共计72.5吨。6家砖瓦厂完成升级改造，安装了脱硫塔；启动县城有机化工、表面涂装、包装印刷、机动车维修等行业VOCs治理，建立49家重点监管企业名录；机动车尾气检测站已与市机动车监管中心并网运行；环保部门联合住建局和城市综合执法局开展了县城扬尘、餐饮油烟整治，县城空气质量进一步好转，二氧化硫和氮氧化物排放总量较2016年分别下降3%和3%以上。

【土壤污染防治】 开展衡山县土壤污染源、污染地块的调查工作，对衡山县在产工业企业、采矿选矿企业、关闭搬迁工业企业、垃圾填埋场和畜禽养殖场系统地开展土壤污染源调查及污染地块筛查工作，编制衡山县土壤污染源、污染地块的调查资料。对农用地土壤污染状况详查点位核实工作，为土壤污染状况详查工作提供支撑。

【农村环境综合整治整县推进项目】 完成农村环境综合整治整县推进项目实施工作，四项重点整治工程扎实推进。通过两年集中整治，衡山县环境综合整治各项指标均能达到项目申报时所要求的预期标准。受益地区村民饮用水水质合格率达100%，地表水环境质量达到III类标准，生活垃圾定点存放清运率达100%，生活垃圾无害化处理率达86.2%，生活污水处理率达72.1%，畜禽养场粪便综合利用率达86.5%，环境保护知识普及率达95%以上，村民环境自主参与率达95%以上。

【生态保护红线划定】 衡山县已完成生态保护红线的划定工作。明确生态保护红线范围，各乡镇规划、探矿权、采矿权、人工商品林、县重点建设项目等均调出生态保护红线范围，解决经济发展和生态保护的矛盾；南岳衡山国家级自然保护区调规已启动，将东湖镇人口集中区和部分矿产品加工厂企业调出自然保护区范围，解决困扰衡山经济发展多年的遗留问题。

【建设项目环境管理与“自保区”突出环境问题整改】 严把建设项目审批关，加强建设项目环境管理，防止“十五小”和“新五小”企业从城市转向农村，切实从源头上控制农村环境污染和生态破坏。扎实组织开展自然保护区突出环境问题整改工作，制订《衡山县环保局关于南岳衡山国家级自然保护区衡山境内突出环境问题整改包案工作方案》，进一步明确目标，压实责任，强化措施，对包案的5个矿山、5个人类活动遥感监测问题和2个矿产品加工企业制定具体整改工作方案，每案明确一名班子成员和一名具体责任人，确保全面完成整改任务，都已申请销号。

【空气质量监测与水质监管】 规范开展环境空气质量NO_2、SO_2、O_3、CO、PM10、PM2.5共6个参数自动监测。加强县城饮用水源和地表水断面日常监管，加强辖区内水污染企业的监管，督促其污染治理设施正常运行；依法关闭取缔非法企业，消除地表水水质污染隐患。2017年，衡山县空气质量达标率82.5%，地表水水质达标率100%，农村生活污水处理率72.1%。

【环境监察执法】 不定期开展环境监察执法检查，严厉打击环境违法行为，整治环境问题。深入组织开展环境安全隐患排查治理工作、饮用水水源地环境保护专项整治、工业污染源达标排放专项行动、砖瓦行业专项整治、非煤矿山专项整治行动、联合打击医疗废物违法犯罪、水上餐饮专项整治等18个专项行动，共出动环境执法人员1000余人次，全面对辖区内工业园区、12个乡镇、110家企事业单位进行现场执法检查，各专项行动均制定方案并按上级要求在期限内完成相关工作进度。推行“双随机、一公开”执法，推进联合办案、会商机制，重点惩治恶意违法排污，真正发挥环境执法的震慑作用。2017年，衡山县累计下达责令改正违法行为决定书120份，立案查处各类环境违法案件36起，罚款金额140.73万元，其中向公安机关移送涉嫌环境犯罪案件线索1起、移送行政拘留案件5起、实施查封扣押3起、对3家未在限期内完成治理企业实施停产整治。积极化解环境信访投诉案件112件，办结率100%；办理中央环保督察第六组群众信访交办件共21件（其中重点交办件11件，中央环保督察反馈问题一个），按市委、市政府“六个一”的要求，实现交办件办结率100%。无信访积案存留，全年没有发生因环境污染纠纷而引起的重特大事故和越级上访的事件。及时应急处理贯塘乡高速路口翻车导致的化工材料倾倒事件，并在全县范围内开展应急预案管理工作。切实维护群众权益和社会稳定。环境监察执法工作荣获衡阳市先进。

【环保基础工作】 加强与市、县主流媒体沟通衔接，在中央环保督察期间及时跟进并每日更新工作进度，边督边改，将民众关心的信访问题及时督办并公示，让全县人民都来了解环保、关心环保。积极推进环保电视公益广告的展播，推进环境保护宣传全社会覆盖，扎实开展“6·5”世界环境日宣传，不断提升社会各界环境保护意识。添置10多万元监测仪器设备，5名监测人员19项次通过持证上岗考核，不断提升监测能力；强化监测质量管理，严格按标准监测，内部质控常态化，参加2次市环境监测质控考核全部合格，2017年，衡阳市环境监测分析技能竞赛获个人三等奖、优秀组织奖；重点做好地表水、饮用水源、环境空气、地下水、城市声环境质量常规监测，重点污染源监督监测，行政执法监测工作，定期向县委、县政府及上级环境监测部门报送相关监测报告，并按信息公开要求公布环境质量状况。成立第二次全国污染源普查工作领导小组，编写普查实施方案，明确普查范围、工作任务、时间节点，申报普查经费，配备污普业务办公室及办公设施，落实专人负责污普工作。

（杨海波）

交通·邮电·通讯

交通运输和旅游

局　长
党委书记　赵卫平

【概况】 衡山县交通运输和旅游局为县人民政府工作部门。2017年,有编制数21个,其中正科级干部8人,副科级干部9人,股室负责人10人,下设县公路管理局、县地方海事处、县城市客运管理办公室、县道路运输管理所、县交通工程质量和安全监督所、交通旅游综合执法大队、旅游服务中心7个二级单位。

县交通旅游局班子成员合影(左起前排:王倩、丁衡平、赵卫平、刘军辉;后排:谷社建、吴小林、赵军、向辉武、陈爱莲)

【公路建设和养护】 农村公路新建:完成新建项目55.8千米,完成总投资696万元;完成窄路加宽123.7千米,总投资1012万元;危桥改造3座,分别是江东乡旺洲桥、白果镇汤家桥、萱洲镇交通桥,总投资122.8万元;安保工程52千米,总投资1033万元;完成县道108梅柏公路小修换板1984平方米,总投资21.8万元;水毁工程20处,其中福田石东村村道451K0+500、岭坡乡百合谷旅游公路Y256 K0+650、店门镇白泥村Y293K8+800三处投资142万元,总投资210万元。

【交通重点项目建设】 开云大道,总投资2.88亿元,完成项目沿线征地共511.5亩,工程自开工至今累计完成产值9350万元;湘江二级航道及大源渡停泊区,总投资16亿元,工程累计完成基坑土石方计240余万方;上游岸线整治区填筑累计完成156万方;拆除房屋41栋、51户;箱涵施工于5月全部完成,航道疏浚工作基本完成,累计投资6.6亿;武广高铁衡山西站至南岳公路工程,总投资1.6亿元,在全县投资1亿元,全线6.587千米,其中衡山段4.387千米,南岳段2.2千米,按一级公路建设,完成油面铺设、桥涵水渠等工程,已基本建成,可以通车;南岳高速萱洲互通及连接线公路,总投资1.4亿元,设置萱洲连接线1.135千米和店门连接线6.875千米,市发改委已立项(衡发改审〔2017〕95号),准备进行设计招投标;九龙大道东延线,总投资8000万元,全长7.4千米,正在做前期准备工作,上报市局和省厅,争取纳入十三五中期调规;开云新城综合汽车站建设,该项目是武广高铁站的配套工程,占地面积为6.6万平方米,按照二级客运站标准建设,正在做前期准备工作;衡山县紫巾沿山公路道路工程,总投资2.5亿元,全长2.95千米。全年完成征地238亩,房屋征收和拆迁60栋,坟墓迁移120座,电力、移动、有线、电信、燃气、自来水等杆管网线搬迁工作完成60%。

【交通运输执法】 2017年,全局对货运、客运市场进行整治:组织“安全生产月”“打非治违”宣传,安全生产“隐患清零”“打非治违”,集中开展整治道路危险货物运输违法行为专项行动等活动。出动执法车190台次,参加人员710人次,共检查企业52家;安排运政人员常驻16家货物源头公司进行现场监管,使辖区内道路运输市场环境大为改善。全年共查处违法经营车辆320台,办理运政处罚案件320件,罚款150余万元;共查扣非法营运车辆137台,其中私家车104台次,摩托车18次、出租车15台次,完成非税罚没收入30余万元,净化全县城区客运市场环境,改善县城道路交通秩序。同时,对全县12个乡镇,57家幼儿园、128条校车线路,进行全面现场勘验,共排查出明显存在较大安全隐患23处,并提出整改意见,确保全县校车行驶安全;对驾校履行监督管理,完善学时监督管理,并对全县6所驾校“两项新国标”及安全主体工作进行专项检查整治。公交线网进一步调整优化,县内公交车全部更新为新能源纯电动公交车,标志着衡山县公交车进入纯电动公交车的时代,实现绿色交通出行的目标。

【地方海事工作】 2017年5月,组建县地方海事处。注重强化水上交通安全监督管理,扎实开展“隐患清零”“一单四制”“打非治违”“安全生产大检查”等专项行动。全年共出动检查57天,出动海事车辆55次,检查船舶167艘次,整改隐患29起,取缔九观桥水库水上摩托艇非法载客2艘,发放宣传资料410多份,通过广播向六个监控渡口播放六不发航制度78次,利用短信平台向船管员、船员发送暴雨预情及相关信息312条。认真开展水运行业四项专项行动等各项整治工作。

【旅游重点项目建设】 2017年,重点在建项目已完成年度累计投资25975万元。其中华夏湘江国际农业产业园项目,年度累计完成投资14100万元,古镇新区的征地工作基本完成,水上公园设备采购及主题包装设计方案及各种报批工作正在进行中;西游洞天项目年度累计完成投资8275万元,对花果山景区进行提质,矿洞景区洞口也已开工建设;紫盖峰项目年度累计投资2800万元,已完成第一期土地流转、荒山造林500亩,打造“四季花海”工程及3千米的行道树绿化工程,野莓谷的50个车位生态停车场和灯山村到紫盖峰、独步桥到紫盖峰2条主游步道也已全部设计完毕,准备施工。景区电网输电线路勘探、白云中学至白云水库公路勘探设计工作正在进行,并与政府签订投资合同。东湖小镇项目年度累计投资800万元,已取得《衡山县东湖旅游小镇环境影响报告表》,正在积极争取将通景公路增补进十三五规划,新建和改造通景公路26.4千米。

【旅游规划编制与评审】 2017年,完成G240长青至白果项目可行性研究预审和矿产奔压覆评审;完成乡村公路窄路加宽10个项目15.3千米;完成萱洲湿地公园旅游公路7千米;紫盖峰旅游度假区、西游洞天旅游区、东湖旅游小镇旅游公路设计工作进行;加快推进开云大道建设,力争2018年全线通车,打造南岳—开云—新塘旅游经济带主要发展轴;召开旅游厕所推进会议,出台年度厕所建设方案,新建厕所12处。正式签约旅游招商项目6个,协议投资金额100余亿元,分别是衡山仙逸人间生态农业旅游区、衡山紫盖峰旅游度假区、衡山远径迪高房车营地、南岳衡山国际康养城、中国·湖南虎山福地旅游区、天娥湖度假村;正在洽谈对接南岳衡山文化创业园项目、南岳衡山影视健康谷、开云新城衡山窑等。衡山紫盖峰国际旅游度假区位衡山县内,南接南岳核心景区,北到岭坡乡潮水村和龙潭村,东临福田铺乡东盛村和白云村,总规划面积18.2平方千米,涵盖国家森林公园711.93公顷,总投资10亿元,建设期为2016—2021年,分三期建设。该项目将按照国家AAAA及景区标准进行旅游基础设施建设,依托景区基础发展成为提升大衡山旅游经济圈配套能级的国际旅游度假区。6月,正式启动《衡山县全域旅游发展规划》编制工作。通过对几家旅游专业策划公司的筛选,正式与北京巅峰智业旅游文化创意股份公司达成合作意向,完成实地考察与大纲编制工作。指导紫盖峰旅游度假区、仙逸人间生态农业旅游区、中国·湖南虎山福地旅游区、萱洲古镇旅游区已完成概念性规划或修建性详规。

【旅游宣传营销】 2017年,成功举办“中国衡山县第四届乡村生态旅游节”、开展节会开幕式暨朝圣赏莲节、“梦幻西游记·浪漫花果山”主题活动、猕猴桃旅游文化节活动,组织开展主题为“旅游让生活更幸福”的“中国旅游日”活动宣传,构建衡山旅游网站和旅游微信公众号,衡山旅游宣传片的拍摄已完成,正在进行后期制作。

【重点旅游景区】 衡山竹海东、西、北三面环绕南岳衡山风景名胜区,覆盖东湖、岭坡、望峰和福田铺四个乡镇,绵延近百公里,面积20余万亩。由东湖景区、野莓谷、百合谷、禹王碑遗址4个主要景区共同组成。这里遍地竹林,苍翠欲滴,峰回路转处巨石飞瀑,曲径通幽处小桥流水。水在峦间绕,峰在镜中观,春夏山花烂漫,芬芳四溢;秋冬松竹葱翠,生机盎然。竹海层峦叠嶂,沟壑幽深,青竹遍布,绿浪起伏,溪水欢腾,淙淙流淌,烟云变幻,气象万千。

衡山野莓谷位于衡山县岭坡乡野莓谷村,地处衡山竹海风景区核心地带,是一处观光休闲、寻幽探胜的好地方。此处野莓簇生,漫山遍野,赏心悦目,望而生津,故称野莓谷。野莓谷最高处当数半边山的紫盖峰,海拔1029米,为南岳七十二峰之一,山势险峭,云雾缭绕。

【星级宾馆】 神龙盈佳大酒店位于县城中心区域,屹立于衡山大道旁,商业网点遍布四周。该酒店是一家集餐饮、住宿、娱乐、休闲、商务、会议为一体的国家四星级旅游酒店。酒店拥有各类房间舒适客房192间(套)。经营中外美食,可一次性接待1300人同时用餐。酒店拥有衡山县顶级娱乐会所——新野会KTV,配套康乐休闲服务项目,健身房、乒乓球室、足浴按摩中心等一应俱全。酒店以“满意每一位宾客”为宗旨,为八方宾客提供舒适、安全、满意的服务。

(黄　玫)

公路管理

【概况】 衡山县公路管理局设办公室、人事股、工程股、养护股、财务股、安全机务股6股1室,下设9个二级单位,即:副科级路政大队和8个正股级养护管理站。2017年在职干部职工136人,其中大专以上学历69人,中共党员37人,各类专业技术人员27人,有注册会计师1人,国家一级建造师2人,一级项目经理1人,退休职工105人。

局　长
党组书记　易宏伟

2017年度被市政府评为公路目标管理考核优胜单位,连续三年被县委、县政府评为安全生产工作先进单位,局工会被评为“衡阳市职工代表大会三星级单位”,王江华被授予“湖南省五一劳动奖章”“湖南省公路系统十佳技术能手”称号,胡湘桂被评为全县十佳岗位明星。

县公路局班子成员合影(左起:刘智星、刘万红、易宏伟、陈小平、廖秋菊、汪纯)

【公路建设和养护】 2017年,完成衡山大道西线土石方90%,水稳砂碎石5万余平米;S219冷水井地质灾害处治工程土石方、抗滑桩,总投资约800余万元;107国道店门段改善工程2.718千米;黄花新区规划二、三、四路基层,规划二、三路路面一层级配碎石面层及2座桥梁。路面修补处治,保障公路平稳安全。修补干线公路路基缺口20余处,路面坑槽基层修补8100平米,沥青路面面层修补6000平米,水泥路清灌缝82千米。二是破板处治,提高公路路况。是年共完成S314线、青石线破板处治7000余平米,公路路况显著提升。三是水毁抢修,保障公路畅通。我局加大路面巡查,及时清挖水沟及整理路肩30余千米,疏通涵洞80余座;6月,持续降雨期间,共处理路面塌方3起,清理塌方3000余立方米,新建挡墙1000余立方米,新砌水沟1100余米,新开挖土质水沟500余米。四是公路美化，打造公路亮化工程。全年整理路肩212千米，投资60余万元，在107国道、314省道、衡萱线及新西线等约100余千米公路两边种植格桑花、大地红等，全线补栽行道树8000余棵，为司乘人员提供良好的驾乘环境。

【公路执法】 严格控制公路建筑红线，加大公路巡查力度，依法治理超限超载车辆，2017年度检测超限超载车辆5.8万余台次，已立案查处超限超载车辆173台，卸载货物2090.5吨，恢复车辆原貌39台，超限超载率控制在0.3%以下；查处违法建筑案25件，赔补偿案件4件，办理行政许可4件，案件结案率达到100%；拆除违法占道经营棚屋50余处，清理非公路标志标牌500余块，清理违法占用公路堆物放料1500余处，重点整治店门、岭坡马路市场，全县干线公路路容路貌焕然一新。（彭锦荣）

道路运输管理

【概况】 2017年春运40天，全县共投入春运客车218台，其中加班车19班次，输运旅客27.78万人次，总计发班6968班次，投入春运执法人员28人，车辆3台，成立春运领导小组1个，稽查小组共5个(所机关、驻站办、稽查队、客运站、维修驾培股)，共出动执法人员468人次、稽查车出动119台次，检查各类机动车347台，其中：客运车辆218台，其他车辆129台；查处交通违法行为31辆次，其中：不按核定站点上下客7辆次，不按核定线路行驶1辆次，春运期间全县交通安全形势平稳，没有发生较大交通事故。

2017年，县运管所汲取“6·26”特大事故教训开展安全生产“隐患清零”工作，对全县的客运站、客运企业、客运车辆的排查。出动2140余人次对全县的4个客运企业，共计218台客运车辆，6所驾校，159辆教练车，22家维修企业，进行逐车逐人的全面排查，出动执法车辆220多台次，检查安全生产企业49次，交办安全隐患77项，按“一单四制”制度落实整改，验收到位77项，共计下达整改通知书14份；将安全监管工作实行包干制落实到企业负责人及运管工作人员。

2017年，按县校车办的统一部署安排，县运管所参与对全县12个乡镇，57家幼儿园、128条校车线路，进行全面现场勘验，共排查出明显存在较大安全隐患23处，路段里程总计53.78千米。设立公路校车安保设施：减速带1102米、设立标识标牌308块、斑马线174米，校车停靠站点68处，共筹集资金50.8万元，为确保校车通行安全提供保障。

2017年，县运管所对安全生产责任单位实行责任管理，签订安全目标责任书，建立健全安全生产考核体系。与4个汽车客运站，4个客运企业签订安全目标责任书。强化安全监管，建立完善GPS监控体系。组织“安全生产月”“打非治违”宣传，安全生产“隐患清零”“打非治违”、集中开展整治道路危险货物运输违法行为专项行动等活动。其中维修厂41家，客运企业4家，车队1个，驾培企业6家，排查车辆942辆，其中客运车辆413台次，普通货运车辆483台次，危险品货物运输车辆46台次，责令改正、限期整改、停止违法行为21起，责令停产、停业、停止建设3家。同时，共查处非法教练车进行教学违法行为7起，对驾校下达整改通知书3起，共计处罚2万余元，维修市场共计下达整改通知书4起，取缔非法维修企业1家，3家客运企业通过省、市局安全生产达标考核。（邓　驰）

高速铁路运输与管理

站长　刘　安

【概况】 衡山西站有干部职工共68人，其中管理人员5人，生产人员63人。衡山西站总体安全形势平稳，在上级的领导下，坚持安全工作与思想教育“两手抓，两手硬”，防微杜渐，抓大放小，不断夯实基础建设，从严务实管理，强化职工综合素质的提高，确保车站的安全生产平稳有序，较好完成指标任务。2017年，累计完成旅客发送97.7万人，同比增长7.2万人，增长7.9%；完成运输进款收入

衡山西站班子成员合影(左起:刘铁荣、刘安、蒋众夫)

1.086亿元,同比增长63万元,增长0.6%。

强化关键时期卡控。突出高铁和旅客安全,加强对关键时期、关键作业、关键人员的风险防控。在7月23日突遇大风,将路旁简易房屋顶挂到线路,因工作人员发现及时,并采取有效措施,防止一起撞异物的事故,得到广铁集团通电嘉奖。抓好保安业务顺利交接,春运、暑运、国庆黄金周等节假日运输,以及“两会”、“一带一路”峰会、十九大、防洪抗汛等特殊时期的重点运输任务顺利完成。

强化培训,苦练内功,提高队伍整体素质。衡山西站根据上级“教育大格局,大能力建设工程”做实职工培训工作。每月召开技能业务培训,营造学业务氛围。同时组织职工积极参加车站组织的各类培训班和各种比武活动,对优胜者进行适当奖励,对不合格者进行考核。 (颜勇毅)

交通工程质量与安全监督

【概况】 2017年,衡山县交通工程质量与安全监督所认真组织工程质量与安全监督工作,加大工程质量和安全监督执法力度,进一步规范衡山县交通工程建设市场,推动全县交通工程建设又好又快的发展。农村公路新建项目完成55.8千米;农村公路窄路加宽项目完成48.622千米,完成计划外项目35.7千米;农村公路安保工程完成63.8千米;完成危桥改造工程三座,分别是江东乡旺洲桥、白果镇汤家桥、萱洲镇交通桥;小修、水毁工程完成县道108梅柏公路小修换板1984平方米。完成水毁工程20处,即福田乡石东村村道C451K0+500、岭坡乡百合谷旅游公路Y256K0+650、店门镇白泥村Y293K8+800等多处。

2017年,共组织工作人员深入到基层50余次,检查施工项目60多次,共印发行政执法资料80余份、印发交通工程施工安全生产资料80余份。9月,对所有在建项目进行一次安全专项督查,并邀请项目所在乡(镇)、村主要负责人参与,强化项目安全管理意识,将上级对项目的安全管理精神现场贯彻,就工地实际情况做出点评,对存在安全隐患和安全措施不到位处提出整改意见,有严重违规的下发整改通知书,并保证指令闭合,同时要求乡(镇)、村项目负责人监督落实。严格按照相关法律、法规文件要求,对所有建设项目采用日常监督和巡查监督的方式进行监督,保证工程监督率达到100%。切实加强安全生产责任制,形成安全生产联动机制,科学、高效的进行项目施工安全监督,全面落实项目施工安全管理制度,以制度管人、管事,层层落实到实处。

2017年,县交通工程质量与安全监督所多次派出工作人员将《湖南省交通建设工程质量与安全生产条例》和《中华人民共和国安全生产法》向业主单位和施工单位进行宣传,将新政策、新要求带到工地一线,将安全生产后果的严重性进行警示,全面认真细致地查找各种安全生产隐患,做到不走形式,不留死角。严格对交通工程参建各方单位资质和人员资质进行审查,并对照资质在工地现场检查人员到岗情况,坚决杜绝参建单位出现违法转包、分包情况,更好地规范建设市场秩序,有效地维县交通建设项目健康、有序推进。 (彭科睿)

城市客运管理

【概况】 衡山县城市客运管理办公室隶属于衡山县交通运输和旅游局管理,副科级机构,下设办公室(投诉处罚中心)、稽查队、运输安全股、财务室。衡山县客运办被衡阳市道路运输管理处评为2017年度安全监管目标考核优秀单位。2017年,共有干部职工19人,其中党员11人,大专以上文化13人,执法人员10人。

2017年,县客运办共召开各类安全生产工作会议23次,发送安全短息1万余条、公交车车载显示屏、出租车LED顶灯、办公楼显示屏随机播放安全生产标语、悬挂安全生产工作横幅4幅、安全生产专项检查验收300余车次、安全隐患大排查2次、发放宣传单600余份。

2017年,为惩治非法营运,县客运办每天安排稽查队和运输安全股人员上路进行稽查,节假日保持1个中队上班,通过定时不定点、集中整治与常态整治相结合的方式,覆盖城区开展专项执法,共查扣非法营运车辆138台次,其中私家车105台次,摩托车18次、出租车15台次,完成非税罚没收入33余万元,净化县城区客运市场环境,改善县城道路交通秩序。案件办理未出现一例错案,未发生一起行政诉讼败诉或国家赔偿案件。

2017年,县客运办依据城市客运相关法律法规对下属城市公共客运企业实施规范化管理,与各企业签订年度目标管理考核责任状和安全生产目标责任书,制定管理措施。为规范全县出租车和公交车经营行为,建立较为完善的出租车和公交车行业诚信体系3份,县客运办联合县交通、技监、物价、交警等部门,对全县出租车、公交车企业和驾驶员开展了服务质量信考核,指出各企业存在的问题,下发整改通知书,并限期整改,进一步促进企业规范化经营。

衡山县嘉年华公共客运有限公司积极响应国家的节能减耗政策,于2015年年底首批购置10台、2016年第二批购置20台新能源纯电动公交车的基础上,于2017年6月10日再次购置10台新能源纯电动公交车,全县公交车全部更新为新能源纯电动公交车,标志着全县公交车进入纯电动公交车的时代,实现绿色交通出行的目标。

【衡山县城内公交线路】

2路　城南小学—城南停车场—公安局—县政府—九福祥百货—工商银行—开云商城—声屏大厦—衡山剧院—城西学校—建材市场—布艺市场—信用联社—电信局—金龙驾校(育英街口)—两路口—社保局—公路局(残联)—衡岳路口—交警大队—科技中专—新中医院

3路　城南小学—城南停车场—公安局—县政府—九福祥百货—工商银行—开云商城口—建工局—人保公司—经科信局—基督教堂—大桥转盘—东风路口—苏家巷口—汽配厂—污水厂路口—湘衡11组路口—老生资仓库—氮肥厂

5路　紫巾路—开云南路口—声屏大厦—先农花园—建材市场—齿轮厂—食药工商质监局—新世纪幼儿园—伟冬食品—政务中心

6路　国土局—大桥下—规划局—工商银行—九福祥百货—四牌楼—衡山宾馆—声屏大厦—衡山剧院—城西学校—建材市场—布艺市场—信用联社—电信局—金龙驾校(育英街口)—两路口—雄鹰驾校—两路口派出所—天然气公司—黄金园—科技中专—新中医院—雄鹰驾校—黄金园—电力局—公务员局—神龙大酒店—伟冬食品—政务中心

7路　毛泽建公园—城南小学—辉艳幼儿园—城南停车场—交通街口—水利局—康王庙—阿华金店—开云商城口—建工局—人民财产保险—青云路口—大桥转盘—掌上明珠家具城—宏福名车—衡山齿轮厂—食药工商质监局—神龙大酒店—金岭世家—伟冬食品—政务中心(得鑫泰)—工业园管委会—金龙四队—金龙村口—兴鑫网吧—衡顺制版—信联食品公司—新金龙纸业—恒岳重钢—迪星学校—金龙大道—星源学校

8路　两路口—金龙驾校—青云西路口—公务员局—电力局—迎宾山庄—中医院—蓝天驾校—星源学校—金龙大道(乐童幼儿园)—工业大道路口—坪塘路口—工业北路口—港大陶瓷—青山五组—嘉力机械—富士康—春昌钨业—青山七组路口—裕丰机械—坪青路口

(客运办)

衡汽集团衡山分公司

【概况】 衡汽集团衡山分公司是衡阳汽车运输集团有限公司旗下的一家专业二级道路旅客运输公司,成立于2000年7月,公司主要经营省内外公路客运业务、汽车客运站和汽车维修保养等业务。公司现有营运车辆46台,拥有宇通、安凯、衡山等品牌豪华车辆。现有营运线路33条。其中省内29条,省际4条。公司在册员工144人。其中管理人员24人,党员50人,专业技术人员22人,驾驶员68人。下属有一个车站、一个车队及一个修理厂,是一支业务精湛、管理素质高、专业化、规范化的运输队伍。公司自成立伊始,就把安全管理和优质服务作为企业固本强基的核心。坚持走"安全质量效益型"发展之路,本着"安全第一、预防为主、一岗双责、综合治理"的经营理念,公司连续三年被县人民政府和集团公司评为安全生产先进单位和先进集体,实现了"快捷、安全、高效、舒适"服务目标;公司还先后通过 ISO 9001:2000 国际质量体系认证和信息化管理系统,车辆安装了 GPS 卫星动态定位系统、硬盘机,将该系统纳入日常安全管理中,并已建立了相关监控管理办法。在服务质量方面,建立健全了服务质量监督体系和车辆救援保障体系,总体服务水平稳步上升。

衡汽集团衡山分公司建立有完善的安全管理网络,经理阳星明为安全生产的第一责任人,对公司安全生产全面负责,站、队、厂负责人为安全领导小组组长,具体负责公司安全生产标准化建设工作全过程的监督管理,对各项工作逐一进行布置和动员,实行"一岗双责",各类工作人员都是安全生产管理员。日常管理工作中通过加强静态、动态监控管理,落实现场值班制度,重点在过程管控、隐患排查治理、安全宣传教育等方面,提高作业危害因素的发现能力和安全管理意识,同时还根据特定的时间、季节的变化、道路交通事故的举一反三等发动全员的力量,开展全员安全管理,专项安全隐患排查工作,注重安全隐患的整改及时率,形成了一整套的安全生产管理网络体系,有力地保障了员工的人身安全、公司的财产安全,使公司的安全生产工作稳步发展。

(衡汽集团衡山分公司)

邮　　政

【概况】 2017 年,中国邮政集团公司湖南省衡山县分公司共辖 15 个支局(所),其中金融网点 12 个,有员工 121 人,邮运车辆 15 台,电动三轮车 21 台。全县邮政实现业务总收入 4239 万元,增幅达 18.34%,高出全市平均增幅 0.9 个百分点,排全市第三位。全县累计建成邮乐购实体店、便民服务站 248 个,邮乐地方馆成功上线运营,注册激活线上邮乐小店 3602 户,代购量达 33112 笔。

经　　理
党组书记　刘志勇

在金融业务发展上,实施"长期 + 短期,节日 + 专属"的活动策略,共累计开展农家夜、送电影进社区、十周年庆典等活动 50 余场;成功代发永和、福田、岭坡、店门四个乡镇的涉农资金约 2000 万元,其中五一、永和两个网点被省邮政公司评为"百强、百优"网点;在包裹快递业务发展上,通过实施"营揽投"改革,实行普、专分网投递,设立专门揽收队伍,充实县本部揽收力量,并深入开展"亮剑"营销走访活动,成功开发金昌生物有限公司、衡山佬酒业有限公司等协议客户单位,业务量增长 61.5%,达到 27.44 万件;在发展农村电商上,通过引导本地电商人员回乡创业、发动员工创新创业,成功与永和多家电商客户合作,日均发货量达 500 件以上,相继助推萱洲猪血桃、沙泉旱白薯等农特产品的造包效应,累计产生快递包裹 1.7 万件;在集邮与文化传媒业务上,以乡(村)志、新媒体、湘讯通、商演为重点项目,整合运营"线上 + 线下 + 活动"三类资源,全县共举办商演活动 1 场;成功开发《福田春秋》等函件项目,较好地宣传衡山当地的旅游文化。积极融入地方经济,累计开发 27 个农特单品项目,带动农产品销售规模近 30 万元,建成综合服务平台站点 143 个,服务涵盖便民、公共、政务 3 大类共 20 余项,实现服务 20 万笔、金额 2000 万元。快递包裹进口量近 38.54 万件,较上年增加 11 万件,增幅达到 28%。县以上城市当日妥投率

县邮政分公司班子部分成员合影(左起:欧建军、王小龙、刘志勇、刘新成、赵娟)

由95.45%上升到97.86%。分拣中心在“双11”期间日最高处理量达到6000件。快递包裹投递量和处理量成倍增长，再次刷新衡山网运历史记录，省际出口和进口时限达标率分别完成99.23%和99.57%，均提高0.34个百分点。先后配备微型面包投递车辆6台，电动三轮车12台，提升了投递服务能力。

积极参与精神文明建设，以社会主义核心价值观为主线，广泛开展志愿者窗口服务活动，邮政品牌形象和社会影响力进一步提升。全县累计建成星级小家9个，农村支局职工小家100%达到拎包入住标准；开展“湖南邮政工匠”、最美投递员、芙蓉标兵岗、芙蓉百岗明星等先进典型创争与宣传活动，赵娟同志被市分公司工会评为“企业劳模”。（郑曼玉）

电　信

总经理 党组书记 谭彦宇

【概况】 2017年，中国电信股份有限公司衡山分公司（以下简称衡山分公司）完成收入完成4936万元，超产110万元，完成年度收入的102.27%；同比2016年净增收入803万元，增幅21.6%。移动期末用户达7.3万户，期末市场过网份额达22.8%，当年新增出账用户1.45万户；继续承接“智慧衡山、光网乡村”县政府重点项目，配合市公司行动努力争取独家承接“电信普遍服务工程”；宽带业务稳中有升，宽带期末用户达3.1万户，全年新增6382户，ITV期末有效用户达到2.6万户，当年新增7787户。

电视用户已超衡山广电，“天翼高清”已成为衡山县第一电视品牌。

2017年，按照省市公司“把握当前、决战格局”的整体部署，围绕实体渠道“强商攻坚”计划和“9251”工程目标，在市公司的帮助下，首先是商圈份额成功赶超友商。公司新建OPPO、ViVo专卖店4家

县电信公司班子成员研究工作照（左起：李正军、谭彦宇、王宇新）

（两大两小），并成功引当地top2合作，同时新建“新亮点”综合卖场一个，形成“商圈店面份额达到42%以上、厂商品牌和综合卖场多业态经营的格局”，份额赶超友商，且合约转化率的达到50%以上。商圈的高值合约量由原来的不足200户/月提升到450户/月，增幅接近230%。下半年先后接待集团和省公司县局长培训班，省公司渠道部主任培训班，佛山、怀化、娄底等地多次现场交流学习。其次是不放松农村集镇建管养，新增“白果三角坪店、洄水湾、东湖、岭坡宽带电视手机服务中心、大源渡专营店、永和岔路口店、树丰专营店”七个新店；并进行“沙泉中心厅、白果桥东专营店、贯底、岭坡天翼手机卖场”四个卖场的改造升级，全面衡山“9251”工程实施计划，为衡山县农村市场崛起奠定坚实的基础。同时，2016年公司在渠道生态环境整治方面继续狠下功夫，全年先后更换“沙泉、师古、福田、白果、洄水湾、贯塘、江东、新桥”等八个点10个代维统包人员；退出“福田、店门”两处员工特定关系人参与经营店面，并实施重新招商。三是实质性地开展社区店建设调优。新建“金盛华城、义安路、乐视”3个社区店，优化6名直销队员，坚持按周、按月组织相约e家及小区现场营销活动，宣传压制、空间信息库的全面收集，为城区收入保有及提升起到较好的作用。

2017年，公司先后完成平安衡山八期的建设，合同电路租费收入达50万元/年；八期中标450余条电路120万元/年。警务通153户中标，合同金额30万元/年；综治e通85户、畜牧e通40户。电子政务外网240调电路，租费收入60万元/年。农商银行从移动电路35条，10万元/年。签约衡山科技

中专校园网,目前办理教师集团卡60余户、学生卡200余户,预计2018年可达1000余户。2017年新组建商客营业部,完成总监选拔和人员双向选择,并逐步按照“聚集类、规模类及重点企业”收敛开展,先后签约“麓园大酒店、众意和亮雅宾馆”等175户新酒完,卓盈园区公租房、和辰茶馆、融创汽贸等项目的签约,显现了商客收入增量空间较大;2018年目标增幅30%基本可以实现。

参照市公司的统一部署,衡山全面承接实施划小承包。前端13个收入单位、渠道部商圈及农村团队全面实行创业承包(白果、长江、永和3个支局6个人)、责任承包、发展类承包,明确责任田、责任人、责任制,创业承包,由于承包机制到位,收入部门员工积极性较高,2017年前端所有收入部门均完成收入并不同程度的超产,人均较上年增收1.2万元,其中年收入在12万元以上较上年增加5个,D类员工收入在8万元以上的6个。与前端对应,全县对城区后农村装维人员同样启动划小,城区装维对应营业部划分成两个班组,月度KPI指标和收入分成从参照营业部指标执行,加之“六项服务承诺”的推进和精品窗口的按月评比,装维片区的服务指标逐月改善,装维工程师们的待遇也较往年提升人均7000元以上。农村随着光网村的逐步推进,渠道效能的提升,农村装维人员的工资普遍每月均在四、五千以上,装维人员的忠诚度、服务质量得到明显的改善。

2017年,公司通过继续出台“存量维系工作方案、成立管控工作组、按月从严兑现奖励考核、分板块按月分时段派单、及时通报并不定期的开会调度”多管齐下,确保衡山县单宽每月续费率均在75%以上,融合到期续费率在95%以上,VIP客户保有率在96%以上。同时,完成光网建设投资785万元,完成江东、长青、福田、祝融、永和、七里机房的退网改造,全部用光网代替;完成粮贸宾馆机房搬迁至武装部机房(传统交换退网)。光网建设:全年完成100个光网村,新建楼宇预设预埋、补盲等,新建端口18166个。新建主干光交4个,主干光缆1500芯公里。政企支撑项目:全球眼完成衡山县平安城市八期480个监控点位、交警队15个卡口数据的联网的全球眼建设;④无线:完成15个800M、5个3G(1X)基站建设及配套IPRAN建设;新建BAS/M6000传输1套;全县所有IPRAN进行成环。

网络保障及优化:核心层新增BASME600/1套,汇聚层新增OLT6套、改造糖铺C220为c300。OLT双上行10G电路改造12套,双上行1G电路改造23条,接入层扩容EPON设备4480线。抓好全县线维工作,为前端服务提供保障,线路抢修派遣单全年累计700多张,完成抢修任务900多起,各类故障处理均在规定时间内积极响应并处理,尽量做到无客户投诉。资源管理:全年完成所有的交换退网;完成28616个FTTH端口的资源录入;完成所有局站的清理,FTTX定单自动配置率93%以上,接入型产品路由完整率90%以上,带宽路由完整率95%以上,GIS定位完整率99%以上,标准地址达标率99.95%,EPON自动激活率达到95%以上,完成FTTH标准地址清理,关联率达到98%以上;完成EPON光路清理,EPON光路路由完整率达到99%以上。确保网络资源数据的完整性、准确性、及时性和规范性。

(谭中荣)

移动公司

总经理
党组书记 郭剑

【概况】 2017年,中国移动通信集团湖南有限公司衡阳市衡山县分公司(简称衡山移动公司)有职工56人,离退休人员6人。公司下设综合部、市场经营部、网络部三个部门。完成4G基站建设规模37个,武广高铁专线4G基站建设规模7个。县城区物联网建设规模37个,武广物联网建设规模73个,建设岭坡、贯塘、长青、望峰、江东5个汇聚机房,并已全部开通,汇聚机房达到21个。完成开通党校等机房OLT工程14个,城域网管道1段,布放通信光缆2段共计34千米。建设家宽小区347个,可用端口数3.4万个,新增有效宽带用户数7000户。

移动光宽带提速降费显实效。根据国家“提速降

县移动公司班子成员合影(左起:易桀茗、郭剑、唐旭辉)

费”整体战略,衡山移动加快小区家庭宽带建设,已基本覆盖衡山城区所有小区。移动光宽带价格便宜,网速稳定,正逐步赢取客户口碑,尤其是互联网电视(魔百和)网络流畅,让客户赞不绝口。大力推进光纤到户和宽带乡村工程,争取实现人人能上网,人人用宽带的新时代。移动网点结合客户消费习惯针对在网目标客户推荐更加适合的不限量套餐,既可以满足用户通话分钟数、移动数据流量的需要,也可以满足用户百兆光纤宽带的需求。各街道、社区、乡镇、重要村镇移动网点分布广而多,不出远门即可办理集团v网、村级v网及家庭网业务。为加强集团单位的维系,对所有集团进行认真梳理,查缺补漏,严格要求客户经理,定期对集团业务进行培训,并将各个集团分配到集团客户经理手中,做到每个集团有人、有服务、有产品。

衡山移动在全县范围内通过广告、信息宣传实名制重要性,引导客户前来办理补登。特别是对偏远乡镇客户,区域经理上门收集客户真实信息。6月,基本完成衡山存量客户实名制补登工作。按照上级要求落实实名制及“黑卡”治理工作,要求所有渠道网点新入网时必须做好“人证一致性”验证。

(赵 辉)

联通公司

【概况】 2017年,中国联合网络通信有限公司衡山分公司(以下简称衡山分公司)业务收入同比2016年增长6.1%,净利润同比2015年增长10%;新建各类渠道10多家,有效渠道总数达到70多家,在网用户规模超过7万户;聚焦4G和宽带建设,新建4G站点近20个,新增公众宽带端口2000多个,新增光网村宽带覆盖30多个。

经 理
党组书记 唐 亮

入推进网络提速降费。聚焦用户集中使用的重点场景、道路沿线、重点区域等,持续加大4G网络建设,确保用户网络使用感知;进步强化深度覆盖,开通人流密集区域20个站点,完成南岳景区等的4G覆盖,实现景区主要道路和主要景点的4G信号覆盖;大力推动光纤到户宽带网络建设,加大乡镇和村组宽带建设投入力度,进一步扩大农村宽带覆盖范围,持续推动现网宽带用户免费提速工作,完善项目建设质量评价体系,降低网络故障率,不断提升用户感知。场的4G新套餐,整合终端厂商资源打造完善的终端销售服务一体化体系,移动用户总量超过7万户;固网业务发展。

始终坚持“以客户为中心,用服务促发展”的服务理念,不断提高通信网络质量和客户服务水平。加强用户投诉闭环管理,主动维护客户权益,建立投诉快响机制,确保用户投诉解决率达到100%;强化实名管控,确保新入网用户实名率100%;开展系统服务升级活动,通过“精彩为您10分满意”、渠道及员工“找茬”、“我为客户代言”等活动,造“以客户为先”的自营连锁品牌,实行“一户一策”个性化精准营销与服务,对用户实行全生命周期关怀服务;持续深化渠道分层分级存量经营体系,引导渠道执行标准化服务营销动作,打造存量经营标杆渠道,带动全市社会渠道存量经营氛围。2017年年底,基本实现每个乡镇拥有1家社会渠道作为示范性服务网点,确保每个示范性服务网点都能针对不同用户提供一对个性化服务。

(林 玲)

财税·商贸

财　政

局　　长
党组书记　曹时国

【概况】 衡山县财政局为县人民政府经济管理综合部门，负责贯彻执行国家财税方针政策，负责全县财政收支执行，资金使用监管等工作职能。内设19个股室，即办公室、综合计划股、预算股、国库股、人事教育股、税政法规股、企业股、教科文股、行政政法股、农业股、外经股、会管股、社保股、经建股、金融债务股、绩效评价股、资产管理股、财政监督股、行政审批服务股；下设4个副科级事业单位，即非税资金服务中心、乡镇财政服务中心、国库集中支付中心、财政投资评审中心；下设8个正股级事业单位，即工资发放管理中心、交通救助基金管理中心、农村综合改革办公室、财政信息中心、政府采购管理办公室、政府和社会资本合作管理中心、债务清收办公室、会计函授站；另设湖南省中小企业贷款担保公司衡山办事处、衡阳市农业小额担保公司衡山办事处；下辖12个乡镇财政所。2017年，全系统在职干部职工175人，其中机关114人，乡镇61人。2017年，衡山县实现地区生产总值167.2亿元，比2016年增长8.6%。一产业实现增加值320987万元，增长3.3%；二产业实现增加值463386万元，增长6.6%；三产业实现增加值887781万元，增长11.8%%。全县固定资产投资总额110.6亿元，增长18%。社会消费品零售总额32.8亿元，增长10.8%。2017年，衡山县财政局税政法制、支农政策培训、综合计划工作获湖南省财政系统先进单位。衡山县财政局综合绩效考评、社会综合治理、安全生产、政务公开、脱贫攻坚、重点项目服务等工作获评衡山县先进单位。

县财政局班子部分成员合影(左起:谭源连、陈赛、尹荣华、彭长利、曹时国、彭鸿飞、宾建强、龙秀生)

【财政收入】 2017年，完成一般公共预算收入完成9.29亿元，为目标任务9.91亿元的93.64%，同口径下降2.72%。其中，税收收入完成6.45亿元，税占比69.43%，比2016年提高9个百分点，创历史新高。地方一般预算收入完成6.41亿元，同口径下降8.72%；上划省级收入完成6303万元，同口径增长16.27%；上划中央收入完成22493万元，同口径增长14.14%。政府性基金预算收入完成28873万元，社会保险基金预算收入完成55885万元，国有资本经营预算收入完成115万元。

【财源建设】 加大重点项目保障力度，投入工业园区及企业发展资金5770万元、黄花新区1.1亿元、开云新城1.2亿元、开云大道1.2亿元、开云南路4714万元、旧城改造2000万元，确保重点项目推进。着力推动“三去一降一补”，深化“放管服”，积极推进棚户区改造。大幅减税降费，营改增全面推开，对收费实行目录清单管理，所有收费进清单，清单之外无收费。支持园区提速工程，园区年度工业总产值超过80亿元，创税规模达到1.8亿元。发展特色优势产业，支持传统产业转型升级、新型工业化建设及中小企业发展。财源建设成绩斐然，2017年，衡山县纳税500万元以上企业达20家，比2016年增加4家，6家企业纳税在2000万元以上。

【财政支出】 2017年，衡山县一般公共预算支出完成25.80亿元，比2016年增加1.11亿元，增长4.48%。其中，民生支出占公共财政支出70%以上。优先保障工资和养老金发放，保证党政机关正常运转。干部职工工资和离退休人员养老金每年都在提高，行政事业单位年人均公用经费提高到5000元。支持教育事业发展，完成教育支出48883万元，同比增长14.36%。落实义务教育阶段免收学杂费、育才助困政策，促进教育均衡发展。支持发展现代农业，加大农业综合开发力度，推进高标准农田建设，推动电子商务进农村，建立农业保险制度，完善农业生产安全保障。加快乡村旅游发展，完善白果花果山、岭坡野莓谷、萱洲古镇等景点基础设施，扩大景区知名度。持续深化农村综合改革，落实一事一议财政奖补政策，支持村级公益事业发展。争取到国家田园综合体项目，为湖南省两个试点县之一，三年总投资1.5亿元，已经到位资金5000万元。增加基层运转经费，提高村和社区主干补助标准。加强和规范扶贫资金管理，多次迎接并通过省、市精准扶贫专项检查。安排1942万元支持脱贫攻坚，保障精准扶贫专项工作有力推进。财政机关选派4名领导干部担任面上4个贫困村第一支部书记，安排1名干部常驻长安村联系扶贫工作，22名干部结对帮扶11户贫困户，开展走访慰问、爱心助学、送政策、送温暖等系列活动。乡镇财政所人员全部蹲点一线帮扶，充分发挥财政扶贫职能，群众对财政扶贫工作满意度较高。全县8个贫困村摘帽，4543人脱贫。提高低保、医保、养老补助标准，企业职工养老金实现“十三连调”，加大对县乡敬老院、基本养老服务设施建设投入力度。支持城镇公共基础设施建设，旧城改造、沿江路、九龙大道提质改造等重点项目相继完工。黄花路、衡山大道西线、开云南路延伸线开工建设。环溪垃圾场实现封场整治，城乡生活垃圾实现一体化，湘江水厂提质项目全面实施，增加城区保洁和城区环境整治投入，保障省级文明卫生县城复审通过。

【财政改革】 完善预算管理制度，实施全口径预算管理，进一步规范财务开支范围和标准，提高预算执行力，坚持先有预算后有支出，预算管理更加科学合理、程序更加规范透明、分配更加公平公正。深化国库集中支付改革，提高直接支付比例，规范单位财务收支行为。加强政府采购审批和财政投资评审。严格执行采购预算编制，完成采购预算11384万元，实际采购10056万元，节约率11.67%。严格财政投资评审，审结项目652个，项目送审总金额10.73亿元，审定金额8.86亿元，核减1.87亿元，核减率17.45%。进一步推进预决算公开，在政府网集中公开财政预决算、部门预决算、“三公”经费、专项资金、政府债务等信息。建立预决算公开涉密清单制度，涉密事项上清单，清单之外全公开。推行政府购买服务改革，按照“先行试点、稳步推开”的原则，试点推进6个政府购买服务和2个PPP模式。严控政府债务风险。将政府债务分类纳入预算管理，加快政府置换债券进度，规范政府举债行为，严控新增债务，确保风险总体可控。

【财政管理】 在理财思路上从重分配向重管理转变，财政管理更加精细化。加大财政检查处罚力度，开展专项资金检查，对部分资金使用不规范问题进行切实整改。联合纪委进行财务专项检查，加强单位财务收支监管，对违纪违规问题予以严厉的处理处罚，充分发挥纪委和财政监督震慑作用。率先推行财政行政执法公示制度、全过程记录制度、重大执法决定法制审核制度试点工作，加快财政法治建设，坚持依法理财、依法行政。推进“互联网+监督”平台建设工作。制定民生资金项目公开目录，民生资金使用全公开，加强对腐败行为的预防，对权力运行的监督。进一步明确乡镇财务开支范围和标准，对村级财务人员进行业务培训，规范村级财务报账程序，开展省星级财政所创建活动，白果镇财政所获省星级财政所，新桥镇财政所获衡阳市星级财政所。惠农补贴“两卡两折”发放工作走在湖南省前列。

【财政党建工作】 坚持全面从严治党，切实履行管党治党责任。深入开展党的群众路线教育实践活动、“三严三实”专题教育和“两学一做”学习教育活动制度化、常态化，进一步提升党员干部党性修养和道德修养。2017年，衡山县委对衡山县财政局领导班子进行调整，加强财政领导班子建设，打造强有力的领导集体。班子成员分工自2007年来进行第一次调整，有利于调动班子成员积极性，有利于发挥班子成员个人智慧和才能。认真落实中央、省、市、县从严治党各项规定，深入开展“纠四风、治陋习”专项整治，推动干部作风明显好转。选派26名业务骨干进入县纪委巡察办人才库，多次派人参与县巡察工作。积极把党员教育与精准扶贫活动相结合，充分发挥基层党组织战斗堡垒作用，夯实党建工作基础。全面落实党风廉政建设“两个责任”，支持县纪委驻财政纪检组运用“四种形态”监督执纪问责。（黄响宝）

国有资产管理

主任 李佳云

【概况】 衡山县国有资产管理中心于2017年4月14日正式挂牌，为县人民政府直属正科事业单位，主要负责全县行政企事业单位国有资产监督管理。内设办公室、行政事业资产管理股、企业资产管理股、政策法规股、绩效考核股5个股室。2017年年底，共有在岗在编员工9人。

【国有资产摸底】 初步摸清9家国有独资/控股公司和174家行政事业单位国有资产家底。2017年，国有独资/控股公司资产账面总额544871.3万元，行政事业单位国有资产账面总额312546万元。

县国有资产管理中心班子成员合影（左起：旷宁辉、周海丰、李佳云、阳海祥）

【闲置国有资产处置】 积极盘活闲置国有资产，对原县国有直管公房和县城镇建设开发公司资产进行处置，通过科学策划，按评估价26200万元协议转让给县城投公司，既充实平台公司资产，又增加财政收入。至2017年年底，转让收入实际入库1.8亿元，协调组织入库国地两税7869万元。

【国有资产收益收缴】 加强行政事业单位资产出租、出借、报废管理，规范监管程序，确保国有资产收益收缴到位。2017年，行政事业单位资产出租收入入库892万元，国有资产报废收入入库12.6万元。

【国企出资人职责履行】 为进一步履行出资人职责，出台对公司的重大事项报告制度，明确报告内容和报告程序。建立对融资平台公司绩效考核体系和国有控股企业经营业绩考核指标，并于年底组织和实施四家融资平台公司和两家粮食收储公司的考核。

【融资监管和债务性资产清查】 强化融资平台公司职能，充实公司资产，拓宽融资领域。利用国资担保、抵押、租赁等形式，督促平台公司落实融资计划，为全县重点项目建设提供资金保障。2017年，四大融资平台实际融资到位150204万元，其中城建投73655万元，经建投25000万元，兴山公司47290万元，交通投10543万元。组织落实全县60家单位债务资产清查登记工作。（阳海祥）

国家税务

局　　长
党组书记 王小宁

【概况】 衡山县国家税务局主要负责全县12个乡镇的税收征收管理，其中一般纳税人544户，小规模企业824户；起征点以上个体工商户209户，起征点以下个体工商户3269户。县局机关现有在职干部职工83人，离退休人员34人(离休1人)，内设科室15个。2017年，衡山国家税务局认真贯彻落实市局和县委县政府的决策部署，围绕组织收入工作，努力实现征管改革进一步深化、服务意识进一步提升、工作能力进一步提高、干部作风进一步转变，充分发挥好税收服务地方经济发展的职能。2017年，获县目标管理绩效考核优秀单位、县综合治理先进单位、“衡阳市二星级文明单位”称号。

县国税局班子成员会议照(左起：刘中平、武建平、王小宁、李庭芳、李勤望、刘祝安)

【国税收入】 2017年，衡山县国家税务局累计完成各项税收收入34748万元（不含车购税、个人所得税、城建税)，较2016年同期26324万元增加8424万元，同比增长32%。始终坚持从经济到税收的原则，认真编制分配收入计划，努力达到既能确保全年收入任务完成，又能有效解决税源结构性矛盾的效果，将衡山县国税收入做实做强；把握宏观经济政策脉动，科学判断、及时发现和解决影响收入目标实现的主要问题，掌握组织收入工作的主动权；推进组织收入责任制的有效落实，履行收入调度、税源监控、分析预警职能，促进全年税收收入目标顺利实现。每月和每季认真开展税收收入分析，并时刻关注政策、市场变化以及招商引资等因素对区域经济发展的影响。利用信息化手段对惩治县的重点纳税企业、小规模纳税企业、个体税收、进行纵向、横向比较，下企业进行深入了解，掌握好企业的生产经营情况，及时指出各项指标异常现象，通过比较使衡阳市局和县委县政府领导对衡山县税源、税收情况有更全面的了解。

【办税服务】 按照“放管服改革”要求开展规范、便捷、高效、文明税收服务活动，以纳税人满意度为导向，以提高税法遵从度为目的，丰富服务内容，创新服务手段，完善服务机制，提升服务质效。进一步明确各窗口、岗位职责，规范服务事项运转流程和时效，构建岗位明确、职责清晰、运行高效的纳税服务岗责体系，切实保障“一窗一人一机”办税服务模式工作有序开展，国税办税服务厅实现一窗通办窗口10个，地税办税服务厅专业办税(二手房交易、个人不动产出租、车辆购置税)窗口6个；加强办税服务厅建设，健全纳税服务制度，根据办税需求情况及时调整窗口资源，及时更新办公电脑、打印机等相关硬件设备，与地税局实现窗口人员互派，为各类纳税人提供综合性的便民办税服务，积极推进自助办税、网上办税、预约办税和延时办税，畅通各种服务渠道，优化硬件设备，减少纳税人排队时间。相比2016年，办税服务厅办税排队等待时间大幅度缩减，仅普通发票代开此项业务，从2016年的平均每笔23分钟提速至每笔6分钟内办结；依照“放、管、服”以及“一窗一人办税”等要求，对办税服务厅原有服务制度进行整合和修订，健全纳税服务相关制度，明确局内各科室的纳税服务业务流程和考核指标、时效，逐步形成较为完善的纳税服务制度体系，努力促进纳税服务工作职责化、标准化、规范化，避免纳税人“多头找、来回跑”，让纳税人“少跑路”“少成本”；开展“问需求、促改革、优服务”大走访活动，利用“税收宣传月”“纳税服务日”“六项减税新政”“发票新规” 等加大宣传力度，以纳税知识、税收政策和征纳沟通渠道等作为宣传重点,针对税收常识、办税流程、难点问题等内容制作丰富多样的税法宣传资料,组织专项税收宣传活动6次,发放各类宣传资料30000余份;优化税法宣传方式,充分利用“12366”纳税服务热线、纳税人学校、衡山税务公众号等宣传平台,加强培训辅导宣传。注重分类税法宣传,根据纳税人对税法宣传不同需求,有针对性地提供分类宣传资料,开办纳税人专题业务学堂等,为纳税人提供个性化税法宣传订制服务。2017年,举办6期纳税人学堂,分别对增值税新开票系统、电子税务局、6项减税措施、发票新规、建筑房地产业预缴申报等进行税收专题业务培训,纳税人参加培训500余人(次);面对“一窗一人”办税服务模式的全新挑战,为鼓励和督促窗口人员对办税服务进行优化和改善,从2017年1月起实行“以考促学”培训和考试计划,营造全员参与培训、学习、考试的氛围。2017年,举办6次国地税业务联合培训和6次国地税业务考试,促使窗口人员的业务能力在短期内大幅度提高,对新进公务员和招聘的窗口人员实行“以师带徒”一对一辅导模式,有利地带动整体纳税服务水平进一步提升。

【“三项制度”试点改革】 2017年4月,衡山县国家税务局被湖南省税务局确定为湖南省国税系统试点单位中的唯一县级局。县局党组立即召开专题会议,确定把行政执法三项制度试点工作列为全年工作重点全力推进的工作决策,并成立领导小组,分解明确相关科室(中心)推行“三项制度”试点工作职责,召开全局人员参加“三项制度”试点改革动员大会,统一思想认识。5月上旬,先后制定《衡山县国家税务局行政执法公示试行办法》和《衡山县国家税务局执法全过程记录试行办法》《衡山县国家税务局重大执法决定法制审核操作规程》等文件,制度体系逐步建立。为保障试点工作的顺利推行,在经费、办公用房紧张的情况下,积极投入近20万元资金进行硬件建设:建立行政执法数据处理中心、可视性约谈室和一间较高规格的档案室,购置14台执法记录仪,试点工作硬件设施基本配备齐全。按照行政执法公示办法,在门户网站公示行政执法的主体、人员、职责、权限、执法依据、监督方式和救济渠道等事前公示信息。执法人员在外出执法过程中也明确要求必须着装、主动表明身份、出示执法证件、执法文书和告知说明工作。加强执法全过程记录,以期实现执法全过程留痕和可回溯管理,新增加音像记录,主要记录容易引发争议的执法环节和行政强制、税收保全以及局内的重大执法决议。加强宣传力度,扩大行政执法三项制度试点工作的影响力。9月召开的全县三项制度试点工作会议上,因三项制度试点工作走在全县的前头,县政府主要领导在会上给予表彰和鼓励,《衡阳日报》记者也对试点工作进行采访。

【国税干部队伍建设】 衡山县国家税务局积极组织开展各项文体活动,丰富职工业余生活,提高队伍的综合素质,组织开展庆“五一”拔河比赛活动,赛前各工会小组组织体能训练,为克服工会小组实力悬殊,比赛采取抽签分组的形式,更加体现比赛的公平,让比赛开展得热火朝天;拨付一定的活动经费,让各工会小组和兴趣小组定期开展形式多样的文体活动;为组织爱好者参加市局工会“文明雁城、诚信税收”书法摄影活动,其中三幅作品分别荣获摄影组一等奖(聂子剑《新时代　新征程》)、三等奖(林新伟《皮影与税收》)和书法组二等奖(向四平《篆刻作品》);在全局范围内选拔羽毛球、乒乓球队员,组队参加衡阳市局选拔比赛,并取得较好成绩,荣获四个个人奖项。关心了解困难职工的生活,帮助他们解决实际困难,2017年,共慰问看望干部职工28人次,生日祝贺做到100%,真正让干部职工感受到组织温暖。

【国税党建工作】 以加强政治理论学习为先导,在党的十九大召开后,要求集中收看开幕式,各支部要组织学习十九大报告全文,深入领悟习近平新时代中国特色社会主义思想,党组书记深入挂点党支部进行党的十九大精神和新修订的《中国共产党章程》宣讲,其他党组成员也在挂点党支部进行宣讲学习;组织“好声音讲坛——讲话精神下基层”活动,为全局干部传达习近平新时代中国特色社会主义思想,凝聚思想合力。要求严格开展“三会一课”,2017年,党组书记已经为党员上3堂党课,挂点局领导上党课2次,各支部书记对所属支部上党课4次,每位党员都形成学习心得体会记录在党员积分记录本上,深化学习内容理解与掌握。要求机关党委按季向各支部推送工作任务，明确每个月集中学习内容，要求各支部开展集体学习。组织开展一次“两学一做”演讲比赛，党员同志踊跃参与，阐述自身的体会。严格规范政治生活，要求各党支部定期组织民主生活会，开展批评与自我批评，使全局面貌焕然一新，以往“庸、懒、散”及“门难进，脸难看，事难办”的现象已经改变。积极组织开展党员活动，7月初，组织全体党务干部前往湖南税专接受闭门培训，提高党务工作者的党建工作能力和业务水平；组织党员前往南岳忠烈祠开展爱国主义教育活动，激励每位党员珍惜现在、踏实工作的信心。投资近8万元建设高标准的“两室一中心一站点”，以此为契机开展党支部规范化标准化建设，并积极申创省级党建示范点。选拔组建“党员税收辅导队”进行税收宣传，累计已走访纳税人900余户(次)，发放宣传资料3700余份。

（蒋晓雁）

地方税务

局长 党组书记 梁亚辉

【概况】 衡山县地方税务局共有职工89人(在职以上人员70人，退休人员19人)，其中大专以上学历67人。下设10个部门(含3个直属机构)和3个税务分局，担负衡山县5467户企事业单位及个体工商户的地方税费征收管理工作。2017年，获湖南省省级文明单位、衡阳市廉政文化示范单位、衡山县目标管理绩效考核优秀单位、综治工作先进单位、计划生育工作优秀单位等称号。

【地税收入】 2017年1—12月，累计完成税收收入31743万元，同比增收3176万元，增长11.12%。收入主要由几大部分组成：房地产企业建安企业税收

县地税局班子成员合影(左起：蒋柯、聂朝辉、梁亚辉、阳岳峰、雷铁桥、罗庆清)

9432万(房地产业5895万，建安业3537万)；平台公司共9306万(兴山公司1402万、住建局6893万、城建投1011万)；中控纸业公司破产税收368万；其他行业日常申报税收12637万。

【办税服务】 推行“一窗一人办税”服务模式，整合国地税大厅资源，由两个一窗通办综合厅变更成国税综合厅和地税专业厅。加强联合办税厅管理，严格落实纳服规范，有效缩短纳税人办税时间。继续拓展网上办税，推行财税库银横向联网，深化网上办税宣传辅导，扩大网上申报、预约缴税、网上认证等覆盖面。推进“放管服”改革，开展金三系统外行政审批事项清理，取消二手房交易过程中个人所得税减免手工审批单。落实国务院“1+4+6”优惠政策，按县局要求三个分局建立小微企业所得税优惠台账，为17户小型微利企业减免税额24.33万元。办理房产税和城镇土地使用税困难减免5户，累计减免房产税31.43万元，土地使用税38.66万元。

【地税队伍建设】 在衡阳市地税系统“两争”评选中，2位同志被评为“优秀税务工作者”。在衡阳市局选拔考试中，3位同志成功考入衡阳市局和城区局。在湖南省、衡阳市局纳服类业务比武中，有7位同志进入市局复赛，3位同志进入衡阳市前十，1位同志荣获湖南省局比武三等奖和第六届“省级优秀办税员”称号。在湖南省局第五届文秘竞赛中，1位同志获评湖南省地税系统“十佳文秘”。

【地税党风廉政建设】 落实中央“八项规定”和省局

“五条禁令”。重点开展公务接待、出国出境、财经纪律、操办婚丧喜庆事项、公车使用五个方面问题回头看。进一步规范食堂管理,对在抽查中发现违反食堂就餐纪律，上班工作纪律行为的几位同志进行约谈追责,给予经济处罚和书面通报。加强干部八小时以外监督,队伍作风更加清廉。开展执法督察,对上级督察中反映的组织收入质量、落实减免税、精准稽查以及省市局在“金三”系统推送的执法不规范等问题,进行认真梳理、边查边改、以查促改。从组织、制度、管理、督改四个方面加强创新,以督察防风险为主题参加衡阳市创新项目竞赛,获得二等奖。

（欧文思）

商务和粮食

局　长
党委书记　宾　浩

【概况】 衡山县商务和粮食局为县人民政府组成局。主要负责全县内外贸易、国际经济合作、招商引资、电子商务、市场建设、市场运行、社会与政策性粮食和商贸流通、行政管理、行政执法及政策业务指导工作。局机关现有在职人员 49 人，内设办公室、人事股、财务股、政策法规股、市场运行秩序股、市场体系建设股、外贸管理股、招商引资股、粮食调控储备股、粮食行业发展股、监督检查股、国有资产管理股、行政审批股等 13 个股室;下设衡山县市场服务中心、衡山县商务和粮食综合执法大队、衡山县投资促进事务中心 3 个二级机构，管辖衡山黄花坪粮食收储有限公司和岳北粮食收储有限公司两个国有控股企业。2017 年,被评为湖南省商务(外贸)工作先进单位,衡阳市外经、外贸工作先进单位。

（李岳钢）

【招商引资工作】 2017 年，引进过千万元项目 23 个,总投资超过 110 亿元,其中过亿元项目 14 个。包括总投资 20 亿元的年产 20 万吨包装纸项目、总投资 20 亿元的虎山福地文化旅游区项目、总投资 16 亿元的仙逸人间生态农业旅游项目、总投资 10 亿元的紫盖峰旅游度假区项目、总投资 3.8 亿元的生猪生态环保养殖建设项目、总投资 1.1 亿元的远径迪高房车营地项目等。创品家居、新型节能环保功能性膜生产基地、轻质多功能隔墙板生产、环保包装袋、粉煤灰钢板库加工、仙逸人间开发、虎山福地文化旅游区、远径迪高房车营地、白果景区开发二期、岳北花海、紫盖峰旅游度假区、天娥湖文化园、衡山一德医院、科技中专等一批重大招商项目正在建设。

（谢敦亮）

【外经外贸】 2017 年,衡山县进行外贸备案登记的企业共 11 家,有外贸进出口实绩企业达 4 家,其中,于 2017 年实现破零企业 2 家(湖南华升金爽纺织服装有限公司、衡山县佳诚新材料有限公司),实现倍增企业 1 家(衡阳冠力塑胶有限公司),外贸进出口总额达 7174 万元,同比增长 65.7%。

(彭智岳)

【电子商务】 2017 年，衡山县已新建 15 个村级电商扶贫服务站和淘宝店,辐射带动 50%以上的贫困户,已开展电子商务活动的县内企业 65 家,注册登记电子商务企业 42 家,各类淘宝网店达到 70 家;一批在外从事电子商务创业的电商人才陆续回乡创业,相继成立电子商务公司,建立网上交易平台,网上推销农产品。开云镇早白薯、九龙李,萱洲镇猪血桃，长江镇竹木制品等特色农产品做好上线营运准备。全县邮政已建设综合便民服务站 270 家,“邮乐小店”实体店全年计划建设 160 个,建设 127 个。邮乐购旗舰店 4 个。每个综合服务站所包含的项目有:普惠金融、便民缴费、包裹收寄代投、电商代购等服务,并定期开展金融知识讲座,健康讲座等活动,实现“五不出村”,即购物不出村、销售不出村、生活不出村、金融不出村、创业不出村。网络运营商积极抢抓国家实施“互联网 +”发展战略机遇,对网络设施进行改造升级,网络提速降费已落到实处,互联网接入正由过去单一的宽带接入模式向光纤接入和无线链接转变。出台《关于推进衡山县农村电子商务发展工作的实施方案》《衡山县加快农村电子商务发展扶持办法》两个重要文件,并成立衡山县电子商务工

作领导小组。（李岳钢）

【社会消费品零售情况】 社会消费品零售总额逐步增长，2017年，实现社会消费品零售总额32.83亿元，增长10.8%，其增速全市排位第五，七县（市）排位第二，新增商贸限上企业9家，确保每月对限上企业数据的催报工作，所有限上企业全部实行网上直报。根据省、市相关文件精神成立以县长为第一召集人，常务副县长和分管副县长为召集人的衡山县社会消费品零售总额统计工作领导小组，办公室设商粮局，主要分析全县社会消费品零售总额完成情况、研究社零指标评估及考核数据、协调解决成员单位及联网直报企业在社会消费品零售总额统计工作中遇到的困难和问题，确保各项数据指标全面真实反映全县社会消费水平。（旷水源）

【粮食收储】 2017年，衡山县计销售粮食43111吨，其中，早稻13706吨，中、晚稻29405吨。政策性收购粮食11654吨。其中，早稻5000吨；中、晚稻6654吨。社会收购粮食21554吨，其中，早稻8770吨；中、晚稻12784吨。库存粮食133872吨，其中，早稻60045吨；中、晚稻71930吨。库存政策性粮食131975吨（其中省级储备粮5000吨，县级储备粮5000吨），自营粮食1897吨。2017年，全县加工大米15233吨，实现工业总产值21128万元，实现利税2466万元。（向建军）

【市场服务中心工作】 2017年6月中旬，市场服务中心联合城管、工商、大桥社区一起整治开云农贸市场“乱象”，取缔一批乱摆乱放的贩运户，规范市场经营秩序，为人民群众出行提供便利。2017年，投入45万元对市场进行标准化改造建设，改造后的开云农贸市场软硬件设施完善，提升经营设施档次和水平，为衡山县人民群众提供舒适、卫生、放心的市场交易和消费环境。（旷章霖）

重要招商引资项目选介

【衡山一德医院】 衡山一德医院是以衡山县金水湾置业有限公司为主体，联合深圳顺楠科技有限公司等投资机构出资在衡山县注册新公司，并由注册的新公司负责对整个项目进行投资建设和运营。该项目总投资约8000万元，选址位于衡山县开云镇师古桥村，占地面积约1300平方米，建筑面积约9800平方米。前期已投资2400万元建成门诊与住院大楼主体工程，余下项目分二期建设：第一期，将投资2600万元，主要用于装修医院，购买医疗设备等。第二期将投资3000万元，主要用于建设医院配套设施和康复理疗中心。该项目以综合性高端技术为主要诊疗模式，将建成衡山县首家集医疗、预防、保健、康复、咨询为一体的现代化二级综合性医疗机构，拥有300余个病床，是解决基层群众看病难、就医难的民生项目。（商粮局办公室）

重要市场选介

【衡山县开云农副产品市场】 衡山县开云农副产品市场位于县城经济开发区中心地段，是衡山县规模最大、地域最好、人气最旺的市场。集粮油食品、南杂副食、百货精品及干鲜果品、土特产品的批发和零售于一体的综合性农贸市场，商品集散能力辐射周边县区。市场整体布局实用合理，物业等配套设施完善，秩序管理规范。市场占地约6500平方米，各类零售摊位128个，包含蔬菜、豆制品、肉类、水产类、鲜鱼类、干鱼类、卤腊类、家禽家畜等各类批发和零售摊位。营从业人员达千余人，年交易总额逾2亿元。2017年，实现县财政非税收入120万元。

【衡山县两路口农副产品超市】 衡山县两路口农副产品超市坐落在县城长途汽车站旁，商品销往衡东、湘潭、衡阳、南岳区等地，占地约2800平方米，各类零售摊位20个。2017年，实现财政非税收入20万余元。（商粮局办公室）

供销合作

【概况】 衡山县供销合作社联合社是县人民政府直

主　　任
党组书记 尹朝阳

监事会主任　宾智敏

属正科级参照公务员管理事业单位，理事会设办公室、人事政工股、财务统计股、合作发展股、监审股(加挂监事会办公室)。增设二级正股级全额拨款事业单位衡山县农村合作经济组织管理服务中心，定编4人。2017年，有干部职工36人，其中退休人员18人。党组、理事会、监事会、纪检、工会等组织机构健全。下属全资企业5个(衡山县供销社资产经营管理有限公司、衡山县惠农服务有限公司、衡山县供销大厦、衡山县兴农贸易有限公司、衡山县惠农供销电子商务公司)。县供销社于2017年获衡阳市供销系统目标管理一等奖、监事会工作先进单位称号(名列衡阳市第一)。衡山县惠农供销电子商务公司被评为衡阳市供销系统先进基层单位。

县供销社班子成员合影(左起：唐伏贵、尹朝阳、宾智敏、聂青山)

【供销社综合改革】 贯彻落实有关供销社综合改革文件精神，县委成立衡山县深化供销合作社综合改革领导小组，推进供销社改革。出台深化供销合作社综合改革的《实施意见》和《实施方案》。出台《衡山县供销合作社综合改革财政专项资金使用管理办法(试行)》，批准成立衡山县供销社二级正股级机构——衡山县农村合作经济管理服务中心。解决供销社历史遗留问题。县财政加大财政投入，连续5年，每年预算供销社综合改革专项资金不少于200万元、工作经费30万元。衡山县供销社深化改革走在衡阳市供销社改革的前列，受到省、市深改工作督查组的高度评价。

【供销合作工作创新】 设立衡山县农村合作经济管理服务中心。成立衡山县供销社资产经营管理有限公司和衡山县惠农服务有限公司。对开云镇师古商贸中心、萱洲镇红宇百货有限公司、福田乡福云生态农业有限公司进行改造升级。在县总工会一楼建设农产品交易中心和电子商务运营中心。巩固和新建村(社区)综合服务社23个。大力推进电子商务进农村工作，建设农产品全程可视可追塑体系三家(永和冬枣基地、沃柑基地、长江瑞田养殖基地)。加快建设县供销社电子商务运营中心、福田福云电商孵化园，积极打造岭坡乡“电子商务示范乡”。巩固农民专业合作社联合社2个，引导发展农民专业合作社(含家庭农场)46个。与长江镇胜利村建鑫畜牧养殖专业合作社、永和乡茶石村乐发冬枣种植专业合作社、萱洲镇贺家山村农友四季水果专业合作社、新桥镇高新村云峰食用菌专业合作社达成试点协议。指导成立衡山县首家农民专业合作社联合社——衡山县果岳水果专业合作社联合社。

【商业流通专项资金争取】 成功申报2018年商业流通发展专项资金——湖南省深化供销合作社综合改革惠农综合服务工程示范县项目，争取上级财政扶持资金290万元。

【供销社脱贫攻坚工作】 县社2名班子成员分别兼任开云镇长安村和江东乡三桥村的精准扶贫工作队队长，3名班子成员结对帮扶江东乡南坪村贫困户15户。提供扶贫资金3万元。结对帮扶湖南省联山农业科技发展有限公司发展。承接全县电商扶贫具体实施工作。以衡山县惠农供销电子商务公司为主体，在县商务和粮食局指导下，投入电商扶贫专项建设资金50万元，分二批完成2016年度10个省级建档立卡贫困村扶贫任务、2017年度5个省级建档立卡贫困村电商扶贫建设工作任务。　(唐金平)

烟草专卖管理

局　长
党组书记 阳建成

【概况】 2017 年，衡山县烟草专卖局(分公司)以十八届六中全会和十九大精神为指导，坚持稳中求进总基调，落实“五稳五进”的工作思路和举措，圆满完成 2017 年各项目标任务。

【卷烟营销】 认真落实规范经营要求，以推进营销网建为抓手，全力稳销量、提结构、推自律、夯基础、优环境，实现销量 16511.36 箱，实现税利 7009.37 万元，确保主要经济指标达到预期水平。全年建成客户自律互助小组 45 个，建成衡山汽车站吸烟室并投入使用。

【专卖管理】 深入贯彻全面依法治国，认真落实“放管服”改革要求，积极推进“三项制度”试点工作，切实做到依法执法、依法行政、惠民便民。紧盯真烟治非、打假打私两个重点领域，进一步加强和公、检、法、工商等部门的协作，强化执法合力。2017 年，查获各类涉烟违法案件 77 起，其中 5 万元以上案件 11 起，查获涉案卷烟 518.204 万支，涉案金额 241.09 万元。加强法律法规宣传，开展集中宣传活动 3 次，发放宣传手册 700 多份，接受咨询 240 余人次。加强执法人员业务培训，提高法治意识，严格办案程序、痕迹执法，规范自由裁量，确保依法执法。

县烟草局班子成员会议照(左起：周晓卫、阳建成、刘文萍、戴云辉)

【企业管理】 以严控成本费用、严控投资采购、强化制度执行为重点，不断提高企业管理水平，促进企业提质增效。严格落实中央八项规定和上级党组巡视巡察整改要求，2017 年，接待费、差旅费分别同比下降 87.5%、16.32%。卷烟物流配送中转站项目已完成方案设计、评审、报建等前期准备工作，完成投资 1423.36 万元。高度重视安全生产和综治维稳信访工作，认真落实责任，全年未发生安全生产事故和群体性事件。

【烟草局党建工作】 深入贯彻落实全面从严治党要求，出台党建工作考核细则，着力强化党的领导。扎实推进“两学一做”学习教育常态化制度化，认真学习贯彻党的十八届六中全会和十九大精神，召开党员大会 6 次、支委会 15 次、党小组会 74 次，组织中心组学习 4 次、党课教育 9 次。深入开展党风廉政建设和作风建设，加强廉政教育筑牢思想防线，切实把纪律挺在前面，未发生违反党纪党规和党风廉政制度的情况。 （张　登）

石 油 化 工

经理　彭　旺

【概况】 2017 年受国际国内大环境影响，市场反应低迷，批零差价大，中石油、中海油、中化和民营油企竞争加剧，使得中国石化股份有限公司湖南衡阳衡山石油分公司经营工作面临严重困难。按照省、市公司的部署，以“质量效益年”“隐患整改年”“加油站综合服务年” 以及 “多卖一吨油活动”的开展，“抓损耗、严管理、转作风、提质效”等活动为抓手，开展以“自查、自纠、自省、自律”为主题的管理提升活动，抓内部管理，打造一支在困难面前有战斗力的团队。2017 年，轻油共计完成零售 31212 吨，完成目标任务的 100.67%。其中柴油 12737 吨、汽油18240吨,完成任务情况为衡阳市公司第一。非油任务完成非油品营业额659万元,完成任务87.4%,实现毛利85万元,完成任务100%,在衡阳市公司排名靠前。中国石化股份有限公司湖南衡阳衡山石油分公司实行班子成员周末值班和夜间巡站查岗制度,提高站长夜间值班在岗率的同时,也加深班子成员与加油站员工的感情交流。为改变以往分管站经理下站检查时间短、检查不连贯不全面、经理前脚走站长后脚溜的状况,中国石化股份有限公司湖南衡阳衡山石油分公司创新开展"我陪站长当站长"活动,以同工作、共生活的方式提高加油站现场管理水平。为扎实开展活动,每星期县公司班子成员用2~3天的时间在自己分管的加油站,从早上接班直到晚上下班,全天陪同站长在站处理工作事宜,指导站长和员工抓管理、促经营,发现工作中存在的问题,直到加油站的日常管理有根本性的改变。衡山分公司在营13座加油站,其中包括南岳区南岳、寿山2座加油站,寿山加油站于2017年1月25日开业。在经营环境复杂的情况下,中国石化股份有限公司湖南衡阳衡山石油分公司积极向市公司争取政策,多次与竞争对手谈条件,联合当地政府职能部门惩治非法加油站点等方法,在各加油站全年开展"多卖一吨油活动"。"双十一"IC卡充值送礼等等活动的开展,用IC卡捆绑住客户,想尽办法,在农历新年到来之前,新开2座站点。(陈秋平)

金　融

中国人民银行衡山县支行

行长　廖先进

【概况】　中国人民银行衡山县支行系中国人民银行派驻衡山县的分支机构。内设办公室、人事政工股、业务股、国库会计股、货币金银股、保卫股6个股室，现有干部职工28人，其中中级专业技术职称人员13人，初级专业技术职称的9人。历年来，在上级行和县委、政府的正确领导下，支行认真履职，连续三年获得衡阳中支先进支行称号。至2017年年末，衡山县各项存款142.09亿元，比年初增加17.99亿元，增长14.5%；各项贷款53.18亿元，比年初增加14.77亿元，增长38.46%；存贷比37.43%，增长6.48%。贷款和存贷比增幅均名列全市第一，人均储蓄存款与贷款增长率均提前完成小康社会建设指标任务。

中国人民银行衡山县支行班子会议照（左起：廖怀德、陈国璋、廖先进、刘振林）

【国库管理】　2017年，人行衡山县支行加强国库管理服务工作，规范日常业务操作，累计办理财税入库10.74万笔，金额12.78亿元，办理预算拨款2.09万笔，金额30.76亿元，未发生一笔差错和资金风险。大力推进三方协议缴税、银行卡刷卡缴税等电子缴税方式，1—12月电子缴税笔数占比达94.91%。

【货币发行管理】　2017年，人行衡山县支行加强货币发行工作，1—12月共办理辖内金融机构发行基金出入库业务586笔，金额43.51亿元；其中入库357笔，金额20.84亿元，出库229笔，金额22.67亿元，净投放总额1.83亿元。

【货币政策落实措施】　2017年，人行衡山县支行为确保货币政策落实，采取多项措施，积极引导金融机构支持地方经济发展。一是项目对接得到深化，银企对接会成效明显。在2017年银企对接会上金融机构与企事业单位签订贷款合作意向协议15亿元，履约率达85%以上，较好地支持县域基础设施、重点项目和新农村建设。二是深入开展金融精准扶贫，截至12月底，共为贫困农户评级10542户，授信5973户，累计发放小额信用扶贫贷款1072户、金额3405.8万元，分别完成任务数的88.01%、103.52%；农发行发放异地搬迁扶贫贷款1967万元，其中基金286万元，贷款1681万元。

【金融安全创建】　2017年，衡山县成功创建市级金融安全区。一是做好衡山县金融创安工作资料收集、信用体系建设、情况汇报等准备工作。二是配合开展党政干部拖欠银行贷款清欠活动。制订《衡山县清收国家公职人员拖欠银行贷款的实施方案》，在县委、县政府的领导下,各级各部门齐抓共管,对国家公职人员在银行贷款、担保贷款逾期未还和以信用卡恶意透支的款项进行全面清收。三是推动信用体系建设。全县已建成6个信用乡镇、63个信用村。促进诚信文化教育基地建设,在长江镇柘塘村正式挂牌。

【农村金融基础设施建设】 一是积极开展金融扶贫服务站、助农取款服务点、村级电商服务站融合共建工作。至12月末,衡山县有16个贫困村实现"三站"融建,"三站融合"工作全市排名第二。二是进一步加强支付环境建设。积极推动金融机构大力拓展特约商户业务、加大POS机和ATM机安装力度;创新惠农、扶贫资金支付模式,在全省首发惠农、扶贫资金明白卡、明白折,为广大农民算好"明白账",其做法被《金融时报》报道。 (唐永成)

中国农业发展银行衡山县支行

行　　长
支部书记 吴文志

【概况】 中国农业发展银行是全国唯一的一家农业政策性银行,以新农村建设为己任,全力服务"三农"发展。中国农业发展银行衡山县支行现有员工16人,下设三个部门,分别为办公室、信贷业务部、会计结算部。2017年,支行在新任行长吴文志,副行长谢振方的年轻领导班子带领下实现业务发展新突破,全行业务发展实现倍数增长。2017年年末,全行贷款余额约为4.12亿元,全年实现贷款增幅251.4%;各项存款余额约为3.33亿元;完成外汇业务8.1万美元;全年实现会计账面利润989万元,不良贷款为0;全年累计收购储备粮1.09万吨、价款2643万元;市场粮1851吨、价款500万元;全年累计支付中国农发重点建设基金138笔,金额约2.83亿元;全年完成全县10个乡镇的311户、1095人易地扶贫搬迁工作,支付资金1960万元;全年完成2笔,金额4.1亿元棚户区改造项目贷款的投放及相关的支付工作,有力的支持县域经济的发展。 (唐　韬)

中国工商银行股份有限公司衡山支行

行长　彭　合

【概况】 中国工商银行股份有限公司衡山支行,座落在衡山县开云镇解放北路118号,内设机构为三部一室,即:办公室、营销部、营业管理部、营业部,2017年在岗员工35人(退休一人)。2017年,衡山工商银行认真贯彻落实省市行行长会议和全县经济工作会议精神,紧跟全县经济发展步伐,根据支行全年工作目标,全力做好各项工作,支行各项业务得到较好的发展,在全省县域支行绩效综合排名由三类行上升到二类行,支行营业部获得衡阳分行"先进集体"称号。

一、存款业务。2017年,中国工商银行衡山支行认真做好客户维护,进一步夯实客户基础,加强服务管理,提升服务质量,持续开展零售业务营销竞赛活动,存款业务增长较快。截至2017年年末,本外币各项存款余额59650万元,比年初增加6874万元。其中储蓄存款余额46903万元,比年初增加2232万元,较2016年多增1879万元;公司存款余额8938万元,比年初新增6754万元,任务完成率338%,较去年多增6612万元;

二、信贷业务。年末各项贷款余额9764万元,比年初增加523万元,其中:公司贷款6330万元,比年

中国工商银行衡山支行班子成员会议照(左起:旷莉萍、彭合、陈群立)

初下降210万元;个人贷款3434万元,比年初增加733万元。

三、效益指标。2017年全年中间业务收入380万元，同比减少608万元；实现拨备前利润712万元,同比减少614万元;实现净利润679万元,同比减少583万元。

四、资产质量。年末不良贷款余额3万元,不良率0.03%,与上年持平。信用卡不良笔数51笔(含车贷),不良余额196万元;其中车贷专项分期不良笔数9笔,不良余额65万元。

五、内控案防。全年未发生案件和重大差错事故,员工队伍稳定,实现平安年的目标。

六、党风廉政建设工作。2017年,衡山工商银行,把贯彻落实党的十九大会议精神作为切入点,加强支部自身建设,以踏石留印、抓铁有痕的精神,通过制定行领导及部门负责人党风廉政建设职责,细化支行行长、副行长、部门负责人的责任,形成“一把手亲自抓、主管领导具体抓、班子成员分头抓、部门领导重点抓”的党风廉政建设工作局面。认真开展党纪行规、廉政和警示教育,提高全员反腐倡廉能力,营造反腐倡廉氛围,构筑防腐拒变的道德防线。营造一股良好的政风行风,确保各项业务的有序开展。

（彭德林）

中国农业银行股份有限公司衡山县支行

行长　李　骞

【概况】 2017年，中国农业银行股份有限公司衡山县支行（简称农行衡山支行)有员工66人下设5个部门,5个营业网点。农行衡山支行为适应新形势，提升“三农”服务水平，紧跟上级行战略部署，持续做好县域市场，落实发展战略,较好地完成各项经营计划。

2017年，农行衡山支行各项存款余额达189534万元,各项存款较2016年净增13278万元,

中国农业银行衡山县支行班子成员会议照
（顺时针左起:李水平、李骞、唐嵩、周显峰）

其中储蓄存款余额175882万元，较2016年增长10319万元,个人贵宾客户净增633户,完成任务的94.48%,对公存款13651万元,较2016年增长2959万元,存量、增量分别居衡山四大行第一和第二。

2017年,农行衡山支行各项贷款余额66875万元,其中,对公贷款12807万元,个人贷款19975万元，较2016年净增6107万元,2017年不良贷款余额86.04万元，不良率0.13%，到期贷款收回率达99.85%。

2017年,农行衡山支行完善“大内控”管理格局,按照“强基础、抓执行、提质量、控风险”的总体思路,着力在提高管理有效性下功夫。牢固发展基础,坚持党建统领,强化作风建设,把住进全行经营管理作为党建工作的基本出发点着力增强高校执行。2017年荣获农行衡阳市分行个人业务先进单位。

（罗　蓓）

中国银行股份有限公司衡山支行

行长　彭韶泉

【概况】 2017年，中国银行衡山支行现有员工24人,下设营业部开发区支行2个营业网点。主要经营范围：经营中国银行业监督管理委员会依照有关法律、行政法规和其他规定批准的业务，从事保险兼业代理业务。

中国银行衡山支行从2017年开始实现资源、队伍、产品和客户的整合,紧密结合县委、县政府发展战略,努力支持地方实体经济发展,2017年年末,各项存款余额为92276万元,其中储蓄存款为75647万元,公司存款为16629万元。各项贷款余额为19037万元,其中个人贷款余额为11277万元,企业贷款余额为7760万元。银行卡分期2487万元。

2017年年末,实现业务净收入1746万元,同比增幅13%,中间业务净收入337万元,同比增幅43.6%,拨备前利润1254万元,同比增幅19.71%。

衡山中行衡围绕分行党委"党支部标准化"建设方案,结合支行实际,夯实党建基础、丰富党建内涵,支行党支部2017年分别被评为省分行、市分行先进基层党组织。在一季度"开门红"竞赛活动中,储蓄存款净增突破1亿元,代理保险1700万元,公司有效账户净增排名第一,中间业务收入同比增长100%,工作思路和措施被市分行总结为"衡山经验"并在全辖推广。综合绩效考核排名第三。

2017年,衡山中行投入大量资金对支行营业部进行改造及装修,添置各类自助服务设6台、智能柜台3台。设立个人理财室、自助服务区、电子银行区、非现金柜、客户等候区等人性化的服务功能分区,牢固树立中国银行"金字招牌"的服务形象。

2018年衡山支行将认真学习、贯彻党的"十九大"精神,按照总行"以最好的党建引领最好的银行建设"的战略,和省行"树正气、建机制、严管理、防风险、求发展"的要求,认真落实"一岗双责",紧跟县委政府的发展战略,努力融入当地主流,实现经营管理一流的工作目标。重点围绕政府项目和园区企业,加大贷款营销和投放力度,支持县域经济发展的同时做大支行的业务和收入总量。

(中国银行衡山支行)

中国建设银行股份有限公司衡山支行

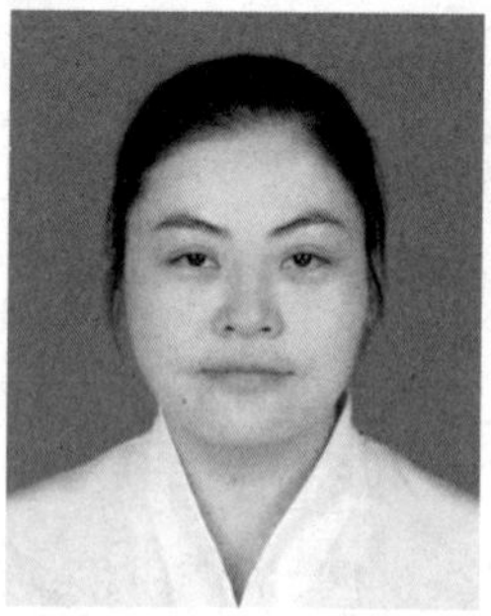

行长 刘艳平

【概况】 2017年,中国建设银行股份有限公司衡山支行在上级行的关心和支持下,认真贯彻市分行的工作会议精神,积极开展抓户增存活动,夯实客户基础,狠抓存款新增和产品营销,加强渠道分流,强化双基案防,提升服务管理,严控信贷和操作风险,努力推进各项业务稳定持续发展。

一、主要业务指标完成情况。1.存款业务:截至12月31日,建行衡山支行一般性存款余额达到118180万元,比年初新增17237万元,其中个人存款78236万元,对公存款39944万元。2.贷款业务:截至12月31日,建行衡山支行贷款余额达到31262万元,较年初新增8875万元。

二、2017年工作亮点。1.真抓实干,拓乡镇"网点",实现"金湘通"乡乡通,打造一站式服务。建行金湘通是集金融与通信为一体的智能POS(销售点)终端,在终端上集结通信业务、建行金融业务、银联便民业务办理于一体,打造农村"商流、资金流、物流、信息流、信用流"五流合一持续发展模式。2017年以来,衡山建行已成功在各乡镇布局金湘通102台,其中白果诚信超市是目前湖南省金湘通使用率前三的营业点。2.全面布局,"慧兜圈"开辟收单业务新天地。随着移动互联网时代的深化,移动支付市场逐渐形成以支付宝支付、微信支付为首的"扫码派"和以银联支付为首的"闪付派"。建行推出的"慧兜圈"新型收单业务平台,整合微信、支付宝、龙支付等多种支付方式,在方便消费者的同时,也可以通过朋友圈分享和熟客转发,带动更多人消费。2017年以来,衡山建行先后在建材市场、布艺市场、人民中路、衡山大道等多处商户聚集地布置安装慧兜圈228台,为建行的个人业务打下良好的基础。3.小微快贷,"贷"来飞速,"贷"来发展。为积极服务"大众创业、万众创新",加强小微企业服务能力,实现普惠金融,建设银行突破传统线下融资模式,运用互联网思维,5分钟实现小企业信用贷款,自推出以来得到广大小微企业的一致好评。截至2017年11月底,衡山建行累计营销小微快贷企业客户21户,累计授信526万元。大中型企业中,衡山县人民医院流动资金贷款新增授信2000万元,衡山县自来水公司固定资产贷款授信3200万元。4.全省首家县域试点微银行开业，加速智能化、自主化进程。2016年12月9日，衡山建行微银行作为全省首家县域试点银行盛大开业，在全县打造一个"人工网点+微银行+离行式自助银行"的小而密物理渠道布局，利用现代互联网技术，塑造一个"小而密、小而美、小而全、小而智、小而惠"的智能银行，有效为周边的居民提供帮助，带来福利，受到广泛好评。5.加强党的作风建设，增强队伍凝聚力。领导班子讲求团结协作，在支行重大问题和重大决策上坚持民主集中制，积极营造团结、实干、步调一致、廉洁从业的氛围，履行党风廉政建设责任，廉洁自律，遵守党纪国法和领导干部廉洁从业若干规定。开展"两学一做"活动，支委会、党员大会、党课都能按时召开，旨在提高全体党员思想政治觉悟和理论水平，提升党性修养，打造学习型基层党组织。　（建设银行衡山支行）

华融湘江银行衡山县支行

行长　廖栩志

【概况】 华融湘江银行股份有限公司是经中国银监会批准设立，国家工商行政管理总局核准，由中国华融资产管理股份有限公司（财政部直接控股的央企）注资并控股，由湖南省人民政府共同持股并发起在重组原湘潭、株洲、岳阳、衡阳市商业银行和邵阳城市信用社的基础上以新设合并的方式于2010年10月12日设立的国有性质股份制商业银行，全称：华融湘江银行股份有限公司（简称华融湘江银行），总行设在湖南长沙。截至2017年12月31日，华融湘江银行股份有限公司的网点已经遍布全省14个地市州、200多个网点、4000余名员工。在2017年，主体信用评级调升为AAA级，是全国3800多家银行中的第55家。在全国银行综合排名中名列第54位，湖南省服务业50强排名中第10位。

华融湘江银行股份有限公司衡山县支行自2012年7月成立以来，在人民银行、银监部门的有效监管下，在衡阳分行党委和衡山县委、县政府的坚强领导下及社会各界、广大客户的大力支持下，以创建"好银行"为目标，打造"湘融.通天下"的品牌理念。"融资、融智、融湘江"，融入衡山经济建设和"建设四个新衡山"的发展大潮中，紧紧围绕衡山县委、县政府的经济中心工作和"八大工程"，全力推出"政务类贷款、平台类贷款、公司贷款、小微企业类（信义贷、银担贷、创业贷、给力贷、税联贷、政采贷等产品）、个人生产经营类贷款、个人（公务员）消费贷款、个人住房按揭贷款"等多种贷款产品，主动对接政府、平台、企业、医院、学校，有力地支持工业园、经开投、兴山公司、国土储备中心、黄花新区、毛泽建公园、春昌钨业、卓盈服装、湘水明珠、新金龙纸业等平台公司、重点项目和企业的发展，通过近几年的品牌创建、形象宣传、基础夯实、精细管理、服务提升、队伍提炼，支行充分发挥国有控股、本土银行优势，倡导"立足衡山、服务衡山、依靠衡山、发展衡山"，以服务、发展衡山经济和提升自身业务、壮大客户群体为己任，支行的各项业务较3年以前有了长足的发展和大幅的提升：截至2017年年末，支行各项管理资产余额突破5.3亿元，一般性存款余额达到47888万元，较2016年年末净增26134万元；其中个人存款余额11841万元，较年初增长3838万元；对公存款余额36047万元，较年初增长22295万元；个人管理资产余额17319万元，较年初新增4707万元；支行零售客户总数突破12000户，支行全年信用卡进件量达870张；网银、手机银行客户分别接近3000户和2000户；贷款余额、总量达到4.8亿元，有力地支持地方经济的发展，获得政府和社会各界的好评，支行自身也取得较好的效益。支行同时也被评为衡

华融湘江银行衡山县支行班子成员合影（左起：王海燕、廖栩志、武勇）

山县2017年度“银行金融机构类优秀单位”和“2017年度支持县域经济发展先进单位”。

华融湘江银行衡山县支行将不忘初心、砥励前行,谋好篇、布好局、精细管理,以全新的品牌形象、双赢价值取向和社会使命感,不断丰富优化金融产品,不断提升金融服务水平。不断提高综合实力和打造核心竞争力,始终弘扬“稳健、创新、和谐、发展”的企业文化,始终遵循以“客户为中心”的宗旨,努力为广大客户提供优质的金融服务,并借衡山县域经济发展的东风引领衡山支行向着更高、更好、更大的目标前进。 (廖栩志)

湖南衡山农村商业银行股份有限公司

理事长　屈夏清

【概况】 湖南衡山农村商业银行股份有限公司(简称衡山农商银行)的前身是有着六十多年发展历程的衡山县农村信用合作联社。经湖南省银监局批准,2015年12月28日,衡山农商银行正式挂牌开业。目前拥有在职员工273人,内设15个职能部室,下辖21个支行、12个分理处。截至2017年12月末,各项存款52.81亿元,各项贷款27.48亿元。

业务经营。截至2017年年底,各项存款余额528080万元,比年初增加72651万元,增幅15.95%,各项存款余额占衡山银行业金融机构的37.17%。各项贷款余额274839万元,较年初增加43555万元,增幅18.83%,贷款余额占衡山银行业金融机构的51.68%。不良贷款余额6608万元,不良率2.4%。全年提取各类贷款损失准备金3091万元,贷款损失准备覆盖率179.97%。2017年,实现总收入30459万元,实现经营利润12947万元,同比增加3515万元,上缴利税2956万元,再次获评“县域经济发展突出贡献单位”。

金融服务。根据省联社统一安排部署,全体员工

衡山农商银行班子成员会议照(左起:王志刚、李岳军、屈夏清、杨良亨、何胜君)

经过数月紧张奋战,历经七轮模拟演练,于2017年11月6日成功上线新一代业务系统,自身信息科技水平实现质的跃升。2017年,全行持续加大营业窗口文明标准化服务的固化力度,优化服务流程。网点晨会实现制度化、常态化;在惠农补贴业务高峰期和赶集日增设柜组、抽调外勤人员担任大堂经理,缓解“排长龙”现象;加快网点升级改造,着力改善服务环境。望峰支行荣获“消费者权益保护先进单位”称号。以“访客户、问需求、优服务”活动为抓手,深入开展“两扫五进”,立足衡山本土,深耕传统市场,对接县域涉农、小微企业,对小微企业的贷款申请优先受理,加快调查审批流程,切实提高办贷效率。率先开发学费收费权质押贷款,适时推出公职人员消费贷款,金融产品更加丰富。依托小额农贷、农户联保贷款、土地经营权抵押贷款等业务品种,重点扶持沃柑、冬枣、百香果、白茶、席草以及生猪、黄牛等种植养殖业,促进农民增收、农业增效和农村发展。该行切实提高政治站位,认真落实精准扶贫政策措施。至2017年年底,建成金融扶贫服务站23个,评级授信5976户,授信金额18295万元。累计发放扶贫贷款1905户,金额6143.34万元。

企业文化。一是“五小”建设扎实推进。制订出台《衡山农商银行基层“五小”建设工作实施方案》,完成萱洲支行、岭坡支行两个示范网点的小食堂、小菜园、小阅览室、小活动室、小浴室标准化建设,员工工作生活环境焕然一新。将“五小”建设与基层党建、企业文化建设有机融合,有效提高基层党建工作水平,营造温馨的“家园”文化。二是内外宣传有声有色。依托大型户外广告、LED大屏、广告机、微信公众号、横幅、海报、折页等载体,广泛开展“存款突破8000亿元”系列宣传活动和改制挂牌两周年庆祝活动。冠

名第四届衡山乡村旅游文化节“农商银行杯”森氧探险赛,在活动现场植入大量农商银行品牌元素。企业形象和社会影响力、社会美誉度空前提高。同时,加大信息稿件报送力度,2017 年在省联社官网、内讯平台上稿 500 篇,在《衡阳日报》上发表通讯 3 篇,官方微信共推送金融知识、业务介绍、活动内容、工作动态等信息 52 条。三是“两卡两折”全省首发。根据省财政厅、省联社要求,积极开展“两卡两折”试点工作。成功打印出全省首批惠农补贴明白折 331 个、扶贫补贴明白折 22 个,并在首发仪式上现场发放到村民和贫困户手中。明白折将惠农资金和扶贫补贴的发放时间、补贴项目名称、发放金额和累计金额反映的一清二楚,得到政府和广大群众的高度赞誉。

风险管理。一是着力完善风险管理体系。该行充分发挥稽核审计、纪检监察、风险预警和远程监控职能。在较短时间内完成授权网络搭建、机器设备布放、人员配置调整,实现集中授权中心成功上线,通过上收部分业务审批权,有效提高全行业务防误判错水平,完善风险管理体系,增强风险控制能力。二是强力清收压降不良贷款。把表外不良贷款清收和表内不良贷款压降作为重中之重,建立表内、表外不良贷款台账,强化绩效考核,层层传导压力,提升清收实效。首次通过淘宝网司法拍卖平台处置不良资产。加强与法院协调配合,开通快审、快结、快执绿色通道,全年共依法起诉 290 笔,金额 1527.14 万元,有效收回 780 万元。三是全力抓好安全保卫工作。按照《银行业金融机构安全评估标准》要求,通过实地查看、录像回放、查验档案资料等方式对辖内网点营业场所安全、中心金库和网点金库安全、自助设备和自助银行安全、运钞安全九个方面,逐条逐项开展自查自评自纠工作。组织全行网点安全大检查及专项检查,对 7 人实施经济处罚。全年未发生重大风险事件、责任事故和经济案件。（衡山农商银行）

中国邮政储蓄银行股份有限公司衡山县支行

【概况】 2017 年年底,中国邮政储蓄银行股份有限公司衡山县支行共有在岗员工 30 人,其中,合同用工 24 人,劳务派遣用工 6 人。内设综合管理部、三农金融部、公司业务部三个部门,下辖 2 家二级支行,全县拥有邮政储蓄网点 14 个,排全县国有商业银行同业第一位,其中县城网点 4 个,农村乡镇网点 10 个。

行长　周永斌

2017 年,中国邮政储蓄银行衡山县支行认真落实省、市邮储银行工作会议和县委经济工作会议精神,坚持稳中求进总基调,进一步夯实基础,以转型升级为主线,接轨一流上市银行,围绕培育特色化、差异化竞争优势,加大业务营销和服务县域经济社会发展力度,促进各项业务稳步发展。截至 2017 年 12 月 31 日,全县邮政储蓄个人存款余额 286445 万元,市场占有率 25.44%,年净增 29666 万元,其中:邮政储蓄银行个人存款余额 65107 万元,年净增 2373 万元;公司存款余额 33795 万元,年净增 6696 万元;信贷结余 29460 万元,年净增 1431 万元。完成业务收入 2751 万元,比 2016 年同期增加 167 万元,同比增长 6.46%;实现利润 1671 万元,比 2016 年同期增加 28 万元,同比增长 1.70%。与此同时,该行持续推进精细化管理,组织开展“三违反”“四不当”“十乱象”“风险防控”等专项整治活动,坚持依法合规经营,强化资产质量管控,有效防范经营风险,提升了风险管控能力和水平,全年没有发生风险事件和安全事故。2017 年,该行分别荣获邮储银行衡阳市分行“绩效考核优胜支行”和“合规管理先进支行”荣誉称号。

为加大服务“三农”力度,根据邮储银行总行统一安排,2017 年 8 月 29 日,该行挂牌成立中国邮政储蓄银行三农金融事业部衡山县营业部。

（中国邮政储蓄银行股份有限公司衡山县支行）

中国人民财产保险股份有限公司衡山支公司

【概况】 中国人民财产保险股份有限公司衡山支公司(简称财保衡山支公司)是中国人民财产保险股份

经理　文安安

有限公司在衡山设立的四级机构。员工20人,业务员12人,设白果、开云、东湖3个三农营销服务部,17个乡镇农险站,318个村级服务点。2017年,衡山支公司紧紧围绕省分公司“品质卓越、引领市场、跨越200亿”战略目标,坚定“五个不动摇”,突出发展、效益、合规主体,狠抓销售、管理、队伍服务重点,坚持同心同德、同向同行、提质增效,各项工作稳步推进,公司呈现持续向好的发展态势,各产品线业务持续发展。2017年,公司累计完成保费收入5093万元,同比增长23.03%,市场份额47.99%,同比增长1.66个百分点,超市场增速2.43个百分点,其中车险完成3200万元,农险完成1240万元,非车险保费完成653万元。（高　强）

中国人寿保险股份有限公司衡山支公司

经理　肖　杰

【概况】 中国人寿保险股份有限公司衡山支公司(以下简称中国人寿衡山支公司)是隶属于中国人寿保险股份有限公司的县级支公司。2017年，公司实现全年普通寿险保费8830.8万元,分红寿险保费4692.13万元,健康险保费2694.53万元,其中大病保险1202.36万元,计划生育专项保险保费28.46万元，老龄人意外伤害保费26万元,学生平安意外伤害保费228万元,公安干警保费16.8万元，达成总保费16516.30万元;向社会给付各类保险金3473.4万元，其中理赔支付840万元;保持绝对的市场领先地位。全年完成国、地税税收任务189.10万元,为衡山财政做出应有的贡献。

政策保险：中国人寿衡山支公司作为承担社会责任、参与社会管理、服务社会主义新农村建设的重要载体平台,公司积极响应上级文件精神,与衡山县政府协调开办“新农合”大病互助二次补偿工作,并在全县拓展政策性保险业务，在衡山县范围内大力推行计划生育意外保险、老龄人意外保险、村干部保险等,都取得不错的成绩。2017年,实现团体意外险保费361.50万元，全年处理查勘理赔案件1100余次,赔款支出234.80万元。与中、工、农、建、农商银行等五家银行的保险业务合作，满足客户的各种理财需求。人才建设:2017年,中国人寿衡山支公司面向社会招聘服务专员,新增就业人员560人,有效的分解政府的就业压力。（章　清）

中国人民人寿保险股份有限公司衡山县支公司

经理　周传鑫

【概况】 中国人民人寿保险股份有限公司衡山县支公司（简称人保寿险衡山支公司）隶属于中国人保寿险,是中国人民保险(集团)分支机构。公司成立于2013年8月6日，公司地址位于衡山县开云镇五一中路58号,与人保财险衡山支公司均属中国人民保险集团分支机构并合署办公。2017年衡山支公司围绕总公司提出的“稳增长、

人民人寿保险公司衡山支公司部分班子成员合影
（左起:何婷、周传鑫、罗新国、刘赛兰）

重价值、强基础”的转型思路，进一步调整业务结构，着力抓好队伍建设，全面提升管理水平，在巩固团险业务的基础上，大力突出期交业务，有效提高公司的经营效益，积极打造一家综合型寿险公司。人保寿险衡山支公司在上级公司和衡山县委、政府的正确领导下，一是抓业务、抢市场，实现各项业务的快速发展；二是抓内控、防风险，助推公司稳健发展；三是抓党建、聚人心，彰显公司青春活力；四是抓培训、重教育，快速提升员工素质；五是抓服务、树形象，凸显公司品牌价值。

2017 年人保寿险衡山支公司

寿险新单保费	新单期交保费	意外险保费	销售队伍	理赔金额
4530 万元	618 万元	271 万元	205 人	528.91 万元

（人保寿险衡山支公司综合部）

中华联合财产保险股份有限公司衡山县营销服务部

【概况】 中华联合财产保险股份有限公司衡阳中心支公司衡山县营销服务部成立于 2007 年 7 月，地处衡山县开云镇人民中路 327 号，旁边有中国银行、建设银行、华融湘江银行、以及步步高超市等多个人流密集场所，地处衡山县城内繁华中心位置。公司现任经理廖仁秀，共有签约员工 11 名，其中高管人员 1 名，专业技术序列人员 5 名，业务销售序列 5 名。

公司从 2007 年成立以来，业务发展平稳。由 2007 年的单营车险、短期意外险发展到现在的主营车险，短期意外险，政策性农险（包括能繁母猪保险、育肥猪保险、公益林保险）、新型农村合作医疗补充保险、学平险、校园方责任险，以及建筑工程险、乘运人责任险、水运险等多元化险种。2017 年，保费收入规模为 2156 万元。

公司坚持广泛宣传，应保尽保的原则，充分利用各种传媒途径，开设保险专栏，印刷保险宣传手册等。大力宣传保险的有关政策和重要意义，切实提高广大群众的保险意识，进一步调到群众参保投保的积极性，真正做到应保尽保，保全保足。　（张　婷）

文体广新·教育

文体广电新闻出版

县政协副主席(兼)局长 周湘宁

党组书记 颜文艺

【概况】 衡山县文体广电新闻出版局下设11个股室,办公室、政策法规和市场管理监督股、行政审批股、公共服务股、文化艺术股、文化遗产管理股、群体竞训股、广播电影电视管理股、新闻出版版权管理股、产业发展股、规划财务股。下属单位7个:文物局、文化执法大队、全民健身中心、文化馆、图书馆、剧团、电影公司,全县有12个乡镇文化站、320个农家书屋。2017年,经过共同努力,衡山县文体广新系统获得了很多荣誉和奖励:衡山民俗花灯调《一塘清水一塘莲》在省“欢乐潇湘”群众文艺会演比赛中获一等奖;县局获市文体广新系统先进单位、市文体广新系统产业调查先进单位、县目标管理考核先进单位、县综治工作先进单位、县信访工作先进单位称号;江东乡经推荐获评全国群体工作先进单位,开云镇九龙村农家书屋获评全国示范农家书屋;县局获全省“户户通”工作先进单位、全省“农家书屋”工作先进单位称号。

县文体广新局班子部分成员合影(左起:廖飞跃、周乾清、颜文艺、周湘宁、易国华、李玉祥、康社军)

【群众文化体育活动】 2017年,成功举办2017年元旦春节系列文化活动、“生态湿地最美萱洲”第二届湿地摄影大赛、全国首个“文化与自然遗产日”宣传展示活动、“4·23”世界读书日主题系列读书活动、衡山县首届文物价值解读与传播大赛、“建军90周年”书法美术比赛展览、“喜迎十九大”大型书法美术展览、“欢乐潇湘·幸福衡山”暨“喜迎十九大·共建新衡山”群众文艺会演活动,“百龙闹元宵”“非遗”展示活动等群众文化活动60余次;完成公益电影放映3816场次、送戏下乡100场次、公共文化服务项目免费接待42万人次;开展送图书进社区、进军营、进敬老院、进校园、进企业、进农村、进机关宣传活动;启动《衡山民歌》制作,委托霍尔果斯鸿星世臻文化传媒有限公司对衡山民歌进行整理制作,指定由衡山籍现役中国空政文工团青年歌手易秒英主唱,所有歌曲制作成专辑,利用衡山民歌结合衡山的风土人情、发展状况等进一步宣传衡山,协助电影《一代女魂唐群英》的拍摄工作。以体育社团组织为依托,广泛开展全民健身活动,举办县文体广新系统气排球比赛、全县“恒信福”杯羽毛球赛、岭坡森林探险赛、"8·8""九福祥"杯全民健身日活动、花果山背老婆大赛、全县"星源"杯职工篮球赛、国税系统气排球比赛、白果镇晓岚村龙舟邀请赛、开云镇大桥社区龙舟邀请赛、卫计系统羽毛球赛、全市疾控系统羽毛球赛等体育活动20余次，参与活动近万人次；承办全市群体干部和乡镇文体站长培训班；参加市中老年篮球赛获第一名、代表衡阳参加湖南省第八届"强民"杯农民篮球赛获二等奖；县太极拳运动员王菊云参加十三届全运会群众比赛暨2017年太极拳公开赛武当山赛区获两个一等奖，10月代表湖南省参加十三届全运会暨全国太极拳公开赛总决赛荣获第四名；坚持"以训练为中心，以管理为重点，以输送为主线"，以业余体校游泳队以及全县各中小学校和体育社团为依托，开展经常性的游泳、跆拳道、羽毛球、足球等项目训练，同时广泛开展运动员苗子的选拔和培养工作，多次邀请省、市业余体校的专业教练到我县实地选材，挖掘和培养体育后备人才。

【文化体育设施建设】 通过争取国家政策扶持、政府投入、社会资本参与等途径投入发展资金1.4亿建设衡山体育馆。文化艺术中心项目正式启动，完成电影公司资产评估、方案设计、规划等前期工作，年前进行最后的方案确定和拆迁工作；结合精准扶贫工作，全面完善公共文体服务设施建设，对乡镇综合文化站、农家书屋基础设施进行提升，在11月底对全县320家农家书屋进行书籍配送，共配送221种类型的新书65600本，在全县建设健身路径45条、农民健身工程3套、省级乡镇体育健身工程1个，截至2017年12月，全县文化体育设施面积已达110.02万平方米；抓好重点民生工程广播电视"户户通"运行维护工作，确保长通、久通、优质通；无线数字化覆盖一期工程验收合格，投入使用，二期工程工作正在有序开展。

【文化遗产保护工作】 广泛开展"非遗"进校园、"非遗"展览宣传活动，将"衡山云峰古法榨油""衡山酒曲餅制作工艺""衡山江湖隐语" 增补列入第三批县级非物质文化遗产保护项目遗名录，将胡孝辉等9位艺人列入第三批县级非物质文化遗产县级传承人名录，成功申报谭铁庚、王月秋、刘武阳三人为"衡山影子戏"市级传承人，申报花鼓灯谭丽君，岳北山歌黄赛昭，衡山影子戏刘武阳，衡山拜龙李运华四人为省级"非遗"传承人。开展衡山县2017年衡山影子戏师带徒传承培训班，携手皮影艺人剧团开展对《隋唐演义秦母上寿》《封神：激反武成王黄飞虎》《瞎子改行》3个传统皮影剧目进行复排，彰显衡山地方文化特色。新建毛泽建烈士纪念馆。为更好的宣传先烈的革命精神，加强全县爱国主义教育和两个文明的建设，积极争取县委、县政府重视，将毛泽建公园内综合大楼划定两层专用办公用房和展览场地，面积达500平方，用于毛泽建烈士生平事迹展览，6月29日毛泽建烈士纪念馆正式开馆，为广大群众提供了新的参观教育学习基地；举办纪念唐群英女士逝世80周年系列纪念活动，并争取县财政投入专项资金300万元，用于唐群英故居与唐群英墓的维修；自查与协助外县办理五起文物执法案，分别是在毛泽建烈士墓建设控制地带内的违法建设房屋案、在毛泽建烈士墓保护范围内的违法占地案、协助省级重点工程衡东县大浦通用机场的考古发掘的纠纷处理、协助常宁市办理的国保单位文物执法案件、开云镇长安村挖掘一批宋代铜钱案，按省文物局关于报送《湖南省石刻集成》的工作要求，完成和报送11件县文物石刻拓印作品，参加为期3个多月的野外考古发掘工作。

【文化市场管理】 通过举办文化市场经营业主培训班、召开全县文化市场管理工作大会、与经营业主签署责任状，引导经营业主依法经营，提高业主依法经营自觉性；建立健全日常监管巡查制、单位联席会议制度、强化社会监督协管机制，形成文化市场监管合力。文体广新局围绕扫黄打非、禁毒、安全生产等主题，组织开展出版印刷、教辅读物、歌舞娱乐场所、网络市场大检查。重点检查非法出版、印刷企业、学校违规征订教辅读物、网吧接纳未成年人等违法违规行为，先后开展网吧市场、网络侵权盗版、娱乐场所安全生产、"扫黄打非"等专项整治行动16次，出动检查人员600余人次，车辆120车次，检查各类经营场所1200家次，立案查处网吧经营单位15户，举报受理3户；查缴非法刊物1500多册，收缴高年级非法试卷2000多份，立案2起，其中一起移送公安机关刑事立案。发放卫星整治公告42份,检查星级酒店30家次,拆除卫星接受设施5套,协助县网络公司顺利平移用户30余户。对全县网吧逐家安装文网卫士监管平台软件,确保安装率100%。召开全县网吧整改动员会,统一制作并免费发放"未成年人禁止入内"、举报电话、网吧卫生制度等警示制度牌,要求全县所有网吧在显著位置张贴。同时,还要求所有网吧张贴禁烟标志,配备劝烟员,并免费发放劝烟员袖章。

(符 慧)

文物保护

【概况】 2017年,完成毛泽东考察湖南农民运动旧址的新的内容展示版面设计;完成唐群英故居、文立正故居、康王庙、岳北农工会旧址的安全排查和隐患整改工作。文立正生平事迹陈列展内容设计和文物征集工作及其他筹备工作正在进行中。

【毛泽建烈士纪念馆搬迁】 毛泽建,又名毛达湘,是伟大领袖毛泽东的堂妹。她在衡山县城马王庙坪英勇就义时年仅24岁。毛泽建烈士陵园1983年被湖南省人民政府公布为省级文物保护单位。由于烈士陵园内没有专用的陈列展厅(毛泽建烈士生平展一直设在农民运动纪念馆的第二展厅),县委和政府于2016年下半年确定将毛泽建纪念馆设立在毛泽建公园内。2017年新春伊始,衡山县文物管理局对新展厅进行规划、设计和陈列布展,在内容设计、形式设计和文物征集、复制上都做了提质,新增加烈士书信、宣传资料,当时农民武装所使用的武器装备和相关文物展示。2017年6月29日上午10:00,在毛泽建烈士纪念馆(县毛泽建公园),举行毛泽建烈士纪念馆(后更名毛泽建烈士生平事迹陈列室)搬迁活动。

(廖朝霞)

群众文化

【概况】 2017年,衡山县文化馆严格按照县委、县政府及县文体广新局对工作的总体计划和布署,落实方针政策,加强文化馆队伍、业务建设,充分发挥文化馆职能作用,全面提升文化馆的综合管理水平,各项工作取得一定成效。4月,衡阳市举办新人新歌大赛,衡山县文化馆组织人员积极参赛;5月,"岳北山歌"参加南岳区"祭茶大典";6月,"山歌献给党"参加衡阳市档案局"衡阳记忆·兰台颂歌"文艺会演;10月,《一塘清水一塘莲》参加衡阳市"我们的节日·重阳"主题活动暨"和谐衡山·大美衡山"文艺演出;11月,《一塘清水一塘莲》参加"欢乐潇湘"全省群众文艺会演优秀节目展演。7—11月,参加创作演出的《一塘清水一塘莲》在"喜迎十九大·建设新衡阳"欢乐潇湘全省群众文艺会演决赛中获得一等奖;

2017年2月,参加南岳区"百龙闹元宵""非遗"展示活动;3月,市级传承人申报工作,谭铁庚、王月秋、刘武阳3人被确立为"衡山影子戏"市级传承人;4月,"衡山豆腐"参加南岳区松麓街"非遗"产品展示活动;6月,开展全国首个"文化与自然遗产日"宣传展示活动;8月,申报省级传承人(花鼓灯谭丽君,岳北山歌黄赛昭,衡山影子戏刘武阳,衡山拜龙李运华);9月,开展衡山县2017年衡山影子戏师带徒传承培训班;"非遗"中心开展对《隋唐演义秦母上寿》、《封神:激反武成王黄飞虎》《瞎子改行》3个传统皮影剧目进行复排;10月,开展"岳北山歌进校园"系列活动;11月,开展"衡山影子戏"进校园、进社区、进乡镇活动。12月,进行实施2017年度非物质文化遗产普查遴选工作。

2017年3月,文化馆舞蹈专干在衡山县庆祝第107个三八国际劳动妇女节文艺演出中指导《衡山旅游大家说》《再别康桥》。4—5月,培训中心舞蹈老师赴衡阳参加湖南省原创广场舞教练培训。6月,培训中心免费开放老师排练的舞蹈《青莲》《如火的青春》《最美宫灯红》参加县里庆六一国际儿童节会演。中旬,培训中心免费开放舞蹈老师在各社区教学指导湖南省原创广场舞。7—8月,培训中心免费开放青少年舞蹈班参加中国舞蹈家协会考级教材6、8级考试,培训中心免费开放青少年美术班参加考级考试。9月,衡山县文化馆舞蹈专干指导排练《共筑中国梦》《乐游衡山》参加县里欢乐潇湘比赛,荣获一等奖、最佳创新奖。10月,舞蹈专干指导、编排、参演舞蹈《欢聚一堂》参加衡山县重阳节文艺晚会。

(赵 晶 旷雅雯)

【书法家协会】 2017年，是衡山县书法家协会第四届三次理事（扩大会），正式注册发证的会员达64人，一批在外学习培训的中坚力量成为衡山书协的新会员，他们的加入进一步增强了协会会员对衡山书协的认同感和荣誉感。书协工作得到市县相关领导的充分肯定，市文联、市书协多次肯定衡山书协近两年的变化。县委宣传部、县文联对衡山书协的工作更是赞誉有加。

2017年1月，在衡山奥区教育培训学校召开衡山县书法家协会工作年会，会上增补易国华、蒋晓衡为衡山县书法家协会副主席，聘任衡山县委原副书记唐德军为特邀顾问。农历三月初三，协会组织18名会员到九观湖景区进行采风笔会联谊活动。7月。县书法家协会承办的“建军90周年书画作品展”在县委大院一楼大厅展出，共展出作品近60幅。9月，协会承办的“喜迎十九大，翰墨颂衡山”全县书画作品展在县农民运动纪念馆展出，共展出书画作品90幅。11月，组织衡山书协会员去湖南萱洲国家湿地公园采风笔会联谊活动，受到湿地公园管理处的高度重视。2017年协会先后组织去永州、衡阳、南岳等地参观书画展览和听取书画艺术讲座达5次之多。

2017年在衡阳市文体广新局征稿，由衡阳市全民国防教育委员会、市双拥工作领导小组和市民政局主办的建军90周年书法美术摄影作品展中有罗炳坤的作品荣获优秀奖，聂炜、刘建军、彭云聪、易国华、成祥辉、蒋晓衡、周宁、贺卫东、宾洪祥、熊玉辉的作品入展。彭云聪的板画作品同时在省获优秀奖。杨东入展湖南省书法家协会主力的新人新作展。聂小婷入选湖南省书法家协会主办的新人新作展。杨东、夏小婷、周建国三人入展湖南省书协主办的第二届临帖作品展。夏小婷的书法美术作品均获衡阳市第五届女子书画作品优秀奖。杨东的书法作品获衡阳市第五届女子书画作品优秀奖。成祥辉、杨东的书法作品入展省书协和吉首市主办的“翰墨情·吉首梦首届兰桂吉首书法展”；周建国的书法作品在湖南省文联和省老年书画协会主办的建军90周年书画作品展中荣获三等奖；罗炳坤的书法作品和邓永红的美术作品入围由省文化厅、省总工会、省文联主办的“中国梦·劳动美·永远跟党走湖南省职工书画大赛”。其中罗炳坤的书法作品入展中华人民共和国文化部和陕西省人民政府联合主办的第四届丝绸之路国际艺术节——今日丝绸之路国际美术邀请展。

（罗炳坤）

【美术家协会】 衡山县美术家协会成立于2008年10月，是经县民政局批准，组织部门许可的集综合性、专业性于一体的社会文艺团体，是集油画、国画、版画等多画种专业性较强的美术机构，是我县广大美术爱好者进行美术创作和专业交流的重要平台，是衡山县文艺宣传的重要阵地。

组织美协会员参观各类美术展览，定期组织会员写生采风活动，大力宣传本土文化，多次组织会员在本县各地写作创作，以宣传衡山、推介衡山文化为己任；努力挖掘、发展新会员，壮大衡山美术力量，培养、培训青年美术爱好者，同时加强周边县、区美协的合作交流。

积极组织会员参加省、市、县宣传部、文联以及油画协会办的各类创作展览活动，全年共选送作品30余件；其中，美协常务副会长旷智中的油画作品《子弟兵》和会员彭云聪的版画作品《和谐之光?打磨》参加省委宣传部等5家单位主办的庆祝建军90周年书法、美术、摄影作品展，并获美术类优秀奖，会员聂炜的油画作品《林场秋霭》《双江秋潮》入选省美协、省油画风景研究会主办的“美丽乡村—油画写生作品展”，会员夏小婷、唐文艳、陈存英的作品入选衡阳市女子画家作品展，唐文艳的作品获优秀奖。

（欧阳明明）

【摄影家协会】 2017年，衡山县摄影家协会在县委宣传部，县文体广新局及县文联的指导下，组织协会会员到黄庭观、东湖竹海、幽幽谷采风，并在敬衡居举办欢快的篝火晚会；先后多次组织摄影专题采风活动。在金岭世家华府组织两次采风摄影专题活动；组织部分会员深入乡村拍摄衡山县残疾人创业风采；组织40多人配合萱洲国家湿地公园摄影比赛深入萱洲贺家永和等地及湘江河衡山段进行采风活动；组织30多名会员到山竹村金昌油茶生产基地摄影采风，拍摄油茶采摘晾晒榨油等活动；组织广大会员以及摄影爱好者100多人听取衡山籍著名摄影家曹泉仁老师的摄影专题讲座；协会内部举行一次“家乡的年味”春节采风主题摄影比赛,共评选出等级奖10名,优秀奖10名;开通“衡山摄影”微信公众号,先后制作发布微信专题宣传帖十期,宣传衡山服务衡山。与县政法委联合主办了“平安衡山 和谐家园”摄影比赛;6月与衡山萱洲国家湿地公园联合主办“生态湿地·醉美萱洲”第二届湿地摄影大奖赛;8月,协会积极为中国衡山2017年第四届乡村生态旅游节暨梦幻西游、浪漫花果山主题活动服务,认真创作摄影作品,记录相关活动;10月,承办湖南金昌生物技术有限公司主办的衡山县油茶花节“爱健康爱美丽”摄影大奖赛。

在湖南省委统战与省摄影家协会举办的“同心绘行进中的统战力量”主题摄影赛中,协会会员唐志军获得三级收藏奖,唐雪薇与杨强获得入选奖与人气奖;在衡阳市委统战部与文联举办的“统战摄彩”主题摄影比赛中,唐志军获得二等奖,唐雪薇获得优秀奖与人气奖;在全国《大众摄影》杂志社举办的全国衡东影友联谊会摄影比赛中,协会会员唐志军与李智雅获得二等奖,张桂衡获得三等奖;在全国《大众摄影》杂志社举办第五届中国好风光全国摄影大展——衡东站上,周乾清、张桂衡俩同志入选;在衡阳市文体广新局与民政局联合举办的庆祝建军90周年书法美术摄影比赛活动中,彭水杨获得优秀奖,周乾清获得入选奖;在衡阳市委宣传部、国税局、地税局、文联等单位主办市委“诚信税收 文明雁城”摄影比赛中,协会会员刘宁兴获得银奖,刘彬与聂子剑获得铜奖,周乾清获得优秀奖,赵琼、马虎玲、阳发鑫、邓丹获得入选奖。 (周乾清)

图书借阅及藏书

【概况】 衡山图书馆坐落在群英广场内侧,总建筑面积1811平方米,总占地面积1000平方米,总造价198万元,县图书馆在衡山县被定为全国文化信息共享工程试点县的情况下,成为全国文化信息资源工程衡山县支中心。设对外服务窗口有采编室、外借室、阅览室、少儿室、地方文献征集咨询室、电子阅览室(多媒体)、多功能知识讲座厅等,现有持证读者3012余人,总藏书量12万余册。涵盖中文工具书、特殊资料、名人传记、报纸、杂志、地方文献等22大类图书。珍藏唐、宋、元、明、清五个朝代古籍线装图书。馆内拥有一支高素质专业水平较高的人才队伍,是一座多功能型公共图书馆。

2017年11月,赵灵薇(县实验小学)获全省少年儿童“书香湖南——红星闪闪耀童星”系列读书活动、湖南省第七届三湘少年儿童阅读优秀个人光荣称号。

【主要工作】 2017年,继续组织中小学生走进图书馆,并开展全县少年儿童“书香湖南——红星闪闪耀童星”系列读书活动。

1.2017年9月7日上午9时在衡山县迪星学校举行全校师生全民阅读活动——衡山县少年儿童“书香湖南——红星闪闪耀童星”系列读书活动启动仪式。

2.从2017年9月8日开始,在二楼少儿阅览室,迪星学校特设全民读书月——“书香湖南——红星闪闪耀童星”系列读书活动主题书书展。

3.组织部分中小学生到图书馆进行阅读和观看红色经典影片,购置优秀影片17部,读书活动期间,接待观看读者3546人次。

4.积极开展“我的书屋·我的梦”为主题读后感撰写活动。学生征文分为中、小学生组,县读书活动领导小组聘请专家对投稿的60篇征文进行评审。开云镇中心学校谭思婕,中心完小旷帅获一等奖;郑宇琪、刘波、冯海,旷衡彬荣获二等奖。

5.评选第七届“衡山县少年儿童阅读之星”评出七名阅读之星,分别为赵灵薇、段雨墨、李思涵、朱紫悦、周梓杨、任思洁、旷媛丹。其中实验小学赵灵薇分别获得“衡阳市少年儿童阅读之星”“湖南省阅读优秀个人”光荣称号。

6.2017年8月,举办衡山县2017年“我的书屋·我的梦”少年儿童阅读实践活动。 (侯 冰)

图书发行

【概况】 湖南省新华书店有限责任公司衡山县分公司是国有文化企业,人、财、物隶属湖南省新华书店

经　　理
党支部书记　文志强

有限责任公司，在当地直属县委宣传部管理，党组织关系在县委组织部。其下设综合管理部、资产财务部、图书业务部、教材业务部、拓展部五个部门。主要经营中小学教材、大中专教材、各类图书、音像制品、电子数码产品、及文化用品等。设营业网点5个，即湖南省新华书店有限责任公司衡山县开云镇连锁门店，湖南省新华书店有限责任公司南岳区金沙路连锁门店，湖南省新华书店有限责任公司衡山县白果镇连锁门店，衡山实验中学校园书店，南岳区实验中学校园书店。

九年义务教育阶段教材免费发放，是党和人民交给新华书店的一项光荣的政治任务。2017年，县新华书店一如既往与县教育局基教股联合，严格把关学校的领书数，待开学报名结束，再凭实际报到人数经教育局审核批条发短缺的教材。同时，对各校剩余的教材及时督促退回，限期不退按教师用书购买。此举堵塞免费教材发放过程中的漏洞，在预计范围内得到有效控制，提高数字的准确度。

进乡入镇不辞苦，农家书屋添新书。为认真贯彻落实省公司“关于做好农家书屋配送工作”的指示，确保“农家书屋”配送工作的顺利实施和圆满完成，衡山县分公司经理室高度重视，及时成立农家书屋配送领导小组，组织精干力量，于12月8—11日将340个农家书屋的图书配送工作全部配送到位。

经过大家共同努力，公司获得很多荣誉。公司荣获衡阳市分公司2017年“教辅发行奖”一等奖、“馆配图书发行奖”二等奖、“政治图书发行奖”一等奖、“一般图书发行奖”二等奖、“A佳教育推广奖”三等奖、“信息管理奖”三等奖。在岗位练兵暨业务技能竞赛活动中，荣获“主题陈列赛”优胜奖、“闯关答题终极PK赛”三等奖、“阅达书城推广赛”三等奖、“营销达人赛”三等奖、“营销达人赛之POP制作”二等奖。在全省公司在全省岗位练兵“阅达书城推广赛”项目县公司荣获三等奖。　（瞿　敏）

教　　育

局　　长
党委书记　王维荣

【概况】 2017年，全县拥有各类公办学校112所，其中普高3所、职高1所、进修学校1所、初中14所、完全中学1所，九年一贯制学校11所，小学81所（含教学点）；各类民办学校和幼儿园84所，其中小学2所、九年一制学校1所，完全中学1所、幼儿园61所、中职及各类培训机构19所。衡山教育先后获评首批幼儿教育、扫除青壮年文盲和“两基”工作等全国先进，荣获素质教育、中小学校危房改造、“两调”工作、人事内改、现代教育技术、“两项督导评估”等全省先进，并成为全省第三批、全市第一个“教育强县”。教育质量连续十三年保持全市领先。是年，顺利通过“义务教育发展基本均衡县”国检，成功创建“湖南省现代教育技术实验县”。

【教育教学质量】 全面提高教育教学质量，制定出台《衡山县初中学业水平考试工作方案》《衡山县招生方案》《衡山县普通高中高考质量综合评估方案》，有效对接了中考、高考质量分析评价体系。2017年，衡山县小学参加衡阳市教学质量抽测工作，名列全市第一，其中县实验小学、白果留笔学校名列全市

县教育局班子成员会议照（左起：欧衡松、王俊斌、李崇凯、成祥辉、王维荣、文铁良、肖吉平、旷正秋、陈建怀）

同类学校第一;中考参考人数4403人,13科平均合格人数1842人,合格率40.1%,优秀人数113人,优秀率2.5%,位居全市前列;高考本科一、二批上线796人,岳云中学王昕崴以683分的成绩斩获衡阳市理科状元,在全省排名第27名,被清华大学录取。县教育局分别被评为“衡阳市2016—2017年度高中、初中教育教学质量先进单位”。

【教育设施建设】 2017年,全县教育系统共完成新建开标项目12个,预算总价近1844.46万元;实行“三通两平台”建设,提升各学校的信息化水平,近3年累计投入3300万元;配备一批教学仪器和教学设备,其中图书、仪器的配备近300万元。通过一批项目的新建、维修,教学仪器和图书的增配,各学校的办学条件有明显的改善。新建于黄花新区的黄花小学已完成征地规划等前期工作,2017年年底启动开工建设;城北小学新建、衡山二中的整体搬迁纳入政府教育工作日程安排,在2020年前投入使用;投资330.47万元,对白果留笔、店门水口等8所义务教育合格学校进行建设,顺利通过省市项目验收工作。

【学校安全管理】 2017年,县内多所学校和幼儿园举行了应急疏散安全演练。经过与消防部门沟通,将结合“消防教育进军训”等形式,对学生进行扎实的防火防灾知识教育。各学校通过上好安全第一课,举行安全教育讲座,举行安全知识黑板报、手抄报比赛等形式,深入开展交通安全、食品安全、消防安全、防溺水、防踩踏等系列安全教育活动。通过升旗讲话、班队活动等将安全教育经常化。继岳云中学衡山二中、星源实验学校、城西完小、实验小学等校成功创建省级安全文明学校后,全县全面开展安全文明校园创建工作。通过投入大量经费,加强学校安全设施和校园文化建设,要求各校规范日常管理,狠抓学生安全教育,确保校园和谐稳定。

【教育惠民】 明确局机关股室、中心学校、学校负责人与经办人教育扶贫职责,拉紧责任链条。建立局领导包片,机关干部包乡镇校负责制,并签订扶贫工作责任状,采取不定期抽查的方式和一杆子插到底的责任包保制。从幼儿到高中教育,对贫困建卡立档家庭的各种政策资助,经审核公示后,打卡发放到位。制订《衡山县义务教育学校结对帮扶工作方案》,启动县域内中小学校结对帮扶工作,签订结对帮扶协议书。

【教师队伍建设】 组织各校开展“端正办学思想,规范办学行为”主题实践活动,大力宣传道德模范、优秀教师的典型事迹,教师节表彰42名“衡山县优秀教师”,20名“衡山县优秀乡村教师”,22名“衡山县优秀班主任”,2名“衡山县优秀支教教师”;2017年2月,交流教师17人次;8月,交流教育干部30人次,交流教师69人次。有王维军等8人赴怀化市新晃支教;同年9月,已接收省招特岗教师68人,免费师范毕业生41人全部到农村缺编学校任教。岳云中学招聘教师7人;衡山二中计划公开招聘教师13人。组织国培计划,按照国培计划要求遴选、组织推荐教师报名参加62个项目培训,培训教师1962人。全年参加国、省培教师2800人、市级培训教师1478人、县级培训教师1570人、校本培训3235人。先后组织参加省市教学比赛研讨30余人次,获省市奖励10人次;组织全县的教学设计、论文、微课、课件、课堂实录等五项教学技能评比,全县近90人获奖。“十二五”课题获省市奖励3个,申报“十三五”课题6个。

【“义均”迎检】 坚持抓好“国家义务教育发展基本均衡县”评估工作。督导室制订《衡山县教育局迎接国家义务教育均衡发展基本均衡县评估验收工作实施方案》,分解迎检工作各项任务,组织召开全县迎接国家义务教育均衡发展基本均衡县评估验收工作的动员大会。11月14、15日,接受衡阳市教育局的“改薄”学校和合格学校验收工作,获专家组好评;12月,顺利通过国家检查组的评估验收。

【民办教育】 2017年,全县有各级各类民办学校83所,在校学生17515人,教职工1731人。校车安全管理成效明显,作为全市规范管理经验予以推介;召开校车安全管理工作暨校车安全培训。8月24日,衡阳市民办教育会议在衡山县召开,衡山县就优化环境、提升民办教育内涵等方面作专题发言,民办教育工作获评全市先进。

【教育局党建工作】 坚持党建统领，营造风清气正的教育大环境。坚持和完善党委(党组)书记负总责、班子成员“一岗双责”、党组织推进落实的党建工作责任制。建立健全党建工作考核评价体系，抓好党组织书记述职，加大党建述职评议考核力度。大力推进“五化”标准支部建设，以建设机关支部党员活动室为依托，加强对各校支部建设的指导。教育局机关支部被评为“衡山县‘五化’建设示范支部”。办结长青九年一贯制学校和长青完小“被自愿”征订教辅案等8起案件，党纪处分4人，政纪处分6人，诫勉谈话12人。

【中小学校核心价值观教育】 坚持全面贯彻党的教育方针，落实立德树人根本任务，发展素质教育，推进教育公平，培养德智体美全面发展的社会主义建设者和接班人。坚持落实立德树人根本任务。以培育和践行社会主义核心价值观为重点，围绕“我们的节日”先后开展“学雷锋”志愿服务系列活动、义务植树活动、“清明祭英烈”活动、“爱学习、爱劳动、爱祖国”系列教育活动、以纪念屈原、家国情怀为主题的端午节活动等主题活动；开展学习和争做“美德少年”评选，推荐15名县级“美德少年”报市参评；开展2017年“雁城读者”全民朗读活动，并选送县实验小学和城西完小于6月28日参加市级比赛获一等奖。全县中小学校通过升旗、入团、入队、成人仪式、传统节日等活动，传播主流文化，落实立德树人根本任务。（李志洲）

学 校 选 介

【衡山县岳云中学】 2017年，衡山县岳云中学，内设办公室、教务处、教科室、德育处、总务处、督导室和工会、团委会等部门，共有教职员工224人，其中高级教师78人，中级教师90人。2017年上期有42个班级2526名学生，下期有42个班级2581名学生。2017届高考获得重大突破。王昕葳以683分的高分名列全省理科第23名和衡阳市理科第1名，被

校长　李桂元

总支书记　杨妙仁

清华大学录取，阳明宇以650分荣获全县理科第2名。袁晨、姚倩、张靖、刘宇文、曹伟琪等5名囊括2017年高考衡山县文科前五名。

学校坚持“育人为本，德育为先”的育人方针，拓展德育载体，狠抓学生养成教育，抓着装、抓就餐、抓“两操”、抓“静校”、抓卫生、抓升旗、抓军训等，培养学生良好的行为习惯和思想道德素质，促使学生全面健康成长。传统教育常抓不懈，清明节祭拜烈士墓，“五四”歌咏比赛，纪念“九一八”勿忘国耻日等，学校还建立了如南岳忠烈祠、衡山毛泽建烈士墓等多个德育基地。本学年开展一系列专题教育活动，如9月的“爱国主义教育月”，10月的“‘中国梦’主题教育活动月”。2017年，参加县级以上教研部门组织的教研教改活动，全年共计50多次，朱金风、张蓓等教师外出上课参赛获省市一等奖；学校组织到桃江一中、衡水十三中、张家界中学、长沙四大名校等校学习；衡阳市中学生物学科核心素养教学竞赛、衡阳市外语、语文、生物教研会、湖南省生物青年教师课堂教学竞赛等活动在学校召开；湘钢一中、道县一中、广东东莞高级中学、广东中山纪念中学、广东清远市教育教学研究院、衡阳市皓源实验中学等来校交流。

岳云中学班子成员合影（左起：陈佑民、吕强、杨妙仁、李桂元、旷文军、杨岳春）

学校利用各种资源资助寒门学子，全年资助学生1370人次，累计资助款为139.81万元。学校除严格按照省颁新课程标准开设课程外，还开设古诗词欣赏、英语口语(外教上课)、心理健康教育等校本选修课程。教学严抓常规管理、过程管理，组织教师参加各级教学培训和竞赛。5月，学校男女篮球代表队在全县高中生篮球赛中双双获得冠军。9月，衡山县中小学田径运动会在学校召开，学校获团体总分第一。12月13日，吕强副校长作“凝聚爱国热情，投身复兴伟业”的专题报告。学校完善校园监控网络，共计安装高清摄像头35个，分布校园各个公共场所；添置消防器材，灭火器80个、灭火器箱20个、安全指示牌100个。全国民进会史教育基地提质改造工程。省财政厅划拨岳云全国民进基地提质改造工程专项资金166万元已经到位。校报告厅、校史馆等正重新设计装修，进展顺利。改善青年教师住宿条件，学校投入100余万资金，对一号公寓进行整修，提供给本地无房的中青年教师，极大程度的改善青年教师的居住和生活环境，调动工作积极性，留住人才。

2017年，学校获得诸多荣誉。9月，被衡阳市教育局授予“衡阳市‘十三·五’教育科研先进单位”称号；10月，被湖南省科学技术协会授予“湖南省青少年；11月，被湖南商学院授予“优秀生源学校”称号；12月，在衡阳市普通高中教育教学质量表彰大会上，荣获“衡阳市普通高中高素质人才培养先进单位”称号。胡晓沧被评为衡阳市优秀教师，阳晓辉、曹林松、李来星、刘永刚被评为衡阳市优秀班主任，梁瑞兰、肖红辉、周友朋、阳其辉被评为衡阳市学科带头人，胡文成6人被评为衡阳市教学质量突出贡献奖，还有24人被评为衡阳市骨干教师。（杨光辉）

【衡山县第二中学】 2017年，衡山县第二中学共有教职176人，32个全日制高中教学班，2200余名在校学生。校园总占地面积72.28亩，校内总占地面积42.58亩。教学一线专任教师硕士学历5人，本科学历合格率100%，其中湖南省特级教师1人，正高级教师1人，中学高级教师49人，中学一级教师74人；省市优秀教师、优秀教育工作者、优秀班主任、优秀骨干教师共48人；市级学科带头人、骨干教师11人；县优秀教师、优秀骨干教师、优秀教育工作者、人民满意教师、优秀班主任共68人；衡阳市名师工作室1个。

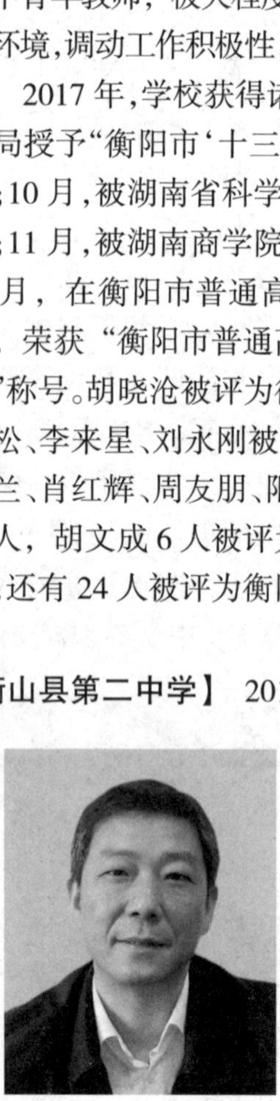
校长　康泰平

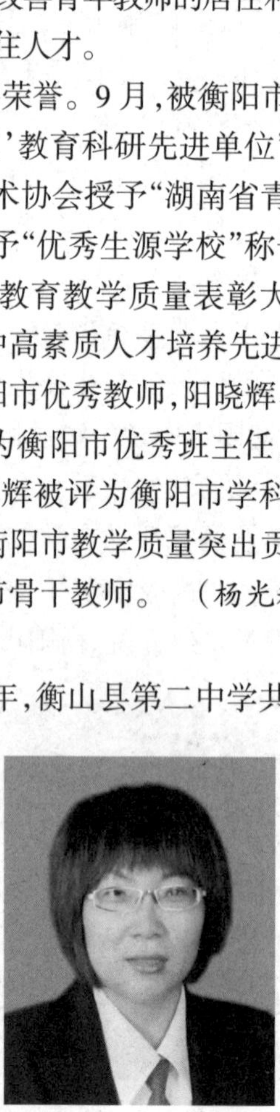
党总支书记　符竹青

县二中领导班子成员会议照(左起：刘铁庚、成俊峰、符竹青、康泰平、成朝辉、陈淑贤)

2017年高考，在优势生源仅有15人(衡阳市教科院《2017年衡阳市普通高中教育发展情况统计分析册》)的情况下，一二本上线153人，在全市18所市级示范校性高中中排名第六，实现基础薄弱学校学生高考成绩大飞跃的奇迹。

2017年，教师论文发表，国家级一等奖12篇；教学比武获市一等奖12人；课题2个；竞赛指导学生获国家级指导奖8人，省级46人，市级20人，县级3人；指导教师奖市级4个；书法作品获国家级奖1篇。11月，学校举行青年教师比武，文科组的周银鹏，理科组的聂跃龙分别夺冠，英语组被衡阳市教育局授予“高中英语教育教学先进单位”荣誉称号；语文组获2017年全国青少年语文知识暨“周有光杯”中华文化状元（国际）选拔大赛复赛暨湖南省决赛“优秀组织奖”。

2017年，学校先后选派70多名教师参加省、市、县级骨干教师培训、班主任培训或各类学科培训。李文明被评为县级优秀班主任，肖仕贵被评为县级优秀教师；王龙文被评为衡阳市优秀教师，罗炳钦被评为衡阳市优秀班主任，陈淑贤被评为市级学科带头人，符竹青等 9 名教师被评为市级骨干教师。

（彭　芳）

【衡山县职业中专】 衡山县职业中等专业学校是一

校长　汪维扬

党总支书记　彭永贵

所由县人民政府主办，县教育局主管的全日制中专学校，学校前身为衡山县第三中学。学校有 41 个教学班，在籍学生 2446 人，在职教职工 173 人，外聘教师 16 人。学校占地面积 198.2 亩，建筑面积 4.1 万平方米。设有计算机及应用、电子电器应用与维修、旅游服务与管理、汽车制造与维修、模具设计、财会、工艺美术等专业。

县职业中专班子成员合影（左起：曾波、唐伟明、汪维扬、彭永贵、旷玉清）

学校坚持以育人为根本，视教学质量为学校生命线，注重学生道德品质、仪表行为的养成教育；注重学生实践操作、职业能力培养。学生参加省、市、县各级职业技能比武屡创佳绩。2017 年，学校学生在衡阳市中职学校技能比武大赛中获市一等奖 4 个，二等奖 10 个，三等奖 11 个，在省技能比赛中获个一等奖 2 个，二等奖 1 个，三等奖 4 个，创学校办学以来最佳成绩。学校坚持以就业为导向，培养学生就业意识和市场意识，毕业生深受用人单位欢迎。学校办学以服务衡山工业园的外资企业及南岳衡山旅游产业为目标，形成“订单式”培养、校企合作办学的培养模式，为衡山经济建设培养大批中初级技能型人才。同时在广州、深圳、上海等沿海城市和经济发达地区建立长期稳定的实习就业基地，并与广达集团、联想国际、富士康科技集团、TCL、名幸电子等三十多家名优企业签订实习就业协议。毕业生就业率达 99%，就业月薪在 3000 元以上，就业满意率在 98% 以上，对口率在 70%以上。

学校在强化常规管理的同时，注重师资队伍建设。先后派出罗国平、宋智勇等 18 人参加国家级专业骨干教师培训，有旷玉清等 6 人被评为省级学科专业带头人，有 42 人评为高级讲师，双师型教师 45 人，有一支高素质的专业教师团队，有力推动学校教学质量的稳步提高。学校在学历教育的基础上，举办各类长训班、短训班和业余班，学校是衡山县阳光工程和农村劳动力转移培训基地。2017 年，学校为衡山县远程站点管理员培训 200 多人，为衡山南岳“一村一大”培训学员 100 多人，组织培训残疾人创业班 50 人，组织培训心理咨询师 50 人，承接退役士兵再就业职业技能培训 170 人次，组织新型农民培训 100 人。学校是湖南省安全生产资格理论考试衡山考点，也是衡山县执法人员考试衡山考点。2011 年，学校成立衡阳电大衡山分校，每年为电大培训学生 100 人次以上。

2017 年是学校落实职业教育三年行动攻坚计划的收官之年。学校投资 100 多万元对报告厅进行维修改造，7 月，完成实训大楼建设及内部装修；6 月底，公租房主体工程竣工验收；12 月，公租房装修工程竣工验收。6 月，开始启动田径场改造工程；8—10 月完成学校的排污工程建设并为学生宿舍、教室添置风扇。基本完成攻坚计划的各项工程建设，极大地改善学校的办学条件。

学校不断探索职业教育改革与发展的新思路新举措，也赢得不少荣誉。学校先后被评为湖南省园林式单位、湖南省文明卫生单位、国家级重点职业中专学校。

（李立平）

【衡山县第四中学】 2017 年，衡山县第四中学有在校教职员工 141 人，学生 2017 人。高中学生 1054

校长　彭文星

人，初中学生963人。

2017年高考，在生源基础差、参考人数少的不利条件下，本科上线25人。而中考全县555名的吴一帆取得高考全县理科第三名的好成绩，以637分的高分被华中科技大学录取。学考中，王敏以882分的总分名列全县第一名。中考中，初中部各科平均分在全县名列前茅，确保60%以上的同学步入省、市重点高中。

坚持多层次、多渠道的继续教育和岗位培养培训，2017年，参加国家级、省级、地市级、县级、校级培训的分别有71、58、185、532、261人次，共计1107人次。参培率、完成率、合格率100%。

县四中班子成员合影(左起前排：彭文星、杨振林；后排：周智祥、李江南、周文香)

重视学生综合素质的培养，组织学生积极参加各项活动和比赛。在2017年的各项体育竞赛中，取得县篮球赛初中男子第5名、田径运动会团体总分初中男子第3、女子第4，高中第3名的较好成绩。

尽力改善办学条件。全体教职员工团结一心，克服困难，群策群计，校内挤出资金，校外向上争取改造维修项目，经一年的努力，取得一些成效。学校向上级争资150万元，已完成大塘建设、校园主干道硬化和教学中心区的绿化工程。　（王艳芳）

【衡山县教师进修学校】 2017年，衡山县教师进修学校有在职教职工27人，其中，副高级教师8人，市级骨干教师2人，县级骨干教师3人。2017年5月，县委、政府及县教育局对校级班子进行补强优化。学校不断改善办学条件，提高学校办学品位。教师公租房建设已进入验收阶段，配电房和水路改造也接近尾声，学校文化墙建设已在建设中。

校长　肖　荣

支部书记　戴建平

2017年3月，举办4期普通话培训班，共培训学员203人。3—7月底，举办18期信息技术应用能力提升培训班，共培训学员930人。4月，与县人大举办一期衡山、南岳区乡镇人大主席履职平台操作培训班，培训学员40人。5月，为财政局举办3期会计人员继续教育培训班，培训学员700多人。8月，举办三期新任教师(免费师范生、特岗教师)岗前培训班，共培训学员150人。9—12月，承担全县700名教师的国培任务和120人的省培任务，共16个班。9月15日，承担衡山、南岳共180人的普通话抽测测试工作；16日，开启“送教下乡”启动仪式，对430名教师进行通识培训。

2017年4月，省教育厅批准衡山县为“国培项目县”。9月，省教育厅批准衡山县教师进修学校为“教师发展中心转型发展试点单位”。2017年，被省中小学教师发展中心评为《2017年度湖南省中小学教师网络研修工作先进单位》，市一星级文明单位。

县教师进修学校班子成员会议照(左起：胡任文、黄树根、肖荣、戴建平、李作为、郑跃勇)

连续5年学校的"国培计划中西部中小学教师的远程培训"的组织和辅导工作,不仅在全市始终居于前列,在全省也颇有影响。(谢　争)

【衡山县实验中学】 2017年,衡山县实验中学有教学班级39个,在校学生2445人,在编教职工242人。其中,高级教师23人,中级教师190人,本科学历170人,大专学历66人,教职工平均年龄43岁。初中毕业会考,考取省示范性高中99人,市示范性高中98人,四中69人,普高126人,县内外职高366人,毕业生合格率96.12%,升学率96.4%。学校获衡山县教育教学质量二等奖,年度目标管理综合考核先进单位。

2017年,县实验中学组织开展一系列德育教育活动:3月,开展社区服务、到敬老院慰问孤寡老人、到先农花园捡拾垃圾、清理卫生,以实际行动践行向雷锋学习的誓言;4月,组织开展祭扫"毛泽建烈士"活动;5月,开展防溺水安全教育,开展"爱护校园公共财物"主题教育;9月,开展"感恩教师"主题教育;10月,开展"向国旗敬礼,做一个合格的中学生"主题教育;11月,开展"学会感恩,孝顺父母"主题教育;12月,开展"传染病预防"宣传教育。学校德育教育贴近学生、贴近实际、充满正能量,学生茁壮成长。

2017年,县实验中学仍利用县青少年校外活动中心落户学校的优势成立各兴趣小组,做好学生特长培训,全年开展活动百余次,受益学生800余人。县初中生篮球赛,学校女子代表队获冠军,男子代表队获亚军。县初中生田径运动会实验中学男女代表队均获第二名。

2017县实验中学教研教改工作有突破、有创新:1."运用现代化教学手段,创新教学方式"的课题研究获市"十三五"教育科研成果一等奖,学校获"十三五"教育科研先进单位。2.有两个"十三五"课题开题,分别是《基于培养核心素养的校园文化研究》和《提升农村初中生教师信息素养的研究》。3."一师一优课,一课一名师"活动获省、市、县优课奖11人,获省优2人,获市优3人,获县优8人。4.省"信息技术能力测评"合格26人。5.参加省、市语、数、外、理、化等学科教育教学比赛获省级奖1人,获市级奖8人。6."为国育才,自定功课"的学科活动,有语文组的毛泽东诗词朗诵比赛,有数学组的兴趣小组课外活动,有物理和化学组的实验操作讲座,有英语组的英语歌曲欣赏,有文体组的竹笛教学。7.校内中青年教师公开课有50多人参加。8.有8人被评为衡阳市骨干教师。9.教师论文有22人获国家级奖,有15人获市级奖,有35人获市、县级奖。

2017年,学校争取各项专项资金230万元,继续改善办学设施,改善办学条件,更新会议课桌249套;更新校园广播系统;新置党员办公室1间;安装围墙防护网100米;更换计算机房1间,电脑62台;新添教师办公电脑33台;争取教育局支持:有学生床150套,学生课桌240套,学生餐桌20张。

(黄显安)

【衡山县实验小学】 2017年,衡山县实验小学有教学班级48个,在校学生3316名,专任教师139名,中小学高级教师4人。学校被评为"衡山县教育目标管理工作先进单位",学校始终坚持"学生第一,德育为先,能力为重,全面发展"办学理念,全面实施素质教育,努力创建特色学校。

2017年,学生教育教学和德育工作上新台阶,在"一师一优课,一课一名师"活动中3人获部级优课,3人获市级优课;在衡阳市英语教师口语素养大赛中荣获市级一等奖;衡阳市微课制作比赛荣获一等奖;在衡阳市心理健康教育说课比赛中荣获一等奖;6月,学校被评为"衡阳市'十三五'教育科研先进单位";衡阳市禁毒教育示范校:课题《小学生行为习惯养成教育的实效研究》被湖南省教育学会评为一等奖。组织学生参加"2017'寻找中国少年写作之星'全国中小学生创意作文大赛",共有获奖170人,并荣获衡山县"寻找中国写作之星"2017年潇湘少年创文大赛组织一等奖;学生参加第二十届全国青少年五好小公民"阳光校园·我们的好伙伴"主题教育读书活动,15人荣获国家级、市级、县级奖励。

2017年,学校修建高标准的200米塑胶跑道,并且新建一个高标准的7人制足球场,高标准配置两个学生科学实验室和一个学生阅览室,办学条件进一步优化。

2017年,学校为衡山县顺利通过国家教育督导委员会的义务教育均衡发展基本均衡县验收做出贡

献,百年名校在城乡教育一体化的道路上,焕发勃勃生机。(廖文明)

【衡山县城西完小】 2017年,衡山县城西完小学校有教学班级53个,在校学生4188人;在职教师160人,其中高级教师4人,一级教师133人,县级骨干教师11人,市级骨干教师及学科带头人4人。

2017年,学校累计投入166万元,扩建第4栋教学楼,扩建面积654平方米。对所有教学楼室内进行全面粉刷,改造自来水管道等。

2017年,学校德育工作以行为规范养成教育为基础,以《守则》《规范》《城西完小课堂、课间礼仪》为依托,以"文明班级"评比为载体,以师德教育为导向,积极开展主题教育活动。学校成功举办4~6年级篮球比赛,"六一"啦啦操比赛,田径运动会等文体活动;组织学生参与敬老院慰问孤寡老人,社区志愿服务,"啄木鸟"行动等公益活动;开展清明祭英烈、"阳光校园,我们是好伙伴"、向国旗敬礼、学会感恩、"10·13"建队日、心理健康教育、"南京大屠杀死难者纪念日"等德育主题活动;组织大队委参与全县公祭日活动、南岳忠烈祠红色之旅以及衡山县首届全民公益日活动等。

2017年,学校高举素质教育旗帜,以夯实教学常规为抓手,全面落实课程计划,着力打造高效课堂。6月,毕业班592人参加全县小学毕业会考,语文、数学、综合三科一次性合格率为93.58%,三科人平分84.58,居公办学校第一名。上学期,一年级组的课堂常规比赛,二年级组的口算比赛,三年级组的"经典润心灵,书香溢校园"诵读比赛,四至六年级的写作之星创文比赛,均组织严密,效果显著。下学期,召开一年级家长会;三年级组开展硬笔书法比赛;五年级组开展"浸润经典,幸福人生"诵读经典比赛;组织学生参加衡山县庆祝十九大中小学生书法大赛,获奖128人次;四年级学生参加衡阳市质量抽测,综合成绩名列全县第二。

省"十三五"教育科研规划课题《互联网环境下个性化班级文化建设》顺利推进,教师参加各级各类教学比武,均取得优异成绩:王薇、唐婉、唐晓岚指导学生的综合实践活动课在衡阳市的综合实践活动成果展中获市一等奖;曹志芬代表衡山县参加衡阳市部编教材研讨活动,微课《乌鸦喝水》获市二等奖;曹隍波参加衡阳市《道德与法治》微课比赛,获市二等奖;陈萍参加衡阳市科学课堂教学竞赛,《它们吸水吗》获市二等奖;邹敏参加衡阳市小学数学课堂教学竞赛,《面积》获市一等奖;尹帆宇参加衡阳市英语口语素养大赛,获市一等奖;代表衡山县选送的经典诵读节目《走进唐诗—读李白》获市一等奖、省优秀奖;本学年学校有90%以上的老师参加"一师一优课,一课一名师"的晒课活动,其中王媛梅《大鼓与小鼓》和邹敏《数字编码》获省优,谢秋香的《习作》获部优。

2017年,学校篮球代表队参加县中小学生篮球运动会均获亚军,田径队参加县中小学生田径运动会双双夺冠,足球队参加全县首届中小学生足球赛获男子第二、女子第一的好成绩,充分彰显了体育强校风采。

2017年,学校通过健全安全管理制度,实施精细化管理,抓实安全教育等措施,实现全年校园零事故。开展防震减灾疏散演练、消防安全疏散演练、交通安全模拟演练等安全主题活动。

2017年,学校被评为"湖南省生态文明校园""衡阳市结对帮扶工作先进单位""衡山县教学质量优秀单位""衡山县教育工作目标管理考核先进单位"。(王 波)

【星源学校】 2017年,星源学校有教学班级119个,在校学生6886人。其中,幼儿园13个班,幼儿488人;小学部42个班,学生2382人;初中部48个班,学生3067人;高中部16个班,学生949人。教职员工565人,其中,教师323人,职员242人。同年秋季学校高中部与北京德华盛教育集团联合办学,创建衡山县德华盛星源高级中学,着力打造星源高中战略升级版。

2017年,学校投资600万,完成第3栋教师公寓楼建设,96套住房已交付使用;斥资8000余万元,新建德华盛星源高中教学楼、学生公寓和食堂,校区相对独立。

教学特色日臻明显,四节(体艺节、感恩节、读书节、科技节)已成为星源总校性的固定活动,持续推进;小学部"四环三查两点拨"、初中部"二三三"、高中部"五维一体"等高效课堂模式,已深入人心,广泛推广；充分利用第二课堂，注重培养学生的综合素质，促进学生全面发展，已成为学校共识，初中部的“校本选修”、小学部“社团建设”幼儿园的“玩乐课堂”等活动开展有声有色。

师资队伍不断优化，德华盛星源高中通过稳定现有优质师资，从北京总部注入一批优质师资，多渠道引进一批师资，培养一批年轻教师等途径打造自己的强大师资团队；初中部以“教师发展中心”为“火车头”，通过搭建“青蓝工程”平台，以常态化的教师培训及“晒课、赛课、汇报课、教学比武课”等各类活动，全力推进学部师资队伍建设；小学部则通过组建“名师工作室”，通过“名、优、特”教师的“传、帮、带”，力促教师尤其是青年教师快速成长。学校还邀请具有省内外教育教学经验丰富的专家、学者到校进行讲座、视导，为学校的教育教学把脉，打磨教师团队。同时，学校还坚持定期或不定期派教师赴省内外参加“国培”“教学研讨”等活动，有计划、针对性地培养教师。

教育科研持续推进。继初中部科研课题《“二三三”课堂教学体系的实践与理论研究》获衡阳市课改科研课题二等奖后，小学部赵琼主持的省十二五子课题《小学语文多读多写多积累的研究》，于2013年11月开题，2017年5月在湖南省小语会十二五课题结题表彰会上荣获省级一等奖；幼儿园的《幼儿体验式课程开发及应用研究》于2016年在省教科院立项，现正准备接受中期检查。

2017年高考，高中部235人参考，一本上线86人，上线率36.6%，一、二本上线共计188人，上线率80%，连续四年稳居衡山第一，在衡阳市也处于领先地位；全县理科前20名（600分以上），学校占9人，全县前50名，学校占23人。初中毕业会考，上省级示范性高中正取线583人，占全县正取生总数的69.4%；全县前十名占9人，前一百名占91人。小学部六年级在小学毕业会考中，连续5年蝉联衡山县综合评价第一名。在2017年县秋季田径运动会上，初中部男女再次双双夺冠，小学部男女队分获冠、亚军；在全县中小学生足球联赛中，小学部男子足球队荣获小学男子组第一名、小学部女子足球队荣获小学女子组第二名、初中部男子足球队荣获初中部男子组第一名。

2017年，学校接受衡阳市教育局年检，被评为“衡阳市社会力量办学优秀单位”，实现九连冠；高中部荣获“衡阳市2016—2017学年度市直普通高中教育质量先进单位”荣誉称号，实现四连冠。（熊升红）

【迪星学校】 岳云教育集团衡山县迪星学校是经上级教育行政主管部门批准的一所全日制、寄宿制民办学校，办学层级为小学初中九年一贯制。学校位于衡山县县城开云镇金龙大道旁，交通便利，环境优美；占地面积46430平方米，教学生活各类建筑面积15000平方米；教学大楼、综合实验楼、学生公寓、教师公寓、食堂餐厅、室外游泳池、塑胶运动场、电脑室、多媒体教室、音乐舞蹈教室、美术教室等均按国家一类学校标准建设。学校有教学班级25个，在校学生1153人，教职员工113人。学校连续四年被评为衡山县“教学质量优秀学校”，两年连续获县教学质量一等奖。中华文化大课堂进京介绍经验。

2017年，迪星初中毕业科目水平检测，各科人平成绩均为全县一、二名；5人进入衡山县中考前100名，曹婷以1009分的成绩名列全县第八；曹婷等 5 人考入岳云创新班，47人以优异成绩考上岳云中学，149人普高上线，上线率为86.6%。学校在各级竞赛中成绩显著：参加省各科竞赛，157人次分别获一、二等奖，参加全县中小学生篮球赛，初中男子、小学女子均获得第四名，参加县中小学田径运动会，获得小学女子团体第二，初中女子第三，男子第七的成绩。

迪星学校采用现代教育教学管理模式，重视学生自理自学能力的培养，以“中华文化大课堂，数学英语主力学科，精确管理高效课堂”作为办学特色；以“全体学生的发展，学生的全面发展，学生未来幸福”作为教育教学工作的目标：把优质教学作为学校工作重点，教学过程全面落实“六个认真，四个重视，三个步骤”的要求，全力打造“湖南一流，衡山第一”的教学质量。

王运皇执教的《除数是小数的笔算除法》荣获衡阳市一等奖；熊珊执教的《倍的认识》荣获县一等奖，喻玲芝撰写的《搭情境桥梁，促体验生成》获全国中小学德育教研成果一等奖。（唐艳霞）

人社·民政·卫计

人力资源和社会保障

县委组织部副部长(兼)
局长 任秋良
党组书记

【概况】 衡山县人社局为县人民政府直属职能部门，由原劳动和社会保障局、人事局合并组建而成，主要负责县内就业、社会保障、劳动关系、人力资源开发、人事人才管理等工作。2017年1月3日，城乡居民医疗保险管理服务中心组建，6月1日，正式归口人社部门管理，标志着城乡医保“两保合一”正式运行。11月，新一届党组班子成立，继续带领干部职工执行县委政府部署，创业绩、优队伍、争先进，推动人社各项工作向前发展，获评“全县目标管理绩效考核优秀单位”“市三星级文明单位”及“全省城乡居民基本养老保险经办管理服务工作优秀单位”“社会保险经办风险管理专项行动工作先进单位”“2017年度业务经办工作优秀单位”等。

县人社局班子成员合影(左起：刘爱民、杨树泉、黄鸣、任秋良、綦育明、胡卫华、宾东尤、周晋阳)

【人事人才管理】 2017年，联合工业园区32家企业开展“精准扶贫”专场招聘会，提供3000余个就业岗位，为外出返乡人员和精准扶贫对象搭建平台。在店门、岭坡、新桥、开云4个乡镇开设“精准扶贫、扶持就业”专场招聘，为蓝思科技、富士康(衡阳厂区)、金发科技等企业招聘146人。配合省市完成公务员招录40名。在县公招领导小组的统一安排下，从1573名报名者中考录56名事业单位工作人员进入工作岗位，通过试用期考核53人。评审2016年度副高职称97人，中级职称130人，初任职称150人。中小学高级教师职称评审向乡镇和农村学校倾斜。加大对民办学校职称评审服务水平，通过中级职称7人，初任职称31人。启动卫计系统“基卫高”评审申报13人，其中正高职称通过1人，副高职称通过10人。对2016年度全县机关、事业单位工作人员进行全面考核，共评出优秀人员694人。对年度考核被评为记功、嘉奖的人员予以表彰奖励，对年度考核基本称职和不称职的人员在本年度内不予办理调资晋级手续。

(县人社局办公室)

【劳动就业服务】 2017年度全县城镇新增就业2544人，下岗失业人员再就业1109人(其中：就业困难人员再就业305人)；农村新增劳动力转移就业2500人；城镇登记失业率控制在4.1%以内；零就业家庭援助100%动态清零。县劳动就业服务局长期以来十分关注困难群体就业工作，不断加大帮扶“零就业家庭”、下岗失业人员再就业工作力度，并积极落实就业扶持政策,努力提高就业质量及稳定就业。针对零就业家庭,借助社区工作平台进行管理,对符合条件的人员,逐一上门核实情况;统一建立健全专项基础台帐,所有"零就业家庭"成员建立实名制信息库;给每一位零就业家庭确定一名帮扶联系人,定期上门进行就业指导服务,随时了解帮扶对象出现的新情况。2017年度,新开发公益性岗位100余个,全年新安置零就业家庭人员47人;完成转移贫困劳动力400人,贫困劳动力转移就业交通补助发放987人,共计金额36.44万元。1.就业培训。2017年度完成培训3100人,其中技能培训605人;岗位技能培训2000人;失业人员培训45人;创业培训450人,除完成上级目标任务外,开展4期精准扶贫就业创业意识培训班,培训212名农村贫困劳动力;针对不同人群的实际情况,分别开设各类专业技能培训,注重培训科学性与实用性相结合,设置培训专业10余个,开办各类培训班51期,包括室内设计、文秘、平面设计、服装制作、食用菌培育、保健、制鞋、电脑操作等,有力的推进农村劳动力转移。为大力开展就业培训,有效提高劳动者就业竞争力,县劳动就业服务局联合工业园区企业举办8场岗位技能提升培训。2017年,县劳动就业服务局大力推广创业培训工作,鼓励劳动者自主创业,充分发挥工青妇、民主党派等群众团体及社会组织的作用,把有创业愿望、具备创业能力的人员组织到创业培训中来(全年共计举办9期创业培训),开展创办小企业基础知识和必备能力的培训,进行开业指导,做好咨询服务和后续扶持工作。特别是与税费减免、经营场地安排、小额贷款担保等再就业扶持政策相配套,为劳动者打开一条宽广的创业之路。2.失业保险基金扩面征缴。2017年度全县失业保险参保人数达到21000人,失业保险基金征缴额106.68余万元,发放失业保险金120人次,发放金额73.91万元。为确保《失业保险条例》的贯彻落实和失业保险清欠扩面工作的顺利开展,县劳动就业服务局在做好参保单位政策宣传的同时,对未参保单位的宣传工作加大力度,对应参保而拒不参保的,依照《失业保险条例》和《社会保险费征缴暂行条例》等相关法律法规予以行政处罚,或申请人民法院强制征缴。在县委、县政府对失业保险工作大力支持下,县劳动就业服务局针对征缴扩面难的实际情况,采取量化管理、责任到人、任务到人的工作方法,增强征缴人员的责任感,保证征缴工作的持续发展,同时积极争取业务主管部门的重视和支持,加强与相关部门的联系和协作,对行政事业单位及其职工失业保险基金的征缴实行财政代扣代缴。3.创业指导服务。根据《国务院关于进一步做好新形势下就业创业工作的意见》《中共湖南省委湖南省人民政府关于促进创新创业带动就业工作的实施意见》《衡山县促进创新创业工作实施方案》《衡山县创新创业带动就业扶持资金使用管理暂行办法》的文件要求,开展衡山县第一次创新创业带动就业先进单位评选工作,共认定大学生自主创业1人、创新创业带动就业成效显著的个体工商户5家、创新创业带动就业优质初创企业5家、吸纳贫困劳动力就业的贫困村企业3家、创新创业带动就业成效显著的乡镇6个、村15个。共计发放奖补资金105万元。4.小额担保贷款。根据《国务院关于做好促进就业工作的通知》《中国人民银行财政部人力资源和社会保障部关于进一步改进小额担保贷款管理积极推动创业促进就业的通知》《财政部关于积极发挥财政贴息资金支持作用切实做好促进就业工作的通知》《中国人民银行财政部人力资源和社会保障部关于印发〈小额担保贷款财政贴息资金管理办法〉的通知》《湖南省人民政府关于做好促进就业工作的通知》《湖南省促进就业小担保贷款实施办法》等文件精神要求,2017年县劳动就业服务局发放103笔小额贷款(其中下岗失业人员、失地农民85人、组织合伙共同创业13人、小微企业5家)共计2044万元,财政贴息资金86.8万元。 (旷 星)

【企业职工养老保险】 全县企业养老保险缴费人数已达到18433人,其中新增参保人数为1981人,完成年任务1956人的101%;养老保险基金征缴17075万元,完成年任务12500万元的137%;同级财政配套补助资金236万元,完成年任务236万元的100%;发放离退休费27131万元;发放丧葬费和抚恤金1177万元,确保企业离退休费按时足额发放。1.以扩面征缴为核心,做到应保尽保。扩面是社保工作的重点,也是难点,加强养老保险政策宣传促征缴,扩大保险覆盖面,努力提高参保率,力争全民参保。一是领导带领基金征缴股及相关人员走访、调研企业,详细登记企业和职工参保缴费情况。重点向工业园企业负责人、企业劳资人员宣传企业养老保险政策及园区企业能够享受企业养老保险缴费优惠费率过渡试点这一项惠民、利民的好政策,让更多职工得到社会保障。二是积极参与征地项目工作,以“村不漏户,户不漏人”为要求,逐户宣传被征地农民养老保险政策,热情解答,发动被征地农民积极参加养老保险,确保新征地项目被征地农民政策知晓率100%。三是6月召开衡山县被征地农民社会保障联席会议,制定被征地农民社会保障联席会议制度,明确职责。协助相关部门清缴被征地农民社会保障资金,积极争取被征地农民养老保险补贴资金。四是积极实施“被征地农民养老贷”工作,目前全县部分困难被征地农民有17人享受国家的优惠政策。截至2017年年底,有符合参保补贴条件的被征地农民14879人,实际已参保并享受补贴6005人,参保率40%。五是参保工作;积极请求省局为衡山县尚有相当一部分符合条件的人员因经济困难或长期在外打工信息不灵等原因未能及时参保的人员,仍按规定为他们办理补建补缴参保手续,共有483参保人。2.为方便广大离退休人员,确保养老金按时领取,做好企业离退休人员养老金领取资格网上认证工作,推行手机APP(一种应用程序软件)认证。6月,对没有及时进行资格认证的退休人员的养老金进行停发工作,防止冒领养老金行为。目前衡山县退休人员12015人,已有11925人认证成功,认证率达到99%。二是及时做好企业退休人员调待工作;7月底,已确保养老金“十三连调”足额发放到位。这次企业退休人员养老金调资工作中,全县有11851名企业退休人员符合调资条件,月人均增加养老金136元,人均养老金养由调整前的每月1946元增至2082元。三是面对衡山县企业养老保险收不抵支的严峻形势,积极争取中央、省财政补助资金弥补基金缺口11500万元。确保离退休人员按时调待和离退休费按时足额发放。（田建文）

【机关事业单位保险】 2017年,县机关事业单位参加基本养老保险人数7879人,离退休人数4573人,征缴养老保险金15254万元,征缴职业年金5259万元,发放养老金20869万元。按照省人社厅文件要求,完成4402名退休人员的养老金调整;按照县委办文件要求,完成4534名退休人员津补贴调整。全部按时足额发放到位。（罗启初）

【职工医疗保险】 至2017年年底,全县参加职工基本医疗保险26850人,征缴基金6046万元,完成全年目标任务6000万元的100.7%。生育保险,至2017年11月,生育保险参保9859人,征缴生育保险基金123万元,完成全年目标任务120万元的102.5%。1.为完成“民生工程”目标任务,营造全社会关注医保、参加医保的良好氛围,利用全县各乡镇劳动保障站、社区居委会这个平台大力宣传医保的各项政策,通过电视台、发放宣传单、现场咨询等多种形式,讲解城镇职工和城镇居民医保的对象、缴费办法、医疗待遇医保政策。据统计,2017年,散发各类医疗保险宣传资料4000余份,接受群众咨询800余人次,通过宣传活动的开展,提高群众知晓率和参保积极性,大力推进园区企业、民营企业参加城镇职工医疗保险。利用捆绑征缴方式,遏制用人单位部分参保、选择性参保行为,强化用人单位、广大职工的参保意识和缴费意识,增强履行缴费义务的主动性和自觉性。2.完善医疗服务协议,规范医疗服务行为。一是严格执行省里制定的医疗保险药品目录、诊疗项目和服务设施支付标准,加强对定点医疗机构申报费用的审核。二是针对医疗保险管理服务过程中存在的分解住院、分解项目、重复收费、挂床住院、虚假住院等违规行为,逐步完善协议内容和细化管理指标,严格追究违约责任,促进定点医疗机构规范医疗服务行为。依托“大医保系统”,实现实时动态监管。根据“大医保系统”操作流程,进一步规范工作人员的岗位职责,实行一人一工号,定时更改系统登录密码,保证系统数据安全。同时对住院病人就医、用药信息实时联网审核监管,并把它当作一项日常性工作来抓,做到全县住院病人的住院情况动态管理、心中有数。制定日常稽查监管办法,加强医疗服务的事中和事后监管。根据稽查工作方案,加强对定点医疗机构医疗服务行为的事中和事后监管,加大对骗取、套取医保基金行为的查处力度,确保医疗监管到位。2017年以来,县医保中心对定点医疗机构和定点零售药房共计抽查30余次。对所有存在问题的医院、药房出具书面通知，责令其整改。通过检查规范定点医疗机构的服务行为，对确保医疗保险基金的使用安全起到积极促进作用。3.医保支付制度改革。积极探索复合付费方式，为进一步完善基本医疗保险费用结算管理，合理有效使用基本医疗保险基金，切实减轻参保人员的负担，积极探索按总额预费、按人头付费、单病种包干等复合付费方式，努力把基金支出年增幅控制在10%以下。对县内定点医疗机构实行均次费用等多项指标综合计算付费办法。参保人员住院均次费用得到有效控制，增幅控制在预期范围内。为加强对市直定点三级医院的监管，在市医保中心的统一组织下，衡阳市七县五区医保经办机构统一与市直定点的三级医疗机构签订医疗服务协议，在协议中增加均次均费用控制等内容，这样形成整体监管约束机制。通过不断完善与医疗机构谈判协商及风险分担机制，已初步形成激励与约束并重的医保支付制度。（刘新衡）

【劳动监察与仲裁】 1.建立建设领域农民工劳动报酬保证金制度。在全市率先建立建设领域农民工劳动报酬保证金制度。制定《衡山县农民工劳动报酬支付管理规定》，全面推行银行定期代发建设领域农民工工资制度。2.完善劳资纠纷排查机制。按照全局和上级业务部门的总体工作部署，对照年初制订的劳动保障监察工作责任目标，充分发挥劳动保障监察的职能作用，较好地维护衡山县劳动关系的和谐稳定。工作开展情况：(1)采取主动上门、群众举报等方式，积极开展劳动保障监察日常巡查工作。做到宣传法律法规在前，依法行政在后，对于部分企业存在的违法行为，依法进行限期改正。从源头上维护劳动者的合法权益。(2)针对拖欠农民工工资举报案件的专项监察工作，在全县范围内相继开展农民工工资清欠工作，全年受理举报“拖欠”农民工工资案件30余件，追回被拖欠的工资300多万元。(3)清理非法收取的押金3万余元，涉及劳动者50余人，督促补签劳动合200余份，督促建筑施工企业缴纳农民工工资保障金500多万元。(4)对全县90多家企业单位进行书面审查工作。3.建立创新型信息化劳动仲裁平台。在湖南省劳动仲裁系统首创县级“衡山劳动法·微课堂”专讲微信群、开展“劳动法进校园”活动等构建新型劳动仲裁平台。仲裁院办结各类劳动、人事争议案件212件，涉及劳动者930多人，涉案金额近千万元，其中案件调处成功率高达85%以上，结案率100%。全年日常接待法律咨询共计3000余人。（文庚明）

【城乡居民社会养老保险管理】 截至12月31日，全县2017年度城乡居民社会养老保险缴费人数16.51人，实缴金额1647.33万元，全县12个乡镇中全部实现100%自主缴费。发放待遇人数6.56万人，并于9月实现待遇提标，全年累计发放养老金达到7121.53万元。通过养老金发放人员异动申报，生存认证和定期比对，全年上报并及时停发2994例，严格落实待遇领取人员丧葬费制度，审核出不符合丧葬费领取条件142人，节约财政丧葬费支出8.52万元。切实维护政策实施的公平、公正性。2015年下半年以来，衡山县人民政府将新农保和城居保两项制度合并实施，建立统一的城乡居民基本养老保险制度，并出台《衡山县城乡居民基本养老保险实施办法》。2017年县级城乡居保经办机构加大宣传力度，专门印制《城乡居民养老保险政策宣传》不干胶宣传资料及《办事指南》宣传折页下发到各乡镇村组进行新政策宣传，组织各乡镇经办人员对“智慧人社”APP(一种应用程序软件)移动端缴费业务培训，引导全县城乡居民进行自主缴费。（赵毅成）

【工伤保险基金管理】 截至2017年12月底，全县累计参保人数28815人，参保单位354个，全年发生工伤事故181起，其中认定工伤178人，劳动能力鉴定50人，做到基金收支平衡，运行良好，略有结余。2017年度工伤保险工作亮点是将全县矿产资源按吨位征收落实到位，全县老工伤人员管理到位，待遇实现正常发放，确保基金安全运转，全面实行网络化管理，方便服务对象，加强业务管理。（刘正伟）

【人社扶贫工作】 开展“六个一”结对帮扶，制定落实行业扶贫政策。14名联点帮扶责任人入户调研、访贫问急，局系统干部职工筹集扶贫基金15929元。制定《衡山县人社局2017年脱贫攻坚工作实施方案》,出台人社扶贫政策:1.就业扶贫政策。对衡山县建档立卡贫困劳动力转移就业实施省外400元、省内200元、市内县外100元标准的交通补助。2.健康扶贫(医保兜底扶贫)政策。①对建档立卡贫困人口参与城乡医保就医报销比例提高10%。②对建档立卡贫困人口大病保险补偿起付线降低50%。③对建档立卡贫困人口100%纳入大病保险和重特大疾病医疗救助范围。截至2017年12月31日止,城乡居民医保中心对2017年1—12月建档立卡贫困人口报销4808人次,补偿金额1610.31万余元。通过以上措施,确保全县健康扶贫政策落地。

(县人社局办公室)

【人社维稳工作】 2017年,受理各类信访案件37件,其中"12345"热线来信来电17件、个人来信来访20件,全部化解并回复。"两会"和十九大特护期,建立战时维稳机制,守住"四不发生"工作底线,确保无一例越级上访。获评县"综治维稳"和"信访"工作单项先进。 (县人社局办公室)

【人社党风廉政和队伍建设】 抓实干浓氛围,不断加强队伍管理。巩固党的十八届五中、六中全会精神,掀起学习党的十九大热潮。全年组织召开近20次专题会议研究调度系统党建工作,层层传导压力、压实责任。重点抓好"两学一做"常态化制度化工作和"十九大精神"宣讲活动,组织党员上党课、开展专题学习讨论、重温入党誓词、开展优秀笔记评选和观看警示电教片活动以及"灯下黑"问题专项整治工作等,确保每一名党员在局系统落实党建工作责任制的六大系列活动中不掉队。落实双重组织生活制度。开好组织生活会、民主生活会和2017年度双述双评会。开展"一会五评"和党员、支部公开承诺,认真贯彻执行"五个日子"制度,精心组织开展"喜迎十九大"主题党日活动和"脱贫攻坚见行动专题组织生活会",实现对系统8个党支部、121名党员的全面从严管理。打造一支"廉洁、高效、团结、创新"的人社队伍。坚持实行党政"一把手"负总责,强化监督检查,规范权力运行,把党风廉政建设与业务工作相结合,开展日常巡查和"雁过拔毛式"腐败、"纠'四风'、治陋习"专项整治。切实治理"慵懒散"和慢作为、不作为等顽疾,努力营造出风清气正的选人用人环境,不断强化党员干部"四个意识",筑牢思想防线,建设起一支能够严守基金安全、考录安全、数据安全、队伍安全底线,具有想干情怀、善干能力、勤干作风、敢干勇气的人社干部队伍。 (县人社局办公室)

民　　政

局长　戴建衡

【概况】 2017年,衡山县民政局贯彻"富民惠民、改善民生"精神,坚持"以人为本,为民解困,为民服务"理念,致力于完善社会保障制度和社会救助体系,打造公开、公平、公正的社会救助平台,保障困难群众的基本生活权益。

【民政基础设施项目建设】 殡仪馆及陵园项目快速推进,完成征地350亩,主体工程全面施工建设,累计完成投资4500万元。民政基础设施项目稳步推进,军休服务大楼、救灾物资储备仓库、救助站、未成年人保护中心等一批项目全面启动建设。

(民政局办公室)

【重点民生项目建设】 按省政府要求,新增养老服务床位187张。围绕这一目标,早安排、早部署、早谋划,加强领导、责任到人。各项重点民生实事项目全面完成,衡山县福利院新增养老床位150张;城乡养老服务示范点5个(永和乡龙凤村、开云镇山竹村、岭城乡朝圣村、白果镇岳北村、永和乡永和村),新增养老床位23张;城乡社区日间照料中心2个(开云镇大桥社区、萱洲镇萱洲河社区),新增养老床位14张。 (尹晓华)

【城乡社会救助】 为进一步推进社会救助工作规范化管理,结合上级精准扶贫精神,充分利用"互联网+监督"信息平台,精准认定救助对象,实施分类救助。城镇低保通过年检年审,实现动态管理清退低保对象308人。把529名城市“三无”人员并入特困供养人员，目前城市低保对象2726人，全年累计发放低保金1114万元，月补差水平300元。农村低保2017年在上年全面清查整改的基础上，开展“回头看”活动，出台《衡山县农村低保和社会保障兜底脱贫对象认定清理整顿工作方案》，在2016年清理的基础上查漏补缺，更加精准认定低保对象，为全县的扶贫工作打下夯实的基础。农村低保对象4410人，全年累计发放资金962万元，月补差水平179元，其中兜底对象527人，月标准为260元。特困供养对象今年新增163户，并接收529名城市“三无”对象转入特困供养对象。目前特困供养对象2799人，其中分散供养2345人，集中供养454人，全年发放资金1417万元。临时救助全年救助7526人次，救助金额840万元。医疗救助全年救助13972人次(其中城乡低保和特困供养人员参保10305人)，救助金额650万元。 （周岳湘）

【慈善工作】 慈善总会把募集慈善资金作为工作重心，积极发动社会各界参与慈善，截至年底，慈善总会募集创始基金150万元，2017年累计募集善款149730元(含“慈善一日捐”39730元)，物资折价1万元。12月底，湖南省烟草公司衡阳市公司衡山县分公司、湖南群晟实业发展有限公司向慈善总会定向捐款共计24万元。结合城乡救助、福彩公益、支部活动、精准扶贫“大走访”、临时救济等项目，利用“元旦、春节”等重大节日，分类开展慈善救助和实施慈善“送温暖”活动。2017年，开展救助共支出经费46.8万元，受助对象533人次，主要是救助贫困学生、低保户、五保户、孤儿和残疾人及因天灾人祸造成困难的家庭。2017年10月15日，在福田铺乡敬老院开展“九九重阳阳光敬老院活动”，蒋会长率市局领导慰问敬老院的老人。2017年12月21日，成立衡山县第一个村级慈善工作站——衡山县福田铺乡白云村慈善工作站。 （谭险峰）

【村(居)民自治工作】 大力推行村(居)民依法自治，广泛开展示范乡镇(村)创建活动。截至目前，全县25个社区、128个村，已有24个社区、126个村达到村(居)民自治标准，村(居)民依法自治率达到96%和98%。全面完成村(居)委会任期财务审计工作，村务公开栏全面推开，有序进行，保证村级财务月月新。全县各村统一印发信用赋码证，为下届村(居)两委换届选举打下好的基础。

（民政局办公室）

【灾害救助】 2017年据统计，全县受灾人口达10.4万人次，农作物受灾面积5574.5公顷，倒塌房屋71户200间，严重损坏房屋51户123间，直接经济损失7475万元，累计转移安置灾民1420人，调拨自然灾害生活救助资金239万元，安排农村房屋灾后重建专项资金161万元。督促保险公司对伤亡人员和房屋倒损进行快速勘赔，赔付资金70余万元。积极开展防灾减灾示范社区建设，东湖镇石碑村被评为省级防灾减灾示范社区。 （旷江鹏）

【优抚工作】 全面落实各项优抚政策，及时提高优待抚恤标准，全年累计发放各类优待抚恤资金1900万元，发放城镇国防优待金42万元，支付参保资金28万余元，发放门诊补助、住院补助和医疗困难补助资金92.9万元。严格优抚对象审批程序，全年接收残疾军人2人，带病回乡退伍军人6人，办理参战退役人员12人，新增60周岁以上农村籍退役士兵226人。完善优抚对象数据动态管理和定期生存核查机制，提高优抚对象精细化管理水平。积极开展文明优抚事业单位创建工作，县烈士纪念园获评“全省文明优抚事业单位”。军民关系日益密切，春节、“八一”建军节期间，走访慰问驻衡部队官兵和部分重点优抚对象，发放慰问款20余万元，发放慰问信4万封，慰问年画1.5万幅。通过举办军政座谈会、军民联欢晚会、军民书画展和军民篮球邀请赛等活动，不断增进军民“鱼水情”。烈士公祭活动庄严隆重，9月30日举办的烈士纪念日公祭活动，全县党政军领导及社会各界人士、优抚对象代表共计400多人参加。涉军信访维稳工作成效显著，2017年赴县、市、省、中央接访45次，及时化解矛盾隐患，全面落实维控措施。在参加“两会”“一带一路论坛”和十九大安保维稳工作成突出，荣获县政府、市民政局先进单位。 （陈拥军）

【退役士兵安置】 加大退役士兵安置改革力度,不断提高安置水平,全年接收转业士官和退役士兵160人,其中退役士兵157人,发放一次性经济补助资金110.2万元,对符合安排工作的3名转业士官全部安置到位。积极开展退役士兵就业技能和创业培训,综合学员兴趣爱好,采取“订单式”培训,学员的参训率、合格率、获证率、就业率大幅提升,均达98%以上。（汤红永）

【军休所工作】 全面落实军休人员“两项待遇”,加强日常管理,按规定做好军休干部、无军籍职工医疗保障工作,积极开展文娱活动,丰富休养人员生活,协助办理军休干部去世后丧葬事宜。（谭宏峰）

【流浪乞讨、未成年人救助】 流浪乞讨、未成年人救助工作不断加强,全年接待、劝导求助人员610人次,对符合救助要求的548人给予及时救助,2017年未发生一起因救助不及时而引发的责任事故。（符新华）

【第二次全国地名普查工作】 完成衡山县第二次全国地名普查,共收录地名10922条,并分列于3月和7月通过市、省普查办验收。积极开展平安边界创建活动,圆满完成与衡阳县两县边界联检。（李璨）

【福彩管理】 2017年,累计发行福利彩票1269万元,其中电脑票1178万元,刮刮乐91万元,荣获市福彩工作先进单位,筹集更多的福彩公益金,为全县福利事业发展提供资金保障。同时为回报社会,大力开展福彩公益活动,通过“福彩助学”传统项目,扶助贫困大学生、高中生53名。发放助学金13.4万元。通过开展“福彩送福、快乐过年”扶贫帮困活动,资助24名困难群众,共计发放公益金3.6万元。（胡美媛）

【老年人优待工作】 全面落实老年人优待政策,全年发放高龄补贴85.6705余万元,惠及老人860人,其中百岁老人15人;发放基本养老服务补贴资金27.195万元,覆盖率达100%,省小康考核指标全面达标;补贴老年人乘车资金25万元,5万老年人受益。县老年人信息平台建设全面完成,开通12349老年人服务热线。积极开展“老人节”登山活动,免费办理老年人优待证3800本。（刘佳）

【社会组织管理】 2017年,全县有社会组织单位168个,其中新增14个,对应参加年检的138个社会组织单位进行年检,合格单位114个,基本合格单位6个,不合格社会团体14个。依法撤销社会团体4个。创新社会组织管理模式,投资45余万元新建社会组织孵化基地,弥补全县无社会组织孵化基地的空白。大力开展行业协会商会与行政机关脱钩工作,全面完成全县第二批25个试点单位行业协会商会与行政机关的脱钩。（邓宏灿）

【婚姻、收养登记】 2017年,全县办理结婚登记2536对、离婚登记714对、补领登记748对,收养3起,登记合格率100%。（罗金平）

【残疾人“两补”】 2017年,根据残疾等级、困难情况对全县残疾人进行一次全面摸底调查,完成5415名残疾人信息采集、录入,其中重度残疾人3876人,困难残疾人1539人,按照重度残疾人护理补贴50元/月,困难残疾人生活补贴60元/月的标准,及时发放残疾人“两补”资金353.567万元。（尹晓华）

【“四院”工作】 社会福利院、光荣院、儿童福利院、中心敬老院“四院”紧紧围绕“以人为本、扶弱助残、奉献爱心、构建和谐”的民政理念,深入贯彻中共十九大精神,以开展深入学习实践科学发展观活动为契机,坚持解放思想,创新工作思路,紧紧把握新阶段发展机遇,齐心协力搞好整体搬迁和内部管理工作。认真开展医疗康复工作,根据上级要求做好优抚对象荣军疗养工作,做好收、送养弃儿常规工作及涉外回访工作。将儿童福利院4名特殊儿童寄养新化开展康复和特殊教育的学习,并签订托养协议。光荣院活动中心招投标项目及初步完成主体工程。（刘志新）

【老农保清退】 2017年,衡山县原农村社会养老保

险退保金额4596元,规模逐步缩减中。（旷　红）

卫生和计生工作

局　长
党组书记　旷立伟

【概况】 2017年,全县卫计系统按照县委“四个新衡山”战略部署,坚持新时期卫生与健康工作方针,以工作落实年为主题,扎实推进健康衡山建设,圆满完成年初确定的目标任务。在2017年的省、市年终考核中,计划生育工作连续13年位居全省良好单位行列、卫生重点工作荣获全市目标管理考核“优秀单位”。

【人口计生情况】 2017年,全县上报出生人口5894人,人口出生率为12.63‰,符合政策生育率为92.93%,比责任目标高1.3个比点,出生人口性别比为112.6,比责任目标低2.4个比点,出生缺陷发生率持续下降。

【县级公立医院综合改革】 县级公立医院综合改革不断深化,全县3家县级公立医院全部取消药品加成并启动药品采购“两票制”,推动药价回归到合理水平。分级诊疗制度有序实施,县级公立医院初步参加医联体8家,专科联盟2家,远程指导协作2家,促进优质医疗资源下沉。公立医院按病种付费工作积极推进,全县公立医院实施按病种收付费病种数达31种。

【国家基本药物制度实施】 各级医疗机构严格执行基本药物网上平台集中采购制度,适度放宽基层医疗卫生机构药品配备政策,基层用药紧张问题得到缓解,大部分二级以上医疗机构使用基本药物的品规和金额同比上升。

【医疗服务体系建设】 疾控中心大楼已完成主体工程建设,人民医院门诊大楼已启动主体工程建设,妇幼保健院项目已完成选址,并做好相关手续办理和前期工作。白果、东湖、萱洲中心卫生院成功创建2016—2017年度群众满意的乡镇卫生院。人才选拔机制有效创新,在面向社会公开招考120名专技人才的基础上,采取公开竞聘演讲的方式选拔3名乡镇卫生院院长,进一步优化医疗机构队伍。

【计划生育服务创新】 在生育政策调整完善、群众婚育观念逐步转变的大背景下,更新发展理念,创新管理机制,在全县范围推行“诚信计生”工作模式,引导已经生育两个及以上子女且不符合法定再生育条件的育龄夫妻,同村(社区)委会或流动人口计生协会签订“诚信计生”协议,实行“双向选择”和“双向承诺”。目前已有2371名对象签订诚信协议,群众反响较好,得到湖南日报的专题报道和推介。

【基本公共卫生服务】 12大类基本公共卫生服务全面实施,服务经费标准提高到每人每年50元。全县累计完成规范化电子建档314600份,建档率80%。重点人群中,全县65岁以上老年人共45049人,规范管理42650人,规范管理率94.67%;累计管理高血压患者22520人,规范化管理12454人,规范管理率为60.62%;累计管理II型糖尿病6589人,规范管理3205人,规范管理率61.9%;累计登记在册的严重精神障碍患者1683人,其中规范管理人数1345人,规范管理率82.06%。

【疾病救助预防控制】 全年无甲类传染病和突发公共卫生事件发生,乙、丙类传染病发病率分别为275.94/10万、185.32/10万,法定传染病报告同比下降17.71%。逐步加强艾滋病、结核病等重大疾病管理,成功完成结核病诊疗转向定点医院工作。全县免疫儿童建卡率、建证率均达到98%,11种疫苗全程接种率达到97.1%,及时完成新入托入学儿童接种证查验和查漏补种工作。

【妇幼保健工作】 全年无孕产妇死亡,5岁以下儿童死亡率降至4.91‰,孕产妇免费产前筛查、免费孕前优生健康检查覆盖率均达到100%,农村妇女“两癌”筛查完成107.12%。全面推广使用母子健康手册,将手册的发放与生育登记、孕产妇健康管理、儿童健康管理和预防接种等工作有机衔接，与家庭医生签约服务有机结合,共发放手册8730本,孕产妇系统管理率达94.83%,7岁以下儿童管理率达94.72%。积极落实农村孕产妇住院分娩基本医疗全免费,补助农村孕产妇2272人,补助金额68.55万元。全面实施婚前医学检查、免费叶酸增补、免费孕期艾梅乙筛查、新生儿疾病筛查等出生缺陷防治服务。

【卫生综合监督执法】 加强医疗市场、公共场所和生活饮用水的监管,取缔无证行医8家,查处非法医疗行为20家。规范医疗卫生机构医疗废物处置,公立医院均与衡阳市衡兴环保有限公司签订长期服务协议,避免医疗废弃物的二次污染。组织开展专项治理出生人口性别比偏高问题整治行动，严格执行乡镇孕情跟踪监测,加大“两非”案件查办力度,2017年查处“两非”案件4例。建立失信惩戒机制控制违法生育，把1名拒不缴纳社会抚养费的对象列入全国失信被执行人征信黑名单。

【中医药事业发展】 扎实开展《中华人民共和国中医药法》全面实施宣传活动,在局机关、中医医院和乡镇卫生院悬挂横幅或帖宣传标语,并于6月29日在中医院开展大型义诊活动。组织实施全县中医药现状情况调查,报送《民间中医药专长绝技》一项(五虎丹)。新完成东湖、长江2所乡镇卫生院中医馆建设,现中医馆均能运用中医药6项适宜技术,为广大农村居民提供简便的中医药服务。

【计生奖励扶助】 严格落实法定奖励扶助政策,推行“三榜四级”认定程序,全年确认各类奖励扶助对象5150人,其中特扶181人,奖扶4267人,独生子女父母奖励对象702人，全年共发放各类扶助资金227.54万元。县级财政将特扶对象扶助金标准由每人每月420元、490元提高到650元、800元,对独生子女死亡对象一次性发放抚慰金5000元。

【计生优质服务】 认真落实生育服务登记制度,严格按照法定程序和统一文书进行再生育审批，优化办事流程,提高审批效率,为4300多对育龄夫妇快捷、高效办理生育服务登记证和再生育证。流动人口服务管理和健康促进工作扎实推进，省内信息匹配率提高到97.73%,衡山县恒信新型材料有限公司成功创建国家级流动人口健康促进示范企业，开展异地办证、就业培训、健康体检等服务,办理婚育证明800余个,建立流动人口健康档案1200余份。

【计生综合治理】 严格计生审查，共审核拟提拔重用干部89人、进编人员104人、政协委员272人,审查评先评优单位17个、评先评优个人795人、村委换届765人、支委换届792人,共“一票否决”11人,营造“执行国策必严、违法生育必究”的社会氛围。公安、卫计、民政、人社等相关部门落实计生信息共享机制,信息按时通报,数据实时共享,“实时通”覆盖率达到100%。计生综治部门出台落实一系列计生家庭帮扶政策,促进计生工作健康发展。县教育部门在“初升高”考试中对农村独生子女户和农村两女户的子女加5分,受惠学生218名;贫困寄宿生每期增加生活补助50元,受惠学生675名。工商联在开展“社会感恩光彩行动”中,优先扶助计生家庭贫困学生30人共3.6万元。民政部门在新增低保户时对独生子女户和农村两女户按同批次最高标准纳入,补贴274人共6.6万元。住建部门在农村危房改造中优先扶持计划生育家庭，扶持110户共129.46万元,扶持资金每户最高达3万元。

【健康扶贫工作】 按照省市要求落实5763户，18914名贫困人口“三提高、两补贴、一减免、一兜底”的综合医疗保障政策，开通就医绿色通道实行“先诊疗、后付费”;扎实推进“三个一批”行动计划,大病集中救治完成922人,救治率为63.63%;慢病签约服务720人，签约率为66.84%；重病兜底21人。多方保障有效减轻贫困人口就医费用负担,共报付4865人次,补偿2393.6万元,就医综合报销比例达83.85%。

【爱国卫生工作】 顺利通过“省级卫生县城”复审考核,成功创建1个市级卫生乡镇和2个市级卫生村。

狠抓病媒生物防治工作,全面开展除“四害”活动,在县城、乡镇医疗机构新建1577个毒饵站灭鼠,组织3轮灭蟑、灭蚊蝇突击活动。积极推进“无烟单位”创建工作,共有28个单位被授予无烟单位称号。

【计生协会工作】 推进计生群众自治示范村评估推荐和典型推广,创建群众自治示范村12个。开展贫困单亲妈妈扶贫帮困活动,共帮扶慰问95人14.66万元。开展“生育关怀”活动和计生保险等工作,慰问计生困难家庭300多户,发放慰问金20余万元;为2000多户对象免费赠送计生家庭系列保险,参保金额10万余元。充分发挥协会会员“带头、宣传、服务、监督、交流”等职能作用,深度参与“诚信计生”、健康扶贫、流动人口管理、基本公卫服务等工作,促进计生家庭发展,推动计生工作落实,架起党委、政府密切联系群众的“连心桥”“惠民桥”。 (彭慕君)

医疗单位选介

院长 刘 望

【衡山县人民医院】 2017年,衡山县人民医院有编制人数495人,正式在编职工270人,实有在职职工514人,其中卫生技术人员440人、高级职称48人、中级职称125人。现有编制床位510张,因业务用房不足,实际开设386张,开设有急诊科、外一科、外二科、妇产科、内一科、内二科、内三科、血液净化中心、儿科、新生儿科(ICU)、传染科、五官科、手术室、门诊部、检验科、药剂科、医疗器械科、放射科、CT室、特检科、理疗科、消毒供应中心等临床和医技科室。其中外二科、内二科、内一科为重点专科。同时设有院办公室、医务科、护理部、党建办、人事科、考核办、财务科、审计科、医疗保健科、质控科、信息科、项目办、总务科、保卫科等职能科室。2017年,衡山县人民医院收治住院病人16632人次,门急诊病人184926人次,医疗业务收入12033.20万元。

县人民医院班子成员合影(左起:周智勇、刘望、陈松权)

医院管理逐步加强。一是完善医院管理制度。出台《公务接待管理制度》《公务出差(学习)管理制度》《院内工作用餐制度》《院总值班制度》《衡山县人民医院物资采购领用流程》《休假管理制度》《衡山县人民医院药品比例控制现行标准》《行政查房制度》等20余项管理制度。二是健全质量管理制度。落实医疗质量安全院科两级责任制等18项医疗核心制度。2017年3月,在三内科试点实施三级医师查房制度后,危重患者的医疗质量得到三重保障,效果显著。2017年年底,全院各临床科室均落实三级医师查房制度。三是健全绩效考核制度。与广州璞臻企业管理咨询有限公司合作,经过多次的调研、征求科室意见、测算、提交职工代表大会表决,制订《衡山县人民医院绩效考核试运行方案》,充分发挥薪酬分配的激励和约束作用。提高临床一线医务人员待遇水平。

职工政治思想建设不断加强。衡山县人民医院党组织实行“党建引领,党政同责,齐抓共管”的工作机制。一是组织观看十九大开幕式。认真学习习近平总书记代表党的十九大作重要报告,并撰写十九大学习心得体会。二是完善党员信息采集归档工作(包括退休老党员),建立党员微信群,使得交流学习更加快捷方便。三是组织每月两次的党员干部学习,与时俱进学习中央、省、市、县各项新思想、新政策并撰写心得体会。四是通过微信公众号“红星云”学习党规党纪、党史博览、廉政法规、思想教育、典型事例、工作案例等。通过以上措施,全院党员干部政治水平及思想境界得到提高。

医院建设循序渐进。2017年,衡山县人民医院调整项目领导小组,成立项目办,实行专人负责制。4月10日,启动综合大楼总体规划设计及综合楼设计项目招投标工作。6月完成桩基础施工项目及主体工程施工招标代理的招投标工作。6月30日,举行隆重的开工仪式。7月,衡山县人民医院综合大楼项目进行监理招标。因综合大楼所处位置地质地貌复杂,施工难度太大,风险高,造价高;7月21日,综合大楼建设项目领导小组召开综合大楼地下室及基坑支护建设专题会议。经与会专家论证后,会议决定,同意调整县人民医院综合大楼项目地下室设计方案,将原定的建设地下二层改为地下一层。施工方案确定,并经施工单位、设计单位、地勘单位、监理单位及建设单位五方责任主体签字确认。

公立医院改革初见成效。2017年,衡山县人民医院重新调整“公立医院综合改革工作小组”和“药品议价工作小组”成员制订《衡山县人民医院关于公立医院综合改革实施方案》。自实行药品零差率以来,为保证医院正常运行,县人民医院调整诊查费、床位费、护理费、治疗费、手术费、中医诊疗类6大类医疗服务项目的收费标准。同时在医疗技术、医疗服务水平、医疗核心制度等方面加强管理,并且通过严格控制贵重药品、减少辅助药品、规范抗菌药物使用以及加强次均费用控制等多种措施节约运行成本,医院在公立医院改革取得实质性进展,社会效益和经济效益均得到提高。2017年度财政补偿360.41万元,其中省级财政增加投入171万元,县级财政增加投入189.41万元。2017年住院病人次均费用为4431.7元/人次,门诊病人次均费用为219.22元/人次。

学科建设提速发展。一是成立卒中中心。截至到12月底,衡山县人民医院对10例心梗患者实施溶栓治疗,对11例脑梗患者进行抢救,全部获得成功。衡山县人民医院溶栓技术得到湖南省卒中中心联盟的认可,并被纳入湖南省首批统一授牌的“卒中中心”。12月26日,衡山县人民医院内一科挂牌成立“卒中中心”,填补衡山县在湖南省溶栓地图上的缺失。二是建立重症医学科。为提高衡山县人民医院急危重症疾病的救治能力,衡山县人民医院对外一科进行改造,成立重症医学科(ICU),并派出11名医护人员到南华大学附二医院ICU进修,衡山县人民医院对急危重症患者的救治能力加强。三是设立体检中心。2017年衡山县人民医院规划设立健康体检中心。全年为高考学生体检2300余人次,为全县百姓健康体检3820余人次,为全县60家单位1913人进行体检,得到各单位的好评。四是腔镜技术不断成熟。在外一科微创技术不断成熟的基础上,妇产科团队前往广州佛山市第一人民医院进修学习宫腔镜技术,回院后在科内积极开展宫腔镜治疗,填补衡山县人民医院妇产科微创业务空白,也为广大妇科病人带来福音。五是成为多个重点医疗项目的定点医院。县人民医院与南华大学附一医院、南华大学附二医院、衡阳市中心医院签订医疗合作协议,使得县人民医院多个学科医疗技术突飞猛进。10月,县人民医院被省卫计委、市卫计委、县卫计局指定成为衡山县“农村贫困人口大病专项救治定点医院”,12月,衡山县人民医院成为省“光明扶贫工程”项目定点医院之一。

平安医院创建成效明显。一是综合施策、全面推进。首先,进一步落实人防、技防、物防措施。在全院重点区域、重点部门新增高清视频监控100多处,视频监控覆盖率100%。投诉室、调解室、监控室、警务室建设均达要求。其次,进一步完善警医联动机制。其三进一步健全医患纠纷处理机制。其四,进一步落实医患矛盾纠纷大排查制度。顺利通过省市平安医院验收。二是加强督查,持续改进。首先严格质量督查,确保安全生产。确保医疗质量与医疗安全的监管落实到每个部门、科室和环节。其次抓好“三基”培训,提高整体业务素质。医务科、护理部以远程直播教学为平台,全年组织医务人员43770余人次参加首都医科大学,北京大学附属第一医院、第三医院,北京协和医院、北京积水潭医院等医院的知名教授、专家现场直播授课,并请省市医院教授、专家到院指导,结合危重病人查房、手术,临床案例分析等形式,全面加强医务人员各项能力的培养。不断提高服务水平和业务技能。6月,衡山县人民医院急诊科代表队在衡阳市急救技能竞赛中获得团体第一名,个人分获单项一、二名。

深入开展精准扶贫。一是成立“健康扶贫”结对帮扶项目领导小组,与岭坡乡卫生院、白果镇中心卫生院等6个乡镇卫生院签订《县级医院帮扶乡镇卫生院协议书》,并制订《衡山县人民医院“健康扶贫”结对帮扶项目实施方案》,并建立“健康扶贫微信群”。2017年，院领导班子和党员技术骨干共49人次深入各乡镇卫生院进行帮扶，结对帮扶9次。二是免费举办乡镇卫生院医生能力提升班，集中培训全县卫生院医务人员30人次。三是勇扛农村贫困人口大病专项救治的大旗，成立专项救治领导小组和专项救治专家组，责任分解到个人，完善专项救治方案，制定9种大病救治临床路径、救治须知、就诊流程图，大力宣传相关政策，落实先诊疗、后结算，使困难群众罹患大病能得到及时、有效、规范的医疗救治。

医德医风建设。2017年，县人民医院在全院广泛开展医德医风、行业纪律、法律法规等各方面的教育，中层干部100余人次先后到南华附二、耒阳市人民医院等参观学习，并与全院职工签订《衡山县人民医院拒收商业贿赂承诺书》《衡山县人民医院拒收红包礼金承诺书》。全年医务人员主动退还红包70余次，金额14900余元。

党建工作。2017年，衡山县人民医院党总支设立党建办，并严格落实党建工作责任制、党内监督制度、“三会一课”制度、民主评议党员制度等党内制度。医院党总支共有党员125名，设支部5个，发展新党员1名。

彰显社会责任。一是开展下乡义诊活动。前往长青乡高兴村、长青乡敬老院、店门镇茶园村等乡镇开展义诊13次，派发非处方药费用6000余元，投放各种试剂费用4000余元，发放健康知识宣传资料680余份，派出医护人员118人次。二是参加社会募捐活动。在全市“凝心聚力献爱心，精准扶贫奔小康”专题捐赠活动中，筹得爱心款30810元。三是关爱院内特困职工。全年组织全院职工为困难职工捐款53137元。

（廖旭红）

【**衡山县中医医院**】 2017年，衡山县中医医院全年门诊59132人次，较2016年同期增长25.7%；住院8789人次，较2016年同期增长47.7%；业务收入5046.4万元，较2016年同期增长41.7%；手术700人次，较2016年同期增长200%；床位使用率63.11%，较2016年同期增长16.77%；平均住院天数8.5天；较2016年同期增长-5.3%；接受教育系统、疾控中心、全县公职人员体检等大型体检共3000余人次。

院长　唐　峰

2017年，县中医医院始终注重职工的思想道德教育，开展各种寓教于义、寓教于乐活动，组织全院职工积极参与县卫计局组织“凝力聚力献爱心、精准扶贫奔小康”募捐活动，筹得爱心款38332元；认真与开云、马迹等6个乡镇卫生院进行对口帮扶，送医下乡义诊服务10余次，免费向患者发放药品万余元；带领退休老同志赴毛泽东故居参观学习，为职工进行全面的健康体检，及时对因病住院的院内职工送上关爱慰问，让大家感受到大家庭的温暖，形成一种互帮互助的良好氛围。

2017年，县中医医院扎实推进“两学一做”主题实践活动，召开支部会议、学习共9次；组织院内书法比赛，向县卫计局选送的六幅作品分别获得卫生系统书法组第二名、第三名的好成绩；“5·12”护士节组织全体护士外出参观学习；组织全体党员赴刘少奇故居进行革命传统和爱国主义教育；十九召开之际，在县委、县政府牵头举办的“喜迎十九大·共建新衡山”群众文艺汇演比赛中，县中医医院编排的大型舞台情景剧《红旗颂共筑中国梦》荣获全县第一的好成绩。

2017年，县中医医院紧紧围绕“医疗安全”这一主题，按进度、分门别类地对所有医护人员进行“三基三严”和43种中医诊疗技术的培训和考核，举办为期一个月的体格检查、各类穿刺技术的专项培训。为提高医院突发事件的应对能力，对全体医务人员进行心肺复苏等急诊急救技能的强化培训20余次，保证专项培训的参培率、考核率、合格率均达到100%。

全方位、立体化推进质量管理。2017年，外聘专家到院讲座10余次，单位集中学习10余次、外出进修5人次、短期培训20人次，其中县中医医院针灸推拿科黄正熙专项赴北京学习超微精刀技术，同时被湖南省针灸学会评定为衡阳市“针推能手”。2017年7月，在县卫计局举办的“精诚杯”三基知识竞赛中，县中医医院医技组曾文芳夺得县内第一名，医生、护士各组代表均取得不菲成绩。为发扬中医精髓,传承中医文化,医院举办的“华佗杯”中医方剂知识竞赛,营造你追我赶的良好学习氛围。

牢控质量,注重医患。一是落实医疗文书、病历质量的院、科两级管理制度,邀请省市专家对医院病历进行点评,提出整改意见,制订持续改进方案,病历质量及处方书写水平有明显提高;2017年来,医院深入开展以抗菌药物为主线的合理用药工作,建立抗菌药物分级使用管理、药物监控、通报公示制度,明确由药事管理委员会负责对全院抗菌药物的使用情况进行监督,如发现有超过“警戒线”的单品种药物,对科室及医师提出预警,及时将药品下架。杜绝大检查、大处方,加强与患者的有效沟通,各项业务有序开展,全年无重大医疗事故发生。

2017年来,医院赴各省市参加人才招聘会4次,引进专业技术人员40余人,另招回原外出工作的院内职工、骨伤科副主任医师李华军回院上班,基本上实现临床科室均有一名学科带头人的年初目标。

2017年,筹集200余万元采购输尿管肾内镜、眼科手术显微镜、超声乳化仪、眼底照像机、新型煎药机等一批先进设备,使县中医医院的就医环境、设备设施仍处于县内先进水平。

2017年,医院十分重视新技术、新项目的引进,新开展C肽及血清酮检验项目,骨伤科新开展髋关节翻修术,拟增设的眼耳鼻喉科也正在前期准备当中,现已进入设备采购阶段。该科室的开设,填补县内空白,并为全县2000余名白内障患者带来福音。

(周小云)

【衡山县妇幼保健计划生育服务中心】 2017年,衡山县妇幼保健计划生育服务中心确立“提质增效”工作主题,较好地完成各项工作任务。全年总收入2684.86万元,实现两个效益同步增长,院内工作齐头并进的目标。

2017年,衡山县妇幼保健计划生育服务中心持续推进医院整体搬迁项目工作。省发改委于11月把医院迁建项目纳入《关于申报2018年度卫生领域中央预算内投资计划建议方案》上报国家发改委。医院成立项目建设工作小组,确定项目用地50余亩,办理林地审批和国土报批手续,争取流动资金贷款,启动测量、环评、零星工程预算、招标代理公司比选等工作。

主任　刘云荣

2017年,衡山县妇幼保健计划生育服务中心事业发展迈出坚实步伐。争取政策支持,年内机构升格为正科级;4月15日起,正式取消药品加成政策,全面推行公立医院综合改革;争取部门支持,年内与妇联、民政、教育局、卫生计生综合执法局等部门合作,对全县56所托幼机构开展卫生保健检查与评估,为8446名儿童进行健康检查;对1700余名城镇女职工进行妇科防癌普查普治;争取经费投入,2017年共争取相关项目和公立医院改革等财政经费870余万元。

2017年,衡山县妇幼保健计划生育服务中心提质增效持续向前推进。年内,引进本科、大专医护人员10余人,选派50余名医务人员参加各类培训和轮训,全院副高职称人员增加至12人,执业医师资格考试新增6人;与省妇幼保健院、省儿童医院、市妇幼保健、市中心医院签订妇产科、儿科、综合科室的医疗联合体指导医院合作协议,分别与永和、贺家、萱洲、店门、长江5所乡镇卫生院签署对口帮扶协议,逐步建立上接省市三甲医院,下联基层医疗机构的专科联盟;引进低频神经肌肉治疗仪、视力筛查仪、雾化仪等设备,开设医疗减肥、视力筛查、小儿雾化室等科室和业务。

2017年,衡山县妇幼保健计划生育服务中心面上保健取得良好业绩。全县孕产妇系统管理率94.24%,住院分娩率100%,剖宫产率31.82%,实现

县妇幼保健计生服务中心班子成员合影
(左起:李小林、刘云荣)

孕产妇零死亡的目标，被评为衡阳市母婴安全保障工作先进单位；7岁以下儿童系统管理率95%，5岁以下儿童死亡率4.91‰。全年开展孕中期免费产筛2665人次，在产筛工作年度目标管理考核中名列全市第二；全年完成孕前优生健康检查6544人次，组织农村适龄妇女进行免费两癌筛查6427人，叶酸增补、新筛、听筛、艾梅乙检测等相关工作均达到上级要求；10月26日，衡阳市母婴安全保障工作暨母子健康手册推广培训现场会在衡山隆重召开，将衡山试点工作模式在全市进行推广；年内常宁市妇幼保健院、安徽省淮北市妇幼保健协会的领导和同仁也先后前来观摩考察衡山县创建国家妇幼健康优质服务示范县和母子健康手册试点工作，借鉴学习成功经验。

2017年，衡山县妇幼保健计划生育服务中心各项惠民举措积极实施。开展农村孕产妇住院分娩平产全免费政策，实施农村孕产妇平产免费400余人次；共为3.5万余人提供免费医疗保健服务，免费接送病患者7000余人次，推出便民利民惠民举措14项，减免病患者医药费、床位费18万余元。

（谭　欢）

【衡山县第二人民医院】 衡山县第二人民医院（衡山县白果中心卫生院）位于岳北革命老区白果镇，临衡山山麓，依涓水河畔，为国家一级甲等医院，是城乡居民医保、城镇职工医保及各种商业保险定点医院。全院有干部职工100余人，副高职称1人，中级以上职称20余人，病床80余张。设有门、急诊科、内科、儿科、妇产科、骨伤科、外科、五官科、皮肤科、疼痛科、中医康复科等临床科室。拥有计算机平板DR机、彩色B超、全自动12导联同步心电图、经颅彩色多普勒、无创心功能仪、全自动生化分析仪、全自动血液细胞计数仪、尿液分析仪、尿沉渣分析仪、血凝仪、全自动电解质分析仪、免疫定量分析仪、心电监护仪、全电脑牵引床、高频手术电刀、半自动吸痰机、麻醉机、电解质分析仪、新生儿辐射台、胎儿监护仪、婴儿培养箱、全自动洗胃机等医疗设备，设中心供氧、中心呼叫等先进设施，拥有后山片医院唯一的消毒供应中心。是整个后山片区的医疗中心，是一所集医疗、教学预防、保健及院前急救为一体的综合医院。

（衡山县第二人民医院）

【衡山县骨伤科医院】 衡山县骨伤科医院于1978年新建，原为衡山县沙泉地区医院，1984年6月，经县人民政府批准，将沙泉地区医院与乡卫生院合并为衡山县伤科医院，是一所享誉江西、湘潭、株洲、茶陵、攸县、衡东、衡阳县、南岳区等周边省市县的一所以骨伤科特色为主的综合性一级甲等医院，多次接受国家中药管理局及省卫生厅、全市国代表的调研视察，被评为湖南省“中医兴院示范医院”。2017年10月，医院升格为副科级事业单位，更名为‘衡山县骨科医院’。县骨伤科医院紧紧围绕全县卫生工作重点，立足行业特点，大力发展专科特色，不断创新工作模式，完善管理，改进服务，技术水平不断提高，业务迅速提升。目前县骨伤科医院占地面积达13000多平方米，并已新建有五层综合住院大楼，建筑面积有6000多平方米。县骨伤科医院立足传统医药，不断发掘、整理、提高，常年保持中药饮片400种以上，常年加工传统饮片40种以上。先后荣获市、县“药品质量优胜单位”“规范诚信药房”“省中医兴院示范医院”等荣誉。骨伤科特色更是继承和发扬传统的骨折手法复位，并结合外科手术，开展各类四肢长骨切开复位内固定术；胫骨、股骨干骨折小切口复位；交锁髓内钉内固定术等。随着近年内骨科技术的更新发展，县骨伤科医院先后引进一系列微创新技术。如：股骨髁上骨折闭合复位锁定钢板内固定术；胫骨近远端骨折闭合复位锁定钢板内固定术；股骨颈骨折闭合复位空心钉内固定术等。并开展人工全髋置换、股骨头置换术为全县治疗老年性股骨颈骨折及股骨头无菌性坏死开辟一条新的治疗途径。县骨伤科医院共有在职在岗职工71人，退休人员20人，其中副主任医师1人，主治医师7人，主管护师3人，初级职称56人，大学本科学历6人，专科学历36人。设有中、西医内、外、妇儿、中西医骨伤科5个临床科室及6个医技、辅助科室。县骨伤科医院2017年荣获“2017年度基本公共卫生服务工作一等奖”“2017年度卫生监督协管工作一等奖”。同时，被评为2017年度妇幼卫生工作先进单位。2017年，县骨伤科医院收治住院病人1516人次，门急诊病人25646人次，医疗业务收入644万元。

医院开放床位总量达85张,每年门诊人次超三万人,住院病人达2000余人次,近几年实现业务指标逐年递增的良好趋势,年收入突破1000万元。医院配备有美国柯达DR机、柯达5850激光像机、数字化医用X射线摄影系统及万东500mAX光机、移动便携式X光机、大型"C"型臂X光机、心电图、彩超、经颅多普勒脑血管病诊断设备、全自动生化分析仪、多功能手术台、全自动心电监护仪、麻醉机等医疗设备。全新的住院大楼拥有套间病房中心供氧等现代化设备,并配备有救护车一台可常年24小时接送病人。

2017年,衡山县伤科医院领导班子带领全院职工把"传承发扬"的医院文化作为办院宗旨,倡导诚信理念、以病人满意为追求理念、爱院如家理念,这些文化理念,体现医院特有的精神文脉,实现医院科学、健康可持续发展。管理制度是管理文化的灵魂,通过改革创新,建立和完善两大管理制度《衡山县伤科医院绩效工资考核实施方案》《衡山县伤科医院岗位设置方案》,并在管理实践中抓好落实。

深入开展"服务好、质量好、医德好、群众满意"的三好一满意活动。1.医疗质量、医疗技术水平。一是强化三级病房管理,实现医疗小组、科主任、医院三级质量控制,质控科通过督导,实时监控,实现对运行病历质量的管控;二是健全个人、医疗小组、科主任、医院四级质控体系,落实责任制,实现各环节的可控、可追溯。认真落实医疗核心制度。其次,医院建立规范化的安全管理体系。消防设施、保障设施遍布全院,从灭火器、禁烟标识、防跌倒扶手到水电保障、机电设备、氧气管道等,科学有效管理,最大限度降低由非医疗技术原因造成的风险,确保患者得到最安全的诊疗和最优化的服务。2.落实十项便民惠民措施,创百姓满意医院。一是2017年开展政风行风评议工作,使广大干部职工的服务意识得以加强,服务质量进一步提升。二是实行"无假日医院",在节假日,门诊、急诊、检验科、功能检查科均安排值班人员。三是建立先进的信息化网络系统,推广诊疗服务"一卡通"。四是实现新农合即时结报。五是全院实施优质护理服务示范工程。加强临床护理工作,落实基础护理,发展专科护理,使病人心理、生理、生活得到全方位的护理服务。六是实行爱心、细心、耐心、责任心的"四心"服务,激发和增强全院医务人员的爱心和同情心,为病人提供细心、耐心服务,使病人放心、舒心。七是推行预约诊疗,方便患者就医。八是建立出院病人回访制度。九是制定临床路径管理工作方案,制定控费措施,调整控费目标。十是2017年全院职工"健康扶贫"捐款活动共捐款5300元。

2017年,县骨伤科医院出台《衡山县伤科医院卫生专业人才的引进和管理办法》,明确人才引进的标准和程序。2017年医院1名医生获副主任医师资格;还有1名骨干医护人员晋升中级职称。医院多年来临床科室部分人员无证执业的状况基本得到解决,护理队伍也均持证上岗。

2017年,县骨伤科医院在原有重点专科骨伤科的基础上,加强中医特色专病专科建设。以中医馆建设为引擎,形成中医特色服务品牌,使群众对中医特色诊疗的知晓率稳步提升。将中医服务项目扩展至中医治未病、中医慢性病管理、中医传染病防控,提升中医服务内涵,使群众对中医理疗的利用率逐年提升。强化中医适宜技术推广。扎实做好针灸、推拿、理疗、牵引等中医适宜技术推广应用工作,逐步形成"中医适宜技术推广""中医特色专科建设""双轮驱动"的发展趋势。

2017年,县骨伤科医院不断完善医院硬件建设,医院配备美国柯达DR机、柯达5850激光像机、数字化医用X射线摄影系统及万东500mAX光机、移动便携式X光机、大型"C"型臂X光机、心电图、彩超、经颅多普勒脑血管病诊断设备、全自动生化分析仪、多功能手术台、全自动心电监护仪、麻醉机等医疗设备,建立先进的信息化管理集成系统。

2017年,衡山县伤科医院党支部共有党员11名。开展"创先争优"活动、争创"学习型党组织"活动、"转作风、解难题、抓关键、见实效"专项整治活动、政风行风评议活动、党员义工服务进社区活动、开展大走访活动,党的凝聚力、向心力、战斗力不断增强。

(王美兰)

乡镇概况

开云镇

党委书记　李宇坤

镇长　陈一德

【概况】 开云镇位于衡山县中部偏东，是衡山县的政治、经济、文化中心。东与衡东新塘镇隔江相望，南与店门镇、永和乡接壤，西与南岳区南岳镇毗邻，北与长江镇、湘潭县茶恩寺镇相依。全镇总面积141.1平方公里，辖17个行政村、8个社区居委会，总人口约13万人。

开云镇拥有耕地4.439万亩，其中水田面积达3.882万余亩；水库、水塘所占水面达0.247万亩。其中，库容在30万立方以上的水库有6座，分别是螺头山水库、长冲水库、荷叶水库、白龙潭水库、世上冲水库、早禾冲水库；库容在10万立方以上的水库有9座。共有灌溉水渠580条，全长150余公里，水系融贯湘江、乌河及荆陂河，灌溉范围达90%以上。湘江流经青峰、甘棠桥、大桥、东风及长安5个村、社区，流程16.8公里。乌河贯穿双全新村、建胜村、师古桥村、山竹村和青峰村，流程12.7公里。

2017年，全镇工农业总产值7亿元，粮食总产量19000吨，财政总收入5亿元，农民人均纯收入18500元。

【村、社区"两委"换届】 2017年，开云镇党委圆满完成村(社区)"两委"换届选举工作。自3月21日全面启动村"两委"换届选举工作以来，超前谋划，及早部署；突出重点，狠抓难点；排查隐患，确保稳定；严格依法依程序组织换届选举工作。6月28日，全面完成了村(社区)"两委"换届选举工作任务。

【平安开云创建】 2017年，全镇强抓社会治安综合治理工作，始终将平安创建工作放在全镇所有中心工作的首位。全年，出动宣传车40次、悬挂宣传横幅120条、发放公开信两批次共计6万余份，组织精干讲师团创新性深入沙泉片区开展政策法治宣传讲座8场，受训骨干近4000人。下半年，扎实开展"文明好家风"评选活动，各村(社区)两委通过多轮评选复核，并报经镇综合治理委员会考评复审认可，对获评为全镇"文明好家风"的224户家庭进行表彰。及时处理各种社会矛盾，消除社会不稳定因素，全年受理和转接上级交办信访件38件，及时分流处理信访案件67件，调处各类矛盾156起，成功处置突发事件6起。

同时，加大对吸毒人员帮扶监管，全镇在册吸毒人员713人，其中，社区戒毒、社区康复人员183人，全部实现一人一册，尿检、签协议80%以上。全面落实社区戒毒和社区康复工作，充分调动广大群众支持参与禁毒工作，并率先在全县建立首家社区戒毒康复中心。

【项目建设】 2017年，全镇总计征地4500余亩，拆迁房屋161栋，迁坟829座。其中：开云新城征地

193 亩，拆迁房屋 59 栋；城建投资公司相关项目拆迁房屋 3 栋；工业园区建设项目征地 719 亩、拆迁房屋 14 栋、迁坟 560 座；八里片区(含南岳—衡山西—黄花坪融城公路)征地 245 亩、拆迁房屋 8 栋，迁坟 13 座； 黄花路征地 2193 亩； 防洪堤项目征地 680 亩；紫巾路征地 230 亩，拆房 65 栋，迁坟 220 座；黄花新区范围征地 210 亩，拆迁房屋 9 栋，迁坟 12 座；公墓山拆迁房屋 3 栋，迁坟 24 座，殡仪馆主体工程正在建设中；同时推进沙泉小城镇、盛豪世纪城、开云南路二期、佳兴花苑、金领世家、湘水明珠等相关重点项目的建设。

【农业生产】 2017 年，全镇投入 50 余万元用于粮食生产，年内扩大双季稻种植面积 1800 亩；大力推行土地流转，新增土地流转面积 1800 余亩，土地流转面积占耕地面积的 30%，投入耕地抛荒治理资金 6 万余元，翻耕抛荒耕地面积 300 余亩，培育种粮大户 106 户；引导群众种植草莓、葡萄、莲藕、白茶、白薯、甘蓝、西瓜、席草及草皮、花卉苗木等，精心打造沙泉社区、幸福村和九龙村 3 个、1000 亩双季稻示范片；加速高效生态农业发展，培育了泉水粮食种植合作社、鳌江生态农庄、立辉生态农业专业合作社等 25 家公司或专业合作社； 新发展投资 20 万以上种(养)殖家庭农场 30 个。全镇以新农村建设为契机，乡村振兴为目标，加快乡村旅游产业发展，高标准打造美丽乡村——双全新村建设，积极发展白茶基地和茶叶产业，带领百姓致富；加快 107 国道周边的农业产业结构调整，引进西瓜、草莓、葡萄种植，发展苗木基地 5 处。加快推进美丽乡村建设及精准扶贫工作力度，发展农村电商，搭建农村综合服务平台，让农业成为有奔头的产业，农民成为令人羡慕的职业。

【扶贫工作】 2017 年，为全力抓好脱贫攻坚工作，全镇年内多次召开精准扶贫工作专题会、调度会，进一步夯实扶贫工作基础、澄清建档立卡贫困户底数，进一步规范业务操作流程。4 月，通过精准识别，逐户上门核实情况，共清理“四类人员”、识别不准人员 914 户、2338 人；按照新增贫困户纳入标准，新纳入 226 户、664 人，并因户施策，制定相对应的扶贫措施，切实保证干部帮扶到位、项目资金支持到位、造血功能帮助输送到位。

【民企发展】 2017 年，全镇民营企业不仅在数量上增加，而且规模逐渐增大。根据镇统计站统计资料显示，2017 年 1 月至 12 月，民营企业利润总额达到 58 亿元， 同比增长 9.8%。民营企业税收总额超过 4.2 亿元， 同比增长 6.9%， 占全县企业税收总额的 68.6%。开云镇民营企业成为全县国民经济中最具活力经济增长点，在优化资源配置、吸纳富余人员、维护社会稳定方面都发挥领头雁作用。

【城乡低保工作】 2017 年 7 月， 对全镇 60 个农村低保家庭进行全面入户核查，入户达 100%；9 月，又对全镇 1894 个城镇低保对象进行年审核查。

【优抚工作】 2017 年，全镇落实重点优抚对象优待政策，及时发放老复员军人、带病回乡退伍军人、病故军人遗属等优抚对象定期补助资金、 现役军人优待金和 60 周岁农村退役士兵生活补助资金等；持续做好春节、“八一”节期间退役军人，现役军人家属等各类优抚群体的慰问工作， 并免费为所有重点优抚对象办理城镇医疗保险，纳入医疗救助平台，为他们解决看病难、看病贵等问题。

【基层基础建设】 2017 年，全镇基层基础建设工作成效较好。一是做好村(社区)的换届选举工作，及时收集好选举资料，做好表格录入及资料归档工作，确保基层民主政治建设稳步推进。二是规范村(社区)“两委”建设，积极完善村(居)民议事会等相关配套制度，有效提高群众对村(社区)重大事务的参与度和知晓率，并提高和规范村(社区)干部的业务水平与工作效率，打通村(社区)干部为群众提供优质服务的最后一公里。

【文教、统计工作】 2017 年，全镇投资 11 万元支持教育事业，深化教育教学改革，高度重视校园安全及周边环境治理工作，组织专班分上、下两学期对镇属学校校舍安全、食品卫生进行了集中检查，稳定了良好的教学环境，升学率常年居全县第一。

【文化宣传工作】 2017年，全镇积极落实好“村村响”工程。通过“村村响”加强舆论引导、文化传播和公共服务职能，传播正能量，让群众近距离地听到党委、政府的声音。

【农业普查工作】 2017年，为搞好全国第三次农业普查工作，开云镇组成镇、村两级149人的普查工作组，完成各项表格14万余张，完成PDA输入表格9万余份。其间，承接全市“三普”启动仪式、并代表衡山县迎接衡阳市统计工作多次抽查，每次检查均获上级充分肯定。

【公益善举】 2017年，全镇爱心人士无论是在外发展老板，还是镇内村组干部，均争相为公益事业作贡献。其中，东风社区为进一步改善群众方便出行，决定维修道路，安装路灯，在外经商办企业老板主动伸援手。广东金路投资有限公司董事长杨伟峰一次性捐资95000元，在外经商老板文春元资助36000元，建筑公司老板谷铁光支持2万元。衡西村为解决修路、敬老问题，在外老板合力协助。广东铭萌贸易公司董事长阳宏达捐款4万元，在广东经商老板蒋国平资助23000元；建筑老板李国平、李兵各捐资1万元；在贵州发展老板刘建伟赞助5000元。双全新村为提高村级公路质量，在外发展老板主动支持。云南富宝贸易公司董事长刘新华出资3万元，海口市方立正脚手架服务公司总经理谢立安支持25000元；马士基航运集团北亚区副总经理何正冬、广西北海正华珠宝商行董事长何正华各捐5000元。金溪社区为改善办公条件，安装路灯方便群众夜间出行，社区内外成功人士慷慨解囊。广州湘文贸易公司董事长文湘华捐款2万元，金龙村元党支部书记、龙泉物流公司顾问龙长庚资助15000元；社区党支部书记曹国强、社区老年协会会长林少平分别捐助1万元；社区秘书郑志高、迪星学校董事长郑世昌各支持5000元。为支持、关爱老年协会工作，师古建筑公司总经理刘复芝、广西中轩集团公司董事长旷岳山各捐资金1万元。在全镇公益事业中，捐款5000元的还有：建胜村广州臻冠贸易有限公司总经理彭庆国，紫巾社区义安建筑公司董事长刘虎成；跃进村衡阳市广平房地产开发有限公司董事长刘中枚和财务主任刘春梅，深圳市华逸贸易有限公司董事长曹爱华；青峰村广州赢丰物业管理公司总经理罗俊勇，湖南金通建设有限公司总经理周正华，广州生态农业发展有限公司总经理罗新春。 （陈向阳）

白 果 镇

党委书记 朱学锋

镇长 刘海峰

【概况】 白果镇原称白果铺，旧称白果市，得名于涓水河畔一棵白果古树。白果历史悠久，文化底蕴深厚，隶属称谓几经变迁，1984年6月由原白果乡、棠兴乡合并为白果镇。2015年10月，与长青乡成建制合并，称谓、站、所、驻地均未变更。

白果镇位于衡山县西北部，距衡山县城37公里，东与岭坡乡、湘潭县日华乡接壤，西与湘潭县青山桥镇为邻，南与江东乡、贯塘乡交界，北与湘潭县花石镇毗邻，总面积91.2平方公里。总人口5.7万，辖行政村17个，居委会2个，村民小组420个。

白果镇具有得天独厚地理位置优势，交通便利，S314(衡娄公路)贯穿东西，X033(潭衡高速公路)连通南北，境内设有高速互通口，素有连接双峰、湘乡、湘潭三地交通“咽喉”之称。

白果镇历史悠久、人文装萃，始建于1693年的县级文物保护单位楚南第一桥横跨涓水。最早的农民协会、省级文物保护单位岳北农工会旧址（刘捷三公祠）坐落岳北，各类遗存古迹和历史传说遍布街头村落。革命先驱刘东轩、谢怀德、著名文字学家符定一、实业家刘延芳均出生于此，古韵幽深的岳北山歌荡漾京城。

白果镇风光秀丽，民风纯朴。奇特的穿岩、撑珠石、印山映衬了难得的丹霞地貌，玉带般的桃花溪、涓水河蕴育着风光旖旎的美丽田园;曾国荃陵基、赵恒惕故居、广公家庙、虹茶亭等名胜古迹满足了人们寻根溯源的探究心理;倾心打造的“花果山”“岳北花海”,为健身休闲旅游爱好者提供更高品味的处所。勤劳质朴、敢为人先的白果人民利用独特的资源创造奇迹,经济建设始终保持“领头雁”地位,捧回“全国重点镇”“全国文明村镇”“省级安全生产示范乡镇”“市级卫生乡镇”等金灿灿的奖牌。

2017年,按照县委、县政府建设“四个新衡山”的决策部署和镇党委提出的“生态靓镇、农业强镇、旅游旺镇、商贸重镇、文化名镇”工作目标,紧抓发展乡村生态旅游机遇,全面推进农业发展、美丽乡村建设和生态文明宜居中心镇建设,努力将白果镇建设成为一个宜居、宜游、宜业、宜商的后山片中心镇。

2017年,全镇工农业总产值7659万元,粮食总产量27150吨,财政总收入2200万元,农民人均纯收入10580元。

【党风廉政建设】 2017年,镇党委狠抓党风廉政建设不放松。一是始终抓住“关键少数”,着力基层基础。通过整治软弱涣散党组织、处置不合格党员、调整村、支“两委”班子、完善“三会一课”制度和健全“四议两公开”机制,较好地发挥了支部战斗堡垒作用和党员先锋模范作用。在地质灾害治理中,相关支部和共产党员,始终勇立一线、靠前指挥,赢得了群众赞誉。二是坚持严规肃纪,强化纪律约束。认真贯彻执行中央、省、市、县委的各项禁令,深入开展“纠四风、治陋习”活动。在村(社区)两委换届、党务政务管理服务中,始终把规矩挺在前面,把纪律摆上台面,认真开展自查自纠和专项整治,促进了党风政风行风持续好转。三是坚持率先垂范,塑造良好形象。以“群众路线教育实践”“三严三实”“两学一做”系列活动为契机,采取岗位练兵、专题学习、业务培调、知识竞赛等方式,切实加强干部队伍教育管理,改进工作作风,健全工作机制,竭力提升决策执行能力。在推进农村社会改革实践、处置征地拆迁等热点问题工作中,较好地发挥了班子的“领头雁”作用,树立了基层党委政府的良好形象。

【特色产业升级】 2017年,全镇大力发展新型经营主体,新增家庭农场10家,新增专业合作社5家、农机合作社11家,家禽规模养殖大户4家,500亩以上经营主体新增4家,实现土地集约经营,全力打造粮食主产区,开展了“百社农机万户闹春耕”活动,全镇新型经营主体流转40%以上的土地。全年全镇粮食总产量2475000公斤。农机助力农业生产,实行压单扩双,扼制耕地抛荒。在楚南桥社区、岳北、绍庄等村(社区)实行早稻集中育秧5000亩,着力打造万亩优质稻示范片,平均亩产495公斤。全力实施科技入户工程,建立科技示范户60户、示范片1300亩,带动1400多个农民,辐射面积1万多亩,从数量增加向质量提高转变,农业效益不断提高。富利园不断丰富新品种,延伸产业链,增加了产品的附加值;信诺养殖合作社的稻田龙虾养殖,产值超过100多万;仲旺合作社种植的“衡山香米”荣获“第十八届中国绿色食品博览会”金奖。全镇农业基础地位进一步夯实,产业效益进一步提高。不断完善水利设施,全年累计完成骨干塘、山坪塘维修47处,渠道硬化清淤疏浚19处,总计6000余米。新建水坝7处,新建人、畜完全项目饮水22处,集中供水1处,维修泵站3处,投入水库、塘坝安全隐患排除工程资金36万元,维修新庄渡槽600米,投入资金110余万元。楚南桥社区毛岭水库维修加固,新庄、树枫顺利实施国土整理项目。

【扶贫脱贫工作】 2017年,全镇精准扶贫工作成效明显。经过精准识别,基础数据不断完善,全镇共有建档立卡贫困户935户共3173人。全面落实扶贫政策,光伏扶贫项目在瓦铺村率先建成并网;旅游扶贫项目在棠兴、瓦铺、湿田三个村实施,23户、369人与万和旅游公司签订旅游扶贫协议,贫困户每人年增收600元以上;金融扶贫顺利推进,全镇共有88户贫困户签订协议,每户可以实现年增收2400元;产业扶贫效果明显,顺发米业与湘铺、树枫、湿田、万家等村59户、208人签订持续稳定利益联结协议,春鸣特种养殖合作社与30户贫困户签订协议,贫困户年增收2000元以上;严格落实教育、医疗和兜底扶贫政策,扶贫工作队扎实开展“六个一”活动,稳妥实施异地扶贫搬迁工作,16栋异地扶贫项目住房全部竣工验收,达到搬迁入住条件,全年实现178户贫困户 679 人脱贫。

【风情小镇建设】 2017 年,全镇致力规模扩张,明确虹茶商贸中心为发展方向和重点,拉开了镇区骨架,镇区总面积扩大到 3.42 平方公里;致力提质改造,累计投资近 100 万元,整修虹茶亭、亮化楚南桥,同兴、岳北等地段安装了路灯,镇区整洁程度明显改观,古镇新姿焕发,超市、宾馆、商铺鳞次栉比,商贾云集;致力品位提升,强化规划管理,规范建设行为,在农村地区率先进行高端商品住房开发;镇区内基本打造成型的商住小区虹茶商贸中心,共有商品房 124 套,商铺 89 个,总建筑面积 2.2 万平方米。小区的设计理念、外观效果、功能设置、基础设施等在乡镇集镇中都处于一流水平,销售前景广阔。以创建"市级卫生乡镇"为抓手,加强卫生宣传和整治,清除牛皮癣,整治卫生死角,对门店实行门前"三包",投放垃圾桶 200 个。对集镇街道破损部位进行修整,新划定街道交通道路线,悬挂交通指示牌、标志牌 16 块,规范街道交通秩序,规范车辆停车。对马路市场、占道经营行为进行整治,市场经营秩序进一步规范。

【旅游旺镇战略实施】 2017 年,全镇大力实施"旅游旺镇"战略,促进红色文化、民俗文化、农业体验和自然景观融合发展,提升白果旅游品质、品味,增加景点内涵和趣味性。全力推进旅游项目建设,花果山景区精细化提质,新增了盘丝洞、求雨城堡(声控喷泉)、齐天大圣府、猴戏表演、西游记主体文化墙等景点;矿洞景区施工实现挖掘 80 米;天娥湖文化艺术度假村成功签约,做好了前期土地流转和道路拓宽工作,开工建设游客服务中心。精心组织节、会活动,成功举办"中国衡山第四届乡村生态旅游节暨梦幻西游浪漫花果山"主题活动,举办"衡山县第四届白果黑提旅游文化节",通过节会活动提高白果旅游的知名度和美誉度。不断提高白果旅游接待能力和水平,湘山君悦休闲山庄、岳北花海、富利园生态农业园成功创建"四星级乡村旅游服务区",休闲山庄、酒店、餐馆服务质量和水平不断提高,旅游产业综合效益日益凸显,游览人数逐年增多。

【安全维稳工作】 2017 年,白果镇全面落实安全生产"一岗双责",对矿山企业、道路交通、校园校车、建筑安装、烟花爆竹等重点行业和领域的安全巡查经常开展。全年未发生一起生产经营性人员伤亡事故,通过省级"安全生产示范乡镇"检查。广泛开展文明创建工作,营造良好的社会环境,获全国"文明村镇"殊荣,长青社区获评县级"文明社区"称号。不断强化综治工作,全年累计调处矛盾纠纷 96 起,反邪教、社区矫正工作成效明显。做好信访维稳工作,积极化解一批信访积案。坚决惩治违法犯罪行为,公安派出所破获了一批盗窃和刑事案件。改建白果法庭,建成白果综治中心并投入使用。2017 年,楚南桥社区获评全国"反邪教工作"示范社区称号,晓岚村民调工作被评为先进村。

【社会事业发展】 2017 年,全镇教育事业稳步发展,小学升学率 100%,初中辍学率低于 1%。学校基础设施进一步完善,中心完小新建公租房 1 栋。长青中学、白果一中、大地学校、留笔学校维修宿舍楼、操场和教学楼,教学质量稳步提升,小学毕业会考全县第二,初中毕业会考长青中学获二等奖,留笔学校教学质量抽测在同类学校中位居全市第一名,棠兴村、万家村支持教育事业获得新成效。计划生育工作再上新台阶,出生率 13.84%,人口自然增长率 6.22%,落实节育措施 44 例,免费孕前检查 836 人,慰问计生困难户 59 户。公共卫生有序推进,建立村民健康档案,65 岁以上老人体检 3415 人次。全面清理低保对象户,做到应保尽保。发放优抚临时救助 9.21 万元,大病医疗救助 34.38 万元,发放优抚人头经费 230.42 万元,高龄老人生活补助 12.53 万元,临时救助 62 万元,自然灾害救助 46 万元,低保经费 155.54 万元,"五保"经费 134 万元,优抚经费 28 万元。白果和长青敬老院条件不断改善。做好养老保险参保工作,已经享受养老保险待遇的 8563 人,共发放社保资金 889 万元。参加医疗保险 40495 人,报销医疗费用 2453.19 万元。实施危房改造 22 户。完善二工区安置区水、电、路、信等设施,改造排污排水管池,实施绿化亮化工程,实现搬迁入住。扎实推进土地确权颁证工作,完成 11970 户的勘界和资料收集工作。对 10 个村(社区)实施电力改造,农网改造新增配变压器 8 台,改造 17 台,农维技改新增 8 台,增容 1 台,供电能力增强。广泛开展文体活动,成功举办“虹茶杯”龙舟邀请赛,组队参加了县“新源杯”篮球赛。其中,长清社区湖南皕成科技股份有限公司董事长赵燕为县职工篮球赛赞助5000元。武装、工会、团委、妇联工作不断加强,老龄老干工作蓬勃开展,群团工作氛围日渐浓厚。

(刘文科)

东湖镇

党委书记　周智勇

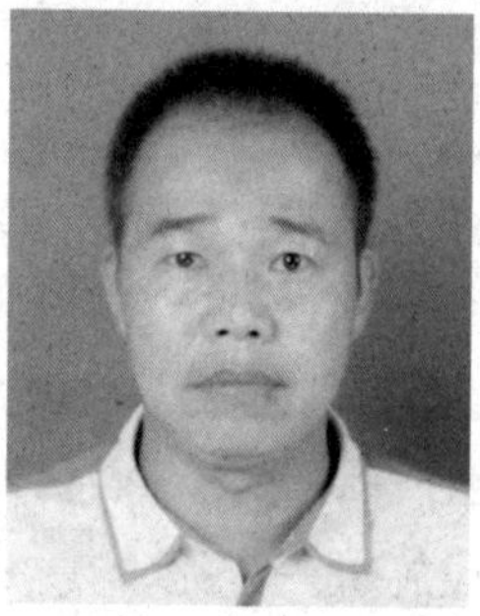

镇长　彭桂林

【概况】 东湖古称黄花坪,明朝初年,有一寨王在境内西抵山建寨,为防官兵清剿,筑坝于鱼鳞桥峡口,使黄花坪成为水域。因其位于西抵山之东,故称东湖。后坝毁水泄,人们陆续在人形山麓建一小街,即现在的东湖街。东湖镇地处南岳衡山北部,山峰险竣,岗峦起伏。东南高,西北低,全镇以山地、丘陵为主。沿南岳衡山西北山麓,成一狭长地带,地势较平坦。由于南岳山的阻隔,山北易受冷空气侵袭,故山区一带,气温较低,日照较短,形成高寒地带。

东湖镇坐落于在风景秀丽的南岳衡山北麓,西毗衡阳县界牌镇,北抵新桥镇、江东乡,东北抵岭坡乡。1984年建镇,是衡山县三个老建制镇之一,全镇总面积93.4平方公里,地形以丘陵为主,山林面积9.6万亩,耕地面积3万亩。全镇下辖11个村,2个社区,292个村民小组,总人口35076人。全镇共有28个党支部,党员1167人。

东湖镇交通便利、区位优越,潭衡西高速东湖互通、新南马线、泗东线在境内纵横交错,314省道延伸至衡阳县西渡镇。竹木资源得天独厚,生态旅游资源心旷神怡,水资源沁人心脾。境内山清水秀,民风淳朴,环境优雅,7.6万亩楠竹营造“天然氧吧”,竹海休闲观光旅游潜力无限。全镇主要矿产品主要种类有瓷泥、钾、钠长石、硅石等,其中钾、钠长石的储量居亚洲之首。

2017年,全镇农村经济总收入2.7亿元,粮食总产量2万吨,财政总收入1566万元,农民人均纯收入8751.26元。

2017年,是东湖镇发展史上极不平凡的一年。全镇上下坚持以习近平新时代中国特色社会主义思想为指导,深入贯彻中央和省、市、县委的系列决策部署,虽然经受了全国经济运行放缓和矿山企业关停的严峻考验,但全镇各项工作仍然取得了新的进展。“三大镇”建设取得了丰硕成果,较好地完成了全年目标任务,全镇社会经济呈现出健康、持续、较快发展的良好态势。

【民企转型升级】 东湖镇是衡山的老工业重镇,受国际金融经济的影响,全镇80多家工矿企业一直徘徊在复苏阶段。2017年,按环保督查要求,其中30多家工矿业被迫关停、歇业,对全镇的经济发展造成致命冲击。为缓解这一问题,镇党委、政府积极寻求新的经济增长点。通过组织与企业负责人座谈,引导现有企业转型升级,确保了全镇经济平稳发展局势。

【扶贫工作】 2017年,脱贫攻坚作为东湖镇重大政治任务和第一民生工程。党委、政府紧紧围绕“一超过(家庭当年农民人均纯收入稳定超过国家现行扶贫标准)、两不愁(不愁吃、不愁穿)、三保障(基本医疗、义务教育、住房安全有保障)”的脱贫政策,实施脱贫攻坚,取得良好成效。石碑、团山两个贫困村成功实现“脱贫摘帽”。通过产业发展、政策帮扶等措施,全年落实教育帮扶208人,医疗救助帮扶309人,住房保障30户,社会保障248户、648人,易地搬迁10户、50人。同时,所有贫困户全部免缴城乡居民医疗保险,并享受政府代缴特惠保60元/人待遇。

【环境治理】 2017年,全镇高度重视河流治理和“河长制”工作, 定期对河道进行清理,通过巡查和专项整治活动,全年处理河道违法采砂行为6次,拆除河道违章建筑10余处。同时,成功应对中央环保督查和"绿盾"行动专项检查，积极配合县委、县政府及相关职能部门做好矿山企业关、停、整改、复绿工作，并多次与矿山企业沟通，整改遥感监测人类活动点77个，对6个矿山生产区及3个废土堆集场240余亩土地进行了平整复绿。同时，还认真开展文明劝导、环境卫生专项整治活动，全镇环境卫生实现常态化保洁，村民们切实感受到绿水青山的魅力。

【农业发展】 东湖地处高寒区，地理条件一直是局限农业发展的重要因素。2017年，全镇着重致力于农业产业结构调整，全力支持推进土地流转，以发展特色农业、旅游农业及休闲农业为重点，支持成立了多家农业专业生产合作社和家庭农场，并积极为各专业合作社做好服务工作，解决技术难题，邀请专家入驻予以现场指导，保障迅速投产见效。2017年，全镇流转土地11842亩，占总耕地面积的59.5%。重点打造了石潭村、杉木桥村、立新村1000亩水稻示范田。完成了7500余户的土地确权颁证摸底，完成任务率达91%。

【镇区建设】 2017年，顺应新时代城镇发展要求，政府投资800余万元在东湖社区内征地120余亩，全力打造高标准、高质量的东湖新城项目。年内"镇区共建、资源共享、发展共赢"的新局面正逐步形成。

【旅游招商】 2017年，为充分利用全镇旅游资源，先后对杜鹃花海、幽幽谷、文立正故居、竹海山庄等景区进行了升级改造。2017年9月，成功引进深圳衡山商会入驻，拟投入3.5亿元重点打造东湖竹海景区项目。同时，杏溪高山绿茶、天柱村河道漂流项目也在积极招商，未来东湖旅游业的发展前景一片光明。

【民生改善】 2017年，全镇坚持以民为本的发展理念不动摇，切实保障和改善民生，人民群众的获得感和幸福感不断增强。通过向上争取60万元水利项目资金，石碑村居民实现了安全饮水；通过争取78万元扶贫专项资金，团山、石潭、石碑三村完成12公里道路以及桥梁的拓宽和新修。全年东湖镇道路硬化及拓宽达20公里，水渠维修7000余米，山坪塘清淤21口，新安装路灯600余盏。森林火灾、有林地火灾、食品质量安全事件实现零发生；重大畜禽疫情零报告，畜禽免疫率达100%；落实各项惠农资金474.5225万元；发放民政救灾救助资金70余万元；落实村转移支付211万元。与此同时，各村（社区）还自行向上争取资金达500余万元。

【基层党建】 2017年，东湖镇坚持党的领导，充分发扬民主，严格按照省、市、县委要求，高标准完成了13个村的村支两委换届选举工作，确保了一批优秀的两委干部顺利当选；全镇无一起非法越级上访事件发生并成功迎接了省、市党建工作检查。"两学一做"学习教育全面开展，基层支部的自身建设、党员的党性修养逐步增强。同时，东湖镇加大了村级活动场所的建设力度，对远程教育站点、党员活动室等服务设施进行全面升级。投资8万余元维修改善马迹社区便民活动场所，确保了村级活动场所的服务效果最大化。利用远程教育站点的有利条件，各村积极组织集中学习和个人自学，充分发挥了远教站点的作用。

【社会事业】 2017年，全镇社会事业全面发展。全镇计划生育工作获得良好单位称号，杉木桥村被评为计划生育工作模范村；民政工作有序推进，各项救灾、救济和慰问资金、物资按时发放。群团组织继续活跃在乡村，东湖镇荣获全县"欢乐潇湘·幸福衡山"大型文艺会演比赛优胜奖，东湖社区组建的交谊舞队在芒果TV组织的交谊舞大赛中荣获衡阳市一等奖，湖南省优胜奖。全镇社会保障体系日渐完善，弱势群体生活保障全覆盖，敬老院改扩建工程全面启动，投入大量资金改善了全镇中、小学老师的工作环境，教育、教学质量逐年提升。2017年度，东湖镇在全县各乡镇的综合考评中获得全县优秀乡镇荣誉称号。

【公益善举】 2017年，东湖镇涌现出一批爱心公益事业人士，为家乡公益事业做了较大贡献。其中，同富村深圳市凯卓越通信技术有限公司董事长周伟华为东湖社区捐赠38000元，用于村组的自来水工程建设；马迹社区倪素君捐助社区30盏路灯，共计资金5万余元。

（胡志刚）

萱 洲 镇

党委书记　曹亚明

镇长　刘华江

【**概况**】 萱洲镇南北长，东西窄，呈带状地带。地貌呈丘岗状，连绵起伏。最高处海拔153米，最低处海拔71米。气候属中亚热带季风性湿润气候，四季分明，季风显著。总面积约115平方公里，耕地面积约95863亩，其中水田22655亩，林地49271亩，园地7270亩。全镇辖12个村2个居委会，人口40332人。萱洲农业生产水平较高，衡山县因萱洲小水果齐全，品味齐佳而成为湖南省第一批“家庭小水果县”，享誉全国；养殖业方面，萱洲镇是湖南省瘦肉型猪、衡山三黄鸡出口养殖基地，养殖的良种猪、衡山黄鸡远销广东、深圳和香港，年出栏生猪40000头，出笼家禽60万羽以上。

2017年，全镇工农业总产值13130.3万元，粮食总产量16282吨，财政总收入3222.68万元，农民人均纯收入10073元。

【**基础设施建设**】 2017年，全镇水电路网等基础设施不断加强。加固了龙叫冲和老屋垅两座小二型水库，清淤挖塘37口，渠道清淤58公里；天水村、白沙村的堰头港建设顺利竣工，全镇水利灌溉条件极大改善。同时，天水村、白沙村沿河防洪堤建设正在紧张施工，已完成任务8.2公里。由镇政府投资10万元增设了315千伏变压器1处，新建了1处泵房，2台75千伏潜水泵，尽力减缓因内涝给群众带来的损失。全年继续实施通畅工程，截至年末，全镇新完成道路硬化30余公里，拓宽乡、村公路10.5公里，90%以上村民小组通了水泥路，为百姓出行进一步提供便利。

【**种植养殖业**】 2017年，全镇重点开展水稻“压单促双”工作，鼓励有条件的地区种植双季稻，全年水稻总产量得以提高。全年种植水稻达1670亩，总产量16282吨；全年全镇油菜产量再创新高，种植油菜达1200亩，总产量2880吨；全镇结合先进种植技术，大力推进稻田养鱼，全镇全年共推进稻田养鱼673亩，实现鱼类投产5.7吨。

【**社会保障工作**】 2017年，全镇一直坚持发展为民、发展惠民政策，共发放城乡低保金106.3万元、农村五保金137.4万元、残疾人补助金32万元，各项救灾救助资金92.6万元。新型农村合作医疗保险筹资561万元，参保率达87%，农村社会养老保险参保率达90.1%。完成农村危房改造14户，新扩建了萱洲敬老院和贺家敬老院，五保老人集中供养条件有效改善。大力实施村部清零和秀美乡村工程，着重建成了永清和糖铺村2个现代化村部，包括村部大会议室、活动中心、图书馆等场所建设并交付使用。对杨柳村村部就地进行改造，扩建大型会议室1处。萱洲河社区已投资300万元新建新村部，正处于紧张施工阶段。

【**扶贫举措**】 2007年，全镇共有贫困户494户、1527人。通过利用各项政策，逐步完成脱贫攻坚任务。一是利用产业扶贫促脱贫。萱洲河社区湘园合作社全年扩建了标准化猪血桃基地200余亩，通过入股、技术合作、科技培训等手段将贫困户吸纳到合作社来，贫困户收入明显提高。二是巧用设施建设助脱贫。杨柳村的“饮水扶贫”工程已竣工，该工程投资120多万元，铺设管道6000多米，将萱洲自来水厂的水引进杨柳村19个组、500多户群众家中，保证每一位村民都喝上安全清洁的自来水。三是移民搬迁帮脱贫。根据个别贫困户居住区位和基础设施条件，全镇顺利开展了一批移民搬迁工作，萱洲镇全年享受异地扶贫搬迁贫困户有20户、93人，上级交派的任务较好完成。

【**小城镇建设**】 2017年，将全镇土地利用进行科学规划，以可持续发展为前提，按照村镇联动、村落连片的总体建设思想协调推进，集约利用土地资源。首先是加强小城镇开发。加快土地开发和项目引进，拓宽小城镇建设骨架，把小城镇开发与美丽乡村建设结合起来，用心打造萱洲小集镇。贺家社区于年内共拍卖出让土地12空，进一步推进了社区土地开发；萱洲社区拓宽店萱公路700米，极大缓解了社区交通拥堵状况。其次是积极开展了土地平整。全年全镇共完成130公里的水渠建设任务，改善了农业灌溉条件。按照进度要求抓好了2个村农网改造工作，改善了群众生产生活条件。

【项目推进与攻坚】 2017年，全镇项目建设有序进行。一是积极引导三珍虎园项目落地生根。作为衡阳市和衡山县的重点招商引资项目，虎园项目已正式进驻萱洲，正处于详细规划阶段。二是切实落实田园综合体试点。试点建设具体包括农村生产、农村经营、绿色生态和公共服务等体系建设。首期建设重点为涉农产业体系建设，包括特色小水果生产基地、浪漫花海公园、风情民宿等12个特色产业正在规划中。通过全镇上下努力推进，年内花海围园、葡萄地土地流转已完成任务。

【美丽乡村建设】 2017年，全镇结合美丽乡村建设示范片这一支点，着力打造“美丽萱洲”建设规划。镇党政领导邀请广州大学旅游学院肖星教授对全镇萱洲片区美丽乡村建设进行总体规划，对美丽乡村建设范围内的地区进行合理规划布局，提出根据市场的需求变化，结合自身优势和优点，做到高起点、高水平、高标准、高档次开发，打造一个集千年古镇、田园花海、江河湖泊和山野森林为一体的休闲度假旅游区。一方面兴修水利，全镇糖铺村渠道、水塘建设投入资金5.6万元，萱洲河社区投入52万元，里石村投入17万元，对辖区范围内的水塘、渠道进行清淤、维修；另一方面利用新形式促进道路硬化，全镇糖铺村利用县财政局资金共投入60万元，采取“以奖代补”形式对村内各组渠道、道路硬化建设进行鼓励，共完成糖铺五组和丰塘十四组大约3公里通组公路建设，并将糖铺六组道路加宽至4.5米，萱洲河社区、里石村也分别投入道路建设资金98万元和20万元用于道路硬化等相关工作。　（李惠蓉）

长 江 镇

党委书记　李　伟

镇长　李晓珊

【概况】 长江镇位于北纬27°16′12″～27°22′06″，东经112°49′03″～112°52′59″，地处衡山县东北部，距县城13公里。东隔湘江与衡东县石湾镇相望，南与县城毗邻，北与湘潭县茶恩寺镇接壤，西与开云镇为界，为三县交界之地，是衡山的“北大门”。湘江流经长江镇长达15公里，故名“长江”。长江镇总面积74.8平方公里，其中，林地面积5.35万亩，耕地面积1.98万亩。辖11个行政村、1个社区，243个村民小组，总人口34000人。

长江镇交通便捷、乡村美丽、镇强民富、享誉三湘。107国道纵贯南北，境内乡村公路纵横交错，湘江四季通航。长江镇拥有得天独厚的自然资源优势，探明的有金、煤、石灰石、陶泥、瓷泥、耐火泥、云母片、煤、铁等珍贵的稀有矿藏10多种，特别是紫砂陶泥，蕴藏量大，质地好，具有广阔的开发前景。长江镇属半山半丘陵地形，内有自西向东流经镇中心的金边河。位于观止和永丰村交界处的荆陂河，海拔40.6米，是全县地势的最低点。长江镇地处湘江流域、荆陂河，土质肥沃，物产丰富。

长江镇作为承接县城制造业、城市服务功能的拓展区，辐射带动城乡一体化发展。按照“对接工业园、融入衡山城”的发展思路，积极开发小城镇建设，探索城乡一体化发展的路子，先后建设了柘塘竹木市场、石子佳和物流市场、石桥铺集贸市场。2017年，长江镇通过全国文明村镇复评，荣获省平安农机示范乡镇、市抗洪救灾先进集体、市法治示范乡镇、市信访工作优胜乡镇、市社会治安综合治理先进乡镇、全县目标管理绩效考核优秀乡镇、全县政治建设工作第一名,安全生产、人大工作、维稳、粮食生产、财税、农村环境和卫生综合整治、宣传、国土、招商引资、道路交通、党风廉政建设、易地扶贫搬迁、环保等工作均为先进乡镇。

2017年,全镇工农业总产值8221万元,粮食总产量17000吨,财政总收入1549.68万元,农民人均纯收入13000元。

【农业工作】 2017年,长江镇紧紧围绕"农业增效,农民增收"的总体目标,大力发展农业生产。一是加大土地流转力度,建立种粮大户奖励机制。对全镇4600余亩早稻面积进行核查摸底登记,对30亩以上的种粮大户实施奖励,全镇种粮大户达200余家、流转土地面积达13000余亩。为70户新老科技示范户挂牌,举办农业技术培训班3期,参加人员达240余人次,发放技术资料16期共9000余份。全镇造林1500亩、新栽油茶树苗500亩,油茶低改180亩。二是大力调整产业结构,发展新型农业模式。全镇采取"公司+基地+农户"模式,新增义余家庭农场,新增腾丰、衡水、绿庄、梦汇4家合作社。形成了绍祥农业发展公司的稻田养鱼、瑞田生态科技有限公司的衡山黄鸡、富硒蛋,腾丰合作社的稻谷加工、沐宸合作社的再生稻、敬安农业发展有限公司的无公害蔬菜、园保长休闲农业公司的农业休闲观光等新型农业模式,辐射带动周边群众增收。三是积极办点示范,促进农业可持续发展。成功打造了孝心、石子、柘塘、霞流冲、胜利等5个村双季稻示范点,永丰、新源村近1000亩连片油菜示范点,实现了粮食监测点双季稻100%全覆盖。其中,永丰村新农村示范点初见成效。四是强化科技示范指导,落实各项强农惠农政策。积极落实农机购置补贴政策,办理农机购置补贴31台套,总补贴金额达60多万元。其中,胜利村荣获省平安农机示范村称号。

【项目建设】 2017年,长江镇坚持创新招商方式,加大企业帮扶力度,积极创造良好的投资环境。一是引进两大企业。引进总投资约2亿元的远径迪高房车营地公园项目,为县属招商引资项目,该项目以打造健康小镇为主体,将建设成为一村一品、一村一景、一村一韵的魅力村庄和宜游宜养的森林景区。年内累计完成投资1200万元,完成项目区内道路硬化、营地平整建设和两栋共计300平方米的木屋别墅建设等任务。引进总投资约2亿元的秦汉砖瓦项目,已投入800余万元进行技术改造、环保评审、扩展车间生产能力,项目集生产、研发、销售于一体,实现全自动化生产,其"彩顶古建"品牌上市以来,深受全国各地客户喜爱。二是为企业发展保驾护航。做好了皕成科技、金大水泥、慧江搅拌厂、秦汉砖瓦、远径迪高、湘山建材、长丰砂石场、新源码头、阳田砖厂、鸿城纸业、金叶养殖、宝岭陶瓷等企业的征地、土地流转和周边矛盾协调、环保等工作,优化了项目施工和生产环境,确保项目引得进、留得住、发展好。

【城镇建设】 2017年,长江镇积极寻找差距,发掘潜力,以小城镇建设统筹全镇发展。一是打造镇中心建设。投资建设了镇综治中心。新建兴隆路棚户区改造项目,主体工程已完工,次年上半年可投入使用。打通硬化了兴隆路,为长江镇对接工业园,融入县城奠定了良好的基础;对石桥路街道进行了提质改造,实现了街道美化、绿化、亮化,进一步拓宽了社区道路骨架。新建幸福广场,年内正在紧张施工,明年上半年可投入使用,项目的实施将大大提升长江镇城镇品位。二是筑牢夯实基础。对柘塘村小城镇建设用地进行组卷报批。胜利、新源、高观、永丰4个村实施了长开湘江防洪堤保护圈项目建设,基本完成清表工作,并对新源铁家湖港实施动工建设。完成新源、石桥铺、孝心、胜利、石子等村(社区)共计9.2公里乡村道路建设任务,胜利到新源2.7公里省计划道路拓宽任务完成,柘塘到永丰5.6公里道路建设正在实施。胜利、柘塘等村安装了200多盏太阳能、电能路灯,永丰、新源、宋桥3个村建成了农村综合服务平台并投入使用。完成农村环境综合整治整体推进项目,在石桥铺、侨兴、柘塘等村建设了化粪池126口。加快推进长江采煤沉陷区饮用水供水工程建设,已完成主线管道铺设任务,支管铺设接近尾声,石桥铺街已实现供水。完成石观、坪石公路通道绿化建设来了任务,石桥铺社区和柘塘村完成了秀美村庄建设任务。

【党建工作】 2017年4月底，长江镇在全县率先完成村（社区）“两委”换届选举工作，未发生一起上访事件，选举过程风清气正、平稳有序。积极推进党代表履责，如期顺利召开中共长江镇第十四届代表大会第二次会议。圆满完成了镇村共青团第一届换届选举工作任务；以胜利村为试点，镇村两级选配了新一届妇委会班子。完善了党支部设置，建立了远程教育站点，完善了村务监督委员会、村民议事会、村级经济组织等，确保了“四议两公开”制度落地生根。新源、胜利、永丰、柘塘4个村成功创建市基层党建示范点。积极开展“两学一做”、“三会一课”、党员活动日、主题党日和庆祝建党96周年征文和书画竞赛等活动。积极推进先进典型培育选树工作，先后涌现了市抗洪救灾先进个人曹树东、省优秀农民大学生、市十佳农民大学生创业能手、第十七届衡阳青年五四奖章获得者罗立人、市县“巾帼扶贫之星”、市十佳致富带富党员陈春香等优秀典型，形成基层干部立足岗位创先进、履职尽责争优秀的浓厚氛围。

【脱贫攻坚】 2017年，长江镇建立健全了“党委领导、政府主导、群众主体、部门配合、社会参与”的工作机制，全力实施精准帮扶，推进脱贫攻坚。6月，对建档立卡贫困户再次进行精准识别，由原来的828户、2345人调整到611户、2284人，做到数据准确、管理规范。抓实以党建促脱贫攻坚工作，采取“党员+贫困户”的帮扶模式，带动贫困户参与产业发展，实现持续增收。大力实施特色产业扶贫，新源村建成光伏发电项目，金融产业扶贫小额信贷达330万元。大力实施教育和培训就业扶贫，用足用好了义务教育阶段各项资助政策，对136个贫困学生进行了助学扶贫。大力实施医疗和健康扶贫，为贫困人口提供基本医疗保障、大病保险、医疗救助等医疗保障。大力实施社会保障扶贫，重新核实、核准、兜底及低保对象，实现两线融合，落实对13户危房改造户的助资扶贫。建档立卡贫困户每人60元的“特惠保”人身保险扶贫政策全部落实到位。大力实施易地扶贫搬迁，采取集中安置和分散安置相结合的方式，对24户、69人建档立卡贫困人口实施易地扶贫搬迁，并搬迁入住。大力实施水利扶贫和基础设施建设，落实了大口井8口、引山溪水2处，铺设自来水管网1处，惠及贫困人口229人、非贫困人口1112人；完成了长江路3.6公里路基建设和8公里道路拓宽工程，对各村水、电、路、网进行了改造维修。

【社会事业】 2017年，长江镇不断加大民生保障投入，把保障和改善民生作为社会经济发展的出发点和落脚点。全面实施冬修水利项目37处，对霞流冲村一期灾毁土地进行复垦，石桥铺社区、柘塘村争取实施了省水利厅小农水项目。3—9月防汛期，长江镇安全度汛，荣获“衡阳市抗洪救灾先进集体”称号。对全镇城乡低保对象重新进行审核、评估，取消不合条件和自然减员的城市低保2户、5人、农村五保户12人，农村低保保障标准提高至150元。全面完成了新农保的全部征缴工作，位居全县第一。建立了劳动力资源及就业状况台账，组织了本辖区65名劳动力参加县级培训，协助做好了富士康、蓝思科技公司员工招聘工作。完成了合村后村级财务审计工作，组织参加县财务知识培训，聘请湖南元合联合会计师事务所对侨兴等4个村进行村级财务专项审计，村级财务管理进一步规范。在柘塘村启动了全县“诚信计生”启动仪式，全年查处“两非”案件1例。镇村积极开展文体活动，丰富群众生活。进一步健全了镇老年协会、志愿者服务队、广场舞队、腰鼓队等民间组织，积极组队参加全县欢乐潇湘文艺汇演并取得好成绩。

【综治维稳】 2017年，长江镇党委政府始终贯彻执行上级会议精神，始终坚持“稳定压倒一切”的政治方针，将综治维稳工作当成底线工作、政治任务来抓。不断加大对矛盾纠纷、安全隐患、重点人员等情况的排查、调处和管控力度，将排查的矛盾纠纷和信访事项逐个落实交办到责任单位和责任人，稳控涉军群体、尘肺病群体、幼师群体，为党的十九大胜利召开创造平安、和谐、稳定的社会环境。积极开展文明好家风、最美农家小院、“十星级”文明户、“好老人、好儿子、好媳妇”等评选活动，共评选出文明好家风家庭70户、最美农家小院12户，发放资金37600元。积极创建市级法治示范乡镇，胜利村荣获市文明村称号，石子村荣获省无邪教创建示范村称号。积极开展“大调解”工作，选配专职人民调解员14名，成功调解意外死亡纠纷5起。继续完善镇、村两级信访网络,查证涉稳线索170余条,稳控各类诉求群体人数100余人,劝返14人次。狠抓安全生产工作,全年镇党政班子成员带队检查安全生产126人次,累计排查治理安全隐患45项,检查发现事故隐患5处,联合执法部门进行“打非”行动45人次,取缔非法经营户15家,交办用电安全隐患36处,排查农村建房施工安全隐患5处。大力开展专项整治行动和中央环保问题整改,整顿砖厂4家和纸厂1家,处理水泥厂万吨垃圾,农村环境和卫生综合整治工作进入全县先进行列。依法打击石桥铺社区12组非法开采可燃页岩,强制拆除永丰村20组非法占地修葺围墙,严厉制止宋桥村2组非法占用基本农田修路等违法用地行动。

【公益善举】 2017年下半年,全县举行职工篮球赛,广州市掌瑞饮食服务公司董事长喻林合赞助资金20800元;邵阳五金建材有限公司董事长蒋俊伟支持经费5000元,为家乡公益事业做贡献。

(成卓然)

新 桥 镇

党委书记 康才伟

镇长 旷海滨

【概况】 新桥镇位于衡山县西北部,是衡山、衡阳、双峰、湘潭四县交界之地,是著名的边贸重镇。全镇总面积77.3平方公里,其中耕地面积15294.7亩,山地面积77362.5亩,水面面积3040亩,辖12个行政村(其中10个村,2个社区),246个村民小组,总人口32181人。新桥镇公路交通十分便捷,距县城50公里,离南岳风景区40公里,至曾国藩旧居15公里;岳临高速穿镇而过,镇区距白果、东湖两高速出口均为7公里,衡娄、衡西公路在镇区交汇。全镇林业资源丰富,盛产楠竹、茶叶;林业资源充足,主产杉木、国外松、马尾松等用材林。水资源丰富,涓水流经全镇,有新桥水库(中型水库)、石牌水库[小(一)型水库]和小(二)型水库4座,灌溉面积3万余亩。新桥人杰地灵,中共地下党员、原国民党少将处长(中将军衔)谢士炎烈士,中国女权运动发起人、辛亥革命先驱者之一的唐群英女士就是其中杰出代表人物。新桥镇民间诗词文化活动丰富,2015年被授予“省诗词之乡”称号。

2017年,新桥镇党委在县委、县政府的正确领导下,以“喜迎十九大”为主线,始终坚持党建引领,夯实管党治党基础,紧紧围绕“一个中心,两个增长极”的发展战略,开拓奋进、深入贯彻落实党的十九大精神,立足新桥实际,理清思路谋发展,真抓实干惠民生,经济社会发展取得了显著成绩,实现了稳中求进、稳中向好的新局面。全镇工农业总产值9610万元,粮食总产量18000余吨,财政总收入1092万元,农民人均纯收入13214元。

【农业生产】 2017年,新桥镇粮食种植总面积24000余亩,全年共产粮食18000余吨。通过加快产业结构调整步伐,力促农民增收。土地流转力度不断加大,全年共流转土地6000余亩,种粮大户100余家,较上年增加10余家。仁峰农业开发有限公司逐步发展壮大,成为衡阳市农业产业龙头企业。因成效显著,新桥镇被评为2017年度县粮食生产先进单位。

【项目建设】 2017,年新桥综合大市场项目建设全力推进,已完成征地工作,拟在2018年动工建设,整个项目用地规划101亩,拟投资1亿元建设综合大市场与商贸街。项目建成后,将提升新桥镇小城镇品质。

2017年,衡山县益豚牲猪生态养殖有限公司生态养殖项目正式落户新桥镇仙鹅村,用地规模500亩,总计划投资8500万元。年度内已完成项目规划、土地流转协议签订、环境影响评估、土地复垦方案、水质水量勘测等前期工作。

2017年，宏源陶瓷有限公司、金信陶瓷有限公司、恒兴钠长石加工有限公司等企业先后完成技改任务，累计投资总额2.6亿余元，解决就业岗位200余个。在市场疲软严峻形势下，上述民营企业依然保持稳健生产态势，全年完成工业总产值超过8000万元，完成税收500余万元。

【基础设施建设】 2017年，全镇完成石仓、梅溪、高新、贯底社区的农业开发项目，总投资1100多万元；新桥农田整治项目投资700万元，新桥水库续建配套项目开工，投入资金1400万元。水利冬修项目投入资金57万余元，完成建设59处，骨干塘除险保安项目完成3口骨干塘加固维修，投入42万余元；农村安全饮水工程打井21口，投入资金23万余元，解决199个贫困人口和1265个非贫困人口的安全用水问题。年内完成省重点工程500千伏电力工程任务，在新桥镇过境4个村涉及27个组，架设电塔17座，全程6.8公里，顺利完成拆迁任务13户。

【社会保障工作】 2017年，全镇组织就业培训2次，帮助企业发布就业信息30余次，解决就业500余人。全年发放民政社会救助资金120万元，有效解决了临时困难群众的生活救助问题。新桥镇新农保工作超额完成任务。联合组织衡阳市政协委员南华附三医院专家送医疗下乡大型活动1次。全面实施镇、村卫生服务一体化管理，镇卫生院、村卫生室医疗条件不断改善，全年无医疗事故发生。

【扶贫工作】 2017年，全镇按“因户施策”精准扶贫办法，对349户贫困家庭明确了具体扶贫措施。全面实行阳光识别确认、全镇精准扶贫脱贫、精心实施“六个一”帮扶措施，全年脱贫53户、190人。全年召开贫困户集中座谈会2次，贫困户就业培训2次，在全县第一个完成贫困户小额贷款工作任务。

【环卫工作】 2017年，全镇完成130户农村污水处理工程任务，项目投入资金50余万元。完成镇区污水处理站征地工作。农村环境卫生整治基本实现“集镇垃圾日清运，农户垃圾不出户”目标。镇机关带头践行优美庭院建设，各村积极评选优美村组和屋场，整治了全镇多处公共垃圾重点区域，群众生活居住环境得到较大改善。

【安全维稳工作】 2017年是“落实企业安全生产主体责任年”，党政班子成员认真落实“一岗双责，党政同责”积极开展安全生产大检查、“打非治违”等专项行动，全年开展领导带队和安全生产单项检查50余次。认真落实“一单四制”制度，全年无安全生产事故发生。年内配合县相关部门开展两次大型行动，对非法洗砂场进行集中整治，取缔关闭了境内非法洗砂场。全年开展规划与国土联合巡查多次，及时发现“两违建设”苗头，早预防，早惩治，全镇无违法用地和违规建房案例。全年召开6次信访联席会、2次信访事项解剖分析会，1次信访维稳重点人员座谈会，认真确定情报信息员，严格落实日报制；实行开门接访，落实领导坐班接访制，做好重点人员稳控，严格落实“五包一”责任制；做好重点访情预测预控，提前主动介入，确保全镇没有发生一起因工作失误、失责越级上访现象：认真化解信访积案，对黄金村3个超10年信访积案进行了统筹处理、落实责任、逐个消化。2017年，被评为全市信访“三无”乡镇。

2017年，义务巡防队“红袖章”覆盖全镇各个角落。在村(社区)“两委”换届，各种特护期维稳发挥了重要作用。新桥镇联合派出所对地下六合彩进行打击，抓获涉案人员5名，获得群众公认。十九大期间没有出现上访和非访现象，全镇平安稳定。新桥镇获得十九大信访维稳先进单位，衡山县维稳先进乡镇，衡阳市禁毒工作先进单位。贯底社区、高新村、查泉村、群英社区为全县综治民调排名前列表彰单位。

【精神文明建设】 2017年，新桥镇健康文化娱乐生活蓬勃兴起，腰鼓队、威风锣鼓队8支，龙狮队4支，广场健身舞队30余支，群众业余生活相当丰富。年内，在唐群英故居组织一次大型广场舞比赛，后山片100余支队伍参加。镇内组织文化活动多次，高新村被衡山县表彰为县级文明村。上半年，新桥镇举行“文明好家风”家庭评比表彰活动，8月，对全镇19个“文明好家风”进行集中授牌，湖南日报、衡阳日报、衡阳电视台等省、市级主流媒体集中报道唐炳文的先进事迹。通过开展“文明好家风”评选活动，号召广大家庭争当中华优秀传统美德的传承者，争当社会主义核心价值观的践行者。

2017年10月31日，电影《一代女魂唐群英》开机仪式暨新闻发布会在新桥镇唐群英故居召开。此次活动是党的十九大召开后新桥镇举行的一次具有重大意义的活动，活动紧跟党的十九大会议重要精神"文化自信"的步伐，对打造新桥的文化名片，传承唐群英奉献和斗争精神，推动衡山全域旅游具有重要意义。

【党建工作】 2017年，新桥镇严格按照换届工作程序要求，精心制定换届方案，规范换届时间流程，严格候选人考察审核，成立督导指导，信访维稳，财务审计3个领导小组，强化工作指导，于6月30日圆满完成12个村(社区)两委换届选举工作，是全县村两委换届工作最为平稳的乡镇。本届村干部平均年龄44岁，较往届平均年龄减少5岁，打造了一支政治强、作风硬、业务精、水平高的村干部队伍。

2017年，镇党委扎实推进基层党组织建设。一是抓"两学一做"。全镇隆重举行"七一"庆祝活动，党委书记结合新桥实际上党课，在全镇引起强烈反响。同时，对"两学一做"深入调研，结合实际制订实施方案，使各支部开展活动有方向、有目标。二是抓业务培训。换届后举办了2期党建业务培训班，并到前山长江镇柘塘村、衡东县白莲镇考察学习，使大家看到差距，提高了抓党建工作的紧迫感。三是抓党建督查。对各村进行为期3天的全面党建及村级工作督查，并下发督查通报和整改通知，由包村干部进行督办落实。四是抓创建活动。明确了黄泥、石仓、高新等6个村为党建示范村，并对新桥村后进支部认真制订方案进行整改，年内消号。五是实施村干部人文关怀活动。11月，组织全体村干部进行健康体检，并为全体村主干购买了新型养老保险。六是抓村部建设。新建村部2个，维修村部2个。七是抓创新改革。成立党员志愿者服务队伍，开展民情恳谈活动，党群关系日益融洽。

2017年，镇党委加强党风廉政和作风建设。一方面，严格落实主体责任和监督责任，对作风建设、惠民政策监督、领导干部警示教育等重要工作进行专门安排。领导班子成员在严以律己的同时，对分管单位和联系村组的廉政建设切实严格要求，经常教育提醒，以廉政责任的落实促廉政建设，坚决纠正不正之风，对违纪案例毫不手软。年内，立案3起，办结3起。另一方面，强化考核督办，严格执行周例会履职汇报和月度考核制度，对镇村干部的纪律执行、工作作风、工作绩效进行了定期和不定期检查考核，促进了干部作风明显好转，营造了人人想事、干事、成事的良好氛围，工作执行力得到了进一步提升。

【公益善举】 2017年，为方便新桥水库内老百姓运输和出行，开始修建塘湾公路。新桥村在外发展老板纷纷伸出援助之手，慷慨解囊做贡献。其中，在佛山发展的老板刘恒致富不忘家乡，一次性捐款10万元；在海南发展的老板唐新旺捐款2万元；在佛山发展的老板唐辉、唐建各捐5000元；在深圳发展的吕红军捐款6000元；还有捐款5000元以下的老板数10人，因谦虚应载入而未载入史册者。同时，不少在外老板热心扶贫济困、尊老爱幼，成为人们学习的榜样。其中，黄泥村在广州发展老板黄伟捐款25000元，用于慰问贫困户和敬老院老年人，为家乡公益事业尽心尽力；石仓村工作于衡阳市园林局的廖振翔，捐款6000元用于慰问敬老院的老年人。（崔　超）

店　门　镇

党委书记　杨伟武

镇长　李伟奇

【概况】 店门镇位于衡山县西南部，东临永和乡、萱洲镇，北接南岳区，西、南与衡阳县毗邻，距县城23公里、距衡阳市区35公里。全镇总面积96.6平方公里，辖9个村、2个社区，村民小组282个，总人口32338人。

2017 年，全镇工农业总产值 10320 万元，粮食总产量 15864 吨，财政总收入 1439.8 万元，农民人均纯收入 8075 元。

【美丽乡村建设】 2017 年，全镇美丽乡村能仁村坚持规划先行，依据本村地形特点，对整个村庄布局、产业发展、公共服务等进行了科学规划。依托独特的自然资源优势，大力发展生态农业和观光旅游产业，引进锦盈生态农业开发有限公司，建设了猕猴桃、百香果基地。已开发林下、林间、林边黄精、百合等中药材 320 亩；高山延时蔬菜、瓜果种植 100 亩；猕猴桃种植 1170 亩；林下衡山黄鸡养殖场 1 座，计 10 万羽，养殖林地面积 1000 余亩；林间垂钓中心 1 处；休闲山庄 1 家；累计投入资金 3000 多万元，为当地农户提供劳动岗位 100 多个，带动基地周边农户 300 余户，农户增收 500 余万元。九观村的九观湖风景区，经过开发建设，成为集灌溉、发电、旅游休闲为一体的综合景区，是湖南省首批农业旅游示范点。为满足游客爱好，开辟了垂钓、游泳、游船、漂流等娱乐项目。娱乐休闲项目的发展，带来了饮食业的快速推进。九观桥水库内有各类饭店、酒楼、宾馆 30 余家，为当地农户提供劳动岗位 50 多个，带动了基地周边农户 20 余户，农户增收 50 余万元。

【旅游景区开发工作】 2017 年，全镇境内旅游资源丰富，已开发的有九观湖风景区、白泥休闲旅游度假村等景点。全镇将雷钵峰景区登山主干道硬化拓宽了 1 米，在地势陡峭的安全隐患点安装了防护栏。9 月底，镇联合该公司积极组织策划，成功举办了第二届石廪峰猕猴桃旅游文化节。上 1000 名游客在“天然氧吧”里探幽访胜，享受自由采摘的乐趣，相关的旅游资讯在微信、微博等受到了积极推介，点击量突破 2 万余次，活动开幕式在芒果 TV 上得到了现场直播，既打响了雷钵峰景区的知名度，又亮出了店门镇的旅游名片。

【农业工作】 2017 年，全镇农田水利设施逐步完善，粮食生产工作不断加强。全年在原有种植大户的基础上新增 30 亩以上粮食生产大户 18 户，全镇土地流转 13410 亩，其中耕地 9410 亩，林地 4000 亩，转包 6710 亩，转让 6700 亩。全年新发展农民专业合作社、家庭农场各 2 家。双季稻等粮食复种面积 28750 亩左右，总产量超 1.58 万吨。抓典型、引进特色农业、扶植种植大户。桂水村的千亩优质席草基地示范片，能仁村的 300 亩猕猴桃及药材种植、旅游观光、休闲度假的生态农业产业园稳步推进；水桐村的 400 亩集绿色水稻、红米、紫薯、百香果、沙糖柑种植、休闲、观光、旅游为一体的综合农业生态园；祝融村 500 亩双季稻示范片；月山村双季稻粮食监测示范片均是其中的杰出代表。在扶持经济作物方面，全镇油菜常年种植 5000 亩以上，打造了茶源—九观油菜种植示范片；席草种植和加工是店门镇的传统和支柱产业，席草种植常年在 3000 亩左右，通过组织参观学习，引导席草种植产业模式升级，提高草席编织产品附加值。规模养殖不断壮大，全年出栏生猪 5 万头左右，牛 3000 头左右，鸡 50 万只。其中，茶源村雅南黑猪特色养殖场发展来势较好。全镇现代农业带动传统农业，继续稳定水稻种植面积，发展种植油茶、药材、瓜果、蔬菜等产业，农民收入不断提高，可支配年收入 7150 元。

【基础设施建设】 2017 年，全镇实施了农村道路通畅工程，新修和扩宽农村水泥路 13.2 公里。积极支持 107 国道维修改造，为其提供良好施工环境。全镇 11 个村(社区)安装了“村村响”设备，为群众安装“户户通”地面卫星接收设备 340 套，丰富了群众的文化生活；对月山、梅桥两村部便民服务中心进行了新建和维修。农田水利条件持续改善。镇内 1 座小(一)型水库、4 座小(二)型水库全部除险加固；累计争取山塘维修资金 45 万元，维修了骨干塘 2 座，维修、硬化水塘 25 口，河坝 5 处；投资 6 万元，进行了泵房改造；投资 4 万元，安全饮水管网延伸 5000 米，新增自来水用户 60 户；完成了渠道硬化 6000 米任务。争取到投资 500 万的印山水库渠系建设，年内正在全力施工中。

【城镇化建设】 2017 年，全镇在石门社区征地 12 亩，采用争取项目资金和自筹资金方式，投入 500 余万元新建高标准敬老院 1 栋。年内主体工程已竣工，配套设施正在完善，管理队伍正在组织。妥善调处了旧农贸市场的拆迁工作和新镇综合市场开发项目中的后续矛盾,不断加强宣传引导力度,规范店门赶集秩序;完善了辖区内各学校的硬件设施,加大了办学力度,实现了校车接送范围全覆盖。

【环卫工作】 2017年,全镇加大了对农村环境卫生整治力度,每月定期召开一次镇、村干部农村环境卫生综合整治会议。加大了环境卫生宣传,在全镇范围内印制、张贴、粉刷宣传标语近1000条,张贴门前卫生责任牌,出动流动宣传车,召开各种形式的宣传动员会议3场(次),悬挂横幅25条,印发宣传资料和环境保护倡议书8000余张;宣传工作做到家喻户晓,人人皆知,形成了“人人讲卫生、家家护环境”的舆论氛围,培养群众良好卫生习惯。明确责任,各村(社区)至少设立2名以上保洁员,明确保洁员每日必须清扫所负责的村(社区)卫生,保洁工作做到了“有人抓、有人管”,严格督促检查,建立月月一检查,季季一考核的督促检查模式。每季度定期开展“垃圾不出户、污水不外流、水源无污染”的卫生评比活动,实行奖励机。对评比出最清洁的家庭进行“环境卫生模范户”挂牌仪式,给予相应的奖励并在全镇范围内宣传;对最不干净家庭进行通报批评。通过评比活动,全镇人民群众基本能够用“定点堆放、能烧则烧、及时处理”的方式处理垃圾。各村(社区)垃圾清运正常运转,环境卫生整治效果明显,镇村面貌焕然一新。

【扶贫工作】 2017年,全镇扶贫工作进入攻坚克难阶段。一是识别扶贫对象,确保精准扶贫。全镇原建档立卡贫困户706户、2171人,贫困发生率在7%(其中贫困村茶源村建档立卡贫困户241户、955人,贫困发生率30.1%)。通过认真对建卡贫困户数据比对,严格按评议、公示程序进行精准识别和整改。全镇11个村(社区)共识别新增贫困户139户、473人,返贫94户、333人,补录182人,自然减少11户、105人,删除“四类人员”及识别不准377户、1269人(其中茶源村删除“四类人员”及识别不准160户、661人)。全镇整改后的贫困户为467户、1478人,其中茶源村93户、338人。二是落实“五个一批”,措施精准到户。在对建档立卡贫困户数据信息比对工作中,按照“六个精准”的要求,认真按程序进行了清退。并对现有建卡贫困户467户、1478个贫困人口按照“五个一批”的扶贫路径,落实扶持生产和就业发展一批310户、949人;已落实易地搬迁安置一批55户、202人;已落实低保政策兜底一批31户76人;已落实医疗救助扶持一批56户、183人;已落实灾后重建帮扶一批15户、68人。三是实施“七大工程”,破解扶贫难题。全镇始终把推进交通、水利、电力、危房改造和人居环境、互联网+、文化、乡村旅游等“七大工程”作为年内及今后一个时期的重点工作。抓紧抓实基础设施扶贫。年内已硬化村、组道路105公里,标改山坪塘60口,标改渠系6500米,建沼气池60口,实施茶源、九观、梅桥、能仁4个村农网改造升级,解决了电力安全和质量的问题。全镇9个村2个社区的活动阵地都安装了宽带网,加强了网格化管理和信息队伍建设,每个村都有1个信息员。加大住房改造扶贫工程建设。2017年全镇落实易地扶贫搬迁55户、202人。全年全镇贫困户危房改造共申报30户,年内已完成改造任务20户,完成投资30万元左右。四是干部驻村帮扶,实现两个覆盖。全镇努力健全扶贫帮带机制,推行一个贫困村+1名联系领导+1个帮扶单位+1个驻村工作队+1名驻村干部“五个一”制度,县卫计局及其8个后盾单位,帮扶全镇贫困村茶源村和7个100贫困人口以上的面上村,实现了贫困村、联系领导、帮扶单位、驻村工作队、驻村干部五个全覆盖。切实加强了对驻村工作队和“第一书记”管理,认真开展“双联”工作和结对帮扶。全镇有8个驻村帮扶队和8个第一书记,都深入村、贫困户,开展结对认亲,扶真贫,真扶贫,实现了有部门单位联系、有驻村工作队、有第一书记、有结对帮扶“四有帮扶”全覆盖。五是广泛宣传动员,推进社会扶贫。积极推行社会扶贫公益活动,2016年秋季至2017年春季,全镇享受雨露计划的贫困学生9名,享受扶贫助学资金近6.5万元。动员社会人士,通过爱心捐赠、志愿服务、结对帮扶等形式参与扶贫攻坚。开展结对认亲,为贫困户送温暖活动15次,捐赠贫困村物资折价22.8万余元。六是明确目标任务,加快脱贫解困步伐。紧盯目标任务,建立责任清单。全年全镇脱贫解困计划是310人,对照目标任务强化对第一书记、驻村干部、村两委、帮扶责任人的目标责任层层落实，对每月工作责任进行量化。强化措施狠抓落实。为了充分发挥群众主观能动性，全面了解脱贫目标、措施等特制定了“三个知道”“三个明确”让贫困户知道本户脱贫规划，明确脱贫目标；知道本户的帮扶责任人，明确自己的主体责任；知道可享受的扶贫政策，明确脱贫的路径。争取项目投入，为脱贫解困助力鼓劲。发展生猪养殖大户30户，落实茶源村安全饮水工程，推进能仁村民宿旅游项目和竹木加工项目。七是强化资金监管，充分发挥效益。全镇始终把扶贫项目资金监管作为提高扶贫工作绩效的重要举措和手段，严格执行扶贫项目资金管理办法，确保让有限的扶贫项目资金精准投放到扶贫村、扶贫户、贫困人口中去。年内全镇共拨入扶贫资金1202000元，已使用资金547262.3元（其中茶源村共拨入扶贫资金832000元，已使用资金376888.3元）。为强化资金监管，始终坚持严格项目资金监管。严格按照项目管理要求依程序确定施工单位，项目资金专户储存，专账管理，专款专用。通过“一事一议”实施，每个项目村都由群众推选代表成立资金管理、质量监督等小组全程参与项目建设、资金使用和管理。规范资金使用范围。严格按照财政专项扶贫项目资金的使用原则，投向了贫困村和贫困户用于改善生产生活条件和产业发展。惠及贫困户375户，贫困人口1270人。积极开展审计验收项目和报账工作。在镇自验的基础上，县主管部门已通过验收并完成了审计和财务报账，所有拨款、领款均严格以项目合同，协议为依据，手续完备，单据齐全，做到拨付及时，没有出现截留、挤占、贪污等非法行为。

【社会保障工作】 2017年，新增审核上报低保户47户，发放农村低保金73.2万元；新增五保户19人，全年五保供养220人，发放资金70.4万元；申请大病医疗民政救助63人次，补助资金8.59万元；临时救助235人次，救助资金21万元；申请自然灾害资金267人，补助资金23万元；为无房户、倒房户、特困人员新建房屋10栋；解决生活困难优抚对象392人，补助资金11.36万元；全年获得门诊补偿2299人，补偿金额84.25万元；获得住院补偿3880人，补偿金额1002.79万元；全镇完成全部社会养老保险征缴工作任务，参保人数为9648人，征缴总金额96.5万元，目标金额征缴率达到100%；全年全镇年满60周岁享受养老金待遇人员共5085人，全年待遇领取基础养老金发放金额由每月80元提高到85元，共计发放养老金434万元，发放率达100%。发放丧葬费66人，共计3.96万元。

【安全应急工作】 2017年，全镇加强民生安全工作的监督检查取得成效。全年实行“周检查，半月督查，月例会，季度通报”制度，全年共检查47次，排查隐患92处，有效预防了民生安全事故的发生。加强气象科普和防汛防火知识宣传，提高民众防灾减灾意识。健全了灾情信息网络，制作发放了地质灾害防灾工作明白卡片8份，积极帮助受灾群众恢复生产生活，帮助搬迁户规划选址，年内2户受灾搬迁户已动工重建。每村（社区）成立村级扑火应急分队成员不少于10人，单独列出2000元经费作为村干部森林防火工作的考核工资。配强村级防火信息员，组织他们进行防火业务培训2次，严格督查考核，镇财政专门拿出6万余元用于各村聘请森林防火信息员工资的发放。同时，对重要时期实行领导带班制度和24小时值班制度，出动森林防火宣传车到各人口集中区广泛宣传提醒。对全镇范围内企业进行全面安全大检查3次，开展校车安全检查2次，对环评不合格的多家佛珠厂、土法造纸厂等企业下达环保整改意见书，限期整改到位，取得明显效果，全年全镇没有发生一例安全生产事故。

【信访维稳工作】 2017年，全镇以“创平安店门，建幸福家园”为目标，切实抓好信访维稳工作，完善信访预防机制、领导包案责任制、矛盾纠纷排查调处机制、信访维稳奖惩制，加大初信初访调处力度。全年全镇共排查各类矛盾纠纷43起，妥善处理了各种信访矛盾纠纷49起，涉及金额160多万元。其中，重、难点件罗易业与王定宇的矛盾纠纷，通过镇、村干部共同努力，控制了局面，在事件扩大前成功化解，涉及金额12万元；10月28日，桂水村民工曾爱民不幸坠楼身亡事件，县、镇、村三级领导干部第一时间赶赴现场调解稳控，通过耐心细致的工作，两天内双方签订了协议，涉及金额55万元。同时，进一步推进和完善“三调联动”工作开展，共启动“三调联动”调解机制化解矛盾纠纷12起，着力提高化解社会矛盾纠纷的效率。制定和完善了“五包一”积案化解责任机制、明确党政负责人“包方案、包协调、包化解、包接访、包稳控”的包案责任，要求一包到底。实行“一岗双责”，把握重点，强化措施，明确任务，层层分解责任，以确保每个信访问题事事有人管，件件有人抓，人人肩上有担子，把工作做细做实；坚持每日报告制度，实时掌握信访老户行踪。其中，集中化(缓)解突出信访和不稳定问题专项行动成效明显，成功化解旷莲花反映其修路问题、郭兰华反映组长贪污退耕还林款等问题、金坪组反映老市场周边环境等问题共3起信访积案，其中包含一起群体性案件。对成功化解信访老户的村(社区)给予奖励，对于能够稳控好信访对象，保持无上访的村(社区)也给予相应奖励；对于出现因稳控调处不到位，不重视而新出现上访户所在的村(社区)给予相应的惩罚，对因责任落实到位、措施不得力，而导致越级上访、集体上访等造成不良影响的，严格追究相关人员的责任。对陈年信访案件，研究制订解决方案，逐一分析，逐一研究，逐一解决，确保辖区群体性上访在可控之中，个体访稳中有降、逐步化解。对无理缠访闹访、反复越级上访扰乱正常社会秩序的，给予训诫直至治安拘留处罚；对造成严重负面影响的，依法从严从重处理直至追究刑事责任。全年对旷莲花、龙朝文、罗桂望3起无理缠访、反复越级上访、扰乱政府正常秩序的行为给予了依法惩治。

【计生工作】 2017年，全镇卫计服务质量稳步提升。坚持“服务为先、基层为重、关怀为主”理念，以优化服务质量为抓手，不断推进优质计生服务，全面落实二孩生育政策。全年落实各项避孕节育措施55例。完成免费孕前优生健康检查210对，年内全镇新出生383人，出生率为12‰，其中男孩208人，女孩175人，男女性别比118∶100，政策外出生32人，计内出生率为91.6%，多孩率0.9%；办理一孩生育证106个，二孩生育证183个；落实各项计生利益导向政策，惠及计生对象394人，惠及资金394000余元。申报并初审了38名对象享受奖励扶助政策，1名对象享受特别扶助政策。全力做好流动人口管理工作，年内流出人口总数7609人，信息采集入库率达95%。执法立案16起，征收社会抚养费20万元。

【公益善举】 2017年，全镇在外发展老板不忘家乡，纷纷为公益事业做贡献。其中，郴州俊腾矿业公司总经理旷运珍，在以往捐资20万元的基础上，又为镇敬老院建设捐款10万元。在外经商老板符安贵除为敬老院建设捐款20万元以外，还耗资70余万元为茶源村建设文化广场，为村民提供健身、娱乐、活动场所，深受干部群众称赞。（谭文谥）

永和乡

党委书记　康岳峰

乡长　胡奇才

【概况】 永和乡地处衡山县东南部、湘江西岸，东临湘江、西倚南岳区，南邻萱洲镇，北与开云镇接壤。1995年5月，撤区并乡建镇，原新场市乡和原沙头乡合并为永和乡。全乡总面积67.9平方公里，其中，耕地面积15799亩，水亩面积13926亩，林地面积29670亩。全乡原辖24个行政村，2个居委会，总人口3.2万。2009年1月22日，乡政府驻地由沙头村迁至新场市新市社区。2016年4月，合村后为10个行政村，2个居委会。

永和乡交通方便，地理位置优越，是衡山县城次中心。公路东有京港澳高速公路，西接南岳高速公路，南接107国道，省道衡萱线穿境而过。国家著名水利工程大源渡航运枢纽就在辖区内，船闸可通过千吨级轮船。京广铁路从东而过，京广高铁从西而过。境内有小(一)型水库2座，小(二)型水库4座。土地肥沃，农产品丰富，主产稻谷和桔、枣、李、桃、西瓜、席草、油茶等水果、经济作物。养殖以猪、鸡为主，加工豆腐干等。境内有石英石、紫色页岩、石灰石等矿藏。

2017年,全乡工农业总产值7316.1万元,工业总产值4000万元,农业总产值3316.1万元。粮食总产量3132吨,公共财政收入1420万元,农民人均纯收入4805元。

【民企发展】 2017年,全乡拥有民营企业17家,从业730人。形成规模的有建筑、矿业、烟花鞭炮、建材、农药化工、农产品加工6大支柱产业。其中,工业企业3家,工业总产值4000万元。建筑业企业1家,建筑业总产值2405.90万元。住宿餐饮企业13家,住宿餐饮业企业营业总收入320万元。

【党风廉政建设】 2017年,永和乡以落实党风廉政建设责任制为抓手,狠抓学习教育、警示教育、制度建设工作,不断推动党风廉政建设工作更上新台阶。永和乡认真贯彻中央省市县系列关于干部作风建设文件精神,加强干部队伍建设,不断提高政府工作人员素质。坚持勤俭节约,反对铺张浪费,把有限资金用在改善群众生活上、用在加快发展上。全体政府工作人员恪守为民之责,善谋富民之策,多办利民之事,求真务实,埋头苦干,努力完成党和人民赋予的光荣使命。

【扶贫工作】 2017年,永和乡脱贫助困工作成效显著。全乡精准识别前共有贫困户798户、1721人。精准识别后扶贫贫困户389户、1247人,已脱贫145户、513人,未脱贫244户、734人。全乡贫困发生率为2.2%。通过强化组织领导,分片包干落实工作任务,针对致贫原因精准施策,帮助贫困户注册社会扶贫网,增加帮扶渠道,全年实现兜底扶贫49户、126人,易地搬迁16户、66人,产业扶贫340户、1121人,光伏扶贫5户、9人,金融扶贫95户。全乡产业扶贫、金融扶贫、社会扶贫网注册情况均居全县先进行列。

【农业经济发展】 2017年,永和乡突出发展特色农业。按照发展现代高效农业要求,有力促进粮、菜、畜、禽等产业的发展,有效服务农民生产经营,促进农民生活改善。全年累计完成粮食播种面积17430亩,蔬菜种植面积5730亩,蛋鸡养殖6万余羽,出栏生猪5.18万余头。

【基础设施建设】 2017年,永和乡对46口山塘进行了清淤,除险加固了17口塘堤;新建6130米水渠、2座水闸,1座堤坝、1座电排,新打灌溉用井9口,冬修水利投入近200万元。投入上百万元的上茶公路已全线贯通。村组新修水泥路11700米、砂石路22500米,基本实现入户路全覆盖,改水改厕完成率100%。基本完成电网改造工程,新增5个变压器,架线6100米,全乡新装路灯306盏。

【小水果之乡建设】 2017年,永和乡狠抓产业结构调整,充分发挥区位优势,新增黄周茂谷柑项目200余亩,扩展龙凤沃柑种植基地至1300余亩,种植面积近500亩的冬枣基地已实现丰产。西香瓜基地、百香果基地、猕猴桃基地等小水果基地保持蓬勃发展势头,为全县打造小水果之乡样板。

【项目建设】 2017年,永和乡大源渡重点项目全年累计完成征地130亩,共签订需安置的拆迁户56户,新建房42户,完成原建房及新建房征收拆除面积达33000平方米,累计拆除原建房48栋、53户、新建房42栋;完成停泊区项目和安置区范围内300多家坟墓的迁移安置工作;基本完成安置区清表工作,填土压实工作,电力电信杆线搬迁工作,以及一组安置房桩基础、地圈梁建设工程,正在兴建房屋主体工程。二级航道建设新增临时征地面积90亩,签订3栋房屋拆迁协议,完成了彩虹桥头清表工作,成功完成泄洪排污厢涵闸建设。

【环卫工作】 2017年,永和乡加大环卫资金投入,建立环卫清洁保洁员专业队伍,社区道路全天侯保洁,实现街道无卫生死角和暴露垃圾。全年先后组织专项督查行动6次,发现各村组存在的问题及时进行整改,达到了进一步巩固垃圾整治的结果。开展环卫评比工作,结合重阳节活动,进村入户进行“最美清洁户”“文明卫生模范户”的评比活动,树立保洁典型,营造了美化、亮化村庄的良好氛围。多项措施有效改善了居民生活环境，为通过全省文明乡镇复审作出了应有的贡献。环境卫生检查工作一、二季度名列全县第二名,第三季度列第六名。其中,松坳等村保持一类,永和社区下半年环卫状况明显改观。

【河长制工作】 2017 年,全乡通过网络媒体、悬挂横幅标语等宣传举措,广泛宣传“河长制”工作,普及河道管理知识，切实增强群众的环保意识和责任意识,努力形成人人关心河道、保护河道、美化河道的良好社会风气,河长制工作得到初步落实。同时,成立了组织机构并开始了日常巡查制，配合上级部门查处了永和社区往湘江边倒渣土事件 1 起。

【社会保障】 2017 年,永和乡城乡居民养老保险缴费比例近 94%,成功实现 100%持卡自交。全乡新农合工作完成任务 98%以上。敬老院按每人每年 6000 余元的供养标准集中供养 26 人。全年及时上报灾情,先后下拨临时救灾救助款 47 万余元,为各类优抚对象发放定补、残疾金、优待金等共计 110 余万元。开展残疾人视觉康复活动,康复 12 人。全年投资 70 万余元扩建了黄周村部,投资 115 万余元新建咸宜村部,争资引项完成松坳村级服务平台的升级,完成了永和社区排污管道疏通任务。其中,黄周村、永和社区投入大,项目多,效果好。

【计生工作】 2017 年,永和乡计生服务工作优质优效。计生工作强化基础、大胆创新,圆满完成了上级主管部门下达的各项工作任务。其中,永和社区工作突出,被推荐为县计生先进村。围绕“诚信计生”工作目标,签订诚信计生协议 52 户。年度符合政策生育率 91.6%，出生率 9.2‰，新婚率 5.26‰，死亡率 7.08‰,落实手术 24 例。全乡向县卫计执法局、县人民法院立案查处违法生育案件 32 起,征收社会抚养费共计 23 万多元，全乡违法生育现象得到有效遏制。

【公益善举】 2017 年,全乡诸多成功人士为家乡公益事业作贡献。其中,宝米洲村佛山市铁人木工机械设备有限公司总经理阳正中先后为修村级水泥公路和老年协会捐款 45000 余元,既为村民出行助力,又为爱老献爱心;在外发展老板符俊杰资助 1 万元,为重阳节作活动经费。龙凤村在外经商老板宋建忠、刘青为让重阳节老人活动丰富多彩、有声有色,分别赞助经费 1 万元和 5000 元。衡山县德尚烟花批发公司董事长吴新军(衡东人)、衡山县腾达烟花鞭炮公司董事长陈道好（浏阳人）为敬老爱老事业各捐资 5000 元。永和建筑公司董事长文香培,新场市社区湖南湘雅附二医院专家、教授彭龙开各为公益事业赞助 5000 元。

(邹宇龙)

福田铺乡

党委书记　李春林

乡长　刘云伟

【概况】 福田铺乡位于衡山县西北部,东接开云镇,北抵湘潭县茶恩寺镇,西邻岭坡乡,南界南岳区。全乡总面积 43.49 平方千米,其中林地面积 4.47 万亩,耕地面积 1.07 万亩。总户数 4587 户,总人口 20545 人。辖石东、东盛、金路、白云、云峰等 5 个村及 1 个社区(福田社区),166 个村民小组。

福田铺乡有着深厚的文化底蕴和优质的自然资源,素有“中国民间文化艺术之乡”美誉。国家级非物质文化遗产“皮影戏”,中华民族三大瑰宝之一的“禹王碑”遗址;毛泽东考察农民运动的重要节点之一;南岳七十二峰之一的紫盖峰；东盛村千年银杏树等都被福田人很好地传承与保护。

2017 年,在县委、县政府的正确领导下,乡党委、政府紧紧围绕全县中心工作，团结带领全乡人民,立足实际,紧抓发展机遇,不断改进工作作风,推进项目建设、加强执政能力建设,全力把每一项工作抓紧抓实抓到位。在广大干部职工和人民群众的努力下,全乡呈现出政治安定、社会稳定、经济发展、事业兴旺、人民安居乐业的良好局面。

2017年，全乡工农业总产值1.59亿元，粮食总产量12858吨，财政总收入939.25万元，农民人均纯收入7471元。

【党建工作】 2017年，福田铺乡党建工作获全县第二名。乡党委积极推进“两学一做”学习教育常态化、制度化，认真组织学习党的十八大、十九大会议精神，狠抓农村基层组织建设，全面加强和改进党的建设，党的执政能力不断提高，民主政治建设进一步加强；全乡6个村(社区)党组织严格按程序在全县率先完成换届选举任务；扎实执行“三会一课”党内基本制度；突出抓好基层党支部“五化”(支部设置标准化，组织生活正常化，管理服务精细化，工作制度体系化，阵地建设规范化)建设，福田社区以及石东村“五化”建设示范点建设任务基本完成。

【社会综治】 2017年，乡党委、政府按照“一手抓发展，一手抓稳定”的工作要求，加强队伍建设，构建社会稳定“安全网络”，积极化解处置矛盾纠纷，确保小事不出村，大事不出乡。深入开展整治经济发展环境活动，做到守土有责，确保了一方平安。全年8次特殊维稳期，未出现一起进京赴省上访事件；共调处民间纠纷30余起，调解成功率95%以上；成立了乡禁毒办，打造社区戒毒(康复)中心，实现了与吸毒人员签订管控协议。全年信访工作、禁毒工作获全县先进单位称号。

【财务管理】 2017年，全乡财务管理工作进一步规范。一是强化预算，注重实效，财政管理更加有序。落实中央“八项规定”和厉行节约、福利限额、政府采购各项规定，积极开展“雁过拔毛”式腐败专项整治行动，压缩会议、接待等一般性支出，实现公用经费开支下降20%。二是科学统筹资金，保障重点项目建设。加大财政资金预算，多方筹资，投入100.53万元加强了敬老院基础设施建设；重点保障精准扶贫工作，全乡投入财政专项扶贫资金113.78万元，拨付财政易地扶贫搬迁资金355万元。三是优化支出结构，提高民生保障水平。全年发放惠农资金345.34万元，其中为全乡低保对象781人发放保障金额36.57万元，实现应保尽保，发放耕地地力保护补贴117.27万元，5002户农户获收益。

【项目建设】 2017年，乡党委、政府与时俱进，提出了“适应新常态，找准新定位，开创新局面”的发展理念，为谋求福田的大发展，积极推进重点项目：“大南岳衡山旅游圈综合服务配套设施项目”完成征地57亩，做好项目整体规划，完成15亩国土报批工作；“禹王碑遗址公园项目”已完成水绕石潭的恢复和禹王亭的建设；“永铭休闲山庄项目” 完成征地35.6亩，土地流转500多亩；乡镇天然气利用工程完成管道铺设8公里，即将建成1个规模20立方的气站，投入资金近800万元。

【扶贫工作】 2017年，全乡264户、873人建档立卡贫困户，实现63户、208人如期脱贫；完成39户、120人的易地搬迁工作，其中集中安置4处，该项工作在全县现场办公会中被评为先进典型之一；石东村“五化”创建工作进入全县三个示范点之一。全年脱贫攻坚工作、易地扶贫搬迁工作均获全县先进单位称号。

【安全生产工作】 2017年，乡党委、政府集中开展安全生产大检查行动。全乡组织安全隐患排查6次，出动安监执法检查人员20人次，发现隐患5处，全部督促整改到位，实现连续五年无安全责任事故的工作目标，并通过了省级安全生产示范乡镇复检。

【计生工作】 2017年，乡党委、政府坚持把计划生育工作列入重要议事日程，规范各村计划生育工作目标、管理考核机制。扎实推进诚信计生工作，率先举办了诚信计生工作启动仪式，并在全市作为先进做法予以推广；完善村为主和村民自治机制，石东村成为衡山县唯一一个市级村民自治示范合格村，福田社区也顺利通过县计生协验收；强势推进依法行政工作，全乡全年共申请法院强制执行案件11件，共征收社会抚养费12.9万元，并在全县率先启动计生违反对象信用黑名单制度，全年计划生育工作获县先进表彰。

【民政工作】 2017年,全乡新增五保对象6名,低保对象16户、38人,优抚对象8人,重度残疾补助对象26人。全年共计发放优抚资金60多万元,救灾资金20多万元,临时救助资金20多万元;投资400余万元,在福田社区新建了一所高标准敬老院,实现集中供养五保老人22人;及时准确查报各类灾情,组织群众生产自救,生活互助,解决群众生产、生活上的实际困难。

【社保工作】 2017年,福田铺乡城乡居民社会养老保险应交费8875人,完成城乡居民社会养老保险88.04%,完成金额数110.3%,获全县第二名;城乡居民养老保险领取待遇共3760人,核对死亡95人,核实95人,完成城乡居民社会养老保险金发放100%;新增104人;修改信息错误15人;困难问题97人;退个账失败和发放失败4人;完成到龄欠费补交7人;信息核对完成100%;办理0—60周岁社会保障卡2000多张,剩余的实行全年动态办理;到龄疑似死亡人员60人,完成核实100%。

【教育工作】 2017年,全乡考入省级重点中学15人,市级重点中学40人。乡党委、政府高度重视教育事业发展,积极化解学校周边矛盾纠纷,大力表彰奖励优秀教师,为老师们提供了一个良好的工作、生活环境,全乡97名教师,都能安心、舒心地工作。

【水利工作】 2017年,通过向上级争取资金和乡村自筹资金,投入50余万元,对全乡两个村实施农村饮水安全巩固提升项目,共打大口井2口,建蓄水池3个,铺设管道13000余米,解决了全乡900余人的生活用水困难;做好洪毁工程及冬修"五小"工程建设规划,筹资70余万元,对全乡41处工程进行全面铺开;对白云溪、云岭溪、禹王溪非法采砂的4个对象户进行了制止,对禹王溪1起洗砂户进行了强制拆除。

【林业工作】 2017年,福田铺乡稳步推进天然林保护工程,整理资料、申报天然林项目2万余亩;新造油茶林200余亩;大力发展楠竹产业,引进竹木加工厂1家;毛竹低改300余亩;绿化通道10公里,建设秀美山村1个;森林防火实现全年火警、火灾零记录,并组建了一支20余人的森林防火半专业队伍。

【环卫工作】 2017年,全乡建立农村卫生管理长效机制。每个村均聘请了专职保洁、劝导员,做到了公共区域保洁日常化,村民卫生习惯劝导工作经常化,村组干部入户对全村进行农村环境卫生综合整治宣传和劝导、"户卫生评比"定期化,并在全乡范围内实行一月一评比,一月一通报制度。全乡新装路灯400余盏,完成公共区域绿化1万余平米,改水改厕200余户,全乡垃圾处理率100%,清洁能源使用率95%以上,安全饮水率100%,基本实现了环境美化、净化、绿化、亮化、序化。

【国土工作】 2017年,全年审批农民建设用地52户,其中报县人民政府审批易地搬迁户39户,住房用地困难占用一般农田2户。加强了对基本农田的动态巡查,对违法用地行为做到"早发现、早制止、早汇报、早处理"。全年查处违法用地6起,其中拆除金路村王建恒部分违章建筑。

【文化工作】 2017年,福田铺乡自行编撰,正式发行了全市第一本乡镇一级百科全书式地方资料性文献——《福田春秋》;皮影戏结合禁毒宣传教育创作了新的节目《毒之害》。

【公益善举】 2017年,在建设新敬老院过程中,全乡各界成功人士争相为家乡公益事业做贡献。其中,福田社区衡山星源学校董事长唐正魁除捐款15万元外,还为县职工篮球赛资助25万元,湖南紫金建设工程公司董事长宾春奇捐资12万元;东盛村旷昌华捐资10万元;金路村在外发展老板、村主任赵建彪捐款7万元;石东村衡山旺衡矿业公司董事长赵建钢捐款6万元;福田社区在外发展老板王永忠、黄有来,东盛村在外发展老板宾湘辉各捐5万元;白云村衡阳市民政局退休干部、广州颖伦商贸有限公司董事长王文章在以往公益事业捐款2余万元基础上,又贡献5万元。捐款1万元以上的有福田社区东莞市锦全鞋公司董事长宾玉成,广东南天星律师事务所副主任袁良平;衡山县伟业铝材公司总经理曹爱华；在外经商老板谭雪辉；衡山县健杰物业服务中心董事长彭永军。白云村王光立、彭美华；金路村赵光永；东盛村衡山湖洋建材公司总经理彭泽平、宾洪禧；石东村彭雨龙、旷水平、赵子瑜；白云村广东奋发图强商贸有限公司董事长王伏成女老板在以往公益事业捐款2万元基础上，又贡献1万元。东盛村衡阳市洪石雕塑有限公司董事长宾磊在捐资1万元后，还为助残赞助5000元，石东村湖南尔格装饰工程有限公司董事长魏珍平除捐款1万元外，还为其他公益事业资助数千元。捐款伍仟元以上的有福田社区李高余、宾建军、何君华、王正香、宾敏，石东村唐新启、曹天雄、赵海良、胡春初；金路村王绪吾、王绪卿、王绪平、赵斌、宾正凡、汤科、王绪雨。（苏　锐）

岭　坡　乡

党委书记　廖继峰

乡长　李　龙

【概况】 岭坡乡位于衡山县北部，距衡山县城25公里。北与湘潭县接壤，南与南岳区毗邻，东与福田铺乡交界，西邻白果镇、东湖镇。全乡贯穿省道1条，县道2条，S314省道贯穿野莓谷村、岭坡社区、云桥村、双河口村等行政村4个。全乡总面积87.73平方千米，其中耕地16856亩，水田16046亩。辖行政村11个，社区1个，村名小组233个，总人口28903人。

2017年，全乡工农业生产总值2.48亿元，粮食总产量8315吨，财政总收入1708万元，农民人均纯收入6894元。

【农业工作】 2017年，乡党委、政府紧紧围绕“农业增效、农民增收、农村发展”三大目标，加大农业基础设施建设和农业产业结构调整力度，做好监测村组粮食生产工作，保证监测村组粮食生产双季稻覆盖率100%。全力实施科技入户工程，全乡建立科技示范户50户，示范面积1000余亩，辐射带1500多个农户，辐射面积15000余亩。积极发展家庭农场、农业合作社和农业公司，采用“农户＋合作社＋基地”的产业发展模式，进一步推进了现代农业发展。继续发展黄垅蜜蜂养殖、灯山竹鼠养殖、朝圣乌龟、黄牛、七彩山鸡养殖，形成多轮驱动致富产业链。

【扶贫工作】 2017年4月，全县贫困户动态调整后，岭坡乡尚有未脱贫428户、1306人，已脱贫137户、474人。在精准扶贫工作中，乡党委、政府根据实际情况，认真研究，积极探索全乡脱贫攻坚之路。一是产业结对帮扶，大力发展第二产业，全乡共计结对帮扶贫困户200余人。二是光伏扶贫，确定光伏扶贫发展对象24户共54人。三是金融扶贫，充分发挥金融杠杆作用，落实贫困户小额信用贷款政策。四是贫困户异地搬迁，对28户共94名易地搬迁对象进行科学选址和规划设计，采取集中安置点2个8户、30人，分散安置20户、64人。五是对入学困难的贫困户子女推行“雨露计划”，将43名就读于中职、职高等技术学校的贫困户学生纳入“雨露计划”名单，每人每年获得帮扶资金3000元。同时，多方寻找就业门路，积极帮助困难户解决子女就业问题。六是广泛开展“送招工信息、送专业技能、送就业岗位”等就业扶持活动，向贫困户提供脱贫致富信息和技术帮助，竭诚为他们排扰解难。

【生态旅游】 2017年，全乡深度挖掘各类优质旅游资源，重点突出旅游风情小镇及野莓谷、丹霞地质公园建设，加快推进旅游一体化进程，岭坡的名声和影响力正在不断扩大，引领了全县生态旅游开发的热潮，在全市获得了较好反响。全年在乡财力有限情况下，调配资金200余万元，相继完成了野莓谷景区游步道、洄水湾翠鹫峰游步道、双河口大峡谷游步道及天子坟修缮扩建。建设完成野莓谷至福田白云水库公路，丹霞地质公园完成旅游公路提质。在搞好景区配套完善的同时，进一步添置村庄绿化、美化、亮化设施，进一步带动了全乡旅游业的发展提质。

【项目引进】 2017年,全乡共引进项目3个,其中投资1000万元以上的项目有2个。一是引进湖南岳衡竹业有限公司,拟建竹纤维密度板生产基地,投资1.2亿元。该项目落户于岭坡社区,相关资质论证及工商注册手续已经办理完毕,设备已经购买,正在规划建设生产、生活基地。二是引进湘禹农业开发有限公司,建立沃柑基地,拟投资2000万元。年内,已经完成项目规划,流转土地近1000亩,种植沃柑苗600余亩。三是衡山县兴旺映绿公司新建休闲渔业项目,投资200万元,已经完成土地流转、项目规划设计任务,建设工作已做好,即将正式投产运营。

【电站建设】 2017年,望峰35千伏变电站建设顺利推进。总计投资500万元,征地2.1亩,在乡境内长7.8公里,跨越野莓谷、龙潭、灯山、望峰、黄垅5个村,安装37处电线杆(塔),年内正在进行基站建设。

【环卫工作】 2017年,全乡投入环境卫生综合整治资金70万元,在全乡推行"四评、四考、四捆绑",确保责任到人,奖惩到位。

【安全工作】 2017年,全乡全面加强夏季护林防火督查力度,切实做好防汛安全工作,扎实推进"落实企业安全生产主体责任年"活动,认真开展"打非治违"专项行动,实现年内安全生产零事故。同时,组建了各村(社区)义务巡逻队。投入资金1.5万元统一购置服装、进行授旗。各村巡逻队按照要求扎实开展巡逻工作。特别是在十九大期间,每天按照要求义务巡逻,各个节庆日加大巡逻力度,群众安全感大幅提升。

【公益善举】 2017年,全乡在外发展老板继续为家乡公益事业作贡献。其中,双河口村广州荥美化工公司、荥美丝布公司董事长周向阳捐款5000元,黄垅村在广东、湖南发展老板刘国祥捐款1万元,綦建军、周泽祥、周升阳分别捐款5000元用于修建村级道路;为让老年人欢度重阳节,晓烟村在广西发展老板彭可在上年捐款1万元基础上,又赞助3000元。在广东东莞市发展老板彭卫东、宾泽建分别捐款5000元,作老年协会活动经费。大丰村在广州发展老板阳伟恒为修村组公路贡献不断,近几年先后赞助经费20余万元,深受干群称赞。

【高中生联谊会】 2017年10月4—6日,在南方、赵富云、罗淑辉、赵国泉、周冬球、叶波、郭伟雄、宾绍维、胡卫忠、周香连等组织下,岭坡中学1977届高中毕业生50余人从全国各地回母校举行联谊会,并邀请健在的当年任课老师与兄弟班代表与会。主要活动有毕业40周年成长情况座谈会,中秋赏月文艺联谊会,篝火晚会,游览花果山和野莓谷。活动结束时,大家依依不舍,商定3~5年再相聚。 (李晓兰)

贯 塘 乡

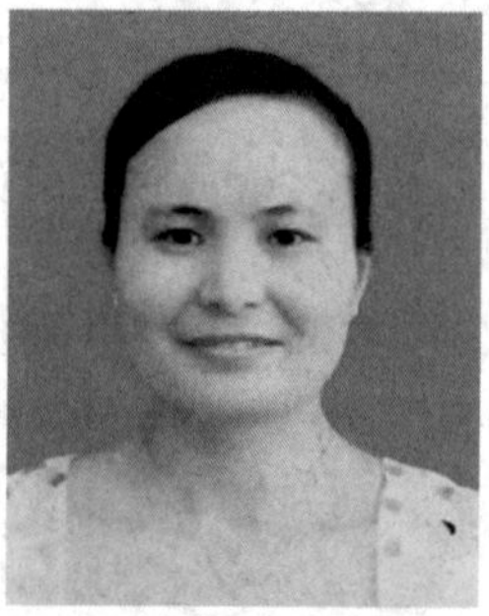

党委书记 陈燕春

乡长 沈铁锋

【概况】 贯塘乡位于衡山西北部,相传古代境内老湾村有一水塘与另外五口水塘相连,可相互贯通,人们称之为"贯塘",贯塘因此得名。贯塘乡东接白果镇,南隔涓水与江东乡相望,西连新桥镇,北与湘潭县青山桥镇接壤。314省道穿越全境,村级公路实现"组组通",便捷、平整的乡域交通网基本形成。全乡总面积34.43平方千米,其中,耕地1020公顷,山林1570公顷,水面115.2公顷。辖行政村8个,社区1个,村民小组165个,总人口2.2万余人。

2017年,全乡农村经济总收入1.99亿元,粮食总产量8500吨,财政总收入907万元,农民年均收入11964元。

【招商引资工作】 2017年,全乡经济发展基础得到夯实。按照"全党抓经济、重点抓工业、关键抓投入、突出抓招商"的工作思路,切实把招商引资摆到重中之重的位置。总投资5000万元的兆鑫陶瓷成功试产,正式投产运营;总投资3000万元的迎龙综合大市场一期工程建成投入运行,彻底解决了长期存在的马路市场难题;总投资400万元的乡政务中心及公租房项目主体工程已完工,内部装修有序进行;总投资2600万元的岳北农牧万头牲猪养殖项目正式落户五星村,"三通一平"等前期工作任务基本完成。

【农业农村工作】 2017年,坚持固本强基,农业农村工作全面提升,粮食生产跃上新台阶。全乡全面巩固双季稻种植面积,积极推广优质稻生产种植,扩大绿肥种植规模,全面落实各项强农惠农政策,加大"三农"支持力度,粮食、畜牧、林业和农机等各类补贴通过"一卡通"全部发放到位;扎实推进土地承包权确权颁证工作,全年完成97.4%摸底资料,98%外业勘界任务;积极鼓励土地流转,全年土地流转8025亩,参与农户3000多户,签订合同3162份,全乡水稻种植无抛荒、失收现象,获粮食生产先进乡镇、土地确权颁证工作先进单位。防汛救灾工作取得全面胜利。全力以赴、奋力迎战百年一遇的连续性强降雨自然灾害天气,经科学研判,精准施策,确保了全乡小(二)型水库均安全渡汛,实现了不垮一库、不溃一堤的防汛目标,夺取了抗洪救灾的全面胜利。农田水利设施建设有新提升。全年修复洪毁工程二处,硬化水渠2480米,修复、加固山坪塘18口。五星国土整理开发项目中的水利设施全面竣工并投入使用,包家冲、油铺塘、清水塘、石板塘、中石塘等5座水库除险加固项目运行效果良好。特色农业经济焕发新活力。迎丰、晓冲、腾飞三大苗木基地规模逐步扩大,现已发展成为衡山重要的苗木供应基地;迎龙蓝莓基地不断发展壮大,在产生良好经济效益的同时,辐射带动效应也日益凸显。

【安全管理工作】 2017年,全乡强化综合监管,经济发展环境和谐稳定。安全生产强力推进。认真落实安全生产目标责任制,强化日常监督检查,落实问题整改措施全年出动执法人员100余人次,针对烟花鞭炮、校车安全、建筑施工、农电抗旱、农机监理等方面开展安全生产检查和隐患排查40余次,全乡没有发生一起安全生产责任事故,社会稳定,综治维稳成效明显。充分发挥人民调解"第一道防线"作用,通过全面摸底排查,确保将矛盾纠纷化解在基层,消灭在萌芽状态。全年共排查出矛盾纠纷57起,矛盾纠纷调处率为100%,调解成功率达96.5%。在全乡范围内开展"文明好家风"家庭评选活动,有力促进了社会主义核心价值观在广大家庭中落地生根,对惩治买卖"地下六合彩"等赌博违法行为起了良好作用。义务巡防队伍建设有新的突破,全乡先后有 7 个村为义务巡防队员统一配备了服装,添置了相应巡逻设备。其中,新塘村购置了一台巡逻车,板仓村购置了两台巡逻摩托车,全面开展义务巡逻工作。在全乡主要路口和重点地段安装监控摄像头50余个,群众的安全感不断加强。助力民调工作开展,全乡综治民调综合排名在全市各乡镇中较上年度提升了60个名次,其中,板仓、新塘村进入全县民调工作先进行列,摆脱了全乡民调工作在全市落后的局面,获信访积案化解先进单位、十九大期间安保维稳先进单位、武装工作先进单位。

【国土管理工作】 2017年,全乡切实开展耕地保护工作,完善基本农田永久性划定,补良退劣,基本农田质量得到改善。配合县国土局做好土地综合整治和耕地补充工作,天托村高标准基本农田建设项目和五星村土地开发整理项目全面完成,枫林村圣殿湾地质灾害治理工程通过验收,板仓村、五星村高标准基本农田建设项目已进行前期测量规划。

【执法工作】 2017年,全乡严格规范执法卓有成效。对在河道、塘坝乱挖、乱种、乱建等违法行为进行了严厉查处,并依法处置当事人。乡国土所建立国土资源动态巡查制度,发现和制止违法用地行为5起,立案查处3起。乡林业站狠抓林政管理,大力打击盗伐、滥伐林木和违法用火行为,全年共处理滥伐林木案件2起,活立木移植案1起。

【社保工作】 2017年,乡党委、政府着力改善民生,民生短板日益补齐,城乡居民社会保障体系不断完善。全年实现农合参保达1.3万余人,任务完成率95.52%;城乡居民社会养老保险完成率98.4%。农合、社保参保率均位居全县前列。

【扶贫工作】 2017年，全乡脱贫攻坚工作精准开展。强力推进脱贫攻坚工作，通过精准识别贫困对象，共清理“四类人员”识别不准人员419户、1135人，新识别增加贫困户76户、260人。全面完成贫困村五星村和7个面上村脱贫攻坚台账资料规范化、阵地建设标准化、工作程序制度化建设；完成17户易地扶贫搬迁对象房屋和相关基础设施建设，12户于年前搬入新房居住；32户危屋改造户通过了县乡两级验收；投入40多万元进行了义丰至五星自来水主管网铺设，新打或完善水井8处，解决饮水困难人口300余人；教育扶贫、医疗扶贫、就业扶贫稳步推进；完成了40户小额信贷，总资金达180余万元；解决医疗救助238户，人口525人；发放资金40余万元，为低保户、五保户送上医疗救助款8.48万元，救助人口149人；筹资5万余元，对乡敬老院进行了维修。获脱贫攻坚工作先进乡镇、异地扶贫搬迁工作先进单位。

【计生工作】 2017年，全乡计划生育工作成效显著。以强化乡、村计生队伍业务能力为抓手，着力提高全员人口数据质量，强化计生服务职能。全年全乡为80多对育龄夫妇提供免费优生检测等服务，和育龄夫妇签订了诚信计生协议，加大对特别扶助对象和计生困难家庭的帮扶力度，全年发放计生帮扶资金2万余元。全乡计生工作竞争能力全面提升，稳步实现计生工作“三个转变”。乡计划生育工作在全县取得“半年第一名”“第三季度第二名”“全年第一名”的好成绩，迎龙桥社区进入全省计划生育基层群众自治示范村行列。

【环卫工作】 2017年，全乡环境卫生整治持续深入。制作12块环境卫生类永久性宣传牌，向上争取在沿314线建设了120户化粪池环保处理设施，各村配备配强了保洁员队伍，卫生大评比和督查通报等工作形成制度化。河长制工作全力推进，制作永久性宣传公示牌15块，配齐了河道保洁员，巡河工作逐步规范。通过环境卫生整治和河道保洁，全乡农村环境卫生状况得到较大改善，群众生活环境得到明显好转。先后荣获市农村环境和卫生综合整治第四季度十佳乡镇、年度40强乡镇、县级农村环境和卫生综合整治工作先进乡镇。

【基础设施建设】 2017年，全乡基础设施进一步完善。建成全县第一家乡镇污水处理项目并正式投入使用；迎龙桥社区、枫林村先后纳入农电网改造“笼子”，社区“电改”任务已全面完成，枫林村正有序推进；五星村医疗室建设项目实施完成并接受县验收；梓塘村村部维修工程全面完工，村部活动场所、环境有效改善；天托、五星、老湾、新塘、社区等村向上争取和自筹资金，修建通组水泥道路10多公里；乡政府筹措资金近20万元对环乡公路严重破损路段进行了维修，人民群众出行条件进一步改善；投入3万元，对8公里通村道路和一个村部进行了绿化美化；东阳村向上争取资金在村主干道安装路灯近2公里，实施了亮化。

【社会事业】 2017年，全乡教育事业取得长足进步，在全县率先进行了教育、教学改革，提升了教育、教学质量。通过积极争取，枫林、五星、老湾等学校实行了学生免费午餐，乡中学综合楼完成了改造任务，开通了自来水，添置了体育器材，全乡初中、小学毕业会考总体成绩领先于全县各乡镇学校。群众文化活动不断创新。强化对村级文化室的扶助和管理，全乡各村均建立了农家书屋，各书屋图书保有量在1500册以上。充分发掘民间艺术资源，部分村相继成立了民间“龙舞队”“腰鼓队”等民间文化团体，利用重阳节等传统节日进行义务演出，受到群众一致好评。

【基层党建工作】 2017年，乡党委坚持真抓实干，自身建设不断加强。在乡党委的领导下，切实做好政策宣传，严肃换届纪律，保障了村支“两委”换届工作的顺利进行，选好了新一届村支“两委”领导班子，为全乡工作有序开展提供了组织、人才保障。自觉接受人大法律监督、政协民主监督和社会各界监督，办理代表建议25件次。抓严抓实机关干部学习教育，乡、村两级深入开展学习了党的十九大和习近平新时代中国特色社会主义思想的学习活动，扎实推进“两学一做”学习教育常态化、制度化，全面落实党风廉政建设责任制，坚持不懈反对“四风”，全力支持纪检监察机构履职，强力推行“互联网＋监督”工作在全乡实施。

【公益善举】 2017年，全乡爱心成功人士纷纷为家乡公益事业作贡献。新塘村成功人士尤为突出，共为整修塘坝、维修渠道捐款近10万元。其中，在外发展刘自力捐资5万元，衡山联盛气站老板捐款12000元；深圳市宏达威化工有限公司彭和冬和在广东发展刘有才各捐款1万元；广东佛山市鸿达贸易有限公司老板刘国泉捐款5000元。东阳村在外发展彭月庄为公益事业捐资5200元，天托村在外创业老板李春辉、周建平各捐资金5000元。尚需说明的是，捐资5000元以下者未在统计之列。 （陈　雷）

江　东　乡

党委书记　陈昌义

乡长　胡向军

【概况】 江东乡地处衡山县西北部，距县城47公里，东临岭坡乡，北邻白果镇，西界贯塘乡，南接东湖、新桥两镇。全乡总面积34.3平方公里，其中，耕地面积1.34万亩。共辖7个行政村，1个居委会，138个村民小组，总人口2.1万余人。

2017年，江东乡先后荣获国务院防范和处理邪教办公室颁发的“创建无邪教示范单位”称号。被评为国家体育总局颁发的“全国群众体育先进单位”称号；市信访维稳“三无”先进乡镇，市综治民调先进单位；县目标管理考核全县第二名、基层党建工作先进单位、人大工作先进单位、党风廉政建设工作先进单位、纪检监察信访举报工作先进单位、统计工作先进单位、农村环境和卫生综合整治工作先进单位、信访维稳工作先进单位、招商引资工作先进单位、综治工作先进单位（民调8个村获先进单位）、农业生产先进单位、武装工作先进单位、移民改困先进单位、畜牧工作先进单位、城乡建设先进单位、水利工作先进单位、劳保工作先进单位、残疾工作先进单位、土地确权颁证工作先进单位、粮食生产先进单位、基层团建工作先进单位、老龄老干工作先进单位。

2017年，全乡工农业总产值6186万元，粮食总产量9750吨，财政总收入862万元，农民人均纯收入6789.46元。

【种植、养殖业】 2017年，全乡围绕农业增效、农民增收目标，按照生态与经济并重的思路，因地制宜，多元发展，加快推进全乡的农业发展转型升级，致力实现生态产业化和产业规模化发展。全年共流转土地2000余亩，新增30亩以上的种粮大户8户，新增100亩以上的种粮大户2户，新注册农民专业合作社1家。全乡高档优质稻种植面积3000多亩，连片湘莲种植400亩。全乡养殖业持续发展，常年存栏生猪4700多头，存栏肉牛60头以上，乌鸡等良种家禽存笼270000多羽。养殖1000羽以上的养鸭大户12户，常年存栏57000多羽。在抓好特色养殖业的同时，继续在特色种植业上下功夫。全乡每个村都建立了油菜种植园，种植15亩以上的油茶园共有32户。大坪景观花卉苗木场发展来势良好，培植的花卉苗木在市场上广受欢迎，苗木供不应求，赢得了良好的经济效益。土地确权颁证工作强力推进，7月6日全县农业农村暨土地确权工作推进会议在江东乡召开，全县首证也在江东乡颁发。

【扶贫脱贫工作】 2017年，全乡按照“减贫任务精准、扶持对象精准、措施办法精准、脱贫时限精准”的脱贫工作要求，全力帮助贫困群众“拔穷根、换穷业、挪穷窝”，收到了较好的扶贫效果。全乡共有建档立卡贫困户625户、1734人，重点贫困村荷成、南坪两村年底已顺利摘帽，帮助易地扶贫搬迁13户、45人，其中，集中安置8户、29人，分散安置5户、16人。通过与县电力局沟通，争取项目资金20万元，在南坪村南坪学校和神王堆两处地方实施100千伏光伏发电工程项目,使9户贫困户直接脱贫。与县水利局衔接,争取项目资金87万元,增加自来水用户70户,为贫困户打井23口,直接解决两个组贫困户的饮水困难问题。

【项目推进】 2017年,全乡抓好基础设施建设,方便群众生产、生活,提高城乡居民宜居幸福指数。全年投资1200万元,建设有固定门面和摊位200余个的集贸市场1个,占地20余亩;投入460余万元,建设一个占地约10亩的小型广场,内含灯光塑胶篮球场;各方筹集资金10万元,在5个村部建设了健身小广场,使村民开展积极健康文体活动有了场所;重修旺洲桥建成并通车;对南坪、马鞍、龙塘、三桥、荷成、白龙社区等村级公路进行加宽亮化;对三桥、南坪村和白龙社区自来水管网延伸1万余米。

【民生保障工作】 2017年,全乡始终坚持"以人为本、民生至上"的原则,积极开展诚信计划生育服务活动。全乡应签订诚信计生协议248户,已签订236户,落实计划生育家庭意外安全险237户,保险金额12000元。扎实开展新型农村养老保险、五保供养、生产救灾以及社会救助工作,累计对190户低保户、129户五保户及所有优抚对象发放补贴、补助、补救各类资金100万余元。全乡新农保参保缴费79.26万元,参保率达108%,全乡新农合应缴19481人,参合率达95%以上。全力推进"平安江东"创建工作,积极化解各类积怨、矛盾58起,预防民转刑案件1起,防止群体性上访3起,实现全乡"人稳、案结、事了、人和"的常态目标。

【美丽乡村建设】 2017年,全乡坚持"科学规划、逐年打造、培育亮点"的思路,不断加大投入,强化基础配套,提高集镇承载力。对江东中心街、白龙社区、九江公路等地段进行重点整治,绿化新增2.5公里,新建灌溉渠道3270米,维修、加固渠道370米。对白龙社区办公楼完成选址、规划、设计和"三通一平"工作。为了根本改变辖区内的脏、乱、差现象,重点推进美丽乡村建设,着力打造现代农村美好人居环境。全乡投入30万元,为7村、1社区配置了一台割除杂草机及相关卫生保洁设备,确定了各单位的卫生、保洁规劝员,对其工作职责与相应待遇进行了明确,定期在全乡开展"清洁卫生入户评比"活动,培养农民良好的卫生习惯,对随意向南河等流域倾倒垃圾的恶性事件进行了重点整治,农村环境卫生有了良好改观。

【党建工作】 2017年,乡党委以党建统揽全局,强化党建责任,狠抓工作落实,使党组织建设稳固加强,凝聚力、战斗力得到进一步提升。一是突出发挥党委领导核心作用。建立、健全党建工作责任体系,明确党委书记为本级党建工作第一责任人,其他党委班子成员按照分村包干原则,负责指导各村党建工作,每月到驻点村指导工作2次以上。健全党委议事规则和程序,全面贯彻落实民主集中制原则。二是全面规范机关干部管理,努力提高机关干部发展现代农业、做好群众工作的能力和水平。抓制度规范,建立"年初建账、年中查账、年底交账"的目标管理责任制,健全学习、指纹考勤、请销假、值班、考核、重点工作牵头负责等制度。加大"六小一中心"建设投入,让干部在乡镇"吃得香""住得安"。三是着力提升乡、村干部素质。为突出思想建党,深入学习宣传贯彻党的十九大会议精神,坚持落实"三会一课""五个日子"制度,强化全体党员理想信念和党性教育。加强党员积分管理,按时按质召开组织生活会,落实民主评议党员制度,真正使党员干部在实现脱贫攻坚、美丽乡村建设中发挥先锋、模范作用。 (李 兵)

荣誉榜单

2017 年度衡山县各单位获省级以上机构表彰情况一览表

序号	受奖单位	获奖名称	颁奖单位	获奖凭据	时间
1	县教育局	全省学生资助工作百佳单位	湖南省学生资助管理中心	奖牌照片	2017.6
2	开云镇、白果镇	2017 年度省安全生产示范乡镇	省安监局	湖南安监网站发布	2017.12.18
3	交警大队	湖南省文明交通标兵护学岗	省公安厅交通警察总队	湘公交传发〔2017〕454 号	2017.11
4	能源局	2017 年度全省农村能源建设先进单位	省农业委员会办公室	省农村能源领导小组文件通知	2017.12
5	财政局	全省财政税政法制工作绩效评价获奖单位	省财政厅	湘财税〔2017〕28 号	2017.12
6	白果镇	第五届全国文明村镇	全国文明委	新华社网站发布	2017.11.18
7	农村经营服务中心	2017 年度全省农民专业合作组织建设先进单位	省农民专业合作组织建设领导小组办公室	湘农组办〔2017〕2 号	2017.12
8	卫计局	衡山县被评为省人口和计划生育工作良好单位	省委省政府办公厅	湘办发〔2017〕44 号	2017.12
9	江东乡	2013—2016 年度群众体育先进单位	国家体育总局	奖牌照片	2017.6
10	县安监局	省委经济工作会议通报 2017 年度安全生产工作考核结果（衡山县荣获安全生产工作优秀单位）	省安监局	网页截图	2017.12
11	移民局	关于表彰 2017 年底移民信访维稳工作先进单位的通报	省移民局	湘移发〔2017〕24 号	2017.12
12	畜牧局	2017 年度动物疫病防控绩效考核先进县	湖南省防治重大动物疫病指挥部	湘防重病指〔2017〕6 号	2017.12
13	人民法院	省五四红旗团支部	共青团湖南省委	奖牌照片	2017.5
14	萱洲湿地公园	2017 年度试点建设国家湿地公园“先进单位”	省林业厅	2017 年湖南爱鸟周启动仪式上授予	2017.4
15	县公安局	全省公安机关“210 工程”建设成绩突出集体	省公安厅	省公安厅通报〔2017〕6 期	2017.8
		关于对衡阳市公安机关成功破获“2017－509”特大电信诈骗案的表扬通报	省公安厅	省公安厅通报文件	2017.10
		衡山县公安局城关派出所被公安部评为一级公安派出所	公安部颁		2017.10
16	农业局	关于 2017 年度湖南省美丽乡村建设先进县市区的公示	省农办	省农业农村信息中心网站发布	2018.1
17	统计局	国家统计局湖南调查总队业务考核优秀	国家统计局湖南调查总队	湘调办字〔2017〕4 号	2018.1
18	农机局	2017 年度全国“平安农机”示范县	农业部国家安监总局	农机发〔2018〕1 号	2018.1
19	环保局	2017 年省环保重点工作目标责任绩效考核先进单位	市环保局推荐文件		2018.1
20	发改局	2017 年异地扶贫搬迁工作全省并列第一名（市第一名）	省委、省政府		2018.1

2017年度衡山县目标管理绩效考核先进单位名单

【乡镇考核结果】

(一)综合考评结果

1. 优秀乡镇(4个):开云镇、江东乡、长江镇、东湖镇

2. 良好乡镇(5个):岭坡乡、新桥镇、福田铺乡、店门镇、贯塘乡

(二)单项工作考评结果

经济建设工作第一名:开云镇

社会建设工作第一名:开云镇

政治建设工作第一名:长江镇

农业农村工作第一名:福田铺乡

信访维稳工作第一名:江东乡

人口和计划生育工作第一名:贯塘乡

【机关单位考核结果】

(一)党群部门

1. 优秀单位(8个):县纪委(监察局)、县委办、组织部、统战部、政法委、接待处、县妇联、县委党校

2. 良好单位(7个):宣传部、团县委、县总工会、县委老干局、县编办、县工商联、县信访局

(二)县人大、政协机关

优秀单位:县人大办公室、县政协办公室

(三)经济管理服务部门

1. 优秀单位(7个):县财政局、县水利局、县农业机械管理局、县政府办公室、县国土资源局、县发展和改革局、县经济开发区管理委员会

2. 良好单位(12个):县经济科技和信息化局、县农业局、县住房和城乡建设局、县林业局、县农村经营服务中心、县畜牧水产局、县供销社、县农业综合开发办公室、县国有资产管理中心、县商务和粮食局、县能源生态局、县金融工作办公室

(四)社会发展部门

1. 优秀单位(5个):县卫生和计划生育局、县统计局、县人力资源和社会保障局、县民政局、县文化体育广电新闻出版局

2. 良好单位(9个):县电子政务管理办公室、县广播电视台、县移民开发局、县禁毒工作社会化办公室、县政务中心、县萱洲国家湿地公园管理处、县史志办、县档案局、县紫金山林场

(五)司法执法监督部门

1. 优秀单位(4个):县公安局、县人民法院、县安全生产监督管理局、县交警大队

2. 良好单位(6个):县检察院、县环境保护局、县审计局、县政府法制办公室、县司法局、县城市管理行政执法局

(六)省市垂直管理单位

1. 优秀单位(2个):县地方税务局、县国家税务局

2. 良好单位(4个):县电力局、县烟草局、县人民银行、县气象局

【金融类机构考核结果】

1. 优秀单位(3个):农业发展银行衡山县支行、农商银行衡山县支行、华融湘江银行衡山县支行

2. 良好单位(5个):农业银行衡山县支行、建设银行衡山县支行、邮政储蓄银行衡山县支行、潭农商村镇银行、中国银行衡山县支行

【投融资公司考核结果】

1. 优秀单位(1个):城市和农村建设投融资公司

2. 良好单位(2个):衡山经济开发区建设投资开发有限公司、兴山土地资产经营有限公司

2017 年度衡山县机关事业单位先进个人名单

【记三等功人员】(116 人)

开　云　镇:李宇坤　朱学锋
江　东　乡:陈昌义　胡向军
长　江　镇:李　伟　李晓珊
东　湖　镇:周智勇　彭桂林
县　委　办:余庆丰　阳庆华
人　大　办:刘新周
政　协　办:唐立华　肖长清
纪　　　委:王朝晖　文红村
组　织　部:汪　波
统　战　部:肖尧阶
政　法　委:李　伟
县委党校:周定德
接　待　处:阳慰伦
妇　　　联:廖建萍
政　府　办:谭　斌
经济开发区管委会:肖宁旗
城　建　投:文更村
民　政　局:戴建衡　陈金五　李电亮
国　土　局:朱向华
人社局系统:任秋良　綦育明　康湘林
卫计局系统:旷立伟　王艳霞　李建军
曾永衡　唐　峰　邓青山
赵　斌　尹金连　陈武文
彭正国　刘卫平　旷梅芬
唐亚军　周卫国　赵德雄
唐中华　刘伟清　杨三红
食品药品工商质量监督管理局:刘　灿　赵鸿雁
安　监　局:郑　飚　唐纪云
农　业　局:彭方平　杨　俊
林　业　局:许冬根　王利平
水　利　局:颜海峰　彭　毅
农　机　局:王　琪　易湘林
畜　牧　局:崔德云
法　　　院:彭生贵　刘志强　贺炳仁
公　安　局:邹　文　尹臻臻　吴　洪
尹　波　王　琼
交警大队:刘红国　李顺国　李旭辉
司　法　局:李水平
发　改　局:柳红军　彭立军
财　政　局:曹时国　彭长利　谭源涟
文志军　彭　浩　周　锐
统　计　局:李涌文
公　路　局:汪　辉
住建局系统:符云槐　雷正忠
李伟安　吴明峰
城市管理行政执法局:王永根
环　保　局:廖国军
文体广新局系统:颜文艺　宾亚成　冯　萍
广播电视台:李震环
教　育　局:肖吉平　肖翔球

十佳人民满意公仆和十佳岗位明星(20 人)

检　察　院:刘顺祥
人　社　局:李和平
福田铺乡:李春林
白　果　镇:张富强
江　东　乡:周　伟
经济科技和信息化局:钟志明
财　政　局:曾淑红
商务和粮食局:彭智岳
史　志　办:熊仲荣
经济开发区:廖志伟
供　销　社:李文星
农业综合开发办:吴文珠
广播电视台:肖庆华
宣　传　部:陈　亮
卫计局系统:李奇韬
紫金山国有林场:郑国军

教育局系统:屈文君
公　路　局:胡湘桂
国网衡山县供电公司:管小玲
店　门　镇:廖鸾祥

【**嘉奖人员**】(597 人)

萱　洲　镇:李　力　胡　为
永　和　乡:廖建纲　魏衡南
开　云　镇:刘文柱　赵鸿伟
旷文俊　延江华
长　江　镇:陈　晖　朱　勇
福田铺乡:曹　虎　旷文清
岭　坡　乡:刘铭勋　符振华
江　东　乡:聂建华　文思齐
贯　塘　乡:杨春华　廖志兵
白　果　镇:吴立平　文树英
新　桥　镇:周彦鹏　杨凤鸣
东　湖　镇:凌铁军　汪俊君
店　门　镇:罗文和　李　科
县　委　办:谭建辉　赵志华　张继红
王　智　段闰平　刘志达
王岳冰　江　涛
人　大　办:李春菊　肖秋平　李军慧
政　协　办:吴静岳　李迎春
纪　　委:戴军前　杨　晶
朱　立　阳立德
巡　察　办:刘　峰　许恒珲
组　织　部:陈　伟　张智雄
刘明新　陈　丹
老　干　局:王正球
编　　办:朱建华
妇　　联:贺原媛
团　县　委:杨　曦
接　待　处:王丹妮
党　　校:谭泽林　柳光耀
总　工　会:李　军　欧运丰
统　战　部:唐志军　李卫辉
工　商　联:刘　丽
宣　传　部:旷莉君　彭仁贵　符新义

档　案　局:旷江莲
科　　协:肖湘华
史　志　办:彭爱涛
政府办系统:王　军　周伟明　康国彪
颜科军　金昌为　董亚平
成兆辉　黄　琪　陈轶材
胡明辉
电　政　办:戴　辉
机关事务管理局:李　斌
法　制　办:黄　阳
信　访　局:符冬成
经济开发区管委会:胡卫国　彭　炜　戴超明
城　建　投:李绍志
审　计　局:张铁桥　彭刚强
廖新军　王南方
民　政　局:曾宏峰　旷江鹏　符新华
罗金平　陈拥军　赵泽彬
国土局系统:文诗明　赵　军　李成华
谭文贵　苏　亮　陈术和
廖树雄　尹　方　刘　剑
唐　斌　周冬香　唐伟青
聂月辉　江　永　王如松
彭　焰　胡志红　郑艳芳
宋佳洪　石铁球　李应庭
刘登攀　彭　昱　阳志文
吴　波　刘　建
人社局系统:杨树泉　胡　勇　彭正宇
赵金文　廖章慧　戴　倩
康　丽　刘　屾　李仲仁
旷　星　莫艳萍　宾岳林
赵立军　谭燕舞　王　伟
吕岳民　周晋阳　文国华
颜利平　何凌波　杨美秋
李建国　周国平　赵树全
董　健　赵雨湘　郑　青
文陈坤
卫计局系统:曹晓峰　刘斌淑　李晓慧
彭永君　熊志红　李滨志
彭志强　刘志平　张国勋

刘　望　周智勇　易兰芝
陈爱军　赵文俊　黄振军
凌秀峰　胡舟玲　周炎春
李　虹　王宇正　彭香莲
侯　强　宾晓玲　彭新辉
邓湘可　赵　芳　旷　欢
汤　纯　王志文　宾　艳
旷志敏　陈慧玲　周金华
刘佳琦　聂　哲　何青翠
伍滔略　王　芬　胡咏娥
赵文婷　刘　勇　李红梅
康　湘　向　波　刘　辉
郭　霞　符　琼　黄正熙
赵玉婷　肖凝彬　何美成
欧志华　谭泽美　刘佳望
符曦辉　邓　平　邓召福
彭银花　李艳红　杨华军
谭冬云　周　亮　谷正平
李　珂　龙占良　康桂平
李　鄂　李一鹏　杨利平
汤恒钰　张　涛　陈凌云
赵韩鑫　廖雄华　喻丽君
周湘南　刘震邦　邱　嫔
王桂芬　陈建文　邓湘科
彭雪峰　李铁军　王志军
沈　丹　颜卫新　许立社
刘　兵　曹鹏辉　杨文辉
罗宏伟　董立军　颜晓剑
尹宁乡　简焕军　庚春初
戴健明　张合平　杨志青
周国荣　周顺德　彭晓辉
聂永辉　周海英　刘　儒
杨忠雄　罗科峰　邓雪娇
赵仲彪　符军云　周平安
旷运和　杨　丽　肖　辉
张喜珍　赵艳君　李祚奇
罗永琪　罗英俊

食品药品工商质量监督管理局系统：
周建卫　周宋清　凌　杰
阳红洁　王　智　周志勇
伍线军　曾文正　胡文军
周海波　刘智辉　杨丽红
周向军

矿　管　办：谭湘衡

残　　联：刘　霞

安　监　局：彭　皓　曹湘林　曹　涛
王　辉　陈洪岳　向惠安

农业局系统：赵重阳　杨友坤　郭永清
周敏良　陈秋华　阳文帅
陈　锋　旷姣珺　陈龙江
蒋　虹　唐学理　彭艳红
龙理标　成吉洋　陈国辉
雷正林　张继红　廖玲芳

扶　贫　办：李　勇

林业局系统：张文军　曾庆辉　尹志军
李劲锋　邓世德　刘吉展
汤　彪　谭文学　杨振华
眭富庭　曾艳梅　唐　萍
李应良　旷义祥　李洪畴
李　辉　王玉启　李元生
田文锋

紫金山国有林场：黄伟云　蒋淑元　彭友国

水利局系统：旷学礼　谷建香　董文佳
刘卫军　王文平　杨　智
聂玉娇　眭小阳　彭建彬
周艳平　赵　力　罗国庆
汪庆衡　陈拥军　陈友良
黄晓亮　刘灿平　彭德伟
唐志伟　张平平　武中军
赵根林　康雪峰　谭张平
袁建平　周国武　李国清
彭　栋　谢定红　吴　丽
曹　楠　罗方圆

农　机　局：张仁伟　陈水泉　刘吉玉
杨发传　刘　君　王延丰
沈正辉　刘双美　陈朝晖
颜映宇

农村经营服务中心：赵伟成　葛光伟　廖伟平

胡杨智　周　平
畜　牧　局:彭莉华　旷志斌　罗兆祥
李灿志　李来水　简洪焰
文吉祥　梁中林　周红卫
刘少华　陈立华
能　源　局:康天成
移　民　局:王志强　周岳林
农　科　所:谭美琴　彭智丰
农　开　办:金志明　郑志勇
政　法　委:吴湘玲　李　茜
检　察　院:旷　巍　李　巍　王云辉
曹文斌　刘昌和　赵向前
刘运成
法　　　院:廖朝晖　余金平　刘伏林
刘南斌　彭琳旭　段　魏
高亚香　彭向阳
公　安　局:汪曙光　赵也耀　罗卫平
李卫华　刘长春　廖哲明
肖应中　曾海湘　刘银武
王吉煌　胡赛兰　唐　榆
龙绵煌　阳小平　刘铁庚
吴　仲　成　明　刘泽新
谢　峰　阳　韧　郑元忠
龙强国　赵正清　肖　星
陈昌平　赵雪军　朱福泉
王复通　罗　赛　谭皓文
彭波超　古武军　李湘平
交 警 大 队:陈炬辉　周　亚　洪善奇
罗正中　王　华　袁素珍
司　法　局:赵爱平　李文波　刘岳军
发　改　局:刘贻佩　张　惠　朱曦孜
谢荣祥　罗　娴
统　计　局:李媛莉　李　赛
商务和粮食局:刘岳林　旷水源　旷建成
许岳秋　谢敦亮　李　群
李　平
财　政　局:汪　鹏　吴志斌　谭彩霞
陈　文　赵赞红　彭兰秀
刘斌剑　黄响宝　苏艳红
周德军　宾秋林　余　敏
李　珂　吴　川　李　建
尹俊福　郑　华　康　慧
易月娟　刘新水　胡伏初
供　销　社:龙燕鹏　王　娟
经济科技和信息化局:赵江南　李金星
彭偲伟　宾飕绵
交通运输和旅游局系统:王　倩　赵　军
刘灵甫　屈平军
王智敏　肖卫平
朱　琳　成　军
王　伟　王岳新
陈征军
公　路　局:刘小凡　彭兴东　李德美
阳聚辉　廖建华　眭凯瑞
彭　峰　李　晋　何湘杰
彭锦荣　刘　彬　赵建林
住建局系统:莫艳莉　刘　咏　董晶晶
唐友红　刘立辉　刘武文
武　智　彭爱民　周　斌
陈家生　李永谷　左亮乐
陈　新　唐林徕　郭　斌
祝　欣　康灿辉　唐旭芳
徐新坪　曹建华　符志军
规　划　局:陈越妆
人　防　办:刘　敏
城市管理行政执法局:旷鸣芳　王俊林
曹　涛　陈秋云
刘　焕　廖焕恒
阳　斌　赵　俏
环　保　局:汪义芳　胡　岚　周　剑
唐小平　宾水林
文体广新局系统:李玉祥　康社军　符　慧
唐向东　颜为祥　马炳球
文小玲　刘立辉　丁文辉
柳　平　彭香平　刘　智
广播电视台:郭建红　赵岳钟　杨　平
阳　纯　郭宇祥　刘　彧
朱　彦　张敏峰　董伏兰

唐亚蓉
教　育　局：陈建怀　李志洲　谭建军
肖辉宝　刘　娟　邓　湘
唐可为　赵益文　张新年
谭莉珍
政务中心：涂岳平　杨　鹏
周岳红　朱旭东

金　融　办：李　雁
萱洲湿地公园：刘洪光
开云新区管委会：唐洪强
国资中心：旷宁辉
禁　毒　办：聂　天
市场服务中心：旷章霖　吴立程

人　　物

2017年中共衡山县委书记、副书记、常委简介

尹培国

尹培国，衡阳市人，1972年7月出生。大学学历，1991年8月参加工作，1995年6月加入中国共产党。1991年8月至1995年12月，任衡阳市郊区茶山坳镇办事员、团委书记、计生办主任、党政办主任。1995年12月至1996年4月，任茶山坳镇副镇长。1996年4月至1999年1月，任衡阳市郊区组织部副科级组织员、干部组组长。1999年1月至2000年8月，任郊区组织部正科级组织员、干部组组长。2000年8月至2001年6月，任衡阳市郊区松木乡党委书记。2001年6月至2002年11月，任衡阳市石鼓区松木乡党委书记。2002年11月至2003年1月，任石鼓区人民政府助理调研员、松木乡党委书记。2003年1月至2006年3月，任石鼓区人民政府副调研员。2006年3月至2011年7月，任衡阳市石鼓区委常委、政法委书记。2011年7月至2013年6月，任石鼓区委常委、区政府常务副区长。2013年6月至2014年5月，任衡阳市人民政府副秘书长，市人民政府办公室党组成员，市信访局（市委群众工作部）局长（部长）、党组书记。2014年5月至2014年12月，任湘阴县委副书记、湘阴县人民政府代县长。2014年12月至2016年8月，任湘阴县委副书记、县人民政府县长。2016年8月，调任中共衡山县委书记。

蒋　青

蒋　青，衡阳县人，1969年7月出生。1998年6月加入中国共产党，在职研究生学历。1983年9月至1986年7月，湖南三师中师专业大专班学生。1986年7月至1991年4月，任教湖南三师附小。其中，1986年7月至1991年6月，为湘潭大学法律专业自考本科班学员，获法学学士学位。1991年4月至1996年4月，任衡阳市第三律师事务所律师。1996年4月至1997年4月，任衡阳市司法局教育科科员，副科长。1997年4月至1999年3月，任衡阳市司法干校副校长。1999年3月至2002年4月，任衡阳市司法干校校长、党支部书记。2002年4月至2003年3月，任衡阳市司法局基层司法科科长。2003年3月至2005年8月，任衡阳市人大常委会内司委综合科科长。2005年8月至2008年12月，任衡阳市人大常委会内司委副主任。其中，2005年9月至2008年7月，为中共湖南省委党校法学理论专业在职研究生班学员。2008年12月至2013年7月，任衡阳市中级人民法院副院长、党组成员。2013年7月至2016年8月，任中共衡山县委副书记。2016年8月，任中共衡山县委副书记、县人民政府副县长、代理县长。2016年11月，任中共衡山县委副书记、县人民政府县长。

段晓赛

段晓赛，耒阳市人，1975年12月出生。1998年5月加入中国共产党，1998年8月参加工作。在职研究生学历，公共管理硕士学位。1998年8月至1999年8月，任衡阳市公安局刑侦支队见习民警。1999年8月至2005年7月，任衡阳市公安局刑侦支队科员。2005年7月至2007年7月，任衡阳市公安局监所管理支队副支队长。2007年7月至2009年2月，任衡阳市公安局治安拘留与收容教育所所长。2009年2月至2010年12月，任衡阳市人事局党组成员、副局长（公开选拔）。2010年12月至2014年3月，任衡阳市人力资源和社会保障局党组成员、副局长。2014年3月至2014年4月，任中共耒阳市委常委、市政府常务副市长候选人。2014年4月至2016年8月，任中共耒阳市委常委、市人民政府常务副市长。2016年8月，任中共衡山县委副书记。

任中元

任中元，女，衡山县新桥镇人，1974年3月出生。1994年12月加入中国共产党，1995年7月参加工作。本科学历，法学硕士。1995年7月至1997年1月，任衡山县开云实验中学教师。1997年1月至1998年4月，挂职贯塘乡乡长助理。1998年4月至1999年2月，任沙泉乡乡长助理。1999年2月至2001年2月，任沙泉乡党委委员。2001年2月至2001年9月，任沙泉乡党委副书记、政协联络工委主任。2001年9月至2003年1月，任马迹镇党委副书记、镇长。2003年1月至2011年5月，任中共衡山县委老干部工作局局长、县委组织部副部长（兼）。2011年5月至2011年6月，任中共衡山县委组织部副部长。2011年6月，任中共衡山县委常委、宣传部部长。

旷志军

旷志军，衡山县店门镇人，1969年2月出生，1987年6月参加工作。1987年6月至1990年9月，先后任衡山县氮肥厂、县人大办公室干事。1990年9月至1992年7月，为衡阳市职工大学学员。1992年7月至1996年3月，分别任县人大、县奔小康领导小组、县人大办公室、县人大农业工作委员会干事，1996年10月被录用为国家干部。1996年3月至1998年4月，任县人大办公室综合干事。1998年4月至2001年2月，任县人大办公室副主任、城防建设指挥部办公室副主任。2001年2月至2003年1月，任县移民管理局党组成员、副局长。2003年1月至2005年3月，任马迹镇党委副书记、镇长。2005年3月至2006年3月，任江东乡党委书记。2006年3月至2008年1月，任马迹镇党委书记。2008年1月至2008年2月，任衡山县人民政府党组成员、县政府办公室党组书记。2008年2月至2011年7月，任县人民政府党组成员、县政府办公室党组书记、县政务中心主任（兼）。2011年7月至2013年7月，任县人民政府党组成员、副县长。2013年7月至2016年9月，任中共衡山县委常委、县委办公室主任。2016年9月，任中共衡山县委常委、政法委书记。

陈平阳

陈平阳，祁东县人，1968年12月出生。1991年7月参加工作，1996年7月加入中国共产党。1991年7月至1997年9月，任衡阳市五中教师。1997年9月至1998年9月，任市五中总务处副主任。1998年9月至2002年10月，任市五中办公室副主任（其中2000年3月至2001年12月，在衡阳市纪委党风廉政建设室帮助工作）。2002年10月至

2007年10月,在衡阳市纪委党风廉政建设室工作。2007年10月至2011年1月,任衡阳市纪委党风廉政建设室副主任。2011年1月至2012年11月,任衡阳市纪委调研法规室副主任(主持工作)。2012年11月至2014年3月,任衡阳市纪委调研法规室主任。2014年3月至2016年8月,任中共衡阳市石鼓区委常委、纪委书记。2016年8月至2018年1月,任中共衡山县委常委、纪委书记。2018年1月,任中共衡山县委常委、纪委书记、县监察委员会主任。

谢石中

谢石中,桂阳县人,1971年10月出生。1995年4月加入中国共产党,同年6月参加工作,本科学历。1995年6月至1996年10月,在郴州市玛瑙山矿工作。1996年10月至1998年3月,任临武县麦市乡干部。1998年3月至1998年10月,任麦市乡乡长助理。1998年10月至1999年10月,任临武县花塘乡副乡长。1999年10月至2001年5月,任临武县地矿局党组成员、副局长。2001年5月至2002年1月,任临武县煤炭工业局党组书记、副局长。2002年1月至2003年8月,任临武县煤炭工业局党组书记。2003年8月至2004年6月,任临武县安监局党组书记、局长。2004年6月至2009年2月,任临武县安监局党组副书记、局长(其中,2008年12月获中南大学资源与安全工程学院矿业工程专业工程硕士学位;2008年10月至2009年2月,挂任郴州市经委经济运行科副科长)。2009年2月至2015年4月,任衡阳市安监局党组成员、副局长(公开选拔)。2015年4月至2016年8月,任衡阳市安监局(市煤炭管理局)党委委员、副局长。2016年8月,任中共衡山县委常委、县委统战部部长、县政协党组副书记。

唐年初

唐年初,衡阳县人,1970年12月出生。1988年7月参加工作,1997年9月加入中国共产党,大学本科学历。1988年7月至1991年7月,任衡阳县盐田乡中心小学教师、副校长。1991年7月至1993年7月,任衡阳县渣江中学教师、团总支书记。1993年7月至1995年7月,任衡阳县秋塘中学校长。1995年7月至1996年11月,任衡阳县西渡中学副校长。1996年11月至1998年8月,任中共衡阳县委办公室干部。1998年8月至2002年6月,任衡阳县委办综合组组长。2002年6月至2007年6月,任衡阳县委办纪检组长。2007年6月至2010年12月,任衡阳县委办副主任、机要局局长。2010年12月至2013年8月,任中共衡阳市委政法委办公室主任。2013年8月至2016年8月,任衡阳市政法委政治部主任。2016年8月,任中共衡山县委常委、组织部部长。

张桂南

张桂南,冷水江市人,1974年10月出生。1991年12月参加工作,1996年7月加入中国共产党。1991年12月至1996年7月,任中国人民解放军第41集团军高炮旅战士。1996年7月至2001年8月,任41集团军高炮旅排长、副连长。2001年8月至2006年9月,任41集团军防空旅后勤部助理员。2006年9月至2010年7月,任41集团军防空旅后勤部财务科长。2010年7月至2013年6月,任41集团军防空旅后勤部部长。2013年6月至2014年1月,任41集团军防空旅保障部部长。2014年1月至2015年2月,任41集团军防空旅副旅长。2015年2月至2016年8月,任衡山县人武部部长。2016年8月,任中共衡山县委常委、县人武部部长。

廖文伟

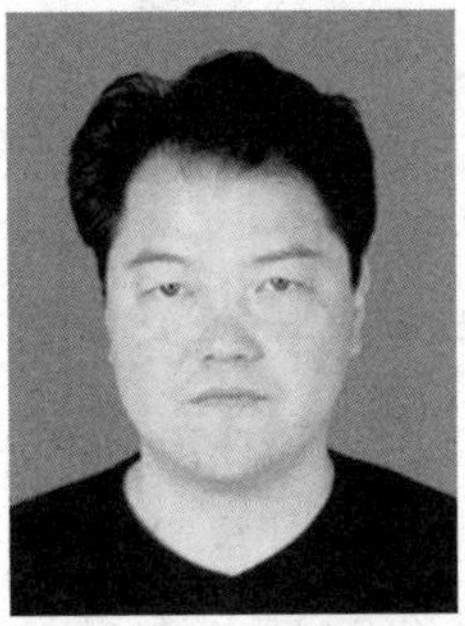

廖文伟，衡山县东湖镇人，1968年11月出生。1988年7月参加工作，1993年6月加入中国共产党，在职研究生学历。1988年7月至1990年8月，任衡山县岳云中学教师。1990年8月至1995年5月，工作于衡山县沙头乡政府。1995年5月至1997年1月，任永和乡党委委员、武装部部长。1997年1月至1998年4月，任贺家乡副乡长。1998年4月至2001年2月，任贺家乡党委副书记、人大主席。2001年2月至2003年1月，任江东乡党委书记。2003年1月至2007年5月，任店门镇党委书记。2007年5月至2008年1月，任衡山县副县级干部、店门镇党委书记。2008年1月至2013年8月，任衡山县人民政府党组成员、副县级干部。2013年8月至2016年8月，任县人民政府党组成员、副县长。2016年8月，任中共衡山县委常委、县人民政府常务副县长。

肖秋良

肖秋良，衡山县开云镇人，1969年7月出生。1989年11月参加工作，1992年8月加入中国共产党，大学本科学历。1989年11月至1993年8月，任衡山县长江镇政府计划生育专干。1993年8月至1995年5月，任白果镇计生办主任。1995年5月至1997年1月，任萱洲镇副镇长。1997年1月至1997年12月，任萱洲镇党委副书记。1997年12月至2001年2月，任县计生委党组成员、副主任。2001年2月至2002年4月，任县计生委党组副书记、副主任。2002年4月至2003年4月，任县计划生育局党组副书记、副局长。2003年4月至2008年1月，任永和乡党委书记。2008年1月至2012年4月，任县环保局党组书记、局长。2012年4月至2013年10月，任衡山县人民政府党组成员，县政府办公室党组书记、主任，县政务中心主任(兼)。2013年10月至2014年4月，任县人民政府党组成员，县政府办党组书记、主任。2014年4月至2016年8月，任县人民政府党组成员、县人民政府副县长。2016年8月至2016年9月，任中共衡山县委常委、县人民政府副县长。2016年9月至2016年11月，任中共衡山县委常委、县委办公室主任、县人民政府副县长、县全面深化改革领导小组办公室主任(兼)。2016年11月，任中共衡山县委常委、县委办公室主任、县全面深化改革领导小组办公室主任(兼)。

欧旭理

欧旭理，宁乡市人，1975年2月出生。1995年7月加入中国共产党，1999年6月参加工作，博士研究生学历。1999年6月至2000年4月，任中南工业大学学生工作部成教自考辅导员。2000年4月至2004年12月，任中南大学学生工作部勤工助学指导中心干事、助理研究员。2004年12月至2006年11月，任中南大学学生工作处勤工助学指导中心副科级干事。2006年11月至2008年6月，任中南大学学生工作处学生管理科副科长(主持工作)。2008年6月至2010年9月，任中南大学学生工作处学生管理科科长。2010年9月至2012年12月，任中南大学党委学生工作部副部长、学生工作处副处长。2012年12月至2014年5月，任中南大学离退休工作处副处长。2014年5月至2017年7月，任中南大学离退休处处长。2017年7月至2017年8月，任中共衡山县委常委、县人民政府副县长候选人(挂职)。2017年8月至2017年9月，任中共衡山县委常委、县人民政府党组成员、县人民政府副县长候选人。2017年9月，任中共衡山县委常委、县人民政府党组成员、县人民政府副县长(挂职两年)。

2017年衡山县人大常委会主任、副主任简介

阳建中

阳建中,衡山县开云镇人,1963年3月出生。1984年7月参加工作,1993年6月加入中国共产党,大学本科学历。1984年7月至1985年9月,任衡山县人民检察院书记员、团支部书记。1985年9月至1988年8月,任县检察院助理检察员。1988年8月至1990年10月,任县律师事务所专职律师。1990年10月至1993年2月,任县人民政府法制办副主任兼政府社会矛盾调处组组长。1993年2月至1996年5月,任县人民政府法制办副主任。1996年5月至1998年4月,任法制办主任。1998年4月至2002年3月,任县人民政府办公室副主任、党组成员兼法制办主任。2002年3月至2006年8月,任县人民政府党组成员、政府办主任、党组书记。2006年8月至2007年11月,任县人民政府党组成员、政府办主任、党组书记、县政务中心主任(兼)。2007年11月至2008年1月,任衡山县人民政府副县长、党组成员、政府办主任、党组书记、政务中心主任(兼)。2008年1月至2014年8月,任县人民政府副县长、党组成员。2014年8月至2016年8月,任中共衡山县委常委、县人民政府副县长、党组成员。2016年8月至2016年11月,任县人民政府副县长、党组成员。2016年11月,任衡山县第十三届人大常委会主任。

赵申广

赵申广,衡山县白果镇人,1963年7月出生。1980年11月参加工作,1985年6月加入中国共产党,本科学历。1980年11月至1982年7月,为衡山县石膏矿职工。1982年7月至1985年7月,任江东乡团委书记。1985年7月至1987年12月,任江东乡武装部副部长。1987年12月至1992年9月,任贯塘乡党委委员、武装部部长。1992年9月至1994年1月,任岭坡乡党委副书记。1994年1月至1995年5月,任岭坡乡党委副书记、乡长。1995年5月至1997年1月,任岭坡乡党委书记。1997年1月至2001年2月,任江东乡党委书记。2001年2月至2001年4月,任县农办副主任、县农业开发办主任、党组书记。2001年4月至2005年3月,任县农办党组成员、副主任、县农业开发办主任、党组书记。2005年3月至2011年5月,任县人口和计划生育局局长、党组副书记。2011年5月至2012年11月,任县人口和计划生育局局长、党组书记。2012年11月至2013年10月,任县人大常委会副主任、县人口和计划生育局局长、党组书记。2013年10月,任县人大常委会副主任。

赵晓阳

赵晓阳,衡山县白果镇人,1968年5月出生。1989年10月参加工作,大专学历。1989年10月至1996年1月,任衡山县科技服务部干部。1996年1月至1998年4月,任县人民政府办公室干事。1998年4月至2001年4月,任县政府办综合科科长。2001年4月至2004年3月,任县政府办副主任。2004年3月至2005年3月,任县政府办副主任、正科级督办员。2005年3月至2007年11月,任

县政府办副主任、正科级督办员、法制办公室主任（兼）。2007年11月至2008年1月，任县人大常委会副主任（兼）、县政府办副主任。2008年1月至2015年2月，任县人大常委会副主任（兼）、县总工会主席。2015年2月，任县人大常委会副主任。

唐文育

唐文育，衡山县新桥镇人，1962年2月出生。1980年9月至1982年7月，为湖南第三师范学校中师专业学生。1982年7月至1984年7月，任衡山县宋桥学区教学辅导员。1984年8月至1989年8月，任望峰学区主任。1989年8月至1992年8月，任福田铺学区主任。1992年8月至1994年4月，任中共衡山县委组织部干事。1994年4月至1996年1月，任县委组织部副科级干事。1996年1月至1998年4月，任县委组织部副科级组织员、办公室主任。1998年4月至2002年3月，任县政法委副书记兼纪检组组长。2002年3月至2005年10月，任县司法局党组书记、局长。2005年10月至2012年11月，任县卫生局局长、党组副书记。2012年11月至2013年10月，任县人大常委会副主任、县卫生局局长、党委副书记。2013年10月，任县人大常委会副主任。

戴立华

戴立华，女，衡山县白果镇人，1968年10月出生。1993年4月加入中国共产党，同年10月参加工作，大学本科学历。1990年9月至1993年6月，为湖南中医学院五官科系学生。1993年10月至1994年4月，任衡山县人民医院医生。1994年5月至1995年4月，任衡山县新场市乡政府秘书。1995年5月至1995年10月，任师古乡党委委员。1995年11月至1996年12月，任沙泉乡党委委员。1997年1月至2001年9月，任师古乡党委委员。2001年9月至2003年1月，任 店门镇党委副书记。2003年1月至2005年3月，任岭坡乡党委副书记、乡长。2005年3月至2011年5月，任岭坡乡党委书记。2011年5月至2012年3月，任中共衡山县委老干部局局长。2012年3月至2012年11月，任中共衡山县委组织部副部长（兼）、县委老干局局长。2012年11月至2013年10月，任县人大常委会副主任、县委组织部副部长（兼）、县委老干局局长。2013年10月，任县人大常委会副主任。

聂水平

聂水平，衡山县萱洲镇人，1967年11月出生。1989年7月参加工作，1992年10月加入中国共产党。1985年9月至1989年6月，为湘潭大学历史系历史专业学生。1989年7月至1990年9月，任衡山县贺家乡秘书。1990年9月至1996年1月，任县计划委员会干事、办公室主任。1996年1月至1996年4月，任县统计局副局长、党组成员。1996年4月至1998年4月，任县统计局副局长、党组成员、岭坡乡党委副书记（挂职）。1998年4月至2001年3月，任 岭坡乡党委副书记、乡长。2001年3月至2003年1月，任 岭坡乡党委书记。2003年1月至2006年9月，任长江镇党委书记。2006年9月至2013年10月，任衡山县发展和改革局局长、党组书记。2013年10月至2015年9月，任县卫生局局长、党委书记。2015年9月至2015年11月，任县卫生局局长、党委书记、县人大常委会党组成员、副主任候选人。2015年11月至2016年3月，任县人大常委会党组成员、副主任候选人。2016年3月，任县人大常委会副主任、党组成员。

2017年衡山县人民政府县长、副县长简介

蒋　青

(见县委副书记简介)

廖文伟

(见县委常委简介)

欧旭理

(见县委常委简介)

肖文斌

肖文斌,衡南县人,1975年1月出生。1997年9月参加工作,2001年11月加入中国共产党,本科学历。1997年9月至1999年6月,任衡阳市公安局江东分局刑侦大队科员。1999年6月至2001年6月,任市公安局珠晖分局刑侦大队扫黑中队中队长。2001年6月至2002年4月,任珠晖分局荷花坪综治办主任。2002年4月至2005年9月,任珠晖分局党委委员、政工室主任 。2005年9月至2010年3月,任珠晖分局党委委员、政工室主任、主任科员 。2010年3月至2012年11月,任衡阳市公安局副处级干部、南岳公安分局政委。2012年11月至2016年8月,任南岳区人民政府副区长、区公安分局党委书记、局长。2016年8月至2016年11月,任衡山县人民政府党组成员、县公安局党委书记、局长、督察长。2016年11月,任衡山县人民政府副县长、县公安局党委书记、局长、督察长。

雷继红

雷继红,女,祁东县人,1975年9月出生。1996年8月参加工作,2003年11月加入中国共产党,本科学历。1996年8月至2002年9月,任衡阳县三中教师。2002年9月,经公开选拔为衡阳市雁峰区委组织部办公室主任。至2003年11月,先后任雁峰区委组织部办公室主任、副科级组织员。2003年12月至2004年7月,任衡阳市妇联组织部副主任科员。2004年7月至2006年9月,任市妇联办公室副主任(主持全面工作)。2006年9月至2012年11月,任市妇联办公室主任。2012年11月至2016年8月,任市妇联党组成员、纪检组组长。2016年8月至2016年11月,任衡山县人民政府党组成员。2016年11月,任衡山县人民政府副县长。

刘　伟

刘伟,衡山县开云镇人,1967年2月出生。1990年8月参加工作,1996年1月加入中国共产党,本科学历。1990年8月至1994年12月,任衡山县教育委员会干事。1994年12月至1996年2月,任衡山报社记者。1996年2月至1996年4月,任县委宣传部办公室主任。1996年4月至1998年4月,任县委宣传部办公室主任、文明办主任。1998年4月至2001年2月,任望峰乡党委副书记、乡长。2001年2月至2001年9月,任马迹镇党委副书记、镇长候选人。2001年9月至2005年3月,任东湖镇党委书记。2005年3月至2005年10月,任衡山县人大常

委会农村经济城环工委主任。2005 年 10 月至 2011 年 5 月，任县司法局党组书记、局长。2011 年 5 月至 2013 年 10 月，任衡山县人民政府党组成员，县纪委副书记、监察局局长。2013 年 10 月至 2014 年 3 月，任县委组织部副部长（兼），县人力资源和社会保障局党组副书记、局长。2014 年 3 月至 2016 年 11 月，任县委组织部副部长（兼），县人力资源和社会保障局党组书记、局长。2016 年 11 月至 2017 年 1 月，任衡山县人民政府副县长，县委组织部副部长（兼），县人力资源和社会保障局党组书记、局长。2017 年 1 月，任衡山县人民政府副县长。

黄润葵

黄润葵，衡山县长江镇人，1972 年 6 月出生。1992 年 8 月参加工作，1996 年 6 月加入中国共产党，本科学历。1992 年 8 月至 1995 年 7 月，任衡山县宋桥乡团委书记。1995 年 7 月至 1998 年 4 月，任白果镇政府秘书。1998 年 4 月至 2001 年 2 月，任白果镇组织委员。2001 年 2 月至 2001 年 11 月，任白果镇党委副书记、政协联络工委主任。2001 年 11 月至 2003 年 1 月，任白果镇党委副书记、政协联络工委主任、人大主席（兼）。2003 年 1 月至 2006 年 8 月，任白果镇党委副书记、镇长。2006 年 8 月至 2011 年 5 月，任福田铺乡党委书记。2011 年 5 月至 2015 年 10 月，任县人民政府办公室副主任（兼），县农办（县委农村工作部）党组书记、主任。2015 年 10 月至 2016 年 11 月，任县农业局党委书记、局长。2016 年 11 月至 2017 年 1 月，任衡山县人民政府副县长，县农业局党委书记、局长。2017 年 1 月，任县人民政府副县长。

陈　琛

陈琛，祁东县人，1966 年 8 月出生。1989 年 9 月参加工作，1994 年 6 月加入中国共产党，本科学历。1989 年 9 月至 1991 年 11 月，任祁东县石门中学教师。1991 年 11 月至 1994 年 11 月，任衡山县师古乡秘书。1994 年 11 月至 1996 年 1 月，任中共衡山县委办公室干事。1996 年 1 月至 1998 年 4 月，任县委政策研究室副主任。1998 年 4 月至 2001 年 11 月，任县委办公室副主任、政研室主任（兼）。2001 年 11 月至 2003 年 2 月，任县委办公室副主任、政研室主任（兼）（正科级）。2003 年 2 月至 2004 年 8 月，任县委组织部副部长、纪检组组长（兼）。2004 年 8 月至 2005 年 3 月，任福田铺乡党委书记、县委组织部副部长、纪检组组长（兼）。2005 年 3 月至 2011 年 5 月，任县委组织部副部长。2011 年 5 月至 2013 年 10 月，任县委组织部常务副部长。2013 年 10 月至 2016 年 8 月，任衡山县人民政府党组成员、县纪委常务副书记、县监察局局长。2016 年 8 月至 2016 年 11 月，任县人民政府党组成员、县监察局局长。2016 年 11 月至 2017 年 1 月，任衡山县人民政府副县长、县监察局局长。2017 年 1 月，任县人民政府副县长。

符文彬

符文彬，衡山县白果镇人，1975 年 10 月出生。1993 年 7 月参加工作，1998 年 12 月加入中国共产党，在职研究生学历。1993 年 7 月至 1995 年 7 月，任衡山县贯底中学教师。1995 年 7 月至 1997 年 4 月，任长青中学教师。1997 年 4 月至 2001 年 4 月，任衡山县团委干事。2001 年 4 月至 2002 年 1 月，任县团委副书记（主持全面工作）。2002 年 1 月至 2004 年 3 月，任县团委书记。2004 年 3 月至 2005 年 3 月，任福田铺乡党委副书记、乡长。2005 年 3 月至 2006 年 8 月，任福田铺乡党委书记。2006 年 8 月至 2012 年 4 月，任长江镇党委书记。2012 年 4 月至 2013 年 10 月，任县环保局党组书记、局长。2013 年 10 月至 2016 年 11 月，任县发展和改革局党组书记、局长。2016 年 11 月至 2017 年 1 月，任衡山县人

民政府副县长、县发展和改革局党组书记、局长。2017年1月,任衡山县人民政府副县长。

谢文俊

谢文俊,冷水江市人,1987年3月出生。2008年1月加入中国共产党,2012年4月参加工作,硕士研究生学历。2016年12月至2017年1月,任衡山县人民政府副县长候选人(挂职两年)。2017年1月,任衡山县人民政府党组成员、副县长(挂职两年)。

肖志喜

肖志喜,耒阳市人,1978年2月出生。1995年12月参加工作,2001年1月加入中国共产党。1995年12月至1998年3月,任陆军第47集团军后勤部卫训队战士。1998年3月至1999年8月,任武警第126师教导队一中队班长。1999年8月至2002年6月,任天津武警医学院医学十队学员。2002年6月至2008年2月,任武警第126师373团卫生队专业技术14级干部、专技13级干部(其中,2003年9月至2006年7月,在解放军西安政治学院法律专业自考本科毕业)。2008年2月至2008年11月,任衡阳市政协办公室政秘科科员。2008年11月至2009年8月,任市政协办公室政秘科副主任科员。2009年8月至2009年12月,任市政协办公室老干科副科长。2009年12月至2012年8月,任市政协办公室老干科科长。2012年8月至2013年10月,任市政协办公室政秘科科长。2013年10月至2014年4月,任市政协办公室副调研员兼政秘科科长。2014年4月至2016年1月,任市政协办公室副调研员(其中,2011年9月至2014年12月,为南华大学工商管理专业在职研究生班学员并获工商管理硕士学位)。2016年1月至2016年10月,任市政协教科文卫体委员会副主任。2016年10月至2017年6月,任市政协人口资源环境委员会副主任。2017年6月至2017年7月,任衡山县人民政府副县长候选人(挂职)。2017年7月,任衡山县人民政府党组成员、副县长(挂职两年)。

2017年政协衡山县委员会主席、副主席简介

盛小平

盛小平,衡阳县人。1963年9月出生。1984年7月,衡阳医学院医疗专业毕业,任衡山县专用汽车制造厂医生。1991年5月至1993年6月,任中共衡山县委组织部干事。1993年6月至1996年1月,任衡山县委党代表联络办主任。1996年1月至2001年3月,任师古乡党委书记。其中,1998年7月至2000年7月,为湖南农大经济贸易专业硕士研究生班学员。2001年3月至2003年1月,任县委组织部副部长。2003年1月至2003年7月,任县委宣传部部长。2003年7月至2008年9月,任县委常委、宣传部部长。2008年9月至2012年6月,任县委常委、纪委书记。2011年6月至2012年9月,任县政协正县级干部。2012年7月至2013年2月,任正县级干部、县政协党组副书记。2012年11月,任政协衡山县第九届委员会主席。2013年2月,任县政协主席、党组书记。2016年11月,任政协衡山县第十届委员会主席、党组书记。

罗佳贤

罗佳贤，衡山县永和乡人，1963年6月出生。1984年7月参加工作，1987年5月加入中国共产党，本科学历。1981年9月至1984年7月，就读衡阳师专政教专业。1984年7月至1985年8月，任衡山县委宣传部理论干事。1985年8月至1987年7月，为湖南省委党校行政管理专业学员。1987年7月至1988年2月，任衡山县委党校理论教员。1988年2月至1989年4月，任县委办公室干事。1989年4月至1996年1月，任县委办副科级纪检员、县委政研室副主任（其中，1992年4月至1996年1月，任衡山湘江大桥建设指挥部副指挥长）。1996年1月至2001年2月，任县委办副主任（正科级）。2001年2月至2001年11月，任县计生委党组书记。2001年11月至2002年3月，任县计生委主任、党组书记。2002年3月至2004年8月，脱产学习于清华大学。2004年8月至2005年3月，任县政法委副书记。2005年3月至2006年3月，任县粮食局局长、党委副书记。2006年3月至2011年5月，任县商务局局长、党组副书记。2011年5月至2012年11月，任县商务局局长、党组副书记、衡山经济开发区党工委副书记（兼）。2012年11月至2016年11月，任政协衡山县第九届委员会副主席。2016年11月，任政协衡山县第十届委员会副主席。

文铁良

文铁良，衡东县人，1962年2月出生。1983年8月参加工作，本科学历。1980年9月至1983年7月，为衡阳师专史地专业学生。1983年7月至1990年8月，任衡山县岳云中学教师。1990年8月至1996年2月，任县教研室史地教研员。1996年2月至1996年7月，任县教研室副主任。1996年8月至2002年12月，任县教育局副局长（其中，1997年12月至2002年12月，任县第九届人大常委会委员）。2002年12月至2012年11月，任政协衡山县第七、八届委员会副主席（兼）、县教育局副局长（其中，2008年1月至2013年1月，为政协湖南省第十届委员会委员）。2012年11月至2016年11月，任政协衡山县第九届委员会副主席（兼）、县教育局副局长（其中，2013年1月为政协湖南省第十一届委员会委员）。2016年11月，任政协衡山县第十届委员会副主席（兼）、县教育局副局长。

胡文星

胡文星，女，衡山县东湖镇人，1968年6月出生。1986年7月参加工作。1983年9月至1986年7月，为衡阳市卫生学校护士专业学生。1986年7月至2002年1月，任衡山县人民医院护士、主管护士、护士长（其中，1993年7月至1997年6月，为湖南中医学院自考专科中医医疗专业学员）。2002年1月至2003年2月，任衡山县卫生局副局长、福田铺乡乡长助理（挂职）。2003年2月至2004年3月，任县妇联副主席。2004年3月至2006年10月，任县妇联主席（其中，2000年4月至2004年6月，为湖南中医学院自考本科中医医疗专业学员）。2006年10月至2007年11月，任县工商联会长。2007年11月至2011年10月，任县政协副主席（兼）、县工商联会长（其中，2005年9月至2008年7月，为湖南省委党校在职研究生法学理论专业学员；2008年10月至2011年1月，为中国政法大学在职博士研究生经济法学专业学员）。2011年10月至2012年11月，任县政协副主席（兼）、县工商联主席。2012年11月至2016年11月，任县政协第九届委员会副主席（兼）、县工商联主席。2016年11月，任县政协第十届委员会副主席（兼）、县工商联主席。

周湘宁

周湘宁，女，湘潭县人，1973年5月出生。1991

年7月参加工作。1988年9月至1991年7月,就读于湖南省劳动人事学校劳动经济管理专业。1991年7月至1994年8月,任衡山县劳动局干事(其中,1991年8月至1994年6月,为湘潭大学自考专科行政管理专业学员)。1994年8月至1998年4月,任县劳动局就业股副股长。1998年4月至2001年4月,任共青团衡山县委副书记(其中,1996年8月至1998年12月,为中央党校函授本科政法专业学员)。2001年4月至2008年1月,任县劳动局副局长。2008年1月至2012年11月,任县妇联主席。2012年11月至2013年10月,任政协衡山县第九届委员会副主席(兼)、县妇联主席。2013年10月至2015年11月,任县政协第九届委员会副主席(兼)、县体育局局长。2015年11月至2016年11月,任县政协第九届委员会副主席(兼)、县文体广电新闻出版局局长。2016年11月,任政协衡山县第十届委员会副主席(兼)、县文体广电新闻出版局局长。

周冬初

周冬初,衡山县贯塘乡人,1963年9月出生。1979年10月参加工作,1985年8月加入中国共产党。1979年10月至1984年9月,任衡山县贯塘学区教师。1984年9月至1986年1月,任贯底乡团委书记。1986年1月至1992年12月,任贯底乡副乡长。1992年12月至1993年2月,任贯底乡乡长。1993年2月至1995年5月,任贯底乡党委副书记、乡长。1995年5月至1997年1月,任马迹镇副镇长(其中,1992年5月至1995年6月,为湖南省委党校函授专科经济管理专业学员)。1997年1月至1998年4月,任望峰乡党委副书记、乡长。1998年4月至2001年3月,任新桥镇党委副书记、镇长。2001年3月至2001年9月,任新桥镇党委书记。2001年9月至2003年1月,任店门镇党委书记。2003年1月至2011年5月,任县民政局局长、党组副书记。2011年5月至2013年10月,任县住房和城乡建设局局长、党委书记。2013年10月至2015年11月,任县环境保护局局长、党组书记。2015年11月至2016年3月,任县政协党组成员、秘书长候选人、县政协办公室主任。2016年3月至2016年11月,任县政协党组成员、秘书长、县政协办公室主任。2016年11月至2017年1月,任政协衡山县第十届委员会副主席、秘书长、县政协办公室主任。2017年1月至2017年3月,任县政协第十届委员会副主席、秘书长。2017年3月,任县政协第十届委员会副主席。

2017年衡山县在外部分人物简介

周铁安

周铁安,衡山县开云镇人,1962年正月25日出生。1978年考入湖南大学化学化工系分析化学专业,1982年毕业获理学学士学位。1982—1985年,师从姚守拙院士在湖南大学无机非金属材料专业硕士学习,获工学硕士学位。后留校任教。1987—1990年,在湖南大学博士研究生学习,首次利用QCM的质量、粘弹性、表面应力多种敏感功能而应用于血液凝固动态过程的监测。1991年获分析化学博士学位。1992年6月晋升副教授。为国内最早,

国际上为数不多,实现石英晶体微天平(QCM)在液相振荡成功的开拓者之一,也是著名的“姚－周公式”(姚守拙—周铁安)提出者之一。曾主持中科院和国家自然科学基金各1项,参加多项国家级项目,作为主研人员获国家教委科技进步一等奖。1992年7月,应人造双分子层脂膜开拓者、著名生物物理学家田心棣之邀与资助赴美从事博士后研究。1992—2011年,先后在美国密执安州立大学、弗吉尼亚理工学院与州立大学、麻省大学、德州大学从事研究与工作。研究领域涉及分析化学、物理化学、生物物理、生物材料和组织工程、细胞力学、细胞生物学。在美期间,作为核心成员,参与美国NIH、著名Aventis药物公司、美国国防部高级研究计划局(DARPA)资助项目的研究,获美国专利及专利申请共三项。2011年,全职回国受聘为湖南农业大学“神农学者”特聘教授,组织了跨学科、院系的研究团队,于2013年成立了湖南农业大学细胞力学与生物传感研究所,任创始所长。系生物物理学与植物学硕士、博士生导师,生物工程专硕导师,生物物理学硕士点领衔人。提出并致力于动植物细胞力学新方法的建立来定量细胞的结构与功能。主要研究方向为:动植物细胞力学新方法与技术的开发及其在细胞结构与功能研究、药物与植物功能成分筛选与评估、植物生长发育、作物育种、抗逆等生物医学与农学中的应用;生物传感与细胞/传感界面的设计与应用。为博士生、硕士生和本科生新开设与讲授《动植物细胞力学专题》《动植物细胞力学导论》《高级生物物理学》《生物物理研究进展》《生物分析与生物传感》《生物专业英语》等课程,指导博士、硕士研究生10余名。主持国家自然科学基金2项、省科技厅重点项目、省教育厅和省自科基金各1项。已获授权国家专利6项,国际PCT专利公开1项。申请国家发明专利4项。公开发表论文约60篇,其中SCI论文30多篇。系中国生物物理学会、中国化学学会会员,教育部学位与研究生教育发展中心评审专家和10余家SCI期刊审稿人。

彭丽敏

彭丽敏,女,衡山县贯塘乡人,1962年3月出

生。1982年7月参加工作,1988年4月加入中国共产党,硕士研究生学历。曾任湖北省武汉市环保局副局长、党组成员,武汉市建设管理委员会副主任、市委建设管理工作委员会委员。2001年9月至2002年11月,任武汉市环保局局长、党组书记。2002年11月至2002年12月,任武汉市东西湖区委副书记、代理区长。2002年12月至2006年3月,任武汉市东西湖区委副书记、区人民政府(农场管理局)区长(局长)。2006年3月至2007年4月,任湖北省环保局局长、党组书记。2007年4月至2011年12月,任中共湖北省武汉市委常委、秘书长、市直机关工委书记。2011年12月至2013年5月,任中共武汉市委常委、市委宣传部部长。2013年5月至2013年6月,任湖北省妇联党组书记。2013年6月,任湖北省妇联党组书记、主席。

欧　鸿

欧鸿,衡山县长江镇人,1963年7月出生,中共党员。1981年8月至1985年7月,在清华大学工程物理系学习,获学士学位。1985年8月至1987年8月,在北京汽车制造厂从事技术工作。1987年8月至1989年12月,在清华大学经济管理学院技术经济专业学习,获硕士研究生学历。自1989年12月始,一直在国家发展改革委(国家发展计划委、国家计委)固定资产投资司工作。其中,1989年12月至2006年2月,历任助理调研员、副处长、处长等职。2006年2月至2007年12月,任副巡视员。2007年12月至2014年9月,任副司长。2014年9月,任国家发展改革委固定资产投资司巡视员。

戴树源

戴树源,衡山县长江镇人,1964年9月出生。大学毕业后,回衡山任中学教师。获硕士研究生学

历后,就业于湖南省社会科学联合会,长期从事决策科学研究。2003 年,晋升研究员。2005 年,入选湖南省宣传文化系统首批“五个一”人才,并获评湖南省“双十佳期刊编辑”。2007 年,入选湖南省新闻出版行业领军人才。2002 年至 2010 年,任《湖南社会科学》杂志主编。2010 年至 2012 年,任湖南省社科联办公室主任。2012 年至 2017 年,任湖南省社科联党组成员、副厅级纪检员、省社科联常委。2017 年起,任省社科联党组成员、副主席。2018 年,任第十二届省政协委员。专著《江泽民决策思路研究》《湖南高新技术产业化》《国民素质教育论纲》分别获省委、省政府三、四等奖,参编出版首部《决策科学辞典》填补国家决策科学书空白;数次参编《科学发展观在湖南的认识与实践》关于建设“绿色湖南”部分内容。系湘潭大学兼职教授,湖南省高级职称评委。

王成良

王成良,衡山县新桥镇人,1965 年 2 月出生。1986 年 7 月参加工作,1992 年加入中国共产党。1984 年 9 月至 1986 年 7 月,就读于湖南省人民警察学校公安专业。1986 年 7 月至 1988 年 12 月,任衡山县公安局沙泉派出所干警。1988 年 12 月至 1992 年 6 月,任白果派出所所长。1992 年 6 月至 1994 年 1 月,任县公安局副科级侦察员、白果派出所所长(其中,1991 年 2 月至 1993 年 12 月为湖南公安高等专科学校公安管理专业学员,获自考大专文凭)。1994 年 1 月至 1995 年 12 月,任县公安局副科级侦察员、白果镇党委副书记、白果派出所所长。1995 年 12 月至 1996 年 4 月,任县公安局副局长、党委委员,白果镇党委副书记、白果派出所所长。1996 年 4 月至 1997 年 4 月,任县公安局副局长、党委委员。1997 年 4 月至 1999 年 8 月,任县公安局副局长、党委副书记、正科级侦察员。1999 年 8 月至 2000 年 8 月,任衡东县公安局副处级侦察员、政委。2000 年 8 月至 2008 年 12 月,任衡阳市公安局副局长、党委委员(其中,2003 年 9 月至 2005 年 12 月为中央党校函授学院法律专业本科班学员)。2008 年 12 月至 2010 年 3 月,任市公安局副局长、党委委员、正处级干部。2010 年 3 月至 2013 年 8 月,任市公安局副局长、党委副书记、正处级干部。2013 年 8 月至 2016 年 10 月,任市公安局常务副局长、党委副书记。2016 年 10 月至 2016 年 11 月,任娄底市人民政府党组成员、市公安局党委书记。2016 年 11 月至 2017 年 1 月,任娄底市人民政府党组成员、副市长人选、市公安局党委书记、局长。2017 年 1 月,任娄底市人民政府党组成员、副市长、市公安局党委书记、局长。

胡义秋

胡义秋,衡山县开云镇人,1972 年 9 月出生。1992 年 7 月,衡山县第二中学高中毕业后,考入湖南师范大学读本科,获学士学位。后相继获得湖南师范大学发展与教育心理学硕士学位,中南大学湘雅二医院临床心理学博士学位。1996—2000 年,工作于耒阳师范学校。2003—2009 年,工作于湖南大学(其中,2004 年晋升讲师职称)。2009—2017 年,工作于湖南农业大学(其中,2010 年晋升副教授,2015 年晋升教授职称)。2017 年起,工作于湖南师范大学,任心理学系教授、硕士生导师。主持国家社会科学基金及省部级以上项目 8 项;第一作者或通讯作者发表论文 30 多篇,其中 SCI 收录 3 篇,CSSCI 收录 15 篇;出版著作 3 部,获得省级成果奖 2 项。主要研究方向为师生心理健康及精神障碍研究、学校心理健康教育、特殊儿童研究。系国家首批二级心理咨询师,长沙市心理学会副理事长,长沙市职业与心理研究院副院长。

谢冬伟

谢冬伟,衡山县白果镇人,1973 年 5 月出生。1991 年考入北京大学地质学系,1994 年考入北京大

学法律系攻读知识产权第二学位。1996年7月参加工作，后获中国社会科学院经济法专业博士学历。1997年6月，加入中国共产党。先后任国家工商行政管理总局商标局法律事务处副科长、科长、副处长、处长，国家市场监管总局市场监管研究中心副主任。2017年8月，任宁夏回族自治区银川市委常委，市人民政府副市长（挂职）。2017年8月24日，银川市第15届人民代表大会常务委员会第六次会议决定任命：谢东伟为银川市人民政府副市长。

2017年衡山县域内工商企业界名人录

姓　名	性别	籍　贯	出生年月	工　作　单　位	职　务
刘虎成	男	开云镇	1952.1	衡山义安建筑公司 长盛建材公司 麋城房地产开发公司	董事长
李小平	男	衡南县	1955.9	衡山宝岭陶瓷有限公司	董事长
黄乐明	男	长江镇	1956.7	衡山县高桥琉璃制品厂	董事长
廖智慧	男	江东乡	1957.8	衡山团发农业发展有限公司	董事长
卢鸿博	男	双牌县	1959.11	衡阳冠力塑胶有限公司	法人代表
董延凯	男	东湖镇	1959.11	湖南创一机械有限公司	董事长
刘中珊	男	衡阳县	1960.12	衡山县中山钢管有限公司	总经理
刘智毅	男	洞口县	1961.9	湖南衡山汽车制造有限公司	董事长
易新泉	男	长江镇	1962.1	湖南欣新华建筑有限公司	总经理
周炳鑫	男	白果镇	1962.12	衡山县岳北建筑有限公司	董事长
刘金义	男	长江镇	1963.3	衡山县长江建筑有限公司	董事长
彭志顺	男	湘潭县	1963.6	衡阳冶金设备制造有限公司	董事长
文香培	男	永和乡	1963.7	衡山县永和建筑有限公司	董事长
吴志鹤	男	江东乡	1963.7	衡山卓盈服装有限公司	董事长
宁明清	男	衡阳县	1963.9	衡山中油金鸿燃气有限公司	总经理
刘复芝	男	开云镇	1963.11	湖南省师古建筑有限公司	董事长
何炳坤	男	江东乡	1964.2	衡山县大坪景观花卉苗木农场	董事长
谭春发	男	永和乡	1964.2	衡山县春发食用菌有限公司	董事长
李秋林	男	东湖镇	1964.7	衡山县辉远机械有限公司	董事长
唐正魁	男	福田铺乡	1964.11	湖南鸿城纸业有限公司	董事长
金　亮	男	开云镇	1965.3	衡山县衡顺塑料制版有限公司	董事长
桂成方	男	衡阳县	1965.4	湖南金裕环保科技有限公司	董事长
吕建荣	男	湘阴县	1965.5	衡山新金龙纸业有限公司	董事长
曹爱华	女	福田铺乡	1965.6	衡山县伟业铝材有限公司	总经理
旷文军	男	岭坡乡	1966.11	衡山岭坡山水新城开发有限公司	董事长
宋国清	女	衡东县	1967.1	衡山九福祥百货超市有限公司	董事长
聂庆华	男	贯塘乡	1967.2	衡山县华隆制鞋厂	厂　长
赵　艳	女	白果镇	1967.8	湖南皕成科技有限公司	董事长
刘鸣林	男	开云镇	1968.1	衡山县集福轩公益有限公司	董事长

续表

姓　名	性别	籍　贯	出生年月	工　作　单　位	职　务
曹丰源	男	长江镇	1968.1	衡山县佳和建筑有限公司	董事长
杨友文	男	开云镇	1968.7	湖南祥友科技有限公司	董事长
阳小林	男	衡东县	1969.5	衡山德鑫泰机械制造有限公司	董事长
文小伟	男	衡东县	1969.7	湖南伟冬食品有限公司	董事长
成庆阳	男	湘潭市	1970.2	湖南华升金爽纺织服装有限公司	总经理
彭永军	男	福田铺乡	1970.3	衡山县健杰物业服务中心	董事长
姚乐贵	男	永和乡	1970.4	衡山紫冠生态农业有限公司	董事长
袁金岳	男	长江镇	1970.4	湖南金叶养殖有限公司	董事长
陈道好	男	浏阳市	1970.1	衡山县德尚烟花批发有限公司	董事长
赵宇旗	男	白果镇	1970.1	衡山湘旗农贸有限公司	董事长
彭立辉	男	开云镇	1970.12	湖南辉广生态农业开发有限公司	董事长
谭雪辉	男	福田铺乡	1970.12	湖南怀化辉煌商贸有限公司	总经理
吴新军	男	衡山县	1971.1	衡山县腾达烟花鞭炮批发有限公司	董事长
谭俊良	男	开云镇	1972.1	衡山县聚龙五六有限责任有限公司	董事长
罗　勇	男	岭坡乡	1972.7	衡山兴旺映绿农贸有限公司	董事长
李青阳	男	贯塘乡	1972.1	湖南富利园生态农业科技有限公司	董事长
刘俊昌	男	开云镇	1972.12	湖南飞鹰能源科技有限公司	总经理
王炳林	男	萱洲镇	1973.8	衡山永大圣东商贸有限公司	董事长
许　腾	男	衡东县	1973.1	湖南省嘉力机械有限公司	董事长
符洪峰	男	白果镇	1974.1	衡山县白果建筑有限公司	董事长
康诗林	男	店门镇	1974.11	衡山县逢缘草艺开发有限公司	董事长
周　辛	男	岭坡乡	1975.7	湖南金昌生物技术有限公司	董事长
罗新平	男	衡东县	1976.2	湖南恒岳重钢结构工程有限公司	董事长
王耀明	男	南岳区	1976.4	衡山耀明砖业有限公司	董事长
龙麦凤	女	开云镇	1976.9	衡山县龙泉物流有限公司	董事长
丁帅兵	男	江东乡	1977.3	衡山县秀玲农场	董事长
赵建钢	男	福田铺乡	1977.1	衡山县旺衡矿业有限公司	董事长
向湘军	男	衡东县	1977.11	湖南恒信新型建材有限公司	董事长
刘洪亮	男	长江镇	1978.5	湖南衡岳中药饮片有限公司	董事长
刘文亮	男	祁阳县	1981.4	衡山县佳成新材料公司	董事长
彭泽平	男	福田铺乡	1981.8	衡山县湖洋建材有限公司	董事长
颜昭来	男	长江镇	1981.10	湖南省绿衡化工有限公司	董事长
徐　伟	男	衡东县	1981.11	衡山县明居不锈钢制品有限公司	董事长
肖　科	男	永和乡	1982.3	衡山同远机械有限公司	董事长
彭　辉	男	贯塘乡	1982.3	衡山腾飞花卉苗木有限公司 衡山源水通防水有限公司	总经理
尹叶子	女	开云镇	1982.4	湖南省山野生态农业有限公司	董事长
罗远秋	男	永和乡	1983.6	湖南远景房地产开发有限公司	董事长
赵子祺	男	白果镇	1984.3	衡山岳北龙腾生态立体养殖合作社	理事长
刘庆培	男	福建省	1984.11	湖南衡泰钢结构有限公司	董事长

2017年衡山籍在外工商企业界名人录

姓 名	性别	籍 贯	出生年月	工 作 单 位	职 务
周正华	男	开云镇	1949.7	湖南省金通建设有限公司	总经理
陈培秋	男	萱洲镇	1954.8	广东省乳源建安有限公司	董事长
彭立德	男	开云镇	1955.4	广东深圳德亿线材制品有限公司	董事长
赵子瑜	男	福田铺乡	1957.3	南岳区小商品批发市场	董事长
王文章	男	福田铺乡	1958.9	广州颖伦商贸有限公司	董事长
赵富荣	男	岭坡乡	1961.6	广州恒富贸易有限公司	董事长
罗定志	男	开云镇	1961.9	广东盈丰物业有限公司 金潮实业有限公司	董事长
谭新年	男	岭坡乡	1962.1	益阳市中亚房地产有限公司	董事长
苏国秋	男	开云镇	1962.7	湖南省睿智卿置业有限公司	董事长
蒋中桥	男	开云镇	1962.7	长沙市岳衡建筑设备器材有限公司	董事长
肖国勇	男	开云镇	1962.8	衡阳市岳云房地产开发公司	董事长
罗明珠	男	长江镇	1962.1	湖南一拓贸易有限公司	董事长
彭建雄	男	长江镇	1963.1	广州市泓晟投资有限公司	总经理
谢立安	男	开云镇	1936.4	海南海口市方立正脚手架服务有限公司	总经理
王伏成	女	福田铺乡	1963.4	广东奋发图强贸易有限公司	董事长
赵 明	男	白果镇	1963.8	云南昆明益贵商贸有限公司	总经理
彭国义	男	福田铺乡	1963.8	广东佛山雅美斯塑料制品公司	总经理
蒋国安	男	岭坡乡	1963.9	广州晟琛金属材料贸易公司	董事长
陈小春	男	长江镇	1963.1	广州一琅胜贸易有限公司	总经理
康欧明	男	店门镇	1963.1	广州伊盈硅橡胶科技有限公司	董事长
康瑞祥	男	东湖镇	1964.1	江西赣州五金工具批发有限公司	董事长
曹建新	男	白果镇	1964.3	湖南网新能源环保科技有限公司	董事长
刘春梅	女	开云镇	1964.5	衡阳市广平房地产开发有限公司	财务主任
曹合林	男	开云镇	1964.9	深圳市天道视频有限公司	董事长
刘新华	男	开云镇	1964.11	云南富宝贸易有限公司	董事长
彭亚光	男	长江镇	1965.5	云南枫林商贸有限公司	董事长
周立坤	男	岭坡乡	1965.7	广州乾坤商贸有限公司	总经理
廖水平	男	东湖镇	1965.7	广州深圳市格高多泰化工有限公司	董事长
刘建伟	男	开云镇	1965.1	贵州同发建材家电有限公司	总经理
苏益中	男	开云镇	1965.11	南岳区张万福金行	董事长
黄俊成	男	岭坡乡	1966.1	海南重力成利民投资有限公司	董事长
柳小平	男	岭坡乡	1966.11	云南昆明泽丰商贸有限公司	董事长
彭卫东	男	岭坡乡	1967.1	广东东莞市长盈环保有限公司	董事长
彭建国	男	长江镇	1967.2	上海昆富实业有限公司	董事长
阳文峰	女	贯塘乡	1967.9	广州市立昂软管有限公司	总经理

续表

姓名	性别	籍贯	出生年月	工作单位	职务
彭和冬	男	贯塘乡	1967.12	深圳市宏达威化工有限公司	总经理
汪晓明	男	东湖镇	1968.1	贵州国华建设工程有限公司	总经理
李孝国	男	贯塘乡	1968.3	广东第二建筑集团有限公司	副总经理
曹爱华	女	开云镇	1968.4	深圳市华逸贸易有限公司	董事长
刘国泉	男	贯塘乡	1968.4	广东佛山市鸿达贸易有限公司	董事长
阳宏达	男	开云镇	1968.8	广东铭萌贸易有限公司	董事长
宾　隽	男	岭坡乡	1968.8	广东创鹏建设有限公司	董事长
罗正楚	男	开云镇	1968.9	北京楚君轩珠宝有限公司	董事长
旷昌华	男	福田铺乡	1969.1	广东东莞市永铭装璜有限公司	总经理
刘建华	男	店门镇	1969.3	广州建华佛教礼品有限公司	总经理
蒋国辉	男	岭坡乡	1969.3	广州市胜业鑫贸易商行	总经理
刘汉斌	男	新桥镇	1969.4	广州中勤会计师事务所有限公司	董事长
周向阳	男	岭坡乡	1969.4	广州市荥美化工有限公司 广州市荥美丝布有限公司	董事长
蒋俊伟	男	长江镇	1969.4	邵阳五岳建材有限公司	董事长
彭文涛	男	福田铺乡	1969.1	云南鑫坤商贸有限公司	董事长
宾春奇	男	福田铺乡	1969.12	湖南紫金建设工程有限公司	总经理
郭立辉	男	岭坡乡	1970.2	广州市德一贸易发展有限公司	董事长
綦建军	男	岭坡乡	1970.5	广东佛山市峰澳装饰工程有限公司	总经理
符安康	男	岭坡乡	1970.6	广州市中购贸易有限公司 广州衡商投资有限公司	董事长 总经理
彭立华	男	永和乡	1970.6	广州市巨鑫贸易有限公司	总经理
周正初	男	岭坡乡	1970.7	广州白云区联宏贸易商行	总经理
郑伟华	男	长江镇	1970.1	四川省桥梁安装有限公司	董事长
袁良平	男	福田铺乡	1970.1	广东南天星律师事务所	副主任
杨伟峰	男	开云镇	1971.2	广东金路投资有限公司	董事长
朱洪江	男	萱洲镇	1971.3	广州荔湾区名山佛教用品公司	董事长
郭治政	男	岭坡乡	1971.4	上海鼎襄机电有限公司	董事长
廖暑云	男	东湖镇	1971.6	广东金信华建设工程有限公司	董事长
刘绍军	男	新桥镇	1971.1	湖南省泽禹幕墙装饰工程有限公司	董事长
郭理政	男	岭坡乡	1971.12	中山市安阁沃顿电器实业公司	董事长
阳伟恒	男	岭坡乡	1972.1	广州市伟恒装饰设计有限公司	总经理
阳光明	男	岭坡乡	1972.3	广东佛山市南海衡达玻璃有限公司	董事长
旷运珍	男	店门镇	1972.7	郴州俊腾矿业有限公司	总经理
周新良	男	岭坡乡	1972.9	东莞广发装饰有限公司	总经理
刘中枚	男	开云镇	1972.12	衡阳广平房地产开发有限公司	董事长

续表

姓　名	性别	籍　贯	出生年月	工　作　单　位	职　务
郭江涛	男	岭坡乡	1973.1	广州联程贸易有限公司	总经理
廖迪军	男	岭坡乡	1973.2	深圳市粤先锋激光刀模有限公司	总经理
刘国祥	男	岭坡乡	1973.3	深圳祥合玻璃制品有限公司	总经理
何正华	男	开云镇	1973.3	广西北海正华珠宝商行	董事长
宾玉成	男	福田铺乡	1973.6	广东东莞市锦泉鞋有限公司	董事长
綦冠新	男	岭坡乡	1973.6	广州皇冠米兰皮具有限公司	总经理
黄　伟	男	新桥镇	1973.8	深圳市美润达表面处理有限公司	董事长
彭庆国	男	开云镇	1973.8	广州臻冠贸易有限公司	总经理
沈三中	男	开云镇	1973.1	广州黄埔区诚信建材有限公司	董事长
唐晓兰	女	东湖镇	1973.1	广东佛山市点亮灯饰经营部	董事长
熊光辉	男	岭坡乡	1973.1	广州市辉荣兴贸易有限公司	总经理
宾铁涛	男	开云镇	1974.4	深圳市鼎创联合地产投资发展有限公司	董事长
郭伟军	男	岭坡乡	1974.4	广州市众鑫贸易有限公司	董事长
袁建军	男	长江镇	1974.8	广东汉基恒拓金属材料有限公司	总经理
唐育云	男	东湖镇	1974.9	广东金信华建设工程有限公司	总经理
许鹏飞	男	店门镇	1975.1	浙江义乌衡山商会	会　长
周海文	男	江东乡	1975.1	广东省东莞盛荣模具有限公司	总经理
钟水源	男	开云镇	1975.3	广州捷远信息技术有限公司	董事长
唐新旺	男	新桥镇	1975.4	海南省新中源陶瓷总公司	董事长
彭立丰	男	岭坡乡	1975.1	东莞市启思装饰工程有限公司	董事长
何正冬	男	开云镇	1975.11	马士基航运集团北亚区	副总经理
刘芬林	男	长江镇	1976.3	云南萨顶商贸有限公司	总经理
宾海涛	男	开云镇	1976.4	深圳市鼎创联合地产投资发展有限公司	执行董事
郭建良	男	岭坡乡	1976.6	深圳金华光科技有限公司	总经理
李红光	男	白果镇	1976.8	东莞市宝峰数控设备有限公司	董事长
阳正中	男	永和乡	1977.2	佛山市铁人木工机械设备有限公司	董事长
谢新华	男	开云镇	1977.2	广州市嘉年线厂	厂　长
赵衡奇	男	岭坡乡	1977.8	东莞粤名装饰工程有限公司	总经理
甘海涛	男	岭坡乡	1977.9	广州市量点空间家具有限公司	总经理
王志学	男	福田铺乡	1978.7	上海裕佳塑料有限公司	总经理
宾泽建	男	岭坡乡	1978.7	东莞市荣建幕墙装饰工程有限公司	董事长
赵鑫焱	男	开云镇	1978.11	上海旺炬有限公司	董事长
宾湘辉	男	福田铺乡	1978.12	云南鑫坤商贸有限公司	总经理
罗新春	男	开云镇	1981.1	广州生态农业发展有限公司	总经理
谢　军	男	开云镇	1981.3	上海兴衡建筑劳务有限公司	总经理
欧　永	男	长江镇	1981.7	衡阳日兴建材有限公司	总经理

续表

姓　名	性别	籍　贯	出生年月	工　作　单　位	职　务
李伟昌	男	东湖镇	1981.1	广东东莞硅胶科技有限公司	董事长
刘　恒	男	新桥镇	1982.2	广东佛山市越海建筑装饰工程有限公司	董事长
袁恒艳	男	开云镇	1982.2	广州鑫指恒贸易有限公司	董事长
旷岳山	男	开云镇	1983.1	广西中宣投资有限公司	董事长
唐海军	男	岭坡乡	1986.4	郴州市容协建材有限公司	总经理
赵　毅	男	岭坡乡	1986.6	郴州毅合贸易有限公司	总经理
张　健	男	江东乡	1986.1	广州市亲草生物科技有限公司	董事长
彭誉龙	男	长江镇	1989.2	广东德晟环保科技有限公司	董事长
宾　磊	男	福田铺乡	1996.6	衡阳市洪石雕塑有限公司	董事长

2017年衡山县新闻人物

2017年中央电视台评选的“感动中国十大人物”　秦玥飞(衡山县福田铺乡白云村大学生村官)

小学生滑落水塘,最美大哥“飞身救人”　宾运春

老树枝荣叶更茂 老年大学教师　汪敏树

一名老党员的特殊党费　李美蓉

三尺讲台“红烛”心 县实验小学教师　刘海燕

公交司机突发心梗 生命尽头拉手刹保乘客安全　罗小科

4岁男孩车祸遇险 “长裙姐姐”出手相救　王青平

村支书跳进洪水堵闸口缺口　曹树东

劳动仲裁天平的守护者 湖南省“十大法治人物”　谷湘平

56岁男子勇救79岁落水老人　刘合宽

老党员自办手抄报385期传播党的声音　李德安

十佳人民满意公仆:刘顺祥、李和平、李春林、张富强、周伟、钟志明、曾淑红、彭智岳、熊仲荣、廖志伟

十佳岗位明星:李文星、吴文珠、肖庆华、陈亮、李奇韬、郑国军、屈文君、胡湘桂、管小玲、廖鸾祥

十佳村(社区)党组织书记:方洪明、任桂秀、杨和平、宋海秋、欧心田、周海泉、唐秋莲、郭伟雄、黄文广、曹载球

(李佳辉)

新闻人物事迹选介

“耶鲁”村官秦玥飞

他很普通,是湖南的一名大学生村干部,为村里修了水渠,盖了楼房,引进了项目,做了大多数村官都会做的事。

他又有些特别,1985年,改革开放行至第7个年头,他出生在山城重庆,2岁就开始学英语,20岁进入美国耶鲁大学,26岁回国投身农村建设。32岁那年,他成为了“感动中国”的十个人之一。

在农村扎根7年后,“耶鲁”村官秦玥飞发现,

改变农村的落后贫困需要新路子。2016 年,他和大学同学联合发起了“黑土麦田”精准扶贫项目,产业扶贫成为根本,秦玥飞也从一个人走向了一群人。

日前,秦玥飞在北京接受了我们的采访,这是他两年来第一次接受媒体专访。四个多小时里,谈起“村官”经历,他反复提到“不能脱离村民”,而谈起“黑土麦田”项目,他提到最多的是“和国家一起成长”。

下乡:学成归国当村干部

黝黑,清瘦,穿着一件反过来的印字母 T 恤,脚上蹬了一双解放鞋,裤脚挽到了膝盖。湘西山村里,秦玥飞俨然一位朴素的农村青年。在这之前,他留过长发,常戴着鸭舌帽,还组建过一支摇滚乐队。

2005 年夏天,秦玥飞以托福满分的成绩,拿着耶鲁大学的全额奖学金,赴美留学。那一年,耶鲁只在中国大陆录取了 5 名学生。

改革开放带来了经济状况的改善和思想观念的改变,出国留学成为高考之外的新选择。改革开放 40 年,中国出国留学的人数累积超过了 500 万人。

在耶鲁,秦玥飞修了经济学和政治科学两个专业,还担任耶鲁大学中国留学生学生会主席。

2011 年夏天,当名校毕业生大军浩浩荡荡涌向“北上广深”时,秦玥飞揣着一张《湖南省选聘大学生村官报名登记表》、一纸录用通知书,坐着绿皮火车,来到了湖南衡山贺家山村。他的新身份是大学生“村官”,任村主任助理一职。

改革开放以来,农村发展步入“快车道”,人才需求与日俱增。为了培养一批社会主义新农村建设的骨干人才,2008 年,大学生村干部计划全面启动。截至 2016 年年底,大学生村干部已经超过了 10 万人。

秦玥飞所在的贺家山村距离县城 35 公里,青山环绕,阡陌纵横,村里见到的多是老人和小孩。

衡山的盛夏酷热难耐,一觉醒来,秦玥飞汗流浃背,抓起洗漱用品就冲到了澡堂。早晚冲凉是他在美国留学时养成的习惯,可在村民眼里,这样的习惯有点“怪异”。消息不胫而走,传遍全村。“一天洗两次澡,多浪费水!”“嫌咱村里脏?”

这是他刚到村里的第二天。秦玥飞意识到,从生活习惯到处事思路,他都必须融入这个村庄,才能得到村民的信任,真正为他们做事情。

此后,他再也没有早上洗过澡。一有空,秦玥飞就在村里逛,扎进村民堆里聊天,村民递的烟夹在耳朵后面……修水管、补屋顶、帮着村民写报告申请补贴,村里谁家娶媳妇,谁家儿子高考,谁家学费还没着落,谁家房顶漏雨等着修,秦玥飞都心知肚明,能帮的立马帮,一时处理不了的,就记在随身带的本子上,完成一项就划掉一项。

在贺家山村的 3 年,秦玥飞引进了资金,筑了渠,修了路,安了路灯,建了养老院,还拉来了乡村信息化教学项目。不外出的时候,每天夜里两三点,他还在 8 平方米大的陋室里思量着一个村的家长里短。

2012 年 10 月 24 日,是秦玥飞至今都记忆犹新的日子。这一天,他被直选上了衡山县人大代表。3527 人,3027 票,秦玥飞得到了 85% 的选票。“这是村民对我的信任,比我拿到耶鲁录取通知书还高兴!”

一百多年前,一位耶鲁大学毕业的留学生学成后回到祖国,在贫弱的祖国大地上,建造了第一条铁路,这位留学生名叫詹天佑。一百多年后,秦玥飞同样选择回到祖国最贫苦的地方,成为一名为人民服务的“大学生村官”。实干精神与爱国精神代代相传,改革开放以来,超过 300 万留学生学成归国,奋斗在各行各业,成为国家建设的中坚力量。

很多人都曾疑惑,耶鲁毕业生当“村官”,是不是“大材小用”?秦玥飞这样对笔者说:“忘掉耶鲁的标签,才能更好地前行。不可以忘本,能帮助更多像自己父母这样的普通中国人过上向往中的美好生活,那我可能算是‘小材大用’了。”

扶贫:从“输血”到“造血”

一条渠,滋润了几亩田;一盏灯,照亮了几里路。但村民的腰包还是没鼓起来,村子积贫积弱的状况依旧未能改变。秦玥飞明白,“输血”并不是可持续的乡村发展模式,一旦他离开村庄,原先的资源会慢慢用尽,养老院、信息化教学等项目的运作也会“后继无人”。

怎样才能让贫困村彻底摆脱贫困?这是他一直

思考的问题。

“答案不是看书看出来的,是脚踏实地干出来的。”在摸索中,秦玥飞逐渐意识到,因地制宜,通过产业带动村民创富才能斩断贫困的根。

2014年夏天,3年村官任期已满,秦玥飞婉拒了组织提拔,又续了3年。这次,他以贺家山村为起点,终点是30公里外的湖南衡山福田铺乡白云村。

眼前依旧绿意连绵。这里生长着大片油茶林,漫山遍野的山茶树结满了沉甸甸的果子,孕育着饱满的山茶籽。过去农民手工榨的油不经提纯,每斤大概卖50元。经过大量调研,秦玥飞带领村民成立了衡山白云深处农作物种植农民专业合作社,40多户村民入驻。合作社与外地专业油茶深加工厂家合作,生产精炼提纯的食用山茶油,这样一瓶山茶油能卖到200多元;茶油护肤、护发等衍生产品也提升了附加值。1年下来,项目获得12万元的销售额。

有了这次办合作社的经验,秦玥飞更加确信:产业脱贫是变“输血”为“造血”的关键,产业兴旺才是振兴乡村的根基。

找到对的路子,秦玥飞还需要同他一样坚定前行的领路人。

2016年夏天,27名来自哈佛大学、澳大利亚国立大学、清华大学、复旦大学等知名学府的毕业生,把“家”安在了湖南、江西、山东、广东的15个贫困村。

他们是“黑土麦田”公益项目的第一批“扶贫创客”。在两年的服务期内,他们带领贫困户开办农民专业合作社,发展种植、养殖、手工艺等特色产业,以“授人以渔”的方式摆脱贫困。第一年结束时,“扶贫创客”们带着村民开发的十余种农产品累计营收逾100万元,为村庄引入超过800万元的投资。

用秦玥飞自己的话说,“‘黑土麦田’是从土地里长出来的。”这个项目广泛动员整合政社企等各方资源,把优秀人才输送到贫困地区开展产业扶贫,帮助仍然生活在贫困线以下的乡亲们摆脱贫困,逐步走向富裕。“将来扶贫创客们离开了,成形的产业能让贫困户持续受益。”

对秦玥飞来说,在中国农村的广袤土地上,青年们投身乡村振兴,帮助村民们过上幸福生活,是一次关于乡村发展模式的创新探索;而对于整个中国大地,乡村又何尝不是伟大想法的起源地和试验田。

时间倒回40年前。1978年11月的一个晚上,安徽凤阳小岗村的18户村民按下红手印。一份大包干的“生死契约”,震响了农村改革的第一声春雷。以此为始,40年来,农村改革的洪流滚滚向前,发展的活力生生不息。

如今,秦玥飞也在“黑土麦田”推进了一次改革。

近两年的扶贫创客项目让他发现,“黑土麦田”的扶贫创客发起的扶贫项目,许多取得了很好的成绩,但有些却不能为贫困户持续增收。为此,秦玥飞决定进行“产业扶贫项目路演”,第三方评委会考核通过的扶贫项目将得到更多的资金和资源支持,考核失败的将被淘汰。“扶贫是一项严肃的工作,对成果有着明确的要求。我们的标准很直接,就是看项目能否为贫困户赋能并持续增收,关键在于可持续。”

一切改革的出发点,都是为了这片土地和在土地上劳作生活的人。

前路:在希望田野扎根理想

一身笔挺西装,天蓝色的领带穿戴整齐,左胸口别着一张红色的人大会议出席证。2018年全国两会上,秦玥飞提出了关于精准扶贫和乡村振兴的议案。在湖南团媒体开放日的时候,秦玥飞提到,乡村要做到治理有效,需要坚强有力的基层组织和好的带头人。现在农村已经出现治理人才断层现象和大龄化的趋势,他建议国家应大力发展农民专业合作社等新型农业经营主体,以此作为锻炼和培养乡村治理储备人才的重要手段。

在秦玥飞看来,农村这片广阔天地里,年轻人可以大有作为。

但现实是,很多年轻人不愿意到农村来。工资低、出路窄成为阻碍他们投身农村的主要原因。秦玥飞和他的“黑土麦田”正在改变这一局面。

“黑土麦田”为这些扶贫创客们提供经济、履职、出路等方面的保障:有工资,有五险一金,有项目投资,有政府支持。谈到即将结束任期的第一批“扶贫创客”,秦玥飞的脸上藏不住那股喜悦和自豪。

他们当中,有的获“黑土麦田”推荐将去国内外著名学府深造,有的则已拿到了心仪的工作录取。“这些年轻人帮助农民发展产业,脱贫致富,自己也能走得更远,更好。”

而在农村本土人才的培养上,秦玥飞也有“新动作”。为了激发本地青年的内生动力,今年开始,黑土麦田要“团结更多的力量”,招募对象不再设学历的限制,贫困地区的返乡青年、退伍青年也能成为“扶贫创客”,做扶贫产业的带头人。

2017 年 8 月,第二个大学生村官任期结束了,秦玥飞再次婉拒了组织上的提拔。“这六年我过得很开心,我的价值在农村,这条路才刚刚开始走,还要继续。”秦玥飞深知,中国广袤的乡村才是他要扎根的地方。

秦玥飞说,和村民们一起生活、劳作,可以深深地体会到他们对美好生活的向往和追求。“起初,是理想和情怀推动着我投身农村,可当我真正到了农村,我才明白,我不是为了什么‘大道理’在做这件事,而是为了脚下这片土地,和在这片土地上劳作生活的人。”

“中国共产党是一个行动党,不是口号党。真正的理想主义者是要行动起来的,正如中国的改革开放,这 40 年的路都是一步步走出来的。”未来一段时间,秦玥飞将在湖南湘西花垣县的贫困山村里,和“黑土麦田”项目的扶贫创客们一起带领村民创业致富。正如他自己所说的那样,“黑土麦田,就是要让青年人的理想和情怀落地,到国家最需要的地方做建设者,和国家一同成长。”

（责编:石希、梁军。来源:新华网 2018 年 07 月 17 日 16:32）

4 岁男孩车祸昏迷——“长裙姐姐”仗义相救

这两天,衡阳朋友圈传出“车祸碾压 4 岁男孩生日美梦、长裙姐姐及时施救”的故事,感动了很多人。

7 月 8 日下午 3 时许,在衡山工业园区青山大道与 107 国道交叉处,一辆摩托车左转弯驶入主路,与一辆中型客车相撞。摩托车上祖孙 3 人受伤倒地,孙子才 4 岁,被重重甩出,倒在血泊中。

一辆白色越野车经过现场,停在了事故客车前。一位身着蓝色中长裙的年轻女子迅速下车,女子当即对伤势较为严重的男孩进行胸外按压,可男孩牙关紧闭,无复苏迹象,女子当即与伤势较轻的孩子的奶奶一起,将男孩抬上自己的车送往医院。

男孩经医院抢救,情况稍微稳定了。女子垫付 960 余元医药费后,悄悄离去。

受伤男孩后被转送衡阳南华附二医院治疗,7 月 9 日上午恢复意识,7 月 11 日脱离生命危险。这时,其家人才想起要感谢那位仗义相救的女子,却发现连她名字都不知道。

7 月 11 日下午,衡山县公安局受家属委托,辗转联系上了那位女子。“长裙姐姐”叫王青平,在一家企业上班。她曾做过护士,还是衡阳小红人志愿者协会的资深志愿者。

“我觉得就是一个本能之举。我一直担心那个男孩,昨天下午听说那个小男孩脱险了,我开心得哭了。”王青平说。

（作者:徐德荣、唐曦、夏建军。载自 2017 年 7 月 13 日《湖南日报》）

县委、县政府表彰的“三十佳”名录

2017年度衡山县“十佳人民满意公仆”名录

姓名	性别	籍　贯	出生年月	工作单位	职　　务	授予时间
钟志明	男	开云镇	1958.7	衡山县经科信局	电力执法大队长	2018.1
李和平	男	白果镇	1963.9	衡山县人社局	医保中心副主任	2018.1
曾淑红	女	新桥镇	1967.3	衡山县开云镇财政所	所长	2018.1
熊仲荣	男	岭坡乡	1968.1	衡山县史志办公室	主任	2018.1
李春林	男	萱洲镇	1970.3	衡山县福田铺乡	党委书记	2018.1
张富强	男	白果镇	1977.4	衡山县白果镇	党政办主任	2018.1
刘顺祥	男	贯塘乡	1980.3	衡山县纪委监察委机关	第四纪监室负责人	2018.1
彭智岳	女	东湖镇	1981.12	衡山县商粮局	股长	2018.1
周　伟	男	白果镇	1982.8	衡山县江东乡	党委副书记	2018.1
廖志伟	男	耒阳市	1983.1	衡山县经济开发区管委会	副主任	2018.1

2017年度衡山县“十佳岗位明星”名录

姓名	性别	籍　贯	出生年月	工作单位	职　　务	授予时间
胡湘桂	男	开云镇	1962.9	衡山县公路局望峰管理站	站长	2018.1
李文星	男	贯塘乡	1969.9	衡山县供销合作联合社	合作指导股负责人	2018.1
郑国军	男	岭坡乡	1971.11	衡山县紫金山国有林场	紫金工区主任	2018.1
管小玲	男	祁东县	1972.12	衡山县供电公司	经理	2018.1
屈文君	男	贯塘乡	1973.2	衡山县贯塘中心学校	校长	2018.1
廖鸾祥	男	岭坡乡	1975.8	衡山县店门镇文化站	站长	2018.1
肖庆华	男	萱洲镇	1976.1	衡山县农业综合开发办	工程股副股长	2018.1
吴文珠	女	开云镇	1976.12	衡山县广播电视有线网络公司	副总经理	2018.1
陈　亮	男	开云镇	1981.6	衡山县委宣传部《新衡山》报	记者、编辑	2018.1
李奇韬	女	江东乡	1982.11	衡山县岭坡乡望峰卫生院	工会主席	2018.1

2017年度衡山县“十佳村(社区)党组织书记”名录

姓名	性别	籍 贯	出生年月	工作单位	职 务	授予时间
杨和平	男	江东乡	1956.2	衡山县江东乡南坪村	党支部书记	2018.1
宋海秋	男	永和乡	1958.3	衡山县永和乡松坳村	党支部书记	2018.1
周海泉	男	贯塘乡	1958.5	衡山县贯塘乡老湾村	党支部书记	2018.1
欧心田	男	白果镇	1959.5	衡山县白果镇楚南桥社区	党支部书记	2018.1
郭伟雄	男	岭坡乡	1960.6	衡山县岭坡乡野莓谷村	党支部书记	2018.1
方洪明	男	长江镇	1960.1	衡山县长江镇孝心村	党支部书记	2018.1
曹载球	男	福田铺乡	1961.6	衡山县福田铺乡云峰村	党支部书记	2018.1
任桔秀	女	新桥镇	1963.1	衡山县新桥镇仙鹤村	党支部书记	2018.1
唐秋莲	女	东湖镇	1964.8	衡山县东湖镇坪田村	党支部书记	2018.1
黄文广	男	萱洲镇	1967.5	衡山县萱洲镇杨柳村	党支部书记	2018.1

文件选编

2017年中共衡山县委及其办公室发布的文件表录

序号	文件名称	发布文号	发布机关	发布日期
1	关于表彰2014年至2016年度慈善工作先进单位的通报	山办〔2017〕1号	中共衡山县委办公室 衡山县人民政府办公室	2017年1月18日
2	印发《关于进一步规范县内重要会议、重要活动的实施意见》的通知	山办〔2017〕2号	中共衡山县委办公室 衡山县人民政府办公室	2017年1月20日
3	关于表彰2016年度党风廉政建设先进单位的通报	山办〔2017〕3号	中共衡山县委办公室	2017年1月22日
4	关于2016年度全县重点项目建设考核情况的通报	山办〔2017〕4号	中共衡山县委办公室 衡山县人民政府办公室	2017年2月4日
5	关于2016年度安全生产工作考核情况的通报	山办〔2017〕5号	中共衡山县委办公室 衡山县人民政府办公室	2017年2月4日
6	关于2016年度社会治安综合治理考核情况的通报	山办〔2017〕6号	中共衡山县委办公室 衡山县人民政府办公室	2017年2月4日
7	关于表彰2016年度全县计划生育工作模范村(社区)和先进个人的通报	山办〔2017〕7号	中共衡山县委办公室 衡山县人民政府办公室	2017年2月4日
8	关于2016年度全县计划生育工作评估与奖惩情况的通报	山办〔2017〕8号	中共衡山县委办公室 衡山县人民政府办公室	2017年2月4日
9	关于2016年度全县农村环境和卫生综合整治工作考核结果与奖励情况的通报	山办〔2017〕9号	中共衡山县委办公室 衡山县人民政府办公室	2017年2月4日
10	关于治理耕地抛荒问题的若干意见	山办〔2017〕10号	中共衡山县委办公室 衡山县人民政府办公室	2017年3月2日
11	印发《衡山县脱贫攻坚工作考核办法》的通知	山办〔2017〕11号	中共衡山县委办公室 衡山县人民政府办公室	2017年3月2日
12	关于表彰2016年度全县农业农村工作先进乡镇的通报	山办〔2017〕12号	中共衡山县委办公室 衡山县人民政府办公室	2017年3月2日
13	关于表彰2016年度社会主义新农村建设工作先进个人的通报	山办〔2017〕13号	中共衡山县委办公室 衡山县人民政府办公室	2017年3月2日
14	关于表彰2016年度全县脱贫攻坚工先进单位和先进个人的通报	山办〔2017〕14号	中共衡山县委办公室 衡山县人民政府办公室	2017年3月2日
15	关于2016年度全县信访工作先进单位和先进个人的通报	山办〔2017〕15号	中共衡山县委办公室 衡山县人民政府办公室	2017年3月22日
16	印发《关于全面推行河长制的工作方案》的通知	山办〔2017〕16号	中共衡山县委办公室 衡山县人民政府办公室	2017年3月29日
17	关于印发《衡山县"深入基层、调研献策"活动方案》的通知	山办〔2017〕17号	中共衡山县委办公室	2017年4月0日
18	关于印发《衡山县脱贫攻坚工作责任清单》的通知	山办〔2017〕18号	中共衡山县委办公室 衡山县人民政府办公室	2017年4月1日
19	关于成立衡山县民族宗教工作领导小组的通知	山办〔2017〕19号	中共衡山县委办公室 衡山县人民政府办公室	2017年4月7日

续表

序号	文件名称	发布文号	发布机关	发布日期
20	关于印发《衡山县基层妇联组织改革实施方案》的通知	山办〔2017〕20号	中共衡山县委办公室 衡山县人民政府办公室	2017年5月8日
21	关于转发《中共衡阳市委办公室衡阳市人民政府办公室关于全市8起环境保护不力问题责任追究情况的通报》的通知	山办〔2017〕21号	中共衡山县委办公室 衡山县人民政府办公室	2017年5月9日
22	关于转发《中共衡阳市委办公室衡阳市人民政府办公室关于全市3起环保项目建设不力问题责任追究情况的通报》的通知	山办〔2017〕22号	中共衡山县委办公室 衡山县人民政府办公室	2017年5月10日
23	印发《衡山县2017年重点民生实事项目实施意见》的通知	山办〔2017〕23号	中共衡山县委办公室 衡山县人民政府办公室	2017年6月5日
24	关于2016年度全县目标管理绩效考核情况的通报	山办〔2017〕24号	中共衡山县委办公室 衡山县人民政府办公室	2017年7月13日
25	关于2017年衡山县第二批重点建设项目及企业联手帮扶项目安排的通知	山办〔2017〕25号	中共衡山县委办公室 衡山县人民政府办公室	2017年7月13日
26	关于认真组织收看电视专题片《将改革进行到底》的通知	山办〔2017〕26号	中共衡山县委办公室	2017年7月17日
27	关于认真组织收看电视专题片《将改革进行到底》的补充通知	山办〔2017〕27号	中共衡山县委办公室	2017年7月18日
28	关于印发《衡山县乡镇党政正职脱贫攻坚工作问责规定(试行)》的通知	山办〔2017〕28号	中共衡山县委办公室 衡山县人民政府办公室	2017年7月31日
29	关于印发《衡山县党政主要领导干部带头开展脱贫攻坚"三走访三签字"工作的实施方案》的补充通知	山办〔2017〕29号	中共衡山县委办公室 衡山县人民政府办公室	2017年8月9日
30	关于印发《衡山县加快推进"互联网+监督"工作实施方案》的通知	山办〔2017〕30号	中共衡山县委办公室 衡山县人民政府办公室	2017年8月14日
31	关于修订《衡山县突发事件处置基本原则及工作流程》的通知	山办〔2017〕31号	中共衡山县委办公室 衡山县人民政府办公室	2017年9月12日
32	关于进一步规范和落实党内报告工作制度的意见	山办〔2017〕32号	中共衡山县委办公室	2017年9月19日
33	关于印发《2017年度法治政府建设工作要点》的通知	山办〔2017〕33号	中共衡山县委办公室 衡山县人民政府办公室	2017年9月28日
34	关于表彰全县优秀扶贫干部、优秀驻村扶贫工作队长、优秀驻村扶贫工作队员的通报	山办〔2017〕34号	中共衡山县委办公室 衡山县人民政府办公室	2017年10月16日
35	关于明确县委办和县委深改办领导班子成员分工的通知	山办〔2017〕35号	中共衡山县委办公室	2017年10月18日
36	关于印发《衡山县委县政府领导安全生产工作责任清单》《衡山县县直部门安全生产责任清单》《衡山县生产经营单位安全生产主体责任清单》的通知	山办〔2017〕36号	中共衡山县委办公室 衡山县人民政府办公室	2017年10月29日
37	关于表彰2017年度全县党报党刊发行工作先进单位的通报	山办〔2017〕37号	中共衡山县委办公室 衡山县人民政府办公室	2017年11月1日
38	印发《关于学习宣传贯彻党的十九大精神的方案》的通知	山办〔2017〕38号	中共衡山县委办公室	2017年11月13日
39	关于转发湘厅〔2017〕28号文件切实做好全县《中办通讯》工作的通知	山办〔2017〕39号	中共衡山县委办公室	2017年11月27日
40	关于表彰党的十九大期间全县安保维稳工作先进集体和先进个人的通报	山办〔2017〕40号	中共衡山县委办公室 衡山县人民政府办公室	2017年12月1日
41	关于转发《中共衡阳市委办公室关于严明村(社区)党组织和村(居)民委员会换届纪律的通知》的通知	山办发〔2017〕1号	中共衡山县委办公室	2017年1月25日
42	关于印发《2017年县级领导联系乡镇、美丽乡村建设示范村和后盾单位安排表》的通知	山办发〔2017〕2号	中共衡山县委办公室 衡山县人民政府办公室	2017年2月6日
43	关于县级领导及县级部门联系贫困村的通知	山办发〔2017〕3号	中共衡山县委办公室 衡山县人民政府办公室	2017年2月6日

续表

序号	文件名称	发布文号	发布机关	发布日期
44	关于印发《衡山县2017“项目建设年”暨企业联手帮扶行动方案》的通知	山办发〔2017〕4号	中共衡山县委办公室 衡山县人民政府办公室	2017年2月7日
45	关于印发《贫困村驻村帮扶工作队管理考核办法》的通知	山办发〔2017〕5号	中共衡山县委办公室 衡山县人民政府办公室	2017年3月2日
46	关于印发《衡山县村(社区)党组织和村(居)民委员会换届选举工作实施方案》的通知	山办发〔2017〕6号	中共衡山县委办公室 衡山县人民政府办公室	2017年3月2日
47	印发《关于在县城城区道路开展分路段责任管理活动的实施方案》的通知	山办发〔2017〕7号	中共衡山县委办公室 衡山县人民政府办公室	2017年3月6日
48	关于转发《中共衡山县委宣传部关于全县乡镇、科局党委(党组)中心组2017年理论学习专题安排意见》的通知	山办发〔2017〕8号	中共衡山县委办公室	2017年3月15日
49	关于印发《衡山县环境保护督察工作方案》的通知	山办发〔2017〕9号	中共衡山县委办公室 衡山县人民政府办公室	2017年3月17日
50	关于印发《衡山县“迎老乡、回故乡、建家乡”行动工作方案》的通知	山办发〔2017〕10号	中共衡山县委办公室 衡山县人民政府办公室	2017年3月21日
51	关于对军队退役人员开展走访慰问活动的通知	山办发〔2017〕11号	中共衡山县委办公室 衡山县人民政府办公室	2017年3月22日
52	关于印发《衡山县“信访积案清零”行动实施方案》的通知	山办发〔2017〕12号	中共衡山县委办公室 衡山县人民政府办公室	2017年3月22日
53	印发《衡山县创建湖南省安全生产示范县方案》的通知	山办发〔2017〕13号	中共衡山县委办公室 衡山县人民政府办公室	2017年4月1日
54	转发《衡山县人大常委会关于开展“三学三争”主题实践活动的意见》的通知	山办发〔2017〕14号	中共衡山县委办公室	2017年4月6日
55	关于印发《中共衡山县委全面深化改革领导小组2017年工作要点》的通知	山办发〔2017〕15号	中共衡山县委办公室	2017年4月17日
56	关于印发《衡山县脱贫攻坚突出问题集中整改方案》的通知	山办发〔2017〕16号	中共衡山县委办公室 衡山县人民政府办公室	2017年4月21日
57	关于印发《衡山县脱贫攻坚工作问责办法(试行)》的通知	山办发〔2017〕17号	中共衡山县委办公室 衡山县人民政府办公室	2017年5月8日
58	印发《中共衡山县委巡察工作实施办法(试行)》的通知	山办发〔2017〕18号	中共衡山县委办公室	2017年5月9日
59	关于印发《衡山县易地扶贫搬迁工作实施细则(试行)》的通知	山办发〔2017〕19号	中共衡山县委办公室 衡山县人民政府办公室	2017年5月17日
60	关于转发《中共衡阳市委办公室衡阳市人民政府办公室关于对全市脱贫攻坚突出问题集中整改工作督查问责情况的通报》的通知	山办发〔2017〕20号	中共衡山县委办公室 衡山县人民政府办公室	2017年5月22日
61	关于印发《衡山县社区戒毒社区康复工作实施办法》的通知	山办发〔2017〕21号	中共衡山县委办公室 衡山县人民政府办公室	2017年5月22日
62	转发《衡阳市扶贫开发领导小组办公室关于进一步抓实脱贫攻坚结对帮扶工作的紧急通知》的通知	山办发〔2017〕22号	中共衡山县委办公室 衡山县人民政府办公室	2017年5月31日
63	转发《中共衡阳市委办公室衡阳市人民政府办公室关于印发〈衡阳市脱贫攻坚实施主要责任的问责规定(试行)〉的通知》的通知	山办发〔2017〕23号	中共衡山县委办公室 衡山县人民政府办公室	2017年5月31日
64	关于进一步加强扶贫队伍管理考核的通知	山办发〔2017〕24号	中共衡山县委办公室 衡山县人民政府办公室	2017年6月5日
65	印发《关于全面推进“诚信计生”工作的实施意见》的通知	山办发〔2017〕25号	中共衡山县委办公室 衡山县人民政府办公室	2017年6月5日
66	印发《关于推进“两学一做”学习教育常态化制度化的实施方案》的通知	山办发〔2017〕26号	中共衡山县委办公室	2017年6月12日
67	关于印发《衡山县2017年“欢乐潇湘·幸福衡山”暨“喜迎十九大·共建新衡山”群众文艺汇演工作方案》的通知	山办发〔2017〕27号	中共衡山县委办公室 衡山县人民政府办公室	2017年6月12日

续表

序号	文件名称	发布文号	发布机关	发布日期
68	印发《县委书记2016年度抓基层党建工作述职评议后续整改工作方案》的通知	山办发〔2017〕28号	中共衡山县委办公室	2017年6月15日
69	关于印发《衡山县脱贫攻坚“三走访三签字”工作方案》的通知	山办发〔2017〕29号	中共衡山县委办公室 衡山县人民政府办公室	2017年6月20日
70	关于印发《衡山县精准扶贫信访工作责任制实施细则》的通知	山办发〔2017〕30号	中共衡山县委办公室 衡山县人民政府办公室	2017年7月18日
71	印发《衡山县广播“村村响”系统运行管理办法（暂行）》的通知	山办发〔2017〕31号	中共衡山县委办公室 衡山县人民政府办公室	2017年7月27日
72	关于深入开展向廖俊波同志学习活动的通知	山办发〔2017〕32号	中共衡山县委办公室 衡山县人民政府办公室	2017年8月3日
73	关于印发《衡山县产业扶贫实施方案》的通知	山办发〔2017〕33号	中共衡山县委办公室 衡山县人民政府办公室	2017年8月10日
74	关于印发《衡山县开展清理国家公职人员违规参与涉矿等经营性活动专项整治工作实施方案》的通知	山办发〔2017〕34号	中共衡山县委办公室 衡山县人民政府办公室	2017年8月31日
75	关于转发中共衡山县委组织部衡山县财政局衡山县人力资源和社会保障局衡山县审计局《关于印发＜衡山县调整机关单位公务员规范津贴补贴工作实施方案＞的通知》的通知	山办发〔2017〕35号	中共衡山县委办公室 衡山县人民政府办公室	2017年9月11日
76	关于印发《衡山县党的十九大安保维稳工作总体方案》的通知	山办发〔2017〕36号	中共衡山县委办公室 衡山县人民政府办公室	2017年9月12日
77	关于切实加强新形势下优抚安置工作的意见	山办发〔2017〕37号	中共衡山县委办公室 衡山县人民政府办公室	2017年9月19日
78	印发《关于加强县纪委派驻机构建设的意见》的通知	山办发〔2017〕38号	中共衡山县委办公室	2017年9月25日
79	关于做好党的十九大期间值班应急工作的通知	山办发〔2017〕39号	中共衡山县委办公室	2017年10月13日
80	关于认真组织收听收看习近平同志在中国共产党第十九次全国代表大会上的报告的通知	山办发〔2017〕40号	中共衡山县委办公室 衡山县人民政府办公室	2017年10月16日
81	关于切实加强“中国·衡山”党政门户网站内容保障，深入推进政府信息和政务公开工作的通知	山办发〔2017〕41号	中共衡山县委办公室 衡山县人民政府办公室	2017年10月19日
82	关于印发《衡山县2017年度落实党风廉政建设党委主体责任检查考核方案》的通知	山办发〔2017〕42号	中共衡山县委办公室 衡山县人民政府办公室	2017年11月9日
83	关于提高市、县电视节目覆盖率的通知	山办发〔2017〕43号	中共衡山县委办公室 衡山县人民政府办公室	2017年11月8日
84	关于在全县开展首届“残疾人自强模范”和“扶残助残模范”评选活动的通知	山办发〔2017〕44号	中共衡山县委办公室 衡山县人民政府办公室	2017年11月10日
85	关于在全县组织开展党的十九大精神集中宣讲工作的通知	山办发〔2017〕45号	中共衡山县委办公室	2017年11月21日
86	印发《关于打击处理信访活动中违法犯罪行为的实施方案》的通知	山办发〔2017〕46号	中共衡山县委办公室	2017年12月4日
87	关于开展2017年度落实党风廉政建设党委主体责任检查考核的通知	山办发〔2017〕47号	中共衡山县委办公室	2017年12月14日
88	印发深入学习贯彻习近平总书记关于进一步纠正“四风”加强作风建设重要批示精神的通知	山办发〔2017〕48号	中共衡山县委办公室	2017年12月18日
89	关于印发《南岳衡山国家级自然保护区衡山境内突出环境问题再整改工作总体方案》的通知	山办发〔2017〕49号	中共衡山县委办公室 衡山县人民政府办公室	2017年12月19日
90	关于印发《南岳衡山国家级自然保护区衡山境内环境突出问题整改实施细则》的通知	山办发〔2017〕50号	中共衡山县委办公室 衡山县人民政府办公室	2017年12月19日

续表

序号	文 件 名 称	发布文号	发 布 机 关	发布日期
91	关于印发《南岳衡山国家级自然保护区衡山境内违法违规问题整改销号的指导意见》的通知	山办发〔2017〕51 号	中共衡山县委办公室 衡山县人民政府办公室	2017 年 12 月 19 日
92	关于印发《2017 年衡山县“双联”和困难职工帮扶工作项目化帮扶方案》的通知	山办发〔2017〕52 号	中共衡山县委办公室 衡山县人民政府办公室	2017 年 12 月 26 日
93	关于印发《2018 年县级领导“群众接待日”日程安排表》的通知	山办发〔2017〕53 号	中共衡山县委办公室 衡山县人民政府办公室	2017 年 12 月 27 日
94	关于做好 2017 年春节慰问工作的通知	山办通〔2017〕1 号	中共衡山县委办公室 衡山县人民政府办公室	2017 年 1 月 4 日
95	关于做好 2017 年“慈善一日捐”工作的通知	山办通〔2017〕2 号	中共衡山县委办公室 衡山县人民政府办公室	2017 年 1 月 18 日
96	关于转发《中共衡山县委宣传部对外宣传奖励办法》的通知	山办通〔2017〕3 号	中共衡山县委办公室 衡山县人民政府办公室	2017 年 2 月 3 日
97	关于召开 2017 年县委经济工作暨全县社会治安综合治理、人口和计划生育工作会议的通知	山办通〔2017〕4 号	中共衡山县委办公室 衡山县人民政府办公室	2017 年 2 月 4 日
98	关于成立衡山县农村土地承包经营权确权登记颁证工作领导小组的通知	山办通〔2017〕5 号	中共衡山县委办公室 衡山县人民政府办公室	2017 年 2 月 8 日
99	关于成立衡山县企业联手帮扶工作领导小组的通知	山办通〔2017〕6 号	中共衡山县委办公室 衡山县人民政府办公室	2017 年 2 月 7 日
100	关于调整贫困村驻村帮扶工作队的通知	山办通〔2017〕7 号	中共衡山县委办公室 衡山县人民政府办公室	2017 年 3 月 2 日
101	关于印发《衡山县脱贫攻坚工作责任清单》的通知	山办通〔2017〕8 号	中共衡山县委办公室 衡山县人民政府办公室	2017 年 3 月 2 日
102	关于成立衡山县村(社区)“两委”换届选举工作领导小组及相应机构的通知	山办通〔2017〕9 号	中共衡山县委办公室 衡山县人民政府办公室	2017 年 3 月 3 日
103	关于成立华夏湘江项目建设协调指挥部的通知	山办通〔2017〕10 号	中共衡山县委办公室 衡山县人民政府办公室	2017 年 3 月 13 日
104	关于成立衡山县防范和处置非法集资工作领导小组的通知	山办通〔2017〕11 号	中共衡山县委办公室 衡山县人民政府办公室	2017 年 3 月 13 日
105	关于调整国防动员委员会人员、机构设置的通知	山办通〔2017〕12 号	中共衡山县委办公室 衡山县人民政府办公室	2017 年 3 月 15 日
106	关于成立衡山县生态环境保护委员会的通知	山办通〔2017〕13 号	中共衡山县委办公室 衡山县人民政府办公室	2017 年 3 月 17 日
107	关于成立衡山县旅游产业发展领导小组的通知	山办通〔2017〕14 号	中共衡山县委办公室 衡山县人民政府办公室	2017 年 3 月 23 日
108	关于成立衡山县河长制工作委员会的通知	山办通〔2017〕15 号	中共衡山县委办公室 衡山县人民政府办公室	2017 年 3 月 29 日
109	关于成立衡山县公立医院综合改革领导小组的通知	山办通〔2017〕16 号	中共衡山县委办公室 衡山县人民政府办公室	2017 年 3 月 31 日
110	关于认真做好《衡山年鉴(2017)》资料征集工作的通知	山办通〔2017〕17 号	中共衡山县委办公室 衡山县人民政府办公室	2017 年 4 月 6 日
111	关于成立衡山县文化艺术服务中心项目建设领导小组的通知	山办通〔2017〕18 号	中共衡山县委办公室 衡山县人民政府办公室	2017 年 4 月 6 日
112	关于调整《中国共产党衡山历史》编纂委员会等议事协调机构的通知	山办通〔2017〕19 号	中共衡山县委办公室 衡山县人民政府办公室	2017 年 4 月 7 日
113	关于印发《衡山县清收行政事业单位、国家公职人员拖欠银行贷款工作方案》的通知	山办通〔2017〕20 号	中共衡山县委办公室 衡山县人民政府办公室	2017 年 4 月 11 日
114	关于成立衡山县清收行政事业单位、国家公职人员拖欠银行贷款领导小组的通知	山办通〔2017〕21 号	中共衡山县委办公室 衡山县人民政府办公室	2017 年 4 月 11 日
115	关于调整衡山县扶贫开发领导小组组成人员的通知	山办通〔2017〕22 号	中共衡山县委办公室 衡山县人民政府办公室	2017 年 4 月 21 日
116	关于成立衡山县脱贫攻坚问题整改领导小组的通知	山办通〔2017〕23 号	中共衡山县委办公室 衡山县人民政府办公室	2017 年 4 月 25 日
117	关于做好 2017 年“五一”期间有关工作的通知	山办通〔2017〕24 号	中共衡山县委办公室 衡山县人民政府办公室	2017 年 4 月 28 日

续表

序号	文 件 名 称	发布文号	发 布 机 关	发布日期
118	关于调整衡山县退役士兵安置、教育培训及“双带双促”工作领导小组的通知	山办通〔2017〕25 号	中共衡山县委办公室 衡山县人民政府办公室	2017 年 5 月 2 日
119	关于印发《衡山县脱贫攻坚突出问题集中整改督导方案》的通知	山办通〔2017〕26 号	中共衡山县委办公室 衡山县人民政府办公室	2017 年 5 月 9 日
120	关于成立县委巡察工作领导小组的通知	山办通〔2017〕27 号	中共衡山县委办公室	2017 年 5 月 11 日
121	关于成立衡山县易地扶贫搬迁工作领导小组的通知	山办通〔2017〕28 号	中共衡山县委办公室 衡山县人民政府办公室	2017 年 5 月 17 日
122	关于配合开展全省脱贫攻坚工作大督查的预备通知	山办通〔2017〕29 号	中共衡山县委办公室 衡山县人民政府办公室	2017 年 5 月 21 日
123	关于调整衡山县禁毒委员会组成人员的通知	山办通〔2017〕30 号	中共衡山县委办公室 衡山县人民政府办公室	2017 年 5 月 22 日
124	关于调整衡山县全面建成小康社会推进工作领导小组及办公室组成人员的通知	山办通〔2017〕31 号	中共衡山县委办公室 衡山县人民政府办公室	2017 年 5 月 25 日
125	关于深入开展结对帮扶活动的通知	山办通〔2017〕32 号	中共衡山县委办公室 衡山县人民政府办公室	2017 年 5 月 26 日
126	关于成立衡山县深化供销合作社综合改革领导小组的通知	山办通〔2017〕33 号	中共衡山县委办公室 衡山县人民政府办公室	2017 年 5 月 31 日
127	印发《关于做好衡山县村(社区)团组织换届选举有关工作的通知》的通知	山办通〔2017〕34 号	中共衡山县委办公室	2017 年 6 月 6 日
128	关于成立衡山县综治中心规范化建设领导小组的通知	山办通〔2017〕35 号	中共衡山县委办公室 衡山县人民政府办公室	2017 年 7 月 5 日
129	关于加强防汛抗灾和灾后重建工作的紧急通知	山办通〔2017〕36 号	中共衡山县委办公室 衡山县人民政府办公室	2017 年 7 月 8 日
130	关于成立湖南衡山仙逸人间生态农业旅游区项目建设协调领导小组的通知	山办通〔2017〕37 号	中共衡山县委办公室 衡山县人民政府办公室	2017 年 7 月 10 日
131	关于调整衡山县目标管理绩效考核工作领导小组的通知	山办通〔2017〕38 号	中共衡山县委办公室 衡山县人民政府办公室	2017 年 7 月 13 日
132	关于调整衡山县维护稳定工作领导小组组成人员的通知	山办通〔2017〕39 号	中共衡山县委办公室 衡山县人民政府办公室	2017 年 7 月 13 日
133	关于做好全县“八一”期间双拥工作的通知	山办通〔2017〕40 号	中共衡山县委办公室 衡山县人民政府办公室	2017 年 7 月 17 日
134	关于印发《衡山县 2017 年“十佳人民满意公仆”“十佳岗位明星”“十佳村(社区)党组织书记”评选表彰活动方案》的通知	山办通〔2017〕41 号	中共衡山县委办公室 衡山县人民政府办公室	2017 年 7 月 19 日
135	关于做好衡山党政移动 APP“智慧衡山”手机客户端宣传推广工作的通知	山办通〔2017〕42 号	中共衡山县委办公室 衡山县人民政府办公室	2017 年 7 月 26 日
136	关于调整衡山县信访工作联席会议组成人员的通知	山办通〔2017〕43 号	中共衡山县委办公室 衡山县人民政府办公室	2017 年 8 月 15 日
137	关于成立衡山县突出环境问题整改工作领导小组的通知	山办通〔2017〕44 号	中共衡山县委办公室 衡山县人民政府办公室	2017 年 8 月 31 日
138	关于调整衡山县公开选拔工作等领导小组的通知	山办通〔2017〕45 号	中共衡山县委办公室 衡山县人民政府办公室	2017 年 9 月 5 日
139	关于明确市对县目标管理绩效考核工作责任的通知	山办通〔2017〕46 号	中共衡山县委办公室 衡山县人民政府办公室	2017 年 9 月 5 日
140	关于调整衡山县黄花新区项目开发建设协调指挥部的通知	山办通〔2017〕47 号	中共衡山县委办公室 衡山县人民政府办公室	2017 年 9 月 11 日
141	关于成立衡山县卫生和计划生育工作领导小组的通知	山办通〔2017〕48 号	中共衡山县委办公室 衡山县人民政府办公室	2017 年 9 月 11 日
142	关于在全县集中开展“矛盾纠纷大排查,领导干部大接访,信访积案大化解,信访工作大督查”活动的通知	山办通〔2017〕49 号	中共衡山县委办公室 衡山县人民政府办公室	2017 年 9 月 11 日
143	关于认真做好党的十九大特护期间安保维稳情报信息报送及值班备勤工作的通知	山办通〔2017〕50 号	中共衡山县委办公室	2017 年 9 月 13 日

续表

序号	文件名称	发布文号	发布机关	发布日期
144	印发关于十九大特护期节假双休日县级领导值班接访的通知	山办通〔2017〕51号	中共衡山县委办公室 衡山县人民政府办公室	2017年9月19日
145	关于调整衡山县迎接省级卫生县城复审工作领导小组的通知	山办通〔2017〕52号	中共衡山县委办公室 衡山县人民政府办公室	2017年9月25日
146	关于做好2017年“国庆”“中秋”节日期间有关工作的通知	山办通〔2017〕53号	中共衡山县委办公室 衡山县人民政府办公室	2017年9月25日
147	关于印发《党的十九大期间衡山县党政领导干部带队夜巡工作方案》的通知	山办通〔2017〕54号	中共衡山县委办公室 衡山县人民政府办公室	2017年9月28日
148	关于做好国庆、中秋“两节”期间信访维稳工作的通知	山办通〔2017〕55号	中共衡山县委办公室 衡山县人民政府办公室	2017年9月30日
149	关于成立毛泽建公园至千吨级码头沿江路项目建设指挥部的通知	山办通〔2017〕56号	中共衡山县委办公室 衡山县人民政府办公室	2017年10月24日
150	关于做好2018年度党报党刊发行工作的通知	山办通〔2017〕57号	中共衡山县委办公室 衡山县人民政府办公室	2017年11月1日
151	关于调整县委巡察工作领导小组的通知	山办通〔2017〕58号	中共衡山县委办公室	2017年11月3日
152	关于调整衡山县级河长名单的通知	山办通〔2017〕59号	中共衡山县委办公室 衡山县人民政府办公室	2017年11月10日
153	关于调整衡山县离退休干部工作等领导小组成员的通知	山办通〔2017〕60号	中共衡山县委办公室	2017年10月27日
154	印发《关于做好全县县、乡两级残联换届工作的意见》的通知	山办通〔2017〕61号	中共衡山县委办公室 衡山县人民政府办公室	2017年11月15日
155	关于在全县开展“爱心献春蕾”助学活动的通知	山办通〔2017〕62号	中共衡山县委办公室 衡山县人民政府办公室	2017年11月16日
156	关于成立衡山县深化监察体制改革试点工作小组的通知	山办通〔2017〕63号	中共衡山县委办公室	2017年11月20日
157	关于进一步严格执行领导干部外出等重大事项请示报告制度保持通讯畅通的通知	山办通〔2017〕64号	中共衡山县委办公室	2017年11月24日
158	关于成立华夏湘江项目建设指挥部的通知	山办通〔2017〕65号	中共衡山县委办公室 衡山县人民政府办公室	2017年11月30日
159	关于成立衡山县田园综合体建设试点指挥部的通知	山办通〔2017〕66号	中共衡山县委办公室 衡山县人民政府办公室	2017年12月12日
160	关于调整衡山县妇女儿童工作委员会的通知	山办通〔2017〕67号	中共衡山县委办公室 衡山县人民政府办公室	2017年12月18日
161	关于成立衡山县2017年公开招聘教师工作领导小组的通知	山办通〔2017〕68号	中共衡山县委办公室 衡山县人民政府办公室	2017年12月20日
162	关于成立县委网络安全和信息化领导小组的通知	山办通〔2017〕69号	中共衡山县委办公室 衡山县人民政府办公室	2017年12月21日
163	关于做好2018年元旦春节期间有关工作的通知	山办通〔2017〕70号	中共衡山县委办公室 衡山县人民政府办公室	2017年12月28日
164	关于实施全域旅游战略建设旅游强县的决定	山发〔2017〕1号	中共衡山县委 衡山县人民政府	2017年3月22日
165	转发《县委宣传部、县司法局关于在全县公民中深入开展法治宣传教育的第七个五年规划(2016—2020年)》的通知	山发〔2017〕2号	中共衡山县委 衡山县人民政府	2017年6月7日
166	关于深化供销合作社综合改革的实施意见	山发〔2017〕3号	中共衡山县委 衡山县人民政府	2017年7月7日
167	关于印发《深入推进义务教育均衡发展整改工作实施方案》的通知	山发〔2017〕4号	中共衡山县委 衡山县人民政府	2017年7月7日
168	关于做好2017年度全县目标管理绩效考核工作的意见	山发〔2017〕5号	中共衡山县委 衡山县人民政府	2017年8月8日
169	关于印发《衡山县筹备湖南省第十三届运动会柔道项目比赛总体方案》的通知	山发〔2017〕6号	中共衡山县委 衡山县人民政府	2017年11月28日
170	关于促进招商引资工作的若干规定	山发〔2017〕7号	中共衡山县委 衡山县人民政府	2017年12月11日

续表

序号	文 件 名 称	发布文号	发 布 机 关	发布日期
171	关于印发《衡山县深化国家监察体制改革试点工作实施细则》的通知	山发〔2017〕8 号	中共衡山县委	2017 年 12 月 14 日
172	关于做好中国共产党成立 96 周年庆祝活动有关工作的通知	山委〔2017〕1 号	中共衡山县委	2017 年 6 月 13 日
173	关于衡山县第四次归国华侨侨眷代表大会选举结果的批复	山委〔2017〕2 号	中共衡山县委	2017 年 7 月 20 日
174	关于表彰 2016 年度全县机关事业单位先进个人的决定	山委〔2017〕3 号	中共衡山县委 衡山县人民政府	2017 年 8 月 3 日
175	关于建议停止执行王洪斌同志中共衡阳市第十一次代表大会代表职务的报告	山委〔2017〕4 号	中共衡山县委	2017 年 8 月 16 日
176	关于同意成立中国共产党衡山县委离退休干部工作委员会的批复	山委〔2017〕5 号	中共衡山县委	2017 年 9 月 22 日
177	印发《关于从严监督管理党员干部的十项措施》的通知	山委〔2017〕6 号	中共衡山县委	2017 年 11 月 19 日
178	关于审批《衡山县深化国家监察体制改革试点工作实施细则》的请示	山委〔2017〕7 号	中共衡山县委	2017 年 12 月 1 日

2017 年衡山县人民政府及其办公室发布的文件表录

文 号	发布日期	发布机关	文件标题
山政〔2017〕1 号	2017 年 1 月 9 日	衡山县人民政府	关于调整我县异地扶贫搬迁计划的请示
山政〔2017〕2 号	2017 年 1 月 10 日	衡山县人民政府	关于调整衡山县 2012 年城乡建设用地增减挂钩项目建新区的请示
山政〔2017〕3 号	2017 年 1 月 22 日	衡山县人民政府	关于将我县萱洲镇列入省新农村建设示范片建设的请示
山政〔2017〕4 号	2017 年 2 月 23 日	衡山县人民政府	关于批复长江镇等 11 个乡镇土地利用总体规划(2006—2020 年)(2016 年修改版)的请示
山政〔2017〕6 号	2017 年 2 月 16 日	衡山县人民政府	关于将衡山县东湖镇方广寺景区公路及衡山县岳北大道旅游公路纳入“2017 年新建旅游通景公路计划”的请示
山政〔2017〕7 号	2017 年 2 月 28 日	衡山县人民政府	关于加大现代皇茶产业园扶持力度的请示
山政〔2017〕8 号	2017 年 3 月 1 日	衡山县人民政府	关于我县十三五交通基础设施项目申请银行贷款的请示
山政〔2017〕9 号	2017 年 3 月 8 日	衡山县人民政府	关于撤销沙泉治超检测站的请示
山政〔2017〕10 号	2017 年 3 月 16 日	衡山县人民政府	关于衡山县创建 2017 年省级安全生产示范县的请示
山政〔2017〕11 号	2017 年 3 月 28 日	衡山县人民政府	关于督促南岳衡山国家级自然保护区进行调规的请示
山政〔2017〕12 号	2017 年 4 月 5 日	衡山县人民政府	关于批准实施《衡山港总体规划》的请示
山政〔2017〕13 号	2017 年 4 月 14 日	衡山县人民政府	关于批准《2017 年衡山县早加晚优模式绿色高产高效创建实施方案》的请示
山政〔2017〕14 号	2017 年 4 月 24 日	衡山县人民政府	关于我县客运企业在南岳中心景区投资参运的请示
山政〔2017〕15 号	2017 年 5 月 8 日	衡山县人民政府	关于将衡山县萱洲镇全域申报为国家田园综合体试点的请示
山政〔2017〕16 号	2017 年 5 月 9 日	衡山县人民政府	关于增加我县光伏扶贫项目计划的请示

续表

文　号	发布日期	发布机关	文件标题
山政〔2017〕17号	2017年5月9日	衡山县人民政府	关于对湖南省水运建设投资集团有限公司大源渡航电枢纽应纳企业所得税明确分成比例请示
山政〔2017〕18号	2017年5月15日	衡山县人民政府	关于湖南衡山经济开发区申请认定省级高新技术产业开发区相关事项的请示
山政〔2017〕19号	2017年6月5日	衡山县人民政府	关于征求《衡山港总体规划》意见的请示
山政〔2017〕20号	2017年6月9日	衡山县人民政府	关于为我县发行企业债券提供担保的请示
山政〔2017〕21号	2017年7月7日	衡山县人民政府	关于华夏湘江股份有限公司水上公园项目立项的请示
山政〔2017〕22号	2017年7月10日	衡山县人民政府	关于对我县开云镇先农社区九组(育英街)地质灾害治理申请立项的请示
山政〔2017〕23号	2017年7月14日	衡山县人民政府	关于推进省有色金属研究院控股湖南春昌再生资源有限公司的请示(市人民政府、省政协杨主席)
山政〔2017〕24号	2017年7月14日	衡山县人民政府	关于推进省有色金属研究院控股湖南春昌再生资源有限公司的请示(省有色金属管理局)
山政〔2017〕25号	2017年7月17日	衡山县人民政府	关于衡山县县城生活垃圾收运系统工程返回中央预算内资金的请示
山政〔2017〕26号	2017年7月18日	衡山县人民政府	关于批准我县启用租仓收购粮食的请示
山政〔2017〕27号	2017年7月19日	衡山县人民政府	关于南岳衡山国家级自然保护区衡山县范围内矿山企业执法相关事项的请示
山政〔2017〕28号	2017年7月19日	衡山县人民政府	关于推荐湖南丽成科技股份有限公司申请产业投资基金的请示
山政〔2017〕29号	2017年8月1日	衡山县人民政府	关于对我县2016年度国土资源节约集约模范县省级达标复核工作进行验收的请示
山政〔2017〕30号	2017年8月1日	衡山县人民政府	关于对我县白果镇湘茂石膏矿和白果镇兴盛石膏矿采空区治理进行验收的请示
山政〔2017〕31号	2017年8月1日	衡山县人民政府	关于加大对省级特色示范项目扶持力度的请示
山政〔2017〕32号	2017年8月22日	衡山县人民政府	关于举办"骑行华夏、爱鸟行动"自行车挑战赛的请示
山政〔2017〕33号	2017年8月22日	衡山县人民政府	关于批准白果镇树枫村水利基础设施工程立项的请示
山政〔2017〕34号	2017年8月28日	衡山县人民政府	关于加快S51南岳高速萱洲互通及连接线项目立项审查的请示
山政〔2017〕35号	2017年8月29日	衡山县人民政府	关于《衡阳市生态保护红线划定建议方案》修改意见的请示
山政〔2017〕36号	2017年8月30日	衡山县人民政府	关于批复《衡山县开云镇土地利用总体规划(2006—2020年)》(2016年修订版)的请示
山政〔2017〕37号	2017年9月7日	衡山县人民政府	关于解决雷钵峰旅游基础设施建设经费的请示
山政〔2017〕38号	2017年9月15日	衡山县人民政府	关于《衡山港总体规划》备案的请示
山政〔2017〕39号	2017年9月21日	衡山县人民政府	关于解决衡山县救灾应急补助资金的请示
山政〔2017〕40号	2017年10月18日	衡山县人民政府	关于请求不将湖南·衡山 虎山福地文化旅游区项目区域纳入生态保护红线范围的请示
山政〔2017〕41号	2017年10月20日	衡山县人民政府	关于批准《衡山县矿产资源总体规划(2016—2020年)》的请示
山政〔2017〕42号	2017年10月26日	衡山县人民政府	关于我县岭坡乡望峰村仁字牌一组不稳定斜坡重大地质灾害治理项目申请立项的请示
山政〔2017〕43号	2017年10月26日	衡山县人民政府	关于我县长江镇等四个乡镇地质灾害搬迁避让申请立项的请示

续表

文　　号	发布日期	发布机关	文件标题
山政〔2017〕44 号	2017 年 11 月 29 日	衡山县人民政府	关于 2018 年度省投资衡山县长江镇霞流冲村历史遗留问题和自然灾害损毁土地复垦项目的请示
山政〔2017〕45 号	2017 年 11 月 1 日	衡山县人民政府	关于对南岳衡山国家级自然保护区衡山县境内卫星遥感监测人类活动点销号及遥感监测重点问题销号的请示
山政〔2017〕46 号	2017 年 11 月 10 日	衡山县人民政府	关于湖南南岳衡山国家级自然保护区相关工作的请示
山政〔2017〕47 号	2017 年 11 月 10 日	衡山县人民政府	关于申报 2017 年度湖南省美丽乡村建设先进县的请示
山政〔2017〕48 号	2017 年 11 月 16 日	衡山县人民政府	关于调整我县 2017 年度易地扶贫搬迁计划任务的请示
山政〔2017〕49 号	2017 年 11 月 30 日	衡山县人民政府	关于尽快妥处衡山岳北公司工业园收储点 12P9 号仓 21939 吨 2015 年中晚稻托市粮的请示
山政〔2017〕50 号	2017 年 12 月 12 日	衡山县人民政府	关于申报 2018 年湖南省农业综合开发现代农业示范园试点项目的请示
山政〔2017〕51 号	2017 年 12 月 17 日	衡山县人民政府	关于请求对我县城镇基础设施和公共服务设施建设项目予以政策和资金支持的请示
山政〔2017〕52 号	2017 年 12 月 21 日	衡山县人民政府	关于中央环保督察反馈南岳衡山国家级自然保护区衡山境内存在问题销号的请示
山政发〔2017〕1 号	2017 年 5 月 3 日	衡山县人民政府	关于印发《2017 年〈政府工作报告〉重点工作责任分解表》的通知
山政发〔2017〕2 号	2017 年 1 月 18 日	衡山县人民政府	关于印发《衡山县 H7N9 人禽流感防控工作方案》的通知
山政发〔2017〕3 号	2017 年 1 月 24 日	衡山县人民政府	关于印发《衡山县全民健身实施计划（2016—2020）》的通知
山政发〔2017〕4 号	2017 年 2 月 8 日	衡山县人民政府	关于印发《衡山县 2017 年度义务教育合格学校建设规划》的通知
山政发〔2017〕5 号	2017 年 2 月 20 日	衡山县人民政府	关于印发《衡山县黄花路征地拆迁补偿安置方案》的通知
山政发〔2017〕6 号	2017 年 3 月 3 日	衡山县人民政府	关于印发《关于进一步落实“门前三包”责任制的实施方案》的通知
山政发〔2017〕7 号	2017 年 3 月 9 日	衡山县人民政府	关于印发《湖南衡山萱洲国家湿地公园保护管理办法》的通知
山政发〔2017〕8 号	2017 年 3 月 28 日	衡山县人民政府	衡山县人民政府关于加快休闲农业发展的意见
山政发〔2017〕9 号	2017 年 3 月 28 日	衡山县人民政府	关于印发《衡山衡山县人民政府政府外聘法律顾问工作规则》的通知
山政发〔2017〕10 号	2017 年 3 月 30 日	衡山县人民政府	关于印发《衡山县 2017—2020 年突发性地质灾害应急预案》的通知
山政发〔2017〕11 号	2017 年 3 月 30 日	衡山县人民政府	关于印发《衡山县 2017 年度地质灾害防治方案》的通知
山政发〔2017〕12 号	2017 年 3 月 29 日	衡山县人民政府	关于印发《衡山县创建市级金融安全区工作方案》的通知
山政发〔2017〕13 号	2017 年 3 月 29 日	衡山县人民政府	关于印发《衡山县医疗卫生服务体系规划（2016—2020）》的通知
山政发〔2017〕14 号	2017 年 4 月 12 日	衡山县人民政府	关于印发《衡山县城乡居民基本医疗保险实施细则（试行）》的通知
山政发〔2017〕15 号	2017 年 5 月 2 日	衡山县人民政府	关于印发〈衡山县重点建设项目行政审批“快速直通车”实施办法〉的通知
山政发〔2017〕16 号	2017 年 5 月 2 日	衡山县人民政府	关于印发《衡山县大中型水库特困移民避险解困搬迁项目实施办法》的通知
山政发〔2017〕17 号	2017 年 5 月 2 日	衡山县人民政府	关于成立衡山县大中型水库特困移民避险解困搬迁工作领导小组的通知
山政发〔2017〕18 号	2017 年 5 月 18 日	衡山县人民政府	关于印发《衡山县电商扶贫工作实施方案》的通知

续表

文　　号	发布日期	发布机关	文件标题
山政发〔2017〕19 号	2017 年 6 月 6 日	衡山县人民政府	关于印发《关于加速推进县城卫生提质的议案办理工作方案》的通知
山政发〔2017〕20 号	2017 年 8 月 3 日	衡山县人民政府	关于印发《湘江二级航道二期工程衡山段航道疏浚砂石资源税费综合征管实施办法》的通知
山政发〔2017〕21 号	2017 年 8 月 24 日	衡山县人民政府	关于印发《衡山县临时救助制度实施意见(试行)》的通知
山政发〔2017〕22 号	2017 年 9 月 12 日	衡山县人民政府	关于印发《衡山县突发事件总体应急预案》的通知
山政发〔2017〕23 号	2017 年 9 月 12 日	衡山县人民政府	关于印发《落实市长郑建新同志衡山县视察调研讲话精神工作责任分解表》的通知
山政发〔2017〕24 号	2017 年 9 月 20 日	衡山县人民政府	关于印发《衡山县加强农村留守儿童关爱保护和困境儿童保障工作实施方案》的通知
山政发〔2017〕25 号	2017 年 9 月 21 日	衡山县人民政府	关于印发《衡山县政府合同管理暂行办法》的通知
山政发〔2017〕26 号	2017 年 10 月 10 日	衡山县人民政府	关于我县不动产登记若干历史遗留问题处理的意见
山政发〔2017〕27 号	2017 年 10 月 24 日	衡山县人民政府	关于做好 2016 年冬季转业士官和城镇退役士兵安置工作的通知
山政发〔2017〕28 号	2017 年 4 月 28 日	衡山县人民政府	关于印发《衡山县紫巾路房屋拆迁补偿安置方案》的通知
山政函〔2017〕2 号	2017 年 1 月 18 日	衡山县人民政府	关于加快一号重点工程治理类项目建设进度的承诺函
山政函〔2017〕3 号	2017 年 1 月 19 日	衡山县人民政府	关于审查通过衡山县萱洲镇 110 千伏变 35 千伏线路工程“6・17”电杆倒塌事故调查报告的批复
山政函〔2017〕4 号	2017 年 2 月 8 日	衡山县人民政府	关于请求将衡山县部分学校列为 2017 年全省义务教育合格学校建设项目校的函
山政函〔2017〕5 号	2017 年 1 月 23 日	衡山县人民政府	关于商请大力支持百年名校岳云中学发展的函
山政函〔2017〕6 号	2017 年 2 月 21 日	衡山县人民政府	关于衡山县 2016 年城镇保障性安居工程跟踪审计征求意见稿的回复意见
山政函〔2017〕7 号	2017 年 2 月 28 日	衡山县人民政府	关于廖文伟等同志职务任免的通知
山政函〔2017〕8 号	2017 年 3 月 16 日	衡山县人民政府	关于原则同意衡山县 2017 年至 2022 年烟花爆竹经营(零售)布点规划的批复
山政函〔2017〕9 号	2017 年 3 月 28 日	衡山县人民政府	关于确定纳入湘江流域存量垃圾场综合治理亚行贷款项目的函
山政函〔2017〕10 号	2017 年 3 月 28 日	衡山县人民政府	关于确定和聘请县人民政府法律顾问的通知
山政函〔2017〕11 号	2017 年 4 月 7 日	衡山县人民政府	关于深化衡山县城环境空气质量治理工作的通知
山政函〔2017〕12 号	2017 年 4 月 14 日	衡山县人民政府	关于店门镇派出所业务用房建设项目因工程款支付合同纠纷引发拖欠农民工工资一事核查情况的报告
山政函〔2017〕13 号	2017 年 4 月 17 日	衡山县人民政府	关于秦方进任衡山县人民政府县长期间经济责任审计落实整改的报告
山政函〔2017〕14 号	2017 年 4 月 24 日	衡山县人民政府	关于原则同意衡山经济开发区建设投资开发有限公司将其名下部分国有出让土地作为贷款抵押物向湖南衡山农村商业银行股份有限公司申请贷款批复
山政函〔2017〕15 号	2017 年 4 月 24 日	衡山县人民政府	关于国家粮食质量安全检验监测能力建设项目配套资金的承诺函
山政函〔2017〕16 号	2017 年 4 月 25 日	衡山县人民政府	关于衡山县 2017 年度第二批次建设用地项目(增减挂钩项目建新区)开发论证报告的批复
山政函〔2017〕17 号	2017 年 5 月 2 日	衡山县人民政府	关于衡山县 2017 年度第一批次建设用地项目开发论证报告的批复
山政函〔2017〕18 号	2017 年 5 月 4 日	衡山县人民政府	关于中央环保督查第四批转交办开云镇九龙村工地污染水源信访办理情况的报告

续表

文　　号	发布日期	发布机关	文 件 标 题
山政函〔2017〕19 号	2017 年 5 月 5 日	衡山县人民政府	关于衡山县 2016 年城镇保障性安居工程审计整改回复意见
山政函〔2017〕20 号	2017 年 5 月 5 日	衡山县人民政府	关于衡山县 2016 年城镇保障性安居工程审计督促整改函的回复意见
山政函〔2017〕21 号	2017 年 5 月 9 日	衡山县人民政府	关于中央环保督察组转交办 2017050355 案件办理情况的报告
山政函〔2017〕22 号	2017 年 5 月 9 日	衡山县人民政府	关于对《衡山县安全生产监督管理局 2017 年度安全生产行政执法工作计划》的批复
山政函〔2017〕23 号	2017 年 5 月 11 日	衡山县人民政府	关于衡山县 2016 年度第二批次建设用地项目(低丘缓坡项目)开发论证报告的批复
山政函〔2017〕24 号	2017 年 5 月 12 日	衡山县人民政府	关于中央环保督察组第六组转交办 2017050783 案件办理情况的报告
山政函〔2017〕25 号	2017 年 5 月 12 日	衡山县人民政府	关于南岳衡山国家级自然保护区相关情况的报告
山政函〔2017〕26 号	2017 年 5 月 12 日	衡山县人民政府	关于中央环保督察组交办 2017050851 案件办理情况的报告
山政函〔2017〕27 号	2017 年 5 月 12 日	衡山县人民政府	关于中央环保督察组交办 2017050977 案件办理情况的报告
山政函〔2017〕28 号	2017 年 5 月 12 日	衡山县人民政府	关于中央环保督察组交办 2017050979 案件办理情况的报告
山政函〔2017〕29 号	2017 年 5 月 13 日	衡山县人民政府	关于中央环保督察组交办 2017050771 案件办理情况的报告
山政函〔2017〕30 号	2017 年 5 月 13 日	衡山县人民政府	关于中央环保督察组交办 2017050976 案件办理情况的报告
山政函〔2017〕31 号	2017 年 5 月 13 日	衡山县人民政府	关于中央环保督察组交办 2017050850 案件办理情况的报告
山政函〔2017〕32 号	2017 年 5 月 14 日	衡山县人民政府	关于中央环保督察组交办 2017050920 案件办理情况的报告
山政函〔2017〕33 号	2017 年 5 月 15 日	衡山县人民政府	关于中央环保督察组转交办 2017050973 案件办理情况的报告
山政函〔2017〕34 号	2017 年 5 月 15 日	衡山县人民政府	关于中央环保督察组转交办 2017050978 案件办理情况的报告
山政函〔2017〕35 号	2017 年 5 月 18 日	衡山县人民政府	关于中央环保督察组转交办 2017051546(信)案件办理情况的报告
山政函〔2017〕36 号	2017 年 5 月 22 日	衡山县人民政府	关于中央环保督察组转交办 2017051638(信)案件办理情况的报告
山政函〔2017〕37 号	2017 年 5 月 23 日	衡山县人民政府	关于对衡山县建档立卡贫困劳动力转移就业实施交通补助的通知
山政函〔2017〕38 号	2017 年 5 月 23 日	衡山县人民政府	关于委托县安监局牵头成立“5·21”事故调查组的函
山政函〔2017〕39 号	2017 年 5 月 24 日	衡山县人民政府	关于中央环保督察组转交办 2017051835(信)案件办理情况的报告
山政函〔2017〕40 号	2017 年 5 月 24 日	衡山县人民政府	关于中央环保督察组转交办 2017052141(信)案件办理情况的报告
山政函〔2017〕41 号	2017 年 5 月 26 日	衡山县人民政府	关于中央环保督查组转交办 2017052245 案件办理情况的报告
山政函〔2017〕42 号	2017 年 5 月 26 日	衡山县人民政府	关于中央环保督察组转交办 2017052145(信)案件办理情况的报告
山政函〔2017〕43 号	2017 年 5 月 28 日	衡山县人民政府	关于中央环保督察组转交办 2017052363 号案件办理情况的报告
山政函〔2017〕44 号	2017 年 5 月 29 日	衡山县人民政府	关于中央环保督察组转交办周边面源污染对迪星学校造成影响案件办理情况的报告
山政函〔2017〕45 号	2017 年 5 月 28 日	衡山县人民政府	中央环保督察办重点交办件“南岳衡山国家级自然保护区矿山企业违规开采破坏生态环境问题”落实情况汇报

续表

文　　号	发布日期	发布机关	文 件 标 题
山政函〔2017〕46 号	2017 年 5 月 31 日	衡山县人民政府	关于中央第六环保督察组进驻期间受理的反映举报人被威胁或打压投诉件 2017050771 号案件办理情况的报告
山政函〔2017〕47 号	2017 年 5 月 31 日	衡山县人民政府	关于中央第六环保督察组进驻期间受理的反映举报人被威胁或打压 2017050973 案件办理情况的报告
山政函〔2017〕48 号	2017 年 5 月 26 日	衡山县人民政府	关于 2017 年退耕还林还湿工作情况的报告
山政函〔2017〕49 号	2017 年 5 月 31 日	衡山县人民政府	关于中央环保督察组转交办 2017052480 案件办理情况的报告
山政函〔2017〕50 号	2017 年 5 月 31 日	衡山县人民政府	关于南岳衡山国家级自然保护区相关情况的报告
山政函〔2017〕51 号	2017 年 6 月 1 日	衡山县人民政府	关于中央环保督查组转交办 2017052552 案件办理情况的报告
山政函〔2017〕52 号	2017 年 6 月 2 日	衡山县人民政府	关于中央第六环保督察组进驻期间受理的反应举报人被威胁或打压 2017051835(信)案件办理情况的报告
山政函〔2017〕53 号	2017 年 6 月 2 日	衡山县人民政府	关于中央第六环保督察组进驻期间受理的反应举报人被威胁或打压 2017052141(信)案件办理情况的报告
山政函〔2017〕54 号	2017 年 6 月 12 日	衡山县人民政府	关于衡山县 2017 年度第三批次建设用地项目开发论证报告的批复
山政函〔2017〕55 号	2017 年 6 月 29 日	衡山县人民政府	关于创建湖南省现代教育技术实验县的申请报告
山政函〔2017〕56 号	2017 年 7 月 10 日	衡山县人民政府	关于实施救灾应急贷款项目的决定
山政函〔2017〕57 号	2017 年 7 月 17 日	衡山县人民政府	关于白果镇湘茂、兴盛两石膏矿采空区灾害治理(预防)方案的批复
山政函〔2017〕58 号	2017 年 7 月 19 日	衡山县人民政府	关于尽快下达南岳衡山国家级自然保护区衡山县范围内矿山企业关停法律文书的函
山政函〔2017〕59 号	2017 年 7 月 20 日	衡山县人民政府	关于衡山县开云新城污水处理厂项目选址地及乌河流域相关数据资料说明的函
山政函〔2017〕60 号	2017 年 7 月 21 日	衡山县人民政府	关于委托衡山县安全生产监督局牵头成立"12・3"事故调查组的函
山政函〔2017〕61 号	2017 年 7 月 21 日	衡山县人民政府	关于审查衡山县宏源陶瓷原料有限公司"5・21"铲车倒车导致一人死亡的事故调查报告的批复
山政函〔2017〕62 号	2017 年 7 月 21 日	衡山县人民政府	关于商请办理政府债务置换手续的函
山政函〔2017〕63 号	2017 年 7 月 25 日	衡山县人民政府	关于秦方进任衡山县人民政府县长期间经济责任审计落实整改的补充报告
山政函〔2017〕64 号	2017 年 7 月 31 日	衡山县人民政府	关于商请支持批准变更衡山县农业综合开发产业化扶持产业的函
山政函〔2017〕65 号	2017 年 8 月 3 日	衡山县人民政府	关于同意衡山美华群英电器家具生活超市重大火灾隐患挂牌督办的批复
山政函〔2017〕66 号	2017 年 8 月 3 日	衡山县人民政府	关于同意建立衡山县公平竞争审查工作联席会议制度的复函
山政函〔2017〕67 号	2017 年 8 月 7 日	衡山县人民政府	关于国务院第四次大督查热线电话群众来电办理情况报告
山政函〔2017〕68 号	2017 年 8 月 21 日	衡山县人民政府	关于商请衡山兴旺映绿农牧有限公司延期迁出原 168 营区的函
山政函〔2017〕69 号	2017 年 8 月 22 日	衡山县人民政府	关于委托县安监局牵头成立"8.11"事故调查组的函
山政函〔2017〕70 号	2017 年 8 月 22 日	衡山县人民政府	关于委托县安监局牵头成立"8.16"事故调查组的函
山政函〔2017〕71 号	2017 年 8 月 24 日	衡山县人民政府	关于申请调整 2017 年度保障性住房建设项目的报告

续表

文　　号	发布日期	发布机关	文 件 标 题
山政函〔2017〕72 号	2017 年 8 月 24 日	衡山县人民政府	关于衡山县 2016 年城镇保障性安居工程审计督促整改函的回复意见
山政函〔2017〕73 号	2017 年 8 月 25 日	衡山县人民政府	关于市长批示件交办事项落实情况的报告
山政函〔2017〕74 号	2017 年 8 月 28 日	衡山县人民政府	关于衡山县 2008 年至 2016 年建设用地存量、开发利用及耕地保护情况审计报告征求意见书的回复意见
山政函〔2017〕76 号	2017 年 9 月 6 日	衡山县人民政府	关于我县田园综合体建设试点工作的承诺函
山政函〔2017〕77 号	2017 年 9 月 11 日	衡山县人民政府	关于中央环保督察信访交办书院街整改情况的报告
山政函〔2017〕78 号	2017 年 9 月 15 日	衡山县人民政府	关于确定衡山县城乡生活垃圾收集、压缩、转运一体化建设 PPP 项目实施机构及出资代表的批复
山政函〔2017〕79 号	2017 年 9 月 18 日	衡山县人民政府	对于申请对《衡山县大中型水库移民避险解困试点实施方案》进行评审的函
山政函〔2017〕80 号	2017 年 9 月 18 日	衡山县人民政府	关于原则同意 2017 年衡山县大中型水库移民避险解困搬迁试点对象的批复
山政函〔2017〕81 号	2017 年 9 月 20 日	衡山县人民政府	关于衡山县救灾应急贷款情况说明的函
山政函〔2017〕82 号	2017 年 9 月 21 日	衡山县人民政府	关于商请设立衡山县重点项目建设办公室的函
山政函〔2017〕83 号	2017 年 9 月 21 日	衡山县人民政府	关于确定衡山县城乡生活垃圾收集、压缩、转运一体化建设 PPP 项目实施方案的批复
山政函〔2017〕84 号	2017 年 9 月 22 日	衡山县人民政府	关于同意延长永和乡“12.03”电力施工事故调查期限的批复
山政函〔2017〕85 号	2017 年 9 月 22 日	衡山县人民政府	关于衡山县 2017 年度第五批次建设用地项目开发论证报告的批复
山政函〔2017〕86 号	2017 年 9 月 27 日	衡山县人民政府	关于衡山县 2017 年度第四批次建设用地项目开发论证报告的批复
山政函〔2017〕87 号	2017 年 9 月 28 日	衡山县人民政府	关于同意衡山县住房和城乡建设局为衡山县棚户区改造(城中村)政府购买服务购买主体的批复
山政函〔2017〕88 号	2017 年 9 月 30 日	衡山县人民政府	关于衡山县 2017 年度第六批次建设用地项目开发论证报告的批复
山政函〔2017〕89 号	2017 年 9 月 30 日	衡山县人民政府	关于《衡山县农村饮水安全巩固提升“十三五”实施方案》的批复
山政函〔2017〕90 号	2017 年 10 月 9 日	衡山县人民政府	关于 2017 年衡山县与衡阳县行政区域界线联合检查情况的报告
山政函〔2017〕91 号	2017 年 10 月 9 日	衡山县人民政府	关于同意对衡山县麋城物业管理所管理的东来美景花园重大火灾隐患挂牌督办的批复
山政函〔2017〕92 号	2017 年 10 月 9 日	衡山县人民政府	关于同意对衡山县美华群英电器家具生活超市重大火灾隐患进行销案摘牌的批复
山政函〔2017〕93 号	2017 年 10 月 19 日	衡山县人民政府	关于 2008 年至 2016 年建设用地存量、开发利用及耕地保护情况审计报告征求意见书的回复意见(含附件衡山县卓盈服饰项目宗地出让、改变土地用途情况专题汇报)
山政函〔2017〕94 号	2017 年 10 月 24 日	衡山县人民政府	关于明确我县“十三五”农村饮水安全巩固提升工程建设模式的批复
山政函〔2017〕95 号	2017 年 10 月 30 日	衡山县人民政府	关于同意延长谭德安疏浚工程船“8·16”机械伤害致一人死亡调查延期的批复
山政函〔2017〕96 号	2017 年 10 月 31 日	衡山县人民政府	关于基本完成农村土地承包经营权确权登记颁证工作的报告
山政函〔2017〕97 号	2017 年 10 月 31 日	衡山县人民政府	关于审查通过湖南衡山民辉环保科技有限公司“8·11”触电死亡事故的调查报告的批复
山政函〔2017〕98 号	2017 年 11 月 2 日	衡山县人民政府	关于原则同意《衡山县湘江饮用水水源地安全保障达标建设方案》的批复

续表

文　　号	发布日期	发布机关	文件标题
山政函〔2017〕99号	2017年11月7日	衡山县人民政府	关于“衡山黄鸡”申报省农业特色产业的报告
山政函〔2017〕100号	2017年11月9日	衡山县人民政府	关于表彰王青平、刘合宽见义勇为行为的决定
山政函〔2017〕101号	2017年11月15日	衡山县人民政府	关于衡山县开云镇先农社区育英街地段地质灾害治理工程筹资的函
山政函〔2017〕102号	2017年11月16日	衡山县人民政府	关于衡山县2017年度第七批次建设用地项目开发论证报告的批复
山政函〔2017〕103号	2017年11月16日	衡山县人民政府	关于衡山县2017年度第八批次建设用地项目开发论证报告的批复
山政函〔2017〕104号	2017年11月16日	衡山县人民政府	关于衡山县2017年度第九批次建设用地项目开发论证报告的批复
山政函〔2017〕105号	2017年11月16日	衡山县人民政府	关于同意胡孝辉等9位艺人列入第三批衡山县非物质文化遗产县级传承人名录的批复
山政函〔2017〕106号	2017年11月16日	衡山县人民政府	关于同意“衡山云峰古法榨油”等项目增补列入第三批县级非物质文化遗产保护项目名录的批复
山政函〔2017〕107号	2017年11月23日	衡山县人民政府	关于衡山县县城饮用水水源一级保护区边缘一住房相关情况的报告
山政函〔2017〕108号	2017年11月23日	衡山县人民政府	关于同意《衡山县萱洲镇“美丽乡村”示范区基础设施及配套建设项目采用PPP模式建设营运的议案》的批复
山政函〔2017〕109号	2017年11月23日	衡山县人民政府	关于原则同意《衡山县萱洲镇“美丽乡村”示范区基础设施及配套建设项目实施方案》的批复
山政函〔2017〕110号	2017年11月23日	衡山县人民政府	关于衡山县2015年—2016年环保专项资金审计的回复意见
山政函〔2017〕111号	2017年11月24日	衡山县人民政府	关于衡山县2016年1月至2017年6月扶贫专项资金审计的回复意见
山政函〔2017〕112号	2017年12月5日	衡山县人民政府	衡山县人民政府关于转发《湖南省人民政府关于整合优化建设工程防雷许可的实施意见》的通知
山政函〔2017〕113号	2017年12月6日	衡山县人民政府	关于审查通过湘衡东挖0068工程船“8·16”机械伤害事故调查报告的批复(事故调查报告及请示附后)
山政函〔2017〕114号	2017年12月12日	衡山县人民政府	关于申报2018年湖南省农业综合开发现代农业示范园试点项目的请示
山政函〔2017〕115号	2017年12月12日	衡山县人民政府	关于推荐衡阳市衡山县农村环境综合整治整县推进项目进行终期验收的申请报告
山政函〔2017〕116号	2017年12月13日	衡山县人民政府	关于华夏湘江股份有限公司相关事项回复的函
山政函〔2017〕117号	2017年12月20日	衡山县人民政府	关于确定衡山县开云新城及乡镇污水处理工程PPP项目实施机构及出资代表的批复
山政函〔2017〕118号	2017年12月28日	衡山县人民政府	关于批准长安村等8个贫困村2017年度退出贫困村序列的批复
山政办发〔2017〕1号	2017年1月16日	衡山县人民政府办公室	关于印发《衡山县人民政府工作规则》的通知
山政办发〔2017〕2号	2017年1月25日	衡山县人民政府办公室	关于印发衡山县第十三届人民政府领导分工的通知
山政办发〔2017〕3号	2017年2月22日	衡山县人民政府办公室	关于印发《关于城市基础设施“八大工程”督查工作方案》的通知
山政办发〔2017〕4号	2017年3月6日	衡山县人民政府办公室	关于印发《关于开展机关企事业单位卫生大清扫大评比活动工作方案》的通知
山政办发〔2017〕5号	2017年3月6日	衡山县人民政府办公室	关于印发《衡山县创建省级卫生县城宣传工作方案〉的通知
山政办发〔2017〕6号	2017年3月7日	衡山县人民政府办公室	关于印发《衡山县2017年政策性农业保险工作实施方案》的通知
山政办发〔2017〕7号	2017年3月7日	衡山县人民政府办公室	关于印发《衡山县建设领域农民工劳动报酬支付管理规定〉的通知

续表

文　　号	发布日期	发布机关	文 件 标 题
山政办发〔2017〕8 号	2017 年 3 月 16 日	衡山县人民政府办公室	关于印发《衡山县 2017 非法洗砂专项行动整治行动实施方案》的通知
山政办发〔2017〕9 号	2017 年 3 月 20 日	衡山县人民政府办公室	关于进一步加强全县食品安全工作的通知
山政办发〔2017〕10 号	2017 年 3 月 20 日	衡山县人民政府办公室	关于印发《衡山县 2017 年学校（托幼机构）卫生计生综合监督检查方案〉的通知
山政办发〔2017〕11 号	2017 年 3 月 20 日	衡山县人民政府办公室	衡山县人民政府办公室关于 2017 年市政府第一次全会市长讲话精神责任分解通知
山政办发〔2017〕12 号	2017 年 3 月 20 日	衡山县人民政府办公室	衡山县“落实企业安全生产主体责任年”2017 年实施方案
山政办发〔2017〕13 号	2017 年 3 月 27 日	衡山县人民政府办公室	关于印发《衡山县 2017 年烟花爆竹“打非清剿”专项行动实施方案》的通知
山政办发〔2017〕14 号	2017 年 3 月 28 日	衡山县人民政府办公室	关于印发《衡山县湘江保护和治理第二个“三年行动计划”实施方案》的通知
山政办发〔2017〕15 号	2017 年 3 月 6 日	衡山县人民政府办公室	关于印发《衡山县非法集资风险专项整治工作方案》的通知
山政办发〔2017〕16 号	2017 年 4 月 11 日	衡山县人民政府办公室	关于印发《衡山县 2017 年取缔关闭非法机砖厂专项行动整治行动实施方案》的通知
山政办发〔2017〕17 号	2017 年 6 月 8 日	衡山县人民政府办公室	关于印发《衡山县普及高中阶段教育实施方案》通知
山政办发〔2017〕18 号	2017 年 4 月 28 日	衡山县人民政府办公室	关于转发衡山县残疾人联合会等六单位《衡山县残疾人精准康复服务行动实施细则》的通知
山政办发〔2017〕19 号	2017 年 5 月 2 日	衡山县人民政府办公室	关于批转《县教育局 2017 年全县中小学招生工作方案的通知》
山政办发〔2017〕20 号	2017 年 5 月 2 日	衡山县人民政府办公室	关于印发《衡山县无偿献血工作实施方案》的通知
山政办发〔2017〕21 号	2017 年 5 月 17 日	衡山县人民政府办公室	关于印发《衡山县易地扶贫搬迁工作实施方案》的通知
山政办发〔2017〕22 号	2017 年 6 月 6 日	衡山县人民政府办公室	关于进一步明确安全生产监督管理工作职责的意见
山政办发〔2017〕23 号	2017 年 6 月 7 日	衡山县人民政府办公室	关于印发《衡山县“诚信计生”家庭优先优惠政策实施细则》的通知
山政办发〔2017〕24 号	2017 年 6 月 8 日	衡山县人民政府办公室	关于规范全县抗旱用电行为的通知
山政办发〔2017〕25 号	2017 年 6 月 20 日	衡山县人民政府办公室	关于衡山县金融扶贫服务站、助农取款服务点和村级电商服务站融合共建实施方案
山政办发〔2017〕26 号	2017 年 7 月 24 日	衡山县人民政府办公室	关于印发《2017—2019 年衡山县安全生产宣传教育工作实施方案》的通知
山政办发〔2017〕27 号	2017 年 7 月 28 日	衡山县人民政府办公室	关于印发《衡山县危险化学品安全综合治理实施方案》的通知
山政办发〔2017〕28 号	2017 年 8 月 2 日	衡山县人民政府办公室	关于印发《衡山县光伏扶贫实施方案》的通知
山政办发〔2017〕29 号	2017 年 8 月 2 日	衡山县人民政府办公室	关于切实抓好 2017 年度水利扶贫项目农村饮水安全巩固提升工程建设工作的通知
山政办发〔2017〕30 号	2017 年 8 月 16 日	衡山县人民政府办公室	关于印发《关于在衡山县市场体系建设中建立公平竞争审查制度的实施方案》的通知
山政办发〔2017〕31 号	2017 年 9 月 11 日	衡山县人民政府办公室	关于印发衡山县第十三届人民政府领导分工的通知（九月）
山政办发〔2017〕32 号	2017 年 9 月 11 日	衡山县人民政府办公室	关于重新确定我县内部治安保卫重点单位的通知
山政办发〔2017〕33 号	2017 年 9 月 11 日	衡山县人民政府办公室	关于公布乡村河长名录的通知
山政办发〔2017〕34 号	2017 年 9 月 12 日	衡山县人民政府办公室	关于转发《衡阳市人民政府办公室关于印发〈衡阳市病媒生物预防控制管理办法〉的通知》的通知

续表

文　　号	发布日期	发布机关	文 件 标 题
山政办发〔2017〕35 号	2017 年 9 月 18 日	衡山县人民政府办公室	关于印发《衡山县推行行政执法公示制度执法全过程记录制度重大执法决定法制审核制度试点工作实施方案》的通知
山政办发〔2017〕36 号	2017 年 9 月 18 日	衡山县人民政府办公室	关于印发《衡山县行政执法公示办法》的通知
山政办发〔2017〕37 号	2017 年 9 月 18 日	衡山县人民政府办公室	关于印发《衡山县行政执法全过程记录办法》的通知
山政办发〔2017〕38 号	2017 年 9 月 18 日	衡山县人民政府办公室	关于印发《衡山县重大行政执法决定法制审核办法》的通知
山政办发〔2017〕39 号	2017 年 9 月 27 日	衡山县人民政府办公室	关于印发《衡山县 2018 年度城乡居民基本医疗保险参保缴费工作方案》的通知
山政办发〔2017〕40 号	2017 年 10 月 10 日	衡山县人民政府办公室	关于印发《衡山县开云新区管理委员会主要职责内设机构和人员编制的规定》的通知
山政办发〔2017〕41 号	2017 年 10 月 30 日	衡山县人民政府办公室	关于印发《衡山县加快农村电子商务发展扶持办法》的通知
山政办发〔2017〕42 号	2017 年 10 月 30 日	衡山县人民政府办公室	关于印发《关于推进衡山县农村电子商务发展工作的实施方案》的通知
山政办发〔2017〕43 号	2017 年 11 月 7 日	衡山县人民政府办公室	关于转发《衡阳市人民政府办公室关于印发＜衡阳市黄标车提前淘汰财政补贴实施办法＞的通知》的通知
山政办发〔2017〕44 号	2017 年 11 月 13 日	衡山县人民政府办公室	关于印发《衡山县河道管理联合执法实施方案》的通知
山政办发〔2017〕45 号	2017 年 11 月 16 日	衡山县人民政府办公室	关于印发《衡山县建立县 乡镇 村三级宗教事务管理网络实施方案》的通知
山政办发〔2017〕46 号	2017 年 11 月 23 日	衡山县人民政府办公室	关于印发《2016 年度政务公开第三方评估结果存在问题整改方案》的通知
山政办发〔2017〕47 号	2017 年 12 月 6 日	衡山县人民政府办公室	关于印发《衡山县机关事务管理局主要职责内设机构和人员编制规定》的通知(“三定”)
山政办发〔2017〕48 号	2017 年 12 月 6 日	衡山县人民政府办公室	衡山县 2017 年生猪调出大县奖励资金管理使用方案
山政办发〔2017〕49 号	2017 年 12 月 12 日	衡山县人民政府办公室	关于印发《衡山县社会公众代表列席县政府会议制度(试行)》的通知
山政办发〔2017〕50 号	2017 年 12 月 19 日	衡山县人民政府办公室	关于做好 2017 年度粮食安全行政首长责任制考核工作的通知
山政办发〔2017〕51 号	2017 年 12 月 18 日	衡山县人民政府办公室	关于印发《衡山县 2017 年金融机构支持地方经济发展考核办法》的通知
山政办发〔2017〕52 号	2017 年 12 月 25 日	衡山县人民政府办公室	关于印发《南岳衡山国家级自然保护区衡山县境内采矿权退出工作方案》的通知
山政办发〔2017〕53 号	2017 年 12 月 27 日	衡山县人民政府办公室	关于印发《衡山县住房和城乡建设局主要职责内设机构和人员编制的规定》的通知
山政办发〔2017〕54 号	2017 年 12 月 27 日	衡山县人民政府办公室	关于印发《衡山县城乡规划局主要职责内设机构和人员编制的规定》的通知
山政办发〔2017〕55 号	2017 年 12 月 27 日	衡山县人民政府办公室	关于印发《衡山县城市管理行政执法局局主要职责内设机构和人员编制的规定》的通知
山政办发〔2017〕56 号	2017 年 12 月 27 日	衡山县人民政府办公室	关于印发《衡山县县域医疗联合体建设实施方案(试行)》的通知(规范性文件)
山政办发〔2017〕57 号	2017 年 12 月 27 日	衡山县人民政府办公室	关于印发《衡山县 2017 年投融资公司目标管理绩效考核办法》的通知
山政办函〔2017〕1 号	2017 年 1 月 18 日	衡山县人民政府办公室	关于转发湖南省突发公共卫生事件应急指挥部办公室关于进一步加强 H7N9 等人感染禽流感防控工作的紧急通知的通知
山政办函〔2017〕2 号	2017 年 2 月 8 日	衡山县人民政府办公室	关于调整衡山县义务教育合格学校建设领导小组成员的通知
山政办函〔2017〕3 号	2017 年 2 月 8 日	衡山县人民政府办公室	关于成立湖南衡山萱洲国家湿地公园试点建设工作领导小组的通知

续表

文　　号	发布日期	发布机关	文件标题
山政办函〔2017〕4 号	2017 年 2 月 20 日	衡山县人民政府办公室	关于建立衡山县困难群众生活保障工作协调机制的通知
山政办函〔2017〕5 号	2017 年 2 月 21 日	衡山县人民政府办公室	关于做好迎接湖南省最严格水资源管理制度考核准备工作的通知
山政办函〔2017〕6 号	2017 年 2 月 28 日	衡山县人民政府办公室	关于成立衡山县 2016 年度农业综合开发高标准农田建设项目指挥部的通知
山政办函〔2017〕7 号	2017 年 3 月 2 日	衡山县人民政府办公室	关于调整衡山县殡仪馆和陵园项目建设领导小组成员的通知
山政办函〔2017〕8 号	2017 年 3 月 8 日	衡山县人民政府办公室	关于转发《衡阳市人民政府办公室关于进一步河道采砂管理的通知》的通知
山政办函〔2017〕9 号	2017 年 3 月 13 日	衡山县人民政府办公室	关于成立衡山县休闲农业工作领导小组的通知
山政办函〔2017〕10 号	2017 年 3 月 14 日	衡山县人民政府办公室	关于成立衡山县农业环境保护工作领导小组的通知
山政办函〔2017〕11 号	2017 年 3 月 15 日	衡山县人民政府办公室	关于调整衡山县紫巾路建设协调指挥部的通知
山政办函〔2017〕12 号	2017 年 3 月 16 日	衡山县人民政府办公室	关于成立衡山县农机购置补贴工作领导小组的通知
山政办函〔2017〕13 号	2017 年 3 月 20 日	衡山县人民政府办公室	关于成立湖南衡山经济开发区申报认定为省级高新技术产业开发区工作领导小组的通知
山政办函〔2017〕14 号	2017 年 3 月 28 日	衡山县人民政府办公室	关于成立衡山县治理拖欠农民工工资工作领导小组的通知
山政办函〔2017〕15 号	2017 年 3 月 31 日	衡山县人民政府办公室	关于调整衡山县深化医药卫生体制改革领导小组的通知
山政办函〔2017〕16 号	2017 年 3 月 31 日	衡山县人民政府办公室	关于建立衡山县涉军信访联席会议制度的通知
山政办函〔2017〕17 号	2017 年 4 月 5 日	衡山县人民政府办公室	关于成立衡山县创建市级金融安全区领导小组的通知
山政办函〔2017〕18 号	2017 年 4 月 5 日	衡山县人民政府办公室	关于成立衡山县企业债券发行工作领导小组的通知
山政办函〔2017〕19 号	2017 年 4 月 6 日	衡山县人民政府办公室	关于成立衡山县体育馆工程建设协调指挥部的通知
山政办函〔2017〕20 号	2017 年 4 月 17 日	衡山县人民政府办公室	关于调整衡山县道路交通安全委员会成员的通知
山政办函〔2017〕21 号	2017 年 4 月 24 日	衡山县人民政府办公室	关于调整衡山县绿化委员会成员的通知
山政办函〔2017〕22 号	2017 年 5 月 2 日	衡山县人民政府办公室	关于成立衡山县卫生基础设施重点项目工作领导小组的通知
山政办函〔2017〕23 号	2017 年 5 月 2 日	衡山县人民政府办公室	关于调整衡山县职业教育中心管理委员会成员的的通知
山政办函〔2017〕24 号	2017 年 5 月 2 日	衡山县人民政府办公室	关于禁止焚烧农作物秸秆的紧急通知
山政办函〔2017〕25 号	2017 年 5 月 8 日	衡山县人民政府办公室	关于印发衡山县县城饮用水水源保护区规范化建设整治方案的通知
山政办函〔2017〕26 号	2017 年 5 月 15 日	衡山县人民政府办公室	关于调整衡山县招生考试委员会成员的通知
山政办函〔2017〕27 号	2017 年 5 月 17 日	衡山县人民政府办公室	关于调整衡山县易地扶贫搬迁工作联席会议制度组成人员的通知
山政办函〔2017〕28 号	2017 年 5 月 18 日	衡山县人民政府办公室	关于成立衡山县城总体规划编制（2021—2040 年）编制工作领导小组的通知
山政办函〔2017〕29 号	2017 年 5 月 19 日	衡山县人民政府办公室	关于成立衡山县电商扶贫工作领导小组的通知
山政办函〔2017〕30 号	2017 年 5 月 19 日	衡山县人民政府办公室	关于建立衡山县电商扶贫工作联席会议制度的通知

续表

文　　号	发布日期	发布机关	文件标题
山政办函〔2017〕31号	2017年5月19日	衡山县人民政府办公室	关于做好2017年衡山县电商扶贫专项行动的通知
山政办函〔2017〕32号	2017年5月22日	衡山县人民政府办公室	关于调整衡山县贯塘茶场改制领导小组的通知
山政办函〔2017〕33号	2017年5月30日	衡山县人民政府办公室	关于做好衡山县无偿献血工作的通知
山政办函〔2017〕34号	2017年6月6日	衡山县人民政府办公室	关于开展全县统计执法检查的通知
山政办函〔2017〕35号	2017年6月6日	衡山县人民政府办公室	关于成立《加速推进县城卫生提质的议案》办理工作领导小组的通知
山政办函〔2017〕36号	2017年6月8日	衡山县人民政府办公室	关于调整衡山县重点民生实事工作考核领导小组和考核领导小组办公室人员的通知
山政办函〔2017〕37号	2017年6月12日	衡山县人民政府办公室	关于建立衡山县社会消费品零售总额统计工作联席会议制度的通知
山政办函〔2017〕38号	2017年6月12日	衡山县人民政府办公室	关于进一步加强和改进政务信息工作的通知
山政办函〔2017〕39号	2017年6月12日	衡山县人民政府办公室	关于成立衡山县扶贫资金突出问题专项整改领导小组的通知
山政办函〔2017〕40号	2017年6月20日	衡山县人民政府办公室	关于成立衡山县萱洲田园综合体试点创建工作领导小组的通知
山政办函〔2017〕41号	2017年6月20日	衡山县人民政府办公室	关于成立衡山县残疾人精准康复行动领导小组的通知
山政办函〔2017〕42号	2017年6月21日	衡山县人民政府办公室	关于调整衡山县食品安全委员会成员的通知
山政办函〔2017〕43号	2017年7月17日	衡山县人民政府办公室	关于推荐衡山县科技专家库专家人选的通知
山政办函〔2017〕44号	2017年7月20日	衡山县人民政府办公室	关于成立衡山县“一门受理、协同办理”工作领导小组的通知
山政办函〔2017〕45号	2017年8月14日	衡山县人民政府办公室	关于认真做好规范性文件全面清理工作的通知
山政办函〔2017〕46号	2017年8月16日	衡山县人民政府办公室	关于调整衡山县企业债券发行工作领导小组的通知
山政办函〔2017〕47号	2017年9月7日	衡山县人民政府办公室	关于做好建档立卡贫困户城乡居民基本养老保险扶贫工作的通知
山政办函〔2017〕48号	2017年9月11日	衡山县人民政府办公室	关于调整衡山县校车安全管理工作领导小组成员的通知
山政办函〔2017〕49号	2017年9月13日	衡山县人民政府办公室	关于成立衡山县秋冬农业生产领导小组的通知
山政办函〔2017〕50号	2017年9月21日	衡山县人民政府办公室	关于成立衡山县推行行政执法三项制度试点工作领导小组的通知
山政办函〔2017〕51号	2017年9月30日	衡山县人民政府办公室	关于认真做好2017年国庆中秋节期间交通运输及旅游安全工作的通知
山政办函〔2017〕52号	2017年10月9日	衡山县人民政府办公室	关于调整衡山县商事制度改革领导小组组成成员的通知
山政办函〔2017〕53号	2017年10月18日	衡山县人民政府办公室	关于开展第二次全县污染源普查的通知
山政办函〔2017〕54号	2017年10月24日	衡山县人民政府办公室	关于成立衡山县农业水价综合改革试点工作领导小组的通知
山政办函〔2017〕55号	2017年10月24日	衡山县人民政府办公室	关于成立衡山县电子商务工作领导小组的通知
山政办函〔2017〕56号	2017年10月30日	衡山县人民政府办公室	关于成立衡山县产业扶贫领导小组的通知
山政办函〔2017〕57号	2017年11月8日	衡山县人民政府办公室	关于做好衡山县地理国情图集编制工作的通知

续表

文　号	发布日期	发布机关	文件标题
山政办函〔2017〕58 号	2017 年 11 月 9 日	衡山县人民政府办公室	关于成立衡山县政府和社会资本合作工作领导小组的通知
山政办函〔2017〕59 号	2017 年 11 月 13 日	衡山县人民政府办公室	关于成立衡山县南岳衡山旅游农业休闲观光园项目领导小组的通知
山政办函〔2017〕60 号	2017 年 11 月 20 日	衡山县人民政府办公室	关于更新衡山县科技专家库的通知
山政办函〔2017〕61 号	2017 年 12 月 11 日	衡山县人民政府办公室	关于成立衡山县保障农民工工资支付工作联系会议的通知
山政办函〔2017〕62 号	2017 年 12 月 29 日	衡山县人民政府办公室	关于停止供应南岳衡山国家级自然保护区衡山境内矿产品加工企业用电的通知
山政办函〔2017〕63 号	2017 年 10 月 23 日	衡山县人民政府办公室	关于成立衡山县健康扶贫工作领导小组的通知

县十三届人大二次会议通过的议案

——关于加速推进县城卫生提质的议案

近年来，我县县城面貌大幅改观，人民路、解放路、义安路、五一北路等城区道路实现油化，新建了毛泽建公园和烈士公园。城市管理进一步规范，环卫市场化改革全面完成，城区卫生保洁实行责任片区管理等，人民生活环境日益完善，人民生活幸福指数日益提高。但离创省级卫生城市还存在一定差距，县城的环卫质量还有待进一步提高，如：主干道垃圾桶外表脏，存在垃圾散落现象，因大量的生活垃圾倒入，天气炎热，导致恶臭产生；红白喜事燃放烟花、鞭炮现象经常发生；背街小巷垃圾随处可见；先农花园群英广场内无人管理，公共设施破烂残缺，垃圾得不到及时清理；衡山大道有大量扬尘；城区车辆停放错乱、城西校门口还存在摆摊现象等。

为进一步提升县城卫生质量，创造更加清洁、优美的城市人居环境，提升市民的幸福指数，建议：

一、加大宣传力度，形成思想共识。利用报刊、电视、网络等媒体大力宣传省级卫生城市创建工作，做到报刊上有专栏、电视上有专题、网络上有互动，公共场所有标语，形成强大宣传攻势。同时，在校园内经常开展爱我家园、争做文明人等系列主题素质教育活动，让孩子感染整个家庭。通过宣传引导，营造政府主导、全民参与的良好氛围，充分调动广大群众的积极性和主动性。

二、改进工作方式，完善配套设施。

1. 落实“门前三包”责任制，签订责任状，悬挂责任牌，核定“门前三包”责任区，卫生责任区日常管理要做到地段、人员、任务、标准、奖惩五落实。

2. 配备专用垃圾收集容器，加强各物业小区、居民聚集区域生活垃圾收集管理，规范生活垃圾收集点和收集时间，确保垃圾收集有序。

3. 改进生活垃圾收集方式，将人民路、解放路、沿江路等城区主干道垃圾桶取消，安装分类果皮箱，对主干道居民生活垃圾采用人力收集板车上门进行收集。

4. 加快垃圾压缩中转站和紫巾山沿山公路建设步伐，成立渣土管理公司，对渣土进行统一管理。

5. 把背街小巷日常清洁实行市场化管理模式，提升保洁标准，实现城区卫生管理全覆盖。

6. 利用闲置场地、场所和必要的道路，科学规划公共停车场或停车泊位，统一标识。对城区主干道车辆停放实行严格管理，采取先警告后罚款的方式，达到定点定位，朝向一致，停放有序。

7. 成立街道办事处，强化队伍建设。

8. 加快推进殡仪馆及陵园建设，解决居民燃放烟花鞭炮问题。

9. 做好水果、蔬菜批发市场选址规划和搬迁工作。

10. 进一步加强主干道美化、亮化、绿化工程,同时应加强管理维护。

11. 严禁城区范围燃烧各种生活、建筑等垃圾。

三、制定具体措施,落实工作责任。要成立专班,制定方案。针对每项工作制定专项计划,明确工作目标、具体措施、责任部门、实施步骤及期限,强力组织实施,确保各项工作落实到位。

四、加强日常管理,狠抓督查督办。要坚持每月通报和调度,开展以暗访巡查为主要形式的督导检查,定期曝光突出问题并监督整改,做到问题及时发现及时解决。采取树立典型引路、约谈通报后进、制定奖惩等措施,将其纳入县委、县政府年度目标管理绩效考核范围,确保工作取得实效。

五、加大经费投入,保障工作开展。建立健全经费保障机制,各相关部门应根据工作实施方案拿出经费预算方案,经审核后,由县财政及时安排拨付到位,为省级卫生城市创建工作提供资金保障。

联名提出议案代表姓名:

李晓珊、彭斌、武智、李冰、阳文帅、刘映祥、邓金营、宾亚葵、谢定红、符建雄、李伟、刘吉铁、易春连、金志群、唐凤姣、唐艳红、曹树东、曹海清、赵蔚然、赵喜

衡山县城乡居民基本医疗保险实施细则
(试　行)

第一章　总　则

第一条　为了全面推进我县城乡居民医疗保险(以下简称城乡居民医保)制度建设,规范城乡居民医保制度,保障城乡居民医保制度健康、有序运行,根据《湖南省人民政府关于印发〈湖南省城乡居民基本医疗保险实施办法〉的通知》(湘政发〔2016〕29号)、《衡阳市人民政府关于印发〈关于整合城乡居民基本医疗保险制度的实施方案〉的通知》(衡政发〔2016〕8号)、《衡阳市城乡居民基本医疗保险实施细则》(衡政发〔2017〕2号)、《衡山县人民政府关于印发〈关于整合城乡居民基本医疗保险制度的实施方案〉的通知》(山政发〔2016〕22号)等文件精神,结合我县城乡居民医保运行实际,特制订本实施细则。

第二条　建立城乡居民医保制度遵循以下基本原则:

(一)坚持全覆盖、保基本、多层次、可持续;

(二)坚持互助共济,城乡居民个人缴费和政府补助相结合;

(三)坚持权利和义务相统一,城乡居民公平享有基本医疗保险待遇;

(四)坚持以收定支、收支平衡、略有结余。

第三条　本实施细则是城乡居民医保运行中操作、管理和监督的依据。管理机构、定点医疗机构和参保人员等单位和个人都必须遵守。

第四条　在城乡居民医保运行过程中,县城乡居民医疗保险管理服务中心(以下简称县城乡居民医保中心)可根据全县城乡居民医保运行过程中的实际情况和问题,以及中央、省、市有关文件精神及时提出补充、修改建议。报省、市城乡居民医保管理机构审核,经县人力资源和社会保障局批准后执行。

第二章　组织机构与职责

第五条　县人力资源和社会保障局是全县城乡居民医保工作的主管部门,行使城乡居民医保管理职能。县人力资源和社会保障局承担所辖区域城乡居民医保制度的建立、完善和管理职能。具体负责城乡居民医保的发展规划、实施办法和相关政策的制定、基金运行管理指导和监督、队伍建设和培训、定点医疗机构服务行为规范和监管等工作。

第六条　县城乡居民医保中心承担县级定点医

疗机构医疗行为的协议管理、政策执行及培训、定点医疗机构服务行为规范和监管、异地就医即时结报和基金结算等具体工作，及本辖区城乡居民医保的业务管理、指导和经办服务。

第三章　参保范围

第七条　城乡居民医保制度覆盖除职工基本医疗保险应参保居民以外的其他所有城乡居民，具体包括农村居民、城镇非从业居民、在校大中专学生及国家和我省规定的其他人员。

第八条　城乡居民应以家庭为单位，按照属地管理原则在户籍所在地参加城乡居民医保。在校大中专学生以学校为单位在学校所在地整体参加城乡居民医保。

第九条　在统筹地区取得居住证的常住人口，未在原籍参加基本医疗保险的，可在居住地参加城乡居民医保。

第十条　按政策做好基本医疗保险关系转移接续工作。参保人员不得同时参加城乡居民医保和职工基本医疗保险，避免跨统筹地区重复参保，避免待遇重复享受。

第四章　基金筹集

第十一条　城乡居民医保坚持多渠道筹资，实行个人缴费与政府补助相结合为主的筹资方式，鼓励有条件的乡镇、集体、单位或其他社会经济组织给予扶持或资助。

第十二条　城乡居民医保筹资标准按照国家和湖南省有关政策规定执行。

第十三条　城乡居民按年度一次性缴纳基本医疗保险费，才能享受相应的基本医疗保险待遇。在校大中专学生参加城乡居民医保，由其所在学校统一办理，代收代缴基本医疗保险费。每年 8 月 1 日至 12 月 31 日为下一年度的参保缴费期。已经缴纳的当年度基本医疗保险费不予退还。

第十四条　城乡居民未在本统筹地区规定的参保缴费期内办理参保缴费手续的，不予补办参保手续，不得享受基本医疗保险待遇。新生儿原则上在出生 28 天内（特殊情形可在 60 天内）取得本县户籍并按当年度城乡居民医保个人缴费标准一次性缴纳基本医疗保险费，可自出生之日起享受基本医疗保险待遇。退出现役军人等因户籍变动客观原因导致未能在统筹地区规定的参保缴费期内办理参保缴费手续的，可在办理户籍手续后 60 天内参加城乡居民医保，按当年度城乡居民医保筹资标准一次性足额缴纳基本医疗保险费，从缴费之日起享受基本医疗保险待遇至本年度 12 月 31 日。

第十五条　对特困人员和农村兜底脱贫对象参加城乡居民医保的个人缴费部分，通过医疗救助等渠道给予全额资助；对低保对象参加城乡居民医保的个人缴费部分，通过医疗救助等渠道给予补贴；对建档立卡贫困人口中的非低保对象参加城乡居民医保的个人缴费部分，通过财政扶贫专项资金补助等渠道给予补贴；具体补贴标准由县人民政府确定。

第十六条　城乡居民医保政府补助资金纳入同级财政年度预算安排，应当按规定及时、足额拨付到位。

第五章　基金管理

第十七条　城乡居民医保基金由以下四部分组成：

（一）城乡居民个人缴纳的基本医疗保险费；

（二）政府财政补助资金；

（三）基金利息收入；

（四）其他渠道筹集资金。

第十八条　城乡居民医保执行国家统一的基金财务制度、会计制度和基金预决算管理制度。城乡居民医保基金纳入财政专户，实行“收支两条线”管理，独立核算、专款专用，任何单位和个人不得挤占挪用。城乡居民医保基金的银行计息按相关政策享受优惠利率。

第十九条　合理控制城乡居民医保基金当年结余率和累计结余率。建立健全基金运行风险预警机制，防范基金风险，提高基金使用效率。

第六章　定点医疗机构管理

第二十条　城乡居民医保定点医疗机构实行动态管理，建立健全考核评价机制和动态的准入退出机制。

第二十一条 定点医疗机构的确定:由省、市、县卫生行政部门行文认定,且向省、市、县城乡居民医保管理机构提出申请并与签订服务协议的医疗机构为我县城乡居民医保定点医疗机构。

第二十二条 定点医疗机构的主要职责:

(一)宣传城乡居民医保的政策和规定;

(二)为参保人员提供优质的医疗服务;

(三)执行城乡居民医保政策的规定,控制医疗费用;

(四)协助并参与调查,统计与城乡居民医保有关的信息资料。

第二十三条 定点医疗机构的基本要求和义务:

(一)县内定点医疗机构要按照卫生行政部门规定的统一标准和我县城乡居民医保定点医疗机构基本标准进行规范化建设。

(二)建立城乡居民医保管理机构,明确专人负责,设立兑付窗口和宣传橱窗,建立补偿公示制度。

(三)有完整真实的医疗文书资料,为参保病人提供疾病诊断证明书、出院小结、缴费收据、费用清单等资料。

(四)严格掌握入院、出院标准,不得随意放宽住院指征,严禁挂床、伪名住院。参保人员入出院标准、平均住院日标准依照卫生部颁发标准执行。根据病情应当出院,经住院医疗机构通知,无正当理由拒绝出院的,自通知之日起,一切费用由参保人员自负。应当出院或县城乡居民医保中心通知出院而医疗机构未要求参保人员出院的,则超费用补偿部分由医疗机构负担。

(五)实行住院费用一日一清单和/或双联处方制。

(六)严格执行《基本诊疗目录范围》和《基本药品目录》规定。必须做到:因病施治、合理检查、合理诊疗、合理用药、合理收费;自费诊疗项目和自费药品,必须征得病人同意并签字。各定点医疗机构严格控制自费药品比率。

(七)参保人员出院带药巩固治疗的,其带药量为急性病不得超过 5 天,慢性病不得超过 10 天,确因病情需要,经县城乡居民医保中心同意后,方可适当增加带药量。

(八)一律使用统一印制的医药费收据、转诊证明、登记表、报表等,并确定专人保管。

(九)加强管理,改善服务态度、就医环境,为参保人员提供高效、低耗、便捷、安全的医疗服务。

(十)要建立城乡居民医保管理网络系统,明确专人负责,确保参保病人住院费用明细帐在 24 小时内录入县城乡居民医保管理信息系统。要尽快建立医院信息平台,并实现该系统与城乡居民医保管理信息系统的接口。

(十一)县内定点医疗机构每月底要向县城乡居民医保中心上报本月参保人员在本定点医疗机构所发生的住院医疗费用补偿兑付的月报表;乡镇卫生院上报的月报表要有乡镇卫生院负责人签字。

(十二)定点医疗机构每月上旬在本单位张榜公布本单位上月城乡居民医保补偿兑付情况;公布内容包括:住院人姓名、年龄、性别、详细地址、住院费用、补偿兑付金额、补偿日期等。

(十三)定点医疗机构及经治医师应对参保病人身份核实,严禁套用他人证件冒名顶替他人住院、看病,如套用他人证件冒名顶替他人住院、看病,经查实由定点医疗机构追回所报补偿款,并对医疗机构予以处罚,对相关人员追究责任,套取资金情节严重性质恶劣的移交司法机关处理。

第七章 基本医疗保险待遇

第二十四条 城乡居民基本医疗保险每年 1 月 1 日至 12 月 31 日为一个结算年度。

第二十五条 城乡居民医保基金为参保居民支付下列费用:

(一)政策范围内的住院医疗费用。

(二)政策范围内的门诊(含特殊病种门诊和普通门诊)医疗费用。

(三)购买城乡居民大病保险。

(四)符合政策的生育医疗费用(含产前检查费)补助。

(五)符合国家政策和省人民政府规定的其他情形。

第二十六条 医疗费用补偿

（一）住院补偿标准：

起付线补偿比例

定点医疗机构类别		起付线（元）	补偿比例（%）
乡镇卫生院		200	95
中心卫生院		200	95
县级医院	综合医院	400	75
	专科医院	300	80
普济康复医院		400	70
悦宏精神病医院		400	70

注：1. 省级定点医疗机构起付线、补偿比率按（湘人社发〔2016〕88号）文件执行，补偿比率55%，起付线详见附件1。

2. 市级医院起付线及补偿比率：二级医院起付线600元，补偿比率75%；三级医院起付线1200元，补偿比率60%。

3. 县级专科医院：县妇幼保健院、县中医院；县级综合医院：县人民医院。

4. 非定点、非营利性医疗机构按同级别的定点医疗机构的补偿比例下降10%。

民营医疗机构按省、市、县卫生行政部门行文确认，并与我县城乡居民医保中心签订服务协议的为我县定点民营医疗机构；定点民营医疗机构按同级医疗机构起付线提高、补偿比例以协议方式确定；非定点民营医疗机构按同级医疗机构起付线提高300元，补偿比例25%。

（二）普通门诊统筹补偿方案

1. 普通门诊统筹封顶线为300元/年。

2. 补偿比例：不设起付线，县、乡、村三级定点医疗机构按门诊费用20%的比例予以补偿。

3. 实行国家基本药物目录零利率销售的乡镇医疗机构，将挂号费、诊查费、注射费（含静脉输液费，不含药品费）以及药事服务费成本合并为一般诊疗费，统一收费标准为10元/人，其中8元由城乡居民医保按每次门诊给予补偿，其余2元由患者自付，村级收费标准为5元/人，其中5元由城乡居民医保按每次门诊给予补偿。

（三）特殊门诊补偿按可报范围内费用的50%予以补偿。病种及补偿标准详见附件2。

（四）重大疾病医疗救治住院费补偿标准

儿童先心病（房间隔缺损、室间隔缺损、动脉导管未闭、肺动脉狭窄、主动脉缩窄、法洛氏四联症、完全性大动脉转位）、儿童白血病（急性淋巴细胞白血病 急性早幼粒细胞白血病）、乳腺癌、宫颈癌、重性精神病、终末期肾病、耐多药结核、0～6岁聋儿人工耳蜗植入抢救性治疗仍按省卫计厅规定的临床路径和医疗费用定额包干（湘卫合医发〔2011〕3号）文件执行；肺癌、食道癌、胃癌、结肠癌、直肠癌、慢性粒细胞白血病、急性心肌梗塞、脑梗死、血友病、I型糖尿病、晚期血吸虫病等大病按省卫计厅规定审批程序申报，且在政府举办非营利性三级定点医疗机构治疗的按起付线2000元，可报费用80%比例予以补偿，三级非定点医疗机构治疗的按起付线2000元，可报费用60%比例予以补偿。如上级出台新政策规定，再按上级新政策执行。

（五）大病保险特殊药品补偿：

1. 补偿标准：凡符合城乡居民医保大病保险特殊药品补偿标准的药品当年度内6万元（含6万元）按60%比率予以补偿；6万元以上至12万元以内（含12万元）按50%比率予以补偿；超过12万元以上的费用不予补偿。特药补偿最高额度为当年度内所有补偿金额累计不超过城乡居民医保大病保险年度封顶线。

2. 参保患者因治疗所需按规定申请获得药品生产企业或慈善合作机构无偿提供的特药，大病保险不再补偿特药费用。

3. 补偿方式：特药补偿参照特殊门诊管理模式。按照省厅谈判确定的特药补偿价格进行补偿，超出医保补偿价格的特药费用大病保险不予补偿。

4. 湖南省大病保险特种药品品种及限定补偿范围详见附件3。

大病保险特殊药品补偿委托中国人寿衡山分公司代办。

（六）实行单病种限额补偿。杜绝定点医疗机构对同一参保住院病人费用进行分段结算，分解住院。如同一参保住院病人一次住院出现两张收费发票的视为限额外收费，按城乡居民医保服务协议收费有关规定处理。单病种目录详见附件4。

(七)对农村五保户、低保户参保人员在定点医疗机构住院治疗的,五保户取消起付线,封顶线与一般参保居民一致,低保户其起付线、封顶线与一般参保居民一致,补偿比例较一般参保居民提高10%。对农村五保户住院的管理,原则上在本乡镇住院,如病情需要转院的必需经当地卫生院出具转院证明,由院主管领导签字同意实行逐级转诊,否则其住院医疗费用不予报销,住院天数比照参保居民住院天数执行,同一种疾病在同一级医疗卫生机构住院必须间隔一个月,否则不予报销。医疗机构不得擅自或变相减免其自付费用,一经发现、一律核减医疗机构补偿资金。在各级医疗机构住院的五保病人,参照各级医院平均住院天数指标。不符合住院指征住院和符合出院指征而拒绝出院的其费用自负,城乡居民医保不予补偿。

(八)城乡居民医保基金对参保居民符合计划生育政策规定的生育医疗费用(含产前检查费)给予一次性补助,平产最高补助标准为1300元,剖宫产最高补助标准为1600元。孕产妇因高危重症救治发生的政策范围内住院医疗费用参照疾病住院相关标准支付。

(九)对因医疗费用较低或自费费用较高实际得不到补偿的,实行保底补助。补助标准按住院费用高低分为两档:医疗费用低于1000元大于500元的,保底补助150元;医疗费用大于1000元的,保底补助200元。

(十)省级定点医疗机构城乡居民医保患者实际补偿比例不足30%的按其实际住院费用(起付线除外)30%补偿。(意外伤害除外)。

(十一)大病医疗保险按《衡阳市城乡居民大病保险实施方案》,我县照章执行。大病医疗保险补偿委托中国人寿衡山分公司代办。

(十二)对参加城乡居民医保的独生子女伤残、死亡家庭夫妻,其住院医疗费用在核定标准基础上提高10%予以报销(最高比例不超过100%)。

(十三)活动性肺结核辅助诊疗单病种定额付费,根据衡卫发〔2012〕53号文件精神,按其门诊辅助诊疗基本服务包费用实报实销,城乡居民医保每年限额定报1200元。

(十四)新生儿疾病筛查、听力筛查、产前筛查按50%比例纳入城乡居民医保补偿范围(仅限县内医疗机构项目补偿)。

(十五)因突发疾病急诊抢救转为住院治疗的,急诊抢救医疗费用与住院医疗费用合并计算;急诊抢救死亡的,对政策范围内的医疗费用,视同住院医疗费用按规定报销。

(十六)动物咬伤的预防接种狂犬疫苗费用补偿限额100元/人份,预防接种狂犬疫苗及血清费用补偿限额200元/人份。

(十七)意外伤害补偿:

1. 有责任方如因打架、斗殴、酗酒、自残、自杀、吸毒、职业病、医疗事故及各类有责任方的意外伤害以及违法乱纪引发的医疗费用不予补偿;

2. 其余意外伤害补偿按住院医院补偿比例的60%予以补偿;

3. 五保户意外伤害补偿按住院医院正常补偿比例予以补偿。

意外伤害补偿委托中华联合财产保险衡山服务部代办此业务。

(十八)建档立卡贫困人口住院医疗费用补偿比率提高10%。

(十九)城乡居民在市级及以下医院住院每天床位费限额支付标准为:三级医院25元;二级医院23元;一级医院20元;乡镇卫生院和社区卫生服务机构10元。

(二十)一个结算年度内多次住院的,累计起付标准以省级定点医疗机构最高起付标准为限额。

第二十七条 补偿结算程序:

(一)住院补偿结算:

1. 参保患者在定点医疗机构住院参保人员提供身份证、医保卡原件及复印件、住院缴费收据、诊断证明书、出院小结、住院费用明细清单,住院分娩人员还需提供生育服务证、新生儿医学出生证(孕妇在分娩过程中婴儿死亡的需提供死亡证明)原件及复印件在医疗机构兑付窗口补偿结算。

2. 参保人员在非定点医疗机构住院参保人员提供身份证、医保卡原件及复印件、住院缴费收据、诊断证明书、出院小结、住院费用明细清单,住院分娩人员还需提供生育服务证、新生儿医学出生证（孕妇在分娩过程中婴儿死亡的需提供死亡证明）原件及复印件在县城乡居民医保中心兑付大厅或县城乡居民医保中心白果服务站进行补偿结算。委托代理人前来办理，代理人需提供身份证原件及复印件。

（二）普通门诊统筹兑付结算：参保人员在普通门诊统筹定点医疗机构就诊后，提供身份证、医保卡原件在普通门诊统筹定点医疗机构随即兑付结算。

（三）特殊门诊补偿结算：参保人员因病符合特殊门诊病种补偿要求，先提供县及县级以上医疗机构的疾病诊断证明书、出院小结或相关的检查检验报告单、病理诊断等医学资料、参保患者身份证及医保卡原件和复印件到县城乡居民医保中心或县城乡居民医保中心白果服务站进行申报；通过审批后再领取特《殊门诊审批表》，并提供门诊病历或处方，门诊缴费收据，到县城乡居民医保中心或县城乡居民医保中心白果服务站进行补偿结算。委托代理人前来办理，代理人需提供身份证原件及复印件。

（四）大病保险特药申报补偿结算：参保患者经过诊断需要使用特药治疗，需持特药责任医师和就诊医院相关部门意见的《湖南省大病保险特殊药品使用申请表》及相关材料向县城乡居民医保中心提出申请，经过审核通过后可享受一个年度的大病保险特药补偿待遇。申请特药补偿需提供的资料：参保患者身份证、医保卡原件及复印件，相关医疗文书（诊断证明、出院小结、基因检测报告、病理诊断等），有医院审批的《湖南省大病保险特殊药品使用申请表》。通过审批后提供门诊病历或处方，门诊缴费收据，到中国人寿衡山分公司进行补偿结算。委托代理人前来办理，代理人需提供身份证原件及复印件。

（五）重大疾病申请审批：凡符合重大疾病住院要求的参保患者，在定点医疗机构住院，提供由医疗机构审批的《重大疾病申请表》、疾病诊断证明书、病理诊断等医学资料到到县城乡居民医保中心或县城乡居民医保中心白果服务站进行审批后带回医疗机构进行兑付结算。在非定点定点医疗机构住院的提供参保患者身份证、医保卡原件及复印件、住院缴费收据、诊断证明书、出院小结、住院费用明细清单，到县城乡居民医保中心或城乡居民医保中心白果服务站按政策进行补偿结算。

（六）大病医疗保险补偿结算：参保人员提供身份证、医保卡原件及复印件、住院缴费收据、诊断证明书、出院小结及城乡居民医保住院补偿结算表复印件到中国人寿衡山分公司办理。

（七）活动性肺结核辅助诊疗门诊结算：参保患者提供身份证、医保卡原件及复印件、衡山县人民医院审批的《活动性肺结核患者申报审批表》、结核病人治疗管理卡复印件在衡山县人民医院居民医保兑付窗口结算。

（八）动物咬伤的预防接种狂犬疫苗费用补偿结算：参保患者在定点医疗机构接种疫苗的提供身份证、医保卡原件及复印件、门诊病历、处方、门诊缴费收据在定点医疗机构结算；在非定点医疗机构接种疫苗的提供身份证、医保卡原件及复印件、门诊病历、处方、门诊缴费收据在县城乡居民医保中心或县城乡居民医保中心白果服务站按政策进行补偿结算。

第二十八条 诊疗项目基本医疗费用范围：

（一）城乡居民医保药品目录执行湖南省统一的基本医疗保险药品目录。

（二）诊疗项目为一般检查费、治疗费、手术费、普通床位费、护理费等医疗服务项目。

各类检查费、治疗费、手术费、普通床位费、普通内置材料费、各类器官或组织移植的器官或组织源补偿政策遵照省市相关规定执行。但在城乡居民医保信息系统更新过度期间任参照原新农合补偿政策执行。

（三）不纳入补偿范围：参保居民发生的下列医疗费不属于城乡居民医保基金支付范围：

1. 应当从工伤保险基金中支付的。

2. 应当由第三人负担的。

3. 应当由公共卫生负担的。

4. 在境外就医的。

5. 无住院指征、门诊挂床住院及故意拖延住院时间产生的医药费。

6. 住院期间与病情无关的医药费、超范围的检查费和无医嘱的医药费。

7. 急救车费和空调费。

8. 因违反法律法规:如打架斗殴、酗酒、服毒、自残、医疗事故等所致的医药费。

9. 住院期间的生活费、疗养费、营养药品费。

10. 国家和我省规定不予支付的其他情形。

第二十九条 “次均费用”指标管理

(一)为有效控制定点医疗机构参保居民医疗费用的不合理增长和基金不合理支出,确保参保患者利益,根据衡政发〔2012〕20 号文件,衡卫发〔2012〕137 号文件精神,严格控制住院指针,结合县内实际情况,制定县内次均费用指标管理措施和其他管理措施。

次均费用指标

单　位	次均费用(元)	单　位	次均费用(元)
县人民医院	3600	一般卫生院	950
县中医院	3500	中心卫生院	1350
县妇幼保健院	2600	县二人民医院	1650
沙泉伤科医院	1500	普济康复医院	2600

(二)其他控制措施:

1. 严控住院天数。一般乡镇卫生院平均住院天数不超过 5 天,中心卫生院不超过 7 天。

2. 严控中草药使用比例。中草药的使用比例应在总药品费用的 30% 以内,单味中草药不予报销。

3. 严格医疗费用管理。县城乡居民医保经办机构严格执行衡政发〔2012〕20 号文件、衡卫发〔2012〕137 号文件精神对县内定点医疗机构超标费用或恶意套取城乡居民医保基金的行为,要严肃查处,超标费用要坚决核减到位(其中次均费用超标部分在当月结算中由县城乡居民医保中心予以核减,总费用超标部分由城乡居民医保中心在年度平衡中据实核减),套取基金的,要及时追回,并要对相关责任人实行责任追究。

第三十条 封顶线年度内补偿总费用为 15 万元。(不含城乡居民大病保险)

第八章　监督管理

第三十一条 县人力资源和社会保障局应当加强对县城乡居民医保制度实施、经办机构职责履行情况的监督管理,加强对基金收支、管理工作的监督检查,督促城乡居民医保经办机构定期向社会公布基金筹集、使用和结余情况。

第三十二条 县人民政府要成立由政府相关部门、人大代表、政协委员、医疗机构、参保居民、专家学者等参加的城乡居民医保监督委员会,对基金的筹集、运行、使用和管理实施社会监督。

第三十三条 建立城乡居民医保三级定期公示制度。城乡居民医保经办机构、各定点医疗机构和村民(居民)委员会要在醒目位置设公示栏,定期公示城乡居民医保主要政策、就诊(转诊)流程、医疗费用报销情况和监督举报电话等内容。

第三十四条 切实加强城乡居民医保基金监督管理,对违反《中华人民共和国社会保险法》等有关规定和基本医疗保险制度政策骗取、套取城乡居民医保基金的行为,依法依规严厉查处。

第三十五条 本实施细则为城乡居民医保整合过度期实施方案,如上级出台新的政策规定,则按上级新政策执行。

第三十六条 本实施细则最终解释权归衡山县人力资源和社会保障局。

第三十七条 本实施细则自 2017 年 5 月 1 日试行实施。

附件:1. 2017 年度湖南省城乡居民医保省级定点医疗机构住院起付线标准

2. 特殊门诊病种和补偿标准

3. 湖南省大病保险特种药品及限定支付范围

4. 单病种限额补偿费用标准

附件1：

2017年度湖南省城乡居民医保省级定点医疗机构住院起付线标准

定点医疗机构	起付线(元/次)	定点医疗机构	起付线(元/次)
中南大学湘雅医院	2300	湖南省中医药研究院附属医院	1500
中南大学湘雅二医院	2200	南华大学附属第一医院	1500
中南大学湘雅三医院	1700	南华大学附属第二医院	1500
湖南省人民医院	1900	南华大学附属南华医院	1500
湖南省肿瘤医院	1800	武警湖南省总队医院	1500
湖南省妇幼保健院	1500	中国人民解放军第一六三医院	1500
湖南省脑科医院	1500	中国人民解放军第一六九医院	1500
湖南省职业病防治院	1500	长沙泰和医院	1500
湖南省结核病医院	1500	湘雅博爱康复医院	1500
湖南中医药大学第一附属医院	1500	湖南省旺旺医院	1500
湖南中医药大学第二附属医院	1500	长沙医学院附属第一医院	1500
湖南省儿童医院	1500		

附件2：

特殊门诊病种和补偿标准

病　　种	补　　偿　　条　　件	封　顶　线
高血压三级(合并心功能三级以上、脑卒中、肾功能不全)	1. 合并心功能三级或三级以上症状、体征，必须彩超证实心脏扩大或射血分数降低，或心电图示明显左室扩大 2. 合并脑卒中症状、体征，必须有CT或MRI报告证实 3. 合并肾功能不全症状、体征，必须有三次或三次以上检查有血尿或蛋白尿或氮质血症。血肌肝大于225摩尔/开，尿素氮大于8摩尔/开，二次以上。以上三种具备一项即可	2500(元/年)
严重冠心病	1. 有典型心绞痛症、体征或心梗后心绞痛症状、体征，必须有心电图示明显心肌缺血或冠状动脉造影证实 2. 心功能三级或三级以上症状、体征，必须有心电图示明显心肌缺血或冠状动脉造影证实 3. 心梗后频发室性心律失常或房颤 以上三种具备一项即可	2500(元/年)
肝硬化(肝功能失代偿期)	1. 肝功能反复出现异常，转氨酶在正常值2倍以上，白/球倒置，且有肝功能化验单证实 2. 蜘蛛症、肝掌、腹壁静脉曲张，腹水等一项或多项并发症 3. 必须有B超或CT或其他影像学诊断报告等支持 以上三项缺一不可	4000(元/年)
肺心病并心肺功能不全或其他原因引起的慢性心功能不全。	1. 有肺部疾病或其他疾病症状、体征，肺通气功能检查异常 2. 有心衰症状、体征 3. 心电图、X线、彩超支持心衰或血气分析报告支持呼衰。以上三项具备两项即可	2500(元/年)
中风后遗症或其他慢性严重的神经性疾病	1. 有脑梗塞或脑出血或其他慢性严重的神经性疾病的症状或体征 2. 有因中风或其他严重的神经性疾病所致的肢体功能障碍或失语或其他严重功能障碍 3. 有CT或MRI的影像学诊断支持。以上三项缺一不可	2500(元/年)

续表

病　种	补　偿　条　件	封　顶　线
精神分裂症和燥狂抑郁症	1. 符合 CCMD－3 精神分裂症或燥狂抑症诊断标准 2. 病程三年以上 3. 需长期门诊维持治疗。以上三项缺一不可	2500(元/年)
糖尿病合并严重并发症	1. 糖尿病必经有确诊资料,空腹血糖大于 7 摩尔/开,餐后二小时血糖大于 11.1 摩尔/开 2. 有长期服用降糖药或胰岛素治疗的病历记录 3. 合并有心、脑、肾、神经病变及糖尿病足等一项或以上严重并发症(心功能不全三级以上、肾病(大量蛋白尿)或肌肝达到 200 摩尔/开、神经肌电图有改变,脑梗或脑出血 CT 报告)。以上三项缺一不可	2500(元/年)
系统性红斑狼疮	1. 符合 SLE 分类标准 11 项中的 4 项或 4 项以上 2. 有实验室化验报告 3. 需长期门诊维持治疗 。以上三项缺一不可	2500(元/年)
再生障碍性贫血	1. 有此疾病的症状和体征,如严重的非失血性贫血、伴发热、感染等 2. 有骨髓细胞学检查依据 3. 需长期的门诊维持治疗。以上三项缺一不可	4000(元/年)
恶性肿瘤	1. 有各项恶性肿瘤的症状、体征,并经临床诊断,病理组织学。细胞学或其他辅助检查确认 2. 需门诊长期维持治疗或因该症引起的并发症需长期门诊治疗。以上二项缺一不可	门诊放、化疗 6000(元/年),其他 3000(元/年)。
原发性血小板减少性紫癜	1. 有血小板减少性紫癜的症状和体征 2. 排除其它继发性因素 3. 有血小板显著减少(低于 50000/ul)的实验室诊断依据。以上三项缺一不可	2500(元/年)
尿毒症	维持血液透析的患者。	血液透析药费 12000(元/年)
肾移植后抗排治疗	1. 有肾移植的病史 2. 有长期门诊抗排治疗的病历记录。以上两项缺一不可	22000(元/年)
类风湿关节炎	1. 符合类风湿性关节炎的分类标准七项之的四项 2. 有长期门诊维持治疗的病史记录。以上两项缺一不可	2500(元/年)
血友病	1. 有血友病的症状和体征 2. 有化验室的诊断依据。以上两项缺一不可	2500(元/年)
帕金森综合征	1. 有静止性震颤、肌张力增高、运动迟缓症状 2. 有帕金森综合征病史 3. 体检发现肌张力增高,但无锥体束征及感觉障碍,也无共济失调 4. 运用抗胆碱能药及多巴类药治疗有效	2500(元/年)
慢性肾炎致肾功能不全	肾功能不全四期以内确诊相关病历资料	6000(元/年)
肝豆状核病变	有市级以上的医院确诊相关病历资料	2500(元/年)
儿童脑瘫	有市级以上的医院确诊相关病历资料	2500(元/年)
耐多药结核病	定点由省结核病防治所(省胸科医院)门诊治疗。 不足 1500 元/月,按实际费用报付。	1500(元/月)
肺结核	有县级以上的医院确诊相关病历资料	2500(元/年)
获得性免疫缺陷综合征	有县级以上的医院确诊相关病历资料	2500(元/年)
癫　痫	有县级以上的专科医院确诊相关病历资料	2500(元/年)

续表

病　种	补　偿　条　件	封 顶 线
慢性活动性肝炎	1. 有明确的慢性活动性肝炎诊断 2. 须附有 HbsAg 持续阳性超过 6 个月或抗 - HCV 阳性证据 3. 在非住院时，有近半年内间隔一月两次以上肝功能化验（许须有下列改变之一项者：①ALT 大于正常两倍，②Bil（umol/）大于 34.2，③A/G 小于 1.2）	2500（元/年）

说　明：

1. 终末期肾病血液透析的补偿标准为 310 元/次。腹膜透析患者的腹膜透析液按同级医疗机构住院补偿比率核算；

2. 尿毒症血液透析患者做血液灌流、血液过滤治疗，血液灌流、血液过滤的治疗费和材料费按 80% 予以补偿（不包括药品费用及检查费用等其他费用），每月限定补偿一次，超出部分仍按血液透析补偿标准补偿。如中央、省、市有新的文件规定出台，即按新文件规定执行

附件 3：

湖南省大病保险特种药品及限定支付范围

序号	通用名	商品名	剂型	规格	生产厂家	限定支付范围	
1	甲磺酸伊马替尼	格尼可	胶囊	100 毫克 * 12 粒	正大天晴	慢性髓系白血病	100 毫克 * 60 粒
2	甲磺酸伊马替尼	昕维	片剂	0.1 克 * 60 片	江苏豪森	慢性髓系白血病	
3	尼洛替尼	达帮纳	胶囊	15 毫克 * 120 粒	瑞士诺华	慢性髓系白血病	200 毫克 * 120 粒
4	达沙替尼	施达赛	片剂	50 毫克 * 60 片	施贵宝	慢性髓系白血病	20 毫克 * 60 片
5	注射用重组人凝血因子Ⅸ	贝赋	注射剂	250iu	辉瑞制药	乙型血友病	
6	贝伐珠单抗	安维汀	注射剂	100 毫克	罗氏制药	结肠癌	
7	盐酸埃克替尼	凯美纳	片剂	125 毫克 * 21 片	贝达制药	非小细胞肺癌	
8	盐酸厄洛替尼	特罗凯	片剂	150 毫克 * 7 片	罗氏制药	非小细胞肺癌	
9	吉非替尼	易瑞沙	片剂	0.25 克 * 10 片	阿斯利康	非小细胞肺癌	
10	注射用培美曲塞二钠	普来乐	注射剂	0.2 克	江苏豪森	非小细胞肺癌	
11	注射用曲妥珠单抗	赫赛汀	注射剂	440 毫克	罗氏制药	her2 阳性乳 her2 阳性胃癌	
12	利妥昔单抗	美罗华	注射剂	100 毫克	罗氏制药	淋巴瘤	
13	地西他滨	晴唯可	注射剂	10 毫克	正大天晴	骨髓增生异常综合征	25 毫克、50 毫克
14	注射用硼替佐米	万珂	注射剂	3.5 毫克	西安杨森	多发性骨髓瘤套细胞淋巴瘤	
15	注射用醋酸兰瑞肽	索马杜林	注射剂	40 毫克	博福 - 益普生	肢端肥大症类癌	
16	碳酸镧咀嚼片	福斯利诺	片剂	500 毫克 * 20 片	费森尤斯卡比	高磷血症	

附件4:

单病种限额补偿费用标准

单位:元/住院人次

科类	序号	单病种名称	治疗方法	限额补偿
眼科	1	白内障超声乳化(单侧)	手术治愈	1750
	2	青光眼(单侧)	手术治愈	1750
	3	翼状胬肉	手术治愈	1500
妇科	4	子宫良性病变(含粘连松懈术)	手术治愈	3000
	5	卵巢囊肿、良性肿瘤(单侧)	手术治愈	2700
	6	卵巢囊肿、良性肿瘤(单侧)	腹腔镜治疗	3600
	7	宫外孕	手术治愈	2700
外科	8	单纯性阑尾炎	手术治愈	2400
	9	单纯性阑尾炎	腹腔镜治疗	3000
	10	化脓性阑尾炎(含周围脓肿)	手术治愈	3300
	11	腹外疝(单侧,含补片)	手术治愈	2700
	12	甲状腺良性病变(单侧)	手术治愈	3000
	13	胆囊结石	手术治愈	3300
	14	胆囊结石	腹腔镜治疗	3850
	15	输尿管结石	手术治愈	3600
	16	输尿管结石	腹腔镜治疗	4200
	17	膀胱、尿道结石	手术治愈	3600
	18	肾结石	手术治疗	4400
	19	肾结石	腹腔镜治疗	5000
	20	腰间盘突出(小针刀)	小针刀治疗	1500

说明:以上病种不包括输血费,省市县乡为统一标准

衡山县2017年政策性农业保险工作实施方案

为认真贯彻《中共中央 国务院关于深入推进农业供给侧结构性改革加快培育农业农村发展新动能的若干意见》(中发〔2017〕1号),《关于加大产粮大县三大粮食作物农业保险支持力度的通知》(财金〔2015〕184号)等文件精神,进一步做好我县2017年农业保险工作,结合工作实际,特制定此方案。

一、指导思想

坚持以科学发展观为指导,认真贯彻党中央,国务院和省委、省政府有关发展农业保险精神,规范农业保险经营,保护农业保险当事人的合法权益,提高农业生产抗风险能力,充分发挥农业保险的惠农富农作用,促进三农保险持续健康发展。

二、基本原则

开展农业保险工作应遵循政府引导、市场运作、自主自愿和健康发展的原则。

三、组织领导

政策性农业保险是政府强农惠农富农的一项重要举措，更是党和政府的“民心工程”和“民生工程”，各乡镇，各有关部门必须高度重视，充分发挥政府在农业保险工作中的引导作用。为进一步加强组织领导，成立衡山县农业保险工作领导小组，由常务副县长廖文伟任组长，副县长黄润葵、谢文俊任副组长，县政府办、财政局、林业局、金融办、畜牧水产局、气象局、中国人保财险衡山支公司、中华联合保险衡山营销部、中国人寿财险衡山营销部等相关单位主要负责人为领导小组成员，领导小组下设办公室（设县财政局内），由财政局总会计师谭柏青兼办公室主任，各保险公司主要负责人任办公室常务副主任。各乡镇要成立相应领导小组，统一领导、统筹管理辖区内农业保险工作。

四、部门职责

县农业保险工作领导小组为全县农业保险工作统一领导、组织决策机构，负责出台全县农业保险工作实施方案、制定考核办法，并对各乡镇、各有关部门农业保险工作情况进行检查、监督、考核。

县新闻单位要把农业保险宣传工作列为重要内容，充分利用新闻媒体，广泛宣传农业保险工作的政策内容及重要意义，增强广大农民群众的保险意识、风险防范意识，引导农民积极主动的参加农业保险。

县财政部门要进一步提高工作责任感和主动性，加大对农业保险工作的检查、审查力度，负责全县农业保险保费财政补贴资金，工作经费的管理和监控，跟踪管理资金流向，监督评估补贴政策，检查审核补贴资金落实情况。

县农业、林业、畜牧水产部门要负责提供相关承保基础信息，同时协同做好农业保险灾害鉴定和查勘定损工作。

县水利、气象部门负责及时分析天气形势，预报可能出现的农业灾情，及时防范，减少农业损失。同时在灾后及时提供气象灾害证明资料，以便后续理赔服务及时跟进。

县农业保险承保公司要从落实惠农富农政策的全局出发，认真做好农业保险各项服务工作，夯实承保基础工作，履行农业保险应尽义务。收到农户自缴保费后及时出具保险单等相关资料。发生灾情后，及时准确的做好查勘定损工作，确保受灾农户及时获得赔款。同时，负责建设三农保险基层服务体系、对全县各乡镇保险兼专干人员、协保员进行业务培训、指导、工作推动、日常联系工作。

各乡镇农业保险工作领导小组负责统一组织、协调管理区域内农业保险工作，落实农业保险工作任务，落实三农保险服务站（农业保险办室）建设和管理。负责农业保险的政策宣传，组织引导农户参保，负责协调农业保险的理赔工作，确保受灾农户及时得到赔偿，真正做到钱（保费）从农户中来，钱（赔款）到农户中去。

五、开办险种、规模及承保机构

（一）按照省财政厅下达的财政保费补贴规模及要求，2017 年我县主要开办的险种有水稻、油菜、育肥猪、能繁母猪、公益林、商品林等。

（二）各险种的承保规模控制在《2017 年衡山县农业保险规模明细表》确定的承保规模之内，不得擅自扩大承保规模。

（三）为贯彻落实《湖南省财政厅关于 2016 年农业保险保费补贴有关事项的通知》（湘财金〔2016〕8 号）文件精神，2017 年我县水稻、油菜、育肥猪等保险业务继续由中国人保财险衡山支公司承办；能繁母猪保险业务由中华联合保险衡山营销部承办；商品林保险和公益林保险由中国人寿财险衡山营销部承办，原则上三年不变。

（四）特色农业保险待省级财政明确项目及规模之后再予确定承保数量及主体。

六、保险责任和赔款支付

各险种保险责任和理赔标准以中国人民财险保险股份有限公司、中华联合财产保险股份有限公司、中国人寿财产保险股份有限公司报经中国保监会审批的条款为准，农业保险赔款必须通过一卡通账户直到受灾户。

七、投保方式

种植业保险和养殖业保险承保，原则上以村（场）为单位投保，不得按总数量的比例部分承保或插花性承保。有条件的地区应签单到组、到户，种植双季以上的作物要分季签单。

耕种方式是“土地流转”、“承包经营”、“代耕代种”等情形的,承办公司必须按要求进行现场验标,收齐合法有效的证明资料(包括与农户直接签订的土地流转协议或土地承包合同、费用支付凭据、营业执照、种植大户身份证等复印件)后方可承保出单,且被保险人必须为实际土地耕种者或经营者。

森林保险要充分运用林权改革成果,以县为单位进行投保,以乡镇为单位出单,被保险人必须林权权属清晰。

八、保费补贴比例

水稻保险费由中央财政补贴45%、省财政补贴30%、农户自缴25%,油菜保险费由中央财政补贴40%,省财政补贴25%,县财政补贴10%,农户自缴25%。其中,根据省财政文件精神调整后的水稻保险金额:苗期280元/亩,分蘖期320元/亩,成熟期360元/亩,保险费18元/亩。

能繁母猪保险费60元/头,由中央财政补贴50%,省财政补贴30%,农户自缴20%。

育肥猪保险费30元/头,由中央财政补贴50%,省财政补贴15%,县财政补贴15%,农户自缴20%。

森林保险金额为400元/亩,保险费率0.4%(即1.6元/亩)。公益森林保费由中央财政补贴50%,省财政补贴30%,县财政补贴10%,林权权利人承担10%;商品林保险费由中央财政补贴30%,省财政补贴25%,林权权利人自缴45%。

九、缴费方式

承保公司出单时,必须是将最小投保单位的农户自缴保费收齐,并将保费缴至承保公司账户后,方可出单承保。

本级财政保费补贴资金列入同级财政预算,设立专门科目,实行专项管理,分季结算。

中央、省财政补贴按各承保公司实际承保签单进度及时给予补贴结算。

十、工作经费支付标准和对象

(一)支付标准

根据《关于农业保险工作费用相关管理规定的通知》(湘财金〔2015〕8号)文件精神,结合我县实际情况,农业保险工作费用按以下标准支付:

1. 种植险保险工作费用分为展业费用和赔案鉴定费用。展业费用按不超过当年实收保费收入的6%提取,赔案鉴定费用按不超过核定理赔金额的1%提取。

2. 养殖业保险工作费用按不超过实收保费收入的8%提取,其中育肥猪保险展业费用按不超过实收保费收入的5%提取。

3. 森林保险工作费用分为展业费用和赔案鉴定费用。展业费用按不超过当年实收保费收入的7%提取,赔案鉴定费用按不超过核定理赔金额的3%提取。

(二)支付对象

工作经费需严格按照《关于农业保险工作费用相关管理规定的通知》(湘财金〔2015〕8号)相关规定确定支付对象,工作经费不高于30%部分根据险别可支付至县财政局、农业局、畜牧水产局、林业局及上述单位对应的乡镇一级机构(即财税所、农技站、动物防疫站、林业站等),工作经费不低于70%部分可直接支付至农业保险专(兼)干、协保员账户。

十一、再保安排

再保安排由承保公司根据上级公司要求,安排比例分保和超赔分保,分散经营风险。

十二、工作要求

(一)认真落实《农业保险条例》相关要求。各乡镇、各相关部门要认真贯彻落实《农业保险条例》中关于农业保险“两签字、三公示、两禁止”的要求。即承保、查勘、理赔“两签字、三公示”。一是以村为单位组织农民投保的,在签订农业保险合同时,应详细列明被保险人的投保信息,并由被保险人签字确认。各乡镇应将承保情况予以公示。二是接到灾情报案后,应当及时进行现场查勘,核定保险标的受损情况,并将查勘定损结果予以公示。三是保险公司应当在与被保险人达成赔偿协议后10日内,将应赔款转账支付给被保险人,并由被保险人签字确认,各乡镇应将理赔结果予以公示。“两个禁止”:一是禁止以下列方式或者其他任何方式骗取农业保险的保险补贴:虚构或虚增保险标的或者以同一保险标的进行多次投保的;以虚假理赔、虚列费用、虚假退保或者截留、挪用保险金、挪用经营费用等方式冲销投保人应缴的保险费或者财政给予的保险费补贴的。二是禁止任何单位和个人挪用、截留、侵占保险公司应当赔偿被保险人的保险金。

（二）加强三农保险基层服务体系建设。一是支持中国人保财险衡山支公司在全县3至5个中心乡镇建设三农保险营销服务部，方便农户投保、理赔及咨询服务，延伸服务范围，构建覆盖乡镇的服务机构网络。二是充分发挥三农基层服务体系宣传发动、信息收集、保费收取、协助查勘理赔，以及基础信息维护等方面的基础作用。三是迅速布置、收集维护农户种植信息，尽快启动农业保险承保签单工作。四是加强对基层服务体系人员培训工作，认真推行考核制度。

（三）夯实农业保险承保基础信息工作。一是确保承保“六要素”（被保险人姓名、农户身份证号码、保险标的名称、种植地点、保险数量、农户直补卡账号和其他银行账号）齐全准确。二是确保“三单一证一票”（投保单、投保分户清单、保险单、保险凭证、保险费发票）信息一致。三是确保“三清单信息”（投保分户清单、理赔定损清单和赔款支付清单）无缝连接。

（四）按期完成农业保险承保签单工作。一是早稻保险必须在5月10日之前完成签单承保工作，中稻必须在6月20日之前完成签单承保工作，晚稻必须在8月10日之前完成签单承保工作。二是油菜保险必须在12月31日之前完成签单承保工作。其他险种按上年度投保时间搞好续保工作。

（五）加强农业保险依法合规经营监管。县农业保险工作领导小组办公室对农业保险工作进行全程监督，重点监督农业保险依法合规情况，确保农业保险规范运行，切实维护广大农户切身利益。

衡山县建设领域农民工劳动报酬支付管理规定

第一章　总　则

第一条　为了维护农民工合法权益，根据《中华人民共和国劳动法》、《中华人民共和国劳动合同法》、《国务院关于进一步做好农民工服务工作的意见》（国发〔2014〕40号）、《国务院办公厅关于全面治理拖欠农民工工资问题的意见》（国办发〔2016〕1号）、《湖南省建设领域农民工劳动报酬支付管理规定》（湘政办发〔2015〕19号）、《湖南省人民政府办公厅关于全面治理拖欠农民工工资问题的实施意见》（湘政办发〔2016〕66号）、《衡阳市建设领域农民工劳动报酬支付管理规定》（衡政办发〔2016〕44号）等有关法律法规和政策规定，结合我县实际，制定本规定。

第二条　本规定适用于在本县行政区域内各类建设单位、建筑施工企业、建筑劳务分包企业以及与其建立劳动关系的农民工。

第三条　本规定所称农民工，是指具有农村户籍，并与建设单位、建筑施工企业或建筑劳务分包企业建立劳动关系的人员。

第四条　建设单位、建筑施工企业、建筑劳务分包企业招用农民工建立劳动关系应当订立书面劳动合同。

第五条　建筑施工企业不得将经营项目分包给不具备相应资质条件的单位。建筑劳务分包企业不得将承包的建筑劳务再分包。

第二章　建设单位、建筑施工企业和建筑劳务分包企业责任

第六条　建设单位在建设施工项目开工前，应当按规定的标准预存建设领域农民工劳动报酬保证金。

农民工劳动报酬保证金专户由人社部门具体负责监督管理。本规定实施前已建立农民工劳动报酬保证金制度的住房城乡建设部门应将农民工劳动报酬保证金专户移交人社部门负责监督管理。

农民工劳动报酬保证金的具体管理办法,由县人力资源和社会保障局会同相关部门制定。

第七条 建筑施工企业和建筑劳务分包企业应当按照国家和省、市有关规定以及劳动合同的约定,将劳动报酬按时足额直接发放或委托银行代发给农民工本人。农民工劳动报酬不得以实物、有价证券或者其他非法定货币形式支付,不得克扣或拖欠,且不能低于当地当年最低工资标准。

农民工劳动报酬支付应当制作劳动报酬支付表,如实记录支付单位、支付时间、支付数额、支付对象及签名,并保存两年以上备查。

工程建设领域应当建立健全农民工工资(劳务费)专用账户管理制度,实行人工费用与其他工程款分账管理制度,推动农民工工资与工程材料款等相分离。施工总承包企业应分解工程价款中的人工费用,在工程项目所在地银行开设农民工工资(劳务费)专用账户,专项用于支付农民工工资。建设单位应按照工程承包合同约定的比例或施工总承包企业提供的人工费用数额,将应付工程款中的人工费单独拨付到施工总承包企业开设的农民工工资(劳务费)专用账户,积极做好保障农民工工资支付工作。

第八条 发包人或者承包人将工程承包或者分包给不具备相应资质条件的单位,发包人或者承包人应当承担支付劳动报酬的连带责任。不具备相应资质条件的单位拒不支付或者无力支付农民工劳动报酬时,发包人或者承包人先予支付。

建筑施工企业应当加强对建筑劳务分包企业支付农民工劳动报酬情况的监督管理。建筑劳务分包企业拖欠、克扣农民工劳动报酬的,发包的建筑施工企业负连带责任。

第三章 政府部门及其他组织的工作任务

第九条 县人民政府负责本县区域内的农民工劳动报酬支付保障工作。建立由县人民政府牵头,县人社部门具体负责,相关职能部门为成员单位的领导小组,及时研究建设领域农民工劳动报酬支付保障工作中的重大问题。要将保障农民工劳动报酬支付工作纳入政府绩效考核评估范围。

第十条 政府有关部门在职责范围内承担以下工作任务:

县人社部门负责农民工劳动报酬支付情况的监督检查;依法受理和处理农民工劳动报酬拖欠问题的投诉举报案件;对拒不支付农民工劳动报酬涉嫌犯罪的用人单位或个人移送司法机关处理;依法处理农民工与建设施工企业或建筑劳务分包企业因履行劳动合同发生的争议。

县信访部门负责农民工反映拖欠工资问题的接待处理,协调督促相关有权处理的职能部门维护好农民工的合法权益等工作。

县住建、交通旅游、水利等部门要采取有效措施防止建设工程非法转包、违法分包,对不按照规定落实建设资金的建设工程项目,依法不予核发施工许可证。督促企业落实劳务用工实名制管理等制度规定,负责督办解决因挂靠承包、违法分包、转包、拖欠工程款、结算纠纷、未交工资保证金等源头问题造成的欠薪案件,牵头落实实名制用工管理、农民工工资账户单独列支、银行定期代发农民工工资等制度,协助人社部门做好农民工工资保证金收缴工作和因拖欠工程款或工程结算纠纷引发的欠薪处置工作。

县发改部门负责加强本级政府投资项目审批管理,严格审查资金来源和筹措方式,牵头做好社会信用体系建设等工作。

县财政部门负责加强对本级人民政府投资项目建设全过程的资金监管,按规定及时拨付财政资金等工作。

县公安机关负责做好涉嫌拒不支付劳动报酬犯罪案件立案侦办和参与处置因拖欠农民工工资引发的群体性事件,依法查处并严厉打击以讨要工资名义扰乱社会治安秩序的行为等工作。

县国有资产监管部门负责督办所属企业因违法发包、转包、分包等导致拖欠农民工工资案件等工作。凡当年发生拖欠农民工工资的企业,一律不得参加评优评先,企业经营者不得兑现年度绩效薪酬。

县市场监管部门负责依法查处无照经营行为并通过湖南省市场主体信用信息公示系统公示严重拖欠工资失信企业等工作。

县审计部门负责及时做好政府投资项目的竣工结算审计工作,对竣工未结算或存在结算纠纷的项目,应按照审计管辖权限依法进行结算审计,提出处理意见。

县司法行政部门负责指导法律服务机构和法律援助机构为农民工提供劳动维权法律服务和法律援助。

县监察机关负责对不履行职责造成严重后果的国家行政机关及其工作人员、国家行政机关任命的企业负责人追究责任。

第十一条 工会组织负责监督建筑施工企业或建筑劳务分包企业履行劳动合同管理和工资支付的法律义务,维护农民工合法权益;配合有关部门处理农民工权益被侵害而引发的群体性事件。

第四章 监督管理措施

第十二条 建设单位、建筑施工企业、建筑劳务分包企业不与农民工订立书面劳动合同、不按时足额支付劳动报酬的,由人社部门按照《中华人民共和国劳动合同法》等法律法规规定追究法律责任。

第十三条 建设单位、建筑施工企业、建筑劳务分包企业有下列行为之一的,对责任单位通报批评,向社会公开曝光:

(一)不与农民工订立书面劳动合同、不按时足额支付工资,经人社部门、行业主管部门责令改正而不改正的;

(二)因不执行国家有关劳动合同和工资支付规定造成农民工集体上访的;

(三)对因合同、结算、工期、质量等问题引发的农民工工资支付纠纷,不配合政府或有关部门协调;或经协调达成一致意见,但未按意见执行的;

(四)以工程款未到位为由故意拖欠农民工工资的。

第十四条 建设单位、建筑施工企业、建筑劳务分包企业以及不具备用工主体资格的组织拒不支付农民工劳动报酬,涉嫌犯罪的,依法移送司法机关追究刑事责任。

第十五条 个人以“欠薪”为名、解决经济纠纷为实,组织或煽动人员聚众闹事、堵路、围堵政府机关,甚至发生打砸抢行为的,由公安机关根据《中华人民共和国治安管理处罚法》的规定进行处理;构成犯罪的,依法追究刑事责任。

第十六条 建设单位、建筑施工企业、建筑劳务分包企业违反劳动合同和劳动报酬支付相关规定的,农民工可以根据订立的劳动合同和其他劳动关系证明材料,通过以下方式维护自身合法权益:

(一)向人社部门投诉;

(二)向劳动争议仲裁机构申请仲裁;

(三)依法向人民法院申请支付令或提起诉讼。

第十七条 农民工和任何组织、其他个人发现建设单位、建筑施工企业、建筑劳务分包企业有下列情形之一的,可向人社部门举报投诉:

(一)未与农民工订立书面劳动合同的;

(二)未按照劳动合同约定足额支付劳动报酬的;

(三)解除或者终止劳动合同,未依法支付经济补偿或赔偿金的。

第十八条 本规定自公布之日起施行。

衡山县普及高中阶段教育实施方案

根据党中央、国务院和省委关于普及高中阶段教育相关文件精神,为促进我县高中阶段教育普及程度逐年提升、教育质量逐步提高,助推经济社会发展,为富民强县提供有力的人才支持和智力支撑,特制定本方案。

一、指导思想

全面贯彻党的教育方针,深入落实党的十八届五中、六中全会精神,以科教兴县、人才强县、实现教育现代化、信息化为目标,按照整体规划、分类指导、分步实施的原则,充分调动一切积极因素,加快普及高中阶段教育,进一步深化改革、创新机制、扩大规模、优化结构、提升内涵、增强活力,提高教育质量和办学效益,努力办好人民满意的教育。

二、目标任务

科学合理调整高中阶段学校布局,全面改善办学条件,着力构建一支结构合理、数量足够、素质优良的教师队伍,努力实现高中阶段教育从增量到增质、从外延到内涵发展的转变。到2018年,实现初中毕业生升学率达到93%以上,严格落实普职5∶5分流招生制度。

三、实施步骤

(一)准备阶段(2016年11月至2017年5月)。成立普及高中阶段教育工作领导小组,制定《衡山县普及高中阶段教育实施方案》,召开相关会议,安排部署各项工作,明确职责和工作要求。

(二)实施阶段(2017年6月至2018年8月)。紧紧围绕"扩容、扩量、提质、改革"目标,采取有力措施,确保各项指标达到验收标准。各级各类学校需完善基础设施建设,满足教育教学需求;狠抓"控辍保学",及时招聘补充教师,加大教师交流力度,共享优质教师资源,全面提升教育教学质量。

(三)迎检阶段(2018年9月至2018年12月)。2018年9月完成县级自评并向市级申请评估验收;10月接受市级评估验收;11月查缺补漏;12月迎接省级评估验收。

四、主要措施

(一)实施规划布局调整,不断改善高中阶段教育学校办学条件

岳云中学:成立岳云教育集团,并做大做强,设48个教学班,每班50人,办成2400学生规模的三湘精品学校。同时,为进一步整合资源,拟从岳云中学搬一个年级择址安置,在进行广泛调研论证的基础上形成可行性分析报告。

衡山二中:待条件成熟后择址整体搬迁,征地180亩左右(预留一定的学校发展用地),办成60个教学班、3000学生规模的学校。预计总投资2.5亿元,由县城乡投为业主,负责进行建设交付使用。预计2017年下半年动工,2018年完成主体工程,2019年上半年装修和绿化,秋季使用。

衡山四中:暂时按每个年级各300人的规模办学。待城镇化建设进一步推进后,办成规模以上初中学校。

星源学校高中部:办成每个年级各300人规模的学校。

职业中专:严格落实《衡山职业教育攻坚三年行动计划》,增加职业教育学位,将该校办成3500人规模的学校。

科技中专(民办):对该校进行结对帮扶,协助完成二、三期建设。

(二)科学制定招生计划,全力推进扩容促优工程

1. 普通高中招生本地生源数不足于申报数,原则上按本地生源数全额下达(特殊情况经专题报告市教育局批准同意后,视情况在本县内适当调节)。本地生源数高于申报数,按申报数全额下达,差额部分作为调剂生源。中职招生基本上按申报数下达,差额部分作为调剂生源。

2. 根据普通高中办学水平考核结果和高中学业水平考试一次性合格率调控招生计划,对连续两年高中学业水平考试一次性合格率低于80%的学校,减少下达招生计划。

3. 继续实施"阳光招生"。科学制定高中阶段学校招生计划,全面取消普通高中"择校生",严禁各学校超出核定计划、违反规定招生。不断完善优质高中阶段学校招生名额40%以上分配到区域内初中学校的政策,继续实施优质学校和薄弱学校的合作办学,探索推进以省示范性普通高中为龙头的教育集团的健康发展,不断扩大优质高中教育资源覆盖面,同时加大普职分流力度。

(三)深化职业教育综合改革,推动普职教育协调发展

推动普职教育协调发展。一是改善办学条件。

依托示范性职业学校和有关园区或企业，建设县级职业教育产教融合示范基地。二是办出特色专业。到2020年全县立项建设5个“产教深度融合、培养模式先进、办学条件优良、就业优势明显、引领推动产业发展”的特色品牌专业。三是改革办学模式。推进人才培养模式和课程体系改革创新，深度推进校企合作、工学结合，将教学融入生产工程之中，实现校企资源共享、人才共育，加大实习实训在教学中的比例，强化实习实训考核评价。积极推进学历证书和职业教育证书“双证书”制度。推进课题教学改革创新，推进人才培养和质量评价制度改革。

五、保障机制

（一）成立组织机构，加强对普及高中阶段教育的组织领导

成立以分管副县长为组长，县委宣传部、政府办、编办、发改局、教育局、公安局、人社局、财政局、国土资源局、住建局、卫计局、审计局、食药工商质监局、广播电视台等单位负责人为成员的衡山县普及高中教育工作领导小组。领导小组下设办公室（设县教育局内），由县教育局局长兼任办公室主任，负责日常工作。领导小组各成员单位要明确专人负责此项工作，加强普及高中阶段教育工作的领导和管理。

1. 县政府办：统筹、协调、督促相关部门落实岳云中学建设规划，实现衡山二中整体搬迁，衡山四中维修提质等工作。

2. 县教育局：加强协调，积极推进，主动争取上级教育行政部门的资金帮助和工作督导，引导各部门关注和支持全县普及高中阶段教育工作的实施。

3. 县发改局：为普及高中阶段教育工作项目备案审批及向上争取项目资金。

4. 县财政局：负责普及高中阶段教育县级财政资金筹集工作；对普及高中阶段教育专项资金使用进行监督；做好普及高中阶段教育所需的其它资金的筹集；协调金融机构为普及高中阶段教育工作提供信贷支持。

5. 县国土资源局：会同有关单位协调解决普及高中阶段教育建设用地问题，确保学校建设工程的顺利开工建设。

6. 县住建局：把普及高中阶段教育项目建设纳入城乡建设整体规划；抓好相关工程建设及安全监管工作，确保工程质量和进度；同时在政策许可范围内对普及高中阶段教育工程建设项目给予一定的优惠、优先；依法拆除校园内外的违章建筑。

7. 县人社局：会同县编办、教育等部门制定教职工队伍建设规划，同时加强教职工队伍建设和管理，按照相关政策落实教职工的工资、福利待遇及社会保障。规范教职工的人事（劳动）管理，搞好技术职称（职务）评聘。

8. 县编办：会同县教育局、财政局等部门根据我县普及高中阶段教育工作的需要，核定我县高中教职工编制数，认真做好全县高中定编、定岗、定员工作。

9. 县委宣传部：负责全县普及高中阶段教育的宣传工作，营造举全县之力确保普及高中阶段教育工作成功的舆论氛围。

10. 县广播电视台：认真做好普及高中阶段教育宣传报道工作，设立衡山县普及高中阶段教育工作电视专栏，大力宣传普及高中阶段教育工作动态；配合县教育局制作衡山县普及高中阶段教育工作专题片。

11. 县卫计局、县食药工商质监局：做好普及高中阶段教育工作中学生食堂、学生宿舍、校园周边餐饮业的食品卫生安全、饮用水卫生安全、整治脏乱等方面的监督、检查工作；指导全县中小学校健全卫生管理制度和指导学校医务室工作，同时协助做好专职校医的配备工作，并在医疗业务上给予支持和帮助。

12. 县公安局：负责维护各中小学校正常秩序，落实好公安部关于维护学校治安的“八项措施”；指导和规范校园警务室工作，为学校配备合格的专职保安人员，充分发挥学校警务室的作用，加强学校社会治安综合治理工作。

13. 县审计局：负责普及高中阶段教育工程建设的审计工作，配合县财政局加强普及高中阶段教育工作经费使用监督，确保普及高中阶段教育建设资金的高效、实效。

（二）加大经费投入力度，全力推进普及高中阶

段教育

1. 加大高中阶段学校债务化解力度。县委、县政府统筹安排从 2017 年起将全县高中阶段学校 4705.4 万元债务从学校剥离,由县财政负担,并逐年化解。

2. 建立普通高中教育公用经费标准。根据目前我县普通高中学校最低运行成本测算,原则上高中学校公用经费参照行政事业单位公用经费标准执行,由县财政统一纳入预算。

(三)完善助学体系,保障贫困生就读高中阶段学校

对经济困难的高中阶段学校在校学生要认真做好国家助学金对本区域户籍学生就读生活补助金的申报和发放工作;学校要建立以"奖、助、补、减、免"为主体的高中阶段教育经济困难学生助学体系,保证及时落实解困经费。职业学校要加强与企业合作,认真抓好"顶岗实习"管理,帮助贫困家庭学生通过"顶岗实习"完成高中阶段学业。

(四)拓宽渠道,及时补充高中阶段学校教师

县编办核定全县公办高中阶段学校编制数为 737 人,现实际在岗 685 人,缺编 42 人。一方面,严格按照县编办核定的高中阶段学校教师编制数配备教师,并进一步健全"有编必补"的教师补充长效机制。另一方面,在各高中阶段学校无法突破现有编制前提下,采用政府购买服务的形式,向社会或者各高校引进学科教学人才和职高专业技术人才,以满足高考改革后走班制教学需要和职业教育纵深发展需要。

前鉴勘误与补遗

《衡山年鉴(2016)》勘误与补遗

第35页左栏第25行“(水文站王小进)”的“进”应为“正”

第43页右栏第18行“汪灿”应为“汪灿(~2015.08)”

第43页左栏第8行下增加4行，内容为“县委督办专员　符立平(2015.10~)(享受副县级三项待遇)谢志凡(2015.10~)(享受副县级三项待遇)周铁庚(2015.10~)(享受副县级三项待遇)杨祥坤(2015.10~)(享受副县级三项待遇)”

第43页右栏第25行下增加2行，内容为“县人大督办专员　范　文(2015.10~)(享受副县级三项待遇)颜慈宇(2015.10~)(享受副县级三项待遇)”

第43页右栏第19下增加6行，内容为“杨超群(2015.10~)(享受副县级三项待遇)刘　勇(2015.10~)(享受副县级三项待遇)彭赐敏(2015.10~)(享受副县级三项待遇)江　毅(2015.10~)(享受副县级三项待遇)袁湘麦(2015.10~)(享受副县级三项待遇)曹佳祥(2015.10~)(享受副县级三项待遇)”

第43行右栏倒1行增加2行，内容为“县政协督办专员　杨素萍(2015.10~)(享受副县级三项待遇)易湘华(2015.10~)(享受副县级三项待遇)”

第57页左栏第21行“文永红(女)”应为“文永红(女)(~2016.04)”

第66页左栏第13行下增加一行，内容为“副局长王小正”

第180页右栏第6行“(王小进)”的“进”应为“正”

《衡山年鉴(2017)》勘误与补遗

第31页右栏第4行“(水文站王小进)”的“进”应为“正”

第39页第2行“制表日期2016年3月29日”删掉。

第41页左栏第14行下增加4行，内容为“县委督办专员符立平(享受副县级三项待遇)谢志凡(享受副县级三项待遇)周铁庚(享受副县级三项待遇)杨详坤(享受副县级三项待遇)”

第41页左栏第31行下增加2行，内容为“县人大督办专员范文(享受副县级三项待遇)颜慈宁(享受副县级三项待遇)”

第41页左栏倒1行下增加6行，内容为“县政府督办专员 杨超群(享受副县级三项待遇)刘勇(享受副县级三项待遇)彭赐敏(享受副县级三项待遇)江毅(享受副县级三项待遇)袁湘麦(享受副县级三项待遇)曹佳详(享受副县级三项待遇)”

第41页右栏倒5行“旷汉奇”应为“旷汉奇(~2016.03退休)”

第41页右栏倒2行“汪灿”应删掉

第42页左栏第20行下增加2行，内容为“县政协督办专员杨素萍(享受副县级三项待遇)易湘华(享受副县级三项待遇)”

第55页左栏第3行“旷锦堂”应为“旷锦堂(~2016.06)”

第57页右栏倒1行“封朝巍”应为“封朝巍(~2016.06)”

第60页左栏第16行下增加一行,内容为“副局长王小正”

第61页左栏第12行“(~2016.12)”应为“(2016.12 ~)”

第61页右栏第4行“何爽喜”的“爽”应为“双”

第64页左栏第24行“(2016.04 ~)”应为“(~2016.12)”

第65页右栏第10行“副县级干部杨湘衡”应删去

第136页右栏倒数第4行,“廖玉香”后加“(女)”,“李玉祥”后删“(女)”

第196页右栏第6行“(王小进)”的“进”应为“正”

第225页左栏图片行长刘仕成“行长刘仕成”应为“行长李骞”

第279页第2行“获奖”的“奖”删掉

史料辑存

衡山县历史上著名事件与人物选介

（本文因特殊需要，包含今衡东县范围部分内容）

夏禹治水与禹王碑

相传尧、舜时洪水泛滥，民不聊生。虽经大力整治，但限于条件，治水问题不能从根本上解决。有志青年夏禹继承父业并吸取其教训，新婚四天后便赴任。传说夏禹来到衡山，苍水使者托梦给他治水之法。于是，夏禹杀马祭天，得到黄帝南巡时留下的“金简玉字之书”，获治水之要。后费时13载，行山表木，开九州，陂九泽，通九道，度九山，三过家门而不入，率领民众治水成功。为给后代留下纪念，夏禹便在衡山刻石77个蝌蚪文字，记录其治水故事（一说为后人纪念夏禹治水的功德碑），后人称之为禹王碑，亦名禹碑，又称岣嵝碑。禹王碑母碑为一天然巨石，宽2.3米，高3.3米，重约10吨，系中华民族文物界三大瑰宝之一。该碑遗址位于今衡山县福田铺乡云峰村。东汉赵晔、北魏郦道元、东晋罗含、南朝徐灵期、宋代陈田夫等人均在其著作中对禹碑作了记录。唐代韩愈、刘禹锡，宋朝毕田、明代周镗分别对禹碑作了吟咏。

衡山建县、析县

衡山县域，周为麇子国（一说麇子国）。三国吴会稽王太平二年（257）置县，衡山县名始自西晋惠帝永熙元年（290），至今无变更，已达1700多年。县治首设今永和乡老粮仓至千滩上一带，后经四次搬迁，于唐景龙三年（709）迁至白茅镇（今开云镇），迄今已逾1300年。隋、唐时县辖面积最广，其他绝大部分时间辖今衡山、衡东、南岳和安仁、攸县部分山区。1963年6月，设南岳县。1966年2月，南岳县撤销，并归衡山县；析湘江以东地区建衡东县。1984年5月，析县境中部南岳镇、南岳乡及后山10个村建县级南岳区。此后，衡山县域无变化。

两丞相四尚书

赵　抃　浙江衢州人，生于宋真宗大中祥符元年（1008），卒于元丰6年（1084）。宋代官殿中侍御史，弹劾不避权贵，人称京师“铁面御史”。景祐元年（1034）进士，历知杭州、青州，知成都时一琴一鹤相随，匹马入蜀，曾入相。宋神宗时升参知政事，与王安石议政不合退隐，来衡山第六都（岭坡乡城前村）创建赵抃书院，又称城前书院、清献书院，为国家和地方培育众多人才。其后人赵棠、赵方、赵范、赵葵、赵淮便是佼佼者。

赵　方　衡山县岭坡乡人，生于南宋·绍兴三十四年（1133），卒于南宋嘉定十四年（1221）。其父赵棠见方聪颖过人，令其从张栻学，不久中进士，后一路长进，成为抗金名将，官至刑部尚书。戍边10载，金人不敢进犯。方注重人才，提拔高级将领数名。坚持以事业为重，病危时，还将疆场六计写给宰相。其墓位于岭坡乡野莓谷景区,成为著名景点。

赵　范　衡山县岭坡乡人,生于南宋淳熙十年(1183)。卒于南宋嘉熙四年(1240),赵方之子,赵葵之兄。从小有大志,从名师才华日进。后从父军中,多次与弟数败金兵,屡建奇功,官至兵部尚书。

赵　葵　衡山县岭坡乡人,生于南宋·淳熙十三年(1186),卒于南宋咸淳二年(1266)。赵方之子,赵范之弟。从小志存高远,少时数语稳定军心,威震军营。数次出奇胜金兵,堪称多才多艺的抗金儒将,朝廷倚之为重者30余年,官至右丞相兼枢密使。时过近千年,《少年赵葵定军心》的动人故事,岭坡乡妇孺皆知。

曹承辉　衡山县崇岳乡第三都(今东湖镇)人,生于五代后周戊午年(958),卒于宋庆历三年(1043)。北宋仁宗时兵部尚书。后人兴旺发达,有驸马都尉,枢密院使,监察御史,光禄、荣禄、通奉大夫,中将,少将,学者,画家等。

茹　瑺　衡山县武阳乡二十二都(今衡东石湾镇枣山村)人,生于元至正十一年(1358),卒于明永乐十六年(1409)。明初名臣,历任通政使,累迁右副都御史、兵部尚书、吏部尚书。明成祖盛赞"古今多出忠良士,罕有茹公立大勋"。

衡 山 窑

衡山窑系湖南境内继长沙窑之后兴起的彩瓷窑口,因最早在县境发现,故名。其分布地域较广,但主要位于衡山县萱洲镇湘江村湘江北岸渡口边与赵家堆一带,开创于北宋末、南宋初至元代中期(1982年湖南省博物馆在衡山窑考古发现北宋货币"元丰通宝"铜钱和元代画花瓷片)。衡山窑用泥就地取材,瓷土不带砂。其窑生产的主要器物为罐、壶、瓶、碗、盏、炉等日常用品和部分冥器。衡山窑在陶瓷发展史上,首次实行以彩釉绘花工艺,给人以视觉冲击与享受。釉色以绿、蓝、褐三色为主,三主色又调配出不同变色,从而产生不同层次装饰效果。衡山窑物品造型优美俊俏,既使用诸多曲线,又兼有棱角分明的荷叶折边和挺拔的直线。衡山窑烧制一般采用龙窑,让器物直接在高温下煅烧,故器物表面常留下诸多灰痕斑点。虽残次品率高,但质量过硬。衡山窑地方特色突出,其器型多样,装饰手法独特,艺术风格雅致,系中国古陶瓷工艺的一朵奇葩,既为中国陶瓷史留下了光辉灿烂的一页,也给县域及周边地区陶瓷生产的开创与发展打下了良好的基础,提供了必要的技术支撑。

胡安国在衡山开创湖湘学派旧址
——文定书院

文定书院,位于衡山紫云峰下右侧(今衡山县岳云中学校内),为南宋理学湖湘学派发源地。南宋绍兴元年(1131)由理学、经学家胡安国(1074—1138年)创办。授徒讲学,时名南岳精舍。绍兴五至八年(1135—1138),胡在此纂修《春秋传》。其第三子胡宏(1105—1161年,号五峰)增创春秋楼,改南岳精舍为文定书堂。胡宏继承父志,在衡先后31年,教书育人的同时,著述《知言》《皇上大纪》等,培育了张栻、朱熹等一批志才兼备的学生,从而开创了学术史上有较大影响的湖湘学派。明弘治八年(1495),监察御史郑惟垣重建书堂,祭祀胡安国父子,更名文定书院。清乾隆九至十一年(1744—1746),衡山知县德贵将观湘书院田租60石拨给文定书院建义塾,延师训课。中华民国建立后,改办胡氏文定小学。中华人民共和国成立后,为岳云中学教工宿舍和粉笔厂。1986年,拆除建成岳云中学科技楼——春秋楼。

两 状 元

何克明　衡山义城乡十三都(今衡东霞流镇平田村)人,生于元大德二年(1298),卒于明洪武七年(1376)。幼时读书过目成诵,科举考试一路过关斩将。元延祐五年(1318),会试、廷试连获第一,三元及第,钦点状元。此后,为官数处,政绩卓著。晚年从事著述,作品2部。昔日廷试所写《云梦赋》成为后世科举应试范文。

彭　浚　衡山沱字十五区王子塘(今衡东珍珠乡黄梓塘村)人,生于清乾隆三十三年(1769),卒于清道光十二年(1833)。4岁启蒙,6岁能诗会对。清嘉庆十年(1805),考上状元,任翰林院修撰。清仁宗五旬寿诞,彭呈五言排百首,轰动朝廷。此后,分别在福建、顺天府(今沈阳市)为官,业绩辉煌。一次,在郴州视察,令贪官宜章知县自掏腰包加宽修平90里崎岖山路利百姓通行的事,让老百姓拍手称快,此路至今完好。

中国最早的工农联盟组织——岳北农工会

1923年4月,为在军阀赵恒惕的家乡发动和领导一场工农联盟的农村大革命,毛泽东和中共湘区执行委员会派刘东轩、谢怀德回岳北开展工作。经近半年的发展与筹备,时机成熟。9月16日,岳北农工会宣告成立,会址设白果捷三公祠,会员达10万余众。在刘东轩、谢怀德、李渭璜、李玉邕等主要负责人领导下,岳北农工会阻粮平粜,除暴安良,所向披靡;地主恶霸、土豪劣绅严惩不贷,如丧考妣;一切权力归农会,穷苦百姓扬眉吐气。然而,赵恒惕胞兄及其爪牙对农工会恨之入骨。1923年11月25日,经赵恒惕组织,一支反动军队扑向白果,并从湘乡、湘潭调援兵,残酷杀害农工会领导成员,焚毁农工会会址。岳北农工会队伍几经奋斗,因寡不敌众,被迫分批撤离,以保存革命火种。1924年,重建岳北农工会会址。1927年,毛泽东考察衡山农民运动时说:"岳北农民为开创农运作出了流血牺牲,赢来了今天的农村大革命,烈士的鲜血没有白流,他们将永远载入中国人民的革命史册。岳北农工会与广东海陆丰齐名,是我国农民起来革命最早的地方。"成立岳北农工会,既是湖南农民运动的开始,也是中国工农联盟的伟大开端。

毛泽东考察衡山农民运动

为驳斥国民党右派、土豪劣绅等反动势力对迅猛发展的农民运动的种种污蔑,回击中共党内机会主义分子的责难,时任中共中央委员、中共农民委员会书记的毛泽东于1927年1月15日至24日,由衡山宋桥人、国民党湖南省党部监察委员戴晓云,衡山地执委委员贺尔康、宣传部部长陆新宪等人陪同,对衡山农民运动进行历时10天的考察。从湘乡步行来到衡山白果,之后到福田铺、宋桥、县城,行程100余里。考察方式:访问、座谈、召开群众大会等。毛泽东口问、作笔记,态度谦和,平易近人;称赞衡山一切权利归农会,白果妇女闹祠堂"好得很"!在随后不久发表的《湖南农民运动考察报告》中,提到衡山农运事迹共有17处。

毛泽东为革命牺牲的第一位亲人——毛泽建烈士

毛泽建,又名毛达湘,小名菊妹子,毛泽东堂妹。湘潭县韶山冲东茅塘人,生于清光绪三十一年(1905),牺牲于民国十八年(1929),15岁过继到毛顺生家。毛泽东带其到长沙读书,1921年入团,1923年加入中国共产党。考入湖南三师后,一直在衡阳城乡从事革命工作。1927年,衡山一片白色恐怖。受中共湘南特委派遣,与丈夫陈芬(耒阳人,1927年8月至1928年4月任中共衡山县委书记)一道前来衡山开展地下工作,进行武装斗争,成为远近闻名的女游击队长,吓得心狠手辣的劣绅也不敢升任团防局长。次年,为避免暴露夫妻身份,上级将其调耒阳开展游击战争。1928年5月,毛泽建夫妇不幸被捕,陈芬当即遭杀害。毛泽建被关在衡山县监狱一年多,在敌人的威胁利诱、酷刑面前坚贞不屈,于1929年8月20日在县城英勇就义,是毛泽东为革命牺牲的第一位亲人。

中共衡山地方组织首任书记向　钧

向　钧　平江县平绥乡石洞村(今向家乡三和村)人,生于清光绪三十二年(1906),牺牲于民国十七年(1928)。1926年,受中共湖南区委派遣到衡山开展党的工作,任地方执行委员会书记。因能力强,干劲足,党组织、党员数量大增,农运热火朝天,工农武装人众武器多,干部培养成效显著,被前来衡山考察农运的毛泽东啧啧称赞。1927年7月,调离衡山。先后任湖南省委委员,湘潭县委书记,省委农运部长,安源市委书记,省委组织局巡视员,省委组织局主任。同年底,在长沙组织年关暴动时,因叛徒告密被捕。1928年1月24日,英勇就义于长沙教育会坪。牺牲后,表姐杨开慧及时安抚烈士家属。1949年11月,毛岸英给向钧叔叔复信称"均舅革命事迹,深为感动。”1950年4月,毛泽东写给向钧叔叔信中,盛赞其“是一个忠实能干的同志”。

著名抗日英烈文立正

文立正 衡山县东湖镇天柱村人。生于1911年4月,牺牲于1945年2月。高中毕业后考入北平辅仁大学,参加过“一二·九”抗日运动。后投笔从戎,从事抗日宣传、民运等工作,创办抗日青年培训班,并在山东西杨庄伏击战中出奇制胜,大振军威,为百姓扬眉吐气。先后任副处长、旅政治部主任、副政委兼政治部主任、鲁南独立支队副政委兼铁道游击队政委等职。任铁道游击队政委期间,他怀揣双枪,头戴毡帽,身着棉衣,脚穿铲鞋,率部主动出击。爬飞车、断铁轨、炸火车、毁桥梁、夺机枪,打得日军魂飞魄散,鬼哭狼嚎。伪军见之,闻风丧胆;鬼子见之,惶惶不可终日。1945年2月22日深夜,因叛徒告密,遭伪军袭击,壮烈牺牲。新中国建立后,因文立正系电影《铁道游击队》主要人物李政委原型,文立正闻名于全国。2015年8月,文立正名列经中共中央、国务院批准,国家民政部公布的600个著名抗日英烈和英雄群体名录之中。

开国元帅罗荣桓

罗荣桓 衡山土字第十四区(今衡东荣桓乡南湾村)人,生于清光绪二十八年(1902),逝世于1963年12月。赴长沙上中学后,受《湘江评论》影响,除参加驱张运动外,还利用假期两次回家乡办农民夜校,与土豪劣绅作斗争。后投笔从戎并加入中国共产党。1929年9月,跟随毛泽东进军井冈山,一直从事部队的政治领导工作。井冈山时期,率先把支部建在连队上,其群众工作经验为“三大纪律,八项注意”的制定打下良好基础。长征时,为官兵鼓劲加油。抗战时期,创下诸多奇迹,被毛泽东称为“换上一个罗荣桓,山东全局的棋就下活了”。解放战争时期,既有效解决了东北战场部队整编、教育、装备、后勤等问题,又动员37万翻身农民参军。辽沈战役中,坚定不移执行毛泽东的正确方针,歼敌47万余人。1949年1月,与林、聂共同指挥平津战役。中华人民共和国建立后,先后任中国人民解放军总政治部主任兼总干部管理部部长、最高人民检察院检察长、第一届全国人民代表大会常务委员会副委员成长、中共中央政治局委员。1955年向毛泽东申请免授元帅衔。1956年11月,携夫人回衡山视察,先到县委大院调研,再去南岳,并视察湖南省首位女社长康菊英创建的祝融农业合作社。1963年12月16日,罗因病去世。毛泽东沉痛地写下“君今不幸离人世,国有疑难可问谁”的七律挽诗。

女权运动先驱唐群英

唐群英 衡山县新桥镇黄泥町人,生于清同治九年(1871),卒于民国二十六年(1937)。从小聪明,15岁能诗。婚后夫故回家受新潮思想影响,两渡日本,探求救国之道。组建女子参政同盟会,率女子北伐队参加反清斗争。兴办女子报刊5种,创建女子学校10所。系清末女子革命家,中国女权运动先驱,民国女子参政运动领袖,中国同盟会首位女会员。孙中山誉其为“创立民国的巾帼英雄”,邓颖超称其为民主主义革命中“很知名”的“英雄人物”,康克清赞其为“一代女魂”。

当代三院士

廖山涛 衡山县东湖镇人,生于民国九年(1920),卒于1997年。从小数学成绩优异。清华大学数学系毕业,先后在北大等单位工作。1950年,赴美深造,获数学博士学位。随后,在美国进行数学研究。1956年,回北大任教授、博导,在代数拓扑及微分动力系统方面取得了国际一流的系列重要成果。多次获国内外自然科学一、二等奖,获国家图书一等奖,有专著数部。1986年,当选第三世界科学院院士。1991年,当选中国科学院数学物理学部委员。1994年,改称中科院院士。

黄润乾 祖籍长青乡(今白果镇),出生于北京,生于民国二十二年(1933),卒于2013年。中共党员,博导,研究员。1951年考入清华大学,1953年赴德攻读天体物理。1958年回国从事国防科研工作,1976年调中科院云南天文台。多次赴欧美国家进行合作研究，撰写天体物理专著 5 部，被国外 59 篇论据引用；在国内外重要学术刊物发表论文 60 余篇；应邀在国际科学大会作专题报告；数次获国家、国际自然科学、数学成果奖。杰出的天体物理专家。1999 年，被评为中科院院士。

赵淳生 白果镇人，生于民国二十七年(1938)。1961 年，毕业于南京航空学院飞机系。1984 年，获法国巴黎高等机械学院工程力学博士学位。1992—1994 年，赴美国麻省理工学院做访问教授。历任南京航空航天大学教授、博导，南航精密驱动研究所所长，著名机械工程专家。系我国电动式激振器开创者，为长征系列火箭、歼八系列飞机和运十二飞机的研制做出了贡献。研究具有自主知识产权超声电机及其驱动器 30 余种，授权和申请国家发明专利 40 余项，出版著(译)作 10 余部，发表学术论文 300 余篇，获国、省部级科技奖 20 余项。2005 年，当选中国科学院院士。

（撰稿：熊仲荣、刘文新）

岳北四烈士魂归紫金山

在紫金山上衡山烈士纪念园的烈士陵墓内，分别保留着岳北四烈士赵炳炎、周德二、廖芳炳、李玉邕的墓穴位，墓穴位上镌刻着他们的英名。衡山烈士纪念园里原镌刻着四烈士的生平和英勇事迹。岳北四烈士赵炳炎、周德二、廖芳炳、李玉邕在紫金山长眠了 80 多年，但他们不屈不饶英勇奋斗的事迹，县城公祭四烈士的壮观场面，衡山人民仍记忆犹新。

赵炳炎，又名赵子山，别名赵三梭子，生于 1900 年，衡山县东湖镇东风村汪家湾人。周德二，生于 1852 年，衡山县长青乡竹山村艾家湾人。廖芳炳，生于 1852 年，衡山县江东乡龙塘村人。他们三人家里都很贫穷，长年靠佃田、做工、担脚、抬轿为生。李玉邕，1860 年生于衡山县贯塘乡枫林村的一户农家。他自幼聪颖，喜读诗书，在清朝末年考中秀才。

1923 年四五月间，水口山工人俱乐部负责人刘东轩回到家乡白果，秘密创办了农民俱乐部。在刘东轩的引导下，赵炳炎、周德二、廖芳炳、李玉邕都成了农民运动的骨干。他们分别被东湖、万家町、江东桥、贯塘四个区的会员推选为总代表。为了动员农民入会，周德二常用拉二胡、做手艺、跑小生意等方式联络群众，揭露地主豪绅剥削压迫农民的手段和罪行。岳北农工会成立后，他们工作更积极。李玉邑年逾花甲，精神抖擞，为农工会忙这忙那。赵炳炎则是农工会纠察队长，向地主老财作斗争总是冲锋在前。廖芳炳曾带领江东桥一带农民群众押解大恶霸地主廖连元游团示众，迫使其签字同意减租退押。

这年 6 月，湖南爆发了谭延闿与赵恒惕的战争。8 月，赵恒锡兵败省会，谭延闿军队进驻衡山。刘东轩等利用这一有利形势，将岳北农民运动由秘密转为公开，并把岳北农民俱乐部改为岳北农工会。9 月 16 日清晨，赵炳炎、周德二、廖芳炳、李玉邕分别带领东湖、松柏、江东、贯塘等地的百代表和十代表，兴高采烈地来到白果镇刘捷三公祠，参加了岳北农工会的成立大会。

岳北农民的斗争浪潮，严重地动摇着地主阶级的封建统治。但为时不久，赵恒锡控制了整个湖南。他不能容忍革命的火焰从他的老家烧起。于是派了一个营的兵力，由亲信赵和戍带领，于 11 月 25 日杀气腾腾地开到岳北，伙同团防局长赵桂荪及廖连元等反动势力，首先杀向农工会会址刘捷三公祠。在危急之际，赵炳炎迅速组织一批纠察队员和农工会会员，手持梭镖、棍棒、锄头等器械，隐蔽在楚南大桥桥头，阻击敌军，赵炳炎不幸中弹受伤被捕，当即被枪杀于楚南大桥之下。

刘东轩、谢怀德等人则带领部分群众，迅即向安源方向转移。敌人在烧毁刘捷三公祠之后，接着向周德二、廖芳炳、李玉邕所在地松柏、江东、贯塘等地扑去。

敌人在松柏逮捕了周德二，把他押到新桥，当众将他杀害。他面对敌人的枪口，高呼“革命成功万岁”！

廖芳炳是在江东被捕的。在押往白果的途中，因他沿途大声斥责反动派,被敌人枪杀在道旁水田中,田里的水都被烈士的鲜血染红了。

第二天深夜,会员们将三位烈士的遗体偷运出来,含着眼泪掩埋了。

李玉邕在贯塘被捕。因其是前清秀才,在群众中颇有影响,敌人怕引起大的民愤,不敢当众杀害,只好把他押往县城,关进监狱。他受到百般折磨,仍英勇不屈,不幸于1925年在狱中逝世。

1927年1月5日,毛泽东到衡山考察农民运动,来到白果,看望了烈士的家属,满怀深情地建议衡山党组织开展对死难烈士的追悼活动,鼓舞后人的革命斗志。于是,当地党组织成立了衡山人民公葬岳北农工会死难烈士筹备处,并在《湖南民报》上登载了《衡山人民公葬岳北农工会死难烈士启事》。2月18日,追悼大会在白果赵氏芳山公祠举行。岳北农民从地主家抬来四具上等棺材,安放了烈士的遗骸。三天后,烈士灵柩,在数千送葬者的簇拥下,浩浩荡荡向县城进发。从白果到县城有九十里路,沿途各区、乡农民协会均设案致祭,哀声动地。

2月21日至22日追悼会在县城文庙前坪举行,上万名民众及各界人士参加,挽联祭幛从会场一直挂到四牌楼,场面肃穆、壮观。23日举行公葬,将四烈士的遗骸荣葬紫金山。时任国民党衡山县长陈阜源被迫为四烈士披麻戴孝,在民众的强烈要求下,杀害四烈士的凶手赵桂荪被省法院判处极刑,不久在长沙予以正法。

(撰稿:杨锡祥,系县政协办公室原主任)

衡山红色诗联故事选

一、岳北四烈士之一的李玉邕自挽联

1923年9月16日,湖南省第一个农会组织岳北农工会成立后,在伪省长赵恒惕的胞衣地大闹革命,给赵恒惕家族及其他地主土豪以沉重的打击。二个多月后,形势突变,在与谭延闿权力之争中获胜的赵恒惕,对岳北农工会举起了屠刀,岳北农工会遭到残酷镇压。

李玉邕,贯塘总代表,知识分子,年愈60岁,被地主李华才带领反动军队捕获,投入衡山监狱,关了两年后被折磨致死。在狱中,他自作挽联一首:

六十岁身首分离,是奇害、奇冤、奇诬、奇诈,只有向阎王一诉;

百余里灵魂归去,愿我妻、我子、我媳、我孙、都要报戴天之仇。

二、革命烈士周树屏自挽联

1928年4月1日,中共衡山县委机关因叛徒告密遭到破坏。2日,中共衡山县委组织部长周树屏被捕。在敌人的利诱与刑讯面前,他坚贞不屈,矢志不移,并自书挽联一首:

革命不贪生,贪生不革命,英灵赴泉台,革命精神传世界;

共产不避难,避难不共产,雄心震岳北,共产实现定他年。

是日子夜,周树屏在白果楚南桥遇难,时年43岁。

三、田汉在衡山赋诗

1938年至1939年,时任国民党政府军事委员会第三厅六处处长的田汉,随周恩来、叶剑英、郭沫若等,穿梭于长沙、衡山、衡阳、桂林等地,做抗日救亡宣传工作。在此期间,他几度驻足衡山,唤起民众痛恨日寇,发动民众抗击日寇,留下多首诗作。

1. 忍见名城毁敌机

1938年11月8日,日本侵略军误听情报,以为已于上月底从武汉撤退到南岳的蒋介石,正在衡山召开军事会议,遂于当日上午出动27架飞机,突然轰炸衡山县城1个多小时,城内顿时浓烟滚滚,烈焰腾空，由于那天正是县城墟期，四面八方前来赶集的人很多，加上国民党县政当局未于事前发布防空警报，人们来不及疏散，造成死伤人数竟达1000余人，满街到处是残尸断臂，甚至肠肚被炸得飞上了树。城内房屋被毁多半，留下一片片残垣碎瓦。

恰在此时，时在国民政府军事委员会第三厅从事抗日救亡工作，《义勇军进行曲》(后为中华人民共和国国歌)的词作者，著名左翼戏剧家田汉率领孩子剧团前往南岳开展抗日救亡工作，途经衡山县城，他目睹此种惨状，气愤无比，于是特地登上县城西南郊的巾紫峰峰顶，进一步察看衡山县城被毁情况，只见残垣断壁，瓦里遍地，不禁义愤填膺，写下了《咏巾紫峰》七绝两首：

其　一

巾紫峰上彩霞飞，万壑千峦足指挥。

风急天高一舒眼，茶花插得满头归。

其　二

巾紫峰头一振衣，松涛如吼白云飞。

衡山万户人民在，忍见名城毁敌机。

田汉登临巾紫峰峰顶后，留下的两首诗，是日本侵略者暴行的见证，是从事抗日救亡工作的战斗号角，对鼓舞衡山人民开展抗日爱国斗争产生了积极的影响。

2. 街头瓦砾尚成堆

田汉早年毕业于日本东京高等师范学校，1922年回国后一直从事戏剧、电影等艺术创作和左翼文化运动。抗日战争爆发后，积极参加文化界救亡运动和戏剧界抗日统一战线工作。1938年秋末冬初，曾在南岳小住了一段时间，从事抗日救亡宣传工作。当时，他在国民政府军事委员会政治部第三厅厅长郭沫若属下的第六处任处长，主管文艺宣传。田汉是在长沙文夕(1938年11月12日)大火前两天奉周恩来之命，率领孩子剧团和一批抗日救亡人员，由长沙南下的。抵达衡山时，正逢衡山处于10月8日遭受日寇飞机狂轰烂炸之后。当时城中残垣断壁，血痕遍地，景况凄凉。衡山县县长是和鲁迅先生交友颇深的作家孙伏园，田汉与他也感情笃深。他去县政府探望孙伏园时，县署附近均成废墟，仅存厅堂数间，过境部队，云集街头。军需伕役难以应付，要收拾县城被炸后的残局也困难重重。他担心这位作家县长对付不了当时的艰难局面，曾为此写了首诗送给孙伏园，诗曰：

劫后人民散未回，街头瓦砾尚成堆。

长官且慢催夫子，伏老原非百里才。

3. 痛苦无如寂寞多

田汉在衡山县城宣传抗战时，时住在巾紫峰下的“可园”。他受主人之请，为“可园”写了匾额。“可园”一头靠巾紫峰，一头靠湘江河，门前有口塘，屋前屋后都是橘树，环境优雅。一日，屋主人张平无好菜招待，要杀掉游在池塘中的鹅。田汉见一对白鹅悠游于碧波之上，不忍使之离索，一再请张平不要将鹅杀掉。因题诗道：

风景依然奈饿何，可怜觅食到池鹅。

清波忍使留孤影，痛苦无如寂寞多。

这首好像是游戏和自嘲之作的诗，借杀鹅疗饥，表达了田汉对日寇的痛恨之情和对饱受日寇蹂躏的同情。

4. 在师古桥题诗

1938年11月，叶剑英和田汉亲自带领抗敌演剧8队，来到衡山县师古桥小学开展抗日救亡文艺宣传活动，队员们在观音庙的戏台上，满怀激情地为当地民众演出了一场爱国历史剧《陆登殉国》。当地民众成群结队前来观看演出，观音庙前的大坪里顿时人头攒动，热闹非凡。演出非常成功，观众沉浸在忧时忧国的激情里，不时报以阵阵掌声。演出结束后，叶剑英登上古戏台向观众挥手致意，并发表了激动人心的讲话，号召广大民众团结一心，艰苦奋战，齐心协力把日本鬼子赶出中国。随后，叶剑英和田汉来到师古桥小学，同一位名叫旷凤姣的女教师进行了亲切交谈，赞扬教师在抗战中所发挥的积极作用，鼓励她在学生中进一步开展抗日救国宣传工作。这位女教师非常激动，特地拿出纪念册请叶剑英题词，叶剑英示意她请著名诗人、剧作家田汉题诗。田汉从叶剑英的戎马生涯联想到德国著名军事家赫尔穆斯·卡尔·毛奇的军旅功绩，挥笔写下了一首七绝：

风云叱咤老毛奇，却把奇功属教师。

师古桥边嘶战马，将军亲作教师时。

这首诗既肯定了教师在抗战中发挥的作用，又赞扬了叶剑英奋战疆场的英雄气概，很快在广大民众中流传开来。

5. 古道朝朝送伤病

一天,田汉率队路经衡山县附近的九渡铺,看见不少疾病缠身、数日不食的抗日战士落伍的惨状,吟出了“桥上何人泣歧路,可怜饥病已连朝”的诗句,辛辣地讽刺国民党军队不关心士兵死活的做法。但来到一个叫大年冲的地方,看到一个刘姓的农家,对过路伤病员不管是本省或外省的,杀鸡、煮面、喂饭、送开水,表现出慈爱之心,他很感动,留诗以赞颂:

杀鸡煮面大年冲,万树茶花一带松。

古道朝朝送伤病,未知战血为谁红。

6. 缁衣不着着军衣

1939 年 6 月,南岳佛道救难协会将经过训练的僧、道侣编成两个服务团,全着军服,分赴衡山、衡阳、湘潭、长沙等地开展抗日救亡活动,田汉写诗予以表扬和鼓励:

缁衣不着着军衣,敢向人间惹是非。

独惜潇湘春又绿,花前趺坐竟忘归。

田汉这首诗刊登在由邹韬奋主编的《全国战士》杂志上,轰动了国内外。

四、文立正微湖唱和

文立正,湖南衡山东湖人,1911 年 4 月出生,1945 年 2 月为国捐躯,是经中共中央、国务院批准,民政部公布的著名抗日英烈。

文立正在武汉期间,除加入了梦昧以求的中国共产党外,还在同志们一再劝说下,抽空回到长沙看望了家中的亲人。年迈的继祖母见到他只身返长,身体憔悴,不由关切地问长孙的婚事怎么办,文立正爽快地回答:“我们在外只谈工作,根本不顾私事。”他在家仅住了两天,就告别亲人,返回武汉,和李锐、郑琳等同志一道直奔苏北徐州。

到达江苏徐州后,李锐即与苏鲁豫皖特委书记郭子化取得了联系,并把带到徐州的十多位党员同志的组织关系交给了郭子化同志,他还特地说明这批党员中的文立正是他这次在武汉开会时发展的,进一步得到了接受组织关系的苏鲁豫皖特委的认可。

时值日军大举进犯,徐州战事频繁,形势紧张。中共苏鲁豫皖边区特委书记郭子化在阅看了李锐从武汉带来的十多名同志的介绍材料以后,即派文立正随同自己和张光中等人进入鲁南抱犊崮山区,到张光中领导的鲁南人民抗日义勇部队工作,而李锐则留在江苏徐州从事党的地下工作,两人自此分别后再未见面。

鲁南抱犊崮山区位于苍山、枣庄两县市交界处。抱犊崮又名抱犊山、君山、豹子崮。汉代称楼山,魏时称仙头山。据山东灵峰寺中元至正五年碑文记载,相传东晋时,道家葛洪,字牙川,号抱扑子,曾在山下投簪弃官,抱一小牛犊上山隐居,垦荒驻地,修身养性,“浩气精淳,名闻帝阙”,皇帝敕封葛洪为抱犊真人。又据《辞海》解释:“崮”为“四周陡峭顶端较平的山,山东省中南部山区多用作地名”。而抱犊真人隐居的这座山岭恰好符合“崮”的特征,于是人们便把这座山称作抱犊崮。抱犊崮面积 13.5 平方公里,主峰海拔 586 米,号称“鲁南第一峰”,又称“沂蒙七十二崮之首”。被誉为“天下第一崮”。其山势突兀,巍峨壮丽,泉流瀑泻,柏苍松郁,拔地通天,鹤立群山,素以“雄”“奇”“险”著称。崮身宛如高高的园杯口倒扣于山峰之上,自颈至巅,峭壁如削,裂缝纵横。晴日的早晨登临崮顶观云海日出,蔚为壮观。故有诗赞曰:“峭壁早邀沧海日,方台平宿泰山云”。历史上抱犊崮俗称天险,战略地位十分重要,历来为兵家必争之地。抗日战争时期,这里成为罗荣桓所率 115 师创建的抗日根据地。

郭子化率中共苏鲁豫皖边区特委机关人员撤离徐州进入了抱犊崮山区后,一直利用有利的地形与日寇进行周旋,并寻找战机打击敌人。1938 年 5 月 18 日,他与于公、董一博、文立正等人返回滕峄地区,途径微山湖,几个志同道合的战友,身处一船,心情格外高兴。于公原名袁水辉,贵州修文县人,1935 年毕业于清华大学,1939 年加入中国共产党,曾任善堌抗日训练班军事教员,滕县人民抗日义勇总队队长,苏鲁人民抗日义勇总队第二大队大队长,山东纵队参谋作战科科长,1940 年肃托中错杀,1985 年平反昭雪。董一博又名董开夫,山东枣庄市沙沟镇人,1937 年 10 月加入中国共产党,曾任鲁南民众抗日自卫军整训处处长,孔昭同部独立旅旅长,鲁南军区解放军训练处处长。新中国成立后历任华东局文化部秘书处处长,全国政协文史办公室主任等职。郭子化是江苏沛县人，1926年加入中国共产党，1932年10月到山东枣庄开展党的工作，曾任枣庄矿区工委书记，此时，担任苏鲁豫皖边区特委书记，是他们的领导，以后调任中共山东分局统战部长，新中国成立后历任山东省政府副主席、代理主席、中央卫生部副部长。他们一行四人荡舟微山湖上，时值晴朗夜晚，只见皓月如昼，清和景明，烟波浩渺，水天一色。郭子化睹景生情，想到山河破碎，日寇逞凶。自己身负重任，正与全国人民一道同仇敌忾，奋勇反击，不由得豪气冲天，诗兴大发，欣然吟诗一首，诗曰：

明月篝火水冲天，
回首干戈一船贤。
何须子房吹洞箫，
革命人民扬征帆。

诗一吟出，满船人齐声说好，并都受到强烈感染，于公反应最快，马上步原韵应口和之曰：

微湖夜月寒光天，
荡船英雄忆前贤。
山河虽破赤胆在，
却把微山作梁山。

文立正古文基础甚好，诗词格律娴熟于胸，此时正身怀报国杀敌雄心大志，岂能无诗？但他毕竟是初入根据地的新战士，所以表现极为谦虚，他应和曰：

留侯微子共湖天，
皎洁明月析奸贤。
忠胆堪羞奸卑相，
千秋史笔颂扬帆。

董一博在三人唱和的影响下，再也按捺不住激动的心情，他稍一思索，便根据大家的诗意和诗中的典故，结合自己的感受，最后应和曰：

湖光山色夜月天，
革命何曾让前贤。
留侯应萧羞殷后，
微山梁山共征帆。

几个革命者身坐船中，心忧国事，他们仿效古人，互相奉和，诗句铿锵，感情真挚，充分表现了共产党人御敌为国，奋斗为民的革命乐观主义精神，反映了抗日根据地人民的民族气节。也说明了共产党人不仅具有钢铁般的意志，也具有才华横溢，吟诗作对的生活情趣。这段革命诗话，感人至深，历史上称为《微湖唱和》，曾由山东省枣庄市党史办编入《风烟之歌》一书，并由中国矿业大学出版社于1993年出版发行。而对于文立正来说，由于当年战祸频繁，颠沛流连，加上以后时代久远，故遗作基本散失，这是他留下的唯一的一首和诗，充分表现了他鞭挞奸相，颂扬忠贤誓将抗日大业进行到底的大无畏革命精神，实在弥足珍贵，让人爱不释手。

五、谢士炎狱中诗

谢士炎，又名谢天纵，1912年生于湖南省衡山县。1937年考入国民党陆军大学。1940年任国民党八十六军四十六团团长。1942年浙江衢州之战，谢士炎率一团之众，与十倍于己的日寇激战数昼夜，歼敌两千多人，击毙日旅团长。1943年8月，谢士炎到湖北恩施第六战区司令长官孙连仲部任参谋处副处长。

1945年日本投降后，谢士炎参与芷江洽降工作，并任武汉前进指挥所主任，负责接收日伪部队，他内心深处对国民党当局的腐败和反动政策已深恶痛绝。在中共地下党员、第十一战区外事处副处长陈融生的帮助下，他阅读了《新民主主义论》《论持久战》《大众哲学》等著作，非常钦佩和赞同中国共产党的思想理论和政治主张，从此决心站在人民革命一边，为民族独立和解放做贡献。

1946年9月，谢士炎参与拟定国民党军进攻张家口的作战计划。他将作战计划通过陈融生交到北平军事调处执行部中共代表叶剑英手中，有力地戳穿了国民党当局假谈判、真备战的阴谋。自此，谢士炎被我地下党吸收为秘密情报员。1947年2月4日，谢士炎由叶剑英介绍秘密加入中国共产党，“余誓以至诚，拥护共产主义，在毛泽东同志领导之下，加入中国共产党，为无产阶级革命，尽终生之努力。”

1947年，谢士炎调任国民党保定绥靖公署少将处长。他利用参与国民党高级军事会议的机会，向党提供了一系列重要军事情报，为人民解放做出了贡献。

1947年9月，由于叛徒出卖，谢士炎不幸被捕，先后被关押在北平监狱和南京陆军中央监狱。无论国民党当局怎样威逼利诱，甚至声称只要他退出共

产党就能官复原职,但都不能使他有丝毫动摇。1948年9月19日,就义的时刻到了,谢士炎挥笔写下这样的诗句:

人生自古谁无死,
况复男儿失意时。
多少头颅多少血,
续成民主自由诗。

他从容走向刑场,牺牲时年仅36岁。

(撰稿:熊仲荣,系衡山县史志办主任)

红军长征队伍中的衡山人

据不完全统计,80年多前,在中国工农红军二万五千里长征的漫漫征程上,红一、红二方面军队伍中有四位衡山籍红军干部、战士为了革命理想出生入死。他们是:刘亚球、盛翼联、陈吉、李荆。

李　荆(1904—1935),衡山县店门镇水桐村人,1904年出生,1933年12月参加中央红军,任中央军委总电台报务员。1934年10月中旬,随中央主力红军踏上了漫漫的长征路。1935年6月,牺牲于四川省夹金山并就地安葬,2001年迁回家乡繁荣李家坟山。

刘亚球(1904—1984),白果镇瓦子河人。1921年跟随哥哥刘东轩到常宁水口山铅锌矿做工,次年,水口山举行工人大罢工,刘亚球担任工人俱乐部的通讯员。1924年冬,转至津市机戒厂当工人。1926年,刘亚球得知岳北建起了农民协会,他毅然离开津市回到家乡,投身火热的农民运动。马日事变后,面对衡山一片白色恐怖,刘亚球当即和赵国城率岳北农民自卫队去江西安源,参加了毛泽东领导的秋收起义。秋收起义后,他先后担任安源煤矿工人纠察队长、中共莲花县委干事、萍北区区委书记、萍乡独立营政委、湘赣边区总工会组织部长、红军独立师第三团政委、红8军保卫局局长、湘赣军区独立团政委。他跟随贺龙领导的红二军团转战湘西建立湘鄂革命根据地,先后任过中共永顺县委书记、大庸军分区政委兼大庸中心县委书记。1935年11月,他随红二、红六军团从湘西出发开始长征,先后担任红二军团第6、第4师政委、红二方面军政治部组织部及民运部部长等职,历尽千辛万苦,行程近两万里,于1936年10月到达陕北。1937年,刘亚球参加了抗日战争,担任八路军129师政治部民运部部长。1944年10月,他随王震、王首道领导的359旅南下回到湖南,继续从事革命斗争的组织和领导工作。新中国成立后,刘亚球担任中共湘南地委书记兼中国人民解放军湘南支队司令员、政委等职。1978年冬,当选为湖南省政协副主席。1984年2月11日病逝于长沙,享年80岁。

刘丛然　后改名为盛翼联(1916.3—2007.3),刘亚球的弟弟。在其大哥刘东轩1928年牺牲后的第三年,刚满14岁的盛翼联跟随二哥刘亚球当了红军,被分配到红二十军政治处当油印员。1931年,被安排到红三军团,在军团长彭德怀身边任机要员、机要股长。1932年加入中国共产党。1934年10月,他随红三军团长征,1936年11月到达延安,后投入抗日战争。1950年,朝鲜战争爆发,盛翼联参加抗美援朝,仍调至彭总身边工作。1953年,朝鲜停战,他回到祖国,1955年被授予大校军衔,并任山西冀北军分区政治部主任。1956年,转业到地方,先后担任湖南医科大学附属二医院院长、湖南中医学院党委书记、湖南冶金研究院党委书记。1982年离休,享受副省级待遇。2007年3月,在长沙病逝,享年91岁。

陈吉(1904—1979),东湖镇罗渡村人。1922年从军于湖南陆军第一师第二旅,后在湘军总司令赵恒惕麾下任副官。1926年7月,参加北伐,任国民革命军第八军四师十四团连长。在一场激战中,他身负重伤。1927年,国共分裂,他从前线撤退并回家乡养伤。即使在家养伤,他也心系国家和人民,不断寻找革命的出路。1934年,当他得知湘赣地区红8军、红16军、红18军合编而成的工农红军第六军团开始向西转移时,他从家里长途跋涉到湘南参加了工农红军第六军团。他于1935年光荣地加入了中国共产党，之后随红六军团长征，任红军大学助教，红六军团教导队文书、政治指导员。随部队北渡金沙江，越雪山过草地，参加了红二、四方面军会师，顺利到达陕北延安。

1937年抗日战争爆发后，陈吉任八路军第120师第359旅717团2营6连指导员，359旅政治部锄奸股股长。1938年1月，跟随王震从陕北东渡黄河，转战山西对日寇作战，参加忻口会战，收复岢岚城，夜袭三井镇，连克晋西北7城池。在1938年3月晋西北三井镇与日寇作战时，他一身虎胆，英勇杀敌，又身受重伤，胸部中炮弹片，第四肋骨内弹片当时无法取出，伤愈后导致长期肺部疾病。这次战役陈吉幸运地活了下来，跟随359旅继续转战陕西、山西、新疆等地。进驻南泥湾后，359旅开展大生产运动，1941年，陈吉担任了359旅政治部特派员兼大华纺织厂经理。1944年秋季，党中央、毛主席决定以359旅为主力组成八路军南下支队，陈吉因伤病未能随行，留守延安，任359旅供给部副政委。1946年，随359旅再次东渡黄河进入山西，参加了晋西南战役和汾孝战役，1947年，西渡黄河到达陕甘宁边区，359旅改编为西北野战军二纵，参加延安保卫战，沙家店战役。此后我军由战略防御转入战略反攻，陈吉参加二纵攻克韩城、宜川的作战行动，担任二纵和津办事处主任兼经理，负责后勤物资供应。同年12月，攻克运城。1948年2月中旬，随二纵参加瓦子街战役，全歼国民党整编二十九军，取得了西北转入战略进攻以来的首次大捷。接着又先后参加了西府战役、陇东战役。1949年3月，二纵改编为第一野战军第一兵团第二军，先后进行了陕中战役、扶眉战役，消灭了胡宗南军队的主力，解放了甘肃天水、临夏。随后越过祁连山，进军西域，和平解放新疆。

1949年年底，第一野战军一兵团二军广大指战员，历经千辛万苦，平息武装叛乱，进驻新疆首府迪化市(今乌鲁木齐)，从此驻守在祖国的西北边疆。有过后勤物资供应经验的陈吉担任了新疆军区军直合作总社副总经理，兼任新疆军区驻上海办事处主任；1954年任新疆军区生产建设兵团合作总社副总经理，兼任生产建设兵团西安办事处主任，1956年后历任新疆生产建设兵团商业处，供销部，后勤部副部长。1979年10月4日病逝于乌鲁木齐，享年75岁。

（撰稿：杨锡祥，系县政协办公室原主任）

衡山县古代书院选介

一、韦庙书院

韦庙书院位于衡山县古县城老粮仓弥勒峰下净福山兜帝寺左，临近湘江。即今永和乡永和村境内，又称韦相公书堂。唐宣宗时(847—859)，由辞官后隐居衡山的韦庙创建，至明代，基存。后兴废时间失考。韦庙，先后任湖南永州刺史、岭南节度使、加检校尚书，左仆射，同中书门下平章事。在永州为百姓作了诸多好事，卓有政声。在岭南处理南诏入侵事件，抚兵备粮，极为干练。

二、文定书院

文定书院，位于南岳紫云峰下右侧(今衡山县岳云中学校内)，为南宋理学湖湘学派发源地。南宋绍兴元年(1131)由理学、经学家胡安国(1074—1138年)创办。授徒讲学，时名南岳精舍。绍兴五至八年(1135—1138)，胡在此纂修《春秋传》。其第三子胡宏(1105—1161年，号五峰)增创春秋楼，改南岳精舍为文定书堂。胡宏继承父志，在衡先后31年，教书育人的同时，著述《知言》《皇上大纪》等，培育了张栻、朱熹等一批志才兼备的学生，从而开创了学术史上有较大影响的湖湘学派。明弘治八年(1495)，监察御史郑惟垣重建书堂，祭祀胡安国父子，更名文定书院。明代理学家湛甘泉、王明阳曾讲学于此。明末《宋儒学案》对胡氏父子讲学衡山，上承孔·孟，下启朱、张作了介绍。自此，衡山学风之盛，领袖一时。后来，书院经过多次重修。尤其是清代，平均50年修复1

湖湘学派发源地——文定书院旧址春秋楼

次。1986年，拆除原有建筑，在原址上建岳云中学科技楼——春秋楼（时任湖南省政协主席刘正题写楼名）。

文

清曾国藩·重修胡文定公书院记

天下之书院，楚为盛；楚之书院，衡为盛，以隶岳故也。岳志载：衡书院十有八，惟胡文定书院独敕建为最著，以传《春秋》故也。公致仕隐衡筑室紫云峰下，左右有山，其山之右为祝圣台，山下凿莲池，建春秋楼。今春秋塘是也。书院即公居址，创建未详何时，当考。李西涯记曰历胜国曰颓圮曰遗址曰兴复，掘地得祭器，可见自宋元时已有之，意者不创于公子致堂、五峰，其即晦庵、南轩二子乎？自明宏治乙卯郑御史、邓同知重建，后至崇祯时圮，公裔来誉修复，何令仕冢为之记。康熙间公裔昌侯续修。乾隆间谢令仲坃、高令自位重修。道光初公裔镜堂及苏亭同年又增房庑，定祭期，复祀田，置岁修，而院制一新，龚学博玥记綦详。逮今不四十年，又将鞠为灌莽矣。顷接咸臧以文定公书院重修请记其事。余素稔书院倚长寿庵侧，修院固需修庵。何令忌其东益，迁院。后谢令恐压地脉，将废之，未果。且僧迭与公裔讼，则听其自兴废可也。初，书院奉敕建，岁春秋官致祭。自何令仕冢改属公裔以院事祭，遂归胡氏。其后人相继经理，卒赖以不废，不然如韦宙、庐潘、邺侯、南轩、白沙诸院独非为名贤建公塾耶，何至今多为饩羊，非以其裔不在而院遂颓邪？予于是益叹何令谋之周，而虑之远也。嗟呼！台榭宫室之美，有力者何难立，致不转瞬而荆棘从生，令人不堪回首。惟儒林著作之地，即僻处山谷泉石间亦历劫却常新，如文选楼、尔雅台，直垂千百世不朽，然非有贤子孙善为继述，亦动增禾黍之感，故衡古院多墟，公院落则如鲁殿灵光，独巍然存也。顾予搦管而重有感也。公以忤蔡京，除名隐此著《春秋传》，使人明君臣大义，其有功于纲常，岂浅鲜哉。今者干戈扰攘，忽忽十余年，而凯歌未奏。若天下尽明《春秋》，时事安得至此？予膺简命督兵，岁无虚日。丁巳读礼南归，咸臧与旷君尧臣谒予，订期登祝融，属二君为居停主，将跻堂拜公像。至期，奉旨南征，不果行，咸臧与诸君读公之书，修公之院，是必得明春秋者，相与维持世道人心，可知也。谨纪始末，书于石，用示公之后贤与诸来院肄业者。咸丰九年己未秋八月既望。

三、清献书院

清献书院位于衡山紫盖乡第六都城前，即今岭坡乡城前村。系宋神宗（1068—1085）时“铁面御史”赵抃创建。时名赵抃书斋，后更名赵抃书院。因地处城前，又名城前书院。元代毁于火。明嘉靖三十六年（1557），副使陈秀民就遗地重建书院办学，并置田八亩，以赵抃谥号更名清献书院。清代改名赵氏义学。清末民国初年，不少塾师在此邀馆授课。民国二十七年（1938）下学期至民国三十二年（1943）上学期，衡

▲ 清献书院旧址

◀ 城前书院廊柱石鼓底坐

湘中学在此办学。民国三十二年（1943）下学期，衡湘中学迁走后，三忠（为纪念赵氏先祖忠肃、忠献、忠靖而名）初级中学（今衡山四中）创办于此，赵恒惕亲任校董事会董事长。次年，日军入侵停办。民国三十五年（1946），三忠初级中学于水帘洞易家湾建校舍，后

仍迁回岭坡城前。中华人民共和国成立后，学校搬迁，书院斋舍分给农民。几经改建，旧房无存。至2018年,尚存书院遗址和廊柱石鼓底座2个。

有关名人

赵 方

赵方(1133—1221),赵抃之孙,衡山县岭坡乡人。在赵抃书院学习时,其父赵棠见其聪颖过人,令其从张栻学,不久中进士。后一路长进,成为抗金名将。官至刑部尚书,进徽猷阁学士。卒,谥忠肃。

赵 范

赵范(1183—1240),赵方之子,赵葵之兄,衡山县岭坡乡人。从小有大志，在赵抃书院就读时表现不凡。父令其从名师学,才华日进。后从父军中,多次与其弟屡败金兵,数建奇功,官至兵部尚书。卒,谥忠献。

赵 葵

赵葵(1186—1266),衡山县岭坡乡人,赵方之子,赵范之弟。在赵抃书院读书时志存高远,少时巧计定军心。靠雄武之才,屡立战功。戍边十年,边境固若金汤。朝廷倚之为重者二十余年。官至右丞相兼枢密使。卒,赠太傅,谥忠靖。

诗

独 坐

赵 抃

仆居幽胜衡山绕,五峰四望青云杳。
乍聚乍散看浮云,时来时去观飞鸟。
卷舒自在都无情,饮啄天然类不扰。
我生何似鸟与云,掉头心向人间了。

拜岳石

赵 抃

片石倚中天,云深鸟道闲。
人多祝尧寿,登此拜南山。

祝融峰石亭

赵 方

南岳高峰七十二,祝融峰值老人星。
平生最有看山兴,一上斯亭双眼青。

文

少年赵葵定军心

赵葵小时候很聪明,有胆有识。十二岁那年,有一次,他爹爹赵方领兵打败了金兵,就大宴将官,把当兵的放在一旁望颈 (看别人吃), 当兵的恨得不得了。有的说,打仗要我们冲,吃酒有我们分,下回看我动不动;有的说,反正赵家王朝快完蛋了,我们走吧;有的说,走也不能轻轻快快走了,要给他们一点厉害看看。赵葵听了,知道他们是对长官宴会不满,要闹事。就大声喊道:“长官宴会是受了朝廷的赏赐,本军对诸位另外有赏赐,休得猜疑。”他这一喊,真起了作用。当兵的平静下来,军心安定了。过后,他把这事给赵方说了,赵方很赞赏他,认为他说得对,就另排宴席赏了士兵。从此赵方对他精心培养,终于成了一员名将。死后皇帝封他为忠靖王。现在南岳大庙西廊忠靖王祠,供奉的忠靖王菩萨就是他。

赵葵为什么供奉到南岳大庙来了呢? 这里有个缘故。传说赵葵出生的前一天晚上，他爹做了一个梦。梦见南岳圣帝的侍卫官到他家来了,第二天便生了赵葵。大家便认定他是南岳圣帝侍卫官张抃投的胎。张抃是唐朝的忠臣,死后他家里人得了个梦,说他当了南岳圣帝的侍卫官。既然张抃变了赵葵,从此,便是赵葵代替张抃做了南岳圣帝的侍卫官了。至今朝香客还流传一句话:朝香不朝忠靖王,空到南岳走一场。

遗存实物:书院桥

位于清献书院遗址前面小河上，始建于明代末期。为红砂石平面半圆单孔小拱桥，宽2.5米,长4米,高3米,有护栏,桥侧刻有“书院桥”三字。桥建成

清献书院桥

后,到书院上学者甚为方便。民国十二年(1923)维修。2000年后改建。

四、雯峰书院

雯峰书院位于衡山县城南门外,即今开云镇解放南路126号。明嘉靖三至十四年(1524—1535),由知县彭簪在元代状元何克明故宅遗址创建,时名文昌书院,亦名雯峰书院,又名雪峰书院。后倒塌。隆庆二年(1568),城内学宫迁此。万历十七年(1589),

雯峰书院现状

学宫迁回原址。万历二十八年(1600),知县邓国材以县学无斋舍,"士或艰于卒业",乃重修书院。计有讲堂、斋舍20间,"祀以文昌之神","集士子攻贴括开其中",并约学宫"月为课期,试其艺而商略之"。明末毁于兵火。清康熙三十四年(1695),知县郭大定于旧址重建书院,由三部分组成。左部为雯峰书院,右部系储英馆(后称景贤书院)和考棚;中部是培文馆。院舍较前扩大。有门庑、庋阁、讲堂、斋舍等,并置学产3处。又祀关帝"以翊文教",祀文昌"以司文命",祀朱明"以象文明",祀奎星"以擅文光",集诸生会课其中,自为记,劝士人攻贴括而"穷圣贤之理,识圣贤之行,体圣贤之言"。一时"人文蔚起,称盛事"。遂更名雯峰书院。乾隆二十一年(1757),又将观湘、文昌(今衡东)、中州(今衡东)等书院田租并入。自此,絃歌更盛。废科举后,先后改名雯峰初等小学堂、衡山县立第一高等小学堂、义安镇中心国民学校、安石镇第一中心国民学校。中华人民共和国成立前夕,学校有教学班11个,有学租谷386.65石。1950年3月,县人民政府接管了安石一校。1952年春,更名城南中心小学。次年秋,易名城南完全小学。1996年9月,再度更名衡山县实验小学。

五、藏山书院

藏山书院亦名藏山堂,位于衡山县古县城老粮仓弥勒峰下兜率庵左侧。明代万历十四或十五年(1586或1587),由江西布政使陈文烛创建。县令王三畏曾捐资赞助,衡州知府许琰为其题额。兴废失考。

六、九龙书院

九龙书院位于衡山县紫盖乡第七都九龙泉侧,即今开云镇九龙村境内。明代万历三十三年(1605),由知县单仲礼创建。清乾隆间(1736—1796),设过义学。此后兴废失考。

七、观湘书院

观湘书院位于衡山县城北观湘洲。此洲面积200余亩,系衡山八景之一,为历代游人所慕,又有明代万历十八年(1590)县令邓国材创建的七层、高九丈余的文峰塔,又名观湘塔,礼部尚书曾朝节为之

观湘书院旁现有酒家

观湘洲上观湘书院留存石碑

题写《文峰塔记》。十年后倒塌。清康熙初年（1662），由县令王家贤重建。为给学子创造学习环境，清康熙十一年（1672），知县王家贤在观湘洲建立书院。因登塔可饱览湘江风景，故名观湘书院，时有学租361石。后书院停办，学租由守僧管理。乾隆九年（1744），知县德贵设观湘义学，延师课续。乾隆二十一年（1756），义学并入雯峰书院，义学逐废。嘉庆十五年（1810），知县刘体重发动地绅重建修复，捐置水田80亩，筹备生徒膏伙，义学恢复。光绪二十九年（1903），书院学租提作师范馆经费，不久即废。

书院证碑：现存于观湘洲园种场分场住房檐下。长1.37米，宽0.49米，高0.1米。

文

清·重修崇文·观湘两塔记

衡山岳灵钟秀，素称望邑，何假人为，而其间必有资人力以培之者，如崇文、观湘两塔该风水攸赖。况观湘洲为一邑大关键，置书院其上，不独壮形胜，且为培养人才，地顾不重欤！崇文塔相传为怀素旧址，无所考，殊不足据，然双峰村峙，笔势凌空，遥而望之，归然也。观湘塔系前明县令邓公国材创建，去天五丈，在水中央，洵属登览胜境。书院则康熙辛亥岁(1671年)王分家贤治衡时竭蹶以成之。清寥廓隔断尘嚣，几净窗明，篁交映一。生作育苦心，至今如会。异年元剥蚀，墙壁倾欹。岁己巳(1809年)，邑侯山阴(今浙江绍兴境)龚君省齐，谋所以新之，捐廉倡修，属余监其事。士民威激，鼓舞乐从。即于是年八月念五日，尼材鸠工，淑修崇文塔，迄腊月工竣，接修观湘塔，其明年二月，择吉修书院，锐于图成，返督不小懈。无何，省齐以忧去，山石梅坪刘公来箸算，情殷学校，捐赎并举，得金二百余，勷厕事，由是头门，正殿、东西前书房各五间，渐次趋于成，赵辛未(1811年)，梅坪调任湘阴，费已告罄，缴项寥寥。余马督修生文镇川劝堪多垫工，遂辍。秋十月，吴兴潘公棠村尹是邑，甫下车微行，至观湘洲，慨然而叹，谓此等要工何可遂会废，毅然身任。遂分俸钱，清羡款，劝谕各绅士，刻期兴建。而讲堂及东西后书房各四间，克奏完缮，较旧规加壮丽焉。此数公者，新旧无情，后先济美，为培养人文，计至祥且尽，谓非衡人士之厚福哉！恍叙其颠末，以告后来，其能无闻风而生威也。夫省齐名志曾，梅坪名体重，棠村名火星，不敢没也，故备书之。嘉庆十有七年壬申岁(1812年)秋月谷旦，衡山学教谕星沙(长沙市)金方世书。

诗

观湘夕照

清·王大经

观湘滩上水漫漫，客舫维时夕照残。
雨岸渔灯雷市晚，数声铁笛楚江寒。
惊回落雁投前浦，触散眠鸥下急湍。
今日风波幸无事，舟人相语磬交欢。

八、白山书院

白山书院位于衡山岳北淡山坝附近，即今江东乡龙溪村境内。清乾隆十一年（1746），知县德贵拨观湘、雯峰两书院余租及存留科举费共田租40石，并捐白银50两作基金办义学。因其家乡为长白山，为表敬仰、纪念之情，取名白山书院。其时，岳北青少年凡有志于学着皆可入院读书。乾隆二十一年（1756），田租归并集贤、雯峰书院。虽有校舍却无奉租，书院

江东乡龙溪村白山书院原址现状

濒于停办。当地士绅见此,慷慨捐田亩,维修院宇,弦歌再奏,办学不断。光绪二十九年(1903),书院所设义学改为官立白山高等小学堂,系县内最早的新式小学堂。民国三年(1914),更名白山高级小学校。此后,先后更名"朝、宗、于联立白山高级小学"、白山乡中心国民学校、果山乡第一中心国民学校,并扩大为完全小学。白果赵家湾赵恒惕曾在此读书数年,后成为民选湖南省长。著名中共地下党员、为解放战争提供绝密情报的国民党将军(少将职,中将衔)谢士炎,中国人民解放军中将、南京军区副司令员兼东海舰队司令员杨玉书,著名数学家、北京大学教授、博导、第三世界科学院院士、中国科学院院士廖山涛均毕业于此。中华人民共和国成立后,学校搬迁,旧舍改建白山仓库。

九、景贤书院

景贤书院位于衡山县城南门外，即今开云镇解放南路，原为储英馆。清嘉庆十至二十五年间(1805—1820),由进士聂铣敏捐资兴建,院址在考棚旁,居雯峰书院之南。与雯峰、研经书院构成县城3座书院。废科举后,先后办过景贤初等小学堂、公立景贤第二高等小学堂、楚材单级师范学校、晨曦学校、县立初级中学、县立简易师范学校。新中国建立前夕,拆建为衡山县安石镇第一中心国民学校。

十、景泗书院

景泗书院位于衡山县马迹桥,亦称马迹书院。清嘉庆二十五年(1820),由衡山进士聂铣敏捐银兴建。清道光十五年(1835),当地士绅捐资扩建,办学规模扩大。中华人民共和国成立后,旧舍改建民房,尚存原墙一垛,上留"景泗书院"4字,苍劲有力。

景泗书院

十一、研经书院

位于衡山县城北琵琶洲，即今开云镇解放北路县实验中学与县二中校址处。清光绪十九年(1893),由湖南著名学者吴獬创办并任首任院(山)长。相传吴獬博学多才,能诗善对。他鼓励学生好问,不用翻阅资料,便能解答学生提出的诸多问题。并撰联鼓励学生上进:"当代需人才，正望着岣嵝峰七十二般云气;自家定功课,莫等它清凉寺一百八下钟声。"光绪三十年(1904),改为官立城北高等小学堂。光绪三十二年(1906),毁于水灾。民国年间改办衡山县立中学和县立简易师范学校。新中国建立后,先后在此设立县立四中、城北完小、观湘中学、工农中学、城关中学。1965年始,逐步拆旧建新。至1990年,旧舍全无,逐步建成新教学、宿舍楼。1995年,更名开云镇中学。2005年,再度更名开云实验中学。至2003年,尚存沿江防护墙与原有前门,"研经书院"石碑。2018年,尚存"研经书院"石碑嵌于职工宿舍外墙。

有关名人

研经书院创办人吴獬

吴獬(1841—1918),字凤笙,号子长,榜名獬,湖南省临湘市桃林镇人。吴天资聪颖,少年时代,五经四书皆已成诵，二十岁就读岳麓书院。清光绪二年(1876)中举。当时左宗棠任甘肃总督,欲聘吴为幕僚,吴以疾辞。光绪已丑科(1889)中进士。他在考卷中指出:"耕不问奴,织不问婢,各取盈于编户之家,何堪不

研经书院原址现状

晓事长官,转使穷年冻馁……。”揭露当时官吏不问农民耕织的艰难辛苦,只向民间榨取,致使民众终年无食无穿的时弊。主考李鸿藻对吴的文章作“伤时"定论,不许取第一,不许列入翰林,仅以即用知县签分广西。是年,湖广总督张之洞慕名访吴,交谈学问,长达一天。后对僚属说:“洞庭一湖水,唯风笙饮一匙,我与诸公仅尝其涓滴耳。”光绪十八年(1892),任广西荔浦知县,任内体察民情,秉公执法。荔浦赌风严重,吴獬作《戒赌歌》相劝,并严惩首犯,仅数月赌风基本绝迹。为振学风,吴亲至正谊书院督教,并允许学生进县衙。光绪二十二年(1896),任湖南沅州府学使,兼敦仁书院山长。后分别到临湘莼湖书院、岳州金鹗书院、湖北通城青阳书院、衡阳石鼓书院、衡山研经书院、长沙岳麓书院、湖南高等师范以及南京三江高等师范、湖南优级师范等处讲学,以其高尚的品德和渊博的知识,教诲弟子,影响遍及东南诸省。吴在各书院讲学时,敢于创新,不守一家之说;敢于对名家作品进行评论,努力推进民主进步思想。他编著《一法通》,作启蒙教育之用;编纂《獬录宣讲》,破除迷信陋习;作《放足歌》,宣传妇女解放。用这些通俗读物鼓励学生和民众,从禁锢的封建礼教中解脱出来。民国6年(1917),吴獬因年老体弱,返回故乡桃林,办私塾一所,亲自督教,讲授学生。民国7年2月,北洋军南下,兵扰桃林,烧杀掳掠。吴獬愤然成疾,于是月初四,以78岁高龄谢世,世人称其为岳州一怪。遗著今存《不易心堂集》和《一法通》等。

吴獬任研经书院院(山)长期间诗、联选

竹枝诗

一

朝山何事要歌声,为怕心思不得诚。
借口管心心管眼,眼前才好见神明。

二

一声清磬落人间,飞出浮云几个湾。
闻磬便知云处庙,拨云始到磬声山。

三

山头圣帝老香烟,山脚新祠起几年。
新庙香多老庙少,烧香人也爱新鲜。

联

衡山联

我读文山词,劝过往奸雄,思量仔细;
神知韩子意,要扫开晦昧,突兀晴空。

研经书院联

当代需人才,正望着岣嵝峰七十二般云气;
自家定功课,莫等它清凉寺一百八下钟声。

(撰稿:刘文新,系衡山县史志办原副主任、主任科员)

曾国藩女婿:子女不许做官

光绪三十一年(1905),时任浙江巡抚的聂缉椝(1855—1911),因浙江铜元局总办刘更新恶意奏本,被朝廷误判而解职。聂缉椝交卸了浙江巡抚的官职后,不愿在如画的江南再作停留,陪伴老母亲回到湖南衡山老家。临行前,聂缉椝把几个儿女叫到跟前,留下了一条“聂家子孙不许做官”的家训。

聂缉椝,字仲芳,出生于书香、官宦世家。同治十年(1871),任广东高州知府的聂亦峰,顶住巨大压力,妥善处理了新会县余李两姓械斗大案,拯救了众多人命。此事传入曾府,令曾国藩大为动容,于是把最小的女儿曾纪芬许配给了聂亦峰的儿子聂缉椝。当时,聂缉椝正在江南机器制造局当委员,1876年9月,与曾纪芬结婚。

聂缉椝是一个非常有才干的人,曾国藩去世后,其胞弟曾国荃对聂缉椝呵护有加,先后几次向朝廷举荐这位侄女婿。光绪十年(1884),聂缉椝升任江南机器制造局总办。聂缉椝果然不负重望,短短几年时间,就将一个亏空20多万两银子的企业救活。光绪十六年(1890),曾国荃再次向朝廷保荐聂缉椝出任上海道台。聂缉椝在上海道台位置上干了四年,成绩斐然。1903年,改任浙江巡抚。但在1905年前后,聂缉椝人生命运遭到了重大挫折。

聂缉椝到浙江省任巡抚后办的第一件大事,就是到铜元局调查研究,设法解决铜元局面临的难题。

浙江铜元局始建于光绪二十九年(1903),第一任总办叫刘更新,陕西人。不过在刘的管理下,铜元局存在诸多漏洞,效益不佳。当时的浙江铜元局,其规模之大、造币能力之强,在全国均列首位。所造铜币不仅流通省内,而且大量倾销外地。后来,清政府各省对铸币进行改革,浙江铜元局又遇上了难得机会。

聂缉椝是办商务的一把好手,他告诉总办刘更新,他亲自在上海选定了成色上佳的两万斤黄铜。

对于浙江铜元局来说,这本是一个天大的好消息。可是总办刘更新并不这么看,他听到聂缉椝说要在上海采购黄铜,认为这是聂巡抚以权谋私,剥夺了自己这个总办的权利,心里很不高兴。

黄铜运至杭州后,刘更新故意挑选了质量稍次的一块,偷偷藏于袖筒之内。到了抚院衙门参奏之日,刘更新便将那块黄铜带在身边,当着诸多官员的面取出展示,含着讥讽的语气说,聂巡抚到上海采购黄铜我不反对,但是如果成色不足,都像这样的滥货,今后造出的铜币质量我可不敢保证……。

后来,这些话传到了聂缉椝的耳朵里,聂缉椝上奏请撤换了刘更新,改派安徽人朱幼鸿担任铜元局的总办。

铜元局是个肥缺,购置黄铜等原材料是谋取私利的好机会,如今这个肥缺被聂缉椝剥夺了,刘更新于是到京城买通御史姚舒密,狠狠了参聂缉椝一本。

朝廷接到御史姚舒密的弹劾材料后,将案件交给湖北总督张之洞查办。

查办的结果对聂缉椝十分不利,聂缉椝因此而丢掉了官帽子,前来接替刘更新铜元局总办一职的朱幼鸿,也跟着一起被贬官。这次挫败对聂缉椝的人生态度产生了巨大影响,因而留下了"聂家子孙不许做官"的家训。

聂家子孙牢记聂缉椝的教诲,再不从政为官。聂缉椝被革职后,将原参股的官商合办企业上海机器织布局改名为恒丰纺织新局,并将该企业交给其子聂其杰(字云台)和聂其炜掌管。1920年起,聂其杰担任上海总商会会长和全国纱厂联合会副会长。

1949年后,聂氏家族仍然涌现出一些出类拔萃的人物。聂缉椝的孙子聂光堉,身为留美博士,放弃国外优裕条件,回国参加建设,为建设湖南的纺织工业、化学工业屡立奇功。其弟光坡是蜚声国际的物理学家,长期担任联合国和平利用原子能委员会高级顾问,曾两次回国讲学,受到国家领导人的接见。

(撰稿人:杨锡祥。该文原载《文史博览》2018年第7期,录入本年鉴时略有改动)

改革开放40周年纪念文章

恢复高考,圆梦1977

柳礼泉

在近期的一次以"青春梦与中国梦"为主题读书会上,参加者均为我指导的硕士生、博士生、博士后等10多人,有学生建议我以40年前参加高考为切入点,谈谈我对"青春梦与中国梦"的理解,给大家分享对"用理想支撑圆梦征程"、"用知识开启圆梦引擎"的心得与体会。于是,我便用文字记录和回放那段可堪回首的悠悠岁月,用真情和实感呈现那份难以掂量的人生转折。记忆的长河瞬间喷涌,有关高考和上大学的片段一幕幕奔腾而来,牵引着我敲键盘的手,感染着加速度的心,如梦如幻,却可视可触。

一、"萌梦":上大学是一名农村孩子最大的奢求

我生于革命老区衡山县一个偏僻山村,从小就有些不安分,非常想走出这个偏僻的农村,改变与生俱来的农民身份,而在当时,上大学是实现这一奢望的可行路径之一。1966年秋天,小学升了初中。年底,12岁的我与年纪稍大的同学加入"大串连"的洪流,步行到了长沙、韶山等地。彼时的长沙还没有跨

江大桥，伫立在湘江之滨，遥望西岸，一起参加“大串连”的老师告诉我，对面那片郁郁葱葱的地方，就是湖南大学、湖南师范学院。从那时起，上大学的愿望更加强烈而坚定，虽然深知那只是奢求，但梦想的种子却从未因此而夭折，反而迸发出强大的生命力。

不久，“文化大革命”悄然而至，成为所有喜爱读书孩子的梦魇，很多人的大学梦自然也随之破灭，我也因此非常难过甚至有些气馁。重新勾起这个梦想是1968年春季的一天，那天上午去出集体工时，看到生产队的晒谷坪上坐着两个大学生。大队干部介绍说，他们是来我们这里接受贫下中农再教育的。尽管他们很快就离开了我们生产队，但那两个戴着眼镜、斯斯文文的大学生，其行为举止令我羡慕万分。几个月后，在“复课闹革命”的口号声中，我又进入公社农业中学读初中，虽然不久这所农中整体并入岭坡中学，但由于当时上大学已经不需要考试，只是所谓“群众推荐”，对于一个毫无背景的我而言，大学梦自然也只能仅仅只是梦呓而已。

现在的人很难想像，在那个年代，一名山沟里出身的贫穷农村孩子是如何学习的?学校离家很远，从小学4年级开始，我每天要往返20多里地去上学，早上7点出门，直到回家时，下午5点多钟才能吃上中午饭。为了能保持一路小跑的速度，小学和初中好多年都是滚着一个铁环上学。到高中时，每星期要2—3次从公社供销社为大队代销点挑100斤盐以“赚工分”，只有挑盐这一天才能在学校食堂吃上没有任何菜品的3两白饭。每天放学回来还要干很多家务，比如砍柴、拔猪草、担水、带妹妹等。处于生长发育期的我，正是因为营养跟不上且超负荷承重，以致于身体受损而身高受到严重影响。那时候，家里不仅没有电灯，而且煤油灯还要节省着用。为了节约煤油，我都是在学校里赶在课间和午间完成作业的，每天上学、放学都不背书包，但无论什么考试都是年级第1名。有人问我经验何在，有什么经验呢，不过是为了改变命运而用“心”去读书罢了。除此之外，还能有什么选择呢。

1972年12月初，在高中毕业前夕，我积极报名并获批参军入伍。成了一名光荣的解放军战士。四年多的军营生活使我得到了锻炼，在部队，我先后担任文书、班长等职，1976年8月并加入中国共产党。在部队期间，我曾利用出差的机会到了曾经隔江遥望过的岳麓山。那时已经有了湘江大桥(即现在的橘子洲大桥)，在东方红广场徘徊良久，我终于见到了魂牵梦绕的湖南大学，内心深处那曾坠落的大学之梦又缓缓升起。特别是在校园里晃悠时，一群群工农兵大学生在我面前走过，让我在羡慕他们的同时不免也有些失落与不平：都是同龄人，凭什么他们能上大学我就不能上?

成功需要梦想，有梦想才会有动力、有希望。正所谓山重水复疑无路，柳暗花明又一村，就在我茫然时，上大学的事情似乎又有了一丝希望。1977年3月5日，我退伍回乡，4月任大队党支部委员、团支部书记。5月被抽调到公社整党工作队到晓烟大队参加整党工作。7月被抽调到县红旗水电站工程指挥部工作。我踏实肯干，努力做好每一件份内工作，实际上还有一个隐藏于

心底、不便示人的秘密,那就是好好工作,好好表现,争取得到领导的眷顾,以获取推荐我上大学的机会。

二、“启梦”:来自广播里关于恢复高考的大好消息

1977年10月21日,中央人民广播电台一条新闻,给所有心怀大学梦的青年带来一个振奋人心的好消息:“高考要恢复了”。那时我有一台半新的半导体收音机,在第一时间听到这一大好消息。欣喜若狂的我,梦想之火倾间熊熊如炬。广播中说,国务院日前批转了《教育部关于1977年高等学校招生工作的意见》,决定从1977年起,高等学校招生制度进行改革,恢复统一考试制度。这个特大喜讯激活了广大知识青年求学的强烈欲望,开启了通向知识殿堂的公平之门,也彻底改变了我的人生。

对恢复高考这样一件天大的喜事,现在的大学生们决不会有我们这些经历者的深切体验。可不是吗,通过统一考试择优录取上大学的确是一件天经地义的事情。但他们可曾知道,正是40年前的1977年,由于文化大革命的冲击而中断了十年的中国高考制度得以恢复,中国由此重新迎来了“尊重知识、尊重人才”的春天。我作为普通的一名考生,在当时并不了解恢复高考决策经历的曲折过程,只是后来从相关的资料中了解一些情况。

1977年6月29日,全国高校招生工作会议在山西太原召开,决定继续延续多年的推荐上大学的方式。消息传出,许多人为之叹息,原以为粉碎了“四人帮”高校招生政策会有改变,结果还是一切照旧。有人说“解放前上大学靠钱,文革前十七年上大学靠分,现在上大学靠权”。正是在这种背景下,8月4日至8日,邓小平在北京主持召开科学和教育工作座谈会,邀请了来自科学院系统和高等院校的30多位专家学者参加。武汉大学化学系查全性副教授(后来成为中国科学院院士)发言,认为现在实行的高等学校招生“十六字方针”中,“自愿报名、群众推荐、领导审查、学校批准”,实际上主要是“领导审查”。现在初中生就可以上大学,学生素质当然很难保证,有人还戏称清华大学、北京大学应该改为“清华中学”、“北京中学”,这种状况怎么能适应社会主义建设对人才的迫切需求。他强烈要求立即改变大学招生办法,恢复考试制度。他的发言引起强烈共鸣,吴文俊、王大珩等科学家纷纷发言,赞同查全性副教授的意见,建议党中央、国务院对现行的招生制度来一个大的改革。然而,当时教育部按照推荐制拟定的招生报告,已经报送中央。各地的工农兵学员也已开始推荐,再过一个月新生就要入学了。邓小平侧过身去问坐在旁边的教育部长刘西尧,“今年就恢复高考还来得及吗?”刘西尧说,“只要推迟半年招生,还来得及。”邓小平听后当场表态“既然今年还来得及,那就坚决改嘛!”

8月13日,教育部在北京召开全国高等学校第二次招生工作会议,决定恢复已经停止了10年的全国高等院校招生考试,以统一考试、择优录取的方式选拔人才上大学。邓小平在会上指出,为什么要直接从高中毕业生中招生呢,就是不能中断学习的连续性。招生工作的指导思想主要抓两条:一是本人表现好,二是择优录取。10月3日,邓小平将刘西尧报送的《教育部〈关于1977年高等学校招生工作的意见〉的请示报告》和教育部代拟的《国务院转发教育部〈关于1977年高等学校招生工作的意见〉》两个文件批送华国锋主席。华国锋旋即批示,将上述文件印送中央政治局各同志。10月5日,中央政治局讨论通过了这个全国高等学校招生的文件。

10月12日,国务院正式批转了《教育部关于1977年高等学校招生工作的意见》(国发〔1977〕112号文件)。文件规定1977年恢复高考招生,实行统一考试、择优录取。文件在招生对象和条件中规定,凡是工人、农民、上山下乡和回乡知识青年(包括按政策留城而尚未分配工作的)、复员军人、干部和应届高中毕业生,年龄20岁左右,不超过25周岁,未婚。对实践经验比较丰富并钻研有成绩或确有专长的,年龄可放宽到30岁,婚否不限(要注意招收1966、1967两届高中毕业生)。

文件在招生办法中规定,根据“德、智、体全面衡量,择优录取”的原则,实行“自愿报名、统一考试、地市初审、学校录取”这一新的“十六字方针”。文件强调各级领导要积极支持和鼓励优秀青年报名。符合招生条件者,均可向自己所在单位报名。按学校和学科类别填写2—3个志愿;考试的目的主要是了解掌握基础知识的状况和分析问题、解决问题的能力。今年的考试分文理两类。文科考试科目为政治、语文、数学、史地。理科考试科目为政治、语文、数学、理化。报外语专业的加试外语。考试由省、市、自治区拟题，县(区)统一组织考试;地(市)招生委员会组织评卷，根据考试成绩提出参加政审、体检的名单，并征求所在单位群众的意见。由公社或厂矿、机关、学校的党组织负责政审。主要看本人的政治表现;学校录取，省、市、自治区批准。在省、市、自治区招生委员会领导下，组织招生院校对地(市)上报的初选名单及全部材料进行认真审查，参考本人志愿，德、智、体全面衡量，择优确定录取名单，报省、市、自治区招生委员会批准后，由学校签发入学通知书。

恢复高考的消息在中华大地广为传播，人们奔走相告。后来才知道，由于报考人数过多，国家一时竟拿不出足够的纸来印制高考试卷，于是，中央果断决定调用印刷《毛泽东选集》第5卷的纸张。经历过文化大革命的人们不难想象，作出这一决定需要何等的勇气!

三、"寻梦"：贵人相助的选科抉择和工地报名及近乎"裸考"的高考备战

1977年湖南高考的时间定在12月17–19日(19日加试外语)，这是新中国历史上唯一一次冬季高考，同时也是最为仓促的一次，因为恢复高考的消息在1977年10月21日才见报，离湖南开考时间只有短短的56天。

得到恢复高考的消息时，我正在衡山县红旗水电站工程指挥部岭坡民兵营任政工员。红旗电站建设工程位于望峰公社(在衡山祝融峰之南麓，取望祝融峰之意而名)红旗大队，是当时衡山县的重点工程，每个公社都组成民兵营开展大会战。10月底，因回公社取材料，我特意抽空到岭坡中学去了一次，主要目的是想听取高中语文课教师兼班主任刘文新老师、数学课教师伏池让老师的意见。当时，我肯定是要报名参加考试的，但是，究竟是报文科还是理科，我有点举棋不定。在高中时，数理化是我的强项，文史地则是弱项。教数学的伏老师建议我报理科，而教语文的刘老师则建议我报文科。伏老师给我找来一本高三的数学教材，天啦，我这个理科尖子生竟然很多公式都已经看不太明白了。教语文的刘老师帮我分析，虽然你过去长于理科，但，离校已经过去整整5年了，5年中完全没有用理科知识，要重新捡起来相对比较困难，而文科呢，不论是在部队的4年多、还是在电站的几个月里，有些东西可能多多少少还用过，捡起来相对还是容易些。将两位老师的交流意见综合比较之后，我最终才下定决心报考文科。

11月上旬，高考报名开始。由于电站工作事务繁忙，我不说看书复习，就连下山报个名的时间都没有。没有想到的是，刘文新老师居然走了20多里山路，到工地上为考生报名。在这里，我和10多名考生都报了名，当时我身上没有带钱，5角钱报名费还是刘老师垫付的。不得不说，关爱学生的刘老师是我的贵人，这也为我之后力争做一名为学生着想的教师树立了榜样。正是这次电站工地的贵人帮忙高考报名和代交的5角钱报名费，改变了一名农村孩子的命运。关于高考报名费，我后来才知道，当时上报国务院的《教育部关于1977年高等学校招生工作的意见》初稿中，规定每人交1元钱报名费，国务院在审批文件时决定，为了减少考生的负担，只收5角钱的报名费。我至今仍然认为，这个报名费由1元降到5角的变化，远远不只是5角钱的意义，它反映了一种为考生着想的人文情怀和执政理念。

11月中旬，我借电站民兵营营部到公社交材料的机会，又一次顺便来到岭坡中学。此行之目的有三个:一是拿我的高考准考证(编号400475)。二是将那5角钱报名费还给刘文新老师。三是如有可能向老师讨教应试技巧。

参加高考的名是报了，准考证也拿到了，但考试的准备工作还完全是一片空白。直到11月中旬，我居然还没有任何一本备考复习资料，既没有参加任何辅导班，也没有做过任何一道模拟题。一个熟悉的朋友替我干着急，他说:"别人都在抓紧复习备考，你

湖南省高等学校一九七七年招生

准考証

编号：400475

姓名

性别 男

湖南省招生委员会

注意事项

1.凭此证参加考试，按规定时间出入考场。

2.此证不得转借，涂改无效。

3.此证注意保管，遗失不补。

填发机关：

一九七七年 月 日

还呆在这个满地黄土的电站工地，恐怕只会是陪相公赶考啦！”

现在的考生很难理解40年前考生的备考心态，即便我们写出来放进出版物中，也未必能真正再现那个时候考生的备考状况。对于众多考生来说，十年废学，要让他们进行这样的考试，的确不是一桩容易的事。有人说，1977年的高考是世界考试史上与“知己知彼”相悖最大的考试：报名参加考试的全国考生达到了570万人，而废学多年使得被堵在大学校门外的知识青年更达到3000万人之多，造成了“千军万马挤过独木桥”的独特现象。报考的考生包含1966—1977年12届高中毕业生，考生不仅来源十分复杂，而且年龄和精力也相差悬殊。他们中有文化大革命前的初中、高中毕业生，也有刚刚毕业的高中生，有干部和工人，也有教师和知青，不少考生还是兄弟姐妹同堂参加考试。至于考试内容、命题范围、考点知识、考卷样式等等，大家在考前更是一无所知。也难怪，高考被取缔已逾10年，别说是普通考生，就是当年我们高中的任课老师，对于今年的高考究竟会考什么，有什么样的题型，录取比例有多大，全都没有任何概念。当时，正是这种“不知己也不知彼”的情形，导致了许多考生在没有任何压力和包袱的情况下以一种特殊心态而参加高考，我就是抱着“试一试”的心情来报名参考的，我还用当时一句时髦语“一颗红心、两种准备”来为自己打气加油。

四、“追梦”:轻轻松松走进考场和没有压力的答题心态

既然报了名，还得要做点最起码的准备。12月7日，我向电站民兵营教导员赵爱莲请假，告知他我还有一个多星期就要考试了，想请几天假复习备考。赵爱莲是公社党委组织委员、团委书记，一位很女性化的名字却是身高1.8米的魁梧男子。他当即准假，而且将他在公社办公室的钥匙给了我，并说办公桌上有餐票，让我到公社食堂吃饭，免得每天回家。是啊，我家在偏远的大丰大队，离中学有10多里地，回趟家单程少则也要1个小时。况且公社又与学校是隔壁，实在是太方便了。就这样，我在公社白住、白吃了10天，完成了我的整个复习备考和正式考试。后来，公社在给大队下拨工分时，居然这10天还给我记了工分。加上报名是刘老师上工地来办理的、取准考证也是借公差两厢兼顾的，这意味着我的高考没有耽误一天赚工分的时间，这也应该是一个小小的不正之风，后来想这可能是领导对我努力工作的专门奖励和对一名胸怀大学梦想的穷学生的特殊照顾吧。在上大学后，我一直想向赵爱莲书记说明公社下拨工分的事，感谢他的支持和帮助，并付给他那10天的伙食费，谁知他很快因升职而调离岭坡公社，这件事后来也就成了我的一个遗憾。

有学生问我，老师您那一个多星期的复习备考到底复习了什么内容。实际上，在时间如此之短且没有任何复习资料的情况下，不可能做什么深度复习，主要是听数学课教师伏池让老师讲考试重点，指点解题方法。伏老师文化大革命前毕业于湖南师范大学数学系，是一位非常优秀的老师，他的辅导对我很有帮助。再就是听语文课教师刘文新老师讲作文的写作方法，分析什么题目适合什么样的开头和结尾、议论文如何处理论点和论据的关系、如何突出文章的中心思想，后来我高考语文在100分总分中考了80多分，与刘老师的辅导肯定有关系。至于政治、历史和地理，根本没有时间去顾及了，只能顺其自然，凭着感觉和运气去答题。这也可能是我对这三科的试题内容已经没有任何印象的主要原因吧。

1977年12月17日，我和上千名考生一同走进衡山县岭坡中学的考场，参加恢复高考后的首次考试。拥有60多张单人桌椅的教室里有一半的桌椅被搬出，堆在门口走廊上，留下一半桌椅重新排列，每个教室只留下30张单人课桌，以便拉大座位的间距，增加考生抄袭的难度。一直到开考之前，我始终都保持轻松自如的高考心态，之所以会这样，主要在于这里是我的母校，考试又是当年我们班教室隔壁的教室，考生中有不少人是我熟悉的同学，尤其是有“一颗红心、两种准备”作底子，我想即便考不上也没有关系，我还有退路。即例如此，但当听到开考的预备铃声响起的那一刻，我内心或多或少也被憧憬和忐忑所占据，在之前的轻松中也增添了一些压力。

文科考生有四门考试科目，分别是政治、语文、数学和史地。政治、史地的试题基本上回忆不起来了，印象深刻的只是语文试卷中的两道题：一是将汉语拼音写出对应的汉字“我们的目的一定要达到”；二是作文题“心中有话向党说”。这篇有话对党说的作文，我是以“走进这个早就想来的考场”为切入点，以 “我想读书而不能”、“我想读书现在有可能”、“我想读书我定能”等三个层面展开。文章说，由于“四人帮”的破坏，教育严重受影响，“读书无用论”泛滥，“知识越多越反动”流行，导致教室布满蜘蛛网，广大有志青年想读书而不能；是党中央的英明决策恢复高考，这是我多年的期盼，从而使我想读书成为可能；是党给了我们上大学的机会，我要珍惜这个机会。正因为我一直想读书我定能认真学习，学好为人民服务的本领，为社会主义建设作贡献。可能读者会认为这是八股式的文章，而且带着那个年代的浓重烙印，但这些文字的确是自己的真实感受，源于内心，发自肺腑。

考试第二天，我便发现考场里空出几张座位，在第一天的考试中，也有1名考生刚落座不久就交卷离场，估计交的只是白卷。考试结束时，大家说得最多的话就是：“唉，这道题我又答错了。”“没关系啦，反正我是陪相公赶考的。”在众多考生中，“陪相公赶考”者的确不少，既有来凑凑热闹的，有来碰碰运气的，也有来摸底再考的。据统计，那年全国参加高考的考生多达570万，最后被录取的仅20多万人，录取率仅仅为4%稍多一点。我所在的岭坡中学考场差不多有1000名考生，最后录取的据说也只有30来人，而且多数录取为专科生。与我同时参加高考的李京生同学，是驻地部队的子弟，报理科，后来录在湖南大学机械系汽车专业，这是后话。30多年后，当高考报名费增至几百元时，有人对我讲，你们那时有那么多人报名参加高考，恐怕是只要交5角钱的报名费惹的祸。这应该是完全不了解当时恢复高考后人们特殊的参与心态，不了解考生们对通过考试上大学的热切企盼，更不了解这是体现人民群众对恢复高考的高度认可。

高考一结束，我又回到红旗电站工地，不断有人询问我考得如何，更多的人向我打听考试题的情况。说实话，这次考试下来，我根本就没有底，政治考得不理想，数学更是考得很不如意，怕是没有什么希望了，所以显得有点失落与自责，这与我的自信乐观的性格迥然不同。正因为如此，一些朋友过来安慰我，表达着同一个意思：“没有关系，明年再考。”听了这些话语，我只能是报以苦笑。

过了20来天，大约是1月中旬某天下午，我收到参加政审和体检的通知。当公社统一组织到县城医院体检时，医生见我那张体检表上穿军装的照片，几乎是一路绿灯通过了体格检查。

五、“圆梦”：收到一封来自湖南大学的挂号信

大约在2月初的一个上午，阳光明媚。红旗电站指挥部的一名工作人员转来重要消息，说我舅舅打电话来，讲“家有喜事，尽快回去”。我猜想是来了录取通知。原来是在岭坡公社集镇上工作的舅舅每天都在关注有没有我的录取信息，当然会在第一时间“截获”这封寄到中学的录取通知书，并打电话向我或我家转告这个特好消息。

下午，我匆忙下山，走了20多里山路赶到“街上”（人们对公社所在地的称呼），就是找不到舅舅。认识我的人个个都来向我表示祝贺，不认识的人也投来羡慕的眼光，似乎在说着这个“奶儿”（衡山人对男孩的称呼）考上大学了。原来舅舅拿着录取通知书满街一个一个地给人看，当我拿到这牛皮纸信封时，纸上都有些皱折了。

当我拿到这封沉甸甸的挂号信时，见到下方的落款单位印着大红的毛体“湖南大学”，这不免令我疑惑，因为我并未填报湖南大学的志愿（当时我填了复旦大学、武汉大学的志愿，并填了服从分配），我还有点怀疑是不是弄错了。当从信封里取出“录取通知书”和“新生入学注意事项”、“新生入学注意事项补充说明”、“教材费通知”等材料时，见到那“录取通知书”上赫然写着“录取你到湖南大学政治理论专业学习，学制四年”，“请于3月1—15日凭此通知到学校报到。”也难怪，当时的湖南大学政治理论专业并没有列入招生目录，是为了培养机械工业部所属高校的政治课师资，机械工业部与教育部商定后临时增加的招生计划，这就是我们班第一批录取的30多名同学都没有填报这个志愿，全都是被“调剂”过来的原因。马列主义教研室主任曾锡老师后来告诉我，由于是培养师资，我们这个班还是按师范生要求优先录取的。

“新生入学注意事项补充说明”为铅字打印机打印稿，16开，其内容共有7条：“一、必须携带马列著作和毛主席著作一至五卷。二、凡是党、团员，应将党、团关系按组织手续（县市以上党、团委）转来学校。三、来校时应带:四季衣服、蚊帐、被褥和其他生活用品。四、按照国发(1977)112号文件规定,录取新生的路费,国家职工由原单位负责,其他学生因路途较远,家庭经济确有困难的,可持证明,向所在县(区)招生委员会申请补助。学校不负责路费的报销。五、学生在校学习期间的待遇,按照国发(1977)112号文件规定,"国家职工入学时工龄满五年的,在学期间工资由原单位照发",来校报到时持"带工资证明"。不带工资学生从今年开始,一律实行人民助学金制度。如果家庭经济确实困难,需申请助学金者,应持单位(农村大队以上组织)关于经济情况的证明,入校后评定人民助学金。因此,入校必须带足生活费。六、入学后,不改变专业、不准结婚、不准恋爱。七、赴校途中,提高警惕,注意安全。""补充说明"的落款署"湖南大学,一九七八年元月十九日"。

"教材费通知"为蜡纸钢板刻印稿,16开纸的三分之一大小。其内容为:"根据上级指示同学教材讲义费自理的精神,我组决定77级新同学自备教材讲义费币壹拾元正,入学报到时一次交清,期末结算,多退少补。特此通知。""通知"落款署"教材组",盖的公章为"湖南大学革命委员会教育组教材业务章"。在我的印象中,挂号信中那份"新生入学注意事项"主要是关于转户口和粮食关系的。在那个年代,城市户口与农村户口是一道难以逾越的鸿沟,上了大学就意味着跨越鸿沟而"吃国家粮",将农村户口转为城市户口当然是必办的重要手续。我记得通知上规定办户口还要将4个月(4月—7月)的粮食交给国家粮食仓库。当时,岭坡的户口交给国家的粮食可以交到公社粮库,而转户口却要到离我家有30多里地的沙泉粮站。当时我手头还有一点全国通用粮票,交粮票就免去了挑着稻谷交给国家粮库后才能办理户口迁移的麻烦。我连想都没想就在公社干部那里借了一辆自行车,带上粮票一路狂奔到达沙泉粮站,却被告知手续不全而无法办理。过了几天又去了一次,才办妥那要紧的转户口和粮食关系的手续。

根据"新生入学注意事项补充说明"第二条"凡是党、团员,应将党、团关系按组织手续转来学校"的规定,下一件工作是转党员组织关系。赵爱莲书记是公社党委组织委员,要他签字才能办理手续。我找到大队周会计(兼秘书)办理基层党组织介绍信时,他居然盖了一个"大丰大队革命委员会"的公章,我当时也没有仔细看。在一名发小玩伴的陪同下,打着火把连夜走了几十里山路找到赵爱莲书记时,他严厉批评周会计"不懂规矩",也批评我"太不仔细"。好在是熟人,他还是签了字。将赵书记签字的证明送到公社党委办公室,工作人员很快出具了党员组织关系转移介绍信。

一切手续都办妥后,1977年3月4日,我挑着两个红木箱,装着衣服被褥,也装着《毛泽东选集》,离开生我养我的大丰一队,在岭坡汽车站乘班车到达衡山县城。在县城住了一个晚上后,3月5日一大早,乘轮渡过湘江,在衡山火车站凭新生录取通知书买了一张学生半票,中午到达长沙火车站。湖南大学在火车站安排专车接站,一辆大客车将我和同行的10多名新生的行李拉到教学北楼。在这里,曹炳坤老师在北楼门口迎接新生,还有两名先到的同学来帮忙,我很快办理了报到入学手续,住进了学生6舍,正式成为湖南大学政治理论专业一名77级新生。

由于学校规定的报到时间为3月1日–15日,我是我们班报到较早的新生,以后几天都是白天接待新报到的同学,晚上在校园转悠转悠。这个时候才知道我们班一共有30多名同学。当30多名同学(后来又增加了几名走读生,实际上他们也是住读,最后全班共有43人)到齐后,马列主义教研室在教学东楼二楼一间小教室,举行新生欢迎仪式,有10多名教师参加,这就算是开学典礼。随后,班主任曹炳坤老师宣布班委会组成名单,让我担任副班长。几天后,我们班被安排在教学中楼210教室上课。没想到210教室成了我们班的专用教室,以后几年里,基本上是在这个教室上课。

不久,我被评定为享受甲等人民助学金,每月18元,其中14元为饭菜票,4元为现金。家境贫困的我正是靠着这个人民助学金资助完成了大学学业,内心的感恩之情时刻提醒着我,要尽自己的能力回馈社会,帮助需要帮助的人。

回首恢复高考,难忘1977。时光已荏苒40载,感谢命运的眷顾,感谢邓小平和党中央的伟大决策,让我搭上了恢复高考的"首班列车",顺利抵达大学殿堂,成功圆梦。趁着国庆中秋长假,用文字将这段记忆定格，哪怕日后步履蹒跚，也有它们温情相伴，即使忘却，也依然能让岁月不朽。

作者简历

柳礼泉，1954年4月生，湖南省衡山县人。现为湖南大学二级教授，博士生导师，国家教学名师，享受国务院政府特殊津贴专家。2010—2016年兼任教育部高校思想政治理论课教学指导委员会委员，现兼任湖南省中共党史学会副会长、湖南省科社学会副会长、湖南省延安精神研究会副会长、湖南省思想政治理论课教学指导委员会主任等职。

1972年12月应征入伍，曾任文书、班长等职，1976年8月加入中国共产党。1977年3月复员退伍。1978年3月考入在湖南大学政治理论专业学习，1982年1月毕业留校任教。1987年晋升讲师，1992年晋升副教授，1999年晋升教授，2006年评为博士生导师，2008年获评二级教授。1993—2003年任湖南大学人文社会科学系副主任，2003—2012年任湖南大学马克思主义学院院长。

毕业以来，先后为本科生、硕士生、博士生开设10多门课程，招收和培养硕士研究生67人，博士生研究生16人(其中国外留学博士生1人)，博士后研究人员5人，接受访问学者4人。

主持国家级、部省级教学研究和科学研究项目30多项，出版《撞击与升华:改革实践过程对人们思想的影响》《中国共产党对艰苦奋斗精神的发展与升华》等著作7部，主编教材8本。在《马克思主义研究》《马克思主义与现实》《高等教育研究》《科学社会主义》《思想理论教育导刊》《伦理学研究》《光明日报》理论版等学术期刊发表论文200余篇。这些论文以《让德育在文化中诗意栖居》为题，收入台湾花木兰文化出版社出版的《中国伦理思想研究文丛》，共5卷8册，向海内外发行。

自2000年以来，先后作为主要完成人获国家级优秀教学成果二等奖2项，作为主持人获省级优秀教学成果一等奖2项、省级教学科研三等奖3项。主持“国家精品课程”1门、“国家精品资源共享课程”1门、湖南省级精品课程2门。2006年获“湖南省高等学校首届教学名师奖”、“第二届全国高等学校国家教学名师奖”并在人民大会堂接受国家领导人的颁奖，2007年6月12日中央电视台《新闻联播》报道了其教学改革与创新的事迹。2008年获“宝钢优秀教师”奖，2009年获“湖南省普通高校思想政治理论课优秀教师标兵”奖，2014年获评“全国高校思想政治理论课教师2013年度影响力人物”，2016年获享受国务院政府特殊津贴专家称号。

(载自《那年麓山青》，湖南大学出版社2018年3月第1版)

衡山改革赋

朱海清

三中全会，启航改革；四十周年，追求梦想。神州上下，举改革之旗；盛世春秋，建和谐之邦。殚精竭虑，破冰履霜。春潮滚动，热浪浩茫。方有今朝河清海晏，国富民强。

自古衡山，敢为人先，美名远扬。巍巍衡岳，浩浩湘江。更□载飞歌，唱响春天故事；全民筑梦，做强改革文章。四十年频添锦绣；四十年再造辉煌。如今林密山深，传青山之凤翥；云蒸霞蔚，望碧水之龙翔。民勤物阜，果累稻香。人寿年丰，家和业旺。实民生之福音，诚繁荣之佳壤。天下闻名，谁不歌唱。

看工业改革，早期进行。松绑放权，民主选举厂长；承包管理，层层落实责任。超之有奖，亏之则惩。工人热情高涨，企业一度繁荣。后来企业改制，国退民进；园区建设，燕舞莺鸣。荒山野岭，辟为楼房工厂；招商引资，拓展古县新城。引凤筑巢，发展高科产业；借鸡下蛋，壮我企业振兴。从无到有，由小到大。扩大规模，增强后劲。转型升级，再闯鸿运。佳诚嘉力新金龙，□成冠力衡信锌，恒岳重钢信联水，群星灿烂面貌新。入园企业四六家，活力增大；一年产值近百亿,效益提升。还有商企福祥惠民众,群英超市汇精英。工商企业大变革,科技提升展鹏程。此乃企业改革之盛事也。

观三农美景,频织锦罗。联产承包,敢闯先河。砸烂大锅饭,包干一路歌。农业科技,隆平高科。海南制种,克服困难不少;陵水繁育,栽培良种多多。一个政策,农民热情高涨;一个良种,稻谷增产收获。解决吃饭问题,农民日子好过。农田水利自流,农村机械穿梭。中央政策好,农民愁什么?取消农业税收,开天辟地;发展农村经济,青山绿河。养殖三黄鸡,培育水果。竹林似海,杉树巍峨。荒山已去迹,油茶满山坡。建设新农村,活力四射;扶持贫困户,好棋一着。干部下乡,群众乐呵。看我三农传喜讯,好事一拨接一拨。

喜城镇建设,改革领先。规划合理,建设超前。管理有效,秩序井然。古邑衡山,一千七百余年;今天麋邑,已是面容全变。金盛华城,紫金水岸,盛豪世家,广平摩天。一栋栋高楼,鳞次栉比;一条条大道,车畅人喧。湘江大桥,犹如彩虹悬挂;体育新馆,更是金碧鲜妍。高铁傍城而过。驰骋南北,高速后山穿越,连通京□。烈士丰碑,市民凭吊先烈;泽建英名,休闲又添乐园。垃圾新站,满足城乡需要;大源电站,畅书电力新篇。水道畅通,货运方便。自来水厂,水质优良合格;路灯照明,县城亮化连绵。污水处理,达标周全。市民安居乐业,其喜洋洋者矣。

兴旅游事业,步步登高;景区开发,亮点不少。红色旅游,闻名全省;绿色观光,独领风骚。怀主席察农,遗康王立庙。紫巾耸翠,烈士陵园扬浩气;群英故居,民主革命出英豪。立正家乡,故居修葺一新;岳北农运,游人瞻仰如潮。湿地公园,水面鸟飞鱼跃;花果山上,石崖林茂玻桥。野莓谷里,瀑布野花红豆;幽幽谷处,修篁怪石碧涛。田野织锦,油菜李花桃蕊;水库翻新,中峰九观新桥。还有虎山待开发,禹碑听吹箫。莫不步移景换,江山如此多娇。

再话文教卫,件件堪佳。岳北山歌,响彻天下;皮影艺术,传承山娃。稻草火龙,民间飞舞;衡山花鼓,又绽奇葩。萱洲古镇,游客如麻。全民办教。督导评估学校;举力兴学,师生立志中华。教育教学,喜看人才辈出;校容校貌,更是靓丽不差。普及初中,早已成为现实;晋升大学,不是天方夜话。岳云重点出成果,崛起星源驶快车。山沟飞出金凤凰,农村也有大学霸。医院建设,提质升级,治疗防疫,上门到家。讲究卫生,城乡文明添彩;防治疾病,群众脸上飞霞。全民体育,已出成就。专业竞赛,又奏琵琶。省运会上,女子柔道夺冠;冲向奥运,柔道铜牌堪夸,更有全国诗乡蜚誉,全省书画生花,文明奥区叫呱呱。

至如民生改善,更是堪讴。穿衣漂亮,吃饭不愁,住房宽敞,出行风流。年老体衰,农民也发工资;看病就医,医保有了救助。没有茅草屋,处处有新楼。冰箱入户,小车不少;彩电到家,燃气真牛。农网改造,灯亮山沟。乡村都有水泥路,汽车开到家门口。家有儿女,义教不需缴费;手有余钱,闲暇外出旅游。若是孤老,敬老院里养老;若是残疾,政府有情关照;若为特困,也有大家分忧。有了网络,生活大为改善;有了手机,谁不尝到甜头。网上营销生意旺,乡村种养更上楼。七十大爷,手机玩得好欢;八十娭毑,广场舞姿竞秀。想要读书,老年办了大学;想有作为,社区帮助运筹。美丽衡山,宜业宜居心喜悦,太平盛世,载歌载舞乐无休。

噫吁!匆匆岁月,弹指四旬;煌煌事业,激情万种。民追梦想,翻天覆地,党明航向,伟业丰功。总结四旬经验,坚持改革;牢记双百目标,再振雄风。初心不改,建设四个衡山;使命记牢,实现中华美梦。撸袖加油,成就人生事业,劈波斩浪,敢当时代先锋。改革新航开,再唱春天故事;和谐与民共,且看华夏腾龙。

诗曰:游紫巾公园

日朗风和上紫巾,登高骋目一天春。
湘江北去花香远,寿岳南来锦簇新。
商市楼台添艳丽,唐诗宋韵长精神。
如斯盛境凭谁绘?时代先锋逐梦人。

2018 年 12 月

(作者系衡山县人大常委会原主任,现为县党史联络组成员)

打好农业产业“组合拳”,助推县域经济“大发展”

恒山如行,岱山如立,嵩山如卧,唯有南岳独如飞。巍巍衡山,湘水泱泱。衡山,因“五岳独秀”的南岳衡山坐落于境内而得名。

衡山县总面积934平方公里,位居湖南发展战略重点“一点一线”中心地带,“七纵一横”立体交通网络让衡山融入了京广高铁经济带和鄂湘粤三小时经济圈。

衡山,山清水秀,好生态发展好农业。农业产业化发展,将农业打造成衡山发展的一张优质名片。

县委县政府高度重视农业产业发展,把农业产业化作为调整和优化农业农村经济结构的重大举措,作为农民增收和推进农业供给侧结构性改革的重点工程来抓,2015年起,设立农业产业化专项资金100万元,粮食生产专项资金600万元,2017年设立休闲农业扶持专项资金200万元,全力推进农业产业转型升级,提振县域经济,大力发展优质稻、茶叶、中药材、小水果主导产业及产后加工业,使农业生产从生产、加工到销售实现标准化作业、产业化发展的路子,最终实现优良生态、优美景观、优势产业、优质产品的目标。至2017年9月,衡山县省市农业产业化龙头企业25家,其中省级龙头企业3家,市级龙头企业22家,2016年总产值17.9亿元,创利税5000万元,带动农户1.09万户。规范化农业专业合作社315家,家庭农场303家,30亩以上种粮大户1050户,流转土地面积超15万亩。

好山好水发展好农业

永和乡,地处衡山南面的湘江河畔。这里属热带季风湿润气候,光照充足,四季分明,农产品品种丰富,是衡山县有名的“水果之乡”。

从2013年开始,永和乡通过土地流转,“企业+合作社+农户”产业模式转变,引进国内外优良水果品种,通过科技创新,实行规模化种植、规范化管理,逐渐形成了以韩国沃柑、美国黑提、陕西冬枣、马来西亚百香果为特色的水果种植示范基地,“水果之乡”的美誉在一片片千亩果园上重放光彩。

守一方净土,留一域美景,是该县农业项目的立项标准。

衡山县是湖南省37个茶叶优势区域县之一,随着湖南辉广农业综合开发有限公司的落地,域内茶产业迎来又一个发展高峰。“现在我们这个基地有3000多亩,总共我们计划投资15000亩,现在我们已经流转土地5000多亩。这边有3000多亩茶园,那边准备还有2000多亩搞休闲旅游。”辉广皇茶产业园的法人彭立辉告诉笔者。

湖南辉广生态农业综合开发有限公司由返乡农民企业家彭立辉创办,在开云镇双全新村种植生态纯天然有机茶叶数千亩,使原本的荒山变成一片片宝地。公司已建成种植基地、加工基地、幼苗培育基地各一个,产业园开发面积超5000亩,完成投资6000多万元,主要生产黄芽茶、皇金叶茶、白茶三大品种高端绿茶。因毗邻南岳国家级自然保护区,地处高山地带,生态环境绝佳,周边十公里无任何污染源,茶树病虫害以生物防治为主,施放有机肥,茶叶品种全部获得国家绿色食品证书,并已注册“岳来客”商标。公司建立了一套完整的茶叶生产管理体系,实现了标准化、规模化、生态化、品牌化生产。2017年通过国家出口食品审查认证,成为衡阳市首家拥有茶叶出口资质的企业。

据了解,湖南辉广现代皇茶省级示范产业园,8月底参评全国三十座最美茶园,以排名第二的成绩成功入围。

衡山县依山傍水,依托南岳旅游名山,湘江川流而过,区位优势明显,农业资源丰富,温光水热资源丰富,土壤肥沃,尤其是后山片农田无任何工业、重金属污染,为农业生产提供了绝佳的外部环境。该县按照高效、集约、优质、生态的要求,大力打造精细农业,逐步建成优质稻、茶叶、中药材、小水果为特色的优质农产品供应基地。

好农业加工出好产品

湖南金昌生物技术有限公司是衡山县工业园内一家集油茶系列化妆品、茶油产品研发、生产和销售于一体的民营股份制企业。目前,公司已在衡山县成功洽购1000亩油茶林资源,加上省内的油茶林资源的有效利用,可以保证公司日产50吨油茶籽健康油和日产20吨化妆品的设计生产能力。2016年,公司即已成功出口韩国500吨油茶籽油的外贸业务,产量达到4615吨,实现销售收入4555万元。金昌生物加强技术产学研,与中国农业大学、长沙理工大学、合肥工业大学建立联合试验室,开展产学研合作,拥有完全知识产权“油茶精深加工综合利用高技术产业化项目”,获得湖南第一张化妆品生产许可证,注册“茶一派”化妆品商标。

优质稻产业是衡山县的主导产业,坐拥了丰富的农业资源和优良的水土环境的衡山顺发米业有限公司就坐落在粮食主产乡镇白果镇。公司实行“公司+合作社+农户”产业化经营,拥有2万亩原粮基地,基地地势平坦、水源充足、空气清新、水质较好、农业生态环境未受任何污染,是绿色食品生产的天然之地。公司建成容量3000吨新型原粮储备仓库,拥有全自动日加工稻谷100吨的加工生产线,生产加工的“佳佳顺发”和“南岳圣米”两种品牌深受广大消费者的喜爱与好评。

衡山湘宏食品有限公司位于衡山县工业园平青路,是一家集生产、加工、与销售的现代化食品工业企业,成立于2015年,注册资金5000万元,是湖南省衡阳市衡山县重点工程扶持企业,公司生产的湘宏牌肉类制品销往全国各地。

就地进行农产品加工,是促使农产品就地升值,延长保质期、提升产值的重要措施。衡山县已初步形成金昌生物、顺发米业为重点的粮油加工,以湘旗农牧、金叶养殖为重点的畜禽加工,以逢缘草艺为重点席草加工,以衡岳中药饮片为重点的中药材加工,以科达动物为重点的畜禽药品加工等5大加工版块。目前,全县从事农产品加工的企业312家,从业人员5865人,带动农户数1.09万户,带动了当地农民致富和经济发展,为全县农村经济发展作出了较大的贡献。

好产品打开市场路

农业生产的落脚点是化产品优势为经济优势。在销售渠道上,衡山县多个农业项目稳固传统渠道,积极开辟“线上+线下”整合互补的现代销售方式。通过建立网电商平台、微商平台将基础农产品以及加工产品直面更广大的消费市场。

在一间十余平米的格子间,湖南衡岳中药饮片有限公司的工作人员正在线上与客户对接。公司是一家集中药材种植、收购、中药饮片生产、销售于一体的现代化省级农业产业化龙头企业,电商平台上销售额每天达到30万元。今年以来,衡岳中药饮片大力推广电子商务,将现有的精品系列、灌装系列等一批品质优良,包装精美的中药饮片产品进行电商平台销售。从中心到偏远,从周边到全国,优质农产品正进一步扩大辐射区域。

积极鼓励引导县内农业企业参加农博会、农展会和展品对接会等活动,不断提高产品知名度,扩大企业市场影响力。2016年“潇湘杯”湖南省名优茶评比活动,辉广生态农业综合开发有限公司选送的岳来客皇芽茶、龙形山农牧科技发展有限公司选送的龙啸新桥毛尖茶荣获金奖,义和茶庄选送的衡绿黄金碧玉茶荣获一等奖。2017年9月,仲旺水稻种植专业合作社生产的涓水湘牌“衡山香米”在众多绿色食品品牌中脱颖而出,获得了第十八届中国绿色食品博览会金奖,实现了衡阳市绿博会获金牌奖零的突破。

湖南辉广生态农业综合开发有限公司的现代皇茶省级示范产业园生产出产的“皇金叶”系列精品茶作为国礼,赠予各国高层官员及各界著名艺术家。现在,基地的产品远销广东、香港、澳门以及东南亚地区,成为衡山走向世界的名优品牌。衡岳中药饮片、湘宏食品、辉广茶叶、金昌生物等一批生产加工企业产品质量过硬,产品远销国内外。

产业发展催生全域旅游新业态

美丽的湘江河畔,坐落着衡山一座千年古

镇——萱洲。春日里，在色彩绚丽的万亩花海中徜徉，可谓是人间仙境；漫步古河街，错落有致的明清建筑宛如画中游；湘水悠悠，向慕名而来的游客们诉说着这座古镇的千年繁华。

湖南省重点工程项目——华夏湘江国际农业产业示范园区，位于萱洲镇的中心地段，建设期为10年，预计总投资55亿元。华夏湘江国际农业产业示范园区项目是一个集现代农业、生态农业、休闲农业、农产品加工物流、观光旅游、度假休闲、养生养老等为一体的具有世界一流水准、代表国内最高发展水平的国际农业示范园区。目前，园区600多亩的农业生态公园、7450多平米的游客服务中心、3000多平米的农村综合广场、200个泊位的停车场已建成投入使用。华夏湘江公司的旅游主打产品水上乐园完成施工设计和施工地理勘测，今年10月底将全面动工兴建。届时，一座国内规模最大、游乐设施最先进的全国一流温泉盐疗水上乐园将出现在湘江河畔，它的建成，将有力推动大南岳衡山旅游经济圈的发展。

与此同时，衡山县成功跻身国家田园综合体试点县，将萱洲镇打造成以农业为核心的一二三产业深度融合，“萱草如茵、渔歌唱晚”的“梦里水乡”，稻浪飘香、阡陌花开的“假日田园”和产业兴盛、富饶美丽的“新农村”，将为萱洲和衡山的发展注入新的动力。

2016年以来，衡山县提出了“全民兴旅、全业融合、全景衡山”的全域旅游发展战略，以转型发展、生态发展为主路径，整合各类资源，实现产业与旅游的深度有机融合，全面提升发展综合效益。依托美丽山水和深厚的文化底蕴、独特的区位优势，以“旅游+”为抓手，先后启动了紫盖峰旅游区、“西游洞天·花果山”等新景区建设。依托原生态乡村和丰富的农业资源优势，以生态观光农事体验、农业休闲、乡村休闲为特色，做强岳北花海、白果葡萄基地、能仁猕猴桃基地、山竹百合基地等乡村生态旅游景点。

从2013年-2017年，主打规模特色农产观摩、赏鉴、体验、特色赛事举办的乡村旅游节如火如荼，旅游人气和名气不断提升，为乡村旅游注入了强大活力，成为撬动“周末经济”的有力支点。

（作者：蒋虹，系衡山县农业局综合信息统计股股长。该文载自2017年9月18日《衡阳日报》）

索 引

说明：

一、本索引把年鉴的专稿、条目、表格(特载、大事记除外)用主题分析的方法,按汉语拼音字母顺序排列。

二、乡镇概况、荣誉榜单、文件目录、前鉴勘误与补遗、史料辑存的条目未作索引。

三、类目、专稿标题、人名和地名用黑体字标明。

四、索引名称后的阿拉伯数字表示内容所在页码,拉丁字母(a、b)表示栏别(从左至右分1、2栏)。

A

B

C

D

E

F

G

H

J

K

L

M

N

T

Y

Z

后　记

根据国务院颁布的《地方志工作条例》和《全国地方志事业发展规划纲要（2015-2020年）》、省政府发布的《湖南省实施〈地方志工作条例〉办法》的规定，李克强总理对地方志工作"修志问道，以启未来"的重要批示，遵照县委、县人民政府主要领导关于"抓好《衡山年鉴》一年一编"的要求，县史志办编纂、出版本部年鉴。

2018年3月，县委办、县政府办下发《关于认真做好《衡山年鉴（2018）》资料征集工作的通知》（山办〔2018〕9号文件），对全县各乡镇、各单位提供资料作出安排，文件还附上由县史志办起草的年鉴编纂初定大纲，对各单位、各乡镇所需提供的资料内容进行任务分解。各乡镇、各单位大多按照此文件的要求提供资料。各单位提供资料有迟有早，质量有好有差。县史志办在职人员、聘请人员进行任务分工，各自负责不同的部类和栏目，负责催促、收集图文资料，指导各单位资料编写工作，对文稿进行编辑、整理、加工、反复修改、统稿。全书的初审稿后，史志办的同志讨论后再作修改。8月底形成评审稿，报方志出版社审稿、办理出版手续；9月初评审稿提交编委会成员及各位相关领导、老领导审阅。方志出版社于9月初完成初审，9月中旬完成复审，10月上旬、11月上旬2位审稿人完成终审。方志出版社的老师们水平高、审稿认真，提出很多很好的审稿意见。年鉴编委会于10月25日在县政府一楼金融办会议室召开稿评会，对评审稿进行评审。按照出版社的审稿意见及稿评会的稿评意见，县史志办再认真地作比较大的修改后，交由深圳新联印务公司印刷。

本书的编纂、出版工作，得到县领导的重视。县委常委、县委办主任肖秋良，副县长雷继红经常过问、指导编纂工作，解决具体问题，认真审阅评审稿。雷继红副县长参加稿评会并讲话，对彩页图照进行最后的把关。老领导李朝生帮助审稿，参加稿评会，提出审稿意见。

本书编辑部由县史志办的工作人员和聘请人员组成，编纂人员既有明确分工，又做到紧密合作。熊仲荣任主编，负责全书编纂工作的统筹安排、图文资料的汇总把关，还负责书中彩页图片、特载、大事记、衡山概况（大部分）、中国共产党、人民代表大会、纪律检查、荣誉榜单、文件索引、前鉴勘误与补遗、史料辑存等部类资料的征集、整理、编辑、加工、修改、校对工作，还拍摄部分照片。赵浪舟负责书中人民政府、人民政协、工业、政府投融资平台（一部分）、建设环保、财税商贸等部类资料的征集、整理、编辑、加工、修改、校对工作。彭爱涛负责民主党派社会团体、法治、交通邮电通讯、文体广新教育等部类资料的征集、整理、编辑、加工、修改、校对工作。刘岳泉负责衡山概况（领导名录）、军事、经济管理与监督、政府投融资平台（一部分）、农业、金融保险、人社民政卫计等部类资料的征集、整理、编辑、加工、修改、校对工作。刘文新负责人物、乡镇概况等部类资料的征集、整理、编辑、加工、修改、校对工作，并协助其他同志的部分校对工作。书首彩页由熊仲荣、张英豪负责；熊仲荣负责图片资料收集的指导，图片排版设计的指导、确定，文字说明的修改；张英豪收集彩页所需图片资料，提出彩页设计的初步方案，对照片作初步编排。付印之前，熊仲荣、刘文新为年鉴清样稿进行全面校对与部分修改。

本书编纂、出版过程中，得到了全县各单位、各乡镇、有关社会组织和县内外有关个人的大力支持、配合。全书正文所用稿件大部分由各部门、各单位提供，小部分由县史志办自行撰写、收集，各单位提供的稿件都经过所在单位领导审核、签字，再交县史志办汇总、整理、编辑、加工。彩页、史料辑存等主要由县史志办的同志收集。全县各乡镇、各单位为本书提供年限内各自工作情况、所获荣誉等方面资料，县纪委、县委办、县人大办、县政府办、县政协办、县委组织部、县委宣传部、县编办、县发改局、县统计局、县人社局、县公安局、县民政局、县工业园、县国土局、县农业局、县林业局、县气象局、县水文局等单位（排名不分先后）还提供大量事关全县情况的基础性资料。湖南大学马克思主义学院原院长、二级教授、博士生导师柳礼泉，县人大常委会原主任朱海清，县政协办公室原主任杨锡祥，县农业局的蒋虹等同志提供有价值的文章。县委办张继红提供大事记资料。县委宣传部的陈亮、李佳辉、符新义等同志提供大量照片。县委办等单位在收到评审稿之后认真审稿，提出很好的评审意见。县财政解决编纂、出版工作所需全部经费。在此，一并表示感谢！

由于 2018 年 9 月以后书号紧缺，导致本书的付印时间比原计划延后，表示歉意。因资料征集、编纂时间较短，加之我们水平有限，本书难免出现疏忽、遗漏和差错，敬请有关单位和同志谅解。如发现差错，请及时与我们联系，我们将在下次编纂出版的年鉴中刊登勘误与补遗。

衡山县史志办公室

2019 年 1 月